ドイツ哲学入門

［編著］鹿島徹・川口茂雄・佐藤慶太・渡辺和典

Deutsche Philosophie
im Überblick

ミネルヴァ書房

はじめに

この『ドイツ哲学入門』は、一七世紀のライプニッツの時代から、二一世紀初頭の現在までを範囲とした、ドイツ哲学の入門書です。

西洋哲学をまだくわしく知らない読者でもやさしく読み通せるように、また、大学での哲学概論的な授業の教科書・参考書として使いやすいように、構成に工夫をほどこしました。

ドイツや関連地域の各時代における時代背景についても、適宜わかりやすく解説をくわえ、またテーマ別のコラムも豊富に設けて、より生きいきとした仕方で各思想の意義と文脈がうかびあがるように努めました。

近年日本では、平易な哲学入門書が数多く出版されており、一種のブームのような状況にあるとも言えます。本書は、さらにもう一歩、詳しく正確に知りたい・深く考えたいという読者のご要望にこたえられるよう試みています。たとえば高校「倫理」科目の教科書や参考書では踏み込まれていないような、本格的な哲学的問い、思考の面白さを本書で味わっていただけたらと思います。

また、簡潔な概説書では取り上げられないような、一般にはあまり知られていないドイツの思想家・科学者・芸術家などについても、紙幅の許す限り、なるべく幅広く掲載することを心がけました。「こんな思想家がいたのか」、「こんなことを考えている人がいたのか」といった発見の喜びがえられると思います。ドイツ文化の豊かさと多様性を反映しつつ、少しでも、読みやすくかつ充実した内容の書になっていればと願うばかりです。

二〇二四年七月

編者一同

ドイツ哲学入門◉目次

第Ⅱ部　一九世紀

第Ⅲ部　二〇世紀（1）

ヴェストファーレン条約（1648年）以後のドイツ

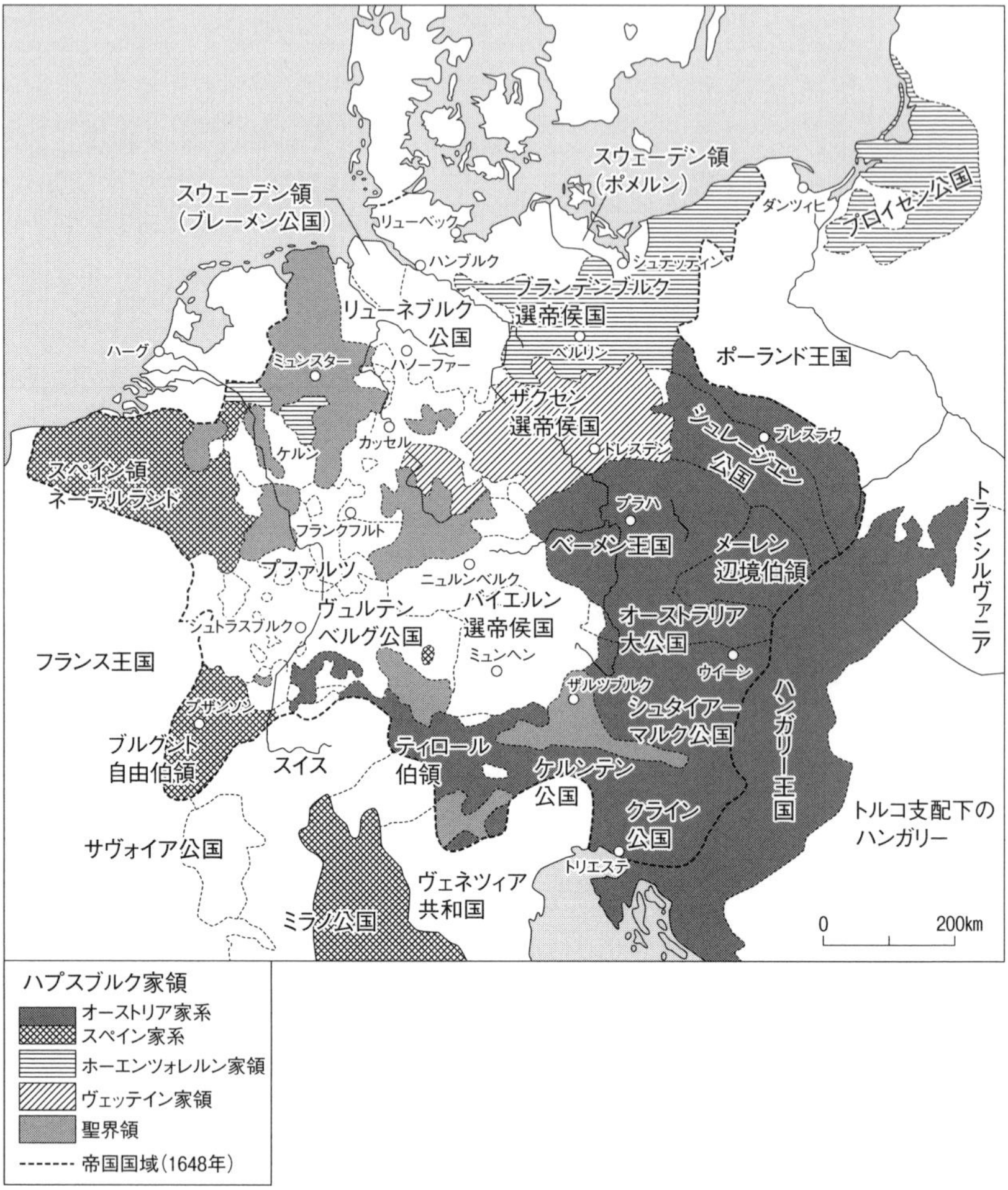

（出所）木村靖二ほか編『ドイツ史研究入門』山川出版社，2014年，p. 70

ドイツ帝国（1871年）

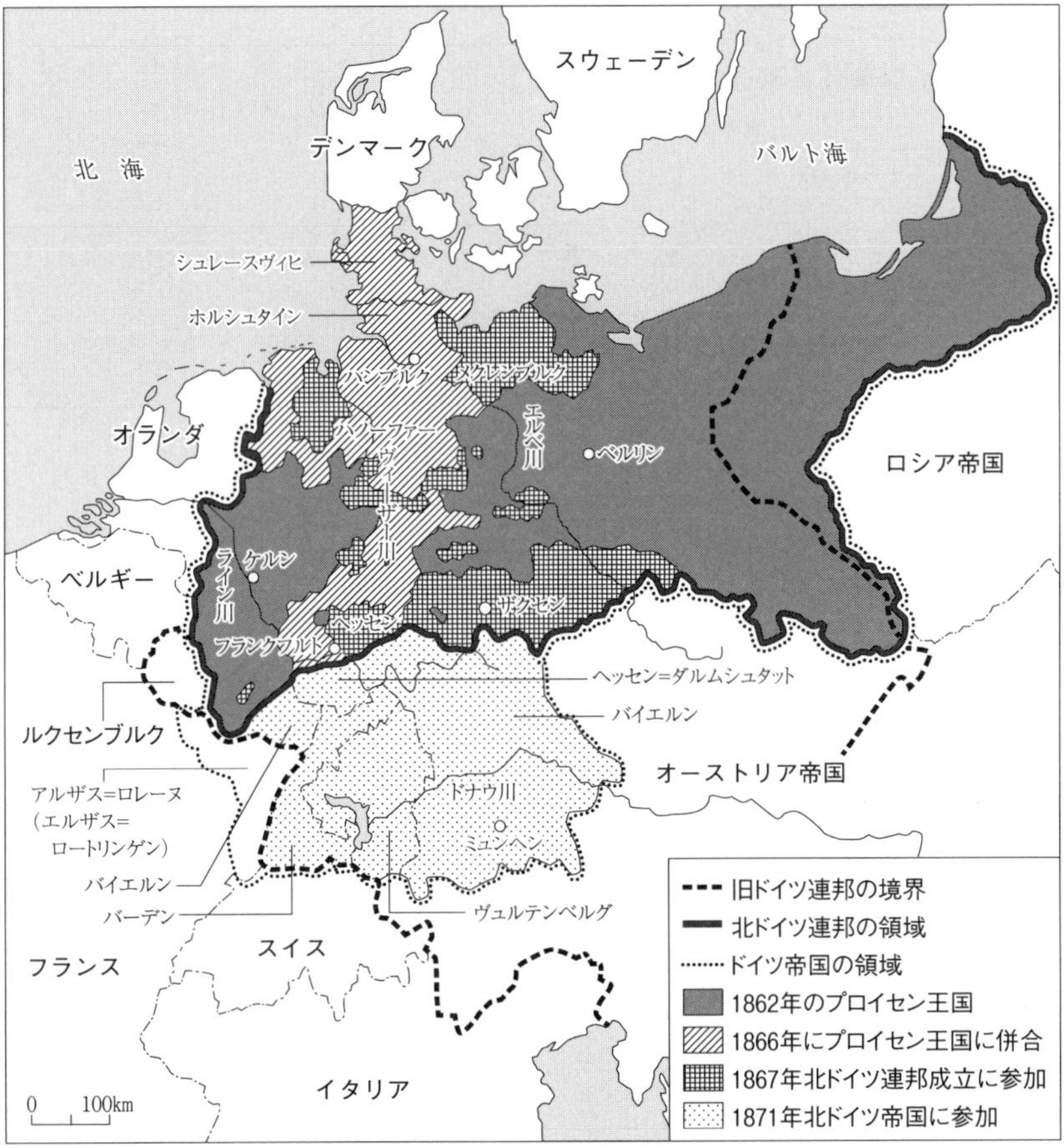

（出所）木村靖二ほか編『ドイツ史研究入門』山川出版社，2014年，p. 130

現在のドイツ（1990年～）

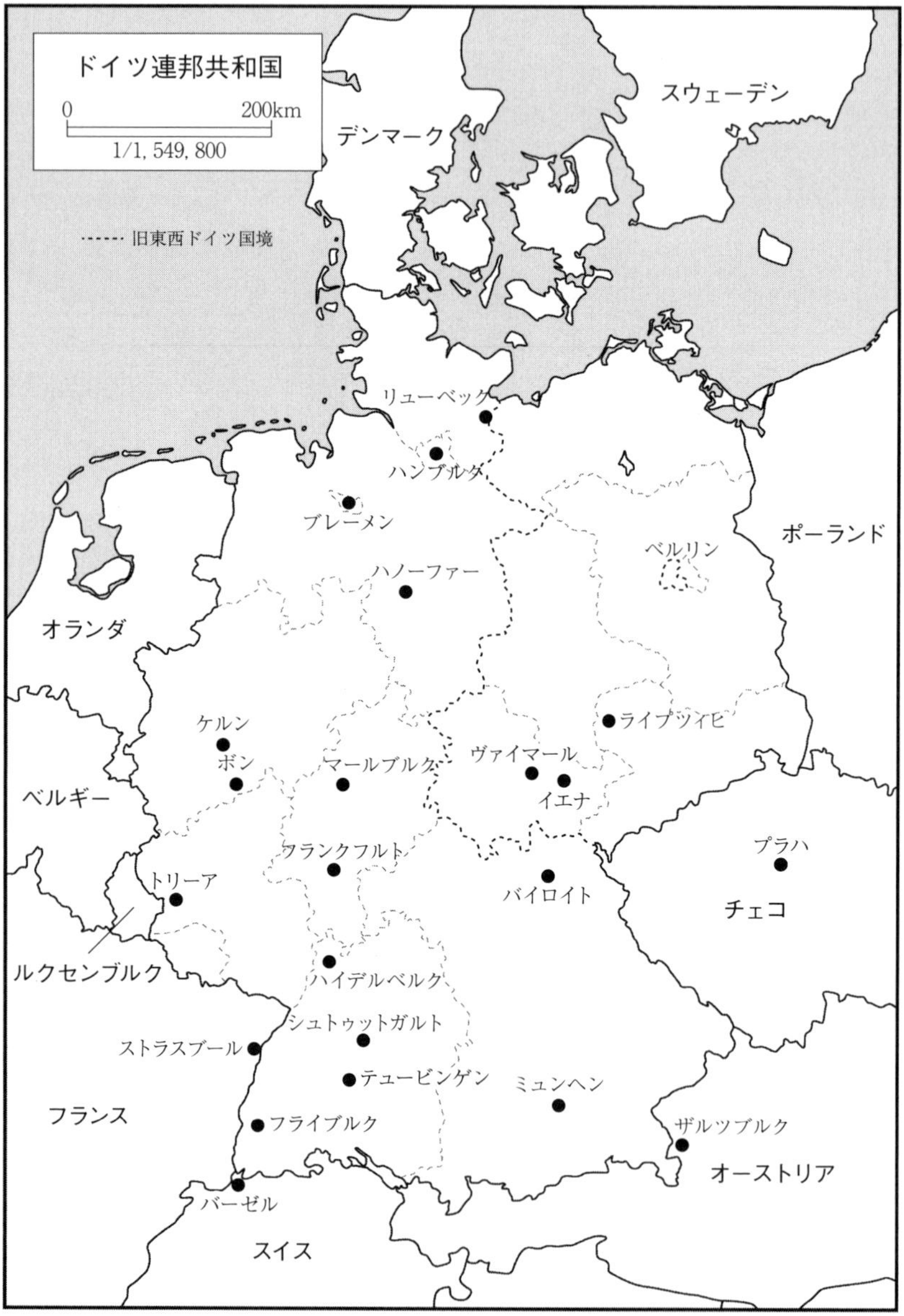
ドイツ連邦共和国
0
200km
1/1, 549, 800
旧東西ドイツ国境
デンマーク
スウェーデン
リューベック
ハンブルク
ブレーメン
ポーランド
ベルリン
ハノーファー
オランダ
ライプツィヒ
ケルン
ボン
ヴァイマール
マールブルク
イエナ
ベルギー
プラハ
フランクフルト
トリーア
バイロイト
チェコ
ルクセンブルク
ハイデルベルク
シュトゥットガルト
ストラスブール
テュービンゲン
ミュンヘン
フランス
フライブルク
ザルツブルク
オーストリア
バーゼル
スイス

総序　ドイツの時間と空間の旅

▼二一世紀の世界で

いま二〇二四年初頭に、読者はこんな話題を耳にされたかもしれない。昨年二〇二三年の世界各国のGDP〔国内総生産〕額を比較すると、第三位はドイツになることが確実で、そして日本経済は第四位に順位低下するようだ、と。

かつて日本はGNP〔国民総生産〕で一九六八年に、当時の西ドイツを初めて追い越して、アメリカに次ぐ世界第二位の経済規模になったのだという。時は流れ、二一世紀に入り、二〇一〇年に中国が二位となって日本は三位に下がり……といった経緯は、今日の読者はよくご存じだろう。そして今、為替レートが円安に傾いているという要因はあるにしても、半世紀ぶりに、ドイツと日本の順位が逆転するとのことだ。GDPは単にひとつの指標にすぎないので、それだけで何かが本質的に把握できるわけでは全然ないが、景気をはかるひとつの目安ではあろう。

大学の活気ということで見ると、どうか。現在GDP上位のアメリカ、中国、ドイツの三か国はいずれも、国内のさまざまな地域で個性ある大学がそれぞれ存在感を示していて、首都圏一極集中のようなかたちにはなっていない、とは言えそうだ。たとえばドイツ最古の伝統を誇るハイデルベルク大学（一三八六年創立）は、二一世紀の今も国際大学ランキングのたぐいで上位ランクの常連だが、ハイデルベルクの街自体は典型的な大学街で、人口は一六万人程度でしかない。そう、それは、フランスでは主要な高等教育機関〔大学〕の多くがほとんど首都パリに偏り、イギリスではロンドン近郊に偏る、という一極的な姿とは異なっている。

▼場所のヴァラエティに富む

本書では、近現代のドイツ語圏の思想家たちが数多く紹介される。面白いのは、それら人物たちの育った場所、青春時代を過ごした場所、社会人としての活動拠点になった場所等々が、じつにヴァラエティに富むことだ。
少しだけ、例を挙げてみよう。

ライプニッツはライプツィヒ（現在のザクセン州の街。以下同様に現在の州名などを表記）の生まれで、主に活躍したのはハノーファー（ニーダーザクセン州）だった。**ゲーテ**はフランクフルト（ヘッセン州）出身で、ライプツィヒ大学、次いでストラスブール大学（現フランス・ストラスブール）にて学んだのち、ヴァイマール（テューリンゲン州）を拠点として生涯を送った。**ヘーゲル**はシュトゥットガルト（バーデン＝ヴュルテンベルク州）生まれで、テュービンゲン大学（バーデン＝ヴュルテンベルク州）で**シェリング**、**ヘルダーリン**と交友を持った。**マルクス**はトリーア（ラインラント＝プファルツ州）で少年時代を過ごしたのち、ボン大学（ノルトライン＝ヴェストファーレン州）、次いでベルリン大学（ベルリン州）に通った。**アーレント**はケーニヒスベルク（現ロシア・カリーニングラード）で育ち、マールブルク大学（ヘッセン州）、ハイデルベルク大学（バーデン＝ヴュルテンベルク州）などで学んだ。

これら関連地名のいくつかを前ページの地図でたどってみるだけでも、多様で豊かな地域性がドイツ哲学史の文字通り背景になっていることを、ご覧いただけるだろう。

▼多様性と複雑さ、ダイナミックな思想史

ドイツ哲学に共通の特徴とは、と問われても、ひとことで答えることはできない。その理由には、こうした地域多様性がいくらか影響しているかもしれない。

現在なお航空会社ルフトハンザの名称にそのなごりをとどめるハンザ同盟をかつて形成した、ハンブルク（ハンブルク州）、ブレーメン（ブレーメン州）、リューベック（シュレスヴィヒ＝ホルシュタイン州）等の、ドイツ北部の海に面した、貿易を得意とする港湾都市の文化が、一方である。他方にはドイツ南部の、標高の高い、森林や高原に富む地域の文化があり、たとえばミュンヘン（バイエルン州）はその代表的な場所のひとつとイメージされるだろう。

またドイツは、一六世紀にルターという人物が登場したキリスト教プロテスタント発祥地のひとつであるのと同時に、ケルン大聖堂に象徴されるようにカトリックの分厚い伝統を古代以来ずっと長く保持し続けている場所とも目される。相反するような要素が、並び接し、拮抗（きっこう）している。この複雑さに、近代のドイツ思想史がひとことで要

約できないダイナミックな内実を持つ理由のひとつがやはりあり、またおそらくは、各地域がそれぞれに独自な特徴をもった大学を維持し続けた理由のいくらかも存しているのだろう。

たとえばサッカー観戦などを機縁にして、ドイツのさまざまな地名はむしろ現在二一世紀前半において、日本でも多くの皆さんに地域密着的な親しみをもって知られる事例が増えている面はあるだろう。最初は地名のヴァラエティの豊富さにとまどう読者もおられるかもしれないが、心配はいらない。どうやら色々な街があるんだなと、そう興味を持っていただければ、十分だ。

▼時間と空間の旅へ

本書は、最初から順に読むのでも、好きなところから読むのでも、大丈夫なつくりになっている。ドイツ哲学をめぐる時間と空間の旅を、自由な順序で楽しんでいただきたい。

（川口茂雄）

コラム　ドイツ神秘主義 Die deutsche Mystik

ドイツ哲学と「ドイツ神秘主義」

「ドイツ神秘主義」（Die deutsche Mystik）という言葉は一九世紀に生まれた。『ヘーゲル伝』の著者、カール・ローゼンクランツ（Karl Rosenkranz 一八〇五―七九年）が用いたのが最初とされる。当時のドイツでは、さかんに自分たちの精神・文化の原点・源流を探ろうとしていた。そこで注目されたのが、マイスター・エックハルト（Meister Eckhart 一二六〇頃―一三二八年）、タウラー（Johannes Tauler 一三〇〇年頃―六一年）、ゾイゼ（Heinrich Seuse 一二九五頃―一三六六年）などの一四世紀中世ドイツの思想家であった。

なかでも、ミュンヘン大学教授のフランツ・フォン・バーダー（Franz von Baader 一七六五―一八四一年）は熱心にエックハルトを紹介し、ヘーゲルを熱狂させた。*Geschichte der deutschen Mystik im Mittelalter*（『中世におけるドイツ神秘主義の歴史』）を著した、プレーガー（Johann Wilhelm Preger 一八二七―九六年）によれば、エックハルトはドイツ精神の歴史に光をもたらす「曙光」（Morgenröhte）と呼ばれた。

一九世紀における ドイツ精神の歴史的 起源としての位置づけ

こうして一九世紀において「ドイツ神秘主義」は、「ドイツ精神（der deutsche Geist）」や「ドイツ的心性（das deutsche Gemüt）」の歴史的源流として再発見され、ルターの宗教改革、近世・近代ドイツ精神史の発展を準備した先駆的存在として、哲学・思想史上に位置づけられ、エックハルトはドイツ精神の「父祖」と評された。

このような近代精神の先駆としての「ドイツ神秘主義」およびエックハルト理解は、新カント派の哲学史家ヴィンデルバント（Wilhelm Windelband 一八四八―一九一五年）の哲学史を通じて日本でも紹介され、波多野精一『西洋哲学史要』や朝永三十郎『近世に於ける「我」の自覚史――新理想主義とその背景』にも見られる。

しかし、日本における「ドイツ神秘主義」の本格的な紹介は、西谷啓治（一九〇〇―九〇年）と上田閑照（一九二六―二〇一九年）によるものであろう。文献には『西谷啓治著作集』（第七巻）、『ドイツ神秘主義研究』（上田閑照編）などがあり、原典も『ドイツ神秘主義叢書』（全一二巻）として編纂・翻訳され、日本語で読むこともできる。

「ドイツ神秘主義」の問題性 ――ナチズム、民族主義

ところで先述の通り「ドイツ神秘主義」という語は一九世紀に登場した。それは、中世の「ドイツ神秘主義」のなかに、偉大なドイツ精神の源泉を見いだそうとする民族主義・愛国主義的な気分とともに生み出された。そのため、しばしば研究の学問性や専門性が犠牲になる危険性もあった。

実際、二〇世紀に入り、ナチズムが台頭すると「ドイツ神秘主義」は民族主義的・愛国主義的幻想に容易

に取り込まれ、エックハルトはその英雄としてもてはやされた。その代表例は、「ナチスの聖書」とも呼ばれたアルフレート・ローゼンベルク著『二十世紀の神話』である。同書は独文学者の吹田順助と上村清延によって翻訳され、一九三八年に中央公論社から出版された。

　同書でエックハルトは、はじめて自由で高貴な「ゲルマン魂の力」を十全に体現し、何者にも屈しない唯一の「ドイツの信仰」（それはもはやキリスト教ではなくゲルマン民族の宗教）を生み出した英雄的父祖とされる。その魂の力は人種的「血」によってのみ受け継がれるので「血」が異なる「雑種人」には無縁とされる。こうして「神秘主義（Mystik）」は、神と魂（人間）の一致ではなく、国家・民族（血）と魂（人間）の一致に置き換えられ、エックハルトは、国家・民族にのみ忠実に奉仕する「ドイツの信仰」の創始者として、ナチズムの偶像に祭り上げられた（今日では民族主義的響きを嫌って「ドイツ神秘主義」と呼ぶのを避け「ライン神秘主義」と言い換えることも多い）。

　こうした「ドイツ神秘主義」理解は日本でも広く紹介され、西谷啓治も、ナチズム的歪曲（わいきょく）を斥け（しりぞけ）つつも、ローゼンベルクに一定の評価を与え、民族的世界観とエックハルトを結びつけている（たとえば「独逸神秘主義と独逸精神」『日獨文化』一九四三年一二月）。

　だが同時期に、政治学者の南原繁（一八八九―一九七四年）は『国家と宗教』において、ナチズムを批判しローゼンベルクのエックハルト解釈に対しても鋭い指摘を行った。エックハルトの説く、神と一つとなった「高貴な魂の神性」は民族の「血」に限定されず、イエス・キリストにつながる全人間・全民族にひらかれていると、南原は的確に述べる。

エックハルトにおける一致の思想

　実際、エックハルトの説く神と魂の一致は、神と魂の区別・境界が消失・融解・混交する熱狂的恍惚（エクスタシー）ではなく「誕生」（Geburt）である。父なる神は、子であるイエス・キリストを生み出す。キリスト者もまた、イエス・キリストによって、同じ「誕生」に入り、新たに生まれる。「誕生」は生む者を父、生まれる者を子の関係とする。つまり「誕生」は父子の「二」ペルソナ・主体を相互的・同時的に成立させる。そのようにキリスト者も「誕生」において、神に対して、もう一つのペルソナ・主体として生きる者となる。

　エックハルトはそれを「やまびこ」にたとえる。「神はわたしを永遠に、彼のひとり子として父と同じ姿に生んだ。それは高い山の前に立ち「お前はそこにいるか」と呼ぶと、やまびこが「お前はそこにいるか」と呼び返し、「出てこい」と呼ぶとやまびこも「出てこい」と呼ぶようなものである」（ドイツ語説教二二）。

　神と魂の一致とは、神の言（＝神の子）として生み出され、そこで受けた生命を「やまびこ」のように豊かに反響させ、たえず神に向けて生み出す（＝語り出す）ことにほかならない。その場合の「わたし」は、他の一切を捨て放ち、ひたすら「誕生」の新生のみを生きるペルソナ・主体となるので、同時に「自由（Ledigkeit/Freiheit）」「貧しさ（Armut）」「放念（Gelassenheit）」「離脱（Abgeschiedenheit）」が説教・論述中で繰り返し主題化されることになる。

神の根底が私の根底であり私の根底が神の根底である

ただし、そうした自己無化、無一物性は禁欲的努力の結果ではなく、神的生命に満ちた誕生による恩寵的生の変容にほかならない。どういうことか。「父は生むことしかできず、子は生まれることしかできない。父がもつ全て、父である全て、つまり、神的な存在と神的な本性の深淵を、父はひとり子のうちに完全に生む。子は父からこれを聴き、わたしたちが同じ子になるためにそれを知らせた。子がもつ全て、つまり、存在と本性を、わたしたちが同じひとり子となるために受け取ったのである」（ドイツ語説教二九）。この通り、神はそれしかできないという不可能性において誕生を神的生命としている。神の像である人間は、この神的誕生の完全な像的反復以外のなにものでもない。この像的反復を「神の根底が私の根底であり私の根底が神の根底」（ドイツ語説教五b）であるとしか言えないほど、純粋に生きる、自己無化、無一物性に徹した人間の生こそが、「自由」「貧しさ」「放念」「離脱」さらには「荒野［砂漠］」「乙女」「女」として説かれるものであり、それは父子の神的生命の像的反復として、生み・生まれる生命を神と共に生きる「魂における神の誕生」という〈相生・共生〉の恩寵的生にほかならないである。

エックハルトの神学と霊性

エックハルトは著者不詳の『二四人の哲学者の書』を好んで引用し「神はその中心がどこにでもあり、その表面がどこにもないような無限の球である」と述べる。人間の主観的で自己中心的な理解では把握不可能な無限の球である神の無尽蔵の中心、この中心に立って、エックハルトはラテン語著作において、一切（人間、自然、存在、認識、歴史、全学問領域、全技術などを含む）を究明する統合的な神学を構想した。この無限の中心は、キリストの受肉によって人間の最内奥（根底）にひらかれ、「魂における神の誕生」としてすべての人にもたらされたので、神学は霊性と不可分であり、信仰実践において自己中心性を捨て、聖母マリアのように一切の我意なしに、謙遜に神を求め、「離脱」「放念」「貧しさ」に徹して、キリストを宿し、生み出す人間の完全性が論究された。この実践論は、ドイツ語（俗語）で行った多くの説教で一般信徒にも示され、西欧全体に多大な霊性上の影響を与えた。

（阿部善彦）

コラム　パラケルスス（Paracelsus 1493/94-1541）

錬金術の代表的な思想家のひとりとみなされるパラケルススは本名をテオフラストゥス・ホーエンハイム（Theophrastus Hohenheim）といい、スイスのアインジーデルンで医師の子として生まれた。幼少期をフィラッハで過ごした後、イタリアの諸大学で学び、フェラーラで医学の学位を取得したとされているが明確な証拠はない。卒業後ヨーロッパ中を放浪し、さまざまな民間医療を学びながら医療活動を行った。遍歴後、ザルツブルクでは農民戦争に巻き込まれるも、一五二七年にバーゼル大学医学教授に就任した。しかし、度重なる大学側との対立によって約一年でバーゼル大学を追放されると、それ以降はドイツ語圏を放浪することを余儀なくされた。直後のニュルンベルクでは梅毒の特効薬とみなされていたグアヤック樹の使用を批判し、この樹の輸入を独占していたフッガー家と対立した。なおこの事件がきっかけとなり、医学哲学書ともいうべき主著『パラグラーヌム』（一五二八年）が成立する。ザンクト・ガレンでは多くの予言書を執筆した。パラケルススという名前は、もともとはこのときに使用したペンネームである。また、事物の構成要素として名高い三原質（硫黄・水銀・塩）を論じた『オプス・パラミールム』（一五三〇年）が完成するもこの時期である。その後アウグスブルクでは、生前にはめずらしく医学書『大外科学』（一五三六年）の刊行にこぎ着けたが、こうした幸運は続かず、一五四一年に失意のなか、ザルツブルクで亡くなった。

　パラケルススは大学で教えられる正当な医学や哲学を批判し、自らの医療活動から得た経験と思索をルネサンスに流行した錬金術、占星術、自然魔術などと結びつけることで、独自の医学理論を形づくった。彼にとって錬金術は医薬を精製するための、占星術は大宇宙と小宇宙（身体）との照応関係を知るための、自然魔術は人体に関する有益な知識を獲得するための実用的な学であったのだ。だが同時に、パラケルススはこうした医学にかんする経験論を、自然界を理解するための自然哲学一般へと拡張するとともに、これらをキリスト教思想・倫理と融合することで、人間、自然、宇宙、社会、そして神を包括した総合的な哲学体系を完成させた。こうした思想的な成果は、晩年の『迷える医師たちの迷宮』（一五三七／三八年）や『フィロソフィア・サガクス』（一五三七―三八年）のなかでみることができる。

（菊地原洋平）

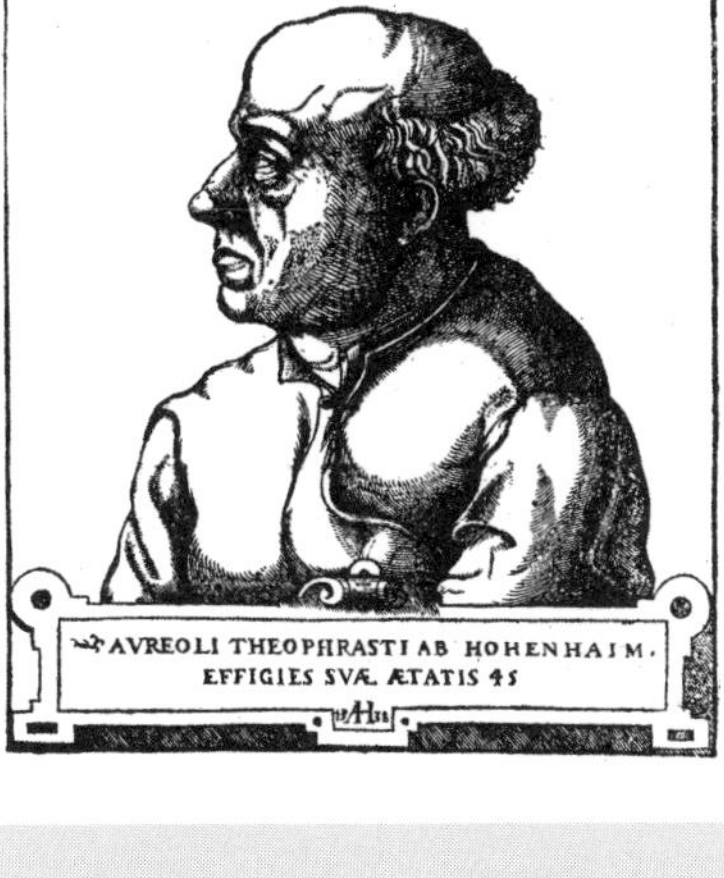

コラム　ルタードイツ語

標準ドイツ語形成への寄与

マルティン・ルター（一四八三―一五四六年）は聖書をドイツ語に翻訳したことで、ドイツ語史においても必ず話題にのぼる。ただルターに対する評価は礼賛と酷評の間を揺れ動いてきた。

「ルターは現代ドイツ語を創った」という言い方はさすがに少なくなったが、「現代ドイツ語の形成に寄与した」といった記述は頻繁に見られる。標準語に関してごく大雑把に言えば、英語はロンドン、フランス語はパリ、日本語は東京を中心に形成されてきた。ドイツ語はどこかというと、ない。標準ドイツ語は人工的な言語と言ってもよく、今どこへ行けば聞けるというものではない。ハノーファー近辺のドイツ語はきれいだと言われるが、標準ドイツ語の発展に関わったわけではない。あえて地域を挙げるとすれば、ルターが拠点としていた東中部ドイツ、神聖ローマ皇帝庁の勢力範囲である東南ドイツ、この二つの地域がせめぎあいながらも、次第に融合する形で標準ドイツ語を形成していった。

この標準語形成のプロセスにルターがどれほど関与したかを直接証明することは難しい。少なくともルターが採用した表記や語形に他の印刷言語が我も我もとなびいて、近現代につながるドイツ語ができあがったという図式は描けない。個々の言語現象を見れば、結果的に標準語につながる語形をルターが採用した場合もあれば、そうでない場合もある。東中部と東南部のドイツ語が融合するうねりの中にルターはいたのである。

当時のヨーロッパで出版されたものの中で、ルターの著作物が占める割合は突出したものであった。印刷、出版の黎明期であるがゆえの現象ではあろうが、現代では考えられないことである。また聖書だけでなく、ルターの手になる小教理問答書や賛美歌が今日に至るまで読まれ、歌われていることは、いわゆるルタードイツ語の影響力を間接的に証明していることになろう。

聖書翻訳

聖書翻訳に限って言えば、ルターは何といってもその翻訳原理において画期的であった。当時、聖書を翻訳することは、場合によっては命を危険にさらす行為であった。ルターと同時代に聖書を英訳したティンダルは処刑された。それ自体翻訳であるはずのラテン語聖書（ウルガータ）はことほどさように神聖視されていたのである。ルターはわかりやすい訳を目指した。ただしそれまでの翻訳が読みづらく感じるのは、決して訳し方がへたなのではなく、神聖なラテン語に手を加えてはならないという思いから、逐語訳にならざるを得なかったからである。この呪縛を破ったのがルターである。

ルター訳聖書はルター没後も折に触れて改訂版が出ている。一九七五年版は物議を醸した。現代ドイツ語に合わせて手を入れすぎた結果、もはやルター訳とは言えないものとなった。「ルター殺し（Mord an Luther）」とまで言われたゆえんである。

ルター訳聖書に見られる Sakralsprache

これにからんで研究者B・シュトルト（一九八一年）はルター訳聖書に見られるSakralspracheを指摘した。「宗教言語」「礼拝言語」とでも訳されようか。ルターは神話的、超自然的な世界へ引き込むための言語的手段を意識して用いたという。ギリシア語原典のなかのヘブライ語的表現も非日常を感じさせるものとして、ルターが採用してドイツ語にした。ルターが用いた表現「Es begab sich（aber）（以下のようなことが起こった）」、「siehe（見よ）」などは宗教的な文体要素だという。

ルターは市井の人の言葉を観察してわかりやすい翻訳を心がけたと言われているが、決して熊さん八つぁんの言葉を連ねただけではない。むしろ文学的な高尚な言語を使ったとさえ言える、とシュトルトは述べている。Sakralsprache はともすれば現代人には理解しがたく、排除されがちである。一九八四年の改訂版では一部ルター自身の表現に戻したという。

ルター独特のリズム

一九七五年版で損なわれ、一九八四年版で復活したルターらしい語法がもう一つある。それはリズムである。シュトルト（一九九〇年）はルカ2、15を例に挙げている。

Laßt uns nu gehen gen Bethlehem/und sehen die Geschicht/die da geschehen ist

「さあ、ベツレヘムへ行こう、そして起こった出来事を見よう」（年号が不明だが、たとえば一五二二年版はこの例と同じ語順である）。

現代ドイツ語では上のような助動詞構文の場合、助動詞と関わる不定詞が文末に来る。これを枠構造と呼ぶが、ルターは不定詞 gehen と sehen をあえて前方に置くことで、枠の中が空洞になることを防いでいる。聖書が黙読ではなく説教のように朗読されることを想定して、聞き手の耳に情報があとでまとめてではなく、少しずつ段階を踏んで入ってくるような文構造にしたのである。ところが一九七五年版は以下のように現代語風にしてしまったため、ルター独特のリズムが消えてしまっている。

Laßt uns nach Bethlehem gehen und sehen, was geschehen ist.

一九七五年版によって図らずもルターらしさとは何かがあぶり出されたのは皮肉なものである。

ルターのさまざまなテキスト

前節で話題になった枠構造に関して、筆者はかつてルターの種々のテキストおよび一六世紀の他のテキストを分析したことがある。ルター訳聖書（以下『聖書』）は枠の規模が小さい、つまり文が短いにもかかわらず、枠外配置が多いという点で際立っている。これは前述のとおり、説教のリズムを取り入れようとしたルターの文体的な意図に由来する。『ドイツのキリスト者貴族に与える書』（以下『貴族』）は枠の規模が大きく、また完全な枠が多いという点で、聖書とは対極にある。いささか情緒的な言い方になるが、大きく弓を弾き絞ったような文は、カトリック側を激しい口調で糾弾した本書の性格を表わしていると言えよう。とはいえ、信仰のあり方を穏やかに語った『キリスト者の自由』（以下『自由』）も『貴族』に次いで枠の規模が大きい。さらにルターの手紙類（以下『手紙』）も分析したが、『貴族』『自由』『手紙』の非『聖書』テキスト対『聖書』という構図が浮き彫りにされ、『聖書』の文体的特異性が際立つ結果となった。非『聖書』の中では『貴族』と『自由』が文体的な意図をもって書かれ、『手紙』が一六世紀の一般的な語法に近いと言える。

ルタードイツ語の分析

最後にルタードイツ語を少しだけ分析してみよう。以下に示すのはルター聖書の初版（一五二二年）と最晩年の版（一五四五年）によるマタイ14、11である。

Vnnd seyn hewbt wart her-tragen auff eyner schusseln (1522)

Vnd sein Heubt ward her getragen in einer Schüsseln (1545)

「そして彼（ヨハネ）の首が皿に載せて運ばれてきた」

子音の重ね書き（vnnd）や古い表記（seyn hewbt）を解消し、名詞の大文字書き（Heubt）や過去分詞の接頭辞 ge（getragen）を採用している点にルター自身の言語発展が見られる。他方 wurde の古形（ward）や弱変化女性名詞の変化形（einer Schüsseln）を保っている点で、ルターも時代の子であると言える。過去分詞 her getragen を文末に置かず、枠構造を崩している点は、先述のようにルターの文体的な意図による可能性もある。

マルコ3、24-26（一五四五）よりもう一つ例を挙げる（下線筆者）。

Wenn ein Reich mit jm selbs vnternander vneins wird/ <u>mag</u> es nicht bestehen. [...] Setzet sich nu der Satan widersich selbs/ vnd ist mit jm selbs vneins/ So <u>kan</u> er nicht bestehen/ sondern es ist aus mit jm.

「もし国の内部で不和が起こったら、国は成り立たない。[…]もしサタンが自分に歯向かい、内部分裂したら、彼は存続し得ず、破滅する」

ドイツ語史において本来能力（～できる）を表していた mögen は、その機能を können に奪われた。右の例では二つの異なる助動詞が用いられているが、ギリシャ語の原文では二箇所とも δύναται（～できる）である。この例だけでも、言語変化の一端を垣間見ることができる。

（工藤康弘）

第Ⅰ部

17・18世紀

17・18世紀 哲学者人物相関図

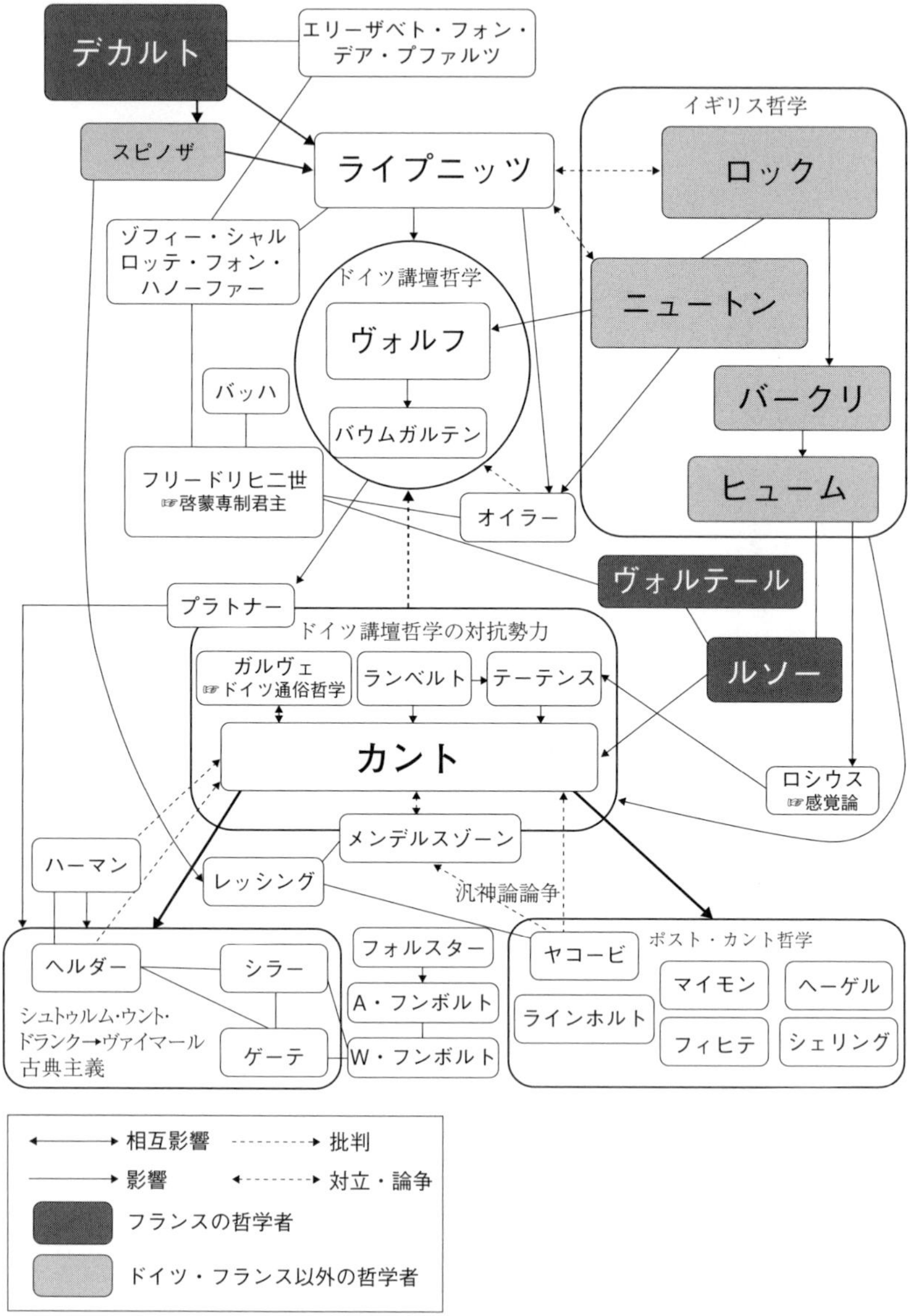

デカルト
エリーザベト・フォン・デア・プファルツ
イギリス哲学
スピノザ
ライプニッツ
ロック
ゾフィー・シャルロッテ・フォン・ハノーファー
ドイツ講壇哲学
ヴォルフ
ニュートン
バッハ
バウムガルテン
バークリ
フリードリヒ二世 ☞啓蒙専制君主
オイラー
ヒューム
ヴォルテール
プラトナー
ドイツ講壇哲学の対抗勢力
ルソー
ガルヴェ ☞ドイツ通俗哲学
ランベルト
テーテンス
カント
ロシウス ☞感覚論
メンデルスゾーン
ハーマン
レッシング
汎神論論争
ポスト・カント哲学
ヤコービ
フォルスター
ヘルダー
シラー
A・フンボルト
マイモン
ヘーゲル
ラインホルト
シュトゥルム・ウント・ドランク→ヴァイマール古典主義
ゲーテ
W・フンボルト
フィヒテ
シェリング
相互影響
批判
影響
対立・論争
フランスの哲学者
ドイツ・フランス以外の哲学者

一七・一八世紀総論　母語を頼れない哲学後進国からヨーロッパ哲学の盟主へ

▼戦後復興期の哲学

一六四八年、今日「**三十年戦争**」と呼ばれる、ドイツを主戦場とした国際紛争が終結した。インフラの崩壊、人口の激減、農村の機能停止、ヨーロッパ経済における地位後退、人々の誇りとモラルの喪失……、ドイツに刻まれた傷跡は様々である。これによりドイツが統一国家形成への道を逸したとされるが、哲学にとっては、母語発展の波に乗り遅れたことが致命的だった。

本書の始点となる**ライプニッツ**は、三十年戦争終結の二年前にライプツィヒで生まれ、生涯の大半をドイツで過ごした。にもかかわらず、その著作はほとんどラテン語かフランス語で書かれている。ドイツ語を疎んじたわけではない。当時のドイツ語が哲学の言葉として使い物にならなかったから、そうせざるをえなかったのだ。

しかしドイツはいつまでも後進に甘んじていたわけではない。戦後、各所で「ドイツ語学習協会」が組織され、ドイツ語での文化発信の波が広がっていく。これを基礎として、ドイツは一八世紀末に「哲学と詩と音楽の国」という名声を獲得した。一七・一八世紀のドイツ哲学の展開は、母語を哲学的思索に耐えうるまでに鍛えあげ、ヨーロッパ哲学の盟主にまで昇りつめる戦後復興の歩みである。

▼哲学の制度的基盤

まず、哲学の制度的基盤に目を向けてみよう。この時期のドイツでは哲学の発展を主に大学が支えた。当時の大学は、神学部、医学部、法学部という上級学部と、それ以外の学問が属する下級学部からなり、哲学は下級学部に属していた。上級学部において神学が一定の覇権を握っていたおかげで、この学問と主題を共有する哲学も発展しうる。ドイツにおいて哲学と神学が「水と油」にならない理由がここにある。

大学以外では、ベルリンのプロイセン王立アカデミーの活動が重要だ。この機関は「ドイツの言語と文化の発展を！」というライプニッツの悲願に基づいて一七〇〇年に設置された。とくに、**啓蒙専制君主**の代表者であるフリードリヒ大王の即位（一七四〇年）以降、活動が強化され、ほぼ毎年提示された懸賞論文は哲学者の活動を陰に陽に規定した（**ヘルダー**は四回応募して三回入賞の懸賞ハンター、**メンデルスゾーン**と**カント**は六三年に入賞を争ったライバル）。ドイツ語での応募が認められていたことも、ドイツ語の発展にとって大きなことだった。また、アカデミーでは自由な議論が許されていたために、ヨーロッパの知識人の間で、魅力的な学問の拠点というベルリンのイメージが形づくられた。カントが「ただこの世で一人の支配者だけが「君たちは好きなだけ議論せよ、しかし服従せよ」と言っている」（『啓蒙とは何か』）と書いたとき、念頭に置いているのはフリードリヒ大王である。

▼啓蒙の時代

では、この基盤のうえでどのような哲学が展開されたのだろうか。ドイツに話を絞る前に、一七・一八世紀のヨーロッパ哲学の一般的傾向を確認しておこう。ライプニッツから一八世紀末までの哲学の展開は、「啓蒙（英 Enlightenment、仏 Lumières、独 Aufklärung）の時代」と呼ばれる史的区分とほぼ重なる。ヨーロッパのどの言語でも、「啓蒙」は「光」や「照らす」といった語に由来する。その意味は、理性の光に基づいて、教育と文化が権威を盲信する人々を覆う暗闇を取り払うことだ。具体的には、キリスト教的な価値観を批判的に吟味し、理性に基づく価値観を新設することが、「啓蒙の時代」の哲学者たちの課題となる。

啓蒙の時代は、数学的原理に基づく自然科学の発展の時代である（☞**オイラー**）。この時流に呼応して、哲学の「方法」の転換が起こったことは特記に値する。近代科学の建設者ニュートン（一六四二―一七二七年）は、〈自然現象の観察を出発点とし、その条件となる原理へと遡及する〉という方法を採用した。ニュートンの方法は〈理性に基づいて確実な原理をまず確保し、そこから自然現象を説明する〉という、それまで主流であったデカルト（一五九六―一六五〇年）の方法を押しのけて、広く支持を得るようになった。そこで哲学でもお手本はニュートン、ということになる。目の前の現象が考察の出発点であり、原理の確実性を裏付けるための不可欠な証拠とみなされる。そこで哲学にとって問題となるのが、経験と原理（理性）の関係だ。デカルト以降の哲学史の展開は「合理主義 vs. 経験主義、カントによる両者の総合」という図式で整理されることが多いが、実際のところ、啓蒙時代の哲学者一人一人をどちらかの陣営に割り振ることなど不可能である。啓蒙時代の哲学者たちは、それぞれのアプローチで「経験と原理（理性）をどう関係づけるか」という課題に取り組んだのだ（☞**ドイツ通俗哲学**、**感覚論**、**プラトナー**、**ハーマン**）。

▼ドイツ哲学の特徴――駆動因としての「ライプニッツ的なもの」

こういった一般的状況を前提として、どのような点にドイツ哲学の特徴が見いだされるだろうか。①自然現象に向き合う認識主体のあり方、②数学的な原理からは説明できないタイプの対象、③経験を超える対象を扱う学（＝形而上（けいじじょう）

学（がく）の確実性、④宗教と理性、という四つのトピックにおいてドイツ固有の展開を認めることができる。興味深いことに、これらの展開すべてに、ライプニッツ的な傾向が――さらに言えば、より古い層のドイツ哲学からの流れを――見いだせる（☞**ドイツ神秘主義**、**パラケルスス**）。①のトピックでは、ライプニッツのモナド論に淵源する思潮が議論をリードする。ライプニッツにおける世界の究極的単位（モナド）は単なる数的な単位ではなく、能動的な力を備える実体である。認識主体の受動性を強調するイギリス、フランスの哲学者に抗して、認識主体の能動性を軸に据える認識論や、芸術家の根源的な創造性を裏づけようとする美学の基盤として、ライプニッツの〈能動的な力を備える実体〉を見ることは難しくない（☞**テーテンス**、**シラー**）。②のトピックのいくつかの議論は、〈モナドと宇宙〉に関するライプニッツのアイデアにつながる。すなわち「モナドは宇宙に含まれるが、表現作用においては、宇宙を自らの内に含む」という考え方である。この相互包括関係は、歴史的世界に固有の〈個と全体〉、そして有機体における〈個と全体〉を的確に語る際の一つのモデルとなる（☞**レッシング**、**ヘルダー**、**ゲーテ**）。③のトピックは、ライプニッツ哲学を体系的に整理した**ヴォルフ**の形而上学がドイツ各地の大学を席巻したことで、ドイツ固有の問題となった（☞**ヴォルフ**、**バウムガルテン**）。次世代の哲学者（☞**ランベルト**、**テーテンス**、**カント**）はヴォルフを批判するが、そこには形而上学自体を破壊するのではなく、方法を刷新して再構築すべきだ、という共通了解がある。④では、理性に基づいて宗教上の対立を解消する、という主張が一つの方向性を形作る点に、ドイツの特徴がある（☞**レッシング**、**メンデルスゾーン**）。ここに宗教的対立の調停を目指したライプニッツの影響を見ることができる。ただし、一七世紀以降、領土拡張に伴い多宗派の共存を認めざるを得なかったプロイセンが、宗教的寛容を上から強要していた――これは当時のヨーロッパとしてはきわめて異例――ことが、宗教をめぐる哲学的議論の背景にあることも忘れないでおきたい。

▼総括としてのカント

一七・一八世紀ドイツ哲学の始点にライプニッツを見ることができる一方で、終点には**カント**がいる。カントは「現象と物自体」あるいは「自然と自由」という、強力な二元論的枠組みを設定し、そのもとで啓蒙の時代の諸問題に独自の解答を与えた。この枠組みの強固さゆえに、次世代はそこから思索を始めざるをえなかった。また、カント的二元論における〈裂け目〉は、埋められるべきものとして、次世代のドイツ哲学の原動力であり続けたのである。

（佐藤慶太）

ライプニッツ

Gottfried Wilhelm Leibniz　**1646-1716**

▼哲学的探究の動機

ライプニッツは、バロック時代を代表するドイツの哲学者で、「万学の天才」、「千年に一度の天才」などと讃えられる。ほとんどあらゆる学問にかんする理論的探究と、宗教的対立の調停や政治的な秩序に向けた活動などの様々な実践を通じて、ライプニッツが何よりもなそうとしたことは、人民が良く生きられるよう公共善に資することであった。彼にとってそれは、神が創造した世界の普遍的調和を証明することで、神の栄光を自らの知性によって示すことと同義である。ライプニッツの第一の目標は、人間の条件の改善にあり、諸学問の理論的考察は、究極的には人生の役に立ち、人類の幸福を実現することを目的としていたのである。

▼生い立ち

ライプニッツは、一六四六年、ライプツィヒに生まれた。ルター派の家系で、彼が六歳のときに、ライプツィヒ大学の道徳哲学教授であった父が他界する。しかし、遺された蔵書を自由に読むなど、独学によってきわめて早熟な成長を示した。一六六一年にニコライ学院を出るとライプツィヒ大学に入り、父の後任のヤコプ・トマジウスから、スコラ的なアリストテレス主義哲学を学んだ。また、イエナ大学で数学教授のエアハルト・ヴァイゲルから、普遍数学思想の影響を受けた。それは、世界を数学的体系に見立てて、伝統的な哲学とデカルトらの新しい機械論を調停するものであった。一六六六年には『結合法論』で哲学教授資格を得て、そのすぐ後にアルトドルフ大学にて法学博士号を授与されている。教授職をオファーされるも、ライプニッツは自由な学問によって世界に奉仕する道を選択する。本職は宮廷に仕える顧問官として政策立案や公共事業に携わった。また、司書として図書館の管理・運営をしたり、歴史家としてヴェルフ家史の編纂をしたりした。そうした公務の傍ら、哲学や論理学・数学・自然学・医学・技術・地学・法学・神学・中国学など、多様な分野を研究した。

他方で、彼はデカルトの『哲学原理』やスピノザの『エチカ』、カントの『純粋理性批判』に匹敵する体系的主著を持たない。彼が生前に出版した哲学の単著は『弁神論』（一七一〇年）のみで、死後出版された『人間知性新論』もロックの『人間知性論』を反駁（はんばく）した認識論の著作である。代表作の『モナドロジー』（一七一四年）も、彼の晩年の形而上学体系を要約したものにすぎない。彼の哲学思想はむしろ、同時代の知識人や宮廷人との往復書簡や、無数の手稿に散りばめられている。しかし、体系的書物がないがゆえに、様々な側面から照射され、そのつど新しい像をもたらし、問い続けられている哲学者でもある。多くの計画を未完のまま、一七一六年、ハノーファーにて永眠する。

結合の哲学者

ライプニッツには、伝統的学問の継承者としての側面と、新しい学問の改革者としての側面がある。しばしば「折衷（せっちゅう）主義者」のレッテルを貼られるように、彼は新旧の調停者である。プロテスタントとカトリックの和解を図ったり、若い頃にデカルトらの新しい機械論哲学を受容するも、その原理を反省して、アリストテレスの実体的形相を復権させる。しかし、ライプニッツに独創性がないとする見方は誤りである。多方面における仕事は、それぞれ有機的に連関し、より高度な一性の探究へと指し向けられている。それは非生産的な折衷主義ではなく、創造的な結合術である。実際、彼の結合法は、単に既知の諸要素を組み合わせる技法ではなく、未知の真理を見出すための「発見の論理学」であった。すでに初期思想に、知の普遍的総合という考えが方法論に組み込まれていたのである。彼は、「普遍学」の名の下に学問の統合を計画し、学問が合理化される方法をあらゆる分野で探究するが、そこには異質な知識や事象のあいだに連続性ないし関係性を見出す「結合の哲学者」としての側面がある。

「二つの迷宮」

ライプニッツの哲学は、「二つの迷宮」を主題とする。すなわち、「連続体の迷宮」と「自由の迷宮」である。「二つの名高い迷宮がある。……一つは自由と必然性とに関する大問題であり、とりわけ悪の産出とその起源における問題である。もう一つの迷宮は、連続性ならびにその連続性の要素と考えられる不可分体についての議論に見られる。そしてここには無限についての考察が関係してくるはずである」（『弁神論』序文）。

無限は、偶然性と結び付くことで、自由の迷宮にも関係する。現実世界の出来事は、偶然的真理としてあるが、その理由を解明するためには無限の分析を必要とするからである。二つの迷宮を奥底で結びつけているのは、物体の運動や延長がもつ連続性の基体、あるいは、自らの自由意志によって自発的に選択する主体としての、一なる精神的実体である。したがって「一」の形而上学において、二つの迷宮は接合する。「一」と「存在」を同義とする個体的実体の形而上学は、中期の『形而上学叙説』（一六八六年）およびアルノーとの往復書簡で確立される。やがてそれは、『モナドロジー』へと発展する。「モナド」とは、その内に全世界を鏡のように表象する、魂ないしエンテレケイアとも言われる精神的な単純実体で、無限に寄せ集まることで物体を現実的に構成する、不可分な形而上学的単位である。

▼「連続体の迷宮」

「連続体の迷宮」とは、いかにして連続体すなわち線などの一次元以上の幾何学的対象や物体が、構成要素たる点ないし原子から合成されうるのか、という問題である。古くはゼノンのパラドクスに遡れるこの伝統的問題に対するライプニッツの解答は、連続体は無際限に分割可能であり、線が点からは決して合成されず、また線が点へと分割され得ないのに対して、物体も思考上分割可能な延長的原子から合成されないが、幾何学的対象の場合とは異なり、物体はモナドへと現実的に無限に分割されているというものである。

ライプニッツは、衝突問題を通じてこの迷宮へと誘われたが、すでに初期運動論において、物体の運動が可能であるためには、不可分な実体的基礎として、非延長的な「一」が要請されねばならないとする。この観点から、ライプニッツは、物体の運動や抵抗などの性質は、延長のみからは決して導けないとして、デカルト派の物体即延長の定義を批判する。一六九〇年代に$f=mv^2$とする活力保存則に基づく動力学を確立すると、力の形而上学を展開し、精神的な実体的一性を「原初的力」として捉えるようになる。『動力学提要』（一六九五年）では、物体の運動や延長、活動や抵抗の原理として力があること、現象しているのは派生的力のみで、その根源には実在的な原初的能動的力があり、それを実体と言おうが、形相あるいはエンテレケイアと言おうが問題ではなく、ただそこに現象を成立させる実体的な力が根源にあることが理解されればよいとする。連続体がもつ延長という属性は、各々が個体化の原理として一にして互いに異質な原初的力からは合成されえず、その原初的力から結果（帰結）する派生的力の反復ないし拡散として、同質的な量として捉えられる。すなわち、運動や延長の根源としての実体的力は、反復や拡散を通じてそれらを現象可能にする、一なる当体（とうたい）として要請される。こうして、力こそが実体の本質であり、連続体の迷宮を解決する鍵となる。

▼「自由の迷宮」

「自由の迷宮」とは、神が予め（あらかじ）すべての出来事を決定していて現実世界を必然性が占めるなら、そこに神および人間の自由意志は存在するのかという問題を指す。ライプニッツがこの問題を本格的に扱うのは『弁神論』においてだが、初期の『哲学者の告白』（一六七二―三年）でも先駆的に考察している。この問いに対するライプニッツの解答は、出来事は、確かに神の予定として必然的にあるが、矛盾律に基づく幾何学的必然やスピノザ的な絶対的必然ではなく、神が自由意志によって選択した現実世界において生じる点で「仮定的必然」であり、理由律に基づくという点では偶然であるというものだ。しかも、神の自由意志は、実際に何でも勝手に選択できるわけではない。むしろ神が自らの知性によって自らの意志を、あらゆる可能世界のうちで最善のものを現実世界として選択するよう、「強制することなく、傾かせる」のである（『形而上学叙説』第一三節）。したがって、出来事は、その反対も可能という点で偶然的であるとはいえ、選ばれた現実世界のもとでは、神の予定通りに必然的に生じる。その自発的な選択が、神の知性が偶然的に選択した最善の系列に属しているところに、人間の自由が存する。

なぜ現実世界に罪や悪があるのか、という問いについても、この仮定的必然の観点からライプニッツは解答する。すなわち、神はすべての現実存在の根拠であっても、罪を意志しておらず、ゆえに罪の作者ではない。罪の究極的な自然原因は神の知性にあっても、道徳的原因はあくまで罪を犯す者の内にある。人々の罪や自然災害などの悪は、あくまで仮定的必然としてある。悪は、部分としては宇宙の調和（ハルモニア）的全体の内に含まれるが、ハルモニアが好ましくとも、あるいは曲の一部に不協和音が混ざっていても、不協和音そのものが好ましいわけではないように、「全体が好ましいとしても、部分も好ましいわけではない」。神は諸事物の系列全体の調和を評価して最善の可能世界を選択しているのであって、個々の罪や悪を好んでそれらが含まれる系列を選択しているわけではないのである。

こうして、偶然性や自由を許容するライプニッツの最善世界観は、個体的実体ないし単純実体に自発性すなわち能動性を認める形而上学を基礎とする点で、力の形而上学に基づく「連続体の迷宮」に対する彼の解決と連結している。いずれの迷宮も、その解決は「予定調和説」に求められる。「予定調和説」とは、一六九五年に公表された、心身間の調和的結合を主張する仮説的体系だが、より一般的には、異なる領域のあいだに記号的かつ構造的な秩序的対応があることを認める哲学的仮説である。裏返せば、ライプニッツは、心と物とが一方に還元されえないことを認める。そして、そうした異なる領域間の対応の究極的根拠として、神がある。ライプニッツが最終的に神に訴えることで問題を超越的に解消しているという印象は免れない。しかし、ライプニッツ哲学の本質は、まさに相容れない領域のあいだに、ある種の連続性を見出すことにある。彼の哲学方法論の特徴は、実在と現象、具体と抽象、そして個体と普遍の「調和的総合」にある。実際、予定調和説は、ライプニッツにおいて、さらなる学問的探究のための原理ないし作業仮説として機能している。すなわち、これまで結びつきの明らかでない異なる事象間に、構造的な対応関係を探究することから、より一般的な法則を発見し、普遍的な知識を得ることができる。点を無限小の線分、静止を無限小の運動と同一視するように、「連続律」ないし「一般的秩序の原理」によって、一見矛盾する異質な事柄のあいだにも連続性を確立する。「結合の哲学者」にして「調和の哲学者」たるゆえんである。

▼調和の哲学者

▼結び

ライプニッツは調和の認識に人間の幸福を見る。「至福は精神の最大限の調和的状態に存します。さて、精神の本性は思惟することです。ゆえに、精神の調和は、調和を思惟することに存するでしょう。そして、精神の最大の調和、つまり至福は、普遍的調和すなわち神（について）の、精神への集中に存するでしょう」（『哲学者の告白』）。ライプニッツにとって、神は普遍的調和の別名である。ライプニッツの哲学は、普遍的調和の認識と、それに基づく人類の至福という目的に導かれたものだったのである。

（池田真治）

コラム　三十年戦争

一六一八年から一六四八年まで続いた三十年戦争は、近世という時代の特徴をよく表している。ヨーロッパ史における近世とは、一五世紀後半から一八世紀後半までのおよそ三〇〇年にあたる。この時代にヨーロッパの世界進出が始まったのと並行して、ヨーロッパ内部では中世と異なる政治社会がかたちづくられた。キリスト教共同体としてのヨーロッパの一体性が宗教改革によって崩れ、さまざまな宗派や統治理念が生まれるなか、烈しい信仰心と合理的な判断がせめぎ合う時代でもあった。

三十年戦争はこうした時代の真ん中に位置する。争いの焦点となったのは神聖ローマ帝国だった。今でいうドイツを超えて中欧を広く覆ったこの帝国では、大小、強弱さまざまな諸侯や司教、都市が割拠していた。ハプスブルク家の皇帝はそれら諸身分の頂点に立ったが、直接支配したのはオーストリアをはじめとするいくつかの家領だけである。その一つボヘミアで、皇帝がプロテスタントの弾圧と集権化を同時に進めたことが争いの発端となった。もともと高い自律性を有していたプロテスタントの貴族が蜂起したのである。この反乱は皇帝の家領を超えて帝国諸侯の宗派対立や政治的利害と絡み合い、帝国を二分する内戦となった。さらに、同じハプスブルク家のスペインが皇帝を支援する一方、デンマーク、スウェーデン、フランスは反皇帝陣営に与して参戦し、帝国の争いはヨーロッパ大戦へと発展する。

戦争の帰結

主戦場となった帝国でまず目につくのは被害の大きさである。一六四八年までに、帝国の人口は戦前の七割から六割にまで減少した。ただし戦災には著しい地域差があるうえ、人的損失のすべてが暴力に起因するわけではない。天候不順による不作や飢饉、疫病、そして戦争の暴力が相乗的に作用した。各地で増え続ける被害やそれに伴う財政難は、君主たちの政策にも影響を及ぼしていく。

三十年戦争は発端からして宗教と政治がもつれた争いだったが、次第に政治的な判断が重みを増していった。信教の問題を暴力と強制によって解決することの難しさが明らかになるにつれ、各宗派は妥協へ向かう。戦争を終結させたウェストファリア条約では、帝国におけるカトリックとプロテスタントの同権が保障され、もともと公認されていたルター派にくわえてカルヴァン派も認められた。

帝国の政治にとって重要なのは、地方分権的な秩序がウェストファリア条約で保障されたことである。帝国の諸身分は「領邦」とよばれるそれぞれの領域内で、君主としての支配権をさらに強化していく。この過程は、より下位の権力者を体制に取り込む形で進んだ。貴族をはじめとする領邦内の権力者は、いまや自分たちの自律性を主張するよりも、むしろ領邦君主の宮廷や統治組織、軍隊でエリートとして仕えることに活路を見出した。

領邦という枠組みが三十年戦争後にますます重要性を高めていったことは、かつての歴史叙述において帝国の「有名無実化」や皇帝の権威失

ロレーヌの画家ジャック・カロ（1592～1635）は銅版画『戦争の惨禍』のなかで、掠奪をはたらいた当時の傭兵の末路を描く。

墜の証とされた。しかし、近年の研究はそうした見方を退けている。帝国は、例えばルイ一四世治下のフランスのように侵略的な「強国」にはならなかったが、三十年戦争後も一五〇年にわたって存続し、諸領邦が平和的に共存するための大枠として機能した。また対外的にも、フランスやオスマン帝国に対して集団的な防衛力を示すことになる。そして帝国が対外危機を乗り切るうえでハプスブルク家の果たした指導的役割は、皇帝の威信回復を伴ったのだった。

しかし、皇帝が帝国を中央集権化する可能性には歯止めがかけられたのも事実である。しかも帝国の政治はヨーロッパの国際政治と分かちがたく結びついた。一六四八年の講和では、スウェーデン王とフランス王がウェストファリア条約の保証者とされ、両王は皇帝が領邦の自律性を脅かした場合には公然と帝国に介入できるようになった。また領邦の君主には、諸国と独自に外交し同盟を結ぶことが認められた。もっとも、同盟権は皇帝と帝国に敵対しないことが条件とされたし、領邦君主の間では公や伯といった身分の差が大きな意味を持ち続けた。領邦は完全な自律性を得たわけではなく、皇帝を頂点とする帝国の身分制ヒエラルヒーの枠内に留まったのである。

支配者の称号や王朝の家格にもとづく階層性は、近世を通じてヨーロッパの国際関係にも残り続けた。しかし三十年戦争を境に、ヨーロッパでは次第に水平的な秩序が形成されていく。国の大きさや仕組み、信教も異なる諸国家が、少なくとも法的には対等に並び立つ秩序、いわゆる主権国家体制である。近世に確立したこの秩序モデルは、ヨーロッパの世界進出とともにやがて地球全体を覆うことになる。

近世ヨーロッパの複合国家

近年の歴史研究は、こうした国際秩序の単位をなす諸国が内部に抱えた複合性を強調している。近世ヨーロッパでかたちづくられた諸国家は、絶対主義とよばれる体制ですら一枚岩の政体ではなかった。多様な法や慣習、特権を持つ諸団体と諸地域が、離合集散の可能性を保持したまま集塊をなしていたのである。近世国家のそうした特質を知ることなしに、現在のヨーロッパにおける地域的な自治運動や権限移譲について理解することはできない。その意味で三十年戦争と神聖ローマ帝国は、現代を知るための手がかりにも満ちている。

（斉藤恵太）

バッハ

Johann Sebastian Bach　1685-1750

バロック時代を代表する作曲家であるが、当時は作曲家としてよりもオルガニストとして評価されていた。彼の作品は教会カンタータ、受難曲などの宗教曲から鍵盤楽曲、そして管弦楽曲、室内楽などの世俗曲まで、オペラ以外のほとんどすべてのジャンルを網羅している。

▼作曲年代とその目的

バッハは青年時代から晩年まで作品を残しており、若きバッハが何に興味を持ち、当時の二大音楽様式であるイタリア、フランスの音楽をどのように研究したか、晩年の音楽に対する姿勢、哲学を理解することができる。作曲年代によりムジカ・プラクティカ（実用的な音楽）、ムジカ・ポエティカ（詩的な音楽）、そしてムジカ・テオレティカ（理論的な音楽）の三つに区分することができる。

初期の作品は「ムジカ・プラクティカ」に分類される。つまり実用的で用途が定まっているものである。バッハがオルガニストを務めていた時代に残された作品にみられる。礼拝のコラール（礼拝で会衆が歌う歌）伴奏のために作曲された《いと高き神にのみ栄光あれ》BWV715、《甘い喜びのうちで》BWV729などがある。

ヴァイマール・宮廷オルガニスト時代に作曲された作品は、主に「ムジカ・ポエティカ」に分類される。当時ルター派の音楽では、音楽と言葉は密接な関係があり、言葉を音、音型で表すことをバッハは目指した。例えば苦しみは半音階進行、復活は上行音型、また十字架を十字架音型でなど、様々な音型、数を使用して、コラールの歌詞、言葉を音楽で表現している。『オルガン小曲集』、『ライプツィヒ・コラール集』などが挙げられる。

一七二三年バッハはライプツィヒ・トーマス教会カントールに就任する。同時にバッハはこれまでの作品の集大成として『クラヴィーア練習曲集』全四巻を出版するなど、自費で出版することにも精力を注いだ。これらの作品は哲学的で、一度聴いただけではわからない構成、数々の象徴を駆使して作曲されている。この時代の音楽を「ムジカ・テオレティカ」と呼んでいる。

バッハは生涯を通じて、一九世紀以降の作曲家のように美しい作品、自身の心の趣くままに作曲することを第一の目的としていない。宗教曲はもちろんのこと、世俗曲においても神の創造した調和（ハルモニア）のとれた世界（音楽）を表すことを第一としていた。その調和は数の原理でなりたっていた。そのためバッハは作品の構成に「数」を多用している。

▼数の象徴

わかりやすい作品として『オルガン小曲集』に収められている《古き年は過ぎ去り》BWV614がある。この作品の元となったコラールは年末年始に歌われ、歌詞は「今年ももうすぐ終わるが、新年もよい年となるように」との願いが歌われている。全一二小節からなるが、一二小節は一二か月＝一年を表し、さらに曲全体の音符数は三六五音となっている。一年＝三六五日を表していることは明らかである。

▼「ムジカ・テオレティカ」

『クラヴィーア練習曲集第三部』に収められているオルガン作品《これぞ聖なる十戒》BWV678は「旧約聖書」の「十戒」をテーマとするコラールを元にした作品である。この曲集には二つの《これぞ聖なる十戒》による作品が収められているが、BWV678は規模の大きなコラール前奏曲で、二つの手鍵盤と足鍵盤で演奏するよう作曲されている。

冒頭四小節の間、音楽的にほとんど動きがみられず、五小節目に初めて特徴的な主題（モティーフ）が現れる。これは「五」という数字が「人間」を象徴しているためで、人間が誕生する以前は、世界が平安で満たされていたことを示している。音楽理論家アンドレアス・ヴェルクマイスター（一六四五―一七〇六年）は、一から四までの数字はすべて神を表し、五の数字は人間を表していると述べている。人間を象徴する五小節目に現れる主題は、アダムとエバの堕落による、楽園追放の悲しみを表している。つまり主題は不安定な一六分音符と「ため息」の音型と呼ばれる八分音符（順次進行の下行音型二音ずつにスラーが書かれている）からなっている。その後に神が人間に授けた戒律、つまり「十戒」のコラールが始まる構成である。作品全体は六〇小節からなっている。「六」は神が天地を創造した六日間を表す数字であるが、六小節では一つの作品にならないことから、六〇小節としているのだろう。実際、最後の数小節は、音楽的に意味がないと思われる部分もあり、明らかにバッハが意識して六〇小節になるよう作曲していることがうかがわれる。また全体の構成は前半二八小節、後半三二小節に区切られる。二八：三二はすなわち七：八である。「七」は七日＝一週間のことで現世を表し、「八」は八日目（メシアすなわち救い主が現れる日とされている）を表している。バッハはこの作品に、現世のあとに神の救いがあるとのメッセージを込めていると考えられるのである。

音楽は聴くものである。しかしバッハの時代は音型、音の数、小節数などの象徴を用いて、神が創造した調和（ハルモニア）の世界を、音楽を通して表している。

（椎名雄一郎）

ヴォルフ

Christian Wolff　1679-1754

▼数学的方法に基づいて事物の根拠を探求するヴォルフ哲学

クリスティアン・ヴォルフは、ライプニッツとカントの間の時代の啓蒙合理主義者である。彼は、現ポーランド領のブレスラウ（現ヴロツワフ）で生まれた。一七〇六年にハレ大学に数学正教授として赴任し、そこで彼は主に数学と哲学を講義した。ヴォルフは、数学的方法に基づいてライプニッツ哲学をベースにした広大な哲学体系を樹立した。そのため、彼とその支持者たちは「ライプニッツ・ヴォルフ学派」と呼ばれている。しかし、彼は、ライプニッツからだけでなく、「われ思う、ゆえにわれあり」を哲学の第一原理とみなしたデカルトからも強い影響を受けている。

ヴォルフは哲学を「存在しうるかぎりでの可能的なものに関する学」（『哲学一般についての予備的叙説』二九節）と定義する。その上で、彼は、哲学の課題は「なぜあるものが生起しうるかの根拠を明らかにする」（同書三一節）ことだと主張する。ヴォルフの哲学の定義は、彼の同時代人C・トマジウスの定義とは大きく異なる。トマジウスは、哲学は幸福実現のために必要な善の生きた認識を追求する実践学だと主張した。これに対し、ヴォルフは、哲学をあらゆる事物の原理と根拠を探求する普遍学とみなしたのである。

ヴォルフの哲学は、ユークリッド幾何学を手本にした数学的方法によって展開される。まず、彼は、可能性、現実性、必然性、根拠、存在者、魂、神などの基礎概念、および矛盾律や充足根拠律といった基礎原則を厳密に定義する。その上で、彼は、「人間の意志は自由である」、「神は存在する」といった哲学的な主張を、定義済みの基礎概念と基礎原則から演繹的に証明したのである。この方法に基づいて、ヴォルフはドイツ語とラテン語で、形而上学、倫理学、数学、論理学、自然法論などの様々なテーマに関する著作を著していった。彼の著作は、『ドイツ語形而上学』、『ラテン語論理学』といった通称で呼ばれている。

▼ヴォルフによるドイツ語の学術用語の確立

一八世紀初頭には、ドイツ語の学術用語はまだ十分に整備されていなかった。にもかかわらず、当時の学術語であったラテン語を十分に理解できない学生は多かった。こうした背景から、ヴォルフは、ドイツ語での著作活動を通じて、ラテン語の学術用語に対応するドイツ語の学術用語を確立していった。

一七二六年に出版された『ドイツ語著作詳解』において、ドイツ語への翻訳の際にはラテン語の学術用語からの借用や不自然な直訳を避けた、と彼は主張している。この方針は、彼がontologia（存在論）というラテン語をドイツ語に翻訳した時にも現れている。ラテン語ontologiaは、語源的には古典ギリシャ語のon（事物）とlogos（学）に由来する。したがって、ラテン語ontologiaの直訳は、Ding（事物）とLehre（学）の複合語Dinglehre（事物に関する学）である。また、現代ドイツでは、ラテン語ontologiaの借用語Ontologieが使われている。

ところが、ヴォルフは、ラテン語ontologiaに対応するドイツ語として、直訳のDinglehreでも、借用語のOntologieでもなく、Grund-Wissenschaft（根拠-学）という語を選んだ。それは、存在論が、矛盾律や充足根拠律といった人間の認識を成立させるための根拠を扱う学だからである。このように、彼は一貫してラテン語原語の意味内容に対応するこなれたドイツ語を選び出すという方針を取った。

彼によって確立されたドイツ語の学術用語は、ヴォルフの「人工語（Kunstwörter）」と呼ばれている。これらの人工語の中には、「根拠（Grund）」、「概念（Begriff）」、「行為（Tat）」、「命題（Satz）」といった現在でも使われている用語が多く含まれている。

▼ヴォルフの充足根拠律論とその後世への影響

思想内容に関しては、彼の充足根拠律論が重要である。彼は数学的方法によって充足根拠律の普遍妥当性を以下のように証明した。あるものにその根拠がないとせよ。その場合、無がその根拠になってしまうが、それは不合理である。したがって、あらゆるものはその根拠を持たなければならない。この証明は多くのドイツ哲学者によって批判されてきた。J・ランゲなどの当時の反ヴォルフ主義者は、充足根拠律の普遍妥当性を宗教上の理由で否定した。もし、人間と神の意志さえも何らかの根拠によって決定されているならば、人間と神の意志の自由はなくなり、運命論に陥るからである。一七二三年にヴォルフは彼らの働きかけによってハレから追放されることになる。カントも、『純粋理性批判』において、ヴォルフの充足根拠律の証明は分析判断と総合判断の混同に基づいていると批判した。ショーペンハウアーも、『充足根拠律の四つの根について』において、ヴォルフの証明は言葉遊びに過ぎないと批判した上で、自らの充足根拠律論を展開している。

このように、言語と思想内容の両面にわたって、彼は後のドイツ哲学に大きな影響を与えている。彼の哲学体系の概要は、『哲学一般についての予備的叙説』に記されている。

（増山浩人）

オイラー

Leonhard Euler　**1707-1783**

一八世紀の数学者レオンハルト・オイラーは、数学史上とくに重要な人物の一人として知られている。しかし彼の活動範囲は私たちが「数学者」という言葉からイメージするよりもはるかに広く、物理学や哲学などにも及んでいた。

オイラーは、ドイツ語圏スイスの都市バーゼルに生まれ、バーゼル大学の学生時代に、数学教授ヨハン・ベルヌーイにより才能を見出された。一七二七年、ロシアのペテルブルクに移住して当地の科学アカデミーの一員となり、十数年のあいだに優れた学者としての名声を築いたことで、ベルリンの新しい科学・文学アカデミーに数学部門長として招聘された。二五年に及ぶベルリン生活の後には再びペテルブルクに戻り、そこで没した。

生前に執筆された書籍や論文は八〇〇点を優に超え、二〇世紀初頭に刊行が始まったオイラーの全集は現在も完結していない。著述の大部分はラテン語やフランス語でなされたが、母語であるドイツ語で出版された本も数冊ある。

オイラーが多大な貢献をした分野としてまず挙げるべきは、当時「無限小解析」とも呼ばれた微積分法である。とりわけ、「関数」を数学の主要な対象に初めて据えた点が特筆される。オイラーの一連の著作はまた、円周率 π、自然対数の底 e、虚数 i などの記号が定着する上でも大きな影響があった。

このように解析学を整備すると同時に、オイラーはこれを十二分に活用して、力学の理論体系を築き上げた。力と運動の関係を、今日では「運動方程式」と呼ばれる数式で書き表し、それを解くことによって物体の運動を考察するという古典力学の方法は、ニュートンでなくオイラーによるものと言ってよい。オイラーはこの手法で天上の惑星から地上の流体までを幅広く分析し、他方で力学の基盤をなす概念についても論じた。そうした中には、物体の本性、力の概念、空間と時間、引力のメカニズム、などが含まれる。

ほかにも割合としては少ないが、数論、音楽、機械といった分野の著作があり、また光の波動説の発展にも貢献した。狭義の哲学・思想に関する顕著な業績こそ残さなかったものの、あるときにはモナドをめぐってヴォルフ派の哲学者と論争し、またあるときには敬虔なプロテスタントとしてフランス流の自由思想家に反発した。オイラーは確かに「数学者」と呼ばれたが、それにとどまらず、一八世紀ヨーロッパを代表する知の巨人の一人であった。

（有賀暢迪）

バウムガルテン

Alexander Gottlieb Baumgarten　**1714-1762**

▼美学を独立させる

バウムガルテンの最大の哲学的業績は、芸術や美についての学を、哲学の独立した一分科として史上初めて構築したことである。彼は『詩に関する諸点についての哲学的省察』の最後の部分で、「感性」を表わすギリシア語「アイステーシス」に由来する「エステティカ（aesthetica）」という名の学の存立を予告している。彼はこの予告をその後に公刊した主著『美学』で実現することによって、学としての地位をこの学に保証した。そこでは「エステティカ」は感性一般を扱う「感性学」ではなく、感性的なもののなかでもとくに芸術が持ちうる価値としての美を論ずるものとして理解されている。この理解は今日まで受け継がれる。この学が日本に紹介されたとき、「美学」という訳語がそれにあてられたのもそのためである。

▼生　涯

バウムガルテンはベルリンで生まれ、一七三〇年にハレ大学に入学した。一七三五年『詩に関する諸点についての哲学的省察』で大学教授資格を獲得し、ハレ大学で講義を始めている。一七三七年からはそこの助教授として、一七四〇年からはオーデル河畔のフランクフルト大学教授として哲学各分野を講義した。著作としては、『美学』（一七五〇年、一七五八年）のほか、理論哲学に属する『形而上学』（一七三九年）、認識論に属する『論理学講義』（一七六一年）などがある。

▼論理学をモデルに美学を構築

美学に哲学の一分科としての地位を確保するためにバウムガルテンが採った戦略は、哲学としてすでに認知されている他の分科を手本にすることであった。もしそれを模範として美学を構築できるなら、美学が哲学の新たな一分科として認知される可能性は大きいと期待できたからである。その手本としてバウムガルテンが選んだのは論理学であった。芸術も一種の認識であるというバウムガルテンの前提からすれば、論理学と美学は認識を対象とする学であるという類似性を持つことになることが、この選択の根拠である。つまり、たとえば植物を対象とした認識である植物学がすぐれた認識となる条件（概念の判明性、判断の真理性、推論の妥当性など）を論理学が認識するように、たとえば花を対象とした静物画が美しい絵、つまりすぐれた認識となる条件を挙げるものとして美学という学科を構築することができる、というのがバウムガルテンの構想であった。

▼完全性の判断

バウムガルテンに先行するヴォルフ学派は認識を判明なものと感性的なものとに区別

していた。したがってもののすぐれている点（当時の文脈ではそれはそのものの「完全性」と呼ばれていた）の認識も同じく判明か感性的かのいずれかとなる。たとえば時計の完全性の判断は、時計制作者ではそれが時刻を正しく表示するメカニズムを説明できる点で判明であり、そうでない人はそれが正しく時刻を示すということだけを認識するので、感性的である。

さて論理学も美学も認識の完全性を判断する学である。したがって対象である認識と、認識についての認識の双方に、それぞれ判明、感性的という区別が成り立つ。論理学は判明な認識についての判明な認識である。この場合、論理学と、その対象である学とは、判明である点で同質である。論理学がすでに古代ギリシアで十分な展開を見ていたのはその理由による。他方、芸術の完全性の認識の場合、同質性があるのは感性的な認識についての感性的な認識であり、直観的な芸術について直観的に評価するケースがそれに相当する。

バウムガルテンによれば、判明な認識の完全性について判明に認識する能力が理性であるのと類比的に、感性的な認識の完全性について感性的に認識する能力は「理性に類比的なもの（analogon rationis）」と呼ばれる。時計を評価する場合、時刻の正しい表示がその観点となるように、芸術がすぐれていると判断する観点としてバウムガルテンは豊かさ、大きさ、真理、明るさ、説得性、生命という六つの質（彼はこれらを「美」と呼ぶ）を挙げる。「理性に類比的なもの」はこれらを感性的に認識する。しかし美学は学として、これらを判明に認識しなければならない、学とその対象とのこの異質性こそが、美学の成立が論理学よりはるかに遅れた原因であった。

▼感性的認識の完全性を判断する規則

判明な認識が完全である条件を論理学は判明な規則として提示するように、美学も感性的認識が完全である条件を判明な規則として提示する必要がある。バウムガルテンは「部分的な美は全て、全体の美を増幅する」（『美学』第九七項）をそのような規則として提示する。たとえば直喩によるアエネーアースの描写「丁度、妙手が象牙に花やかさを加えたり、銀やパロスの石が黄金に包まれるときのようにである」（『美学』第六六二項）がなぜ美しいかのわけは言えないが、美しいことはわかる。この場合の評価は判明ではない。これが「理性に類比的なもの」による感性的判断である。これに対し、この表現が含まれる『アエネーイス』という作品全体を部分に分け、それらの各々が美しいという評価を積み重ねることは、全体を美しいと評価するわけを枚挙することになるから、判明な評価となる。この判明な評価を基礎づける規則を与えるがゆえに、美学は学問としての資格を請求できるのである。

（松尾　大）

コラム　啓蒙専制君主

啓蒙専制君主とは、主として一八世紀から一九世紀にかけて、啓蒙主義の理念を用いて国政改革を行った専制君主を指す。市民社会の形成に後れをとった東欧や南欧では、イギリスやフランスと違って、啓蒙主義思想は市民の自己解放としての「下からの変革」を促進する起爆剤としてではなく、「上からの改革」を志向する支配者層の統治の知恵として活用された。理性の力を信頼し、非合理的なものを打破して社会を合理的に設計し構築せんとする啓蒙主義の精神は、先進国フランスを範と仰ぐ後進国家の君主らにとっては、国家の近代化という喫緊の政治課題を実現するための最適の道標だったのである。

なかでもドイツでは数多くの啓蒙専制君主があらわれた。プロイセンの「サン・スーシの哲人」ことフリードリヒ二世（大王）やオーストリアの「皇帝革命家」ヨーゼフ二世がつとに有名であるが、ほかにも死刑を廃止したトスカーナのレオポルド（のちの神聖ローマ皇帝レオポルド二世）、ゲーテが仕えたヴァイマールのカール・アウグスト、ヘルダーに賞賛されたバーデン辺境伯のカール・フリードリヒなどはその典型といえる。農民戦争から三〇年戦争へと至る相次ぐ宗教戦争の結果、経済発展に大きな後れを取っていたドイツでは、前近代的な因習からの脱却と社会全体の合理的な変革が切実な課題となっており、彼らは国家の中央集権化をもってその課題に対応しようとした。そのため、信仰を個人の問題としてこの領域における国家の不介入を宣言するとともに、教会領や修道院領の整理縮小によってその影響力の極小化をはかった。のみならず、長らく貴族ら特権階級に牛耳られてきた官僚、司法、教育、軍隊の制度を抜本的に見直し、国家機構全般を君主直属のものとする改革を断行したのである。その方法や成果はまちまちではあるものの、彼らの施策は合理的思考を駆使して国家の世俗化と統治機構の近代化をはかり、君主に国政上の権限を集中させることによって富国強兵を目指す点ではおよその一致をみていた。

もっとも、国政上の権限の集中といっても、啓蒙専制君主たちの目指すところは、一五世紀来の絶対王政のそれとは大いに異なる。後者が貴族やギルドの特権擁護の見返りに彼らに臣従を求め、いわば中間権力（社団）と妥協する形で王権強化を図ったとするならば、前者の意図はむしろかかる社団の特権を狙い撃ちするところにこそあった。絶対王政下では、王権は貴族の領民など社団内の人民には直接及ばないことが常であったが、啓蒙専制君主たちはこれらの中間権力を可能なかぎり弱体化させ、君主権力が直接人民を支配しうる統治システムを構築しようとしていたのである。領主の私物とされていた農奴を小作農化してその管理に国家が介入し、農地改革によって王領地のみならず国土全体を一元的に把握できるよう変更しようとしたこと、さらには、常備軍を拡大して多くの人民を君主直属の兵卒とすることによって、領主裁判権などの領主による人民支配の仕組みを骨抜きにしようとしたことなど、その中央集権志向は絶対王政に内包していた前近代的な身分制度とは明らかに反対の方向を向いていた。

そのような性質の違いは、絶対王政と啓蒙専制君主のバックボーンをなす思想の違いにもあらわれている。絶対王政が中世以来の家産制システムを正当化する王権神授説のうえに立脚していたのに対して、啓蒙専制君主らの行動を正当化していたのはかかる前近代的なイデオロギーを排撃してやまない啓蒙思想の自然法理論であった。前者が教会に依存する保守主義的なエートスを脱却できなかった一方で、後者には社会全体を自然法のもと合理的につくりかえて改善するという進歩主義的な気風が多分に含まれていたのである。もちろん、啓蒙専制君主といえども、その多くは教会の影響力を無視できなかったし、信仰そのものを否定することもできなかった。とはいえ、教会と人々の信仰を権力の正当化のために利用しつつ管理しようとしていた点では、きわめてしたたかな合理的性格をみせていたといえる。彼らにとっては、宗教もまた国家経営のための手段のひとつだったのである。

その意味では、啓蒙専制君主は前近代的な絶対王政と近代的な市民革命のあいだにあって、両者の橋渡し的な役割を果たしていたといえる。精神的に教会の支配から脱却し、中間権力たる社団を弱体化させて封建的な身分社会を解体することは、そのまま近代的なメンタリティや政治制度への門戸を開くことを意味していた。人々をひとしく国家の構成員たる国民へと再編し、自律した社団の連合体としての国家（社団国家）を単一の権力に服する国民からなる国家（国民国家）へと変革すること、さらには愛国心を梃子に国家及び君主権力への求心力を増進することなど、これらの施策は市民革命後の国民国家やナショナリズムの出現へと至る道に通じている。もっとも、君主という性質上、啓蒙専制君主は身分制そのものを完全に払拭するには至らなかったし、その経済政策も絶対王政下で流行した重商主義の商業重視の発想を出ることがほとんどなかった。その点では、彼らの事績は前時代的な要素を多分に含んでいるというべきであろうが、君主の存在意義を合理主義の精神のもとに読み替えることによって、時代の転換点をなしたことの意味はやはり大きい。啓蒙専制君主の多くが同時代の啓蒙主義者らによって警戒されつつも評価されたゆえんである。

なかでもフリードリヒ二世の思索と施策はこうした啓蒙専制君主の典型かつもっとも成功した事例であるといえる。ヴォルテールらとの親交を通して『反マキャヴェリ論』を執筆して自身の啓蒙主義的信条を吐露したこのプロイセン王は王権神授説の考え方を明確に拒絶して社会契約説への支持を明言し、君主権力を社会契約に由来すると考えていた。人間はすべて自由に生まれついているが、自由である権利を社会的に実現するには、結果的に恣意的な独裁政に堕する可能性の高い共和政よりも、人民の幸福の実現を義務と考える啓蒙された君主を戴く君主政の方がより望ましい。したがって、人々はかかる君主と服従契約を交わすのがべターであるというわけである。その際、君主はむろん啓蒙主義の目指す普遍的な人間性の理念を実現する存在たらねばならず、このような義務に忠実であるかぎりにおいて正当化される存在であるにすぎない。君主は理性を発揮することによって自身の存在意義を証せねばならないのであって、その意味では、おのれの施政全般を合理的に説明する責任を負う「国家第一の下僕」たらねばならないのだ。くわえて、フリードリヒ二世によれば、啓蒙された君主は私欲を抑制して自分自身のすべてを国家国民に捧げ尽くすのみならず、臣下の恣意をも抑制して国家全体を徳の実践へと向かわせる「国家の魂」の役割を負っているのであり、それゆえにすべての責任と権力を担う必要のある存在だったのである。

フリードリヒ二世はそのために国王親政を是とし、プロイセンの土地貴族たるユンカーの特権を徐々に制限しながら暫時国家の中央集権化を推進した。その一環として、君主のみならず一般国民にも理性的な自己規律を強要し、民衆教化のために、教会、学校、監獄、軍隊の制度を改めていった。人民の幸福を国家の繁栄と社会の団結にあると考えたフリードリヒ二世は、国家利益を最大化するべく、国民全体に公益への服従を求めたが、国家予算の五分の四を軍事費に充当していた当時のプロイセンにあって、この目的のためにフルに活用されたのが常備軍であった。フリードリヒ二世は兵員を拡充して多くの人民を入営させ、軍という合理的思考を要する場で人々に理性的に規制された生活態度を強制することによって、常備軍を自己鍛錬のための組織としたばかりでなく、各人にプロイセン国民としての自己意識を植えつけるための組織とした。自己愛を祖国愛へと昇華させ、国家そのものを目的視する人材を涵養することは、プロイセンに強力な軍隊をもたらし、この北方の王国を欧州列強に押し上げる原動力となった。多くのドイツ諸侯にとって、フリードリヒ二世の治世は近代化の模範であり統治の鑑であった。

フリードリヒ二世については生前から様々な評価が錯綜したが、二人の哲学者の相反する見方が啓蒙専制君主というものの性格を端的に表現しているといえる。フリードリヒ二世と喧嘩別れしたヴォルテールは啓蒙専制君主の権力集中の危険性を見抜き、かつての親友を絶対王政の君主以上におぞましい存在になっていると非難した。他方、プロイセン王の臣下であったカントはフリードリヒ二世の宗教的寛容と検閲緩和を高く評価し、目下の状況を啓蒙の世紀、「フリードリヒの世紀」とまで称えている。両者の相反する見解からもうかがえるように、啓蒙専制君主とは、「規律（強制）による解放（自由）」という啓蒙主義思想の矛盾孕みの両義的なモティーフをそのまま実現しようとするところにその特徴があったといえよう。その結果、啓蒙専制君主の存在はドイツの啓蒙主義受容に独特の陰影を与え、この国の近代化や近代化に対する態度をも決定的に規定するほどのインパクトを及ぼしたのである。（馬原潤二）

コラム　啓蒙期の教育思想

「教育」という語で、私たちが思い浮かべるのが、小学校や中学校など、子どもたちが受ける学校教育のことだろう。学校教育も、数々の変遷を経て現在のような形になった歴史的構築物であり、その萌芽は、一八世紀ドイツの啓蒙思想に認めることができる。

人間の完全性

啓蒙（Aufklärung）は、雲間から太陽の光が射しこむ気象現象を名づけたもの、転じて、知性の光によって無知偏見が追い払われる様子を言い表している。クリスチャン・ヴォルフの思想に確認できるように、啓蒙の前提となっていたのは、誤謬を取り除かれ、正しい知識が注入されるならば、知性は自ずと真理そして善を認識する、当時の表現で、知性は完全性（Vollkommenheit）に到達するという楽観的な人間観であった。

人間は誰しも知性を有し、完全性に至るという発想は、当時の身分制社会にとっては、行き過ぎた平等主義であった。しかし知性を一挙に高めることは現実的に不可能であるだけでなく、信仰で得られる宗教的真理と計算や実験で確証される自然科学的な真理との確執も生じた。そこで啓蒙は、次第に穏健なものとなり、社会的地位や職能に応じた啓蒙へと分化する。ヨーハン・ヨアヒム・シュパルディンク（Johann Joachim Spalding 一七一四—一八〇四年）の『人間の使命』（*Bestimmung des Menschen*）は、キリスト者の倫理を体現した人間像を説いたが、目指すべき人間像を意味する使命は流行語となり、貴族の使命、市民の使命、ユダヤ人の使命という具合に使われるようになった。

身分に応じて教育も異なっていた時代、子どもの教育は、主に家庭で父や家庭教師によっておこなわれるものであった。だからこそ異なる出自の子どもに同一の教育をほどこす近代的な教育制度の源泉のひとつは、家庭とは別の場所で産声をあげた。敬虔主義者アウグスト・ヘルマン・フランケ（August Hermann Francke 一六六三—一七二七年）がハレ市の城壁の外に設立した孤児院は、貧民や孤児を保護する場であったが、同時に孤児たちは教理問答だけでなく古典語、地理、自然科学等も教育された。ハレの孤児院の教育活動には多くの寄付が集まり、一般の子どもたちの入学者も受け入れるようになった。孤児院は布教活動にも参加しており、世界各地の宣教者から送られてきた文物は、教材として活用された。孤児院の教育活動を受けて、一七七八年にハレ大学では、エルンスト・クリスチャン・トラップ（Ernst Christian Trapp 一七四五—一八一八年）を迎えて、教員養成の専門課程が発足した。しかし、専門育成を受けた教育者と、篤心家こそが教育者であるという伝統的な教師像の間の溝は大きく、トラップも早々にハレを去ることになった。

バゼドウと汎愛主義

伝統的な教育に抗して、人類愛に裏づけられた汎愛（はんあい）主義（Philanthropinismus）に基づく教育を実践したのが、ヨーハン・ベルンハルト・バゼドゥ（Johann Bernhard Basedow 一七二四―九〇年）であった。バゼドウは、教授法や学校組織の改革案を練り、知識を体系的かつ直感的に教えるための、図版を多用した教科書『基本書』（Elementarwerk）の必要性を説いて、支援を求めた。最大の庇護者アンハルト＝デッサウ侯（Leopold III（Anhalt-Dessau）一七四〇―一八一七年）のもとで、バゼドウは学校運営に従事することになる。このデッサウの学舎は、これまでの宗教教育や古典語教育でもなく、また身分で異なる教育や訓練でもない、近代的な教育が実践された場であった。

バゼドウの性格が災いして多くの協力者たちが短期間でデッサウを去ったが、教育の近代化を推し進めた多くの人物が彼の影響を受けた。『ロビンソンジュニア』（*Robinson der Jüngere*）の作者ヨアヒム・ハインリヒ・カンペ（Joachim Heinrich Campe 一七四六―一八一八年）は、雑誌『教育総点検』（*Revisionswerk*）を刊行して、ドイツ各地の教育改革者を支えた。ゴータ近郊のシュネップフェンタールでは、クリスチャン・ゴットヒフル・ザルツマン（Christian Gotthilf Salzmann 一七四四―一八一一年）が私設の学校をたちあげ、そこではヨーハン・フリードリヒ・クリスチャン・グーツムーツ（Johann Friedrich Christian GuthMuths 一七五九―一八三九年）が近代的な体育教育を実践した。ブランデンブルク近郊ではフォン・ロホー（Friedrich Eberhard von Rochow 一七三四―一八〇五年）も地域の村民の教育レベル向上のための学校を運営していた。

ところで汎愛主義へのルソーの影響はこれまでも指摘されてきたが、バゼドウはルソーを手放しで賛美してはいない。ルソーは、教育を子どもの純粋な本性に悪徳を教え込ませるものと批判したが、その批判はそのままドイツにはあてはまらなかった。旧来の教育批判には共鳴しつつも、バゼドウは、カリキュラム、教材、教員の改善が必要だと説いていた。

全人格的教育

人間を全人格的に教育するという新しい理念を支えたのが、エルンスト・プラトナーの『医師と哲学者の人類学』（*Anthropologie für Aerzte und Weltweisen*）が打ち出したような、理性を重視する啓蒙的な人間理解を修正し、感覚を積極的に評価する動きであった。この新しい人間像は、例えばシラーが唱えたような美的教育のような形での全人格的な陶冶（とうや）のなかに認められる。また講義の形で伝えられている、人間の諸能力を調和的に発展させることを目的と説いたカントの教育思想の前提ともなっている。とはいえこの時代、農民への教育はルドルフ・ツァハリアス・ベッカー（Rudolf Zacharias Becker 一七五二―一八二二年）の『救難便覧』（*Noth- und Hülfsbüchlein*）を例外として省みられることはなく、女性への公教育への道はまだまだ閉ざされたものであった。

（吉田耕太郎）

レッシング

Gotthold Ephraim Lessing　1729-81

▼時代に先駆ける多才な啓蒙主義者

ドイツ啓蒙主義を代表する思想家の一人であるレッシングは、一七二九年、ザクセン侯国のカーメンツに生まれた。四八年にライプツィヒ大学を卒業した後、ベルリンやライプツィヒで批評家として活動する。六〇年からは、ブレスラウ（現ポーランド領ヴロツワフ）にてタウエンツィーン将軍の秘書を務める。六七年には、ハンブルク国民劇場から顧問として迎えられるが、劇場はほどなく財政的理由から閉鎖され、七〇年から没する八一年まで、ヴォルフェンビュッテルのアウグスト公図書館の司書を務めた。

この生涯からも窺えるように、レッシングはさまざまな肩書・顔を持つ。残した著作も、戯曲の実作から芸術理論ないし批評、さらには宗教論に至るまで、きわめて多岐にわたり、かつ、そこで展開された主張は、いずれも時代に先駆けたものである。以下では戯曲の実作を割愛し、その理論的著作に即して思想を紹介するが、それでもその一端にすぎない。

▼絵画と文学の境界設定

小説を読んだら感動したのに、それを原作として制作された映画やTVドラマを見たら期待外れだった——こんな経験をしたことはないだろうか？　この失望の原因について、「定説」と呼べるようなものはいまだ存在しないが、考えるヒントとなるのが、「絵画と文学の境界について」という副題を持つレッシングの『ラオコオン』（六六年）である。ここでレッシングは「並存する対象〔中略〕は物体と呼ばれる。したがって、目に見える諸性質をそなえた物体こそ絵画本来の〔表現〕対象である」のに対し、「継起する対象〔中略〕は一般に行為（筋、出来事）と呼ばれる。したがって行為こそは、文学本来の対象である」と述べ、両芸術ジャンルの相違を明らかにした（ウェルギリウスの『アエネーイス』中のトロイアの神官ラオコオンの物語とヴァチカン宮殿にあるラオコオンの大理石像は、それぞれ自らの領分をわきまえて表現しえた成功例である。これをメインタイトルに掲げるところにも、レッシングのセンスは光っている）。これだけを見るならば、ごく当たり前のことを主張しているにすぎないように見えるかもしれない。しかし、古代ローマのホラティウスに由来する「詩は絵のごとく（ut pictura poesis）」という格言が支配し、文学においては「描写詩」（静止した対象をさまざまな角度から手を変え品を変え描写する詩）が、絵画においては「異時同図法」（異なる時間に生じた複数の出来事を同一の画面に表現する手法。広義には日本の「絵巻」も属する）が主流であったこの時代に、レッシングは一石を投じたのである。後年ゲーテは「(『ラオコオン』により)これまで長い間誤解されていた『詩は絵のごとく』という考えが一挙に除去され、造形芸術と言語芸術との相違が明らかになった」と回想している(『詩と真実』)し、次世紀に発明・確立された「一瞬を切り取る」技術としての写真も、レッシングによる絵画の特性規定と無縁ではないだろう(英語の〝picture〟が「絵画」でもあり「写真」でもあることを想起されたい)。

▼「道徳的世界の学校」としての演劇

文学、その中でも批評の分野での主著は、『ハンブルク演劇論』(六七〜六九年)である。同書は、ハンブルク国民劇場顧問時代の劇評集であるが、今日のわれわれが思い浮かべる「劇評」(個々の上演作品の批評)というよりはむしろ、レッシング自身の演劇観を全面的に展開したものであった。彼は、独訳(五三年)されて間もないアリストテレスの『詩学』を丹念に分析し、悲劇のもたらす「同情」の役割に注目して演劇を「道徳的世界の学校」と位置づけた。こうした姿勢は、次項に見る宗教論にもつながっていく。

▼宗教的寛容

宗教論においては、ヴォルフェンビュッテル時代に理神論者ライマールスの遺稿を手に入れ、その一部を公刊したことで、正統派牧師ゲッツェとの間で激しい論争を繰り広げた。論争は君主ブラウンシュヴァイク公によって差し止められたが、レッシングは論争中一貫して主張してきた「寛容」の精神を、戯曲『賢者ナータン』として執筆・発表する(七九年)。舞台は、十字軍の時代のエルサレム。ユダヤ人の豪商ナータン(モデルはメンデルスゾーン)は、得意先のサラディン(イスラムのスルタン)から、ユダヤ教、キリスト教、イスラム教のうちどれが真実の宗教であるか、という問いを突きつけられる。窮地に陥ったナータンの回答やいかに? ここでは「ネタバレ」になるので記さないが、異なる宗教の共存を可能とする寛容の精神を称揚するこの作品は、今こそ読み直されるべきものと言えよう。

さらに死の間際には、ヤコービとの会話において、自分がスピノザ主義者かもしれない、と吐露している。あくまでヤコービの口を通じてのものであることに注意する必要があるが、スピノザ＝無神論者という等式の支配していた時代に、この発言は大きな波紋を読んだ。かくして、これをきっかけに「汎神論論争」が勃発し、ドイツ観念論におけるスピノザ再評価が進んでいく。まさに「死せるレッシング生けるドイツ観念論を走らす」である。

(杉山卓史)

メンデルスゾーン

Moses Mendelssohn　1729-1786

生い立ち——ゲットーから市民社会へ

メンデルスゾーンは、ユダヤ人として、一八世紀後半のベルリン啓蒙主義を代表する存在として活躍した人物である。哲学者カントの良きライバルにして文豪レッシングの生涯の友人であったことや、音楽家メンデルスゾーンの祖父であったことがよく知られている。メンデルスゾーンの思想の基盤は、完全性を志向するライプニッツ・ヴォルフ哲学にあったが、ヴォルフ哲学の不足点を補完する世代に属している。メンデルスゾーンは、ニコライやレッシングたちと協力しながら文芸雑誌に多くの書評や翻訳を寄稿することを通して、ベルリン啓蒙主義の発展に寄与した。メンデルスゾーンは、ドイツの啓蒙主義のみならず、ハスカラーと呼ばれるユダヤ啓蒙主義の中心人物としても活躍した。彼は、ゲットーを出てヨーロッパの市民社会へと進出していく近代のユダヤ人たちの先駆けとなった存在だったのである。

メンデルスゾーンは、一七二九年にデッサウで生まれ、一四歳の時に師匠のラビ・フレンケルの後を追って、ベルリンへ移住した。メンデルスゾーンは、ベルリンに来てから、近代西洋の学問をほぼ独学で習得したが、それ以前にデッサウでユダヤの宗教文化の薫陶を受けていたことを看過してはならないだろう。ユダヤ人の教育や職業をめぐる環境は著しく制限されていたため、メンデルスゾーンは大学の教師として活動していたわけではなく、日中は絹織物工場に勤務しており（最終的には共同経営者になった）、その執筆活動は労働時間外の余暇におこなわれていた。

メンデルスゾーンの生涯は、知名度を得るまでの前半生と、知名度を得てからの後半生に区分できる。メンデルスゾーンの文壇へのデビューは、友人レッシングがメンデルスゾーンの著作を匿名で刊行したことに始まる。それが最初の著作『哲学的対話』である。その後、一七六三年にベルリン・アカデミーの懸賞論文で一位を受賞したことで世間の注目を集めることになり、その後、プラトンの『パイドン』を当時の哲学思想によって翻案した『フェードン』が全ヨーロッパ的なベストセラーとなったことで、その名声は頂点に達した。

ユダヤ教徒であるがゆえの苦難

しかし、知名度を得たことで、後半生においては、啓蒙知識人でありながらユダヤ教徒にとどまるメンデルスゾーンの立場を矛盾と捉える人々の批判に応える必要性に直面し続けることになった。一七六九年にスイスの牧師にして思想家であったラーヴァターによってキリスト教への改宗を迫る公開文書を発表されたことで、それにどう対応するかという問題に直面する。この時期には、王立アカデミーの会員就任をフリードリヒ大王によって拒否されるという事件も発生しており、これはメンデルスゾーンに大きな精神的痛手を負わせることになった。

メンデルスゾーンの後半生は、ユダヤ人の市民的地位の改善が論争となりつつある時代でもあった。メンデルスゾーンは、市民権の獲得とひきかえにユダヤ人の宗教文化の放棄を迫るようなタイプの同化論を批判しており、ユダヤ教を放棄しない形で市民社会に受けいれられることを理想としていた。啓蒙思想とユダヤ教の両立可能性に関する彼の考えは『エルサレム』において凝縮的に展開されている。

メンデルスゾーンは、啓蒙主義運動を促進した団体として知られるベルリン水曜会の名誉会員としても活動している。最晩年のメンデルスゾーンは、晩年のレッシングがスピノザ主義者であった可能性を指摘したヤコービの『スピノザ書簡』がもたらした汎神論論争への対応に追われつつ、一七八六年にその生涯を終えることになった。

▼同時代人カントとの関係

ベルリン・アカデミーの懸賞論文である『判明性論文』のテーマは、道徳や形而上学が数学と同等の確実性をもちうるか、という問いに応えようとするものであり、メンデルスゾーンはそれらに対して数学とは異なる確実性を付与した。同書の第三部では神の存在論証が展開されており、これは晩年の『朝の時間』にまで続くテーマとなった。さらに『フェードン』では、魂の不死に関するさまざまな論証が試みられている。

カントは『純粋理性批判』において、神や魂の不死をめぐる従来の形而上学的論証を批判した。カントは、『純粋理性批判』に対するメンデルスゾーンの学問的評価を知ることを切望していたが、メンデルスゾーン自身は、カントの『純粋理性批判』を読むことは病弱な自分には大変な労苦であると述べており、あまり明確には応答していない。しかし、ヤコービとの汎神論論争期に書かれた晩年の『朝の時間』は、カントへの応答の書としての性格も有している。そこでは、思弁が経験からあまりにも逸脱する場合には、コモンセンスと理性が共同でバランスを取る必要性が述べられており、カントの議論との類似性と差異の双方を示している。

メンデルスゾーンは美学の領域でも一定の足跡を残している。『感覚に関する書簡』やその他の著作を通して、美的判断に関して形而上学的考察から心理学的な考察への転換を促すことになった。これはシラーやカントの議論にも大きな影響を与えた。

（後藤正英）

ランベルト

Johann Heinrich Lambert　1728-1777

▼ドイツ随一の天才

一七六四年、プロイセン王立アカデミーへの入会に先立ち、ランベルトはフリードリヒ大王に謁見した。大王が「得意な分野は何か」と尋ねたところ、ランベルトは「すべて」と答え、続く「では、どうやってそれほどの知識を身につけたか」という質問に対しては「かのパスカル同様、自分自身で」と返答したという。宮廷での態度は「熊のよう」であり、謁見後、大王はダランベールに「あの男は人間の言葉を解さず、数式しか話せない」と書き送った。不遜な態度のせいで大王は入会承認を渋ったが、ランベルトは他の会員たちの熱烈な後押しのおかげで翌年に入会を認められ、その後アカデミーの全部門で研究報告を許される唯一の存在となる。ミュールハウゼン（現フランスのミュルーズ）の貧しい仕立屋の家に生まれ、一二歳から働きながら独学で天文学、物理学、数学、哲学を学び、そのすべてにおいて当時の最高水準に到達（数学の業績として円周率が無理数であることの証明、ランベルト級数の発見などが挙げられる）。礼儀作法などは意に介さず、知性だけを頼りに成り上がり、カントをして「ドイツ随一の天才」と言わしめた男、それがヨハン・ハインリッヒ・ランベルトである。

▼『新オルガノン』

ランベルトの哲学上の主著は、『新オルガノン』（一七六四年）と『建築術構想』（一七七一年）である。『新オルガノン』は、認識における単純な要素を析出し、それらの結合に基づいて学問全体を体系化するという、いわゆる「普遍学」の発想を基礎としている。全体は四つの部分に分かれており、確実な学的認識の条件を形式（推論形式など）の観点から考察する「思考法則学」、推論の実質的要素（「単純概念」）を主題とする「真理学」、単純概念に対応する記号および言語について考察する「記号学」、これらを実際に使用する際に生じうる「仮象（かしょう）」について論じる「現象学」からなる。ちなみに「現象学（Phänomenologie）」という概念はこの著作が初出で、ランベルトはこの学の創始者である。

『新オルガノン』の構想を概観してみよう。ランベルトは単純概念の根本特徴として、複数の徴表をもたないということを挙げている。矛盾は二つ以上の徴表の存在を前提とするので、単純概念では矛盾が生じない。さて、単純概念はいくつかのタイプがあるとされるが、とくに重要なのは認識の基礎的要素である「単純基礎概念」である（「固性」、「現実存在」、「持続」、「延長」、「力」、「意識」、「意欲」、「運動可能性」、「一性」、

「継起」があげられる)。この種の概念は、さしあたっては感覚を介して手に入れられるが、無矛盾＝無謬という性質がある。それゆえ諸学で用いられる複合概念をこれらの単純基礎概念に正しく基礎づけ、体系化すれば、確実な学問全体の体系が確保されることになる。体系化にあたりランベルトがモデルとしているのはユークリッド原論であり、公理と要請に依拠した複合概念の合成が考えられている。

以上のように、単純基礎概念に基づく学問全体の体系化の可能性が示されるが、我々人間はある特定の視点から感覚を通じて外界にアクセスするため、単純基礎概念によって示される「真なるもの」の領域に直ちに到達できるわけではない。さしあたり我々を取り巻くのは「仮象／見かけ(Schein)」である。この仮象は幻というわけではなく、我々にとってそのように「見える(scheinen)」限りでの存在である。このように直近の現実のほうから「単純概念」の理論をとらえなおすのが「現象学」だが、ここではランベルトが若いころから取り組んでいた光学や遠近法の研究が応用されており、「仮象」にどのようなタイプがあるか、「仮象」から「真なるもの」へと至るためにはどうすべきか、といった問題が論じられる。「現象学」にはテクスト解釈における読み手の「視点」や「先入見」に着目する解釈学的考察が含まれていることも付け加えておこう。これらの考察はカントにも影響を与えている。当初カントは『純粋理性批判』における仮象批判のパートを、「現象学」というタイトルでまとめようとしていた。

▼『建築術構想』

一方、『建築術構想』の狙いは、単純基礎概念の理論に基づく存在論の再構築である(「建築術」とは、単純基礎概念をベースに「存在論」を基礎づける理論のこと)。論敵として挙げられるのは、事前の吟味なしに「存在者一般」の概念から論述を開始するヴォルフ学派の存在論である。ランベルトによれば、「存在者一般」とは「抽象」によって成立したもので、そこでは実在の個物において見いだされる有意義な内実が捨象されている。だから「存在者一般」を始点としてどれほど考察を重ねても、決して実在に迫ることはできない(それはあたかも、すべての図形に共通の特徴を備えた図形から始められる幾何学の原論である)。存在論を基礎づけるためには、「物」の概念を構成する単純基礎概念を洗い出し、複合的なあり方をしている「物」の概念の成立を跡づけることから始めるべきだ——ランベルトはこう考える。ヴォルフ批判に関してはカントにスポットライトが当たることが圧倒的に多いが、その今一つの批判の筋を考えるうえで重要な著作である。

(佐藤慶太)

テーテンス

Johann Nikolaus Tetens　1736-1807

ハンス・ニコラウス・テーテンスは、哲学、神学、教育学、数学、物理学、さらにはダム建設、保険制度、予防接種に関する論考も著した多才な学者。カントが最も信頼した同世代人の一人で、学界でもドイツ随一の秀才と目されていた。ロストック大学で博士論文を提出した直後（一七六〇年）、二四歳でビュツォウの新設大学にて私講師となる（六三年、物理学の正教授に着任、七六年、キール大学に転出）。確かなポストを得るまで苦労したカントやヘルダーとは著しいコントラストをなす経歴である。八九年、キール大学を辞し、コペンハーゲンの財務官職に就任。さらなる哲学の展開が見たかったと言いたくなるが、テーテンスの才能は大学教員という狭い枠組みに収まりきらなかった、と考えるべきかもしれない。

　哲学における主著は『人間本性とその展開についての哲学的試論』（一七七七年、未邦訳。以下『試論』）と『一般思弁哲学について』（一七七五年、未邦訳）である。『試論』は自己観察を通じて心の諸能力――感情（Gefühl）、知性（悟性）（Verstand）、意志（Wille）に区分される――の働きを解明する「観察哲学」の書である。ロックの影響が顕著だが、考察を通じて経験的所与に還元されえないものが発見される点を見逃してはならない。例えば、想像力（構想力）の分析では、この力の本質を単なる知覚パーツの組み換えに見る立場（連合心理学）に抗して、想像力が分解不可能な表象を創り出しうること（＝想像力の創造性）が明らかにされる。思考能力の分析では、「一切の経験に先行する」思考作用の法則が認識の「形式」として取り出される。『純粋理性批判』執筆中、カントはいつも『試論』を広げていたとハーマンが証言しているが、事実、カントにおける想像力やカテゴリーの理論にその影響を見ることは難しくない。一方、『一般思弁哲学について』は「観察哲学」をベースとした形而上学再構築の計画書である。計画の骨子や「超越的（transzendent）」という語―この語は当時「超越論的（transzendental）」と互換可能だった―の用法は『純粋理性批判』と非常に近い。こちらも『純粋理性批判』の成立を考えるうえで興味深い書である。

　テーテンスは一八世紀ドイツ哲学像を捉え直すための鍵でもある。経験的心理学に依拠しつつ、経験に先行する認識の形式や形而上学について迷いなく論じるそのスタイルは、当時のドイツ哲学の諸潮流が「合理主義」と「経験主義」の二分法では捉えきれないということを示唆している。

（佐藤慶太）

カント

Immanuel Kant **1724-1804**

▼哲学のスクラップ・アンド・ビルド

「哲学のすべてはカントへと流れ込み、すべてはカントから流れ出す」という言葉がある。形而上学、道徳、宗教、美、歴史……。伝統的な哲学のテーマのすべてが、カントの思索の射程圏内に入る。そこで行われるのは単なる継承ではなく、徹底的なスクラップ・アンド・ビルドだ（メンデルスゾーンは「すべてを粉砕するカント」と評した）。カントは、それ以前の哲学者の言説を吟味し、退け、独自の考察の枠組みを設定し、答えを提示する。その枠組みの強固さゆえに、以後ドイツのほぼすべての哲学は、カントを起点に据えるか、もしくは敵対者として彼と対峙せざるをえなかった。カントはドイツ哲学において「絶対に不可避な存在」（ヤスパース『カント』）なのだ。

▼生涯と著作

カントは、一七二四年四月二二日、東プロイセンのケーニヒスベルク（現ロシア領カリーニングラード）に、馬具職人の子として生まれた。四〇年、ケーニヒスベルク大学哲学部に入学し、クヌッツェンの下で哲学・自然学の勉学に従事し、四六年に卒業論文『活力の真の測定にかんする考察』を執筆して同大学を卒業する。その後しばらく、ケーニヒスベルク近郊の村々で家庭教師をして生計を立てていた。五五年、ケーニヒスベルク大学私講師（聴講者の支払う聴講料を収入源とする講師）に就任し、論理学、形而上学から数学、物理学に至るまでの多岐にわたる講義を開始する。いずれの講義においても、カントは該博な知識（自然地理学の講義では日本にも言及している）を諧謔や機知にくるんで生き生きと語り、ヘルダーをはじめとする多くの聴講者を魅了した。ケーニヒスベルクとその近郊を生涯離れたことのなかったカントにそれが可能だったのは、彼が国際商人をはじめとするさまざまな職業の人々との長時間にわたる昼食を日課とし、会食者たちから世界の最新情報を得ていたからである（もちろん、その食卓に人が集まったのは、カントもカントで楽しい話題を提供したからにほかならない）。

七〇年、『感性界と知性界の形式と原理について』をもって、同大学の論理学・形而上学正教授に就任する（ちなみにこの間、エアランゲン、イエナの各大学から、また、ケーニヒスベルク大学でも詩学教授のポストに招かれたが、いずれも断っている）。後年の『純粋理性批判』の基本的な立場は、〈認識は感性と悟性という二つの根からなる〉という二元論であるが、そのうちの感性にかかわる部分（の、少なくとも骨格）は、すでにこの教授就任論文において示されている。しかし、カントはこの論文の出来に満足しておらず、新たに『感性と理性の限界』という書を構想するようになるが、それが日の目を見るまでには一〇年を要した（著作らしい著作を発表しなかったことから「沈黙の一〇年」と呼ばれる）。

八一年、満を持して『純粋理性批判』を発表（カント哲学の時期区分として、これ以前を「前批判期」、以後を「批判期」と呼ぶ）。しかし、当初の世評は芳しくなく、「存在するとは知覚されることである」という主張で知られるアイルランドの哲学者バークリの観念論と混同した書評が出る始末だった。これに反論するため、『純粋理性批判』への導入的な性格をもった『プロレゴーメナ』（「序説」の意味）を八三年に発表。この後、八七年には『純粋理性批判』を大きく書き改めた（ただし、カント自身は「根本的な変更はない」としている）第二版を、八八年には『実践理性批判』、九〇年には『判断力批判』と、主著三部作＝「三批判書」を立て続けに出版し、その哲学は円熟期を迎える。大学人としても、哲学部長を七度、総長も二度務めている。

そんな順風満帆の学者人生に影が差すのは、九四年のことである。カントは論文『啓蒙とは何か』（八四年）において「この時代は啓蒙の時代あるいはフリードリヒの世紀である」と述べ、啓蒙専制君主フリードリヒ二世（大王）を高く評価していた。しかし、二年後の八六年に大王は没し、新たに即位したフリードリヒ・ヴィルヘルム二世は反動的な宗教令を次々に発布する。カントは、『単なる理性の限界内の宗教』（九三年）などに展開されたその宗教哲学を問題視され、宗教・神学にかんする講述を勅令によって禁止された。カントには、生涯における外面的なドラマに乏しい「書斎の人」というイメージがつきまとうが、このように「ペン一本で国家権力と闘う」一面もあったのである。

こうした国家による思想弾圧に苦しみながらも、カントはなおその思索の歩みを止めず、まとまった著作としては『永遠平和のために』（九五年）や『人倫の形而上学』（九七年）などを出版するほか、自らの哲学体系を『自然科学の形而上学的原理から物理学への移行』として新たに構想し直そうともしていた。しかし、迫り来る老いには勝てず、この新しい哲学体系の構想は遺稿（『オプス・ポストゥムム』）として残された。九八年には大学の講義からも完全引退する。そして、世紀の改まった一八〇四年二月一二日、老衰のため息を引き取る。

以下、三批判書に即してカントの哲学を見ていこう。

▼形而上学の批判——自然科学の基礎づけと「仮象」の暴露

どうすれば形而上学は確実な学問となりうるか——これが『純粋理性批判』の主要問題である。「形而上学」とは、究極原因としての神、宇宙の始まりなど、経験を超えた原理的なものを主題とする哲学の一分野である（形而上学（[Metaphysik]）という語は、Meta（超えて）＋Physik（物理学／自然学）という組成からなる）。そしてカントが考える確実な学問の条件とは、その学問の言説が〈どんな場合でも、誰にとっても必然的である〉ことに存する。たとえば、「運動の伝達において作用と反作用は等しい」という物理学の法則がこれにあたる。このような法則を提示できる物理学に対して、当時、形而上学の地位は非常に不安定であった。一方で「経験によって確認できないものは、すべて不確実」という哲学者（ヒュームなど）の懐疑的言説が流布し、これが形而上学の存立を脅かす。他方ヴォルフのように、一見隙のない論理を組み立て「神は存在する」等の命題を論証する形而上学者がいるが、カントが見るところ、どんな場合でも誰にとっても必然的とは言えない。

こういった状況を打破して、形而上学を確実な学問として再構築するのがカントの狙いだ。この狙いと著作タイトルにある「純粋理性」、「批判」がどのように関わっているか、確認しておこう。カントは人間の知的能力を悟性（ごせい）（Verstand）と理性（Vernunft）に区分する。例えば目の前にチョークがあるとしよう。その原料の石灰岩がどのように生成したかを調べ、「水から炭酸カルシウムが沈殿して生成した」という結論に至る場合、そこで働くのは悟性である。悟性は、私たちを取り巻く事象相互の関係を取り扱う。ここに留まらず「では、その水はどのように？」という疑問を投げかけ、次々に原因・結果関係を辿っていくと、最終的には「宇宙はどのように誕生したのか？」という問題に行きつくだろう。このように経験のレベルを超えて、物事の究極原因について思考するよう急き立てるのが理性であり、この理性が関わるものこそが形而上学の対象である。だとすれば、経験的な要素を含まない理性（＝純粋理性）が知りうるもの、知りえないものを区別することで、形而上学において〈どんな場合でも、誰にとっても必然的な言説〉が特定できるはずだ。この「区別」が「純粋理性」の批判である（「批判（Kritik）」はギリシア語の「区別すること（κρίνειν〔クリネイン〕）」に由来する）。

『純粋理性批判』を大きく三つの部分に分けて考えると、第一の部分（「超越論的感性論」と「超越論的論理学」の前半＝「超越論的分析論」）の役割は、形而上学の基礎部門（慣例的に「存在論」、「一般形而上学」と言われる）の再構築である。その課題は、私たちが経験的に認識のなかで〈どんな場合でも、誰にとっても必然的な〉性質をもつものを見つけ出すことにある。この性質を、カントは「経験に先立つ」という意味をこめて「ア・プリオリ」（ラテン語で「より先なるものから」の意味）と呼ぶ。当の性質を経験から引き出すことができないからだ。この課題を遂行することは、自然科学の基礎づけという意味ももっている。自然科学者は、経験的なものを研究するが、研究が依拠する原則（例えば「すべての自然現象は原因と結果の連結の法則によって生ずる」）が、ア・プリオリであることを前提としている。しかしこの前提の真偽を、自然科学者自身が問うことはない。カントは、この前提自体を改めて基礎づけるのである。

カントの診断によれば、それまで誰も、私たちの経験的認識のなかにア・プリオリな性質をもつものを見つけ出せなかった。それはカント以前の哲学者が、認識がかかわる対象を、私たちの認識作用から独立したものとして（「物自体として」）前提して、対象と認識作用との関係を考えていたからである。ここでカントは発想を転換し、「対象が私たちの認識に従わなければならない」と想定することでうまくいかないかを考えてみる。この発想転換のもとで、

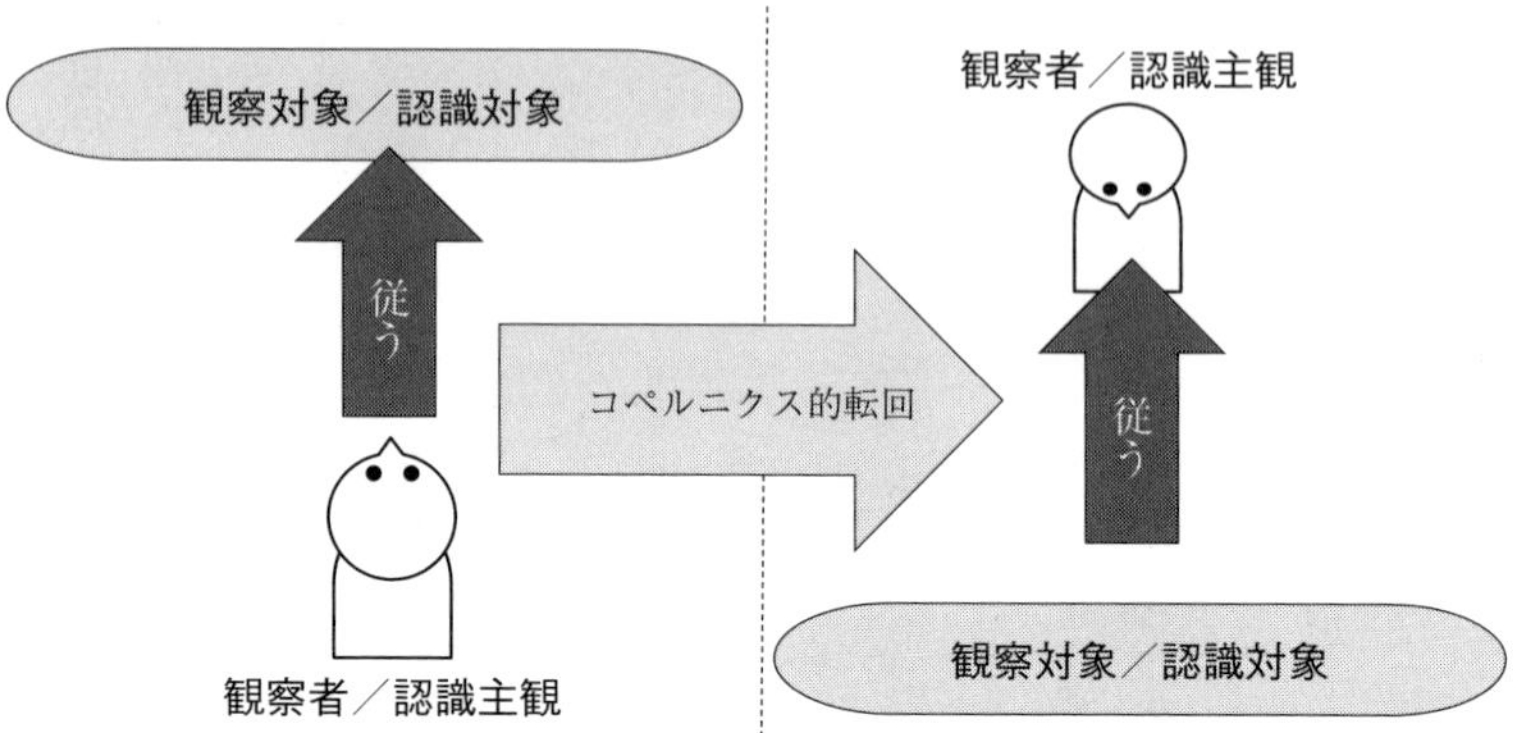

コペルニクスにおける転回	運動する天体を、静止している地球上の観察者がとらえると考えると天体の整合的な説明ができない	観察者（地球）が動いていて、その動きが観察対象に反映されると考えれば天体の整合的な説明ができる
カントにおける転回	先だって存在する対象を主観が認識すると考えると、経験のうちにア・プリオリな認識を見出すことができない	主観に備わる認識の形式が投入されて対象が成立すると考えれば、経験のうちにア・プリオリな認識を見出すことができる

私たち（＝認識主観）に例外なく備わっている認識の形式が、私たちの経験的認識の成立条件であることを明らかにし、この形式をア・プリオリな要素として取り出す。これがカントの戦略である。この方法ならば、経験的認識のうちにア・プリオリな性質をもつものを見いだすことができるだろう。これがいわゆる「コペルニクス的転回」である（コペルニクスの地動説とカントの方法との対応関係については、図を参照）。

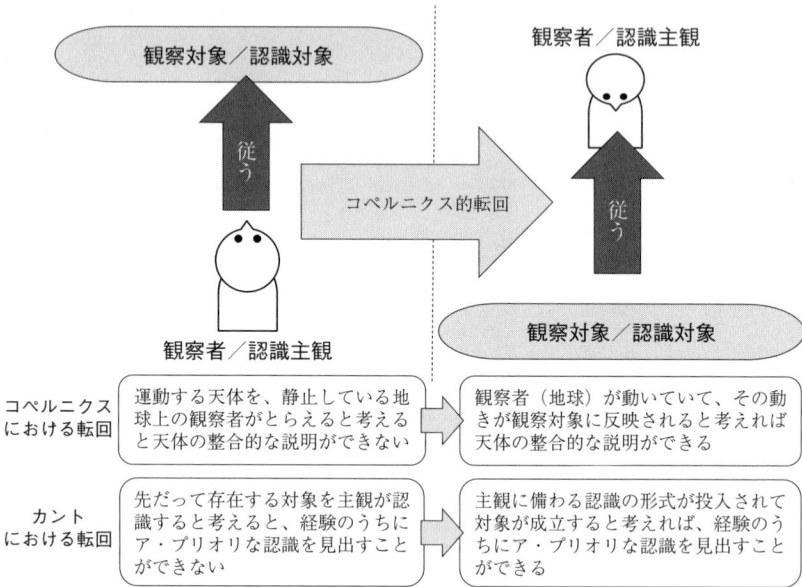

このような認識の成立条件に関わる高次の認識を、「超越論的認識」と呼ぶ。『純粋理性批判』の各セクションに「超越論的」が付されているが、さしあたりこの意味で理解しておくのがよい。さて、この認識の成立条件＝ア・プリオリな要素として取り出されるのが、「直観の形式」と「カテゴリー」である。カントが考える認識のメカニズムは、「感性」がデータを受け入れ、それを「悟性」が一定の認識へと仕上げる、というものであり、直観の形式とカテゴリーは、それぞれ「感性」と「悟性」に属するア・プリオリな枠組みである。直観の形式は「時間」と「空間」である。ここには時間と空間は、私たちの認識から独立に存在するものではない、という強い主張がある。カテゴ

リーは、「量」、「質」、「関係」、「様相」の四種類に区分され、それぞれに三つずつ、計一二あるとされる。ちなみに感性と悟性の働きが決して一元化されない点もカント哲学の特徴である。

直観の形式とカテゴリーの協働によって四種類の「純粋悟性の原則」が成立する。これが経験的認識の最も基礎的な枠組みである。その中には、自然科学の営みの前提である因果法則（「すべての自然現象は原因と結果の連結の法則によって生ずる」）も含まれる。この原則は経験の成立条件であるから、経験的認識の対象が見いだされる場面で、つねにすでに効力を発揮している。このような成立条件の解明によって、カントは経験的認識のなかにア・プリオリな性格をもつものがあることを裏づける。以上が第一の部分の成果であり、カントによる自然科学の基礎づけである。

以上のような積極的な成果は、その裏面として、伝統的な形而上学の解体を決定づける。経験的認識のうちにア・プリオリな性格をもつものを見いだすことができたのは、経験的認識の対象が私たちに備わる認識の形式に基づいて構成されたものだからである。これは、経験的認識の対象とは「物自体（ものじたい）」（私たちの認識の枠組みから独立した物）ではなくて、私たちにとっての「現象」（私たちに現われるもの）にすぎないということを含意している。だとすれば、この「現象」の外部、すなわち私たちの認識の成立条件を見出せないところでは、ア・プリオリな認識は成立しえないということになる。このことを明らかにするのが『純粋理性批判』の第二の部分（「超越論的論理学」の後半＝「超越論的弁証論」）である。吟味にかけられるのは、魂の不滅性、宇宙論の諸対象（宇宙の時間的起源、空間的限界、宇宙の最小構成要素、宇宙における因果法則に縛られない自由など）、神、といった伝統的な形而上学の主題で、どれも経験を超えた対象である（当時、これらの対象を扱う部門は、「存在論」である「一般形而上学」に対して「特殊形而上学」と呼ばれていた）。吟味の結果、カントは次の結論にたどり着く。従来の形而上学で取り扱われていたこれらの主題は、究極的な原理を求める理性の本性に根ざすものである。しかし認識のために必要な構成要素（感性の働き＝直観）を欠いている。それらは、直観とカテゴリーの協働が認識の成立条件であることを見落としているがゆえに発生する「仮象」にすぎない。

ここで理性の批判に一つの区切りがつく。一方においてカントは、経験的認識の成立条件を突き止めることで、自然科学の基礎づけを担う形而上学を確立した。この方向性は、『自然科学の形而上学的原理』（一七八六年）でより詳細な展開を見る。その裏面として、魂の不滅性、宇宙論の諸対象、神といった特殊形而上学の主題には、「統制的理念」（決して到達できないが、人間が認識活動を進めるうえで目指さざるをえないもの）というステータスが与えられる。『純粋理性批判』の第三の部分（「超越論的方法論」）を見ると、カントが経験的認識の成立条件を扱う「一般形而上学」と、統制的理念を扱う「特殊形而上学」という構成で、新たな形而上学の体系を確立しようとしていることが分かる。

これと並行して、『純粋理性批判』執筆後のカントは、道徳的な行為を通して特殊形而上学の対象のリアリティを確保する可能性を探り始める。『人倫の形而上学の基礎づけ』（八五年）、『実践理性批判』（八八年）に代表される倫理学の著作群で深められていく思索が示す道筋である。

▼義務論的倫理学の構築と自由の確証

カントの倫理学関係の著作群では、人間を行為へと導く力である「意志」を規定する理性、すなわち実践理性が主題となる。『純粋理性批判』で制限を課された理性は、実践理性と対比させられる場合、理論理性と呼ばれる。カント倫理学の主要課題は、実践理性が「純粋に」意志を規定しうること、理論理性には不可能であった形而上学の対象（魂の不滅性、神、自由）の存在証明が、実践理性には可能だということを示すこと、この二点を明らかにすることである。

カントの倫理学は、現代倫理学でも有力な立場の一つである「義務論（Deontology）」の源泉とみなされており、今なお、その重要性を失っていない。その特徴の一つは「動機主義」であり、その立場は、例えば結果主義を含意する功利主義と著しい対比をなしている。カントにとって「無制限に善いものは善い意志のみ」なのだ。

カントによれば、「善い意志」とは「義務に基づく」意志である。義務は、条件付きのものと無条件のものに区別され、後者に基づくものだけが「善い意志」である。義務の種類の区別は、各々に固有の命令形式（命法）の区別に対応している。条件付きの義務を示す形式は、「〇〇ならば、□□しなさい」というもので、例えば「好感度をあげたいなら、正直でいなさい」がこれにあたる（これを「仮言命法」という）。この命令は、好感度など気にしないという人には拘束力をもたない。これに対して、無条件の義務は、「ただ、□□しなさい」という形式をとる。このタイプの命法は（いろいろな定式化がなされるが）唯一、以下のものだけである。「その格率（かくりつ）が普遍的法則になってほしいと、当の格率を通じて、自分が同時に思えるような格率に従ってのみ、行為しなさい。」これを「定言命法」という。

「格率（Maxime）」（「信条」、「準則」とも訳される）の意味を押さえておくと、定言命法がよくわかる。「格率」とは行為を導く原理のことである。人間が行為を行う際、それを意識しているか否か別として、常に何らかの原理（＝格率）に従っている――この洞察は、カント倫理学の一つのポイントをなす。例えば、「好感度をあげるためにできる限りのことをする」という格率を採用している人間は、好感度をあげられる状況に出くわした場合、その機会を逃さないだろう。ここには、三段論法の大前提、小前提、結論と同様の構造（格率、状況、行為）が見いだされる。意志は元来、原理（大前提）に基づいて結論を導き出すという仕方で働いており、だからこそ「原理の能力」である理性によって規定されうるのだ。

以上を踏まえて、定言命法の意味を明らかにしよう。定言命法とは、①自分がある行為をする際に従っている格率を明確にし、②その格率に自分を含めた全員が従うような世界を思い浮かべ、③矛盾が生じないか、あるいはその世界を望むことができるか考える、という一連のチェックを行い、このチェックをクリアできるような行動をせよ、という命令である。定言命法が具体的なものを何も含まず、形式を通じて命ずる点に注目しよう。これが、実践理性が純粋に意志を規定する、ということの意味である。

定言命法は、理性にのみ由来するものとして、私たちの意志に「迫ってくる」（これを「理性の事実」という）。定言命法による意志の規定は、理性が命じるものに自ら従うこと、すなわち「自律」である（仮言命法に従うことは、理性以外の要素への依存があるから「他律」である）。注意すべきは、自律は、単に定言命法を使ったチェックをクリアして行動する、ということではなくて、定言命法のチェックをクリアするということだけを動機として行動する、ということである。だから、恋人への愛ゆえに誠実に振舞うことも、自律とは呼べない。この条件は非常に厳しい。カントも人間が欲にまみれていることは承知していて、常に自律を達成できる人間がいるとは考えていない。完全な自律は一つの理念である。また人間は自身の動機を完全に見通せないため、自己愛に基づく行為を自律と取り違える可能性に付きまとわれている。この錯誤は「人間の心の倒錯」であり、その可能性にカントは人間に巣食う「悪」を見た。これは、『単なる理性の限界内の宗教』で展開される主題である。

▼道徳的行為を通じた形而上学の再構築

以上がカント倫理学の基本的な枠組みである。続いて、この枠組みにもとづいて、カントがどのように魂の不滅性、自由、神という特殊形而上学の対象のリアリティを確保したのか、見ていこう。

まず、定言命法との関係で「自由」の実在性を論証するカントの論述を追ってみたい。例えば、今、この本を読んでいるあなたがある王様に仕えている身分だとする。ある日、王様はあなたに「S氏について偽証をしろ、しなければ殺す」と脅迫してきた。実はS氏は無実なのだが、あなたの偽証があれば、罪を着せられてしまう。この時、あなたならどうするだろうか。偽証してしまうかもしれない。しかしそこで定言命法があなたに「迫って」きて、格率のチェックを命じ、「この局面で嘘をつくべきではない」という結論を引き出させる。これは——実際にあなたがそれをするかどうかは別として——「命と引き換えにS氏を守る」という可能性が提示される、ということと別のことではない。カントの表現を使うならば、「なすべきであると意識するのであれば、なしうる」のである。さて、定言命法は、理性自身によって提示されるルールであるが、これは自然の世界を支配するルールとは別のものである（カントは、それぞれを「道徳法則」と「自然法則」と呼ぶ）。つまり、定言命法に従って行為しうるということが、〈実践理性が自然の因果系列から脱して、自前の法則に従う〉（＝自律）という「自由」の確証となるのである。

ここでカントは、『純粋理性批判』において確立した「現象と物自体の区別」という枠組みを活用することで、二つの法則の両立を可能にしている。自然法則の領分は、感性と悟性の協働によって成立する「現象」に限定され、道徳法則の領分は「物自体」に限定される。ある人が定言命法に従うということは、道徳法則の領分に入ることであるから、「現象」を脱して「物自体」として自分自身を意識する、ということを含意している。

このような道徳法則と自由の関係を基礎として、「魂の不滅性」と「神」にも新たな場所が与えられる。鍵となる概念は「最高善」である。「最高善」とは、幸福に値する行為（定言命法に基づく行為）に対して、それに応じた幸福が配分されている状態のことで、人間にとっての究極的な目的である。まず、最高善が成立する条件として、私たちの心構えが道徳法則と完全に一致している状態が必要である。しかし私たちは有限な存在であり、限りある生の中で道徳法則との完全な一致を達成することはできない。この一致に近づくためには、私たちの魂が無限に存続すること（「魂の不滅性」）が必然的に要請される。しかし、道徳法則との完全な一致が達成されても、それに対して適切に幸福を配分することは、有限な人間には不可能である。ここで、その配分の条件として神の存在が要請される。

以上のように、自由、魂の不滅性、神は、実践理性による意志規定の必然的前提として要請される。この種の「要請」は「理性的信仰」と言い換えられる。『純粋理性批判』（第二版）の序論には「私は信仰に場所を確保するために、知を破棄しなければならなかった」という言葉があるが、ここでの「信仰」とは、理性の外側にあるものではなく、「実践理性の要請」のことである。『純粋理性批判』において妥当な認識の領域から締め出された特殊形而上学の対象を、実践理性の要請を通じて取り戻す——これが、道徳的行為を通して形而上学を再構築するカントのプログラムである。

▼自然と自由の架橋——美と有機体に即して

『純粋理性批判』が「真」の問題を、『実践理性批判』が「善」を扱ったならば、次の、そして最後の「批判」の書である『判断力批判』が扱うのは「美」である。実際、カントは同書を出版の前年（一七八九年）まで「趣味の批判」の題名で構想していた。それを、土壇場で『判断力批判』に改めて「趣味の批判」をその一部として組み込んだのは、趣味という美の判定能力の根底に「合目的性」（目的にかなっていること）という原理があり、それが生命（カントの用語では「有機体」）の判定にも通底している、という見通しを得たためである。さらにカントは、この原理に『純粋理性批判』が扱った自然概念の領域と『実践理性批判』が扱った自由概念の領域とを架橋する役割も託して、「美的判断力批判」と「目的論的判断力批判」の（一見異質な）二部からなる『判断力批判』を世に問うた。

同書の核をなすのは、美を判断する際の人間の心的構造を分析する「美の分析論」である（これに続いて、美に類する「崇高」の分析も行われる。美と崇高、さらには「滑稽」などをまとめて「美的（ästhetisch/aesthetic）」と呼ぶ。「美的」と「美しい（schön/beautiful）」は異なることに注意）。こう述べると、「何が美しくて何が美しくないかは時代と民族によって異なるので一律の構造など存在しない」という異論が寄せられるかもしれない。しかし、カントが行ったのは、具体的に何が美しくて何が美しくないかを独断的に決めつけることではなかった。そうではなく、個々の具体的な「美しい（美しくない）」という判断に先立ってそれを可能にしている（＝「超越論的」）心的構造は、同じ認識能力をもっている人間ならば共有しているはずであり、その分析を、『純粋理性批判』で提示されたカテゴリー表に倣って質・量・関係・様相という契機に即して行ったのである。まず、その結論を示しておこう。

質　「趣味とは、対象または表象方式を満足または不満足によって一切の関心を伴わずに判定する能力である。そうした満足の対象が美しいと言われる」＝関心なき満足

量　「概念なく普遍的に気に入られるものが美しい」＝概念なき普遍性

関係　「美とは、目的の表象なく知覚される限りでの、対象の合目的性の形式である」＝目的なき合目的性

様相　「概念なく必然的満足の対象として認識されるものが美しい」＝概念なき必然性

すべて「〇〇なき□□」という否定形を取っている。これによってカントは、美の判断は関心や目的などの広義の客観的「概念」によらずに、すなわち主観的に下されるが、それでも普遍妥当性を（事実問題としてではなく権利問題とし

て）要求できる、そしてその点で、主観的私的妥当性しか持たない「快適」や客観的普遍妥当性をもつ「善」とは異なる、と主張している。

美の判断が主観的である、という前半部の主張は、直観的・常識的にも分かりやすいだろう。しかし、それが同時に普遍的である、という後半部の主張は、ただちには理解しがたいかもしれない（しかもカントは、質の契機から量の契機に移行する際、美の判断が関心を欠いている「からこそ」普遍的である、とさえ述べている）。この点を理解するためには、『啓蒙とは何か』の次の一節を、補助線として引いてみるのがよいかもしれない。

しかし私は、自分自身の理性の公的な使用ということで、ある人が学者として読者界の全公衆を前にして理性を利用すること、と理解している。〔これに対してその〕私的使用を、ある種の委託された市民的な地位ないし官職において理性を使用してよいこと、と呼ぶ。

ここでカントは、「公」と「私」との、二一世紀の日本におけるのとは異なる区別について、論じている。われわれが通常「公」とみなしているのは、彼の言う「ある種の委託された市民的な地位ないし官職」（「将校」、「税吏官」、「聖職者」等が例として挙げられている）であろうが、彼は彼らの理性の使用が「私的」だと言う。なぜなら、彼らは特定の集団（軍隊、教会等）の利害関心に囚われて受動的に振舞わなければならないからである。こうした閉ざされた利害関心を脱して「開かれた」立場で理性を使用すること、これこそがその「公的」な使用にほかならない。

例えば、京都市の職員は現代日本では紛れもなく「公務員」という職業であるが、カントに言わせれば、彼／彼女らは京都市という特定集団の利害に沿って（のみ）仕事をしている。もちろん、それは非難されるべきことではないが、その仕事＝「理性使用」はあくまで「閉ざされて」おり「私的」である。これを脱して京都府という単位で仕事をすることは「公的」であるが、あくまで京都市に比して相対的に、である。これを繰り返し、京都市から京都府へ、京都府から日本へ、日本から世界へ……と次々に「閉ざされた」利害関心を脱して「開かれた」立場で議論すること、それが真に「公的」な「理性使用」なのである。それをなしうるのが、「世界市民（コスモポリタン）」である。同年発表の『世界市民的見地における普遍史の理念』は、そうした世界市民によって構成される社会を最終目標に設定した人類の（決して右肩上がりにではなく「敵対関係」をも経由した）歴史を叙述したものであるし、後の『永遠平和のために』は、そうした理想社会を実現するための方策として「自由な国家の連合」という、今日の国際連合やEUにもつながる構想を提唱している。

美は関心を伴わない「からこそ」普遍的である、という『判断力批判』における議論は、こうした〈利害関心に囚われない「からこそ」公的である〉という議論を下敷きにしている。こうした美の独自の媒介機能は、さらに別角度から「目的なき合目的性」と表現される。美しい自然は、あらかじめ定められた目的があるわけではないのに、実に「目的にかなった」あり方をしている。このように、自然の美しさは、また、自然に人間が手を加えたもの（＝技術）の美しさは、因果法則によっては説明できず、目的‐手段の系列という原理によって説明されなければならない。

美という主観的なものだけではない。自然界における生命という現象も、誰が意図したわけでもないのに、実に生存という「目的にかなった」あり方をしている。これを理解するには、自然を（『純粋理性批判』におけるように）機械論的にではなく「あたかも目的をもつかのように」見なければならない。こうして、『判断力批判』第一部が美を「主観的合目的性」として説明するのに対し、第二部は自然を「客観的合目的性」として説明するのである。

このように、自然は機械論的にのみならず目的論的にも見られうる。こうした目的‐手段の系列の最終項に位置するのが「究極目的」、すなわち、自由の原理である。かくして、目的論的に自然を見ることは最終的に自由に至る。こうして、カントは自然の領域から自由への移行・架橋を図ったのである。

（佐藤慶太・杉山卓史）

ハーマン

Johann Georg Hamann　1730-1788

篤信と博識の凝集した寸鉄の言葉と、炸裂する深い洞察によって読者を惹きつけてやまぬハーマンの思想は、「疾風怒濤」の時代を導き、ロマン主義の世界観・自然思想が生起する重要な契機となった。ゲーテは彼に「時代の最も鋭敏な知性」を見出し、ヘーゲルもその著作を「文体そのもの」と激賛した。キルケゴールもまた「主体的な真理」への「覚醒のラッパ」を聴いた。さらにベンヤミンの言語論にまでその影響は及んでいる。謎と挑みに充ちた彼の著作は、かえってその表面的な理解を拒む言葉の昏さゆえに、各時代の知性の冒険を招く場となった。「北方の博士（マグス）」という半ば畏敬を含んだ称号は、そのような著作の担う信仰と思想の深みを窺わせる表現である。数の上では非常にわずかな、しかし慧眼の読者をのみ得た著作家、それがハーマンであった。

ハーマン自身の志向は、彼の時代の主潮をなした啓蒙主義、殊にベルリン啓蒙主義の「光の志向」との対決にあった。彼は、時代の理性信奉の表面的な明るさの追求が、むしろ知者も民衆も等しく服従させ、その魂の腐敗を醸成する闇の支配を覆い隠すことを指摘する。そのような「啓蒙の啓蒙」の姿勢は、「啓蒙の弁証法」の一八世紀における先取りであった。彼は、自身が思想家として重んじる人々の著作・発言をその本来の文脈に差し戻す「再批判（メタクリティーク）」を自らの方法とした。『ソクラテス追憶録』（一七五九年）『美学の堅果』（一七六二年）等の初期の主著に続き、ヘルダー『言語起源論』に対する『薔薇十字の騎士の遺言』（一七七二年）、カント『純粋理性批判』に対する『理性の純化の再批判』（一七八四年）、メンデルスゾーン『エルサレム』に対する『ゴルゴタとシェブリミニ』（一七八四年）等、いずれも「再批判」の途を行く。カントの批判期への展開を促したヒュームの懐疑を、カントに最初に紹介したのはハーマンであったが、『純粋理性批判』の「純化」の途は「言葉を捨象しついには沈黙」に至る「理性の自損」と批判する。逆に「言葉こそは理性の子宮」と述べ、現代哲学の「言語論的転回」をもすでに先取りしている。こうした、ソクラテスに学んだ対話の途によって、彼は、啓蒙の克服すべき闇は啓蒙理性それ自体のなかにも潜むことを指摘したが、時の啓蒙専制君主フリードリヒ二世の上からの開明政策に時代の闇の元凶を示唆した点で、その黙示的な表現は政治批判をも含むものであった。

（川中子義勝）

プラトナー

Ernst Platner　**1744-1818**

▼プラトナーの生涯

プラトナーはライプツィヒに生まれたが、幼くして父を亡くし、著名な学者、J・A・エルネスティを実質的な養父として育った。このエルネスティの下ではレッシング、ゲーテらも学んだ。一七六二年にライプツィヒ大学に入学、六七年には医学で学位論文『記憶における身体的力について』を提出した。これは後年の人間学的な心身問題へのアプローチを先取りするものである。七〇年以降、彼は同大にて論理学、形而上学、道徳哲学、美学、人間学の講義を行い、七二年に『医者と哲学者のための人間学』を刊行した。そして七六年からは『哲学的アフォリスメン』を五度の改訂を加えつつ刊行した。九六年にはライプツィヒ大学医学部の学部長を務め、一八一八年に亡くなった。

▼人間学の課題

彼の人間学構想は、哲学と医学の架橋という課題に密接に繋がっている。彼は『医者と哲学者のための人間学』序文において次のように述べている。「世間で言われるように、ヒポクラテスの時代以降の医術が医術と哲学の分離を必然的にしたのだとすれば［…］この医術という学は、その発展の過程で、得るものより失うもののほうが多かった」。もし近代医学が、経験主義、実証主義的な面を持っていたヒポクラテスの末裔であり、その過程で古代医学に残存していた哲学的、神秘的要素を捨て去ったのだと自らを誇るのだとすれば、プラトナーの考えではその態度こそ問題の根源である。プラトナーは医術と哲学の分離に抗して、両者を統合しようと試みる。しかし、それは「哲学」と呼ばれてきた学問を、いわば「人間学」化することで果たされるのである。「問題はすべて、哲学という言葉で何が理解されているかにかかっている。私にとり哲学は、人間の学（Wissenschaft des Menschen）であり、すなわち人間の本性や人間の幸福に関係をもつ身体と精神の学以外の何ものでもない」（同書）。このようにプラトナーの人間学は、哲学の異名となり、狭義の哲学と医学を包摂し、統合する上位の学問である。同書の扉には、ヒポクラテスとプラトンの二人が描かれているが、これはプラトナーの構想する人間学において統合される二学問の象徴である。

プラトナーの人間学を貫いているのは心身問題である。身体（物体）と精神という異なる実体の関係を規定することは、近代哲学の主要問題の一つを形成してきた。プラトナーは、ヴォルフらの影響を受けつつ、独自の心身論を展開している。

精神と身体はこれまでそれぞれ医学と哲学に振り分けられ、独自の領域を形成してきたわけだが、これに対し、心身の分離、医学と哲学の分離を解決するのがプラトナーにとっての「人間学」なのである。

『医者と哲学者のための人間学』においては諸観念の産出、記憶、空想、理性、天才等の議論に並んで、脳、神経、神経液、脳髄等についての思弁的な生理学的議論が登場する。神経は、プラトナーにとり、心身問題との関係で重要な意味を持つ。神経が、精神と物体の中間的存在であるような流体としての精気（Lebensgeister）を通しうるような管状構造を取っていることはたんに生理学には還元できず、人間学という次元での重要性を有する。また脳は神経システムの中心とされ、そこに精神を代表する魂が属するとされる。脳は心身が究極的に交わる場所となり、その意味でこの脳論が、人間学の中核を形成する。

▼同時代的受容　プラトナーの人間学は、一八世紀後半のドイツにおいて一定の地位を獲得していた。

フィヒテは一七九〇年代中期以降のいわゆる「プラトナー講義」において、プラトナーの『哲学的アフォリスメン』を検討している。この講義録には、フィヒテが身体、精神に関する発生的、生理学的な考察を、プラトナーとの比較において展開した形跡が残っている（なおラインホルトもプラトナーの著作を講義で用いていた）。

カントもこの『哲学的アフォリスメン』を所有しており（ヴァルダ『イマヌエル・カントの蔵書』）、『プロレゴーメナ』（一七八三年）にはプラトナーからの引用がある。またカントは、これ以前、一七七二年（プラトナー『医者と哲学者のための人間学』刊行年である）の冬学期より、自身の人間学講義を開始したが、翌七三年、『一般ドイツ文庫』第二〇巻第一号に『医者と哲学者のための人間学』の書評を書いていたマルクス・ヘルツ宛の書簡の中で、「身体の諸器官が、思考とどのように結びついているのかということに関する、微細かつ私の目から見れば永遠に実を結ぶことのない探求は［自分の人間学講義では］まったく行わない」と述べている。ここで語られている、カントの構想とは別種の人間学こそ、プラトナーが一七七二年の著作で展開した人間学である。カントが自身の人間学に付する「実用的見地」という文言は、たんに軽い読物調を予告するものではなく、プラトナーの思弁的な人間学構想との緊張関係において理解されねばならない。（浜野喬士）

ヤコービ

Friedrich Heinrich Jacobi　**1743-1819**

近年の研究において、ヤコービは、カント以後のドイツ観念論の形成に決定的な影響を与えた人物として再評価されつつある存在である。ヤコービは、『スピノザ書簡』によってスピノザ再評価の機運を盛り上げると同時に、メンデルスゾーン、フィヒテ、シェリングとの論争に参画することを通して、啓蒙主義以後の思想を牽引することになった。

ヤコービは、一七四三年にデュッセルドルフで裕福な商人の息子として生まれた。一七五九年からジュネーブで医学や哲学を学んだが、当地ではルサージュを師と仰ぎ、ルソー周辺の人々と交流した。一七六四年にデュッセルドルフに戻り、当初は家業に従事していたが、後に文筆業に専念することになった。ヤコービは、一七八〇年代の中葉から哲学的著述を本格化させたが、それに先立つ時期に、疾風怒濤期の雰囲気を色濃くもった二つの哲学小説『アルヴィル』と『ヴォルデマール』を刊行することで、大きな評判を得ることになった。一八〇五年にミュンヘンへ移住し、一八〇七年から一二年までバイエルン科学アカデミーの院長に就任した。シェリングとの論争を経た後、実質的に引退状態となり、一八一九年にミュンヘンで死去した。

哲学の歴史にヤコービが決定的な影響を与えたのは汎神論論争である。一七八五年に出版した『スピノザ書簡』の中で、ヤコービは、自らがレッシングとの間で行った対話を公表し、晩年のレッシングがスピノザ主義者であった可能性について指摘した。スピノザ主義は無神論の別名でもあったので、この書物は一大センセーションを巻き起こした。ヤコービのスピノザに対する立場は両義的である。一方で、ヤコービは、スピノザの哲学を首尾一貫した体系をもつ合理主義哲学の最高のモデルとして理解する。しかし他方では、スピノザ哲学がもつ論証の方法では自由や人格を把握できないことを批判する。この場合、スピノザ哲学への批判は、当時の啓蒙主義哲学への批判としての性格も有している。ヤコービは、自由や人格が、論証という間接知ではなく、信仰や感情という直接性の次元によって開示されるものであることを強調した。しかし、スピノザへの態度が両義的であったことからも分かるように、ヤコービは非合理な神秘主義者であったわけではない。彼は、啓蒙主義以来の理性批判の系譜を継承しつつ、理性が哲学体系を構築する場合に取り逃がしてしまう対象を鋭く指摘したのである。この問題設定は、ドイツ観念論の哲学者たちに大きな影響を与えた。

（後藤正英）

ヘルダー

Johann Gottfried Herder　1744-1803

▼カントとは別の仕方で、あるいはカントの彼方へ

哲学史には、一見すると不幸な師弟関係がしばしば現れる。代表的なのは、フッサールとハイデガーであろう。カントとヘルダーの関係も、その例に漏れない。若き日のヘルダーは、ケーニヒスベルク大学で私講師として教鞭を執っていたカントから多大な影響を受けた。しかし後年、主著『人類歴史哲学考』（一七八四―九一年、『イデーン』）がカントに手厳しく批判されて以来、ヘルダーはカント哲学の執拗な攻撃者に転じる。たしかに、その批判は「罵詈雑言」に聞こえなくもない。しかし、「勝利者（＝カント）史観」から距離を置いてヘルダーの著作に対してみると、そこにはカントとは異なる、類比と経験に基づく豊かな思考の可能性が広がっている。カントとは別の仕方で後世の思想に影響を与えたことが、近年では実証的にも示されてきている。実は、ヘルダーのカント批判は「正しい学恩の返し方」なのではないだろうか。

▼生　涯

ヘルダーは一七四四年、東プロイセンのモールンゲン（現ポーランド領モランク）に生まれた。六二年、ケーニヒスベルク大学に入学し、カントやハーマンから大きな影響を受ける。六四年、ハーマンの紹介によってリガの大聖堂の説教師の職を得るが、六九年に辞職して船でパリへ向かう（この旅の記録である『旅日記』には、ヘルダーの思想の原型が散りばめられている）。その後、ハンブルク・ダルムシュタット・シュトラースブルク（現フランス領ストラスブール）と旅を続ける。七一年からはビュッケブルクの主任牧師を、七六年からは、シュトラースブルク以来の畏友ゲーテの招きにより、ヴァイマール公国の宗務管区総監督を務める。一八〇三年、ヴァイマールにて没。

▼理性即言語

ベルリン・アカデミーが「人間はその自然的能力に委ねられて言語を発明することができるか。そして、いかなる手段によって人間はこの発明に到達するのか」という懸賞課題を出したことをパリへの旅の途上で知ったヘルダーは、これを「まさに私のために出された問題」と友人に書き送っている。この問題に答えて書かれ入賞を果たしたのが『言語起源論』である（出版は一七七二年）。同書で彼は、人間を他の動物において「本能」に相当するものを持たないものとして描き出すことから始める。にもかかわらず、人間がこの世界に生き延びることができるのは、本能の代わりに人間に「魂の自由にはたらく能動的な力」が具わっているからである。こうして、ヘルダーは人間を「思慮

深さ（Besonnenheit）を持つ被造物」と呼ぶ。この「思慮深さ」という広義の理性のはたらきが、人間を人間たらしめると同時に、言語を生む。すなわち、人間がその意識をはたらかせるのは、何らかの「しるし」によって、ある事物の性質を別の事物の性質と区別されたものとして「認知」しうる場合であるが、この「認知」というはたらきを可能にする「しるし」に、ヘルダーは人間の言語の原初的な形態を見出しているのである。こうした「理性即言語」という主張は、晩年の『純粋理性批判のメタクリティーク』（九九年）において、旧師の主著に言語という視点が欠けていることを批判する形で、再び現れる。

▼感性即存在

「存在とは、最も感性的な概念である」。最初期の『存在試論』（ケーニヒスベルク大学在籍時にカントに宛てた「レポート」という性格を持つ草稿）の結論である。この「感性即存在」という思想は、生涯にわたってさまざまな姿で彼の著作に登場する。折しも、バウムガルテンが「感性的認識の学」として「美学」を打ち立てた直後であった。しかし彼は、伝統的な修辞学・形而上学を背景としたバウムガルテンの美学を「上からの美学」として斥け、より感覚に即した「下からの美学」を提唱する。それが、『彫塑』（七八年）に展開される「触覚＝感情（Gefühl）の美学」である。同書で彼は、絵画を享受する視覚と音楽を享受する聴覚の基礎に彫刻を享受する触覚を据え、「触れることから見ることへ、彫塑から絵画へ」という発展図式を提示する。さらに晩年の『カリゴネー』（一八〇〇年）では、同様の主張がカント（『判断力批判』）批判として、展開される。

▼個に顕現する普遍——歴史哲学

『イデーン』は、地球の生成から人類の歴史を説き明かす壮大な試み（未完）である。ヘルダーは同書を、宇宙における人間の位置づけを自然学的に明らかにすることから始める（この背景には、『人間の魂の認識と感覚について』［七八年］などに見られるように、彼がハラーの生理学をはじめとする当時の最新の自然科学の成果を、ライプニッツ哲学を参照しつつ独自の仕方で摂取していたことがある）。その上で彼は、「風土」が人間を形成する、そしてそれゆえ、それぞれの民族・歴史は、異なる形で普遍的な「人間性」が顕現したものとして、それぞれ固有の価値がある、と主張した。ここに、「普遍史」を志向するカントとは異なる「歴史主義」の主張が現れている。なお、『民謡集』（七八―七九年）は、こうした歴史主義的な観点からそれぞれ固有の価値をもつヨーロッパ中の民謡（Volkslieder）＝民族（Volk）の歌（Lied）を収集・翻訳したものである。

（杉山卓史）

ゲーテ

Johann Wolfgang von Goethe **1749-1832**

ゲーテが生きた時代は、ドイツ観念論哲学の最盛期だった。だが彼は、ドイツ古典主義の盟友だったシラーとは対照的に、同時代の哲学からは、一貫して距離をとり続けた。ゲーテの作家としての本領は、抽象的な観念ではなく、具体的な事物やイメージに即して思考し、創作する「対象的思考」にあったからである。だがそれにもかかわらず、西洋近代の問い直しという課題を、彼は同時代の思想家たちと共有していた。そして、近代の代表者であると同時に、その仮借ない批判者でもある点に、ゲーテの独自性はあった。

▼近代と反近代

▼市民社会から宮廷へ

フランクフルト・アム・マインの富裕な市民の家庭に生まれたゲーテは、ライプツィヒとシュトラースブルクで法学を学び、戯曲『ゲッツ・フォン・ベルリヒンゲン』（一七七三年）と小説『若きヴェルターの悩み』（一七七四年）によって、若い作家たちの文学運動の旗手となる。だが、一七七五年に、ザクセン・ヴァイマール公カール・アウグストの招きによって、ヴァイマール公国に移住した彼は、宮廷社会の一員となり、公国の政務に携わるかたわら、創作活動を続けてゆくことになる。イタリア旅行（一七八六―八八年）からの帰国後、彼はシラーとともにドイツ古典主義の代表者となり、小説『ヴィルヘルム・マイスターの修業時代』（一七九五―九六年）や叙事詩『ヘルマンとドロテーア』（一七九七年）を発表する。一八〇五年のシラーの死後、悲劇『ファウスト第一部』（一八〇八年）、小説『親和力』（一八〇九年）、小説『ヴィルヘルム・マイスターの遍歴時代』（一八二九年）、悲劇『ファウスト第二部』（一八三二年）などの大作を次々に完成させたゲーテは、一八三二年に八二年の生涯を閉じるのである。

▼教養と諦念――『ヴィルヘルム・マイスター』

『ヴィルヘルム・マイスターの修業時代』は、主人公の自己形成過程を描く「教養小説」の代表作として知られているが、同時にまた、人間の多面的自己形成の不可能性をめぐる物語でもある。裕福な商人の息子ヴィルヘルムは、市民には実現不可能な調和的自己形成を、演劇の世界に求めるが、彼のこの願望は、挫折を余儀なくされる。自分が俳優に生まれついていないことを悟った彼は、社会改革をめざす貴族ロタ一リオを中心とするグループ「塔の結社」の一員に迎えられ、その妹ナターリエと結ばれる。フランス革命から終始距離をとっていたゲーテは、この作品のなかで、市民と貴族とが手を結ぶことによって漸進的に社会を改革するという、革命の代替案を示そうとしたのである。『修業時代』の続篇にあたる『ヴィルヘルム・マイスターの遍歴時代』で、妻ナターリエから離れて、息子フェーリクスとともに遍歴を続けるヴィルヘルムは、多面的自己形成を断念し、外科医となる道を選ぶ。「諦念の人びと」という副題をもつこの小説には、アメリカからヨーロッパに戻って領地改革を試みる「伯父」、その甥で「塔の結社」とともにアメリカ移住を企てるレナルドー、その従妹でフェーリクスの初恋の相手となるヘルジーリエ、フェーリクスを預かる教育州の人々、山あいの村で紡績業を営み機械化の波にさらされる女性ナホディーネ、宇宙との神秘的な交感を体現する老女マカーリエなど、さまざまな人物が登場し、数多くの短篇小説やアフォリズムが挿入され、ヴィルヘルムは主人公というよりはむしろ、舞台回しの役割を演じている。この作品のもつこうした特異な小説形式は、主人公の成長過程を描くことによって成り立つ伝統的な小説形式の終焉を告げると同時に、二〇世紀以降の現代小説の新たな可能性の先取りともなっている。

▼救済と断罪――『ファウスト』

ファウストは、一六世紀のドイツに実在したとされる学者で、人間の限界を超える認識欲と行動欲をみたすために悪魔と契約し、地獄堕ちしたという。だが、一八世紀にすでにレッシングが、人間の認識欲を擁護する啓蒙主義の立場から、救済されるファウストを構想した。レッシングのファウスト劇は未完に終わったが、ゲーテはこの構想を引き継いで、ファウストの救済を描き出す。だが同時にまた、およそ六〇年にわたって書き継がれたゲーテのこのライフワークからは、西洋近代の代表者としてのファウストに対して、作者がしだいに鋭い批判の眼を向けざるをえなかったことが見て取れる。第一部では、学問に絶望した老学者ファウストの前に、悪魔メフィストフェレスがあらわれ、この世ではメフィストがファウストに仕えるが、ファウストが現状に満足して、瞬間に向かって「とどまれ、お前は美しい」と言ったとき、彼の魂はメフィストのものになるという賭けを申し出る。若返ったファウストは、清純な娘グレートヒェンに恋をし、彼の子供を身ごもったグレートヒェンは、思いあまって嬰児を殺し、処刑される。第二部で、自然の恵みと眠りのもつ忘却の力によって、罪の意識から癒されたファウストは、宮廷人となって皇帝に仕え、魔術を使って宮廷の財政を立て直す。ギリシアの美女ヘレナを呼び出したファウストは、彼女とのあいだに息子オイフォリオンをもうけるが、空高くのぼったオイフォリオンは墜落死をとげ、ヘレナもまた彼のもとを去ってゆく。海の干拓事業に取り組むファウストは、海辺に住む敬虔な老夫婦フィレモンとバウチスに立ち退きを迫る。メフィストは、老夫婦の小屋に火をつけ、二人を焼き殺してしまう。この場面には、一九世紀に急速な発展をとげつつあった科学技術に対するゲーテの深い懐疑の念がこめられている。それにもかかわらず、ファウストは、新しい国土の建設を夢見て、「とどまれ、お前は美しい」という言葉を発してしまう。メフィストは賭けの勝利を確信するが、天使たちがファウストの魂を天上へと運んでゆく。だが、ファウストの行為は、はたして救済に値するのだろうか？　この作品が読者に突きつける問いかけは、ゲーテが、ファウストの救済と断罪、西洋近代への肯定と否定とのあいだで揺れていたことを示しているのである。

▼ゲーテと現代

ゲーテは自然研究の領域でも、膨大な量の著作を残している。形態学の分野では、生物の形態の多様性を、原型とそのメタモルフォーゼという図式によって説明しようと試みた。『色彩論』（一八一〇年）では、ニュートンの光学を批判し、光と闇、人間と世界のあいだの相互作用のあらわれとして色彩現象を捉えようとした。彼の自然研究を貫いている人間と自然の全体性への志向は、近代自然科学への警告をなしている。（松村朋彦）

フォルスター

Georg Forster　1754-1794

ゲオルク・フォルスターが一八世紀後半のヨーロッパのアカデミズムで一躍、脚光を浴びたのは、イギリス海軍士官ジェームズ・クックの第二次世界航海（一七七二─七五年）に同行した調査記録を『世界周航記』（英語版一七七七年、独語版一七七八─八〇年）として出版したことによる。というのも、クックの世界航海は南極圏や南太平洋を探検調査する目的をもっており、それまで未知であった地球上の海域や地域の自然や住民についての情報が、キャプテンクックに随伴したフォルスターという若い自然科学者の考察とともに記述されていたために、啓蒙主義時代の知識人たちの知的好奇心を充分に満足させる書物だったからである。

▼世界航海の成果を哲学的に再構成

『世界周航記』は、彼自身が「哲学的旅行記」と呼んだとおり、年代順に航海でのできごとをつづった単純な航海記とは異なっている。多種多様な自然風景全体の描写とともに、気候、地形、動植物、鉱物にいたるまでの個別の事物・事象を記録し、さらには現地の人びとの風俗描写、道徳観、言語にいたるまで克明に観察かつ記載した。これらの情報群を総合的に分析し、人間もふくめた〈自然〉をひとつの総体として把握する視点によって、クックの世界航海の成果を哲学的に再構成しようと試みたのである。

また、著述家としてのフォルスターは自然研究の領域にとどまることなく、幅広い文筆活動をおこなった。古代インド文学の翻訳や、コルセットによる女性の身体への有害性や味覚に関するエッセイのほか、イマヌエル・カントとも人類学をめぐって論争したり、アレクサンダー・フォン・フンボルトも同行したライン川下流地域、オランダ、ベルギーの周遊旅行を『ニーダーラインの光景』（一七九一─九四年）という文明批評を展開する旅行記として上梓した。フリーメイソンの総本山ともいうべきロンドンのグランド・ロッジで入会したメイソンでもあったフォルスターは、最終的にはフランス革命の同調者としてパリで客死するという運命をたどるもの、まさに啓蒙の世紀を体現する人物であった。

そして、その自然を把握するための思想と方法論は、弟子にあたるフンボルトに継承されて、一九世紀にさらなる理論的発展を遂げるのである。

（森　貴史）

A・フンボルト

Alexander von Humboldt　1769-1859

『新ドイツ伝記事典』（NDB）をひもとくと、アレクサンダー・フォン・フンボルトの肩書きは「自然研究者、探検旅行家、地理学者、宇宙誌家」と記載されている。フンボルトは広大な知の領域を縦横無尽に疾駆した、一八世紀末から一九世紀前半における世界最高の総合的自然科学者であった。その名を冠した地名は北米だけでも四つの郡、一三の町、山、湾、湖、川があり、植物が三〇〇種、動物が一〇〇種を超えるという事実がかれの偉大さを物語っている。

▼『新大陸赤道地方紀行』

フンボルトの無数の業績のなかでも、一七九九年から一八〇四年にわずか数人で広大な未開地域であった中南米を探索し、一八〇二年にはアンデス山脈一角の当時最高峰とされた火山のチンボラソ山をほぼ登頂し、この大旅行の成果を『新大陸赤道地方紀行』全七巻（一八一四―三一年）として出版したことは重要である。中南米の自然に関する多種多様な科学的データを収集し、それらの総合的分析によって自然全体を把握するのが、この大旅行の目的であった。フンボルトは当時最先端のほぼあらゆる計測器具や化学薬品を携行し、中南米の各地で標本採集、計測記録、地図作製をおこなったのである。フンボルトのこうした地球・自然研究は、二〇年近く執筆を継続した晩年の主著『コスモス』全五巻（一八四五―六二年）に結実している。

ちなみに、現代と関連が密接なフンボルトの思想は環境問題だ。ベネズエラの植民地のプランテーションによる森林破壊が気候変動の原因になっている実態を、一八〇〇年に環境問題として考察した最初の科学者である。

フンボルトに私淑していた動物学者エルンスト・ヘッケル（一八三四―一九一九年）は、ダーウィンの進化論を一九世紀後半にドイツで普及させた人物として知られているが、ヘッケルの『生物の一般的形態』（一八六六年）において、人間活動と自然の関係性をめぐるフンボルトの思想がはじめて「生態学（エコロジー）」と命名された。現在の「エコロジー」とは、生態系の一部としての人間の生活と自然の調和、自然との共存共生を志向する思想をいうが、ヘッケルによる原義は、「生物と環境間の関係性についての科学」であり、自然を複雑な関係性で連結された統一体とみなすフンボルトの自然思想のことであった。

（森　貴史）

W・フンボルト

Wilhelm von Humboldt　**1767-1835**

古典的自由主義の祖。内政ではプロイセン教育制度を改革してベルリン大学を創設し、外交ではウィーン会議でハルデンベルクに次ぐプロイセン代表を務めた政治家。ゲーテ、シラーの盟友にして「新人文主義」の古典学者。近代歴史学の源流にして超越論的言語哲学者……。

戦後ドイツ歴史学の大家マイネッケは、この一九世紀「ドイツ」の貴族を、見る者を様々に評価し、見る者によって様々に評価される謎に満ちた「スフィンクス」に譬（たと）えたという。

J・S・ミルの『自由論』に多大なる影響を与えた『国家活動の限界』（一七九二年）は、フンボルトの死後（一八五一年）完全な形で出版されると大きな反響を呼び自由主義の古典となった。また、ドイツの代表的近代大学であるベルリン大学はフンボルト（兄弟）の名を冠して現在ではフンボルト大学と呼ばれ、彼が遺した大学についての理念は象徴的に「フンボルト理念」とされて、近代大学の一般的原則となっている。その他にも、F・A・ヴォルフとともに古代学の基礎を築き、ドロイゼンの歴史学を介して二〇世紀の精神科学・解釈学に間接的影響を及ぼしたともいわれている。

これらすべての活動を貫くフンボルトの根本的関心は、「人間とは何か」という問いに集約できるだろう。政界引退後にフンボルトが取り組んだ比較言語研究は、サンスクリットに端を発する印欧諸語のみならず、系統不明のバスク語やアメリカ先住民言語、マレー・ポリネシア語、中国語、日本語など世界の多種多様な言語を比較検討し、そこに「人間性（フマニタス）」の経験的・個別的表現を認めようとする壮大な人間学研究であった。そうした研究の中で「内的言語形式」、有機体としての言語、対話としての言語といった魅力的な言語哲学的着想が生まれる。そして認識の成立に個別言語が介入していることを発見することで、フンボルトはカントの超越論哲学に修正を加え、ドイツにおける言語論的転回（リングイスティック・ターン）の先駆となったのである。その言語哲学はカッシーラー、ハイデガー、アーペルなど二〇世紀の思想家にも多大なる霊感（インスピレーション）を与えた。

見る者を幻惑するドイツのスフィンクスは、現代においてなおわれわれに謎をかけ、「人間」を巡る思考に誘うのである。

（伊藤敦広）

マイモン
Maimon Salomon　1753-1800

「私の敵対者たちの誰一人として、マイモン氏ほどには十分に私の言うこと、および主要問題を理解してくれませんでしたし、それだけでなく、このような深い研究をおこなうにあたって、マイモン氏ほどに鋭利な洞察力を持ち合わせたひとはきわめて少ないだろうとも思われました」（『カント全集』21、岩波書店）。カントはマイモンの処女作『超越論哲学についての試論』の草稿を一瞥し、このようにヘルツに書き送った。カントをしてこのように言わしめたザーロモン・マイモンは、一七五三年、リトアニアのミール近くの小村にユダヤ人ラビの子として生まれた。幼くしてタルムードやカバラに習熟し、とりわけ中世の偉大なユダヤ人哲学者マイモニデスに親しんだ。マイモンという名もマイモニデスにちなんだものである（もともとマイモンはヨシュアの息子、ベン・ヨシュアと呼ばれていた）。こうしたユダヤ教的学問修行が、カントを驚嘆させた鋭い分析力をマイモンに与えた。

一七七七年にベルリンに移住。メンデルスゾーンの知遇を得、ロック、スピノザ、ライプニッツの研究に取り組む。一七八六年からカントの『純粋理性批判』に取り組み、一七八九年に『超越論哲学についての試論』を著す。この書の草稿はヘルツによってカントに送られ、冒頭に紹介したような評価を受けた。

この書においてマイモンは、アポステリオリな対象に対するカテゴリーの適用の問題を取り上げた。カントにおいては感性と悟性、アプリオリな概念と感性の対象とが異質であるため、アプリオリな概念の特殊な対象への適用が保障されていないとマイモンは考えた。この困難を克服するため、マイモンはライプニッツの微分の考え方に回帰する。現象は無限に小さい要素に還元され、この要素がアプリオリな悟性理念として捉えられる。現象の基礎にはこうした悟性理念があり、カテゴリーは直接にはこの要素に関係し、対象には間接的に関係するにすぎない。悟性と感性は同じ源泉から生じるのであり、その違いは認識の完全性ないし判明性の程度の差に帰着する。

現象の基礎には悟性理念があるという考えから、マイモンは、現象世界の創造者としての無限悟性を想定するに至る。経験的認識は、この無限悟性と合一のためにわれわれの認識を常により完全なものにしていく無限の課題として捉えられる。こうした思想がフィヒテに与えた影響は明白である。

（山脇雅夫）

シラー

Friedrich Schiller　**1759-1805**

▼カントを読むシラー

劇作家・詩人でありながらカント哲学と真剣に格闘した人物がいる。南ドイツのシュヴァーベン地方マールバッハに生まれ、あのベートーヴェン第九交響曲「合唱」の詩「歓喜によせて（An die Freude 一七八五年）」の原作者として名高いシラーである。

当時イエナ大学で歴史学の講義を受け持っていた作家は、生来の肺疾患を悪化させ、病床にあった一七九一年から三年間、カント哲学に没頭する。そこでシラーに衝撃をもたらしたのがカントの「自律」という概念だった。友人ケルナーに宛ててシラーはこう記す。「『汝を汝自身によって規定せよ』というこのカントの言葉は、彼の哲学全体の内容でもあるのですが、これほど偉大な言葉はこれまで誰によっても語られたことがないはずです」（一七九三年二月一八日付）。

それまでイギリス道徳哲学と通俗的なライプニッツ哲学に親しんでいたシラーは、世界を読み解くことで完全な存在者の認識に至り、それによって幸福と自由を得られると考えていた。しかし有限な存在が無限な存在に近づく試みは、「幸福な錯覚」（『哲学書簡』*Philosophische Briefe* 一七八六年）にとどまり、自由への道は閉ざされてしまう。完全な存在を目指すことで得ようとした自由が、自らが法を立ててそれに従うというカント的な自由へと転換したのである。

そしてシラーはカントとの対決を試みる。そこでまず取り組んだのが、最も身近な問題であった美の概念だった。ケルナーとの往復書簡『カリアス書簡』（*Kallias-Briefe* 一七九三年）で、シラーはカントが「美の概念をまったく捉え

そこなっているように思われます」（一七九三年一月一五日付）と記している。そしてカントの「主観主義」に「客観主義」を対置する。その意図は、カントにおいて自律が徹底されていないということだった。あらゆるものが自律していること、すなわち自由であること——これがシラーにおける美であった。カントの美は、理論的な認識のように対象をいわば強制して主観の形式に従わせるのではない。とはいえ、対象が主観の形式に合致しなければならない限り、対象は主観に従属しており、自律してはおらず、したがって自由に現れない。シラーは、対象が自らの規則にのみ従っているように現れることを「現象における自由」と呼ぶ。カントは美において対象の自律に一歩近づいたものの、それは十分ではなかったとシラーは考えたのである。

▼美的教育のプログラム

独自の美の概念を打ち立てたシラーは、こうした対象の美の在り方を人間の道徳にも応用し、カントの「道徳」に「道徳美」を対置する。カントのように道徳的な行為が義務によって成立するのであれば、行為は現象において自由にすなわち美しく現れない。感性が理性の命令によって強制を受けている限り、現象する行為は他律を示すからである。「義務をあたかも本能的な行為のように果たす」とき、「それははじめて美的行為になる」（ケルナー宛一七九三年二月一九日付書簡）。このことをシラーはカントの道徳を皮肉っぽく表現した二行詩に表している。「喜んで私は友のために尽くす、けれども残念ながらそれを傾向性によってなす。／すると私は徳のある人間ではないのではないかとしきりに思い悩む」（一七九六年）。

この「道徳美」を可能にする方法論が、デンマークのアウグステンブルク皇子に宛てて書かれた『人間の美的教育に関する書簡』（*Über die ästhetische Erziehung des Menschen* 一七九五年）である。人間が真なる認識や善なる行為に至れるのは美を通してしかないとシラーはいう。そのためには、感性的本能に発する感性衝動と理性的本能に発する形式衝動がともに十全に活動する「遊戯衝動」が目覚め、両者が戯れつつ均衡を保つ状態が生起しなければならない。このいわゆる「美しき魂」（『優美と尊厳』*Über Anmut und Würde* 一七九三年）と呼ばれる美的状態こそが、人間が道徳的状態へと移行するための必要条件であり、この状態においてこそ、人間は全体の中のひとつの歯車ではなく、個人がひとつの完全な全体となる。同時にそれは当時のフランス革命がもたらした残虐な結末（ジャコバン派の恐怖政治）に失望したシラーの国家づくりのプログラムでもあった。あるべき国家を建設するには、国家からの強制ではなく、個々の人間の形成から始めなければならない。こうして芸術による人間精神の教育プログラムが立てられる。

美において、シラーは、主観と客観を統合する認識論と、理性と感性の十全な均衡状態を可能にする倫理学を完成しようとしたのである。

▼シラーの美の位置づけ

このようなシラーの試みを、ヘーゲルは『美学講義』の序論で、「カントの思考の主観性と抽象性を解体し、それを乗り越えて統一と和解を思考の真理と捉え、それを芸術的に実現しようとした」と称賛する。そしてカッシーラーは『理念と形姿』で、その弁証法的な方法がヘーゲルにつながるドイツ観念論の発展に寄与したと評価する。近年でもテリー・イーグルトンが『美のイデオロギー』で、美を終点とするシラーの理論について、政治的にブルジョア社会のモデルではあるものの、人間を多方面にわたって発育させる点でブルジョア社会の欠陥を正す側面もあると指摘する。一方で、このシラーの美的プログラムは、ポール・ド・マンら二〇世紀の批評家たちからは厳しい批判を受けている。それは分裂したものを美に統合しようとする試みが、特権的な立場を与えられたものにすべてを集約しようとする病的な政治的イデオロギーと捉えられるからだろう。

しかし、ありとあらゆるものの自律を要請するシラーの美は、個物の持つ特有の在り方を他のものへと統合するものではなく、多様性を容認しようとするものである。そして人間の美的状態もまた、互いに相対立するものを総合するものではなく、それぞれの矛盾を残存させたまま様態を保っている。それゆえに主観的自我の内に一切の対象を取り込むようなフィヒテやそれに続くロマン派の作家たち、あるいは「知的直観」によって精神と自然の合一に至るようなシェリングの方法とは一線を画している。そしてこうした美的理念の発展は、カント体験期以降の戯曲作品の中で表されることになる。

▼シラーの戯曲とその可能性

シラーの戯曲は、彼の哲学的思考を反映しながらも、そこにとどまらない豊かさを孕んでいる。処女作『群盗』（*Die Räuber* 一七八一年）は、自由を勝ち取ろうとする二人の兄弟の試みと挫折を描く。弟フランツは、「物事は考え方次第でどうにでもなる」という極端な合理主義に従って自然を捉え直すことで、父を死の淵に追いやり領主の座を奪う。あらゆる拘束からの解放を目指して盗賊の首領となった兄カールは、法に代わる力を据えて世界を変革しようとする。しかしフランツは否定したはずの罪の意識によって縊死し、カールもまた破壊したはずの法に自らを委ねる。これに続く『フィエスコ』、『たくらみと恋』、『ドン・カルロス』の主人公たちの自由への試みもまた、それぞれの社会的な背景や時代設定の中で、皮肉な反復、滑稽などんでん返しの末、虚無的な結末に帰す。完全な存在に近づくことで自由を得る試みは、ことごとく振出しに戻ってしまうのである。

一方、カント体験後に発表された『ヴァレンシュタイン』（*Wallenstein* 一八〇〇年）の主人公は、人々が口にするとりとめもない噂によって、権力の絶頂から突如没落してしまう。偉大な将軍ヴァレンシュタインの存在はうごめく群衆の中の影像（シルエット）でしかない。「すでに生じてしまったかもしれない」という恐怖の中で、彼は占星術によって運命をも掌握しようとするが、最も信頼していた側近に殺されてしまう。そして『メッシーナの花嫁』（*Die Braut von Messina* 一八〇三年）は、あのオイディプス悲劇のように、すでに初めに定められた運命の道筋を知らずして辿る構造を持つ。これに至る『マリア・ストゥアルト』、『オルレアンの処女』でもまた、見えない運命の力と格闘し、悲劇的な結末を迎える主人公たちが描かれる。前期のいささか滑稽な主人公たちが、いわば運命に弄ばれるままであるのに対して、後期の主人公たちは、運命を自覚し、これに抗いつつもそれを背負っているかのようである。自律が徹底された世界では、真実ばかりでなく、たわいもない噂も夢もすべてに同等の存在が与えられる。多様性と矛盾に満ちた現実の中で、人間の意志はそうした存在のひとつに過ぎないのであり、戯曲の主人公たちはそうした現実を苦悩と葛藤とともに引き受けるしか術はない。

このようにシラーの戯曲の世界は、秩序と統一に収まりきれぬ様相を呈するのである。

（青木敦子）

コラム　ポーランド

ポーランドはドイツの東に位置する隣国であり、ゲルマン人主体のドイツと異なりスラヴ系に属するポーランド人主体の国家である。もっとも、かつては非スラヴ系民族を広範に包含する多民族国家であった。

一一世紀初めにローマ教皇によって認知されたポーランド王国は、都市化の促進と産業育成のため、ドイツ人の東方移民を歓迎し、西欧で迫害されたユダヤ人をも積極的に受け入れた。くわえて、クレヴォ合同（一三八五年）とルブリン合同（一五六九年）によって、リトアニアとの合同国家を成立させると、その版図はバルト海から黒海付近にまで達し、ウクライナ人やタタール人をも支配下に組み込んだのである。

一六世紀になると欧州屈指の強国としてドイツ諸国を圧倒したが、国内では逆にドイツ系移民が持ち込んだ法制度や生活習慣がポーランド社会に甚大な影響を及ぼした。ドイツ人が建設した都市ではドイツ法の適用が許され、その適用範囲は次第に農村にも広がっていった。また、ドイツ移民はドイツ語のコミュニティを維持し、宗教改革以後はカトリック優位の国でルター派信仰の拠点になっていく。ポーランドはユダヤ人の楽園とも呼ばれたが、ドイツ系移民はこの国のあらゆる分野に進出し、国家としてのポーランドを支えるのに欠かせない存在となった。

多様性を許容するポーランドの雰囲気は、国王の権威主義に対するシェラフタと呼ばれる貴族（つねに人口の一割を占めていた）の反感にも表れている。ヤギェウォ朝断絶（一五七二年）後、彼らは全シェラフタの自由投票による選挙王政を制度化し、「黄金の自由」と呼ばれる貴族共和政を実現した。古代ローマ共和政にも比せられるこの制限民主主義的政治体制の下では、全シェラフタが法的平等を保障され、セイム（国会）における自由拒否権まで付与されていたのである。

「黄金の自由」はポーランドに空前の繁栄をもたらす一方、亡国の遠因ともなった。一七世紀の「大洪水」と呼ばれる相次ぐ対外戦争の結果、ポーランドは東欧の覇権を失って危機的な状況に陥ったが、マグナートと呼ばれる大貴族たちは既得権益擁護のために国家再建の試みを妨害さえしたのである。一七九一年、国王が欧州初の成文憲法を制定して民主化と中央集権化を図った際、マグナートの一部はこれに反抗して外国勢力と結び、ロシア、プロイセン、オーストリアによるポーランド分割（第一回・一七七二年、第二回・一七九三年、第三回・一七九五年）のきっかけを与えてしまった。ポーランドはこうして地図の上から姿を消してしまったのである。

（馬原潤二）

コラム　敬虔主義 Pietismus

カントは一七二四年生まれだが、よく知られているように、カントの両親は敬虔（けいけん）主義の信者であった。それだけでなく、カントが一七三二年に入学したコレギウム・フレデリキアヌムという学校の校長アルベルト・シュルツや、同じく一七四〇年に入学したケーニヒスベルク大学でその教えを受けたマルティン・クヌッツェンも敬虔主義者であった。

敬虔主義は主に一七世紀および一八世紀のドイツ・ルター派正統教会内におこった信仰覚醒運動・教会革新運動である。一般的な傾向として、宗教的生活の個人化と内面化を主張する。

「敬虔の危機」

アウクスブルクの和議（一五五五年）によってルター派教会が領邦国家に組み込まれて制度的に保護を得ると教会の形骸化や宗教的情熱の喪失という事態が、またルター派大学神学が宗教改革の義認論をアリストテレス哲学に基づく合理的な神学体系のなかに引き入れると神学と敬虔との分離という事態が生じた。このような状況を「敬虔の危機」という。

このような時代に、純粋な教理から敬虔な生活へという宗教的思考の方向転換として広い意味での敬虔主義が現れる。最も大きな影響力をもったのはヨハン・アルント（一五五五―一六二一年）である。その著作『真のキリスト教についての四書』（一六〇五～一〇年）は一八世紀まで読み継がれた。アルントの目的はキリスト者を真の敬虔へと導くことにあった。

シュペーナーと「敬虔の集い」

それから約五〇年後、フィリップ・ヤーコプ・シュペーナー（一六三五―一七〇五年）が一六七〇年に対話グループを設立した。これが間もなく「敬虔の集い」と呼ばれるようになる。これによって、社会的に実現した宗教的刷新運動として狭い意味での敬虔主義が現れる。シュペーナーの信奉者たちは「敬虔主義者たち」と呼ばれ、この呼称が次第にドイツ全体に定着していくことになる。シュペーナーの主著『敬虔なる願望』（一六七五年）は彼の教会改革案についてその基本方針を示したものであるが、そこでは「敬虔の集い」は、コリントの信徒への手紙一、一四章の模範に従った信徒集会の再開という形で提案されている。

シュペーナーは、聖書はひとりで読むのもよいし、小さな集まりで読むのもよいとしている。ただし、実践への適応と信仰における内的成長が聖書を読む際の目標とされた。

この改革案は、アウグスト・ヘルマン・フランケ（一六六三―一七二七年）に代表されるハレ敬虔主義によって継承・発展させられる。孤児学院の設立からもうかがえるように、ここでは社会的な実践が強調される。また、いわゆるラディカル敬虔主義、ヘルンフートの信仰覚醒運動、ヴュルテンベルクの敬虔主義などの存在も知られている。

（長綱啓典）

コラム　感覚論（感覚主義）Sensualismus

ドイツにおける感覚論

大陸合理論とイギリス経験論の統合はカントにおいて達成されたと言われているが、その試み自体はそれ以前からなされてきた。ヴォルフは「理性と経験の結婚」を強調していたし、バウムガルテンの友人であったマイアーは、一七五四年にフリードリヒ二世の命を受けてハレ大学でロックについて講義している。とくに一七六〇年代後半から七〇年代にかけてスコットランド・コモンセンス学派が隆盛を極めると、ドイツでも感覚論が再び議論の的となった。

テーテンスなども感覚について論じているが、ここではエアフルト大学で教鞭を取っていたヨハン・クリスティアン・ロシウス（一七四三—一八一三年）を取り上げる。

ヨハン・クリスティアン・ロシウス

ロシウスは『真なるものの生理的原因』（一七七五年、以下『原因』）において、ロック、シャフツベリー、コンディヤック、ビーティー、ヒューム、バークリ、リード、エルヴェシウスといった人々を先駆者として挙げながら、感覚主義的認識論を展開している。

ロシウスによれば、認識は認識主体に相関的である。認識は事物の身体への作用と、身体の魂への作用によって成立するからである。

事物が身体に作用することによって、私たちの中には感覚が生じる。この感覚は外的事物と身体器官の双方に由来する。それゆえロシウスは、認識の第一原理を次のように表現する。「同一の対象が同一状態の身体器官に作用するならば、何らかの、そしてまさに同一の感覚が必然的に生起する」（『原因』）。

身体と魂の関係もこれとパラレルに語られる。魂において生じる観念の最初の段階は知覚であるが、知覚は身体と魂の相互作用によって生じる。それゆえ、認識の第二原理は「身体器官の状態が同一の方法で変化させられたならば、何らかの、それも同一の観念が必然的に生起する」（『原因』）と表現される。

ロシウスの感覚論の意義

感覚と観念とのこうした関係に着目しながら、ロシウスは「感性的認識」と「感性的概念」がいかにして成立するかを探究する。ここではこれ以上詳述することはできないが、彼の感覚論の意義について三点ほど指摘しておきたい。

第一に、『原因』でプラトナーの『人間学』が参照されているように、感覚論は当時の人間学において重要な役割を担った。第二に、感覚論を展開する上でロシウスは、共通感覚すなわち〈健全な理性〉を重視しており、この点で彼の議論はなおもドイツ通俗哲学に属する試みであった。とはいえ、第三に、認識の真理を認識主体に関連づけようとする点で、彼の試みはカントとドイツ観念論に至る発展史の文脈で再評価される必要があるだろう。

（小谷英生）

コラム　ドイツ通俗哲学 Deutsche Popularphilosophie

ドイツ通俗哲学とは何か
——講壇哲学に代わる民衆哲学を創出すること

ドイツ通俗哲学は一七五〇年代から始まる新しい哲学運動である。その目的は日常言語を用いて日常的なテーマについて哲学することを通じて、当時の講壇哲学（Schulphilosophie）に代わる民衆哲学（Volksphilosophie）を創出することにあった。

特徴としては①日常的な実践哲学の重視、②講述における快適さの追究、③同時代の英仏哲学への追従、④反講壇哲学、⑤〈健全な理性（die gesunde Vernunft）〉の重視、⑥ドイツ語の改良といった点が挙げられる。

ドイツ通俗哲学とは何か、誰が通俗哲学者であったのかについては今だ議論が続いている。広義には、ドイツ通俗哲学は一八世紀後半のドイツにおいて反講壇哲学・反カント哲学の立場をとった諸思想の総称である。しかしより積極的な定義を与えるとすれば、それは〈健全な理性〉の哲学であったと言うことができる。

通俗哲学者としてしばしば名前が挙がるのは以下の者たちである。ベルリンのゲディケ、ビースター、エンゲル、ニコライ、アプト、シュパルディング。ライプツィヒのゲレルト、ヴァイセ、ツォリコーファー。ゲッティンゲンのフェーダー、マイナース。ブレスラウのガルヴェ。チューリヒのズルツァー。デッサウのバゼドウ。これに一七六〇年代のカントを付け加えることができる。というのも一七六四年に刊行されたいわゆる「判明性論文」の中で、カントは「健全な理性の自然な道」を進むことが新しい哲学的方法だ、と宣言しているからである。後に『純粋理性批判』によって通俗哲学に致命傷を与えたカントであったが、一時期彼も、通俗哲学に（部分的であっても）関与していたと言うことができる。

〈健全な理性〉の哲学

「通常の人間悟性（der gemeine Verstand）」とも表記される〈健全な理性〉は「センスス・コムニス（sensus communis）」の訳語であり、英語のコモン・センス、仏語のボン・サンスに相当する概念である。基本的には間接的・論弁的な判断を司る推論能力と対比された直接的・直観的な判断能力を意味するが、大まかに言って次の六つの機能を持つ。

①形而上学的対象（端的に言えば神）を認識する知的直観や啓示と異なり、自然を含む世俗的対象を直接把握しようとする。②それゆえ、〈健全な理性〉は自然を観察し、そこから真理を発見する（ストア派の〈正しい理性〉の残響）。③〈健全な理性〉は日常的事象に関する常識的判断の能力である。④さらに、万人に共通の判断を下す能力であり、認識の一致や伝達可能性を担保するものである。⑤共通感覚という意味では、種的に異なる諸表象を一つにまとめる能力であり、それゆえ趣味判断能力に近いとされる。⑥公共感覚という意味では、公共の福利や共通利益の感覚である。

すぐに分かるように、〈健全な理

性〉には過剰なほど様々な役割が負荷されている。そのため、この能力を重視したドイツ通俗哲学の議論もまた、様々な方向に拡散していく。①からすればドイツ通俗哲学は一種の経験論哲学となる。⑤から、美学・文芸批評が展開される。さらに、②や⑥に即して、ドイツ通俗哲学は社会哲学的な道徳哲学の様相を見せるのである。

いくつもの立場

ドイツ通俗哲学はスコラ的な推論に対する〈健全な理性〉の優位を謳うが、この優位性の主張にも幅がある。一方で、アプトやバゼドウのように哲学内容そのものも〈健全な理性〉に基づいて吟味されるべきだ、という強い主張がある。他方で、ズルツァーやガルヴェ、フェーダーのように真理の把握自体は必ずしも〈健全な理性〉によってなされなくともよいが、その伝達のためには〈健全な理性〉に合致し、誰にでも分かる講述スタイルが必要だ、という弱い立場もあった。

さらに、通俗哲学者の中にはヴォルフ学派に親和的な者とそうでない者がいた。こうしたいくつもの立場が混在していたこともあって、ドイツ通俗哲学は全体として、実りのない思想運動に終わってしまった観が否めない。また、〈健全な理性〉というある意味では何でもありの能力に依拠する姿勢は強い批判に晒された。代表的なものとしてカントの発言を参照しよう。「洞察と学問が尽きようとしたときに〔…〕通常の人間悟性を援用することが、近年の巧妙な発明である。そのとき、もっとも下らない駄弁家がもっとも深遠な頭脳の持ち主と簡単に、しかも負けずに張り合えるようになる」（『プロレゴメナ』）。

ドイツ通俗哲学の興亡

ドイツ通俗哲学は〈健全な理性〉を重視することにより、推論に立脚するスコラ的な哲学を批判しつつ思索を展開した。それは一七六〇年代には講壇哲学批判として成功し、一躍脚光を浴びるのだが、一七八〇年代には劣勢となり、次の世紀を待たずに消えてしまうこととなる。

この哲学運動は一七四八年に発表されたシュパルディングの『人間の使命』を先駆けとし、一七五四―五五年に同時多発的に公表されたいくつかのテキストによって開始される。例えばエルネスティの論文「通俗的な哲学についての序説」、独訳版ヒューム『人間知性論』に付されたズルツァーの「序論」、ニコライの『文芸書簡』などである。エルネスティは同時代の哲学が講壇に閉じこもっていると批判し、市民たちが広場（アゴラ）で語り合った古代の伝統を復活させるべきだと主張した。ズルツァーは「多くの哲学者にとって慣習となっているドイツの講壇的な講述は、真理の拡大にとってはいささか不利である」（「序論」）と述べ、ヒュームのように〈健全な理性〉に働きかける講述を目指すべきだと訴えた。

一七六〇―七〇年代になると、雑誌や書簡、著作を通じて通俗哲学的な議論が活発に行われる。六〇年代に活躍したのアプトであり、七〇年代以降はガルヴェの活躍が目立ってくる。最も有名な雑誌はエンゲル主宰の『世間のための哲学者』(一七七五―七七年)であり、これにはカントの人権論や、ガルヴェのゲーテ『若きヴェルテルの悩み』批評などが収録されている。また、この時期、リード、ビーティー、オズワルドといったスコットランド・コモンセンス学派も積極的に受容された。

『純粋理性批判』の登場

潮目が変わるのは『純粋理性批判』(一七八一年)の登場である。すでに引用した『プロレゴメナ』のみならず、カントは三批判書の中で〈健全な理性〉の哲学を批判し、かつヴォルフ学派とも異なるまったく新しい哲学を展開した。

もっとも、カントにしても〈健全な理性〉を軽視したわけではない。抽象的だが厳密で確実な推論による――それも推論そのものの検討、すなわち理性批判に基づく――哲学をまず構築し、それからその学説を〈健全な理性〉に適うよう通俗化すればよい、とカントは考えたからである。

この考え方はラインホルトやニートハンマーらに引き継がれる。ニートハンマーは言う。「哲学的思弁を通常の悟性使用の領域そのものに直接的に任せたり、未知の概念を既知の言葉にただ置き換えることによって哲学的思弁を行いうると信じるような試み」は失敗する(「哲学ジャーナルへの前書き」)。哲学的思弁は厳密な推論によってなされるべきであり、その成果が徐々に一般大衆へと浸透していき、〈健全な理性〉の領域に入っていくのである。つまり哲学の通俗性は、いきなり通俗的な哲学を構築することによってではなく、まず厳密で難解な哲学を構築した上で、それを日常の事例や平易な言葉を用いて説明していく段階で生じるものだとされたのである。こうした態度が世に受けいれられ、以後、通俗哲学の意に反して、高度に専門的で難解なスタイルがドイツ哲学の主流となっていく。

かくして、恨み節のようにも聞こえるガルヴェの「講述の通俗性について」(一七九六年)を最後に、ドイツ通俗哲学は消滅していくのである。

意義

たしかに、カント以後の緻密な哲学・思想に比して、通俗哲学者たちの議論は深みに欠けるかもしれない。しかしながら、美学や共和主義思想の展開、社会科学の誕生といった文脈ではなおも見るべきところがある。また、一般市民に哲学を開放し、よき〈健全な理性〉を涵養しようとした点で、通俗哲学はドイツ啓蒙主義の中心的営みであったと言える。今後の全貌解明が待たれる次第である。

(小谷英生)

第Ⅱ部

19世紀

19世紀 哲学者人物相関図

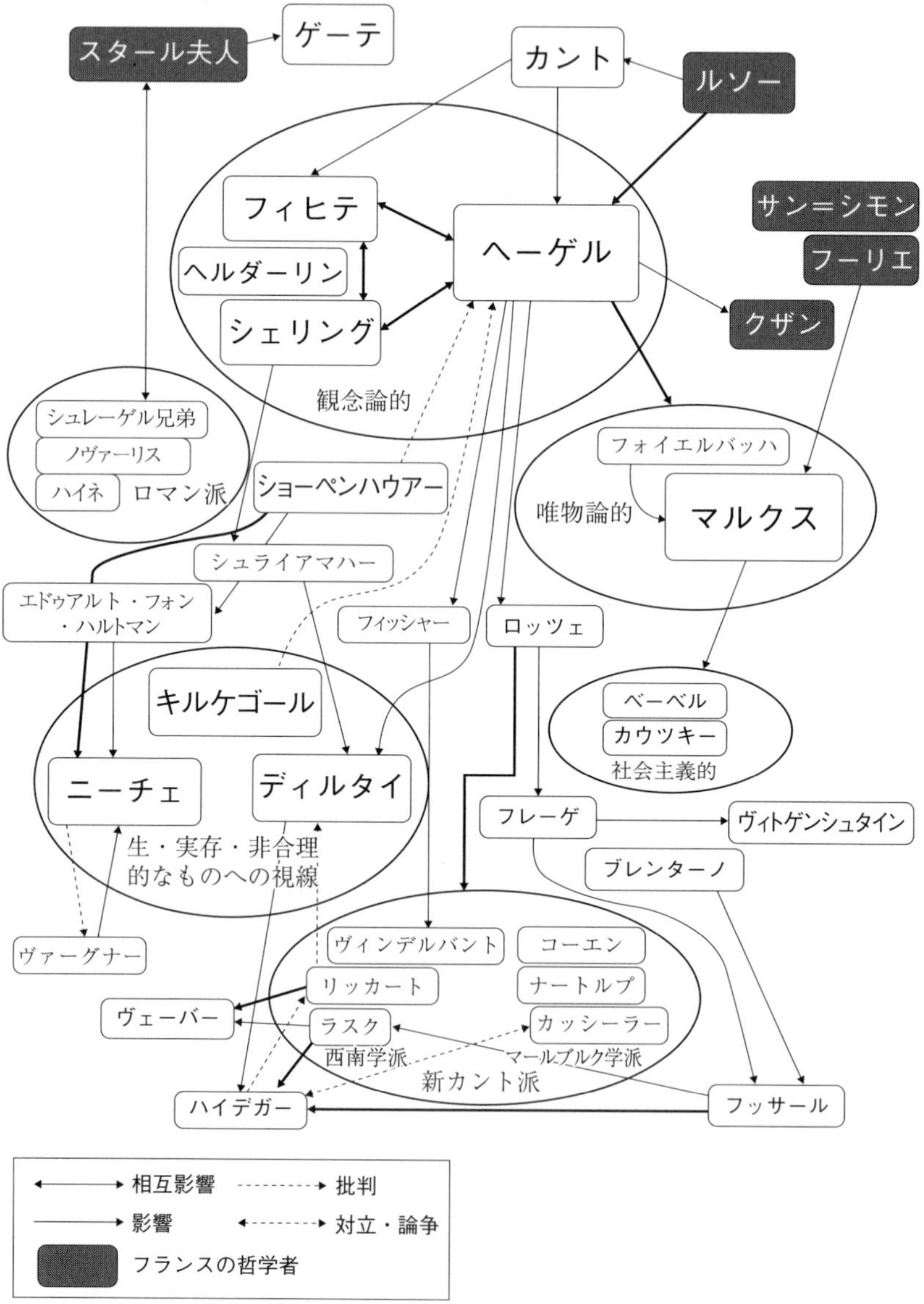

一九世紀総論　主流なき多様な支流と伏流

▼教科書的なイメージ

高校生が手に取る標準的な世界史の教科書を開いて一九世紀の「ドイツ」周辺の出来事を参照すると、「ナポレオン戦争」や「ウィーン会議」、「ドイツ帝国」などがキーワードとして登場する。これらの単語を思い出してみると、少なくともこの時代のドイツ語圏は、戦争を経て国家的な、つまりドイツ語を母国語とする人々によって統一国家を目指す再編の時期にあった、ということが理解されるだろう。

例えば、ナポレオン軍がいまだに駐留していたベルリンにあって、一八〇七年一二月から翌三月まで危険を承知で行われた**フィヒテ**の『ドイツ国民に告ぐ』である。それは、国民教育、世界市民主義の実現にあたって、必然的にその前提となる愛国主義の思想を説いている。愛国主義とは、通俗的なナショナリズムなのではなく、むしろ人類という普遍的概念、つまり世界市民的な観点から考えられ、そこでドイツ人とは、ドイツ民族でありこれを規定するのは言語であるとされていた。

では、現在日本の高校で哲学に触れる数少ない機会となっている倫理の教科書において、この時代の哲学関係の記述はどのようなものであろうか。項目的には「ドイツ観念論」として**ヘーゲル**が中心にまとめられ、その後は経済思想として**マルクス**、実存(じつぞん)主義の先駆者として**ニーチェ**が述べられて終わり、およそこのような記述が多いのではないだろうか。

確かに、社会学者の**マックス・ヴェーバー**は、われわれの知的世界の大部分はマルクスとニーチェによって形作られている、と述べている。マルクスの思想的背景の一面を取り上げるならば、一九世紀半ばには蒸気機関による生産力の向上が顕著になりはじめ、大企業はその恩恵を受ける一方で、中小企業はこれに従属するようになる。このような社会的、経済的背景は、マルクスの『共産党宣言』執筆の機縁ともなったと言えよう。ヴェーバーの言う知的世界を形作ったマルクスは、二〇世紀の思想界に大きな影響を与えることになるのだが、こうした知の巨人に隠れて見えにくくなっている思想とはどのようなものであったのか。標準的な世界史の背景にあって触れられることの少ない一九世紀ドイツの哲学、思想の動向を見てみよう。

一八世紀の哲学の動向が「啓蒙の時代」であるならば、一九世紀初頭のフィヒテの『ドイツ国民に告ぐ』もまた教育思想を含んでいた。しかし、啓蒙はそれを支える理性への信頼をもって可能となっていた。一九世紀の哲学の動向は、このような理性と「啓蒙の時代」へのリアクションとして特徴づけることができる。このような観点から一九世紀におけるドイツ哲学の潮流を概観してみると、ロマン主義や人文主義など理性信仰へのある種の反動的な動向を指摘することができるが、さしあたり以下では、①前世紀の**カント**（一八〇四年死去）哲学の批判的継承という側面、②自然科学の発展・興隆による「学問」としての哲学の危機、そして③新たな哲学の台頭をその特徴として指摘してみたい。

▼注目すべき三つの動向

①については、オットー・リープマンの「カントへ帰れ」によって特徴づけられる新カント派の潮流がある。カントの批判主義や超越論的方法を重視し、また彼の啓蒙の理論を利用しつつ人文科学を刷新しようという流れが興るのである。たとえば、本書の一七・一八世紀総論に述べられる「カント的二元論における〈裂け目〉」の一面は、実践理性の優位として解釈されることになる。ただ、このようなカント哲学の継承は主に一八七〇年代以降に見られるものであり、カントの影響下、フィヒテ、**シェリング**、そしてヘーゲルへと続いてゆく思想的な熱狂を、**ハインリヒ・ハイネ**が「哲学革命」と名づけた動きは、一八三一年のヘーゲルの死以降減速し、その後、ドイツの哲学は「アイデンティティークライシス」（シュネーデルバッハ）、いわば「暗い時代」を迎えることになる。

②については、一八三〇年代のファラデーによる電磁場理論の形成、一八四二年のマイヤーによるエネルギー保存則の発見、一八四七年の**ヘルムホルツ**によるその定式化などによって、自然科学が大きな飛躍を遂げることになる。一九世紀を際立たせているのは、科学の勝利ではなく、学問的な方法が勝利を収めたことだ、とニーチェは述べていたが、これは、仮説、実験、検証による実証的方法が確立されていくことを意味する。こうした方法を採用する実験心理学の成立は、その語源とは矛盾するように「魂抜きの心理学」とされ、現代的な心理学の成立、行動科学へ通じていくことになる。哲学的な文脈へと目を移してみると、ミュラーなどの当時の感覚生理学によると、私たちの知覚内容が主観的な諸条件に依存していることが確認され、ヘルムホルツはこれを唯物論（ゆいぶつろん）の独断主義——自然科学は、「物自体」のような対象に関する本質を認識するという独断主義——に対抗する論拠として捉

えることになった。このようなカント哲学の生理学的な再解釈が新カント派の誕生にもつながっていくのと同時に、ドイツ観念論に代表される思弁的で体系的な哲学が衰えることになった。

他方で、大きな進歩を遂げた自然科学の分野でも、非ユークリッド空間の発見によって物理的現象の数学的記述の妥当性が徐々に疑問視されるようになり、一九世紀後半には自然科学もまたその基盤が揺さぶられるような事態に直面することになる。数学基礎論の研究から出発した**フッサール**は、諸学問の基礎をいかに確保するかという問題意識から現象学への道を歩んだという点で、哲学の「アイデンティティークライシス」への回答を試みたと言うことができるのかもしれない。

③については、ニーチェや**ディルタイ**に代表される「生」の哲学、とくに歴史的な生の非合理性を標語とした哲学であり、もう一方は、キリスト教を背景としつつ、人間がまさに事実的に生きているそのあり方を真摯に問う、**キルケゴール**に代表される「実存」を標語とした流れが生じてくる。このような「生」や「実存」へと受け継がれる思想を準備した哲学者として、**ショーペンハウアー**をあげることができる。カントが理性能力に制限をかけつつそれに依拠する仕方で、自らの哲学を構築したのに対し、理性に回収されない人間の側面を主題化し、「意志」を原理としたことが、「生」や「実存」の系譜へと通じていくのである。

▼未展開の思想庫――忘れ去られた可能性を求めて

ある哲学や哲学者が大きな影響をもち、その思想の研究からまた新たな哲学、思想が生まれていくという哲学史がある一方で、忘れ去られ歴史に埋もれていくような哲学、思想もある。しかし、後者の哲学が哲学的に思索に値しないものであったのかどうかは別の問題である。たとえば、現在ではほとんど名前の上がらない**エドゥアルト・フォン・ハルトマン**（一八四二―一九〇六）は、一八八〇年代にドイツに留学していた森鷗外の回想によれば、一九世紀最大の発明として鉄道、そしてその著作『無意識の哲学』が挙げるほどに知られていた。フォン・ハルトマンは、ドイツ観念論哲学やショーペンハウアーを批判的に継承しつつ、新カント派や生の哲学にも思想的刺激を与え、さらに時代は下るが、修学時代の**ハイデガー**は彼の『カテゴリー論』を「現代で最初の完成されたカテゴリー論」と評価している。

このように見てみると、一九世紀の哲学、思想には、哲学史の主流に位置づけられることの少ないさまざまな支流や伏流が、いまだに深度を測られないままに、知の覚醒をまっていると言えるのではないだろうか。

（渡辺和典）

ラインホルト

Karl Leonhard Reinhold　**1758-1823**

カント哲学の意義を解明した『カント哲学についての書簡』でカントの代弁者としての地位を確立し、さらに全哲学を統一的原理に基づける根元哲学の構想で一八世紀末のドイツ哲学界の中心の一人となったカール・レオンハルト・ラインホルトは一七五七年ウィーンに生まれた。ヨーゼフ二世治下の「上からの啓蒙」の精神が、ラインホルト哲学の背景にある。

『カント哲学についての書簡』において、ラインホルトはメンデルスゾーンとヤコービの間の論争（いわゆる汎神論争）が二つの問題をめぐるものであると整理する。一つには、神の存在は理性によって論証的に認識されるかという問題であり、もう一つは、理性によって正当化されない信仰はありうるかという問題である。メンデルスゾーンは前者を肯定し、後者を否定する。ヤコービはその逆である。ラインホルトによれば、カントは両者を止揚（しよう）総合している。ヤコービと同様、カントにおいても神の存在は理性によっては論証不能であるが、しかしそれは理論理性についてのことであって、実践理性は信仰を根拠づけうる。その点でメンデルスゾーンと同様カントにおいても神を信じることは理性的である。これはラインホルト自身の主張でもあった。

この書によってラインホルトの声望は高まり、一七八七年イエナ大学に招聘される（一七九四年、キール大学へ転出）。一七八九年秋、ラインホルトは最初の主著『人間の表象能力についての新理論の試み』を公刊する。ラインホルトは、意識一般の基礎である表象がカントにおいては前提されるにとどまっているとし、表象概念の分析を通して、さまざま認識、および意欲を導き出そうとした。この書における表象についての根本命題は、「根元哲学の主要要素の新たな叙述」（『哲学者たちのこれまでの誤解を是正するための寄稿』所収）においてわずかな変更を加えられ、「意識律」という名称を与えられて、次のように提示されている。「意識において、表象は主観によって主観と客観から区別され、かつ、この両者に関係づけられる」。

こうしたラインホルトの構想は、マイモン、シュルツェ（エーネジデムス）といった懐疑論からの批判、ラインホルトの原理をまだ不十分だとするフィヒテの批判、唯一最高の原理など不要であるとするニートハンマーやエルハルトといったラインホルトの弟子たちの批判などを呼び、哲学的に生産的な議論を引き起こした。

（山脇雅夫）

フィヒテ

Johann Gottlieb Fichte　**1762-1814**

疾風怒濤の時代の哲学者フィヒテ

「今やフィヒテはイエナの魂です。（中略）彼ほどの精神の深みとエネルギーをもった人を僕は他に知りません」――一七九四年、ヘルダーリンは友人への手紙の中で、新任の哲学教授フィヒテのことをこのように報告した。若き詩人哲学者を圧倒したフィヒテの講義の熱量をうかがわせる。フリードリヒ・シュレーゲルもまた、「フランス革命、フィヒテの知識学、ゲーテの『マイスター』、これが時代の最大の傾向である」と評した。フィヒテはまぎれもなく、百家争鳴の観を呈したこの疾風怒濤（しっぷうどとう）の時代の時代精神であった。

フィヒテの生涯

ヨハン・ゴットリープ・フィヒテは、一七六二年、ドレスデン近くの小村ラメナウの貧しい織工の家に生まれた。貧しさゆえに学校には通えなかったが、父や村の牧師から教育を受けた。フィヒテは牧師の説教をよく理解し正確に暗誦することができたという。このことがフィヒテの人生を変えた。フィヒテが九歳のとき、牧師の日曜の説教を聞き逃したミルティッツ男爵ために、フィヒテは説教の内容を見事に再現してみせた。フィヒテの才能に感心した男爵はこの少年の教育の世話をすることを決意し、フィヒテは学校教育を受けることができるようになったのである（ちなみにこのミルティッツ男爵はノヴァーリスの親戚にあたり、男爵の死後フィヒテの庇護を引き継いだのはノヴァーリスの父ハインリヒ・フォン・ハルデンベルクである）。

フィヒテは、いくつかの大学で神学を中心に学んだ後、家庭教師をして生計を立てていたが、一七九〇年夏、カント哲学を教えてほしいという学生の求めに応じ、生まれてはじめてカントの三批判書を研究する。このことが哲学者フィヒテの方向を決定することになった。カントを知るまでのフィヒテは、理神論的決定論を奉じていた。すべては神的なものによって決定されており、本来の意味での自由や罪は不可能だというのが当時のフィヒテの考えだった。ところが、カント哲学、とりわけ『実践理性批判』との出会いによって、反駁不可能だと思っていた決定論が覆され、証明不可能だと考えていた「絶対自由の概念や義務の概念」が証明されたのだった。後にフィヒテは「私の体系は最初の自由の体系である」（一七九五年の書簡）と記すことになるが、その原点はここにある。

一七九一年、フィヒテはケーニヒスベルクにカントを訪問する。最初の訪問が不首尾に終わったので、フィヒテはいわば自己推薦書の代わりに自分の書いたものをカントに見せることを思いつく。こうして数週間のうちに書かれたのがフィヒテの最初の著作『あらゆる啓示の批判の試み』である。カントはこの書を通読しなかったが、その価値を認め、出版を斡旋する。一七九二年、この書はなぜか著者名を欠いたまま出版され、書評においてカントの著作であると誤解され、そうした評価を受けた。ほどなくしてカント自身がその著者がフィヒテであることを公表したことで、フィヒテはその名を一躍ドイツの哲学界に知られることになった。

一七九四年、フィヒテはラインホルトの後任としてイエナ大学に着任する。ここでフィヒテは、知識学と呼ばれる独自の哲学プロジェクトを展開し、『全知識学の基礎』（一七九四・九五年）を始めとする重要な著作を次々と発表した。しかし、一七九八年に発表した論文が無神論という批判を受け、いわゆる無神論論争が起こる。これをきっかけにフィヒテはイエナ大学を辞職せざるを得ない状況に追い込まれ、イエナを去ってベルリンに移住する。

自分にとってきわめて明白な真理が論敵によって了解されないことに失望し、フィヒテは知識学を書籍の形で公表することに消極的になる。ベルリンに移住してからも知識学の講義はたゆまず続けられていたが、この時期に出版された知識学に関する著作は一八一〇年の講義をもとにした『知識学概要』だけだった。ベルリン時代に出版された書物の大半は一般向けの、ある意味で応用哲学的書物であった。ただし、知識学は単なる知識として所有されるものではなく、生きられるべきものだとするフィヒテにとっては、知識学の応用もけっして副次的な仕事ではなかった。この間、フィヒテは一八一〇年、新たに開学されたベルリン大学の教授に就任し、翌年には初代総長に選任された。一八一三年、対ナポレオン戦争が勃発する。従軍看護婦に志願したフィヒテの妻ヨハンナはチフスに感染する。ヨハンナ自身は危機を脱したものの、彼女を看護していたフィヒテがチフスに感染した。フィヒテは一八一四年一月二七日その生涯を閉じた。

▼知識学

「知識学（Wissenschaftslehre）」という言葉は、「学問（Wissenschaft）」についての「教説（Lehre）」ということであり、直訳するなら「学問論」とでもいった意味になる。たしかに知識学には、他の学において前提される原理を基礎づける、諸学の基礎となる学という側面がある。しかしフィヒテの知識学はそのような科学基礎論のようなものにとどまるものではない。知識学は、「知」とは何か、意識的生とは何かをその根源にまでさかのぼって明らかにしようとする試みである。

フィヒテはラインホルトの根元哲学のプロジェクトを引き継ぎ、すべての学を統一する唯一の原理を見出そうとする。しかし、ラインホルトの意識律そのものは、なお不徹底であるとしてこれを退け、これに代えて「自我（Ich）」を立てた。フィヒテがこの自我という原理に到達したのは一七九三年の秋ごろと推定される。その頃にフィヒテが友人バゲッセンと行った会話から、その間の消息がうかがわれる。ラインホルトの意識律をさらに基礎づけるような命題はないとするバゲッセンに対し、フィヒテは反論して次のようなことを語ったという。デカルトは「我思う」に到達したが、思うとは表象を結合するということであり、表象が前提されている。そこでラインホルトは「我表象する」に到達した。しかしここからさらに表象を捨象することができる。そしてそれを捨象すれば「自我」だけが残る――。この会話を記録したバゲッセンの日記には「我あり、ゆえに我思う（sum ergo cogito）」という言葉が書きつけられている。「コギト＝我思う」に先立つ「我あり」、これがフィヒテの見出した哲学の第一原理である。この「我あり」がどのように理解されるかに、知識学の理解はかかっている。

「これまでの哲学者たちの自我は鏡であった。ところでしかし、鏡は見ることはない。したがって彼らにあっては直観や見ることは説明されなかった。彼らにあっては模写の概念が立てられているにすぎない。この誤りは自我の正しい概念によってのみ除かれうる。知識学の自我は鏡ではなく、眼である。（中略）眼の本質は対自的な像（Bild für sich）であることである」（『新方法による知識学』）。鏡には対象の像が映るし、眼の網膜にも対象の像が映る。物理的プロセスとして見るなら、両者の間に本質的な違いはない。しかし、鏡は「見ない」が眼は「見る」。この違いはなにか。フィヒテによれば、それは眼に映る像が「自分に対する（für sich）」ものになっていることである。眼が何かを見るとき、その何かが目に映されているだけではなく、この見るという活動自体が見られている。つまり、何かを見るとき、見る主観的活動そのものが同時に客観になっている。そうした自覚的・対自的構造が意識現象を特徴づける。そこには、「見る」という活動を行う主観が「見る」という活動において同時に客観であるという主・客の統一が含まれる。

▼知識学の自我は鏡ではなく眼

見るという活動が同時に対象になるというとき、そこで考えられている事態は、見るという活動が外から対象として観察されることではない。ここで考えられているのは、活動する主体がその活動それ自体をその内側から把握する活動である。「見る」という活動がこのように直接に内側から意識されてあるがゆえに、それは「私」の「見る」になる。「私が見る」ということが成り立つためには、活動についてのこうした直接的把握——感性的ならざる直接知であるがゆえに知的直観と呼ばれる——がそこに同時に含まれていなければならない。

フィヒテにおける自我は、こうした活動である。自我はこの活動に先立って存在する実体ではなく、この活動そのものと同時に生成するものである。「見る」が見るという活動において同時に見られるという「自らに還帰する活動と自我は一体であり、両者は互いを言い尽くしている。（中略）自我は実体であるところの魂ではない」（『新方法による知識学』）。この自己還帰的活動は、行為がそのままに存在であるようなものとして、「事実」ではなく「事行（じこう）」と呼ばれる。知識学の第一原則「自我は根源的に端的に自らの存在を定立する」（『全知識学の基礎』）は、これを表現するものである。

また、自我は端的に自己の存在を定立するものであるのと同時に、「自我は自我に対して存在する」という対自的構造をもつ。フィヒテは「自我は自我である」という命題を、この構造の表現として解釈している。すなわち、命題の主語の位置にある自我は端的に定立された自我（根源的定立）であるが、述語の位置にある自我はそれが意識された相であり、「自分を反省（Reflexion）の対象とする自我が、自らのうちに定立されたものとして見出すもの」（『全知識学の基礎』）である。先の命題は、この二つの自我が同一であることを表わしている。したがって、フィヒテにおける自我の基本構造は、端的な自己定立と反省との統一であると言える。

▼自由の原理としての自我

こうした自己産出的活動＝存在として、自我は自由の原理である。フィヒテによれば、単に感覚的観点からするならば、意識には「表象の継起しか存在しない」。たとえば、何かが存在するべきだという考えの表象の後に、その現実存在の表象が続いたとしても、「私が前者の表象を考えたことによって後者の表象が私に生じたという命題を主張することはできない」（『知識学への第二序論』）。表象の継起の中には自由を基礎づけるようなものは何もないのである。これに対して、自我を特徴づける「事行」においては、存在は活動自体ともに生成している。これは、感覚的世界における表象同士の間の関係とは全く異なるものであり、自我において感覚的世界とは違う何かが出現しているということである。自我は叡知界と感性界の結節点である。こうしたものとしての自我は道徳的意志現象に典型的に見出される。「道徳法則において、自分自身のみに基づき、決して他のものには基礎づけられない行為が自我に要求される。したがってそこにおいて自我は絶対的に活動的なものとして特徴づけられる。この道徳法則の意識は何か他のものから引き出されたものではなく、直接的な意識である。ここに自己活動の意識と自由は基礎づけられる。（中略）この道徳法則という媒体を介してのみ、私は私を看取する」（『知識学への第二序論』）。知識学が「自由の体系」であるのは、こうした自我をその原理とするがゆえである。

▼無限の努力としての自我

しかし、そうした自由の原理としての自我は現実の意識において与えられる自我ではない。というのは、現実の意識における自我は「決して端的に存在するものではなく、直接的であれ間接的であれ、自我の外のなにかによって基礎づけられているからである」（『全知識学の基礎』）。現実には、「私が存在することと世界が私に対して存在することは一挙である。ただ体系においてわれわれは本来一つであるものを諸行為の系列として考察しなければならなかった」（『新方法による知識学』）のであり、そうした現実の意識においては、まったく端的に根源的に自らの存在を定立する自我は存在しないし、限定を本質とする反省によっては思考されることもできない。

では、自我の端的な自己定立、自由は全く現実性を欠いた空虚なものかと言えば、そうではない。自由は理論的知に対して与えられるのではなく、実践的努力に対して課題として課せられているのである。「人間は、即自的には到達不可能な自由に無限にますます近づいていくべき（soll）である」（『全知識学の基礎』）。「我がある」という端的な自己定立は、現実の自我においては無限な自己超出の努力としてある。無限の努力は、端的な自己定立が反省に対して現れた像である。ここから、第一原則における自我の意味もはじめて明確になる。「第一原則において問題なったのは現実の意識において与えられる自我ではまったくない。（中略）そうではなくて、自我の実践的な無限の要求の基礎に必然的に置かれねばならない自我の理念が問題となっているのである。この理念はわれわれの意識にとっては到達できないものであり、それゆえわれわれの意識においては決して直接には現れえないものである」（『全知識学の基礎』）。こうした無限の課題に開眼すること、それが知識学の要諦である。

▼フィヒテ哲学のアクチュアリティ

フィヒテの自我論は西洋哲学史の金字塔である。しかしフィヒテ哲学は自我論に限られるものではない。間主観性、身体論、法論、道徳論、宗教論など、フィヒテ哲学の射程は広い。とりわけ、知を神の像、「神の存在の外にある神の存在」として捉える後期フィヒテの「像」の理論は、前期の自我論の深化を測るうえでも、またヘーゲルや後期シェリングとの関係を考察するうえでも、きわめて重要である。

（山脇雅夫）

ショーペンハウアー
Arthur Schopenhauer　1788-1860

ショーペンハウアーは「ひとたび私の著作を読む時代が来たならば、ひとびとは私の哲学が百の門をもつテーベの都市のようであることを知るだろう。ひとびとは、どの方角からも入ることができて、どの門を通ってもまっすぐに中心点に達することができるのだ」と自称している。この思想の中心点は彼が三〇歳の時に書き上げた主著『意志と表象としての世界』に集約されている。他の著作は、主著の補遺と補足と位置づけられる。彼は「ただ一つの思想」を生涯を通して追究したのだが、彼の著作を読む時代の到来は主著第一版の刊行から三〇年以上も後のことであった。

▼ナイル川はカイロに到達していた

ショーペンハウアーは一七八八年にハンザ同盟の自由都市ダンツィヒ（現在のグタニスク）の裕福な商人の家に生まれた。彼が哲学者としての活動に着手した頃には、フィヒテ、シェリングの名声はドイツ思想界に確立しており、彼自身も二人の哲学者の影響を受けたが、一八一〇年にG・E・シュルツェに、まずプラトンとカントの研究に専念するように指導を受ける。以後、プラトンとカントはショーペンハウアー哲学の柱となる。一八一三年に学位論文「充足根拠律の四方向に分岐した根について」をイエナ大学に提出している。また、ゲーテとの短くも深い交流を契機に色彩研究に取り組み、その成果を一八一六年に『視覚と色彩について』として上梓している。一八一八年に主著『意志と表象としての世界』を完成させ、翌年出版した。そして、この著作を引っ提げて、一八二〇年にイエナの後にドイツ哲学の主戦場となっていたベルリン大学へと乗り込んだ。だが、一八歳年長のヘーゲルと対抗した結果、挫折と苦渋を味わう。一八三一年にコレラの流行を恐れてベルリンを離れる。一八三三年以降は大学での栄誉を諦めてフランクフルトに隠棲していたが、一八四八年の革命を受けた時流の変化も与って後年には世間から評価された。だが、すでに老境に達していた彼は、「ナイル川は〔その終着地である〕カイロに到達していた」と言って、社会的地位を求めなかった。彼は、フランクフルトの地でフルートの演奏と犬との散歩を日課としながら思索を続け、市井の哲学者として七二年の天寿を全うした。

▼意志の形而上学と救済論

主著『意志と表象としての世界』で展開されるショーペンハウアーの哲学は「意志の形而上学」である。それは彼が世界の本質を「生きんとする意志（Wille zum Leben）」と考えたことによる。この意志は、カント、フィヒテらが重視する人間の自由意志、すなわち感性的な情動や情熱に打ち勝ち、理性的に善を選択する意志とは異なる。「盲目な意志」と表現されるように、私たちが生存のために利害関心の合図として折々に感じる快や苦痛といった情動、思考を媒介することで持続的になった情念、さらには無意識な衝動を含意する。では、こうした独自な「意志」概念から何が帰結するか。ショーペンハウアーは、生きんとする意志こそが「人間は人間に対して狼である」という利己主義（エゴイズム）の源泉であることを導出する。この所見によれば、個体が生きんとする意志に囚われている限り、この地上に平安はない。あらゆる生存は受苦であり、苦しみからの解放は生きんとする意志を否定しない限りありえない。こうした救済の思想を軸として、ショーペンハウアーは哲学を構築している。だから、彼の哲学を「救済論」と呼ぶ研究者もいる。そこで、これから、彼の救済論へと収斂する意志の形而上学の全景を素描してみる。主著は「表象論」を扱う第一巻、「自然の形而上学」を扱う第二巻、「美の形而上学」を扱う第三巻、「道徳形而上学」を扱う第四巻の全四巻からなる。

▼表象論と身体

主著の題名『意志と表象としての世界』は、カント、ラインホルト、フィヒテ等の著作を知る読者にとっては色褪せた印象を与えかねない。事実、ショーペンハウアーは彼らの思想を研究し、受け継いでいる。もちろん、先述したように、ショーペンハウアーの「意志」は独自なものであるが、その詳細や意義が明らかになるのは主著の第二巻以降、とりわけ第四巻においてである。しかも、第一巻の「主観に対する客観としての表象」の考察は、フィヒテやラインホルトの哲学に親しんだ者にとっては、いささか新鮮さを欠いてみえたことであろう。当時の読者へのインパクトを欠く表象論から始まる主著の構成は、一八一九年に同著がほとんど相手にされなかった一因である。ただし、第一巻を丁寧に読み解くと、それが独自な「意志」の形而上学を導出するための周到な手続きであったことが分かる。このことは、生理学的に説明される「身体（Leib）」の扱いに端的に見て取れる。

表象としてみる限り、我が身も近代科学の一対象として漏れなく説明できる。しかし、科学的にいくら根拠づけても、我が身の生き生きとした実在性（リアリティ）は漏れ落ちる。全てを説明するが、「生（Leben）」を貧困化してしまう近代的な表象論の行き詰まりをグロテスクに描出することにより、ショーペンハウアーは近代の科学的な世界観とは全く異なる実在性を、身をもって実感される「生きんとする意志」として提示するのである。それは理性や精神を本質とする西洋哲学の伝統を根底から覆し、身体や感情に基づいた仄暗い「生の形而上学」を拓くものであった。こうして彼は、同時代のシェリングとも異なり、身の毛もよだつ自然の形而上学を構築している。

▼自然の形而上学

人間身体という有機体が物自体である意志と同一であるならば、類比（アナロギー）によって全ての自然現象のうちに生きんとする意志の暗号を読解できると考えられる。これにより、各人が自身の生きんとする意志に駆り立てられて相争うという着想が、動物、植物、無機物にまで拡張される。動植物の成長や鉱石の結晶作用は生きんとする意志の低次の現われである。そして、最も低い段階、つまりは単なる物質では引力と斥力が絶えざる抗争関係にある。世界は盲目な意志が止むことなく発動する弱肉強食の世界であり、自然法則という鉄の掟が無情にもあらゆる存在を死や消滅へと導く。何人も果てなき闘争のなかで移ろいゆく運命を逃れられない。こうして、意志がある限り闘争の苦痛は尽きることなく、世界には平穏はないという悲観論（ペシミズム）が基礎づけられる。

▼美の形而上学

ショーペンハウアーは苦しみに満ちた厳粛な現実からの救済を苦しみの不在と考える。彼は、苦しみが止んだ晴れやかさを美の経験に見出す。彼は、カントにはじまり、シラーによって広められていた「無関心（性）」と「仮象（かしょう）」という美の契機を独自に展開している。

カント『判断力批判』では、美の満足は日常における快楽の享受と区別される。私たちは自身の生存を促すものを快として感じるが、それは常に対象を自己にとって有益か否かという尺度で測っていることを意味する。ところが、美の享受は快いものであるが、対象についての知識や生命の維持とは直接関与しない。美しいものの観照は利害関心を離れた認識である。ここから、利害関心に左右される日常生活の領域と利害関心を遊離した美の領域が区別される。シラーは後者の領域をとくに「仮象」と呼んでいる。これにより主観における無関心と客観における仮象は相関関係として結びつく。この無関心と仮象の思想を、ショーペンハウアーは「生きんとする意志が沈黙した状態」と「単なる表象」として展開する。彼によれば、利害関心に囚われて動き回っている限り、人間の認識は自己の利害得失に即した偏りを有している。「興味関心を惹くもの」と「どうでもよいもの」が区別される。だが、利害関心から離れて佇むと、日常で「どうでもよい」と切り捨てていたものにすら、プラトンのイデアの世界が開示されるかのように、個物（単なる表象）を通して、その本質（プラトン的イデー）が輝く美の世界が現出する。そして、自然であれ芸術であれ、美しい対象を見て心静まる忘我の瞬間は、苦しみの世界からの解放となる。ただし、これは先に述べた悲観的な世界観と矛盾する。そこで、この解放は意志の支配を乗り越えるだけの過剰な知性に恵まれた一部の人間、「天才」にのみ許された例外であるとされる。このような思想は、美学と呼ぶには狭いかもしれない。ショーペンハウアーは美の考察から生存の苦しみの解放を説く救済論へと急速に舵をとる。

▼共に苦しむ愛の倫理学

芸術の天才といえども、身体存在としてこの世界に生きている限り、生存競争から完全に自由になることはできない。移ろいゆく現象のなかで美はそこかしこで輝くかもしれないが、それもやはり美の現象として、はかないものである。美の観照による慰めは永続しない。それゆえに、天才の顔には「受苦の歴史」である生存の厳粛さと美を享受するときの晴れやかさが織り込まれる。ジョルダーノ・ブルーノの金言「哀しみのときも晴れやかに、晴れやかなるときも哀しげに」は、世界の本質を「生きんとする意志」であると見抜いた天才や賢者に共通する面影となる。

もしもショーペンハウアー思想がこうした悲観的な世界観とそこからの離脱で終わるならば、それは一種の現実逃避であるとか頽廃（デカダンス）の哲学であるといった誹（そし）りを免れないであろう。だが、彼はその倫理学において同情を説く。それは、個体の苦しみを通して生存全般の苦しみを見抜く倫理の天才の業とされる。この愛（アガペー）の倫理学は、インドのヴェーダや仏教、さらにはキリスト教神秘主義の影響を受けているが、人間に限らず、動物や植物といったあらゆる存在の苦しみに寄り添い、共に苦しむ倫理を提唱した点で西洋倫理学のなかで突き抜けている。シュヴァイツァーも明察していたように、ショーペンハウアーは、同時代の哲学者が理性によって人間の間の倫理学を基礎づけていた時に、頭脳ではなくて心身によって全ての存在者を慈しむことを教えたのである。のみならず、生きとし生けるものの苦しみを歓んで引き受ける奉仕は、究極的には自己犠牲、つまりは意志と同一とされる我が身の身体の否定にまで到る。この「意志の否定」の教説において、ショーペンハウアーの倫理学は少なからず神秘的になる。彼は、自身の意志を鎮静した暁には完全な「無」が残ると言う。これを彼は「涅槃（ねはん）（Nirwana）」とも呼んでいる。これは、すでにフリードリヒ・シュレーゲルによってインド思想が当時のロマン主義者たちに紹介されていたとは言え、東洋的な無の思想が西洋哲学に体系的に取り込まれた一大事件である。ショーペンハウアー本人は、この解脱の思想を後世への福音であり、プレゼントであると考えていた。現代に生きる私たちはこれをどう受け取ればよいだろうか。

（鳥越覚生）

ショーペンハウアーと愛犬
（W. ブッシュの鉛筆画）

ショーペンハウアーの愛の倫理学は動物愛護の先駆けとしても評価されている。

ヘーゲル

Georg Wilhelm Friedrich Hegel　1770-1831

時代の子

「個人に関して言えば、誰しもその時代の子であるが、哲学もまた、その時代が思想において把握されたものに他ならない」（『法の哲学』）。このようにヘーゲルは哲学と時代の関係を言い表した。このテーゼはヘーゲル自身の哲学の特徴をよく表している。しかしそれは、ヘーゲル哲学が時事的問題に終始するジャーナリスティックな哲学であるという意味ではない。ヘーゲルにとって哲学の課題は絶対者を認識することであった。しかしその絶対者は現実を離れて存在するわけではない。「理性的なものは現実的であり、現実的なものは理性的」（『法の哲学』）なのであり、足下の現実こそが哲学の現場なのである。

ヘーゲルの生きた歴史的現実は「分裂の時代」であった。この分裂のまっただ中に絶対者を認識すること、ここにヘーゲル哲学の根本がある。今その時代を「近代」という名で呼ぶならば、ヘーゲル哲学はまさに近代の哲学であった。

ヘーゲルの生涯

ゲオルク・ヴィルヘルム・フリードリヒ・ヘーゲルは、一七七〇年、ヴュルテンベルク公国の首都シュトゥットガルトに生まれた。ヴュルテンベルクはプロテスタント国であった。ヴィルヘルム（ヘーゲルはそう呼ばれていた）の父ゲオルク・ルードヴィヒは公国の役人であったが、ヘーゲル家は代々ルター派教会の聖職者であった。ヘーゲル自身はオーソドックスなルター派とは言えないが、ルター派の思想は彼の哲学の重要なバックボーンであり続けた。

シュトゥットガルトでギムナジウムを卒業したのち、一七八八年、ヘーゲルはテュービンゲン神学院に入学する。これは、ヴュルテンベルクのプロテスタント教師を育成するための機関であった。ヘーゲルはここで、ふたりの友を得た。ヘーゲルと同年の詩人哲学者ヘルダーリンと、ヘーゲルより五歳若い早熟の天才シェリングである。このふたりの天才との思想的交流はヘーゲルの思想形成に決定的な意味を持つものとなる。また、ヘーゲルが学院在学中に勃発したフランス革命への共感も、ヘーゲルの思想的課題を生涯にわたって方向づけるものとなった。この時代に書かれた草稿のなかで最重要なものである「宗教はわれわれの生活の最も重要な関心事である」において構想された「民族宗教」は、ルソーの市民的宗教に似て、政治的自由の精神の土台となるようなものだった。

一七九三年にテュービンゲンでの学業を終えたのち、ヘーゲルはベルンでの家庭教師生活を経て、一七九七年からフランクフルトで旧友ヘルダーリン、シンクレア、ツヴィリングと「精神の同盟」と呼ばれる交流を重ねた。この交流からヘーゲルは有機的自然観や愛のモチーフなどの初期ロマン主義的思想を多く吸収した。ベルン時代、宗教と道徳を同一していたヘーゲルは、今や、宗教の本質を愛による合一の中に見るようになる。この愛の思想は、さまざまに変奏されつつも、ヘーゲルの存在理解の通奏低音となっていく。

父の遺産を相続したことを機に、ヘーゲルは家庭教師生活に終止符を打ち、大学での活動をはじめる。一八〇一年、ヘーゲルは、当時のドイツの学芸の中心地であったイエナ大学の私講師となった。ここでヘーゲルは、すでに当時の主導的哲学者の一人となっていた旧友シェリングとともに絶対的観念論の論陣を張る。この活動の幕開けを告げたのが、ヘーゲルの哲学上の最初の出版物である『フィヒテとシェリングの哲学体系の差異』であった。この書によってシェリングの同調者として登場したヘーゲルであったが、ヘーゲルの思想は当初からシェリングと完全に一致していたわけではない。ヘーゲルは大学での講義活動を通じて、独自の哲学体系の構築に努め続けた。その成果が一八〇七年に出版された『精神現象学』である。通常の意識を学の立場へと高める「はしご」とされる『精神現象学』は「学の体系第一部」と題され、それ自体が学の一部をなすものとされた。後年になってヘーゲルは『精神現象学』の体系上の位置について考えを変えることになるが、この書において展開された「精神」の思想はヘーゲル哲学の根幹をなすものである。この書は間違いなく、のちにマルクスが評したように、「ヘーゲル哲学の真の誕生の地でありその秘密」（『経哲草稿』）である。

一八〇七年、ナポレオン戦争の動乱のなか、ヘーゲルはイエナを去った。その後、バンベルクで新聞の編集者を務めたあと、翌年ニュルンベルクのギムナジウムの校長となった。ギムナジウムでの講義を通して、ヘーゲルは「論理学」と「エンチュクロペディー体系」を仕上げていき、一八一二年から一八一六年にかけて三部構成の『論理学』を公刊する。「自然と一人の有限精神が創造される以前の永遠の本質における神の叙述」（『論理学』）と称されるこの書は、全体として、ヘーゲルが「概念」と呼ぶ知の構造を展開したものである。

一八一六年、ヘーゲルはハイデルベルク大学教授に招聘され、長年望んできた大学での教育・研究活動に復帰した。一八一七年にはヘーゲル哲学の全体像を示す『哲学的諸学のエンチュクロペディー綱要』が出版された。この書は、「論理学」、「自然哲学」、「精神哲学」の三つの部分から構成され、のちのヘーゲルの多彩な講義活動の土台となった。

一八一七年末、プロイセンの教育大臣アルテンシュタインは、プロイセン国政改革の精神的支柱として、かつてフィヒテが占めていたベルリン大学哲学教授のポストにヘーゲルを招聘する。ヘーゲルはこれを受け、一八一八年ベルリン大学に着任する。一八二〇年には、ハイデルベルクでの講義を土台とし、ヘーゲルは『法哲学綱要』を公刊する。カントやフィヒテの社会哲学的著作が法論・徳論の二部構成であるのに対し、ヘーゲルの『法哲学』は法論・道徳論・人倫論の三部構成であるところにその特色がある。人倫論においてヘーゲルは、客観的法と主観的道徳を統合する社会制度として家族・市民社会・国家を考察している。また、ベルリンでもヘーゲルは多彩な講義活動を継続した。「論理学」、「宗教哲学」、「美学」、「法哲学」、「世界史の哲学」などの講義活動を通じて、ヘーゲルは休むことなくその体系を彫琢しつづけた。このことは、ヘーゲルの体系が固定的に完成したものではなかったことを示している。

一八三一年十一月十四日、ヘーゲルは数日病に伏せた後、ベルリンで息を引きとる。突然の死であった。その亡骸は、ヘーゲルの生前の希望に従い、ベルリンのドロテーンシュタット墓地のフィヒテとゾルガーの横に埋葬された。医師は死因をコレラと判定したが、これは当時も今も疑われている。

▼分裂の時代

「分裂は哲学の要求の源泉である」（『差異論文』）とヘーゲルは言う。ここに言われる分裂とは「絶対者の現象であるものが絶対者から切り離され、自立的なものとして固定されている」ことである。それは、人間の生の土台であり、意味の中核であるようなものが失われているということである。「〔神の〕影像は、それに命を与える魂が抜けた屍となり、讃歌からも信仰が逃げさって〔ただの〕ことばとなった。…競技や祝祭をしても、意識と実在との悦ばしい統一が意識に返ってくることもない」（『現象学』）。それは「神は死んだという苛酷なことば」（『現象学』）によって言い表される。神という絶対的統一の喪失は、信仰と知、魂と身体、自由と必然、主体と客観的現実等々、さまざまな分裂として現われている。これがヘーゲルの同時代認識であった。

こうした時代感覚は多くの同時代人に共有されていた。フィヒテは自らの時代を「道徳がその源泉にいたるまで朽ち果てている」（妻への書簡）と歎いたし、ラインホルトにとってもその時代は「盲信か不信仰」の二者択一しかない時代であった（カントへの書簡）。カントの実践理性に基づく神認識は、フィヒテやラインホルトにとって、こうした時代の精神的窮乏を克服する可能性を示すものだった。

ヘーゲルにとっては、しかし、カントやフィヒテの「統一」を捉えるやり方は、分裂を絶対化するものでしかなかった。もし統一が無限の努力の彼方にあるのだとしたら、その統一は現実には存在しないと言うのに等しい。統一は分裂した現実の「彼岸 Jenseits」になってしまう。これは、存在を信仰の対象として彼岸化してしまうヤコービについても同様である。こうした、分裂の彼方に統一を立てるやり方では分裂した現実は飛び越されてしまう。

しかしまた、分裂が生じる以前の未分裂の調和に復帰するという道もヘーゲルは放棄していた。未分裂の統一はヘーゲルにとって決定的に過去的なものであり、それに戻ることは退行でしかなかった。分裂の時代は、未分裂の過去に対して、「個」的主体が登場した点において前進を示してもいるからである。

求められるのは、分裂した現実を絶対視するのでもなく、あるいは彼岸的統一へ逃避するのでもなく、分裂と統一との統一、すなわち、分裂する現実のただなかに内在している統一を認識することである。この課題は、次のように言い直される。「感覚的此岸（しがん）の色とりどりの仮象（＝分裂した現実）や、超感覚的彼岸の空虚な夜（＝超越的な統一）から、現在する精神の昼へと歩み入ること」（『現象学』）。ここでは、分裂した此岸と彼岸的統一のどちらでもないものとして、「精神」の境位が語られる。分裂と統一との統一がヘーゲルにおいてどのように把握されているのかを理解する鍵は「精神」の概念にある。

▼精神：我々である我、我である我々

個々人が自立し、自由でありつつ、共同している在り方、それがヘーゲルのいう「精神 Geist」である。ヘーゲルは精神の概念を、「我々である我、我である我々」（『現象学』）と定式化する。「我々」とは多くの「我」から成る共同性であり、「我々である我」は、共同性を内在化した個の在り方である。他方、「我である我々」とは、共同体という客観的現実が我の拡大であるような状態である。一人一人の「我」は、自由な自立した個人であり、全体のなかに融解してしまうわけではない。その意味で、個人と個人は分立している。「我々」はそうした対立を内包した我↕我である。しかし、同時に複数の「我」は「我々」という共同性へと統一されている。こうした意味で、たしかに「精神」は分裂（我↕我）と統一（我々）との統一という構造をもっている。

しかし、問題なのは、この統一がどのようなものなのか、ということである。「我」が「我々」であるためには、「我」は自立的で孤立した自らの存在を放棄し、他とつながっていかねばならない。これは、自らの直接的あり方からの超出である。個別的な「我」が否定的に超克され、普遍的な「我々」となる。「我々」の存在は「我」の否定・無において成立するわけである。しかしこの否定が「我々」のなかに「我」が消滅してしまうことであるならば、「我」の自立性と自由は成り立たない。ヘーゲルの「精神」においては、この「我」の否定を通してかえって、個別

としての「我」が確立するのである。それはどういうことなのか。ヘーゲルがフランクフルト期の草稿に引用したシェークスピアの台詞が格好なモデルを提供している。

「ジュリエットからロミオへ　わたしが差し上げれば差し上げるほど、それだけ多くわたしは得るのです」（合一と愛についての断片）。ここでは、自己を捧げることがそのままに自己の充足となることが語られている。こうしたことは愛においては、めずらしいことではない。これが可能であるのは、愛するロミオはジュリエットにとって「自分」だからである。ロミオに「差し上げる」ことは自分に差し上げることである。他者の生と自己の生は共同し、「我々」というひとつの命となっている。これが愛という「生の共同」である。ジュリエットはロミオという他者において自己のもとに帰る。他者に自己を捧げることは、「我」を放棄し、「我々」となっていくことであるが、ジュリエットの言葉が示しているように、それは、「我」の消滅を意味していない。「我々」となれば成るだけ、「それだけ多くわたしは得る」のである。それは、「我々」はそのまま「我」なのであり、「我々」となることは「我」となることに他ならない、ということである。ヘーゲルが「最高の共同は最高の自由である」（『差異論文』）と言うことができたのも、こうした「精神」という主体概念によってであったと言っていい。

このように、「精神」においては共同化が同時に個の確立である。この個は普遍と端的に対立する個ではなく、つねに自己を超出して普遍となっているような個である。したがってそれは、多くの近代思想において前提されているようなアトム的な個人ではない。それは、つねにすでに自己を超出しているような個人であり、「我々」であることで自己同等性を得ているような自己、「我々である我」である。また、「我々」という共同性も、「我」の「上」に、個々の「我」から独立して存在する実体ではなく、個々の「我」という現実的主体の自己超出運動として現実に存在するものである。このように「精神」は、「我」即「我々」、「我々」即「我」の動的構造において、従来的な個人観、共同体観を超えている。それは、共同体的実体を生きることによる個の主体的自由と、主体的自由の展開による共同性とを総合する原理である。

こうした「精神」の概念をヘーゲルは存在理解の中核に据えた。それを展開したものがヘーゲルが「概念 Begriff」と呼ぶものである。ヘーゲルの第二の主著『論理学』は、その根本において、有限と無限の統一を捉える概念という認識を展開したものである。

▼概念：有限と無限との統一

『論理学』第一部である「存在論」が描き出すのは直接的存在の世界である。直接的存在は他のものによって限界づけられたものであり、有限である。これに対し、「本質論」では直接的存在と内的本質との二世界論的状態が記述される。直接的存在を否定的に超出して到達される内的同一性が本質である。本質の最初の規定は「存在から出て来ること」であり、同一性は有限の彼岸に立てられる。この場合、有限な現実世界はただ乗り越えられるだけのものとなり、その権利は十分に認められていない。「本質論」はこうした関係から出発しつつ、本質が「自分に定在 Dasein をあたえる」運動を叙述していく。それは、直接的存在が、実在性のない「仮象」から本質の「現象」へ、最終的には本質と現実存在の統一としての「現実性」へとリアリティを回復していく運動である。そうして到達された「その定在のなかにあって絶対的であるような絶対者」（『論理学』）が「概念」である。

「概念」は有限と無限との統一的把握である。それは、ヘーゲルがイエナ大学就職に際して提出した就職テーゼ「観念は無限と有限との総合であり、全哲学は観念のうちにある」（第六就職テーゼ）に言われる「観念 idea」にほかならない。それは、「疎外された世界と永遠の実在〔神〕との和解」（『エンチュクロペディー』）という、ヘーゲルがキリスト教教理の哲学的核心と捉えるものの継承でもある。

「概念」は有限な世界を飛び越したりしない。有限な世界の存在は認められる。しかしまた、有限な世界の存在は自足的なものではない。「有限なものの存在は、それ自身の存在ではなく、自らの他者である無限なものの存在なのである」（「宇宙論的証明について」）。有限なる世界はその自己止揚（しよう）において無限なものの存在を示している。しかし、だからといって世界の存在が単純に否定されるのではない。そうした「無世界論」（ヘーゲルはスピノザがそういう立場だと解していた）はヘーゲルの立場ではない。有限な世界の自己止揚において示される無限なものの存在が、有限な世界の存在なのである。神にとって他在である世界の否定において神は世界に臨在し、逆にまた、この臨在が世界をあらしめている。「概念」とは、絶対者がそのような仕方で臨在する世界を認識する知である。

▼プロセスとしての現実

こうした概念知の構造が、ヘーゲルの現実認識の基礎である。ヘーゲルは現前する現実のなかに理性を認識しようとした。現実を飛び越えて彼岸の超越を求めようとはしなかった。

その意味でヘーゲルは現実主義者である。しかしそれは、単純な現実肯定ではなかった。ヘーゲルは、現実の根幹にあるべき姿への自己超出の運動を見る。「事象の真理態は、事象がその当為 Sollen と存在 Sein とにそれ自身のうちで破砕されているということである。これは、すべての現実についての絶対的判断である」（『論理学』）。ヘーゲルにおいては「真なるものは全体」（『現象学』）であり、いかなる有限な現実も単独で真なるものであることはできない。ただ無限に自己超出を続けるだけである。しかしだからといってこの真なるものが現実の彼岸にとどまるわけではない。この自己超出それ自体に真なるものは内在するからである。「存在と当為の一致は硬直した、プロセスを欠いた一致ではない。というのは善、世界の最終目的が存在するのはただ、常に自らを産出する限りだからである」（『論理学』）。このプロセスは主体の実践において実現されるものであり、現実とは「事実と行為との統一」（田辺元）に他ならない。ヘーゲルは現実を、そうしたものとして肯定しているのである。

▼ヘーゲルの影響

ヘーゲルの影響は広範囲にわたる。自らを「かの偉大なる思想家の弟子」（『資本論』）であると公言したマルクスはもちろんのこと、実存の哲学者キルケゴール、プラグマティズムのパースやデューイ、サルトル以降のフランス哲学、わが国の西田幾多郎や田辺元にいたるまで、多くの哲学者がヘーゲル哲学と格闘し、それを批判することで自らの哲学を形成してきた。それは、現在のジジェクやガブリエルにいたるまで続いている。このように批判的対決の対象であり続けていることは、ヘーゲル哲学がいまだに過去のものとはなっていない証である。西洋哲学の歴史の全体を引き受け、キリスト教の哲学的ポテンシャルまで吸収しようとするヘーゲルの思考は、異様なまでに強靱である。

（山脇雅夫）

シェリング

Friedrich Wilhelm Joseph von Schelling　**1775-1854**

▼はじめに

シェリング哲学を要約的に提示するのは、非常に困難である。

その一つの要因は、シェリングのほぼ八〇年にも及ぶ生涯における著作のいずれも完成された立場を提示することなく、そのつど根本的な立場を更新するように見えるところにある。その意味で、捉えどころのない「哲学のプロテウス」という形容がまさにふさわしいように思われる。しかし、シェリング哲学の変転の背後には、一定のモチーフの継続的展開も認められる。

▼シェリング哲学の開始点

シェリングは、ヴュルテンベルク公国シュトゥットガルト近郊のレオンベルクで生まれた。きわめて早熟で、一五歳にしてテュービンゲン神学校に進学して神学を学び（一七九〇年）、五歳年長のヘルダーリンやヘーゲルと交流する。ヘーゲルの筆跡で伝わる通称「ドイツ観念論最古の体系プログラム」（一七九六―七年）という執筆者不詳の断片は、彼らの密接な思想的交流が後年まで続いたことを窺わせる。また、マギスター論文「悪の起源論」（一七九二年）や翌年の神話論は、すでに後年の問題意識の萌芽を見せている。

シェリングは本格的な哲学的活動をフィヒテの影響下で開始し、自然哲学の成立とともにそこから離脱したとされ、このことは彼自身も認めるところであった。しかし、自然哲学へと連なる問題意識を示す草稿「ティマイオス註解」（一七九四年初頭）が原形式からの諸カテゴリーの導出にすでに取り組んでいる等、事態は決して単純ではない。

フィヒテは、イェナ大学での知識学の最初の講義（一七九四年五月）に先だって、『エネジデムス論評』、『知識学の概念について』でその基本構想を提示した。その影響下にあるシェリング最初の哲学的論文「哲学一般の形式の可能性について」（一七九四年）と翌年の『自我論文』は、カント以後の哲学界の主要問題「最高原則による全哲学の基礎づけ」を目指すものであり、フィヒテ的な自己定立する自我を出発点として諸カテゴリーが展開される。

他方、フィヒテ的な装いの背後にシェリング固有の問題意識も現れている。フィヒテの原理があくまでそのうちに対立をはらむ「自我」であるのに対し、シェリングの関心は主観的な自我にとどまらない「無制約者」へと向けられている。あらゆる対立に先だつ統一としての無制約者は、反省を介することなく「知的直観」によって把握される。シェリングは、「総合」的判断のような異質なものの結合や諸学説の対立が生じる原因は、無制約的者からの離脱にあると考えていた。シェリングは、有限性の起源とそれに伴う時間の成立という問題に生涯取り組み続けた。

自然哲学

シェリングの問題意識は、自己意識的な「自我」の観念的活動の背後に、またそれとは独立に、それ自身の活動を意識しない実在的な「自然」の活動を見いだすことへと向かう。『自我論文』において、その立場の転倒を目指したはずのスピノザへの共感をシェリングは隠さず、『独断主義と批判主義についての哲学的書簡』（一七九五年）では批判哲学と独断論の両立可能性も示唆していた。『超越論的観念論の体系』（一八〇〇年）では自然哲学と超越論的哲学との並行論が主張され、フィヒテとの決裂（一八〇二年）へと至る。シェリングにとって自然哲学は彼固有の哲学の出発点であり、そこには後の「積極哲学」の影すらもすでに見てとることができる。

一七九六年より家庭教師生活の傍ら、ライプツィヒ大学で自然科学の研究を行ったことが、自然哲学の成立の直接的契機となる。当時最先端のさまざまな自然科学的知見をシェリングは吸収し、みずからの哲学へととり入れた。『自然哲学に関する諸考案』（一七九七年）、『世界霊について』（一七九八年）によって、自然哲学への本格的な取り組みが開始される。『世界霊』はとりわけゲーテの関心を呼び、シェリングはイェナ大学へ招聘される。さらに一七九九年には、二つの自然学的著作『自然哲学体系の第一草案』、『自然哲学体系草案への序説』が出版される。ここでは、自然は永遠の循環ではなく、たえず自己展開していくものと捉えられ、対立するものが上位の第三者において統一を見いだしていく発生的な叙述方法がとられる。のちには「ポテンツ（Potenz）」概念が導入され、シェリング哲学に主要な形式的枠組みを提供し続けた。進化論的発想の萌芽も認められるこのような自然の力動的な自己展開の原動力を提供するのが、出発点におかれた「無制約者」である。『自然哲学体系草案への序説』や『第一草案』において、無制約的なものは、制約された「存在者」の領域には見出されえない「存在そのもの」とも表現される。それは「産出された自然（natura naturata）」とは区別された「産出する自然（natura naturans）」、自然の根源的産出活動である。それは力の「二重性」を通じた自己限定により、時間の内に有限の所産を産出するが、その産出力が所産において尽きることはないため、所産は無限の時間の継続の内で次々に生み出され発展し続ける。

▼『超越論的観念論の体系』

自然哲学の成立に伴って変更された超越論的哲学の立場は、『超越論的観念論の体系』（一八〇〇年）で展開された。そこでは、主観（自我）と客観（自然）の間には並行的関係があるとされ、「超越論的哲学」は主観からの客観の成立、「自然哲学」は客観からの主観の成立を説明する。

自然哲学同様、ここでも生成的な叙述方法がとられ、その点にシェリングの後年の歴史哲学への傾斜の萌芽を見ることができる。盲目的な産出活動としての自然は、意識の成立以前、後の言葉で言えば「意識の超越論的過去」の領域に配置される。意識の限界を次々に意識化することで完全な自己意識を目指す知の階梯（かいてい）は、ヘーゲル『精神現象学』（一八〇七年）の構想に影響を与えたと考えられる。このような「自己意識の歴史記述」という方法論はフィヒテにも見られるが（「表象の演繹」）、シェリングは『最近の哲学文献の概観』（一七九七―八年）において、精神のうちに「二重性」に基づく対立しあう傾向の葛藤を見るとともに、精神の活動の目標は「無限なものを有限なものにおいて呈示すること」であり、それが自己意識を目標とする「自己意識の歴史」をなすとした。

『体系』において、必然性に基づく「理論哲学」と自由に基づく「実践哲学」の二領域に続けて、シェリングは「芸術」にそれらを統一する重要な体系的地位を与えている。このような構想には、カントの『判断力批判』の強い影響が認められよう。芸術は、哲学の「唯一真実かつ永遠のオルガノン（機関）にしてドキュメント（記録）」である。

天才の手になる芸術作品は、自然の盲目的作用と精神による意識的産出活動が相互に一致することを示す。この自然と精神の根源的同一性は「美的直観」を通じて把握されるが、このような端的な対立物の統一的把握は「同一哲学」への途を拓くことになる。同一哲学期の『ブルーノ』（一八〇二年）、『芸術哲学講義』、『学問論』（一八〇三年）等では、「模像」として絶対的同一性を表現する芸術は、もはや哲学にとっての特権的な地位を失う。神話と詩をめぐる継続的思考を除けば、シェリングが芸術を主題化した文脈は限られているが、その他芸術の根源に自然の産出力を置くアカデミー講演『造形芸術の自然への関係』（一八〇七年）が注目される。

▼「同一哲学」から歴史哲学への傾斜

一八〇一年、ヘーゲルがイェナ大学での教育活動を開始する。この時期に、シェリングの「同一哲学」が展開され、『私の哲学体系の叙述』（一八〇一年）、『哲学体系の詳述』（一八〇二年）、『ブルーノ』、『芸術哲学講義』（一八〇二―〇三、一八〇四―〇五年）等が産み出された。『哲学批判雑誌』（一八〇二―〇三年）を共同執筆する等、ヘーゲルとの関係は密接であったが、シェリングがヴュルツブルク大学へと転出するとともに（一八〇三年）、両者の共同作業は終了する。シェリングは一八〇六年よりバイエルン学術アカデミー会員として招聘されミュンヘンへと移住し、『精神現象学』（一八〇七年）の出版とともにヘーゲルとの関係は終焉を迎える。一八一二年、前年のヤコービによる批判に応答し、両者の間に論争が生じた（「神的事物論争」）。

同一哲学は、観念的なものと実在的なものの絶対的同一性を原理とし、あらゆる差異はこの同一性に含まれた量的差異として記述される。つまり、それは万物を包括する絶対的理性における、対立の一方の極の優勢という形で理解される。絶対的同一性を基盤に、実在的なものと観念的なものの全領域の体系的叙述が試みられる。しかし同一哲学にとって、「有限者はどのようにして絶対者から分離しうるのか」という問題が不可避であった。ここからシェリングは、自由意志と悪の起源をめぐる問題に取り組む。『哲学の非哲学への移行』（一八〇三年）でのエッシェンマイヤーの批判に、シェリングは『哲学と宗教』（一八〇四年）で応答する。この著作は、絶対者からの離脱を、有限者の自由な行為に基づく飛躍的断絶としての「堕落（Abfall）」に見ているが、この問題は、『自由論』（一八〇九年）、

『シュトゥットガルト私講義』（一八一〇年）でさらに深化を遂げ、シェリング哲学は歴史哲学への傾斜を示してゆく。

かつてシェリングは、歴史は自由に基づくとし、したがってアプリオリな歴史記述は不可能だとしていた（一七九七年）。当初よりシェリングにとって、「自由」は「あらゆる哲学の最初にして最後」であり、「自由の体系」を目指す『自我論文』は必然性の支配するスピノザ哲学の対極をなすはずのものであった。しかし、ここにスピノザ的汎神論（はんしんろん）の再解釈を通じて、必然性と自由との両立が図られる。こうして絶対者の自己認識の過程は、必然的に進展してゆく自然史としてではなく、自由をはらんだ歴史のうちに捉えなおされることになった。

『自由論』によれば、人間固有の自由は「善と悪の能力」にある。シェリングは人間的自由という問題の解決を、個別的な人間のうちではなく、神の自己生成における世界の動的な構造のうちに求める。あらゆる被造物は、神の実存に対する質料的根拠、神の内なる他者としての「神の内の自然」に基礎づけられる。このことが悪の可能性の根拠をなすが、悪を現実化するのは人間の自由な行為である。万物の根底をなすのは動的な意志であり、暗い欲動としての自然は盲目的に展開される。この神の内なる暗い根拠を顕在化し、光へと高める過程が、神の自己啓示の歴史として描き出される。さらに『シュトゥットガルト私講義』において、神の自由な分開に基づく収縮力（「エゴイズム」）と拡張力（「愛」）の間の葛藤を基礎として、神の完全な自己認識へと至る歴史が展開される。このような歴史哲学構想は、その後『諸世界時代』において、「世界以前の過去」から、時間的に現存する世界を経、「世界以後の未来」へと向かう超時間的な歴史物語を描き出す試みへと向かう。『諸世界時代』は、一八一一年以降数度印刷されながらも結局公刊されずに終わり、このプロジェクトに関連する膨大な手稿が残された。

▼積極哲学　後期シェリングの思想は、主に講義や手稿を通じて伝えられ、没後まもなく息子（K・F・A・シェリング）によって編まれた全集（一八五六―一八六一年）には、その一部が収録されていた。二〇世紀以降新資料の出版が相次ぎ、現在歴史批判版全集の編集も進行しているが、膨大な遺稿の紹介はいまだ途上にある。

一八二〇年以降シェリングはエアランゲン大学に移り、「エアランゲン講義」（一八二一／二一年）がなされる。その後、ミュンヘン大学創設に伴い招聘され（一八二七年）、『諸世界時代の体系講義』、『近世哲学史講義』、『哲学的経験論の叙述』等が知られている。晩年にはプロイセンのベルリン大学教授として招聘され（一八四〇年）、エンゲルス、キルケゴール、ランケ、ブルクハルト等が聴講した。講義は一八四六年に終了したが、その後もアカデミーでの講演が続けられた。一八五四年、療養のために滞在していたスイスのラーガッツで死去。

後期のシェリングは、理性学としての「消極哲学」に「積極哲学」を対置している。そこでは、存在するものの概念（「何か」）ではなく、存在という事実（「こと」）が問題とされる。シェリングは、根源的事実としての「思考以前の存在」へとアプローチするために、理性の自己放棄、脱自を要求する。事実的存在は神の絶対的自由に基づく以上、それを必然として理解することはできない（根源的偶然）。絶対的な「プリウス（先だつもの）」としての神の存在は、理性によってアプリオリに演繹することができず、アポステリオリに、結果を通じて実証する一種の「経験論」的立場が採られなければならないことになる。このように後期シェリングの思索のうちには、あらゆるものを概念的思考の内部へと回収するヘーゲル哲学との批判的対決という側面が認められる。繰り返し講じられた『神話の哲学』、『啓示の哲学』では、神の現実存在をめぐる人類の形而上学的経験として「神話」、「啓示宗教」が主題化される。その際神話は、宗教的表象の歴史的発展のうちで、啓示宗教の前段階として位置づけられる。

▼シェリングの受容と現代的意義

同時代のヘーゲルの影に隠れがちではあるが、シェリングの影響は当時、文学、自然科学、芸術論、歴史学等、様々な方面に着実に及んでいた。一九世紀の半ばまでたゆまずみずからの問題意識を深めつづけたシェリングの哲学は、ドイツ観念論の一つの頂点とも見なされうる。主に実存主義的な関心からシェリング再読の先鞭がつけられて以降、その思考の現代性が次々と明らかとなってきた。理性へと回収不可能な他者の存在は、現代哲学の取り組む主要問題の一つである。また要素還元主義的な自然理解、科学、技術による自然支配が行き詰る中、シェリング哲学は別様の自然観の可能性を改めて示唆してくれる。さまざまな現代的課題とのかかわりにおいて、シェリング哲学はますます存在感を増している。

（三重野清顕）

シュライアマハー

Friedrich Schleiermacher　**1768-1834**

▼哲学者シュライアマハー？

シュライアマハーの名は、ドイツ哲学史と聞いたときにまず思い浮かぶ一連の名前のなかに入ることは、おそらくないだろう。ベルリンを拠点とする高名な牧師でもあったシュライアマハーは、第一義的には神学者と考えられている。主著と目される『宗教について』（一七九八年）と『キリスト教信仰論』（一八二一／二二年）は、いずれも神学書として理解されており、またそれももっともなことである。しかしベルリン大学教授としてのシュライアマハーは、生涯にわたって哲学諸分野の講義を行っており、それらは膨大な講義録や草稿として刊行されている。しかもそこには、同時代のドイツ観念論の地平に属するとともに、それを大きく超えた非常に今日的な発想や議論が数多く見出される。これらはなお十分に研究されているとはいいがたい状況であるが、きわめて注目に価すると言える。その豊かな内容をごくわずかの字数で要約することは困難だが、絶対性の探求と可謬論、および知の共同的形成の理念といった観点からまとめてみよう。

▼個性と多様性の評価

第一作の『宗教について』は、ロマン派の人々との交流の中で生まれたラディカルな宗教論であり、その「宇宙の直観と感情」という宗教定義が有名となり、無媒介的体験を称揚するロマン主義的形而上学の書として理解されがちである。もちろんこうした評価がまったく的外れなわけではない。しかしむしろ注目すべきは、シュライアマハーが、宇宙の直観はそれぞれの個人ないし伝統が個性ある形で受け取るもので、キリスト教を含みいずれかが絶対ということもなく、むしろ諸宗教が相補い合ってこそ人間は究極の実在に近づきうるものとしていることであろう。絶対性の探求は断念されない。それが時代的限界であるとの見方もあるかもしれない。しかしいかなる宗教も絶対ではありえない、ということは、宗教というもっとも強い真理主張がなされる領域に一種の可謬論を持ち込もうということでもある。逆に言えば、個々人と個々の伝統は個性ある直観をもつ自由を具えていることにもなるだろう。

こうした読み方は、続く著作『モノローゲン』（一八〇〇年）で裏打ちされる。詩的独白の形式をとったこの著作では、人間の個性的自己実現とそれにもとづく自由の獲得こそ人間の自己完成であることが強く打ち出される。ヘーゲルを代表とする同時代の思想潮流が、個を普遍に回収する傾向を有していたとすれば、シュライアマハーの立場はそれに鋭く対立する要素をその核心に持っていたと言えるだろう。またこれとともに強調すべきは、シュライアマハーにおいては、愛を通しての他者理解と他者との連帯が、個の自己実現の欠くことのできない一部とされたことである。こうした観点は、『従来の倫理学の批判綱要』（一八〇三年）におけるカント批判に端的に表れる。シュライアマハーは、義務を核として倫理を基礎づけるカントに対し、人間の相互性や共同性から倫理を考えるヴィジョンを対置するのである。

▼「弁証法」哲学の可能性

一八一一年にベルリン大学に招聘されたシュライアマハーは、神学とならんで哲学の諸分野の講義も精力的に行う。とりわけ哲学者シュライアマハーが最晩年に至るまで断続的に行った「弁証法」の講義は、シュライアマハー哲学の核心を伝えるものである。さまざまな哲学者がさまざまな究極原理を核とする哲学体系を築いて覇権を争っていたドイツ観念論の時代にあって、シュライアマハーはまったく異なる哲学原理を提唱する。すなわちシュライアマハーは、プラトン的対話の意味で弁証法を相互主観的な対話的原理ととらえ、「形而上学的不遜」に陥りがちな独白的体系構築に代えて、この意味での弁証法を哲学の根底に据えようとするのである。神学者としてシュライアマハーは「感情」における超越者の直接経験を『宗教について』以来、後年の『キリスト教信仰』に至るまで堅持しているが、これは思考による真偽判断とは位相を異にした事態であるとされる。一方思考の作業については、シュライアマハーはその時代や文化などによる先行決定性を強調する。ここから帰結するのは、あらゆる思弁（とりわけ「絶対者」にかかわるそれ）の相対性であり、可謬性（かびゅうせい）である。これは絶対者や実在に関する自らの真理主張の不可謬性に固執していた同時代の哲学者の態度とはまったく異なるものである。しかしシュライアマハーはここから相対主義に陥るのではなく、共同的討議による知の限りない更新を、哲学的思考の根本的姿勢として要請する。この考え方にはまた、初期以来の個性の重視が生きている。つまり人間とその思考は、それぞれ個性ある存在であり、その相対性のままに、共同的討議への貢献の可能性をもつのだ。二〇世紀の哲学の解釈学的展開の文脈で脚光を浴びた解釈学に対するシュライアマハーの先駆的業績も、この相互理解・他者理解の弁証法の枠組みのうちで理解する必要がある。

シュライアマハーはまさに、「哲学者」としてもっと読まれていい存在なのである。

（深澤英隆）

ヘルダーリン

Friedrich Hölderlin **1770-1843**

▼ヘーゲル・シェリング・ヘルダーリン

一九一七年に公表された『ドイツ観念論の最古の体系計画』と呼ばれるヘーゲルの手稿は、一七九六年から九七年にかけて、ヘーゲル、シェリング、ヘルダーリンの三人が共同で執筆したと考えられている。一七九〇年から九三年までテュービンゲン大学神学校でともに学んだこの三人は、一七九六年から九七年にかけて、フランクフルトで再び親交を深めていた。ヘルダーリンは、一七九五年に書かれた断片『判断と存在』のなかですでに、ヘーゲルに先がけて、フィヒテの自我哲学を超克する可能性を示していた。『体系計画』の主たる著者が、三人のうちの誰だったのかについては、議論が分かれている。だが、「真と善は、ただ美においてのみ結び合わされ」、「ポエジーは〔…〕人類の教師となる」という主張は、ヘルダーリンに由来するように思われる。こうして、美とポエジーを理想として掲げるヘルダーリンは、二人の哲学者たちと別れて、詩作への道を歩み始めるのである。

▼詩作への道

ヘルダーリンは、南ドイツ、シュヴァーベン地方の小村で、修道院執事の家庭に生まれた。幼くして父と継父を相ついで喪った彼は、息子を聖職者にしたいという母の希望に背いて、神学校卒業後、家庭教師の職につき、一七九四年から九五年までイエナに滞在し、シラーやフィヒテの影響を受ける。一七九六年にフランクフルトの銀行家ゴンタルト家の家庭教師となった彼は、その夫人ズゼッテとのあいだに運命的な恋愛を体験し、彼女の面影は、小説『ヒュペーリオン』（一七九七／九九年）のディオティーマに刻まれている。一七九八年からは、悲劇『エンペドクレスの死』の執筆に取り組むが、改稿を重ねた結果、作品は未完に終わる。一八〇一年、家庭教師として南フランスのボルドーへと赴いた彼は、翌年、憔悴しきった姿で帰国し、医師の診察を受ける。だが、しだいに進行してゆく精神の病のさなかで、後期の詩篇とソフォクレス劇の翻訳が生み出される。一八〇七年、病状の悪化とともに、彼はテュービンゲンの指物師ツィンマーのもとに引き取られ、死にいたる三六年間を、精神の薄明のうちに過ごした。

▼美と自然――『ヒュペーリオン』

失われた人間と自然の一体性を美によって回復するというヘルダーリンの思想は、『ヒュペーリオン』の前半部を締めくくる次の言葉に端的にあらわれている。「ただ一つの美が存在するだろう。そして、人間と自然は、ただ一つのすべてを包括する神性のうちに統合されるだろう」。一八世紀ギリシアの青年ヒュペーリオンが、ドイツの友人ベラルミンにあてて、自らのこれまでの生涯と思想形成を書きおくる体裁をとったこの作品では、主人公の恋人ディオティーマが、完全な美の化身として描かれる。だが、祖国を思うヒュペーリオンは、彼女のもとを去って、友人アラバンダとともに解放戦争に参加し、革命家が暴徒と化す現実を目の当たりにして絶望する。他方ディオティーマは、憔悴のあまり世を去ってゆく。ドイツをへて祖国に戻ったヒュペーリオンは、隠者となって自然のもとへ還ってゆく。ディオティーマの最期の言葉は、「自然の司祭」となったヒュペーリオンの「詩作の日々」を予言する。だが、その実現は、この小説のなかでは描かれることなく、詩人の使命をめぐる問いは、その後の作品へと引き継がれてゆく。

▼傲慢と犠牲――『エンペドクレスの死』

ギリシアの哲人エンペドクレスを主人公にした悲劇『エンペドクレスの死』には、三つの稿が残されている。第一稿では、自然の奥義を究め、神を自称したエンペドクレスは、その傲慢の罰を受け、神官ヘルモクラテスの扇動によって、民衆のもとから追放される。それを後悔した民衆の、彼を王にしようという申し出を拒んだエンペドクレスは、自然との合一を求めて、エトナの火口に身を投じる。エンペドクレスの傲慢のモティーフは、第二稿にも引き継がれるが、第三稿では、エンペドクレスの死に、人間と神々とを和解させるための犠牲死としての意味が与えられる。

▼**詩作への問い――後期の詩**

ヘルダーリンにとって、詩作とは、詩と詩人をめぐる自己省察を意味していた。「乏しい時代にあって、何のための詩人か？」（『パンとぶどう酒』、一八〇〇／〇一年）。「このような憂いを、好むと否とにかかわらず、心のうちに／歌びとはしばしば抱かねばならない、他の者たちは、そうではないが」（『帰郷』、一八〇一年）。「だが、留まるものを、詩人たちは打ち立てる」（『追想』、一八〇三年）。こうした詩句からは、詩人の存在意義について、彼がさまざまな思いをめぐらせていたことが読み取れる。後期讃歌の始まりを告げる未完の詩『あたかも祝いの日に』（一八〇〇年）では、全篇にわたって、詩人の使命が主題となる。嵐のあとの朝の情景から歌い出されるこの詩では、「神々と人間の作である歌」が、ゼウスの雷に撃たれたセメレが産んだバッカスに重ね合わされる。「だが詩人たちよ、われわれにふさわしいのは、／神の雷雨のもとに頭をさらして立ち、／父の電光そのものを素手で／つかみ、天上の賜物を歌につつんで／民衆に差し出すこと」。だがそのあと、未完の最終節では、こう歌われる。「天上の者たちは、偽りの司祭たる私を、／生ある者たちの、暗闇へと投げ落とす。／物覚えの早い者たちに、警告の歌を歌うように」。読者を驚かせるこの唐突な転調は、ヘルダーリンの詩作が、詩人のもつ特権的な役割への自負と、その傲慢への苛烈な自己反省とのあいだの緊張関係の上に成り立っていることを示しているのである。

▼**再発見された詩人**

一九世紀には、ヘルダーリンは、ほとんど忘れ去られた詩人だった。二〇世紀に入って、ヘルダーリンの再発見に大きく寄与したのは、ゲオルゲ派の若い学徒ヘリングラートによる全集編纂作業だった。若いベンヤミンもまた、一九一〇年代にすでにヘルダーリンを論じているが、一九三〇年代以降のヘルダーリン像に決定的な影響を及ぼしたのは、ハイデガーだった。彼がこの詩人に、「詩人の詩人」としての特権的な地位を与えたのに対して、アドルノは第二次大戦後にこれを批判して、ヘルダーリンの後期の詩における「パラタクシス（並列文）」の意義を強調した。ドイツ語圏以外では、ブランショ、ド・マン、フーコー、ラクー＝ラバルトらが、それぞれの立場からヘルダーリンを論じている。

（松村朋彦）

ベートーヴェン

Ludwig van Beethoven　**1770-1827**

▼音楽史の展開、古典派からロマン派へ

ベートーヴェンは、ハイドンやモーツァルトが一八世紀に確立したウィーン古典派の音楽様式を受け継ぎ、生涯を通じて作曲しつづけた三二曲のピアノ・ソナタと九曲の交響曲、および協奏曲、室内楽など多様なジャンルにおいて、ロマン派への新しい道を切り開いた作曲家である。作品群は、スタイルの点から前期、中期、後期に分けられる。それぞれの時期において形式と内面の独創的な展開を成就しており、伝統的な語法への敬意、革命と英雄像、此岸への憧憬、苦悩の克服、「自然への崇高な戯れ」など、人類の普遍的精神課題への独自の解答を、音楽（グリーンの言う「時間性を聴覚的にイメージ化したもの」）という形で創作した。とりわけ、提示部、展開部、再現部という三つの部分で構成されていた、一九世紀初頭の楽曲モデルとしてのソナタ形式は、ベートーヴェンの存在によって大きく拡張され、音楽史を一歩先へ推し進めた。

▼ラインの自然に育まれて

ベートーヴェンは一七七〇年一二月一六日（推定）、ケルンに近いライン河畔の町ボンの貧しい家庭に生まれた。祖父はケルン選帝侯のもとで楽長も務めた優秀な音楽家であり、父ヨハンも宮廷歌手であった。ベートーヴェンも幼いころからクラヴサンやヴァイオリンを学び、七歳になる頃には公の場で演奏し、一一歳で劇場オーケストラの一員となった。酒好きの父は我が子ルートヴィヒの才能に頼ってお金を稼がせようとした。実際ルートヴィヒは、新選帝侯としてウィーンからやって来たマキシミリアン・フランツの宮廷楽団において、オルガニスト・弦楽器奏者として年俸一五〇フローリンを稼ぐようになった。

一七八七年の春、ウィーンに旅し、かねてより憧れていたモーツァルトを訪問してピアノ演奏を聞いてもらったが、母の病状が悪化して、すぐさまボンに戻る。その後も楽士を続けながらブロイニング家で音楽教師を務め、また、ボン大学でドイツ文学の講義を聴講して、バスチーユ占領の報を受けてオイロギウス・シュナイダーが朗読した熱烈な詩に感銘を受けた。

こうした文学への熱狂と革命の精神は、母が優しく呼ぶ声や雄大なライン河のエネルギーとともに若きルートヴィッヒの精神を育んだ。ロマン・ロランは、ベートーヴェンが愛したボンの町を、「霧に包まれたポプラやこんもりした茂みや柳の樹のある牧場は憧れ心地をもって河の水を泳いでいるように見える」と描写している。

一七九二年秋にウィーンへ移住したベートーヴェンは、ルードルフ大公やリヒノフスキー侯爵の知遇を得、さらにはベルリンに赴いてフリードリヒ・ヴィルヘルム二世に謁見し、ピアノ三重奏曲や作品二の三曲のピアノ・ソナタ、作品五のチェロ・ソナタなどを作曲して経済的にも安定した。

▼苦悩と歓喜

しかし、一七九六年、自らの手帳に、「肉体はどんなに弱くともこの精神で勝ってみせよう。いよいよ二五歳だ、一人の男の力の全部が示されるべき年齢に達した」と書き記した頃には、耳の病はかなり進行していた。この頃作曲された《悲愴》ソナタ第一楽章の重々しい序奏や第二楽章アダージョは試練を克服した作品だと言われる。しかしながら同時期に作曲された七重奏曲や交響曲第一番は明朗快活な性格をもっている。ロマン・ロランは、そうした明るさは、「生まれ故郷での日々の輝きを微笑みながら追憶する若者の詩である」と言った。

二人の弟に宛てて書かれた『ハイリゲンシュタットの遺書』では、「もっと大きな声で話して下さい。わたしは耳が聞こえませんから」と言うときの屈辱や、「だれかが羊飼いのうたう歌を聴いているのに自分には全然聴こえない」ときの絶対絶命の絶望感が綴られるが、そのすぐ後の行では、「私を引き留めたものはただ〈芸術〉である。自分が使命を自覚している仕事を仕遂げないでこの世を見捨ててはいけない」という生への意志が示され、人生にとって最も大切なのは徳性であると説かれている。

遺書に書かれた一八〇二年一〇月六日という日付から数か月後には、すでに交響曲第三番の作曲を開始し、楽譜草稿に「ボナパルドに捧げる」と書き記した。ウィーンを覆う社会革新の波に乗って、ナポレオンによる共和国実現を夢見たのである。結局のところ一八〇四年にナポレオンが皇帝に就任したため、ベートーヴェンは激怒して楽譜の表紙を引きちぎったというエピソードが残されている。

作曲はますます生産的となり、一八〇四年には《ワルトシュタイン》ソナタを作曲、翌年には歌劇《フィデリオ》初演、《熱情》ソナタ作曲、翌々年にはラズモフスキー弦楽四重奏曲、ピアノ協奏曲第四番、ヴァイオリン協奏曲、そして一八〇八年には交響曲第五番、第六番を完成させ、まさに〈傑作の森〉へと歩み入る。一八〇九年完成のピアノ協奏曲第五番《皇帝》、一八一二年完成の交響曲第七番は、作曲家としての名声も最高潮に達した時期の作品であり、生命の力に充たされた有機的形式を完成させている。

▼ピアノ・ソナタが切り開いた形式表現

ウィーンに居を構えてから晩年まで連続的に作曲され、ベートーヴェンの形式探求の軌跡を明確に刻印しているのが、三二曲のピアノ・ソナタである。これらのソナタは、当時の慣例に従い、個人宅での私的な室内音楽として書かれたが、より大きな公共空間やホールでの名人芸披露にも相応しい規模と普遍性をもっている。

同時代の音楽家が共有していた器楽曲の伝統的語法から、たとえばソナタ形式の提示部に関して、モーツァルトが好んで用いた二部分構成とハイドンが多用した三部分構成という、二つのモデルがベートーヴェンに受けつがれた。前者は、主調での第一主題呈示の後に属調の属和音に導かれた半終止が現れ、それに続いて第二主題部分が一貫して属調で置かれる形であり、後者においては、第一主題は比較的短く、やや長い属調への移行部分をもって大きめに展開される。第一主題やその変形が属調で現れることもあり、さらに第三の部分が短く現れてから終止主題を伴って提示部を締めくくる。

ソナタ形式の展開部の始め方に関して言えば、ベートーヴェンは、作品三一－一や作品三一－三のように、短い間主調に戻るという、やや時代遅れの方法から、改めて新しい形を開拓したが、その一方で、作品二八と作品五三の《ワルトシュタイン》に見られるように、展開部冒頭で下属調に転じるという方法も用いた。後者の方法によって、《ワルトシュタイン》では提示部が、属調ではなく主調であるハ長調の三度上に転じられ、この洗練された調関係の配置によって古典派とは明らかに一線を画する。

また、メヌエット形式の楽章に関して、ベートーヴェンの手法は非常に画一的だったが、標準的な形式が、かえって自由な楽想をほとばしらせた。緩徐楽章は、三部形式、カヴァティーナ形式、ソナタ形式、変奏曲、終楽章への導入的な位置づけ、など、作品構成の点では非常な多様性を見せるが、第一主題部分は一貫して主調を強く押し出す終止パターンを取り、この方法は晩年の作品一〇六《ハンマークラヴィーア》に至るまで一貫している。

後期の作風を代表する作品のひとつが、一八二〇年に作曲されたピアノ・ソナタホ長調作品一〇九である。ここでは提示部における第一主題部分が八小節しかない。それに従い、第二主題部分以下も圧縮され、提示部から展開部へと流れ込んで行く。再現部の開始箇所では主題はすでに変奏されている。フレージングと音符の長さによって入念に仕上げられたポリフォニーは、ベートーヴェンの死後さまざまな解釈や楽譜校訂版を生み、ハインリッヒ・シェンカーによって徹底した批判版が出版されたのは、一九一三年のことだった。

作品一〇九に続く作品一一〇、一一一は、形式や規模の上からは作品一〇九とはかけ離れているものの、ソナタ形式の超克という点で共通している。変奏曲形式によって一つの知覚しやすい主題から壮大な規模の宇宙空間までを展開させ、あるいは、アカデミックなフーガ形式を劇的なシェーナ風アリオーソと組み合わせて、ソナタはもはや二部分や三部分から成る、均衡のとれた独立した楽章形式をもってはいなかった。

▼晩年の様式——変奏曲とフーガへ

晩年の作品に現れる、対位的な声部の積み重なりやシンプルな和声展開と模範的なフーガの書法は、アドルノを引いて言うならば「慣習それ自体が剝き出しに描写されている」のであり、そのために「被造物の神秘的特性とその特性の崩壊の表現」となっている。このことは、最晩年の三年間に作曲された五曲の弦楽四重奏曲の間の内的連関に顕著に現れる。すなわち、最後の作品となった《弦楽四重奏のための大フーガ》作品一三三の主要主題は作品一三二の第一楽章の開始楽節と似たものとなっており、作品一三一の嬰ハ短調の主題は、作品一三二のスケルツォ中間部に現れている。こうした類似は、半音進行を、減七度や増二度、減四度などの鋭い音程と動機的に結合することへの偏愛を示すのであり、主題連関によって有機的個体を構成しようとする主観意志からは遠ざかっている。これらの作品では楽章数も増加し、楽章や作品という境界を越えて、リーツラーが「世界の背景的基盤」と呼ぶところの内的連関性が獲得されている。

▼第九交響曲とヨーロッパ

ベートーヴェンの後期様式の始まりを告げる《ハンマークラヴィーア》から晩年の五曲の弦楽四重奏までの間の時期に、《荘厳ミサ曲》、《ディアベリ変奏曲》、交響曲第九番という巨大な三作品が作曲されている。ベートーヴェンはウィーン会議のころから教会風習やパレストリーナのミサを研究し、バロックの技法やヘンデルのスタイルに意図的に注意を向けて、いわば擬古主義的に、公的なものに支えられた歴史主義に傾いた。ピアノ・ソナタにおいて私的とも言える独創的な形式世界を開くことと並行して、定められた慣例的規範を厳格に遵守することは、シラーの「歓喜の歌」を音楽にするという長年の計画に、ヨーロッパ史の公的な重みを付け加えた。ベートーヴェンはヨーロッパの諸君主から《荘厳ミサ曲》の演奏会への予約をとりつけていたので、一八二四年五月、第九と《荘厳ミサ曲》が同時に初演されたとき、この二作品は、著名な作曲家による高邁な愛国的使命を果たすべき新作として、ヨーロッパを背負うという政治的枠組みを共有することとなった。

（水野みか子）

キルケゴール

Søren Aabye Kierkegaard　**1813-1855**

▼生涯と著作活動

セーレン・キルケゴールは、一八一三年五月五日、コペンハーゲンに生まれた。父ミカエルによる厳格なキリスト教教育を背景に、牧師を目指して一八三〇年にコペンハーゲン大学に入学して神学を専攻した。やがて文学や哲学にも傾倒するようになり、一八四一年に『イロニーの概念』で学位を取得した。一八四〇年にはレギーネ・オルセンと婚約したものの、自らのキリスト教信仰を結婚生活と両立する困難さに悩んだ末、翌年に一方的に婚約を破棄した。一八四一年一〇月からはベルリンでシェリングの講義を聴講したが、翌年三月には失望とともにコペンハーゲンに戻った。それ以降キルケゴールは、大衆紙『コルサール』やデンマーク国教会との論争を経験しながら、一八五五年一一月一一日にその生涯を終えるまで、多産な著作活動を展開した。

彼の著作活動の特徴は、仮名作者を設定した著作群と、実名で出版された著作群との並存にある。一八四三年出版の『あれかこれか』や『おそれとおののき』、『反復』、一八四四年の『哲学的断片』や『不安の概念』、一八四六年の『哲学的断片への結びとしての非学問的後書』（以下『後書』）、一八四九年の『死に至る病』や一八五〇年の『キリスト教の修練』などには、それぞれ実作者であるキルケゴールとは別の仮名作者が立てられている（例えば『死に至る病』や『キリスト教の修練』はアンチ‐クリマクスの著作とされている）。それに対して、二〇篇以上の『講話』や一八四七年の『愛の業』といったキリスト教的著作、また一八四六年の『文芸批評』や一八五四年以降に自費出版した『瞬問』などの論争的著作は、実名で発表されている。

「私にとっての真理」の探究

キルケゴールは、大学にも教会にも属さない一私人としての生涯を送り、一義的なジャンルに分類できない多彩な著作を残した。彼のこうした生涯や著作の目的は何か、という問いへの回答は、「客観的」にははっきりしている。死後に出版された『わが著作活動の視点』（一八五九年）によると、彼の著作活動の全ては「キリスト者と成ること」を念頭においているという。この言葉に従えば、彼の著作群は総じて、根本ではキリスト教信仰をテーマとしていることになるだろう。

とはいえ、その著作群が目指しているのは、誰もが知識として理解できるキリスト教の教義体系の構築やその正しさの証明ではない。キルケゴールによれば、キリスト教の信仰とは、個々人がそれぞれ自らの生において引き受けねばならない課題である。著作活動に先立つ一八三五年、二二歳のキルケゴールが残した手記には、「肝心なのは、私にとっての真理であるような真理を見出すことであり、私がそのために生きかつそのために死んでもよい理念を見出すことである」と綴られている。「キリスト者と成る」という課題も、彼にしてみれば、「私にとっての真理」として追い求められる事柄なのだ。だからこそキルケゴールは、「私にとっての真理」を探究する人間の現実のあり方としての「実存（じつぞん）」を、そしてその「主体性」を、問うのである。

「実存」の思想とヘーゲル批判

「実存」と「主体性」をめぐるキルケゴールの集中的な考察は、『後書』という著作に見出される。この書によると、そもそも人間は誰しも、抽象的な「人間」一般や「人類」としてではなく、具体的な一個人として現実に存在している。そして人間が現実に存在するというこのこと、つまり「実存する」ことは、「無限なものと有限なものとの、永遠なものと時間的なものとの間に生まれ、それゆえに絶えず追い求めている」という性格を示す。すなわち人間は、一方では、その人ならではの有限で時間的な条件に——特定の時代や場所、生まれもった能力に——縛り付けられている。だが他方では、想像力や反省の力によって——例えば芸術作品を通して——自らの制約を超え、無限や永遠に憧れることができるのも人間である。こうして有限の生と無限への憧れとの間で引き裂かれながら運動するあり方こそ、人間の「実存」だというのである。

このような見方からすると、永遠の真理それ自体や世界の全体を把握するのは、神にのみ可能なことであり、そのような「客観的」把握を謳う哲学体系は、哲学を営む者自身の現実の生を忘却した空想でしかない。キルケゴールが、ヘーゲルの世界史の哲学やその影響下にある同時代のヘーゲル主義者たちを批判したのは、まさしくこの点に関してである。実存する人間にとって最重要なのは、客観的な真理ではなく、主体的な「私にとっての真理」なのである。

▼主体性の真理と非真理

こうした人間理解に基づいて、『後書』では、「主体性は真理である」というテーゼが立てられる。人間にとって決定的なのは、事柄が「何」であるかという客観的規定よりも、事柄に「いかに」関わるかという主体的態度だというのだ。とはいえそこで「主体性は非真理である」というアンチテーゼも立てられていることは無視できない。現実の主体は、神のようには永遠の真理に安らうことができず、真理を追い求めつつも、非真理という「否定性の傷」を担いながら生きざるをえないのである。

キルケゴールに従えば、この点において、人間の罪とその赦しを告知するキリスト教が決定的な意味をもつ。人間は、神による救いなしでは非真理という罪のうちにあり、イエス・キリストを通して啓示された罪の赦しへの信仰によってのみ、永遠の真理に参与できるというのである。興味深いことに、キルケゴールは、こうしたキリスト教信仰の真理を前提としながらも、その客観的内実の肯定的な説明よりも、信仰へと向かうはずの現実の主体の――非真理のうちにある有限な主体の――否定的なあり方の描写に注力する。たとえば『不安の概念』では、自分の罪やその赦しの可能性に対して個々人が抱く「不安」の気分が主題とされている。また『死に至る病』では、キリスト教信仰に至ることができない人間の自己が織りなす不協和の状態の諸相が、「絶望」として分析されている。

否定主義的ともいえるこの眼差しは、現実世界にも向けられる。キルケゴールは、キリスト教の名の下に既存の世界を神格化している同時代のデンマーク社会を問題視し、それに対して「キリスト教界にキリスト教を再導入すること」（『キリスト教の修練』）を自らの課題とする。これは、キリスト教の超越的権威の復権の試みというより、内面の罪と向き合えるよう人間やその社会に自らの限界を自覚させる試みである。キリスト教によって彼岸の真理を求めるキルケゴール思想は、現実の社会における此岸の非真理に対して「修正」を迫りもするのである。

▼ドイツ語圏での受容と、思想を「自らのものにする」こと

デンマーク語で書かれたキルケゴールの著作は、一九世紀後半から地道になされた翻訳や伝記的紹介を背景に、二〇世紀、とりわけ二つの大戦間期のドイツ語圏において、広く読まれるようになった（この流行現象はしばしば「キルケゴール・ルネッサンス」とも呼ばれる）。その際、人間の実存や主体性に強調点を置くキルケゴール思想は、客観的な学問や理想主義的な世界観が疑問視された「危機」の時代の知的源泉として、特別な関心とともに思想家たちに受容された。哲学の分野では、例えばブーバー、ルカーチ、ヴィトゲンシュタイン、アドルノ、アーレントらは、一定の影響とともにその著作を読んだようだ。そして何よりも、バルト、ブルトマンらに代表される「弁証法神学」と、ヤスパースやハイデガーに（自称、他称の問題はさておき）見出されていた「実存哲学」、これら二つの思想潮流に関して、キルケゴールははっきりとその先駆だと評された。こうした思想潮流とともに、キルケゴール思想は、ドイツ語圏を起点として、たとえばフランス語圏や英語圏、日本語圏などに伝播し、さまざまな言語で受容されたのである。

注目すべきことに、キルケゴールは、思想を「自らのものにする」ことの重要性を強調している。「私にとっての真理」は、その客観的内容を知るだけでは意味をなさず、それぞれの個人が自らの生において主体的に実現するものなのだ。彼の思想が、学問的研究の対象としてのみならず、変動の時代を生きるための知的源泉として読まれてきたことは、こうした性格と無関係ではないだろう。だがもちろんそれは、ある特定の思想を主体的な真理として絶対視してよい、ということではない。キルケゴールに従えば、実存する主体は、非真理と真理の間で運動する存在なのだ。思想は、個々の主体によって、その主体ならではの布置関係において――現実の諸条件とともに、場合によっては批判的に――自らのものにされるのである。

（吉田敬介）

ロッツェ

Hermann Lotze　**1817-1881**

ロッツェは一八一七年、ドイツ東部ラウジッツ地方のバウツェンに軍医の第三子として生を受けた。一八三四年、ライプツィヒ大学に入学すると精神物理学および生理学をフェヒナー、E・H・ヴェーバーから、また哲学的素養はChr・H・ヴァイセから学んだ。とくにフェヒナーのサロンを頻繁に訪れては、視力の弱くなった彼のために読み聞かせをするなど親交を深めた。一八四三年には助教授としてライプツィヒ大学で教鞭をとり、翌年にはゲッティンゲン大学に教授として招聘される。一八八一年にはE・ツェラーの招きに応じてベルリン大学に移るが、同年、肺炎のために死去。享年六四歳であった。主な著作として『形而上学』（一八四一年、一八七九年）、『論理学』（一八四三年、一八七四年）、『一般生理学』（一八五一年）、『ドイツ美学史』（一八六八年）、そして後に三巻本となる『ミクロコスモス』（一八五六年、一八五八年、一八六四年）などがある。その年代からわかるように、彼は一九世紀前半のドイツ観念論と一九世紀末の新カント派の潮流に挟まれた時期の思想を支える、重要な役割を担った。

ロッツェの思想は、著作ではほとんど言及されないとはいえ、フレーゲ、ディルタイ、フッサールだけではなく、大陸を超えて、F・H・ブラッドリー、W・ジェイムズ、サンタヤナへも大きな影響を与え、さらに最近の研究ではホワイトヘッドのプロセス哲学の先駆者とする解釈もなされている。また彼の用いた、「価値」「妥当」「法則」「ゲシュタルト」といった術語は次世代の標語ともなり、とくに価値と妥当の理論は、新カント派（とくに西南学派）の理論的基礎ともなる。また日本では、明治から大正にかけて輸入された西洋哲学の中核として受容され、例えば、西田幾多郎は「ロッツェの形而上学」という論文を残している。

ロッツェは自らの信条を「切ることを念頭に置いていないとしたら、ナイフをいつまでも研ぐことは退屈である」と述べている。これは、理論的・思弁的に偏重したドイツ観念論を批判的に軌道修正し、当時発展しつつあった実証的な心理学、生理学的知見をも視野におさめて、自らの立場を表明したものと考えることができよう。そのようなロッツェの哲学的立場は、自然のメカニズムやその機械論的説明をヴェーバー、J・F・フリースから獲得することで、自然科学的側面をもちながら、他方では、そのような自然現象は内的世界の現れであると見る点では、基本的に唯心論的であるため、自然科学的観念論者とみなされる。

（渡辺和典）

ヘルムホルツ

Hermann Ludwig Ferdinand von Helmholtz　1821-1894

▼生理学の枠内にとどまらない活躍と影響

ヘルマン・フォン・ヘルムホルツは、ポツダムに生まれた生理学者である。軍医になる過程で生理学者ミュラーに出会い、デュ・ボア＝レーモンなどミュラー門下の仲間とともに一九世紀半ばにおける生理学のめざましい発展に貢献した。ケーニヒスベルク大学生理学教授、ベルリン大学物理学教授などを歴任。検眼鏡をはじめとする数々の光学機器を発明した功績で知られる。活躍とその影響は生理学の枠内にとどまらず、新カント派の哲学、ディルタイの生の哲学、ハンスリックの音楽美学など哲学や芸術理論にまで及んだ。

▼エネルギー保存の法則

師のミュラーをはじめとする前世代の生理学者の多くは、ロマン主義的な旧来の生気論の影響から逃れられないまま生命の本質を探究していた。すなわち彼らは身体器官のはたらきを物理的・化学的なアプローチによって解明しながら、神秘的な〈生命力〉への思弁的なアプローチも重要と考えていた。その旧態依然とした姿勢に若きヘルムホルツは反対し、生物体の一切は物理法則で解明できるとする機械論の立場をとった。

まず彼は哲学教師の父から聞いて知っていた、外部エネルギーなしに永久に動力を生み出すことができる〈永久機関〉という哲学概念を疑問視する。ヘルムホルツは永久機関を生物体に認める考えに対抗するために〈エネルギー保存の法則〉を研究し、機械論的生理学の主張へと繋いだ。こうして彼は思弁的アプローチと闘い、あくまでも実験を基礎とする実験生理学の道を歩むことになる。

しかし彼は哲学自体を軽視していたわけではない。カントの認識論と感覚器官の生理学との合致点を模索し続けた。空間論では、外的直観がアプリオリに形式を与えるとしてユークリッド幾何学を肯定する立場にあったカントを、非ユークリッド幾何学の立場から批判した。「無意識的推論」「記号理論」のようなヘルムホルツの有名な主張においても、生理学の実験結果は、認識の経験論的側面を証明するものであった。『音感覚論』（一八六三年）では倍音や音階の数理的検証に美学的考察を混合させ、自然科学的合理性と感性的な美しさが重なるところに他者と芸術理解を共有する可能性を見出そうとした。

（山本恵子）

ノヴァーリス

Novalis（本名 Friedrich von Hardenberg）　**1772-1801**

イエナ・ロマン主義を代表する詩人にして小説家。多方面に先鋭的な思考を展開した哲学者・思索者でもあった。『青い花』という小説や『夜の讃歌』という詩がドイツロマン主義の精髄として現在も読まれ続けている彼が、なぜ『ドイツ哲学入門』の一項目を占めるのか。たとえば邦訳『ノヴァーリス作品集』全三巻を手に取ってみれば、それはおのずとわかるだろう。そこには哲学・自然諸科学・国家論・宗教論・詩学などに関する膨大な断章ないし覚書が収められている。一九六〇年の歴史批判版全集の刊行開始以降、ノヴァーリスにおいて理論的思考と詩作が不可分に結びつき、その思索と詩作が生の広範な領域を問題としていたことが明らかとなった。

▼テクノクラートとしての職業生活

貴族の子として産まれ、敬虔（けいけん）主義に傾倒した父の影響下に育ち、九〇年から九四年までイエナ大学、ライプツィヒ大学、ヴィッテンベルク大学で法学を学ぶ。ライプツィヒでフリードリヒ・シュレーゲルと出会い、彼を通じてイエナ・ロマン主義のグループに加わり、中核メンバーとなる。九四年、ゾフィー・フォン・キューンと出会い（当時一二歳八か月）、翌年婚約するが、ゾフィーは九五年に発病、九七年に死去する。その直後には弟の死も続き、大きな精神的危機に陥った。『日記』はそのドキュメントとなる。五月一三日にはゾフィーの墓のもとで神秘的体験をしたとの記述がみられ、それはのちの詩『夜の讃歌』にほぼそのまま組み込まれた。大学卒業後は行政官となり、フライベルク鉱山学校に学んだのち、製塩所に勤務。キャリアを積んでいくが持病の肺結核が悪化し、一八〇一年の三月二五日死去。二九歳であった。

▼〈精神（ガイスト）／霊〉の運動を追って

哲学とは何かという問いは、一七九五年から九六年にかけて書かれたノート、通称『フィヒテ研究』の中心テーマである。その冒頭では、対象化する反省が見出す秩序とは一つの〈像〉であり、そのことを反省が自覚し、対象化されえないものへ思考を振り向けることが重要であるとされた。この秩序は相互規定的なさまざまな対立項によって構成されていると考えるノヴァーリスは、その構成作用は「両極を産出する」産出的構想力に基づくとする。哲学とは、思考と現実におけるさまざまな相互規定的対立項を発見し、言語化しつつ、それが産出的構想力の産物であり、新たな関係にも開かれていると反省することである。フィヒテの自我論を批判的に検討しつつ、彼から継承した相互規定性と〈能動・受動〉モデルを独自に展開し、〈自己を描出する〉自我の本質的活動性に基づいて新たな詩学の可能性を展望するこの覚書は、そのフィヒテ批判の射程をめぐり、現在もさまざまな解釈を生んでいる。

相互規定的関係性によって形成される動的秩序は、以後、〈精神（ガイスト）／霊〉（Geist）の自己展開の産物とされる。〈精神／霊〉とは、さまざまな領域において〈内部／外部〉を絶えず移動しつつ、差異化と自己同一化の運動を続ける媒質的存在である。彼が自身の思考をはじめて包括的に叙述した断章集『雑録集』（フリードリヒ・シュレーゲルによってイエナ・ロマン主義の機関誌『アテネーウム』創刊号に『花粉』（一七九八）として掲載された）では、日常生活から文芸、政治、宗教にいたる広範な領域の事象が論じられるが、その全体をこの〈精神／霊〉の運動が支えている。この時期の未完のノートでは、身体の能動・受動性を、感覚の能動性を強調しつつ論じる身体論も展開される。

〈一なる自然〉の理念は、以前よりヘルダーやスピノザを通じて彼にとって親しいものだったが、フライベルク鉱山学校で最先端の自然諸科学に触れたことは、自然をめぐる彼の考察に具体性をもたらした。そこから、諸学の結合・総合・相互移行についての学としての「百科全書学」の構想が生まれた。このプロジェクトのドキュメントが、膨大な覚書『一般草稿』である。また、この時期に多くの自然神秘主義関係の書物に触れたが、それも〈精神／霊〉の自己展開の場であり産物でもある理念的自然という自らの思想を裏づけるものとされた。ここから諸科学のポエジー化という構想が生まれ、それを「自然の小説（ロマン）」として実現すべく『サイスの弟子たち』は書かれたが、短い断片に終わった。

▼さまざまな断片群

行政官でもあったノヴァーリスは国家や政治、経済活動にも大きな関心を寄せ、その思考は生前発表された断章集『信仰と愛』（一七九八）と未発表のエッセイ『キリスト教世界あるいはヨーロッパ』（一七九九）に結実した。自らが提示する共同体像の虚構性も際立たせる書法は、いわゆる「政治的ロマン主義」評価の文脈において、対照的な諸解釈を生むこととなった。

さまざまな領域から取り出されてきたイメージを思いがけない形で結びつけ、その思考実験的な性格を自ら際立たせる彼の断片群は、たとえば象徴主義や構造主義、ポスト構造主義の先駆者としてのノヴァーリス像を生んできた。これからもあらたな読みと、あらたなノヴァーリス像が生み出されることだろう。その際、一八世紀末と現代のメディア環境の違いが忘れられてはならない。

（宮田眞治）

シュレーゲル兄弟

August Wilhelm von Schlegel 1767-1845
Friedrich von Schlegel 1772-1829
兄：アウグスト・ヴィルヘルム・シュレーゲル
弟：フリードリヒ・シュレーゲル

▼生涯

シュレーゲル兄弟は、ドイツ・ロマン主義を代表する文学者・批評家・哲学者である。兄は一七六七年、弟は一七七二年、ハノーファーの牧師の家庭に生まれた。父ヨハン・アドルフ（一七二一―一七九三）は神学者・詩人であり、彼が注釈を付して独訳したバトゥー『芸術論』は、芸術理論上の論争を惹き起こすことになった。その兄ヨハン・エリアス（一七一九―一七四九）もまた劇作家・美学理論家として知られる。シュレーゲル兄弟は、狭義の「哲学者」という枠にはとどまらない多面的活動を展開したが、哲学の領域でも大きな影響力を及ぼした。

兄はゲッティンゲン大学で神学と古典文献学を学んだ後、一七九五年イェナでシラーの雑誌『ホーレン』に寄稿する等の活動を開始する。一七九八年には、弟と共同で雑誌『アテネウム』を創刊し（―一八〇〇年）、イェナはロマン主義運動の一大中心地となった。一八〇一年よりベルリンに移住し、『文学と芸術について』講義を行う。翻訳にも積極的に取り組み、韻文訳シェイクスピア（一七九七―一八一〇年）ばかりでなく、ロマンス語文学等外国文学の翻訳者としても著名である。一八〇四年以降、スタール夫人と共にヨーロッパ各地をめぐる。その後一八一八年よりボン大学で文学・芸術史を担当した。弟の『インド人の言語と知恵について』（一八〇八年）は比較言語学の先駆的試みとして知られるが、晩年の兄もインド文庫の編集（一八二〇年―）や「バガヴァット・ギーター」校訂・羅訳の出版（一八二三年）等、東洋学への貢献で知られる。一八四五年、ボンで死去。

弟は一七九〇年以降、ゲッティンゲン、ライプツィヒ、ドレスデンで学ぶ。法律を専攻するとともに、ギリシアをはじめとする古典文学の研究に取り組む。その後多方面で活躍し、みずからの体験を反映した小説『ルツィンデ』（一七九九年）は、一種のスキャンダルとなった。一七九六年以降たびたび滞在するイェナでは、兄や、ティーク、ノヴァーリスらとともにロマン主義運動を主導したが、その後ヨーロッパ各地を転々としたのち、一八〇八年カトリックに改宗し、それ以降主にウィーンで活動する。この改宗にも、中世ゴシック世界への憧憬に示されるようなロマン主義的動機が色濃く見られる。晩年は神秘主義に傾くとともに、政治的には反動的傾向を強めた。一八二七年宗教問題をめぐって兄との断絶へと至り、一八二九年に滞在中のドレスデンで死去した。

シュレーゲル兄弟は、ロマン主義運動の先導者として大きな影響を及ぼした。兄は、ベルリン講義「文学と芸術について」（一八〇一－四年）において、「古典主義文学史」に続けて「ロマン主義文学史」を扱っている。弟は、フランス革命、ゲーテ『ヴィルヘルム・マイスター』と並べて、「フィヒテの知識学」に時代の最大の趨勢を見てとりつつ、「リュツェウム」断片（一七九七年）、「アテネウム」断片（一七九八年）等において、ロマン主義をさまざまな形で定式化する。その主導的概念である「イロニー」は、ソクラテス的「エイロネイア」に由来する伝統的な哲学的概念であるが、シュレーゲルによって、すべてを産出し解消する「自己創造と自己無化の不断の交替」であり、「あらゆるものを見わたし、すべての制約されたものを無限に超えてみずからを高める気分」と表現される。

▼哲学

F・シュレーゲルは、哲学を生成のうちに捉え、断章形式による体系を構想する。それぞれの断片は、それぞれに全体をなしつつ、有機的に組織されなければならない。これはあらゆる要素をそのうちで生動的に結合する「進展的な普遍的ポエジー」という構想につながる。ロマン主義的ポエジーは、「ただ永遠に生成し、けっして完成されてはありえない」という「固有の本質」をもつが、「呈示されるものと呈示するものの中間で」浮動する「詩的反省」の「累乗化（ポテンツ化）」を繰り返すことで「鏡像の無限の系列」のように多重化する。反省は、同一性へと収束することのない無限の差異化となる。そのような反省の結果、「ポエジーのポエジー」としての「超越論的ポエジー」が成立する。また『ポエジーについての対話』（一八〇〇年）においては、近代に欠けている「中心点」を形成すべき「新しい神話」という理念を提示した。そのほかF・シュレーゲルは、みずからの哲学をさまざまな講義の形で提示している。一八〇〇年イェナ大学で「超越論的哲学」講義を行うが、その聴講者の中にはヘーゲルがいた。晩年の講義には、「生の哲学」（一八二七年）、「歴史哲学」（一八二八年）、「言語と言葉の哲学」（一八二八－九年）があり、反理性主義的傾向が認められる。

▼影響

シュレーゲルの「イロニー」は、あらゆるものを相対化し、それらに対して超然たる空虚な抽象的自我の表現として、ヘーゲルによって激しく批判された（たとえば『法哲学』一四〇節）。しかし、F・シュレーゲルの思想のうちには、断片性、差異の無限の生成等、現代哲学と共通する問題意識が認められ、改めて注目を集めている。また、現在兄の講義録や弟の批判版全集の編集が進行しており、研究の機運が高まっている。

（三重野清顕）

ハイネ

Heinrich Heine　**1797-1856**

ハインリヒ・ハイネは、一八世紀末のデュッセルドルフのユダヤ人家庭に生まれた詩人である。詩人としてはドイツ・ロマン派の影響下にあり、シューマンやシューベルトの歌曲で有名なその恋愛抒情詩はヨーロッパ的名声を博したが、一方で、ドイツ近代のジャーナリズムに多大な影響を及ぼした多くの政治的著作を残している。ユダヤ人に市民的平等を与えたフランス革命に共鳴し、ドイツにおける政治革命の展望を模索したハイネは、専制政治からの自由という歴史的発展の理念的支柱を政治的にはいまだ封建主義体制の下にあったドイツの文学や思想に求めた。一八三一年にパリに亡命し、詩や評論を通じて、ウィーン体制下のドイツの抑圧的政治状況に果敢に戦いを挑んだが、一八五六年にパリで没している。

▼ **政治革命と哲学革命**

ハイネは、ドイツの文学や哲学に具現化された自由や人間性の理念が、政治革命を通じて、社会的に実現することを願っていた。『ドイツ古典哲学の本質』（一八三四年、原題『ドイツの宗教と哲学の歴史について』*Zur Geschichte der Religion und Philosophie in Deutschland*）において、ハイネはその思想を次のように述べている。「思想は行動に」、「言葉は肉体に」なろうとする。ルターの宗教改革の意義は「理性が宗教上のすべての論争の最高の審判者」になったことにあり、ドイツ哲学はこの宗教上の「革命」の思想における継続である。こうした歴史哲学的観点から、カントからフィヒテ、シェリング、ヘーゲルへといたるドイツ観念論のもつ「社会的な意味」をハイネは強調する。理性的人間の自律と自由は、ドイツにおいては、政治革命に先立って、カントに始まる「哲学革命」において思想的に結実したのである。

ハイネは、「ドイツ人のような順序を重んじる国民は、まず宗教改革からはじめなければならなかった。宗教改革ののちに、はじめて哲学を研究しうるようになり、その哲学が完成したのちに、はじめて政治革命にとりかかることができる」と述べている。このように、哲学の「社会的な意味」への問いかけが、当時のドイツの政治状況に対する批判的視座からなされたこと、言い換えれば、哲学を市民の政治参加のための政治的ディスクールにむけて開いたことが、ハイネの仕事に今につながるアクチュアリティを与えている。

（中川一成）

ランケ

Leopold von Ranke　**1795-1886**

「近代歴史学の父」と呼ばれるドイツの歴史家。ザクセン選帝侯国のヴィーエに生まれ、名門シュールプフォルタで古典教養を修める。一八一四年ライプツィヒ大学に入学し、神学と古典文献学を専攻する。この時期、トゥキディデスの史書とニーブーアの『ローマ史』に感銘を受け、また宗教改革三〇〇周年を機にルター伝の執筆を試みた。

歴史への関心を深めるランケが、歴史家となる決意を固めたのは、一八一八年秋に赴任したフランクフルト・アン・デア・オーダーのギムナジウムの上級教員時代であった。講義準備で古代ギリシア・ローマの史書を組織的に精読し、さらに中世・近世初頭に研究の重点を移す。コミーヌの『回想録』から深い影響を受け、一八二四年、最初の著作『ロマン・ゲルマン諸民族の歴史』および『近世歴史家批判』を公にし、批判的な歴史研究を開拓する。この成果が認められ、翌年ランケはベルリン大学の員外教授に就任。一八三四年には正教授となり、ドイツ歴史学を率いることになる。

神学的歴史観（救済史的歴史叙述）と歴史学の区別、厳密な史料批判、個性と発展にたいする新しい感覚（「歴史主義」）。この三つが結びつくことによってランケの歴史学は確立された。「事実は本来いかにあったか」の考察が歴史家の課題であり、すべての時代が固有の価値をもつことを確信し、「普遍から個別に」向かうヘーゲルにたいして、「個別から普遍へ」の探求をめざした。政治的には革命と反革命が交錯するなかで、穏健な立憲君主制を擁護した。

主著は、ヨーロッパ各地の文書館での徹底した史料研究に基づく『ローマ教皇史』（一八三四―三六年）と『宗教改革時代のドイツ史』（一八三九―四七年）であった。さらに、近世史を中心に『プロイセン史』、『フランス史』、『イギリス史』を出版する。晩年には『全集』全五四巻を準備し、大著『世界史』に取り組んだ。九巻（一五冊）に及ぶ『世界史』は完成には至らなかったが、ランケを敬愛するバイエルン国王マクシミリアン二世のためのベルヒテスガーデンでの進講録（一八五四年）は、ランケのヨーロッパ史についての世界史的展望を示している。

ベルリン大学での演習による、ヴァイツ、ジーベルをはじめとする少壮歴史家たちの育成、「バイエルン科学アカデミー歴史委員会」の創設、『歴史学雑誌』刊行のための尽力、『ドイツ中世史料集成』（ＭＧＨ）への助成により、ランケは歴史学研究の発展に大きく貢献した。

（佐藤真一）

コラム　フランクフルト国民議会

自由と統一

　フランス革命を例に持ち出すまでもなく、「革命」とは自由を求めて起こされるものである。ドイツの一八四八・四九年革命も、もちろんその例外ではなかった。しかしこの革命はもう一つの目標を同時に追求せねばならなかった。それはドイツの統一である。当時のドイツ同盟は、三五の領邦国家と四つの自由都市の緩いつながりにすぎなかった。このバラバラな状態を克服して「ドイツ民族の」統一国家を創りあげること、さらにこの統一国家で市民の自由が保障されること。新しい憲法をつくりあげ、これら二つの課題を同時に達成することが、フランクフルト国民議会には求められたのである。

　当時の状況においてこの課題は困難だった。ドイツを統一することは領邦君主の主権を廃止あるいは制限することを意味した。プロイセンの周縁にはドイツ民族と他の民族との混住地域があった。さらに当時のオーストリアは複数の民族を抱え込む大帝国だったから、ドイツ民族の統一はオーストリアの分裂を意味した。

　フランス革命は身分制的な社会編成原理を一気に廃棄することで個人を解放した。これにより一方では人一般の権利としての人権が宣言され、他方では国民議会が担う国家へと権力が集中した。そして個人と国家という両極に介在する「中間団体」は敵視された。

　このような社会変革も当時のドイツでは困難だった。ここで論じていくように、フランクフルト国民議会は意図的にフランスとは別の道を追求することとなった。

フランクフルト憲法とその思想

　一八四八年五月に開かれた議会は、長期にわたる審議の末、一八四九年三月二八日にドイツ帝国憲法、いわゆるフランクフルト憲法を成立させた。上述の難問にかんしては以下の解決策がとられた。オーストリア帝国の領域を除外する「小ドイツ」主義的国家、領邦国家の自律性を保持する連邦制国家、小ドイツ的領域の中で最も力のあったプロイセン王家による世襲皇帝制である。

　しかし当時のプロイセン国王フリードリヒ・ヴィルヘルム四世は民主的要素を多分に持つこの憲法を嫌い、憲法の定める帝国皇帝に就任することを拒否した。これにより革命は頓挫し、憲法も効力を持つことなく一片の歴史的文書となった。

　この憲法の特徴を、当時支配的であった思想との関係で概観しよう。この憲法には、当時の自由主義思想の中心にあった「有機体」思想と「結社」思想が色濃く反映されていた。議会ではこれらをとなえる学者たちが主導的役割を果たした。例えばフリードリヒ・クリストフ・ダールマン（歴史学者・一七八五―一八六〇年）、カール・テオドア・ヴェルカー（法学者・一七九〇―一八六九年）、ハインリッヒ・ユリウス・アーレンス（法学者・一八〇八―七四年）、ゲオルク・ベーゼラー（法学者・一八〇九―八八年）といった人物である。

　これらの思想は、フランス革命における国家像や人権論を否定するために用いられた。そしてドイツの国民性に合った（と彼らが考えた）国家の設計図を描くための理論的支柱となった。憲法は通常、国家の構造（設計図）を定める部分と人権を定める部分からなる。その双方にこれらの思想が刻印された。

有機体思想と結社思想

有機体思想では国家と個人とは対立するものではなく、一つの有機体的国家へと統合される。またこの思想は革命的な跳躍を嫌い、歴史的かつ自然なプロセスで発展してきたものを尊重する。ここから上に述べたような解決策が導き出された。すなわち領邦国家を解体して統一国家を作り上げるのではなく、歴史的に成立してきたこれらの正統性を認めたうえで、さらにこれらを高次の有機体へと統合するという考え方である。

ゲノッセンシャフト論も一定の役割を果たした。ゲノッセンシャフトとは個人が特定の目的のために意図的に結合して作り上げる団体である。ベーゼラーが提唱したこの考え方の特徴は、中世的な団体と近代的な団体（例えば株式会社や労働組合など）を区別せず、これらを共に「結社の精神」の発露とする点にあった。ここでは従来の領邦国家も一つのゲノッセンシャフトであり、これらが単一のドイツという新たなゲノッセンシャフトを意図的に組織すると考えられたのである。

これらの思想がこの憲法の特徴を生み出した。例えば以下のような諸点である。第一にこの憲法は、皇帝に憲法への忠誠を求めた。これは元首が上から国家を統治するという考え方を否定し、元首を国家有機体の中に組み込むという発想から構想された仕組みだった。また憲法は諸邦院と国民院の二院制を定め、諸邦院が諸邦の代表者から構成されるとした。歴史的に成立した領邦国家の自律性を保つための仕組みである。これは、現在のドイツ連邦共和国基本法における「連邦参議会」へと継承されている。

各邦には国民代表会議の設置が予定され、また市町村の自律性がある程度認められた。これらを媒介として、個人の利益が統一国家にまで反映されるような仕組みが設計された。これらの仕組みは、当時の憲法としては精緻なものだった。

基本権の特徴

この憲法では、人権は「基本権」と呼ばれた。この基本権にも上の二つ思想が刻印されている。したがってこの憲法に書き込まれた基本権は、それ以前のフランス人権宣言やアメリカ権利章典などの成果をまとめただけのものではない。その違いは第一に社会政策的な要素が多分に考慮された点、第二に団体法的要素が色濃い点にある。

フランス人権宣言に見られたような天賦人権説は、議会で支配的ではなかった。上の有機体思想から、個人はあくまで国家において・国家によって自由を享受すると考えられた。この憲法は「各邦」が基本権を制限することを禁止しているが、統一国家がこれを制限することは禁止していない。この点で、基本権も領邦国家の自律性を弱めドイツ統一を進めるための仕組みだった。人身の自由の不可侵、住居の不可侵、所有権の不可侵が定められたが、憲法上の手続きを踏まえさえすれば、帝国が法律によってそれらの自由の具体的内容を確定できることは、議会では自明視されていた。人権を「公共の福祉」のために法律で制限するという考え方は、こうした文脈で当時すでに議論されていた。

社会問題と諸団体への注目

議会がすでに貧困等の社会問題を念頭に置いていたことは注目に値する。例えば居住移転の自由は、単に国家権力の作用から個人を守ろうとするものではなかった。雇用の存在するところに人が自由に移動すれば労働市場の調整力が働き、これにより貧困問題が解決に向かうという社会政策的考慮が働いていたのである。

結社の自由についても同様の議論がなされた。ここでは市町村や領邦といった中間団体と共に、結社による中間団体も利害調整の重要な手段と考えられた。この文脈で労働組合に言及されていたことは象徴的である。労働組合が自由に結成されることによって労使の利害が調整され、社会問題が解決に向かうという考え方である。これらの調整力への楽観的な信頼も、この議会の特徴である。

議会では中世的な手工業者・営業者同職組合の廃止は定められなかった。これは一見すると「自由」(ここでは営業の自由)の要請と矛盾するように思える。しかしこれも社会政策的考慮によるものだった。つまり組合を廃止するのではなく、その内部に共済金庫を設立することが要請されたのである。このように、後に一般的となる社会保障制度はすでに当時の団体法的思想に現れていた。

信教の自由や少数民族の保護についても、同じく団体への志向が見られる。宗教団体の自律性が保障され、ドイツ人は自らの宗教活動を「共同で実践」する自由を持つとされた。また少数民族には「種族固有の発展」が保障され、とくにその教会制度・授業・内務行政・言語・裁判における同権が保障された。これも少数民族を一つの団体と見なし、その自律を保障する考え方であった。

後世への影響

以上のような特徴を持つフランクフルト憲法は、効力を有することはなかったものの、後世の憲法・国制に大きな影響力を持ったと言われている。とくに一九一九年のドイツ帝国憲法、いわゆるヴァイマール憲法起草の際にこの憲法が多く参照された。そして現在のドイツ連邦共和国憲法はヴァイマール憲法の規定を多く引き継いでいる。すなわちフランクフルト憲法は、実効性はなかったにせよ、思想的にはドイツ憲法史において重要な位置を占めている。

(西村貴裕)

マルクス

Karl Heinrich Marx　**1818-1883**

マルクスはドイツのプロイセン王国西部の都市トリーアに生まれた思想家で、資本主義を批判的に分析した『資本論』（一八六七年）の著者として知られている。また、彼の名を冠した思想体系としての「マルクス主義」は、一九世紀末以降ヨーロッパの労働運動や社会運動に大きな影響を与えただけでなく、一九一七年のロシア革命の成功をもたらし、以後一九九一年にソヴィエト連邦が解体するまでの間、二〇世紀の「社会主義」国家群の大義として掲げられていた。

▼二〇世紀への知的影響力

マルクスの著作が日本で最初に紹介されたのは、一九〇四年の『平民新聞』第五三号に発表された幸徳秋水と堺利彦による『共産党宣言』第一章・第二章の翻訳だが、国外では、英国留学中の夏目漱石が一九〇二年にロンドンで『資本論』の英語版を購入して読んだことがわかっている。その後一九二〇年代に初の『マルクス全集』（大鐙閣）が企画出版されて以降、一九九〇年代までにマルクスの著作はほぼすべてが翻訳されている。また、アジア太平洋戦争の敗戦から冷戦体制終了までの約半世紀の間、日本の多くの大学で「マルクス経済学」の授業が行われ、マルクスの思想は大きな知的影響力を持ち続けた。

▼思想の出発点――貧しい大衆の生存権

マルクスは法律家の家に生まれ、ボン大学とベルリン大学の法学部で学んだ後、父の意に反して哲学の研究者として大学で職を得ることを志す。しかし、一八四〇年代に大学における言論統制が強化されていく状況を見て、ジャーナリストの道に進んだ。ケルンの自由主義系新聞『ライン新聞』の編集部に職を得て最初に遭遇した社会的問題の一つが、ライン州議会における木材窃盗取締法をめぐる議論だった。貴族の所有する森林に入り込んで枯れ枝を集める民衆の行為を窃盗とみなすかどうか、が問題となっていたのである。

マルクスは一八四三年秋の論説「第六回ライン州議会の議事　第三論文」で、「政治的にも社会的にも何ももたない貧しい大衆」の「慣習的権利」としての生存権を、私的所有権に優先するものとして擁護した。これが彼の思想の出発点をなす。彼はこの論説で、それなら「あらゆる私有財産は窃盗だということにならないか」と問いかけて、こう言い切っている。「私は、自分の私有財産をもつことによって、いっさいの第三者をこれに対する所有権から閉め出しているのではなかろうか？　したがって私は、第三者の所有権を侵害していることにはならないか？」

当時の法哲学の権威だったヘーゲルは、『法の哲学』（一八二〇年）の中で「市民社会」における「貧民」問題に言及し、「いかにしたら貧困が除去されるかという重大な問題は、とりわけ近代社会を動かし苦しめている問題である」と指摘していた。ただし彼は、「個人の資産と技量の不平等」は市民社会の「必然的な結果」であり、「個別的な人格の自由」の定在である「私的所有が許されない」ことは「人格に対する不法」にほかならないと述べている。

これに対してマルクスは、ヘーゲルの『法の哲学』を批判した一八四四年の論説「ヘーゲル法哲学批判序説」の中で、「貧民階級」を「プロレタリアート」と言い換えた上で、彼らを「その普遍的な苦難のゆえに普遍的な性格をもち、なにか特別の不正ではなく不正そのものを被っている」存在と意味づけた。ここでは「不正／不法」の意味づけがヘーゲルとは逆転していることがわかる。このように「人間の完全な喪失であり、それゆえにただ人間の完全な再獲得によってのみ自分自身を獲得することができる一領域」であるプロレタリアートが置かれた「不正」な状態の原因を探るために、これ以後のマルクスは経済学の批判的研究にのめり込むことになる。

▼疎外と物神性

マルクスのライフワークとなる「経済学批判」の最初の試みが、一八四四年の『経済学・哲学草稿』である。ここでの問いの中心は、スミスの『国富論』に代表される経済学によれば労働は「価値の源泉」であるはずなのに、なぜ労働者は自らの労働の成果を受け取ることができず、貧しいままなのか、ということにある。そして、それに対する答えが「疎外」である。

「疎外」という言葉は、ヘーゲルの『精神現象学』（一八〇七年）では、自己意識が自己を外在化させて他者のうちに自分自身を見る、という意識の経験を意味するものとして使われている。それに対してマルクスのこの草稿では、「疎外」とは、第一に、労働者が生産した物が、自分との人格的で親密な関係を失った疎遠な存在になってしまうことであり、第二に、そのような生産活動そのものが、本来の自己実現の活動ではない、よそよそしい行為となってしまう事態である。その結果、「疎外された労働は、人間の類的存在を、すなわち自然をも人間の精神的な類的能力をも、彼にとって疎遠な本質とし、彼の個人的生存の手段としてしまう」（『経済学・哲学草稿』）。その原因はもちろん、労働者の労働が「他人＝資本家の私的所有」の対象となっているという社会関係にある。

この草稿のもう一つの重要な批判対象が、貨幣である。ここでは人間がその個性や能力で評価されるのではなく、「所有」している貨幣の量で評価される、という社会の在り方が批判されており、それに対置されるのが、「人間を人間として」前提することで「愛をただ愛とだけ、信頼をただ信頼とだけ」交換することである。

このような貨幣観は、『資本論』の「物象化（ぶっしょうか）」論にも再現されている。「物象化」とは、第一に、人間同士の社会的関係（社会的分業）が物と物との社会的関係（貨幣に媒介された商品交換）として現れることであり、第二に、社会的関係が特定の物に内在する自然的性質であるかのように現象することである。一定量の人間労働の成果である財が「商品」という譲渡可能なものになり、その商品Aの「価値」が貨幣という特定の財の一定量で表現されると、そこから貨幣それ自体が価値というものを内在させているという「錯覚」が生まれ、「貨幣フェティシズム」が生じる。このような物象的依存関係を超える人間的な相互依存関係の枠組みとしてマルクスが構想したのが、人びとの助け合いと分かち合いに基づく「協同組合的組織（Verein）」であり、そこでは「人びとが彼らの労働や労働生産物に対してもつ社会的諸関連は、生産においても分配においても透明で単純である」と想定されている。

▼イデオロギー批判と唯物論的歴史観

マルクスは、スミス以来の経済学が「疎外された労働」を正当化していると考え、経済学をその成立根拠に即して批判する必要があると考えた。マルクスの哲学的独自性は、経済学に限らず、表明された思想や理念の背後には発言者の主観的な思惑や意図を超えた客観的な社会的諸関係が存在する、という唯物論(ゆいぶつろん)的な確信をもっていたことにある。それが、彼独自の「イデオロギー（観念学）」批判の方法となる。

マルクスが一八四五年からエンゲルスと共同で執筆した草稿『ドイツ・イデオロギー』では、当時のヘーゲル学派が「ドイツのイデオローグたち」と名指され、ドイツ観念論哲学そのものが「イデオロギー」と呼ばれている。そして、「ほとんどすべてのイデオロギーは人間の歴史の歪んだ把握か、あるいは人間の歴史からのまったくの抽象か、どちらかに帰着する」のに対して、分析すべき歴史の現実的な諸前提は「物質的な生活諸条件」だとされる。ここでの問題は「唯物論的な見方と観念論的な見方との対立」であり、後者がイデオロギーと名指されているのである。

しかし、『経済学批判』序言（一八五九年）では、マルクスは、社会を建物に喩えれば、人間の生産諸関係の総体からなる経済的構造が建物の「土台」であり、法律や政治体制などは「上部構造」で、人間の社会的意識もこの「土台」に対応している、と説明する。そして、社会変革の時代には「経済的生産諸条件における物質的な変革」と「人間がその中でこの衝突を意識し、それを闘い抜く形態である、法的、政治的、宗教的、芸術的あるいは哲学的な諸形態、簡単にいえばイデオロギー的な諸形態」とを区別しなければならない、と述べている。したがって、ここでは観念論的な見方に限らず、経済的諸条件に対応した「一定の社会的意識諸形態」そのものがイデオロギーだとされている。しかも、それは人間の客観的な社会的存在をつねに認識し損なうものだと想定されている。

同時代のフランスを分析した『ルイ・ボナパルトのブリュメール一八日』（一八五二年）では、マルクスは、土地所有貴族や金融貴族、工場経営者や小商店主、分割地農民や賃金労働者などを取り上げ、「所有の、生存条件の異なる形態の上に、独自に形作られた異なる感性、幻想、思考様式、人生観といった上部構造全体がそびえ立つ」と述べている。したがって、特定の階級や党派が表明する言説と、彼らが物質的生活諸条件に規定されてせざるをえない実際の行動とは、区別されなければならない。このように「イデオロギー的諸形態」と「社会の経済的構造」とを明確に区別したうえで、後者から前者を説明しようとするのがマルクスのイデオロギー批判の方法なのである。

▼資本主義社会の存立構造

マルクスの主著『資本論』は「経済学批判」という副題を持つ。「経済学批判」とは既成の経済学の批判的再構築であり、その目的は、イギリス古典経済学の論理に内在したうえでその内部の論理的不整合を発見し、その不整合を説明すると同時に解消する別の概念を提起することによって、古典経済学の「土台」をなす「社会の経済的構造」、すなわち資本主義的社会の論理的な存立構造を明らかにすることにある。その中心は、「資本主義的生産様式」の解明にある。

『資本論』は、人間が生きていくのに必要な食料や衣服等が「商品」として売買される社会の在り方そのものを問い直そうとするところから始まる。そしてマルクスによれば、「資本主義的生産様式」の独自性は、なによりも人間の労働能力そのものを「商品」に変え、賃金労働者自身を商品所有者として「市場」に投げ込んだことにある。労働力が商品となるのは、伝統的な社会組織が解体し、独立自営の農民たちが土地や道具などの生産手段を失って、自分の労働力を商品として売る以外には生活の道がなくなったからである。他方、貨幣を保持する資本家が労働力を買い入れるのは、「労働力の価値」と労働力の消費の結果として創造される価値との差異のためである。「労働力の価値」とは、労働者の「生活維持のために必要な生活手段の価値」であるが、自分自身の価値以上の価値を創造しうることが労働力という「独特な商品」の使用価値であり、労働過程は同時に「価値増殖過程」なのである。

労働力が自分自身の価値を超えて生み出す「剰余価値」は、資本家の利潤となる。労働者と資本家は、労働市場において形式上「自由な、法的に対等な人として」そのように契約したからである。自由で対等な契約に基づく「工場内部での専制支配」、等価交換に基づく「搾取」、この二重構造こそが資本主義的生産様式の歴史的特徴である。

生産過程が反復される中で、生産された剰余価値の一部は再び資本として充用されて、新たな労働力や生産手段が買い入れられ、資本は累進的に拡大する規模で再生産される。これが「資本の蓄積過程」であるが、これは同時に諸資本間の競争と集中による資本家同士の収奪の過程でもある。独占が進み、資本家の数が減少し、最後には生産手段の集中と労働の社会化が資本主義的形態とは調和できなくなる一点に達して、新たな社会的生産様式に席を譲る。これが『資本論』第一巻（第一部「資本の生産過程」）の結論であった。マルクスは『資本論』の第二部「資本の流通過程」と第三部「総過程の姿態」の草稿も書き残しているが、それらを完成させることなく世を去った。

▼アソシアシオンと社会主義・共産主義

『資本論』が新しい社会的生産様式として示唆したのは「協同組合的組織（Verein）」だが、それまでのマルクスはむしろ同じ意味の外来語「アソシアシオン（Association）」を多用している。この言葉は一八二〇年代末以降にフランスで普及したもので、「利己主義・個人的利害・競争の原理」を批判する「社会主義者」によって、人間の「統一と調和」を実現する組織原理を表す概念として用いられた。他方、一八四〇年頃に誕生した「共産主義者」は貨幣の廃止と「財産共有制」の実現を主張しており、社会主義者と共産主義者は、「個人の自由と自発性」を重視するか「万人の平等」を重視するかをめぐって対立し、相手を批判し合っていた。

それに対してマルクスは、自ら創設した共産主義者同盟の綱領的文書『共産党宣言』（一八四八年）で、従来の共産主義者が主張してきた「財産共有制」ではなく、「アソシアシオン」こそが「古い市民社会およびその諸階級と階級対立の代わりに現れる」将来社会の組織原理だと宣言した。さらに彼は、国際労働者協会の声明『フランスにおける内乱』（一八七一年）では、「一つの共同的計画に基づいて全国の生産を調整する諸協同組合の連合体」による共同的計画経済こそが「可能な共産主義」だと断言し、ドイツ社会民主党の綱領案を批判した『ゴータ綱領批判』（一八七五年）では、「協同組合的な、生産諸手段の共有に基づいた社会」こそが「共産主義社会」だと定義している。

マルクスの独自性は、共産主義者を自認し、貨幣とその物神性（ぶっしんせい）への批判を一貫して保持しながらも、具体的な社会変革の構想としては、社会主義の組織理念である「協同組合的組織」を共産主義の実現目標としたことにある。彼が目指したのは、自由と平等という思想原理をめぐって対立する社会主義と共産主義を調和させ統合することでもあった。社会主義者である共産主義者、それがマルクスなのである。

（植村邦彦）

フォイエルバッハ

Ludwig Andreas Feuerbach　**1804-1872**

私たちは本音と建て前を使い分け、本当の自分がどこかに存在し、しかもそれはすばらしいものであるに違いないと思いたい。そうした自分の永遠の憧れの対象が神である。「神は人間の内面が露わになったものである」（『キリスト教の本質』一八四一年）。神に帰依する人は自分の疎外態に帰依しているわけである。だが、どれほどつらく醜く苦しくても、私たちは現実から逃れられない。「感性的な存在だけが、真の存在、現実的存在である」。この世に現に生きているということは、自分の周りの人間関係の中に存在しているということである。概念ではなく現存在、骸骨ではなく生身の身体に注目し、自分の身の周りを見渡せば、私たちはけっして、最後には教会に逃げ込むしか救いのない孤立した「唯一者」ではないことを知るであろう。フォイエルバッハはこう主張する。彼は幸福衝動を道徳の基礎に据える。自らの幸福衝動を大切にしない人が他者の幸福衝動を大切にすることはない。互いの幸福衝動を認め合うことにこそ道徳は成り立つと言う。

（柴田隆行）

シュティルナー

Max Stirner　**1806-1856**

『唯一者とその所有』（一八四四年）で一躍有名になる。本名Johann Caspar Schmidt、ドイツ南東部バイロイト生まれ。ベルリンでヘーゲルやシュライアーマハー等の講義を聴き、酒場にたむろする左翼グループ「自由人」と交わるなかで本書は生まれた。彼によれば、フィヒテの自我は「自我なるもの」、フォイエルバッハの人間も「人間なるもの」にすぎず、しょせん精神がつくったものへの服従と化す。国家とは作られた人間のみが棲息しうる場である。これに対し、自由な人間が自己を規制するのはただ自分の内面からである。「私は私の力の所有者である」「私は他の自我的なものの一つではなく、単独の自我である」と彼は断言する。

辻潤は一九二二年に本書を『自我経』と題して訳し、大杉栄ら大正期の知識人に大きな影響を与えた。ドイツではマルクスが「ドイツ・イデオロギー」で徹底的に批判して注目されそして忘れ去られたが、神智学者ルドルフ・シュタイナーやリバタリアニズムの論客によってふたたび注目されるようになった。

（柴田隆行）

ブラームス

Johannes Brahms　**1833-1897**

一八三三年にハンブルクで生まれ、一八九七年にウィーンで没した作曲家、ピアニスト、指揮者。ピアノの神童として一〇歳から公開演奏を始め、作曲家としても早くから評価された。一八五三年にローベルト・シューマン（一八一〇―五六年）を訪問した際に、ピアノ演奏と作曲の才能を認められ、「新しい道」と題する論考で大々的に世に紹介されたことが、音楽家としてのキャリアにおける転機となった。彼が手がけた作曲は、交響曲、室内楽、ピアノ独奏、声楽、宗教音楽と、オペラを除くあらゆるジャンルに及ぶ。とくに交響曲作曲家としてはベートーヴェン以降の最初の重要な人物であり、ブラームスの交響曲第一番は初演当時、ベートーヴェンの交響曲第九番に次ぐ《交響曲第一〇番》と称された。

▼音楽史上の位置

ブラームスは時代的にはロマン派に属するが、伝統を重んじるアカデミズムの立場から、とりわけ一七―一八世紀のバッハ（一六八五―一七五〇年）やヘンデル（一六八五―一七五九年）に倣った対位法、カノン、フーガ、変奏技法などの手法を作品に生かしたことにより、「古典的ロマン主義者」「新古典主義者」とも言われる。ただし彼は単に過去の作品を自らの作曲に反映させたのではなく、過去から伝えられてきた音楽の原理を、一九世紀後半に至って変容した条件のもとで根本から徹底的に検討し直した。歴史の枠組みを超越した不朽の音楽があり、その価値を守り、さらに発展させるべきであると考えていたのである。また音楽学にも高い関心をもち、忘れ去られようとしていた過去の作品の復興に努めた。

▼党派抗争――ブラームス派かヴァーグナー派か

一九世紀の音楽界では、ヴァーグナーやリストを中心とする急進的な新ドイツ楽派か、保守的な反・新ドイツ楽派かという大論争が起こり、これがヴァーグナー派かブラームス派かという二項対立に移行した。

一九世紀初頭まで、音楽は音楽外のあらゆる目的から独立した芸術であるとし、純粋に音楽の形式美を尊重する絶対音楽に美的価値が置かれていた。それに対して一九世紀中葉以降に勃興した新ドイツ楽派は、音楽は物語、絵画、思想といった音楽外の意味内容を表現すべきであるという内容美学の重要性を唱えた。交響曲は時代遅れであり、リストは交響詩によって、ヴァーグナーは楽劇によって、ベートーヴェンが交響曲の作曲で発展させてきた手法を完成させることができると考えたのである。また、音楽はその時代に固有の課題を担い、それによって音楽史は必然的に進歩を続けるという歴史哲学に立脚し、作品ごとに独自の新たな形式を追求した。この立場から新ドイツ楽派は、既存の形式構想を重視するブラームスに対して、独創性が欠如していると批判した。

これに対して反・新ドイツ楽派は、ブラームスをベートーヴェンになぞらえて「最後の古典主義者」として擁護した。当時ヴァーグナー批判の急先鋒であった音楽評論家のエドゥアルト・ハンスリック（一八二五―一九〇四年）は、ヴァーグナーの楽劇の理念に対抗するものとして、交響曲や室内楽に代表される純粋器楽を称揚し、ブラームスをその象徴的存在とみなした。ブラームス自身はヴァーグナーの芸術を評価していたが、当時ヴァーグナーに匹敵する唯一のドイツ人作曲家として担ぎ上げられ、反・新ドイツ楽派を支持する人々によって、大論争の構図に巻き込まれたのである。

実際には、保守的なブラームスと急進的なヴァーグナーという対立構造は一九世紀の終わりにはすでに現実味を失っていた。グスタフ・マーラー（一八六〇―一九一一年）、リヒャルト・シュトラウス（一八六四―一九四九年）、マックス・レーガー（一八七三―一九一六年）といった当時の重要な作曲家たちはいずれも、ブラームスからもヴァーグナーからも少なからぬ影響を受けていたのである。

▼ブラームスの革新性

保守、古典、アカデミズムという決まりきった枠の中で捉えられてきたブラームスの受容は、過去に対する彼の姿勢を軸に展開してきた。そのため、ブラームスが後世に与えた影響という側面は長い間見過ごされていただけでなく、彼の音楽そのものに対する学問的関心は二〇世紀の前半には著しく廃れていた。こうした状況に対して再考を促すきっかけとなったのが、アルノルト・シェーンベルク（一八七四―一九五一年）が一九三三年に行った『進歩主義者ブラームス』と題する演説であった。そのなかで彼はブラームスの進歩的な側面を明らかにし、「保守的革新主義者」としてのブラームス像を浮き彫りにした。ヴァーグナーが楽劇《トリスタンとイゾルデ》において調性を崩壊寸前にまで拡張させ、それが新ウィーン楽派の無調性につながったという当時の一般的な見方に対して、シェーンベルクは初めて、ブラームスの音楽こそが二〇世紀音楽の前進に決定的な影響を与えたと指摘した。シェーンベルク自身も作曲技術に関してブラームスから多大な影響を受けており、なかでも、ひとつの基本となる音楽的単位（モティーフ）が発展あるいは反復される「発展的変奏」の技法は、シェーンベルクが後年確立した一二音技法に帰結した。

（北川千香子）

ヴァーグナー

Richard Wagner　1813-1883

一八一三年にライプツィヒに生まれ、八三年にヴェネツィアに没したヴァーグナーは、音楽史・オペラ史において最も重要な作曲家の一人であり、同時代および後世に広範かつ多大な影響を与えた。その受容史はきわめて複雑で論争的である。

▼議論の絶えない作曲家

ヴァーグナーは作曲家であったばかりでなく、台本作家、著述家、指揮者、演出家、政治活動家でもあり、さらには自らの劇場の企画運営や監督といった実務にも携わった。彼が推し進めた芸術的な革新は生前から激しい議論の対象となり、ヴァグネリアンとアンチ・ヴァグネリアンという両極的な現象をも生み出した。トーマス・マンが「一九世紀の体現者」と呼んだヴァーグナーの作品には、ロマン主義から現代への移行期の時代精神や芸術的兆候が幾重にも刻み込まれている。常に矛盾を孕むヴァーグナー作品は一義的な解釈を寄せつけず、今もなお多様な解釈を生み出し続けている。

▼オペラから楽劇へ

ヴァーグナーは幼少年期から、ベートーヴェンやヴェーバーのドイツ音楽に強い影響を受け、ギリシア劇やシェイクスピア劇にも多大な関心を示していた。二〇歳を超えるとヴュルツブルク、マクデブルク、ケーニヒスベルク、リガなどの歌劇場を転々とし、数多くオペラ作品に日常的に触れながら研鑽を重ねた。初期の作品である《妖精》（一八三四年作曲、一八八八年初演）、《恋愛禁制》（一八三六年）、《リエンツィ》（一八四二年）は、イタリアのオペラ・セリアやフランスのグランド・オペラといった、当時流行していたオペラの影響を多分に取り込んでいる。

初期作品は上演の機会が少なく、現在一般の歌劇場でレパートリーとなっているのは、《さまよえるオランダ人》（一八四三年）以降の一〇編である。中期の作品《さまよえるオランダ人》、《タンホイザー》（一八四五年）、《ローエングリン》（一八五〇年）は「ロマン的オペラ」との副題が付され、伝承や民話への回帰、神秘性、超自然、死への親近感や、男性と女性、光と闇、意識と無意識といった対比を主題とするロマン主義の伝統を受け継いでいる。

ヴァーグナーの独自性が顕著になるのはその後の舞台作品であり、従来のオペラと区別して「楽劇」と呼ばれる。いずれの作品も神話、伝承、中世文学などを素材とし、さまざまな思想や思潮に刺激を受けながら、一九世紀の時代的文脈で独自に捉え直したものである。その後ほとんどの作品はすでに一八四〇年代の同時期に最初の着想を得ており、創作時期は交錯している。オペラ評論家オスカー・ビーの言葉を借りれば、ヴァーグナーの全作品は「一つの胚芽から生まれ、細胞分裂していった」のである。それぞれが固有の音楽語法で独自の作品世界を作り上げているところにヴァーグナーの特異性がある。作品に通底する主題の一つが「救済」であり、これが後期作品では「再生」の理念へとシフトしていく。

▼社会の革命から芸術の革新へ

ヴァーグナーは一八四三年にドレスデンのザクセン宮廷楽長に就任した。一八四八年からヨーロッパで波及した革命の波のなかで、「愛による救済」を主眼としたフォイエルバッハの人間主義、プルードンの社会主義やバクーニンの無政府主義をはじめとする、青年ドイツ派およびヘーゲル左派の思想に傾倒し、社会の変革を目指すようになった。一八四九年のドレスデン蜂起では暴徒側に加担し、指名手配の身となってスイスへの逃亡を余儀なくされる。結果的に約一〇年間にわたるこの亡命生活が、ヴァーグナーの芸術的創造において最も実りある時期となり、彼の主要な作品の大部分がこの期間に構想ないし創作された。また「芸術と革命」（一八四八／四九年）、「未来の芸術作品」（一八四九年）、「オペラとドラマ」（一八五〇／五一年）などの主要な著作もこの時期のものである。ヴァーグナーの狙いは、果たせなかった社会変革を芸術の次元で実現することにあった。ちょうどこの時期に構想され、中断を含めると創作期間二六年にわたるライフワークとなった《ニーベルングの指環》四部作は、英雄ジークフリートがバクーニンさながらの無政府主義者として登場する革命劇である。愛と権力の相克の末に既存の社会は破滅に至るが、そこには同時に再生の兆しが暗示されている。

▼同時代のオペラへのアンチテーゼ

芸術による革命を実現する場として、ヴァーグナーは劇場こそがふさわしいと考えていた。しかし当時の劇場は、彼の目から見れば、社会の退廃の象徴そのものであった。空虚な名人芸ばかりもてはやされ、音楽が自己目的化し、本来の目的であるはずのドラマがないがしろにされていると批判した。ヴァーグナーが行ったオペラ改革は、同時代のオペラに対するアンチテーゼにほかならず、その核心をなすのは「ドラマの復権」であった。

ヴァーグナーの提唱したドラマとは、言葉と音楽と身振りが一体となって生成されるものであり、上演を成り立たせるあらゆる構成要素がドラマのために奉仕しなければならなかった。したがって、従来のように詩、音楽、舞台の分業では不可能であると考え、自ら台本をも手がけた。しかし、彼が目指した「総合芸術」は単に個々の芸術要素の一体化を意味するのではない。それはむしろ、芸術家も観客も含めて上演空間に居合わせるすべての人間がドラマの担い手となるような、共同体験としての芸術であった。この体験を通じた個の変容が、奢侈と利己主義によって疎外した現状を打破しうると考えたのである。劇詩も音楽も徹底的に上演での作用を想定して作られており、稽古に自ら立ち会い、同時代の硬直化ないしステレオタイプ化した演出から離れて、自然さと真実味のある舞台や演技を追求した。

こうした「未来の芸術作品」の模範を、ヴァーグナーは古代ギリシアで民衆のための祭典として催されていた演劇のうちに見出した。「総合芸術」の構想とは、古代ギリシア悲劇の精神を一九世紀において蘇生させるという美学的なユートピア思想であった。その実現のために、バイエルン王ルートヴィヒ二世による多額の資金援助を得て、バイロイト祝祭劇場を建設した。

▼ヴァーグナーの音楽観の転換

チューリヒ亡命中の一八五四年に、ヴァーグナーはショーペンハウアーの主著『意志と表象としての世界』に出会い、これが彼の美学的構想および世界観の決定的な転換点となった。世界の本質である「意志」を最も直接的に客体化したものとして音楽を定義し、諸芸術の最高位に位置づけたショーペンハウアーの哲学に感化され、音楽をドラマに奉仕する手段としてではなく、ドラマを生み出す母胎であると考えるようになった。その美学的な方向転換は、《ニーベルングの指環》の作曲を中断して取り掛かった《トリスタンとイゾルデ》（一八六五年）に明瞭に現れている。恋人たちの愛の憧憬、とどまるところを知らない愛の欲求は、唯一それを解決しうる死への憧れへと通じ、それはショーペンハウアーの涅槃（ニルヴァーナ）、つまり生への意志の否定という思想に呼応している。

「無限旋律」によって音楽は途切れることなく流れ、調性を崩壊寸前にまで拡張し、解決に至らないまま緊張を持続させる和声進行は、エロスのとめどない横溢を想起させると同時に二〇世紀音楽への扉を開いた。次作の《ニュルンベルクのマイスタージンガー》でも、ショーペンハウアーの厭世哲学が主人公の迷妄や諦観に認められる。しかし、ヴァーグナーの唯一の喜劇的作品として異彩を放っており、《トリスタンとイゾルデ》とは対照的に全音階の明るい曲調を特徴とする。実在の中世詩人ハンス・ザックスを主人公としたこの楽劇では、文化を拠りどころとするドイツの民族国家が賛美され、一八七一年の統一国家誕生を目前に初演された際には熱狂的な歓迎を受けた。

意志の否定の思想は、最晩年の作品《パルジファル》（一八八二年）でさらに先鋭化されている。当時ヴァーグナーは「芸術宗教」の構想を抱いており、宗教が本来の機能を果たせなくなった以上、芸術がその機能を担うべきであると考えていた。この晩年の思想を特徴づける「退廃」と「再生」というキーワードが、「舞台神聖祝祭劇」と銘打たれたこの作品において、性欲の克服、共苦、輪廻からの解放といった主題として結晶化している。ここにはさらにキリスト教的な要素、東洋思想、純血思想や動物愛護といった独自の世界観が渾然一体となっている。ヴァーグナーの芸術にギリシャ悲劇の再生を期待し、崇拝に近い感情とともに傾倒していたニーチェは、次第に幻滅して離反していくが、《パルジファル》のキリスト教的な性格にデカダンスの兆候を感じ取ったことが、両者の訣別を決定づけた。

▼反ユダヤ主義と重い受容史

ヴァーグナーのきわめて複雑な受容史は、彼が反ユダヤ主義者であった事実とその後世への影響に起因する。彼は本来、革命思想に裏打ちされた「民衆 Volk」のための芸術の実現を標榜していたが、その「民衆」の理念はナショナリズムの高まりとともに次第に排外主義的な性格を強めていった。また、一九世紀後半のドイツでは、本来宗教的な性格を帯びていた反ユダヤ主義が人種主義的な反セム主義へと過激化していった。

こうした背景のもと、彼は一八五〇年と一八六九年の二度にわたって『音楽のなかのユダヤ性』と題した論考を出版した。このなかでは、フェーリクス・メンデルスゾーンや、名指しはされていないもののジャコモ・マイアベーアなどのユダヤ人作曲家が俎上に載せられ、その音楽的特性を論拠とした誹謗中傷が綴られている。こうした反ユダヤ的な感情の根底には、ヴァーグナーの作曲家としてのルサンチマンと、ユダヤ人が幅を利かせていた当時のジャーナリズムに対する嫌悪があった。彼の死後には、反ユダヤ主義、人種主義、国粋主義の温床であった「バイロイト・サークル」と称する知識人集団が、ヴァーグナーを神格化し、その思想を先鋭化および歪曲した。その思想と芸術、そして後世による偏った受容はナチス・ドイツのイデオロギーを引き寄せる結果となった。ヒトラーは政権獲得後から一九三九年まで毎年バイロイトを訪れ、ヴァーグナー家と深く関わっただけでなく、ヴァーグナーの思想や芸術を第三帝国のプロパガンダに用い、バイロイトを国内外に向けた政治演出の舞台として利用した。こうしてヴァーグナーと彼の作品は負の遺産を背負うこととなったのである。

ヴァーグナー作品に顕れる反ユダヤ主義について、すでにアドルノが一九三七年から翌年にかけて執筆した『ヴァーグナー試論』でいち早く指摘しているが、一九六〇年代後半から本格的に議論されるようになった。現在でもなお、作者の思想と芸術作品との関連を巡っては論争が絶えない。バイロイトでは戦後以来、この過去と向き合い、ヴァーグナー作品を常に新たな視点から批判的に捉え直す試みを続けている。

（北川千香子）

ブルックナー

Anton Bruckner　**1824-1896**

一九世紀オーストリアの作曲家・オルガン奏者。交響曲が有名で、番号つきの作が九曲（第九番は未完）、習作が一曲、「無効」とされた作が一曲ある。《テ・デウム》など、宗教曲も重要。ほかに、世俗的声楽曲、室内楽曲、器楽曲が少々。オルガンの即興演奏で名をはせたが、オルガン作品はごくわずかに留まる。

生い立ち――農村から都市へ

一八二四年、リンツ近郊にある農村アンスフェルデンの生まれ。父は教会の楽師を兼ねる学校教員で、アントン少年が一時期あずけられた従兄も教員であり、音楽家だった。父の死後、一二歳で故郷近くの聖フローリアン修道院に寄宿学校生として入り、少年合唱団に属しながら教員養成を受ける。小村で教鞭を執ったのち、同修道院の助教師となり、次いで二七歳で同院付属教会のオルガン奏者となった。こうした生い立ちは、オペラやコンサートに通う都市ブルジョワ層のそれとは大きく異なる。一八四八年に帝都ウィーンで起こった三月革命も、カトリック信仰の篤い辺境には、ほとんど影響しなかった。

都市文化への方向転換は、一八五五年、三一歳のとき。ウィーン音楽院の理論家ジーモン・ゼヒター（一七八八―一八六七年）に弟子入りし、リンツ大聖堂のオルガン奏者となった。その後、リンツ劇場の楽長オットー・キツラー（一八三四―一九一五年）にも師事し、作曲法を習得。リヒャルト・ヴァーグナー（一八一三―一八八三年）をはじめとする「新ドイツ楽派」を知るようになる。自作のミサ曲第一番ほかが成功し、一八六八年、ついにウィーン音楽院の教授職に就いた。

ウィーン楽壇の党派的対立

以後、ブルックナーは終生、拠点を帝都ウィーンに置くことになる。教授職のほか、宮廷礼拝オルガニスト、女性教員養成学校講師、ウィーン大学講師などを務めた。

このような生活の背景には、帝都の近代化と市民文化の発展があった。皇帝フランツ・ヨーゼフの勅令による都市改造で、ウィーンは中世以来の城壁を撤去し、一八六五年、環状道路が開通。宮廷歌劇場、ウィーン楽友協会ホールなどの建設が、これに伴った。一八六六年、オーストリアはプロイセンとの戦争に敗れ、それまで属していたドイツ連邦が解消。翌年、オーストリア＝ハンガリー帝国が成立した。

こうしたなか、ウィーンの楽壇では、リベラルな教養市民層が、ドイツから移住していたヨハネス・ブラームス（一八三三―一八九七年）を支持した。器楽中心で、ベートーヴェンらのウィーン古典派の理念に近く、より普遍的な音楽とみなしたのである。その旗ふり役に、批評家エドゥアルト・ハンスリック（一八二五―一九〇四年）がいた。いっぽうで、ドイツ産のヴァーグナー・オペラも、ドイツ帝国の成立（一八七一年）と機を一にして、影響力を増していた。

ブルックナーの交響曲は、半音階的書法やヴァーグナーテューバを加えた楽器法（第七～第九番）が、ヴァーグナー音楽を思わせよう。しかしまた、ソナタ形式に依拠した四楽章制器楽である点で、古典派に近い。ときに教会音楽や農民舞踊を思わせるが、そこに文学的な意味はない。それでもハンスリックは、「ヴァーグナーの劇的様式を交響曲に移しかえた」として攻撃した。ブルックナーのヴァーグナー崇拝と、「ヴァーグナー派」に向けた、多分に党派的な攻撃であった。

内外での名声は、晩年、交響曲第八番の大成功（一八九二年初演）をもって揺るぎないものとなる。一八九六年、七二歳で死没。葬儀はウィーン市の主催で執り行われた。

▼複数の稿と版――遅ればせの受容史

ブルックナーの交響曲は、第三者の批判に応え、書き直したうえで演奏される場合がほとんどだった。同じ交響曲に複数の「稿」があるのはそのためである。第五番に至っては、弟子のフランツ・シャルク（一八六三―一九三一年）が、作曲家の最終承認を得ぬまま全面的に編曲し、初演した。

没後しばらくは、こうした弟子たちの手の加わった、ヴァーグナー風に改変された出版譜しかない状態が続いた。党派的な受容が続いたのである。「外部からの影響」を取り除いたロベルト・ハース（一八八六―一九六〇年）主幹の批判全集版、いわゆるハース版の楽譜が登場したのは、ようやく一九三〇年代。このプロジェクトは、ナチス（国民社会主義ドイツ労働者党）の肝いりで進められた。一九三七年、ドイツのレーゲンスブルク近郊にある「著名なドイツ人」を祀るヴァルハラ神殿に、ブルックナーの胸像が設置された際には、除幕式にヒトラーが立ち会い、ナチス宣伝相ゲッベルスが祝辞を述べた。翌年、ナチスはオーストリアをドイツに併合した。

第二次世界大戦後にハース版を引き継ぎ、新批判全集版を主幹したのがレオポルト・ノーヴァク（一九〇四―一九九一年）である。ノーヴァク版は、ブルックナー作品のすべての稿の出版を目指した。二〇一六年からは、これを引き継いだ第三次批判全集版がポール・ホークショー（一九五〇―）らによって開始。また、ベンヤミン＝グンナー・コールス（一九六五―二〇二三年）主幹で始まった原典全集版（二〇一五年～）は、研究用と演奏用の二種の総譜を刊行している。

（舩木篤也）

コラム　バイロイト

唯一無二の劇場

バイロイトはバイエルン州の北部、オーバーフランケン地方に位置する、人口約七万人の地方都市であるが、毎年五万人を超えるヴァーグナー愛好家が世界中から訪れる。街の外れの小高い丘にそびえ立つバイロイト祝祭劇場は、自作の上演のためにヴァーグナー自身が計画・設計した、世界でも唯一無二の特色をもつ劇場で、毎年七月末から約一か月間にわたってバイロイト祝祭が開催される。

バイロイト祝祭は、ヴァーグナーが自らの作品を理想的な形で上演するために構想した前代未聞のプロジェクトであった。「祝祭」という理念の根幹にあったのは古代ギリシア悲劇の精神であり、ヴァーグナーは自らの楽劇を一種の共同体的宗教儀式として上演することにより、その精神を近代ゲルマン＝ヨーロッパ的形式のなかに蘇生させることを目指していた。バイロイトという辺鄙（へんぴ）な地を選んだのは、観客が文明や大都市の喧噪から離れ、日常の営みの憂慮から解放されて、ただ芸術のみに没入することを狙ったためである。気晴らしよりも集中を、というのがヴァーグナーのモットーであり、観客への注文だったのである。

ヴァーグナーは芸術の民主化という理念を実現すべく、隅々まで考え抜かれた工夫を凝らした。従来のイタリア式歌劇場のような馬蹄形ではなく、古代ギリシアの半円形の劇場を手本として、階層的序列の象徴である宮廷用桟敷席や天井桟敷を廃し、装飾も極力排除した。当初は無料公演を計画し、さらにはこの質素な板張りの劇場を、《ニーベルングの指環》の初演の終演とともに取り壊すことまで想定した。

劇場内部にも数々の画期的な試みがなされている。舞台機構に当時の最先端の技術を導入しただけでなく、プロセニアム（舞台の縁取り）を二重構造にして遠近感の錯覚を生じさせ、人物を大きく見せる視覚効果を図った。また、上演中に客席を暗くするという現在では当たり前の慣習も、ヴァーグナーがここで導入したことであった。さらに、オーケストラピットを舞台の下に深く潜り込むように設計して、指揮者や演奏者が見えないようにした。客席と舞台の間にできるこの領域は「神秘の奈落」と呼ばれ、いわば現実と幻想の世界との間の象徴的な境界である。第一回バイロイト祝祭の開幕一か月前、演奏者用のランプの散光が視覚の妨げになるとして、ヴァーグナーは急遽ピットの上に覆いをかぶせたが、これが副次的な効果を生んだ。すなわち、まずピットの内部で混ざった音が覆いに跳ね返ることで共鳴板の役割を果たし、その音が舞台と客席に届くことにより、ここでしか味わえない音響が可能になった。ヴァーグナーはこの響きを「大地の神ガイアの神性なる母胎から立ち上る蒸気」と表現している。同時に、歌手の声がオーケストラにかき消されることはなく、歌詞が明瞭に聞き取れるという実際的な効果もある。これまで何度か改装や座席の入れ替えなどが施されてきたが、基本的には一八七六年当時の設計に基づいた構造を保っている。平土間の椅子は当時と同様に木製であり、特殊な音響と理想的な残響の一因となっている。

柿落とし(こけらおとし)は、一八七六年、《ニーベルングの指環》の全編公演にて行われたが、経済的にも芸術的にも失敗に終わり、次年度からの開催が不可能になった。第二回目の祝祭は一八八二年に舞台神聖祝祭劇《パルジファル》の世界初演とともに行われ、これがヴァーグナーにとって最後のバイロイト体験となった。

特殊な作用史

ヴァーグナーが一八八三年に亡くなってからは、妻のコージマが女帝のように君臨し、夫の遺志を受け継ぐことを絶対的な信条とした。しかし、ヴァーグナーの舞台の忠実な再現に固執し、前衛的な演出を頑なに拒否したため、バイロイトは刷新の機会を失っただけでなく、結果的にヴァーグナーの芸術観からも逸脱した。コージマの死後、一九〇八年に息子のジークフリートが運営を引き継いだが一九三〇年に死去、その後は彼の妻ヴィニフレッドに委ねられた。この時から、バイロイトとヒトラーとの関係が深まっていく。彼はヴァーグナーの芸術に心酔し、ヴィニフレッドもヒトラーの人柄と思想に傾倒していた。ヒトラーは毎年のようにバイロイトを訪れ、四四年まで一大国家行事として興行された「戦時祝祭」は、彼の存在を誇示する政治演出の場として機能した。

大戦末期以降は祝祭は中止されたが、一九五一年に、ジークフリートとヴィニフレッドの二人の息子、ヴィーラントとヴォルフガングの監督のもと、《パルジファル》とともにバイロイト祝祭は再び幕を開けた。彼らは一切の政治的な議論を避けるよう観客に要請し、あらゆるゲルマン的あるいは歴史的な要素を排除して、大戦中の「ガラクタ除去」に徹した。この姿勢は芸術面でも徹底しており、戦後で物資が不足していたことに加えて、何よりもナチス時代の負の遺産を払拭するため、光を駆使した簡素で抽象的な舞台を特徴とする「新バイロイト様式」を確立した。今でこそ称賛されているが、自然主義的な舞台に慣れていた当時の観客のなかには、この「何もない舞台」に拒絶的な反応をした者も少なくなかった。

一九七〇年代に入ると、「レジーテアター」(演出主導の演出)の波が本格的に押し寄せ、バイロイト祝祭は前衛的な演出の「台風の目」となってきた。約五年に一度のサイクルでヴァーグナーの各作品が新演出で上演されるこの劇場は「実験工房」の異名をもつ。背負った過去の重さゆえに、バイロイト祝祭はヴァーグナー作品を批判的に捉え直し続けねばならない宿命を負っているのである。しかしそれが、常に新たな解釈を生み出し続ける契機となっている。

二〇〇八年からは、ヴァーグナーのひ孫であるカタリーナ・ヴァーグナーが総監督として舵を取る。上演のオンライン中継や映像化、さらには子供のためのヴァーグナー上演なども積極的に行い、新たなバイロイト祝祭のあり方を模索している。

(北川千香子)

ブルクハルト

Jacob Burckhardt　1818-1897

ヤーコプ・ブルクハルトは、生前、版を重ねた『チチェローネ（イタリア美術案内）』（一八五五年）『イタリア・ルネサンスの文化』（一八六〇年）等の著作から、文化史家、美術史家として知られていた。「ルネサンス」が、今日のような文化史概念として定着したのは、この『ルネサンスの文化』によってである。ところが遺稿出版『世界史的考察』（一九〇五年）によって、歴史哲学者、時代省察者として、ブルクハルトは二〇世紀に再評価されることになった。歴史を横断面からとらえ、三つの力（ポテンツ）（国家・宗教・文化）の相互規制関係から解き明かした史学論のユニークさと、大衆社会時代の到来をいち早く予見していたことが注目を集めた。とくにナチズムの台頭を経験したドイツでは、彼の的確な時代判断に目が向けられることになる。第二次世界大戦後、西ドイツ歴史学界の長老マイネッケが行った講演「ランケとブルクハルト」（一九四七年）は、それを明確に指し示しているといえるだろう。

史学史においてブルクハルトは、ドイツ近代歴史学の一支流と位置付けることができる。近代歴史学は、ランケが集成した史料批判を専一に受容した弟子たち（ランケ学派）によって構築された。この方法の標準化（科学化）と、それを身に着けた専門研究者の研究独占（職業化）によって学問的基盤が整備された。プロイセンやバイエルンといった領邦に分裂し、国民国家不在状況に悩むドイツ諸国家は、ドイツ国民の物語（ゲシヒテ）を語る歴史学を、大学での講座化促進、中等学校における歴史科目重点化などにより、国民統合の有効な手段として支援した。これまで他の学問の補助学として扱われてきた歴史学は、こうして国民教育を担う重要な専門科学として急成長を遂げたのである。多くの歴史家に歓迎されたこの過程に、ブルクハルトは、知の全体性と生活世界への関与とに対する阻害要因の存在を洞察した。これは歴史知識の過剰が、現在の生の活力を阻喪させるという時代の病弊（「歴史病」）を説いたニーチェと問題意識を共有する点である。

▼「歴史病」に抗して

ニーチェは、スイスのバーゼル大学在職中に、年長の同僚ブルクハルトと親しく交流し、彼の講義も進んで聴講した。一緒に散歩した折に、ブルクハルトがショーペンハウアーを「わたしたちの哲学者」と呼んだことに、ニーチェは強い印象を受けている。このニーチェは「歴史病」に対する処方箋として、忘却する能力の重要性を説いた。それに対してブルクハルトは、些末実証主義と専門主義に陥った近代歴史学から歴史の教育機能を自立化させることによって、問題状況に対応しようとする。その学術的方法が、師ランケのもうひとつの知的遺産である普遍史理念を継承しつつ、古代ギリシア史学の類型的方法を組み込んだ文化史学である。この学知は単なる史実から浮上した文化史的事実、ものの見方や感じ方を基礎にその時代の特性を浮かび上がらせて、全体的な歴史像を提示する。抽象化した概念ではなく、一般的なものの「最高の証人」として、個人の具体的な生が多用される。たとえば『ルネサンスの文化』では、ダ＝ヴィンチのような例外的な偉人ではなく、建築家アルベルティのような標準人の逸話から「万能の人」が活躍するルネサンスの時代像が構成された。レーヴィットは、このようなブルクハルトの人間論的立場を、世界史に対して個人を普遍的精神としたヘーゲルと、世界過程の中から実存的な単独者として個人を取り出したキルケゴールの中間に位置するものとして、分析している。

▼市民の教育者

ブルクハルトが文化史学を市民教育という社会的実践に用いたことは特筆に値する。フランス革命以降の国民国家建設への動きは、多様性を許容した「古いヨーロッパ」社会の変質をもたらした。法の前での平等や経済的繁栄を掲げる新しい大国家（国民国家）は、旧制度時代の伝統的制度や数多くの中間権力を封建遺制として撤廃し、すべてを合理化・均質化しようとする。だが、ブルクハルトは、中世都市のような小国家が保障した市民的自由（義務と権利の上に立つ特権的自由）に、ヨーロッパ的な精神文化の基盤を見出していた。その駆逐は、野蛮時代の到来を意味する。それを助長したものは、同時代に蔓延した進歩史観であった。啓蒙主義に淵源をもつこの歴史観は、過去を迷妄にみちた前代とみなし、批判の対象とすることによって、歴史の認識を狭隘化（きょうあいか）した。新しい法治国家に安全性と利得の確保を求め、伝来の古い文化を喜んで捨てる同時代人に、ブルクハルトは大いなる危機を感じた。合理的批判的精神による改革にではなく、豊かな受容力による文化の創造的継承にこそ、ヨーロッパ近代が進むべき道があると信じていたからである。

歴史を学ぶ教養層は、この断絶の時代に、過去との精神的連続を保持する役割が期待された。ブルクハルトはバーゼル大学正教授就任（一八五八年）後、文化史講義や講演活動に専心して、この階層の育成に後半生を捧げた。領邦国家体制を解消し、国民国家を実現したドイツ帝国の成立期に集中して行われた特別講義が、「歴史の研究について」（『世界史的考察』）であり、文化史学の到達点とも評価される『ギリシア文化史』は、この時期に開講された新講義であった。（森田　猛）

グリム兄弟

Brüder Grimm: Jacob Grimm 1785-1863
Wilhelm Grimm 1786-1859

グリム兄弟は「ドイツ」を照らす双子の星(ディオスクーロイ)である。紛れもなく一心同体であった兄ヤーコプと弟ヴィルヘルムが民話・古事を蒐集していわゆる『グリム童話』（正式名『子どもと家庭の童話(メルヒェン)』）を編纂したことはあまりにも有名だが、兄弟の偉業はそれにとどまらない。

グリム兄弟の活動は「ドイツ」と「言語」を軸に捉えることができる。兄ヤーコプは『ドイツ文法』（一八一九年）を著して比較言語学の発展に寄与した。そこで提唱された押韻変化の法則は今日でも「グリムの法則」と呼ばれている。弟ヴィルヘルムも兄の学問研究を助けつつ、古ゲルマン民族研究で独自の業績を上げた。そしてとりわけ重要なのは、兄弟で編纂にあたり一八五四年に第一巻が出版された『ドイツ語辞典』（全一六巻三二冊）である。このドイツ史に燦然と輝く一大プロジェクトは、一九六〇年に完結を迎えるまで継続された。

とはいえグリム兄弟の研究領域は、いわゆる「ドイツ語学」・「ドイツ文学」とは必ずしも一致しない。正確に言えば、彼らは「ゲルマニスティク（ゲルマン学）」の創始者であった。民衆文化を含めた意味での「ゲルマン民族」の文化を対象とし、歴史学・法学・言語学という「三位一体(トリアーデ)」でもって総合的に研究を遂行するこの学問には、「ドイツ」（神聖ローマ帝国）解体という苦難のさなかで、民族的・文化的同一性(アイデンティティ)を確認＝発見するという大義があったのである。

こうした政治的・実践的関心を有する以上、自由主義を奉じる兄弟がウィーン会議以後保守化の度を増す西洋世界において孤立したのも必定であった。ゲッティンゲン大学で教授職を得ていたグリム兄弟は、いわゆる「ゲッティンゲン七教授事件」において市民の自由と権利を侵害する国王に抗議して罷免されることになった。だが、権力に怯まず政治的信念を貫いた兄弟は、今日では非体制的知識人の鑑となっている。

▼「ゲッティンゲン七教授事件」

当時の生々しい社会的現実と格闘しながら、ヘルダーやブレンターノらドイツ・ロマン主義の詩人たちのように古事・民話の蒐集に没頭したグリム兄弟は、荒れ狂う政治の波に翻弄されるドイツにとって進むべき航路を照らす導きの星となったといえよう。

（伊藤敦広）

コラム　軍隊・兵役義務

徴兵制と兵役義務

徴兵制として知られる制度は、フランス革命戦争期、まずフランスで一七九三年に導入された総動員令が発端であったが、その後フランス占領下のドイツ諸国においても類似の制度が広がった。戦争の拡大に伴って、徴兵制は形を変えてフランスの敵国においても受容され、プロイセンでも諸国民戦争を経て、一八一四年に兵役義務は法制化された。これ以後、現代に至るまで兵役義務は幾度かの停止期間を経ながらも、ドイツ地域において継続してきた制度である。兵役義務は徴兵制の延長線上にあるシステムとみなされたが、金銭を支払うことによって召集を猶予される余地があったフランス型の徴兵制と異なり、召集の猶予がほぼ認められていないところに特徴があるとみなされた。ただし現実には、プロイセンの兵役義務においても高学歴者への軽減措置は存在し、アビトゥーア取得者は一年志願兵制度を用いることによって、兵役期間の事実上の短縮と予備士官への任官での優遇が行われていた。

兵役義務によって召集された男性には、社会的に「男性」を作る行為が待っていた。健康診断は国家によって個々人が評価されることと結びついていたし、「軍人」となるための様々な訓練は「男らしい」構成員の連携を強く求めた。こうした軍隊内部の価値観は規律に代表されるように、軍隊を辞めた後でも社会的に効果を持ったばかりか、市民社会にも拡大していく傾向があった。兵役義務が媒介となり、市民社会の中でも軍隊の認識が広がった。これを「社会の軍事化」という。近年の研究では、かつてステレオタイプな政治的な用語として用いられる傾向の強かった「軍国主義」という用語も、この社会の軍事化を促進する観点で当時の社会的状況を客観的・学術的に見る用語として用いられるようになってきている。

ドイツ帝国の建設と兵役義務

デンマーク戦争（一八六四年）、普墺戦争（一八六六年）では、プロイセン軍が勝利を収めたことにより、兵役義務には高い評価が与えられた。一八六七年の北ドイツ連邦の設立後、プロイセン以外のバイエルンをはじめとしたドイツ諸国も、プロイセンとほぼ同等の兵役義務制度を導入することになる。普仏戦争（一八七〇―七一年）では、兵役義務はもはやプロイセンにとどまらず、ドイツ国民全体の戦争参加を象徴する存在として描かれることになった。ドイツ帝国でも市民層は兵役義務を肯定的にとらえ、ナショナリズムと国民間の平等として認識していた。その一方で軍はこれを膨大な兵力を供給しうる源泉とみなし、プロイセン・ドイツ特有の制度としていた。しかし、このような軍の理解は難しくなっていく。一つには、兵役義務とほぼ同等の制度がイギリスを除くヨーロッパ諸国に普及し、プロイセン軍が享受できた兵員数の優勢は期待できなくなったこと。くわえて当時政治的な力を増しつつあった社会主義者が、兵役義務が結果的に軍に労働者を流入させることになり、それが結果として軍を社会主義に近づける可能性があると考えていたことである。この危険性に軍の側も気が付いており、一八九〇年代に入り、その脅威を明確に認識し、対応していくことになる。ドイツ帝国における兵役をめぐる議論は、国民概念、軍事的必要性、軍を革命の温床とみなす観点をともなった。国民概念と軍事的必要性は次第に結びつき、政治の場でも大きな役割を果たすに至り、第一次世界大戦直前の一九一二年国防法案では軍備増強の必然性が、まさに兵役義務とかかわるなかで大きな争点となった。軍と結びつき軍拡をアピールするドイツ国防協会を中心とするプロパガンダが「国民皆兵」をスローガンとして活用することにもなった。

二つの世界大戦と現代

ドイツは兵役義務を中心とした軍事制度で二つの世界大戦を戦った。第一次世界大戦でドイツは数的に優勢な協商国の軍隊と四年にわたって戦ったが、長期の消耗戦となり、もはや兵役義務にもとづく兵力数の優位が戦争を決定する時代ではなくなっていた。しかしながら、兵士には戦争に対応するなかで肉体的な動員だけでなく、精神面の動員もまた求められていくことになる。総力戦とは物理的に男性国民だけが軍や戦場に召集されるだけではなく、経済、文化をも含む国家と国民のすべてを動員するものへと拡大していった。とりわけ第二次世界大戦において、ナチ政権は国民の徹底的な動員を行ったが、その動員はまさに精神的、物質的な総体を動員した。第二次世界大戦では、総力戦は一層苛烈な様相を増し、戦況の悪化とともに、兵役義務で動員される範囲ももはや成年男子に限定されず、一九四四年には国民突撃隊の名のもとに若年者や老人に至るまで拡大していった。このような措置は戦局を転換するのに何ら寄与せず、敵味方に膨大な犠牲をもたらしただけであった。このような歴史的背景があるにせよ、安全保障上の理由から第二次世界大戦ののちにも東西両ドイツは兵役義務を採用することになる。

ドイツ連邦共和国では、「制服を着た市民」として、かつてのように市民が軍事的価値観に従属することがないような意識改革が徹底され、冷戦下の防衛にとって必要不可欠な存在となった。その一方、兵役忌避者が社会奉仕活動によって、軍事的役務以外で義務を果たすことができるようになった。兵役義務は二〇一一年の改革によって停止状態にあるが、現在の連邦軍においても兵役義務は制度としては残っている。二〇二二年、ロシアによるウクライナ侵攻は、ドイツの安全保障認識を大きく転換させた。ヨーロッパの平和を満喫し、軍備を縮小していたドイツでも政策転換が叫ばれている。一度停止された兵役義務に関しても、その軍事的必要と社会全体のあり方から今後の是非が再度検討されることになろう。

（中島浩貴）

コラム　アルザス・ロレーヌ

"Litteris et Patriae"（学問と祖国のために）―アルザス（エルザス）の中心都市ストラスブール（シュトラースブルク）の大学中央棟（「大学宮殿」）の正面には、女神像の下にこのような標語が掲げられている。ドイツとフランスの国境の地であり、両国の争奪の地であったこの地方の歴史を考えれば、一八八一年以来使われているこの標語の「祖国」とはどの国を指し、そこで学問と国家の関係はどのようなものだったのか、疑問が生じるであろう。

ドイツの大学としてのストラスブール大学

ストラスブール大学の歴史は人文主義、宗教改革の時代、すなわちストラスブールが神聖ローマ帝国の自由都市であった一六世紀に遡る。その後、一七世紀後半にフランス領となったのちにも、ゲーテがこの地で法学を学び、ロマン主義者ヘルダーと出会ったことは有名である。一九世紀後半、一八七一年のドイツによる併合以前には、化学者ルイ・パスツールも一時期教鞭を執っていた。

一八七二年、再建されることになったストラスブール大学には、フランスに対するドイツの学術的な優位を示し、それによって新領土アルザス・ロレーヌを統合するという政治的な使命が与えられた。開校式に当たり、ウィーン会議後にプロイセン領となったラインラントで同様の使命を担ったボン大学（一八一八年設立）から送られた祝辞にも、そうした期待が表明されている。他方、オーストリア領ブコヴィナのドイツ文化の拠点として設立されたチェルノヴィッツ大学は、ストラスブール大学をモデルとしていた。また、「皇帝ヴィルヘルム大学」という名称は、独立した領邦ではなく「帝国直轄領」であったアルザス・ロレーヌの国制を反映している。大学は、ドイツの官公庁が立ち並び、ドイツの支配を空間的に表象する近代的な「新市街」の拠点の一つでもあった。

こうした「国民的使命」の高揚もあり、ストラスブール大学には、シュモラー、ラーバント、マイネッケ、ヴィンデルバント、ジンメルやレントゲンなど、多くの少壮気鋭の学者が招聘された。しかし、設立初期帝国有数の「改革大学」であったストラスブール大学の地位は、他大学との競合関係のなかで次第に低下し、多くの者は別の大学へと移り、留学生の割合も減少していった。

ストラスブール大学とアルザス・ロレーヌ社会

アルザス・ロレーヌはカトリックが四分の三を占める、ドイツ帝国有数のカトリック地域であった。しかし、中央棟屋上の角に立つルターをはじめとする三六人の「偉人」の立像も象徴するように、ストラスブール大学に持ち込まれたドイツの学問は、もっぱらプロテスタント人文主義にもとづき、地域社会からの孤立を招いていた。その打開策としてのカトリック神学部設置の試みは、何度かの挫折を経て一九〇二年に実現する。バチカンの態度の軟化の背景には、皮肉にもフランスによる政教分離政策があった。一方、その地な

ストラスブール大学の女神像

らしとして近代史講座にカトリックの歴史家を招聘する人事は、学問への政治の介入として、帝政期ドイツ大学界の一大スキャンダルとなった。

当初ドイツ「本土」出身者が大多数であった学生についても、この頃になると地元生まれの割合が増加した（一八八二年一四％→一九一三年四〇%)。とはいえ、彼らのなかには、国粋的なドイツ学生団体から距離をとり、むしろ親仏的な団体に加わる者もいた。しかし、ドイツ語圏の中間層出身で、社会的上昇を志向する学生たちにとって、地元でドイツの学問文化に触れることの意味は決して小さくはなく、それは第一次大戦後のフランスにおける自治運動にもつながっていくことになる。

第二次世界大戦と「学問と祖国」

第二次世界大戦でアルザス・ロレーヌがナチスドイツに占領、併合されると、「ライヒ大学」ストラスブールでは、「学問」と「祖国」はもはや等置されず、「学問」は徹底して「祖国」ナチスドイツに奉仕すべきものとなった。そのなかで、解剖学医アウグスト・ヒルトによる強制収容所囚人に対する人体実験など、非人道的な「人種科学」も実践された。

一方、ナチ支配下のアルザスへの帰還を拒否した教師や学生たちは、疎開先クレルモン・フェランに「フランス大学」を創設し抵抗したが、一九四三年一一月に閉鎖に追い込まれ、多くの教員、学生が逮捕、収容所へと移送され、殺害された者も少なくなかった。これに悲憤慷慨したルイ・アラゴンが書いた詩が「教えるとは希望を語ること、学ぶとは誠実を胸にきざむこと」で有名な『ストラスブール大学の歌』である。

一九四九年、ヨーロッパ統合の第一歩ともいえる欧州評議会の最初の会議は、「学問と祖国のために」の下の入口をくぐった大学中央棟大広間において開催された。一方、一九九八年から二〇〇九年の大学合併まで、この中央棟を占める人文社会系のストラスブール第二大学の名に冠せられていたのは、レジスタンスに斃(たお)れた「闘う歴史家」マルク・ブロックであった。戦間期一六年にわたってストラスブール大学で教え、「アナール派」の創立者であった彼の人生は、たしかにヨーロッパ的な意味において「学問と祖国のため」の生涯であった。

（西山暁義）

ニーチェ

Friedrich Nietzsche　**1844-1900**

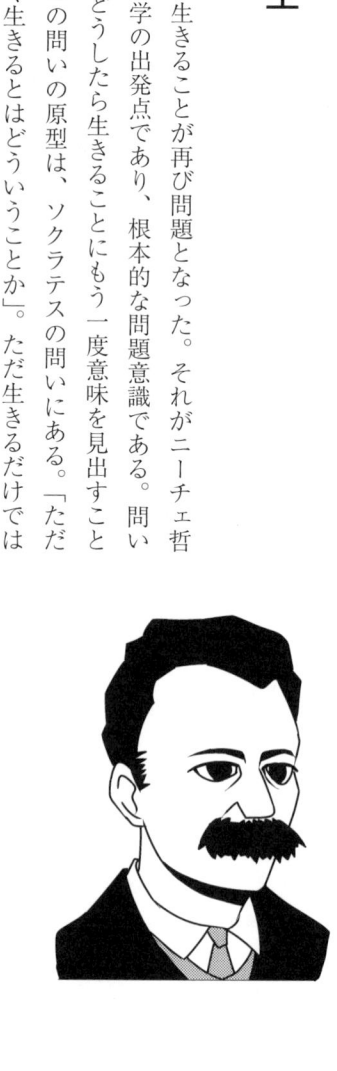

生きることが再び問題となった。それがニーチェ哲学の出発点であり、根本的な問題意識である。問い

▼ニーチェ哲学の問い

のかたちにするなら、「どうしたら生きることにもう一度意味を見出すことができるのか?」――この問いの原型は、ソクラテスの問いにある。「ただ生きるのではなく、良く生きるとはどういうことか」。ただ生きるだけでは意味がない。良い生き方をすることで意味が生まれる。西洋文化の伝統は良い生き方を求め、真理の探究や、キリスト教道徳の尊重、啓蒙の実現などに生きる意味を見出してきた。どんな困難に直面しても、良い生き方をしていれば、必ず報いがあると信じられてきた。

だが、ニーチェが生きた一九世紀のドイツでは、事情は根本的に変わってしまっていた。「ニヒリズム」の到来である。良い生き方を根拠づけ、生きる意味を与えてくれるような、絶対的で超越的な存在の不在――「神は死んだ」のだ。表面的にはだれもが伝統的な「良さ」に沿って生活しているように見える。だが、彼らの多くは自分たちの安寧や快楽の最大化のために、伝統的な「良さ」を空虚に利用しているにすぎない。

それゆえ、「どうしたら生きることにもう一度意味を見出すことができるのか?」と問わなければならない。西洋の伝統的な道徳と宗教のなかで当たり前のように「良い」とされてきたことの価値を問い直し、新しい「良さ」へと向けて自由な探究を再出発させること。それがニーチェ哲学のモチーフである。

▼哲学者ニーチェの誕生

ニーチェは西洋の伝統的な道徳や宗教との対決を唱え、とりわけ同情道徳や平等主義を批判し、文化の刷新を唱えた哲学者として広く知られている。一八四四年、プロイセンのライプツィヒ近郊で、ルター派牧師の家にニーチェは生まれた。音楽を愛好した父の影響で、ニーチェはピアノを弾くようになった。だが、父はニーチェが五歳のときにこの世を去った。英才教育を受けたニーチェは多方面に才能の萌芽を見せ、一〇歳の頃には作曲や詩作をするようになり、ギムナジウムでの成績は首席で、名門校プフォルタ学院から授業料免除で迎えられた。ボン大学に進学後、ライプツィヒ大学に移ってからは古典文献学研究に邁進し、その才能を開花させていった。一八六九年、ニーチェは若くしてスイスのバーゼル大学の古典文献学教授となった。

だが、最初の著作『悲劇の誕生』（一八七二年）は、古典文献学者として書かれたものではなかった。ニーチェに何があったのか。ライプツィヒの学生だったとき、ニーチェは下宿先の古本屋で哲学者ショーペンハウアーの主著『意志と表象としての世界』と出逢っていた。また、バーゼル大学教授になった年、ニーチェは音楽家ヴァーグナーの邸宅を訪問している。ヴァーグナーは五六歳を迎えていたが、二人ともショーペンハウアーの愛読者だったためか、年齢差を越えた奇妙な友情が芽生えた。ヴァーグナーと語り合う日々を通じて、ショーペンハウアーの影響はニーチェの精神生活の全体をさらに深くとらえていく。ニーチェはショーペンハウアーを「教育者」と仰ぎ、その哲学の基本的な方法に倣って、徹底的な自己認識を通じて思索を深めていった。その最初の成果が『悲劇の誕生』である。そこには、ショーペンハウアーに憧れて形而上学を説きつつ、古代ギリシア悲劇の誕生から衰退までを物語り、ヴァーグナーのオペラを礼賛するなど、複数の顔をもつニーチェ自身が重層的に反映されている。

▼芸術による生の是認

『悲劇の誕生』によれば、古代ギリシア悲劇は、苦悩する人々に生きる意味を与える芸術的な力に満ちたものだった。悲しいはずの悲劇によって生きる意味が与えられるとは、いったいどういうことだろうか。悲劇作家によって物語の筋は様々だが、『オイディプス』に見られるとおり、古代ギリシア悲劇に登場する主人公は、知らず知らずのうちに傲慢なおこないをしてしまい、やがて破滅にいたる。そこで注目

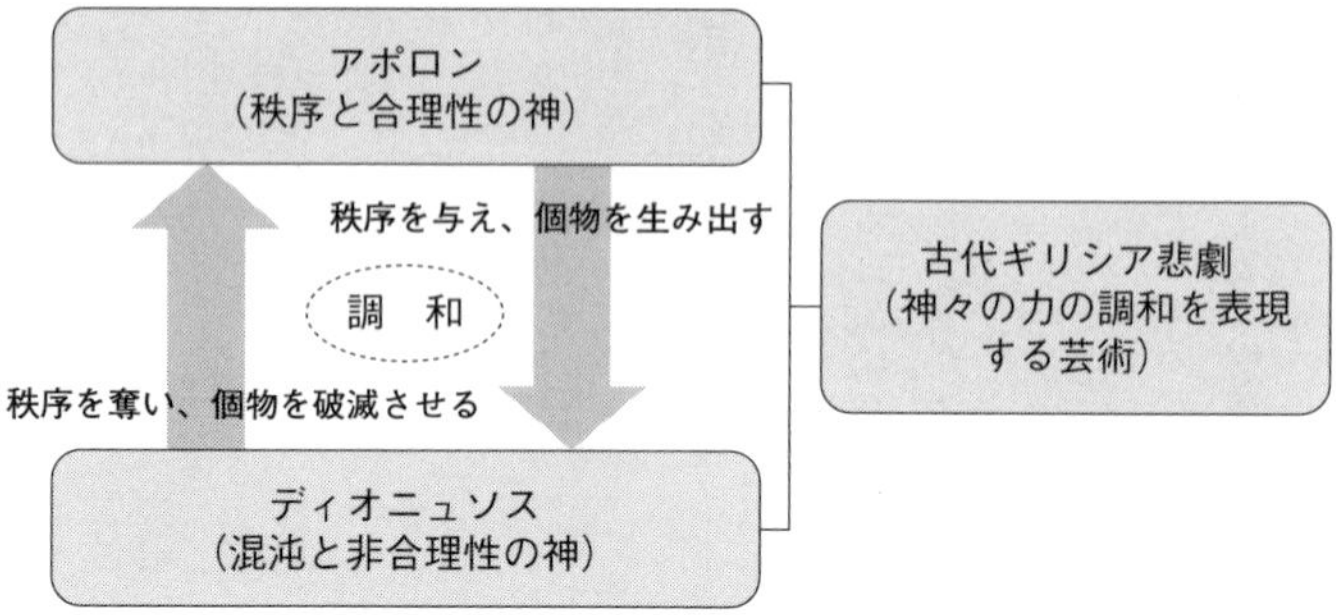

すべきは、死すべき存在としての人間と、その運命を握る神々との関係である。ニーチェによれば、古代ギリシア悲劇は観衆に対して、神々の芸術的な力を直観させたのだという。人間を含め個々のものはすべて、混沌とした根源を司るディオニュソスと、美しい秩序を司るアポロンという二柱の神々の力の調和によって生じたものである。人間が生きることに苦しむのは、根源的に一つであった状態から分断されて、やがて孤独に死んでいくべき個体として誕生させられたからだ。観衆は悲劇の主人公に自らの宿命を重ね、やがてすべての個体が必ず破滅し、一つに還っていくのだということを、歓喜のうちに予感する。ニーチェにとっての古代ギリシア悲劇は、この世界の仕組みそのものが悲劇だということを表現し、人間の苦悩にまみれた生にも、悲劇の一幕としての意味があるのだということを、神話的な世界観を通じて是認するものだった。「美的現象としてのみ生存と世界とは永遠に是認されている」――芸術による生の是認。このニーチェの考えにはショーペンハウアーの影響が如実に表れている。

▼古代ギリシア悲劇とソクラテス

ニーチェは古代ギリシアの三大悲劇詩人アイスキュロス、ソフォクレス、エウリピデスのうち、エウリピデスが悲劇を死に追いやったのだとする。古代ギリシア悲劇は「ディオニュソス的なもの」と「アポロン的なもの」との均衡を表現するものであった。だが、エウリピデスがソクラテスの影響下で、非合理的な「ディオニュソス的なもの」を抑圧し、悲劇を合理化しようとしたのだという。ソクラテスは、悲劇の殺害者であるのみならず、人間の歴史の一大転換点であり、近代にまでその影響を及ぼす理論的な認識の最も強力な推進者だとされる。ニーチェは理論的認識の楽観的な態度を「ソクラテス主義」

と呼ぶ。その誤った考え方によれば、混沌としたディオニュソス的な根源さえも人間は認識の光で照らし、あらゆる存在者を認識できるのだという。どこまでも知を愛し求めることこそが有徳で幸福な良い生き方だ。だが、この「ソクラテス主義」は近代にいたって、カントによる知の限界づけとショーペンハウアーのペシミズムによって、ついに破綻した。人間はまた生きる意味を失ったのだ。悲劇を再生しなければならない。ニーチェはヴァーグナーのオペラが悲劇を復活させ、芸術による生の是認をふたたび可能にすることを願った。

だが、『悲劇の誕生』の発表によってニーチェは、学者としては死んだも同然だと酷評されてしまう。当時の古典文献学は、実証的な科学としての歴史学に接近していた。古典古代の事象は客観的に探究すべきものだという考えが主流になっていたのだ。ニーチェは続く『反時代的考察』（一八七三—七六年）の第二論文「生に対する歴史の利害」で、客観性を重んじる文献学の態度は人間を歴史の「傍観者」にしてしまっていると批判している。歴史の本来の役割は、過去を知ることで現在当たり前のように「良い」とされていることを吟味し直し、未来のために役立てることにある。ここに、ニーチェが尊敬すべき友人として生涯仰ぎ、書簡での交流を続けたバーゼル大学の歴史家ブルクハルトからの影響とすれ違いを見出すことができるだろう。ブルクハルトがルネサンスに見出した文化的理想や個人主義を、以後ニーチェは繰り返し独自の仕方で変奏していくことになる。ニーチェによる同時代批判は、中期思想でさらなる深まりを見せていく。

▼科学的精神による形而上学批判

ニーチェはいわゆる中期著作を通じて、道徳と対決する哲学者に変貌する。『人間的、あまりに人間的』（一八七八—八〇年）、『曙光』（一八八一年）、『喜ばしき知恵〔悦ばしき知識、愉しい学問〕』（一八八二年）の時期のことだ。なお、同時期にニーチェは、ヴァーグナーに失望し、病状の悪化による大学の辞職を経て、静養のため夏にはスイス、冬にはイタリアの各地を漂泊するようになった。ニーチェの著述活動は、激しい頭痛や吐き気、視力障害の中で続けられた。そのためか、著述のスタイルは「アフォリズム」という短い文章断片の形式になった。また、その内容は生理学や心理学の文献から影響を受けて科学主義的な色彩を帯び、一見すると初期著作とは異質なものになったように思える。

だが、生存の意味を回復するというニーチェの根本的な問題意識は一貫している。そのためにまずニーチェは科学的精神を味方にし、実現不可能な理想を語る道徳への批判を開始した。『人間的、あまりに人間的』で標榜される科学的精神は、認識は歴史的に制約されているという謙虚な態度に宿るものである。いつどこでも、だれにとっても正しい道徳に憧れた哲学者たちは、歴史の外部に理想を見出してきた。だが、ニーチェによれば、「あらゆるものは生成してきたものである。絶対的な真理がないのと同様に、永遠の事実もない。したがってこれからは、歴史的に哲学することが必要であり、それとともに謙虚さの徳が必要である」。歴史の外部などない。一切は歴史の内にある。ニーチェは、あらゆる出来事には歴史があり、過去の出来事から必然的に生じてきたのだということを強調している。

こうしてニーチェは、歴史の外部に「永遠の事実」を見出そうとする理想主義を批判の対象とするようになった。その一つが自由意志論である。すなわち、人間には自由な意志があり、本能や感情に流されずに、道徳的に正しい行動を選ぶことができるという考えのことだ。そうして自由意志論者は、罪を犯した者の責任を過去に溯って追及する。「あのとき別の行為を意志することもできたはずなのに」と言って道徳的な理想を語り、人々を断罪し、懲罰を与え、良心の疚しさを植えつけようとする。これに対してニーチェは、一切は必然なのだから、「あらゆるものに罪はない」と主張している。過去に復讐することをやめて、ありのままを受け入れるべきだというのだ。中期以降も、ニーチェは西洋の伝統的な道徳を隠れ蓑にした懲罰主義をその批判の対象とし続けることになる。復讐心を乗り越えて、過去といかに和解するか。これがニーチェの倫理思想の中心課題の一つである。

▼習俗の倫理と実験哲学

『人間的』は単なる否定のための書ではない。ニーチェは「自由精神」というあり方を積極的に語っている。この自由があってはじめて認識者は、いまや信念と化している道徳的なあり方を吟味し、新たな認識へと再出発できるようになるのだという。認識を束縛している因習的な思考から自由になること。それが中期著作でニーチェが掲げた理想である。

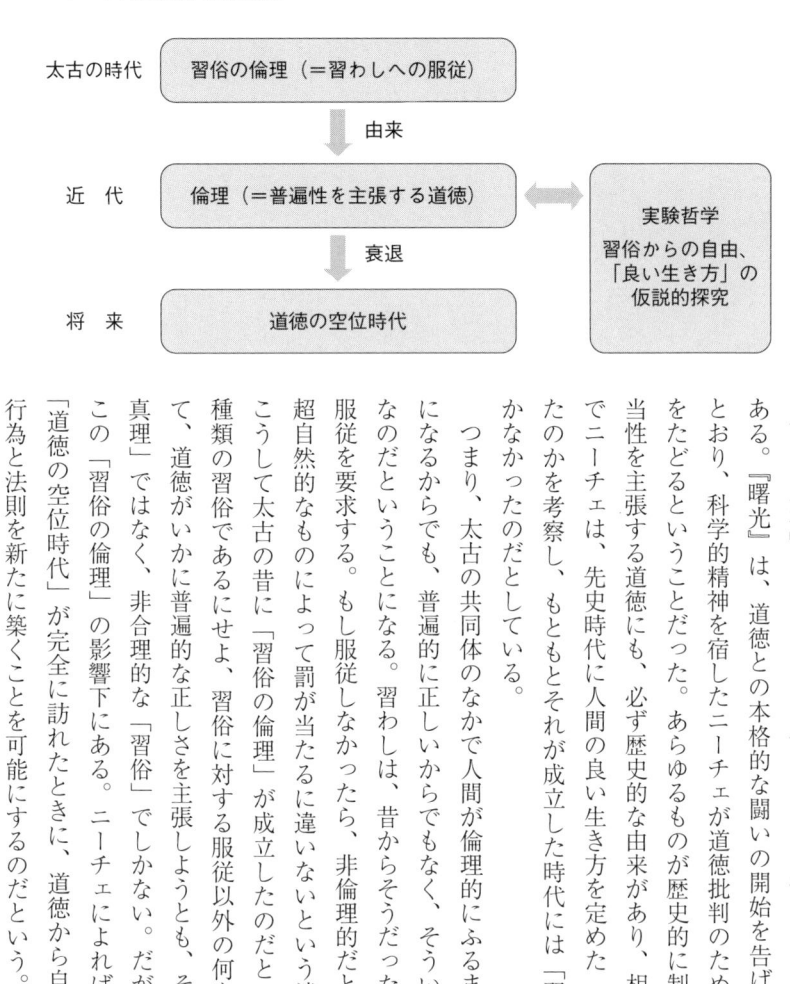

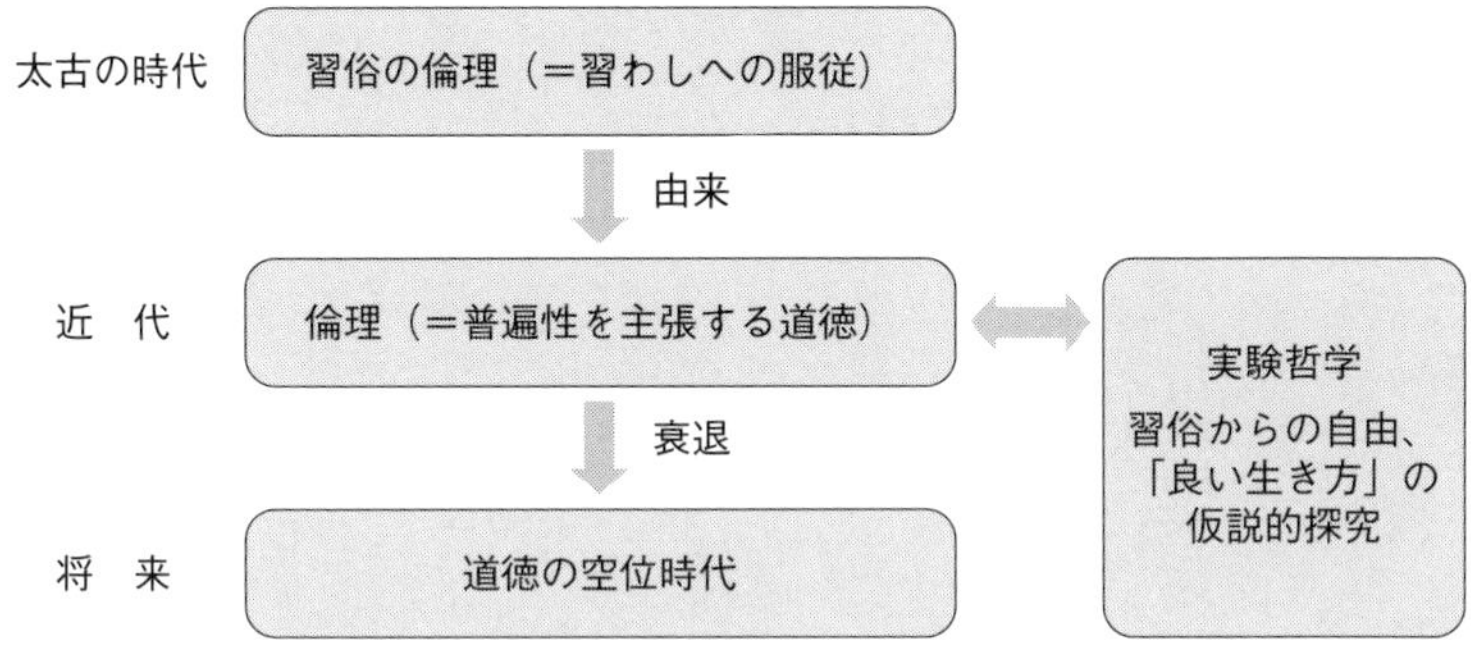

「自由精神」であるために、何よりもまず批判すべきは、認識を束縛する道徳である。『曙光』は、道徳との本格的な闘いの開始を告げる狼煙となった。先に見たとおり、科学的精神を宿したニーチェが道徳批判のために用いる方法は、その歴史をたどるということだった。あらゆるものが歴史的に制約されている。普遍的な妥当性を主張する道徳にも、必ず歴史的な由来があり、相対化可能なはずだ。『曙光』でニーチェは、先史時代に人間の良い生き方を定めた「倫理」がどうやって成立したのかを考察し、もともとそれが成立した時代には「習俗」、すなわち習わしでしかなかったのだとしている。

　つまり、太古の共同体のなかで人間が倫理的にふるまっていたのは、それが利益になるからでも、普遍的に正しいからでもなく、そういう習わしになっていたためなのだということになる。習わしは、昔からそうだったというだけで権威となって、服従を要求する。もし服従しなかったら、非倫理的だと非難されるばかりか、何か超自然的なものによって罰が当たるに違いないという迷信的な恐怖に支配される。こうして太古の昔に「習俗の倫理」が成立したのだという。「倫理とは、いかなる種類の習俗であるにせよ、習俗に対する服従以外の何ものでもない」。近代に至って、道徳がいかに普遍的な正しさを主張しようとも、その権威の源泉は「絶対的な真理」ではなく、非合理的な「習俗」でしかない。だが、近代人の多くは、いまだこの「習俗の倫理」の影響下にある。ニーチェによれば、いつかその影響を脱する「道徳の空位時代」が完全に訪れたときに、道徳から自由になった科学が、人生の行為と法則を新たに築くことを可能にするのだという。ニーチェ哲学はその嚆矢（こうし）であり、「道徳の空位時代」へと徐々に移行していくなかで良い生き方を模索する、「実験哲学」なのである。実験とは、仮説の正しさを検証する試みのことだ。ニーチェの場合、伝統的な良い生き方の誤りをその身をもって実証し、新たな良い生き方をその身をもって生きてみることが「実験」である。

▼「神は死んだ」

科学の世紀と呼ばれる一九世紀には、ダーウィンの進化論やエネルギー保存の法則など、世界観を一変させるような理論が次々に打ち立てられた。ニーチェは、科学の進展が「道徳の空位時代」への移行を早めているさまを目の当たりにし、良い生き方を求めて「実験」すべき必要性を痛感していたのではないだろうか。伝統的な良い生き方の根拠であった神は「死んだ」のだから。『喜ばしき知恵』には、数か所「神の死」についての記述があるが、最も有名なのは「狂気の男」という題のアフォリズムである。まだ昼間だというのに灯りを掲げて広場に駆け入った男が、「神はいないか！　神はどこだ！」と叫び立て、そこにいた神を信じない人々に向かってこう言った。「はっきり言ってやろう。われわれが神を殺したのだ――諸君と私が！　われわれ全員が神の殺害者なのだ！〔…〕神は死んだ！　二度とよみがえることはない」。これまで人生に目的や意味を与え、真理や善、美といった諸価値を価値あるものにしてきた神が失われた。いったいなぜなのか。ニーチェによれば、神を殺したのは、皮肉なことに、誠実に真理を突き詰め、科学をも発展させてきたキリスト教道徳――「誠実さ」である。誠実な者ほど、この世界には絶対的なものがないということを確信してしまう。絶対的によいことも、絶対してはならないこともない。人間は生きる指針を失い、絶望に陥る。それが「神の死」のインパクトである。

だが、「われわれが神を殺した」と叫ぶ男に対して、「神を信じない者たち」は、事の重大さをまるで理解せず、神がいようがいまいがおかまいなしに、伝統的な良い生き方を続けていく。こうした状況下で、ニーチェは神への伝統的な信仰をそのまま復活させようとしているわけではない。むしろ、絶対的なものが失われたことを認識の冒険を再出発させるきっかけにし、良い生き方を模索するためのあらゆる「実験」が解禁されたと喜ぶのである。

『喜ばしき知恵』では、文章のスタイルにおいても思想内容においても、ニーチェの「実験」的思考が縦横無尽に繰り広げられ、その思想の主要な概念がほとんど出揃う。「神の死」や権力への意志説、遠近法、ツァラトゥストラ、そしてまさに一種の実験的仮説として永遠回帰説が語られる。『喜ばしき知恵』での永遠回帰説は、「一切のものが同じ順序でそっくりそのまま無限に繰り返される」としたら、その世界を肯定することはできるだろうか、と問いかける。「〔デーモンが家に忍び込んできて、こう告げる。〕お前が現に生きていて、これまで生きてきたこの人生を、お前はもう一度、さらに無限回にわたって生きなければならないだろう。そこには何ひとつ新しいことはなく、あらゆる苦痛や快楽、すべての思考や溜息、お前の人生の数えきれないほどのさまざまな大事と小事のすべてのことが、すっかりそのままの順序で回帰してくるのだ」。このデーモンが語る永遠回帰は、時間の進行についての理論として実証的に考察される必要はない。この仮説がねらいとしているのは、歴史の外部の超越的な次元の否定である。キリスト教の伝統的な歴史観では概して、神の創造によって人間の歴史が始まり、人類は発展を続け、最終的に神の国にいたる。もし神の存在が否定され、歴史に出発点も終着点もなくなったとしたら、一切が無限に循環しつづけるほかないのではないか。このように、デーモンが語る永遠回帰は、「神の死」の別のヴァージョンとして読むことができる。

▼肉体を導きの糸として

後期ニーチェ思想とは、『ツァラトゥストラはこう語った』（一八八三―一八八五年）以降の思想のことである。『喜ばしき知恵』の第五書や、すでに出版した諸著作の新版のための序文もこの時期に書かれたものだ。『ツァラトゥストラ』では、「神の死」や同情道徳批判、平等主義批判、権力への意志、超人、永遠回帰といったニーチェの中心思想が、主人公ツァラトゥストラの物語のなかで語られる。多様な登場人物や、鷲や蛇、太陽の運行など、そのすべてが寓意的に書かれ、一文一文が謎かけのように読者を幻惑する。その副題からして、「誰のためでもあり、誰のためでもない書物」という。この著作は正しい唯一の読解というものを拒んでいるようにさえ思えるが、同時に、多様な解釈が生まれることを歓迎している。そこで語られる永遠回帰説ひとつとっても、先行研究では、宇宙論的解釈や実存思想的解釈をはじめとして、多様な解釈がある。ただし、『喜ばしき知恵』の永遠回帰説とあわせて考えるならば、この思想の中心になっているのは、自分自身がそこに巻き込まれてい

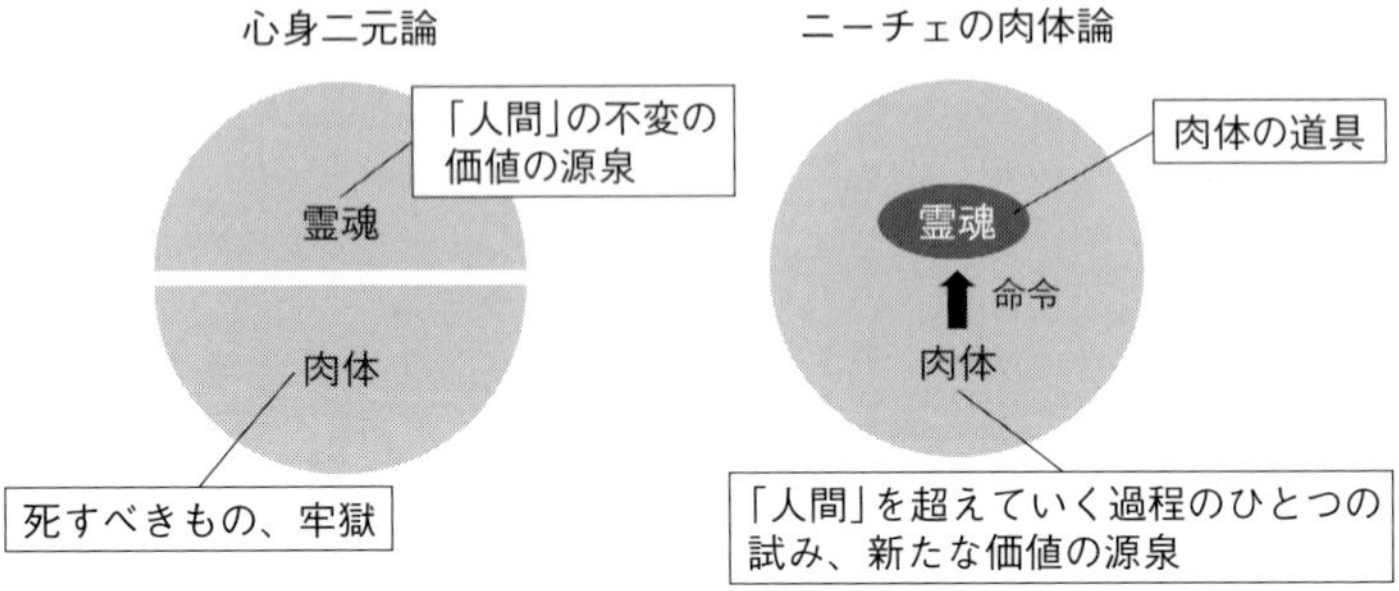

るということを出発点とした実存的な決断だと考えることができるだろう。すなわち、生きることがどんなに吐き気を催すようなものであろうとも、「一切のものが同じ順序でそっくりそのまま無限に繰り返される」としても、別の生を望むことなくこの生を肯定するということ。永遠回帰説は、「神が死んだ」この世界に生きることさえも、「これが生というものか、よしもう一度！」と意志することができるのかを問いかけている。

ニーチェの死後、非合理的な生の賛美者としてのニーチェ像が流布するきっかけになったのが、この著作で語られている「超人」と「肉体」の思想である。「わたしはあなたがたに超人を教える。人間は、克服されるべき何ものかである」。はたして人間には、いつの時代にも当てはまるような、不変の本質はあるのだろうか。多くの者たちが自分たちこそ歴史の頂点だと考え、「最後の人間」としてふるまおうとする。彼らは「平等」を手に入れたと思いこんでいて、もはや変化を望まず、いつまでも「同じ」であろうとする。だが、「超人」思想によれば、いま人間の不変の本質だと思われていることは、一部の人間たちだけのものであり、未完成な一段階のものにすぎない。ツァラトゥストラは、従来の人間の枠内でしか生きられない者たちに対する同情を断ち切り、変化を求める「大地の意義」にしたがって、新たな価値の創造に向けて生きるべきだと説く。こうした「大地」の呼び声は、「肉体」を通じてもたらされるのだという。

わたしたちは「肉体」をどうとらえているだろうか。そこには霊魂が宿っているのだろうか。ツァラトゥストラによれば、「わたしはどこまでも肉体であり、それ以外の何ものでもない。そして霊魂とは、単に肉体における何ものかをあらわす言葉にすぎない。肉体はひとつの大きな理性であり、ひとつの意味をもった複雑である。戦争であり平和である。畜群であり牧人である。君が「精神」と呼んでいる君の小さな理性も、君の肉体の道具なのだ」という。

ニーチェは続く『善悪の彼岸』（一八八六年）など他の著作でも、心身二元論を批判している。自我や霊魂と呼ばれる働きは「肉体」の一部であり、その道具なのだ。意識されることのすべてが、意思も、欲望も、快も苦しみも、すべては「肉体」の命令である。ここでいう「肉体」は、単なる物理的な身体を意味しているのではなく、意識にのぼらない諸衝動や諸感覚や本能が、支配をめぐって闘争する場を意味している。太古の時代に人間にしみついた習わしは、やがて「肉体」のうちに衝動として発動するようになり、本能にまでなってその場を統治し、わたしたちの意思決定を左右しているのだという。こうした諸衝動の闘争と統治を表現したニーチェの「肉体」論が意味しているのは、「実験」を経てその支配者が代わることもありうるのだということである。支配者が代われば全体の付置も変容する。「肉体」は、新たな良い生き方を試す「実験」の場であり、将来の文化の源泉である。

▼権力への意志説

ニーチェの『善悪の彼岸』によれば、「肉体」に渦巻く諸衝動の一つ一つが、支配者になろうとする衝動なのだという。つまり、「それら個々の根本衝動は、それぞれ自分こそが生存の究極の目的であり、他の一切の衝動の正当な支配者であると示したがっている」。ニーチェはこの著作で、支配しようとする衝動、すなわち権力への意志が、この世界で生じるありとあらゆる物事の原因となっているのではないか、という「仮説」を提示した。それが権力への意志説である。権力への意志は力の拡大を求め、他の一切を支配しようとする。他のすべてもまた権力への意志であり、この世界は無数の権力への意志の、支配をめぐる闘争によって成り立っている。なお、一八八五年の遺稿では、「この世界は権力への意志である――それ以外の何ものでもない！」と断言されていた。仮説と断言、この違いは大きい。公刊著作での権力への意志説は、検証されるべき「仮説」として提示されていることに注意を払っておく必要がある。はたして一切は権力への意志なのか。ニーチェはいつでも反論を待ち受けている。

はたしてニーチェは追求すべき良い生き方の具体例として「権力を拡大し続けよ」と主張したのだろうか。『反キリスト者』では、「善とは何か？――権力の感情を、権力への意志を、人間の内なる権力そのものを高めるあらゆるもの」と言っている。この言葉をどう受け取るかは問題含みだ。だが、いずれにせよ、「権力の拡大」が直接他者に向かう暴力ではなく、内なる実感として想定されている点に注意すべきだろう。権力への意志による支配の手段は、ニーチェによれば、「解釈」である。この場合の「解釈」とは、中心的な視座から物事を価値評価することだ。自律的に物事の価値を決めているという感覚が、支配の実感となる。このことが理解しにくいのは、誰もが自らの視座から抜け出ることができないためだろう。とはいえ、価値評価というものは絶対的なものではない。「解釈」には必ず視座と外部がある。この意味で、永遠の事実なるものはない。この考え方を「遠近法主義」という。自らが権力への意志であることを、価値づけの主体であることを引き受けるならば、新たな価値評価のもとで生きる実験哲学の道のりが始まる。

▼認識者としての生

後期ニーチェ思想には、すでに述べたもののほかに、『道徳の系譜学』（一八八七年）や、『偶像の黄昏』、『ヴァーグナーの場合』、『この人を見よ』といった著作がある。一八八九年一月、ニーチェはトリノの路上で倒れた。一時的に意識を取り戻して狂気的な手紙を書き送った後、治療の甲斐なく完全に沈黙に陥り、一九〇〇年に亡くなった。

注目すべきは、『道徳の系譜学』以降、自伝的な著述が目立つようになるということだ。同書によれば、「われわれにとってわれわれは何ら「認識者」ではない」。人間の自己認識は決して完遂されず、解釈の余地は必ず残っている。そうしてニーチェは幾度も自分の過去を解釈し直そうとし、生の意味づけを試み続けていたのではないだろうか。失われた生の意味を再び取り戻すこと、「良く生きるとはどういうことか」をもう一度問うということ。それがニーチェ哲学の根本的な課題であり続けたのである。

（梅田孝太）

ディルタイ

Wilhelm Dilthey　1833-1911

「哲学とは何か」、「人間は生きていく上でなぜ哲学しようとするのか」、「哲学の方法はどうあるべきか」――哲学に少しでも関心を持つ人であれば、誰もが抱くこのような疑問に対して、生涯をかけて真摯に取り組んだ人がディルタイであった。哲学に興味を持つ人がディルタイの著作を手に取ると、その内容について哲学はもちろんのこと、歴史と伝記研究、宗教・芸術・学問論、国家論、人間の心理と教育など多岐に渡っていることに最初はとまどうかもしれない。しかしまずは自分の興味ある内容を扱った著作を中心にして、関連した他の著作へと読み進めていっていただきたい。そうすると、それぞれの著作が実は密接に関連しあい、一貫して人間の「生」に根ざそうとしたディルタイの哲学の全体像が、少しずつ浮かび上がってくる。彼の哲学を理解することは、例えて言えば、入り口はたくさんあっても、出口が見つからない森の中をさまよい歩くようなものである。この森の中を歩く者は、ディルタイが残した膨大で、未完成で断片的なものも多い著作群を関連づけながら、全体を見通せる地図を作成していくことを強いられる。このことがディルタイを理解することの難しさであるとともに、醍醐味でもある。この小論では、そのような地図作成に役立ちそうないくつかの道標を示してみよう。

▼ディルタイを理解することの面白さと難しさ

▼ディルタイの生涯と生きた時代

ディルタイはドイツのヘッセン州ヴィースバーデンにあるビーブリヒのモスバッハに、一八三三年に生まれた。ヴィースバーデンのギムナジウムを卒業後、一八五二年にハイデルベルク大学に入学して、翌年にベルリン大学（現在のベルリン・フンボルト大学）に転学した。一八五六年までに聖職と教職の資格試験に合格し、一八五八年までギムナジウムの教員を務めている。一八六四年に、シュライアマハーの倫理学についての博士論文と、道徳意識の哲学的分析を行った教授資格論文をベルリン大学に提出して、同大学の私講師となった。その後いくつかの大学に勤めた後、ベルリン大学に招聘され（一八八三―一九〇五年）、一九一一年にイタリアの南チロルにあるザイスで病没した。彼の生きた時期は、政治的にはプロイセン王国が、ナポレオンに敗北後の改革を経てナショナリズムの気運を高め、ドイツ帝国へと統一されて、やがて第一次世界大戦へと向かう時代と重なっている。学問的には、ドイツ観念論がヘーゲルの死をもって終焉に向かう一方で、自然諸科学の台頭による実証主義が、哲学や精神諸科学（人文・社会諸科学）の方法論に影響を与えていく時代である。

▼宗教と芸術と哲学への関心

ディルタイは牧師の家系の父と音楽家の家系の母を持ち、四人兄妹の長男として生まれた。恵まれた家庭環境の中で、ディルタイの宗教と芸術に対する関心は育まれていくが、彼が最も関心を持ったものは哲学だった。彼はギムナジウムの生徒だった頃に「カントの論理学を読んで感銘を受けた」と述べているが、ディルタイの多岐にわたる著作は、宗教と芸術を哲学的に考察していく過程で生み出されていったのである。ただしディルタイの哲学的関心が向かったものは、カントの論理学のように、人間にアプリオリに与えられた論理的思考形式の導出というよりは、人間を宗教や芸術、そして論理的思考へと向かわせる生の衝動そのものの解明であった。このような「哲学する」ことの出発点を、ディルタイは形而上学的前提や自然科学的仮説に求めることはせず、実在感を伴う「体験」と、その土台となる「心的生」――思考と感情と意志が一体となった人間の心的活動全体――の心理学的記述分析に置く。他方、このような「哲学する」ことの対象を、ディルタイは「心的生」の客観的「表現」――生の「客観態」――の解釈学的「理解」に求める。その対象とは具体的には、歴史的に重要な影響を与えた人物の生涯であったり、歴史的価値を持つと見なされる芸術作品であったり、哲学や神学も含めた、歴史の中で生成発展してきた諸学問である。これらはその起源をすべて人間の心的生に持つがゆえに、統一的な連関として、歴史的・発生的に把握できるはずであり、この連関の作用を部分的には「構造」化し、法則化することも可能である、とディルタイは考えたのである。こうしてディルタイの哲学は歴史研究と密接に結びつき、この歴史理解を方法的に基礎づける学問として、心理学と解釈学が重要視されることになる。

ディルタイのこのような歴史の哲学的研究は、神学者であり哲学者であるシュライアーマハーの伝記的研究によって方向づけられ（『シュライアーマハーの生涯』一八七〇年）、芸術分野では『体験と創作』（一九〇六年）、学問論では『精神科学序説』（一八八三年）、「記述的分析的心理学」（一八九四年）、「解釈学の成立」（一九〇〇年）、そして晩年には、宗教と芸術と哲学についての「世界観学」（一九一一年）などの代表作に結実する。ディルタイの思想は、彼の死後始まった全集の公刊（全二六巻と別冊の書簡集四巻本は二〇二二年に完結、日本語版全一一巻は二〇二三年完結、別巻は二〇二四年刊行予定）や、G・ミッシュやH・ノール、E・シュプランガー、O・F・ボルノウらによって継承発展され、二〇世紀以降の哲学や伝記・自伝研究、教育学、心理学、解釈学などに影響を与えていくことになったのである。

▼ディルタイの解釈学の評価をめぐって

とくにディルタイの思想上の業績として解釈学が注目されることになったのは、フッサールのもとで現象学を学んだハイデガーによる所が大きい。ハイデガーは『存在と時間』（一九二七年）の中で、ディルタイの歴史研究とその方法としての解釈学に言及し、解釈学を人間の「存在論的」分析へと適用することを試みた。ハイデガーのこの試みは、現象学と解釈学、そして哲学と解釈学の関係に歴史上の転換点をもたらすものであったが、同時にハイデガーに続くガダマー、リクールなどの解釈学研究の系譜の中で、ディルタイの解釈学は「ロマン主義的で心理主義的なものであり、存在論によって克服されるもの」という偏見を与えることにもなった。しかしディルタイが本来意図したのは、人間の心的生の多様な表現を、生の「体験・表現・理解」という密接な関係の中で基礎づけることであった。この観点からすれば、人間の「存在」概念もまた、生の多様な形態化の一つにすぎない。このような立場からミッシュは、ハイデガーの存在論とフッサールの現象学と対決し、ディルタイの哲学を正統的に継承する方向で、解釈学を生に基づく論理学（生のロゴス学）へと展開することを試みている（『生の哲学と現象学』一九三〇年）。ミッシュによって示された解釈学の基礎づけ（「解釈学的論理学」）の問題は、現代のディルタイ研究だけでなく、解釈学研究に対しても大きな課題として残されている。

（瀬戸口昌也）

ベーベル
August Bebel　**1840-1913**

社会主義者鎮圧法時代を耐えた社会民主党リーダー。『女性と社会主義』の著者。

一八四〇年ドイツのケルン近郊に生まれる。一三歳で孤児となり、旋盤工として修業し、一八六〇年ライプツィヒに定住する。六三年創立の「全ドイツ労働者協会」に入会し、六六年、ユーリエ・オットーと結婚。同年第一インターナショナルの会員となり、六七年、北ドイツ議会議員に当選。六九年、アイゼナハでの「社会民主労働党」の創立に加わる。以後、幾度も要塞禁錮刑を受け、獄中で『資本論』第一巻を読み独学で学習し、七一年ドイツ帝国議会議員となる。

▼ビスマルクの「社会主義者鎮圧法」に反対

七五年、「ドイツ社会主義労働党」（名称変更）ゴータ大会に出席し、女性選挙権に関する演説・論争。七八年帝国議会で、ビスマルクの「社会主義者鎮圧法」に反対。八〇年、党名を「ドイツ社会民主党」に改め党首を務めた。

何度めかの入獄中に『女性と社会主義』を執筆し、初版を「社会主義鎮圧法」実施下の七九年二月に出版。書名も弾圧を避けて『過去、現在、未来の女性』などと変えながら四度の改正を行い、一九〇九年の改訂で、過去の女性、現代の女性、国家と社会、社会の社会化の四部から成る女性解放論として完成した。階級的従属と女性の男性への従属（性的従属）という二重負担下にある女性の問題をとりあげ、プロレタリアの、資本からの解放が、女性を男性に対する性的従属からも解放すると主張した。最初の邦訳は、一九二三年、山川菊栄によって英語からの重訳で『婦人論』として出版され、その後独語からの邦訳が出された。一八八八年には『シャルル・フーリエ』を出版する。八九年、パリでの第二インターナショナル創立大会に出席。九〇年ビスマルクが失脚し、「社会主義者鎮圧法」が撤廃される。九八年以降、党内の修正主義と論争したが左派とはならず、中央派の立場にたった。一九一〇年の彼の生誕七〇年に片山潜も祝辞を寄せている。クラーラ・ツェトキーンの主宰する『平等』にも執筆した。一三年スイスに死す。チューリヒにユーリエとともに葬られる。

自伝『わが生涯から』（*Aus Meinem Leben*）全三巻がある。全一〇巻一五冊の選集が、旧東独で企画され、出版を開始したが、東西ドイツの統一後、完結を見た。

（伊藤セツ）

カウツキー

Karl J. kautsky 1854-1938

カウツキーの思想の展開を紹介する。第一の時期（マルクス主義者になるまで）。彼はチェコのプラハ（当時、オーストリア帝国領）に、ドイツ人の両親から生まれ、育った。ウィーン大学に入学し、歴史学を専攻するが、在学中に社会主義思想に傾倒する。この時期の彼の社会主義思想は、ジョルジュ・サンド、ヘンリー・トマス・バックル、エルンスト・ヘッケル、ルートヴィッヒ・ビューヒナー、ダーウィンなどの思想にもとづくものであった。

▼エンゲルスからの影響

カウツキーがマルクス主義に転向するのは、エンゲルス著『オイゲン・デューリング氏の科学の変革』（一八七八年）によってである。ベルンシュタインもこの著書によってマルクス主義に転向した。エンゲルスの指導の下で唯物史観の立場での著作『フランス革命時代の階級闘争』（一八八九年）を書く。一八九一年の社会民主党綱領「エルフルト綱領」の第一部の理論の部分を起草した。第二部の政策の部分はベルンシュタインが起草した。

▼修正主義との対決

第二の時期（社会民主党の右派＝改良主義との対決）。カウツキーは、ドイツ社会民主党内での、労働者の自主独立運動を掲げるアイゼナハ派（正統派マルクス主義）の立場から、党内の社会改良政策を重視するラッサール派と対決した。まず最初に、フォルマールによる小農民の支援政策に対して、それは、農民の土地私有の承認と国家による救済政策であり、エルフルト綱領の立場と反する、と批判したこと。カウツキーは『農業問題』（一八九九年）を書く。次に、資本主義経済の崩壊を否定し暴力革命を批判したベルンシュタインの『社会主義の諸前提と社会民主主義の課題』（一八九九年）を批判して、社会主義革命の必要性を説くエルフルト綱領の立場を擁護した。カウツキーは『ベルンシュタインと社会民主党綱領』（一八九九年）を書いた。また、カウツキーは『社会革命論』（一九〇二年）では生産手段の国有化、公有化による資本主義経済の社会主義経済への転換を提示した。

▼急進主義との対立

第三の時期（大衆ストライキ論争。党内左派との対決）。一九〇二年、ベルギーにおけるゼネラルストライキ（労働拒否）の発生と中止への対応や、ロシアの第一次革命における農民革命の評価、さらには一九一〇年の選挙法改正闘争をめぐり、フランツ・メーリング、ローザ・ルクセンブルク、パルヴスなどの党内左派は大衆ストライキを重視した。これに対して、カウツキー、ベーベルはこの戦術を批判した。その理由は、政治的状況が大きく変化しない限り、政党による急進的革命行動は不幸な結果をもたらすという、彼らの漸進的社会主義革命論にもとづくものであった。ローザ・ルクセンブルク、メーリングたちは党内左派の形成に向かう。

▼超帝国主義論

第四期（帝國主義論争。超帝国主義論）。一九〇年から始まる、国王ヴィルヘルム二世の帝国主義政策はイギリス、フランスとの政治的対立を深めた。社会民主党右派はドイツ帝国の植民地政策を先進国の文明化作用と評価したが、カウツキーは略奪的・抑圧的植民地政策は否定し、労働移民的植民地政策を肯定する立場から、同党右派を批判した。『社会主義と植民政策』（一九〇七年）がそうである。一九一四年からの第一次世界大戦への対応においても、社会民主党国会議員団の多数派（右派・改良主義）は戦争予算に賛成した。カウツキーは反対したが、社会民主党に踏み止まった。しかし、ドイツ軍が中立国ベルギーを侵略するに至るや、独立社会民主党として分離・独立した。また、ローザ・ルクセンブルク、カール・リープクネヒトたち「スパルクス団」も独立社会民主党に移行した。第一世界大戦終結への予測において、カウツキーはこの戦争が金融資本勢力によるもので、やがて彼らの合意により終結し、「超帝国主義」状態に移行するであろうが、社会主義革命の政治路線は変わらないと考えた。これに対して、レーニンが『帝国主義論』（一九一六年）で批判した。

▼議会制民主主義の擁護

第五期（ウィーンへの移住。民主主義と市民国家論）。一九二二年にカウツキーは社会民主党に復帰するが、そこには彼の活動する場はなく、一九二四年、ウィーンに移住した。その地で、彼は、共産党主導のソヴィエト・ロシアの独裁政治を批判し、民主主義に基づく市民国家を展望した『唯物史観』（一九二七年）を書く。またヒトラーとスターリンの暴力的独裁を批判した。

カウツキーの社会思想の特徴は彼の著書『唯物史観』において顕著であるように、労働者階級に対する全面的信頼である。それ故に、資本家による労働者の搾取や国家の労働者への抑圧が撤廃されるなら、社会は民主主義的で自由な社会が実現されるという確信があった。また、経済的生産力が増大し、労働者の生活に必要な労働時間が短縮できるなら、労働者が自由に処分できる時間が増大し、労働者は仕事の能力を高めることができるであろうと、社会主義社会の長所を展望している。それ故に、国家権力を労働者階級が掌握することが必要不可欠であると考えた。その時は、階級対立も、国家間対立も緩和されると考えた。

（久間清俊）

ザッハー＝マゾッホ

Leopold Ritter von Sacher-Masoch　**1836-1895**

ただ「マゾッホ」と呼びならわされている作家レオポルト・フォン・ザッハー＝マゾッホは、一八三六年、当時、オーストリア領であったレンベルク（現ウクライナ領リヴィウ）に、貴族の子として生まれた。スロヴェニア、ボヘミア、スペインなどの血がまじっているといわれる、その出自は、東欧のきびしくも美しい自然の描写や、ポーランド人貴族とウクライナ人農民との軋轢（あつれき）といったモティーフに、影をおとしている。しかし、後年、この特異な作家の名前が人口に膾炙（かいしゃ）したゆえんは、クラフト＝エヴィングによってその姓にちなんで命名された「マゾヒズム」であった。そうした欲動は、作品にとどまらず、作家自身の生をも支配していたことが知られる。一八九五年、ドイツ・ヘッセン州のリントハイムにて没。

おびただしい多作の故もあって、その作品は玉石混淆の観があるが、そのなかでも重要なのは、彼自身が企画した連作小説集『カインの遺産』（一八七〇年以降）である。「人類の自然史」の副題をもつこのシリーズは、「愛」、「財産」、「国家」、「戦争」、「労働」、「死」の巻からなる、各六編、計三六編の小説で構成するという、壮大な構想にもとづいていた。実際には、最初の二つの巻が完成するにとどまったが、そこに収められた、彼の代表作と目される『毛皮のヴィーナス』をはじめとする小説の多くは、狩猟、農耕といった文化史的、社会史的な枠組によって構成されている。その意味では、ドゥルーズがその作品にバッハオーフェンの『母権論』の影響を看取したのは、いかにも炯眼であったといえよう。

みずから語るように、彼はダーウィニズムから遡行して、ショーペンハウアーの影響を受けていた。社会ダーウィニズムから遡行して、生の根源においてすでに「生存競争」への衝動を認める彼は、その受苦を特有のマゾヒズムによって肯おうとする。その際に救済の契機になるのが、ショーペンハウアーの涅槃の思想であった。ドゥルーズがマゾッホの作品に、フロイトのいう「死への欲動」を認めるのも、故なしとしない。読者にはいささか退屈なまでに、同一の営為の反復として現前するマゾヒズムの機制は、さながら「永劫回帰」の様相を呈する。その意味でも、ニーチェの同時代人としてのその思想的な位置価は、けっして看過されてはならないと思われる。

（平野嘉彦）

ジンメル

Georg Simmel **1858-1918**

▼「哲学者」ジンメル

ドイツ哲学史の概説にゲオルク・ジンメルの項目が設けられることは、決して一般的とは言えない。それにはいくつかの理由が考えられる。このユダヤ系のきわめてユニークな哲学者が、同時に現代社会学のパイオニアでもあったこと、断片的な哲学的エッセイの形での思想の表明が多かったことなどが、その哲学者としての輪郭を曖昧なものとしていることは否めない。しかしジンメルにおける社会学と哲学との交錯は、以降の時代の社会哲学に大きな示唆を与えたし、また日常の些事とも言えるテーマを取り上げつつ形而上学的深部にまで透徹してゆくその独自のスタイルは、続くブロッホ、クラカウアー、ベンヤミン、アドルノらの思考スタイルに先鞭をつけるものだった。こうした一方ジンメルには、カント、ショーペンハウアーなどを正面から論じた単著もあり、また完成度の高い、個性ある哲学入門書も著している。大著『貨幣の哲学』は、近代資本主義の類を見ない哲学的分析である。そしてなによりも、絶筆となった『生の直観』は哲学史上、いわゆる生の哲学の代表的書物のひとつに挙げられている。それでも、社会学者や文化論者としてのジンメルは活発な論議の対象となってきたが、哲学者としてのジンメルが正面から論じられることは多いとは言えない。それはなぜなのだろうか。

▼「ひょっとすると」の哲学

ジンメルはその生涯のなかで、幾度かの大きな思想的転換を経験している。もともと実証主義に近いところから出発しながら、カント哲学を摂取して新カント派の哲学の潮流に近づき、さらにベルクソンの影響も受けつつ、生の哲学の立場に移行していった。とはいえ、その生涯に一貫したモチーフや思想的な身振りのようなものがあることは見逃しえない。離反した弟子であるエルンスト・ブロッホは、「ひょっとするとの哲学」という名のジンメル論を書いている。ジンメルのあらゆるテクストには「ひょっとすると（vielleicht）」という語が実に頻繁に出てくる。ブロッホは揶揄と、またそこにひそむ思想的可能性を評価する意味をもこめて、このジンメルの未決定な態度を論じている。それにしても「ひょっとすると」が頻出する哲学書というものは、ひとが哲学に期待するものを裏切っているとも言える。この独特な未決定や未決断の態度が、ジンメルの評価に災いしているとも言えるだろう。とはいえ、どのような哲学的判断も思想的決断も、相対化と流動化を免れるものではない。そのように考えれば、ジンメルの「ひょっとする」は、留保と予感のうちに手探りでなされる世界理解の試みを表すものと積極的に受け止めることができる。

こうしたジンメルの態度がよく表れているのが、その宗教についての思索である。

▼「生の宗教」の構想

小著『宗教』のほか、ジンメルは生涯にわたって多くの宗教論を残している。ジンメルはプロテスタントとしての洗礼を受けたが、のちに教会を離脱している。当時のドイツの宗教哲学は、なおキリスト教神学との結びつきが強かったが、ジンメルはアステカの神もキリスト教の神も実在性の問題については変わりないとし、既成宗教から自由な観点から宗教をとらえ直そうとする。その宗教論は、約言すればふたつの主張を展開している。ジンメルの文化哲学の枠組みは、生と形式の両概念の弁証法であり、「生より以上」である文化形式＝客観的精神が生より生み出されながら、それもまた「より以上の生」によって克服されてゆくという動的なヴィジョンにもとづいている。ジンメルにとって既成宗教は生より生み出された文化形式であるが、現代にあってはもはや生＝宗教性を収める器としては失効している。のみならず、現代においてジンメルはもはや宗教性は文化的形式を必要としない段階に至っていることをも示唆する。この点ではジンメルの判断も揺れている。文化にとって形式は不可避ではないかとの疑念を述べるテクストもあれば、一九〇四年に書かれた「生の対立と宗教」では、不可侵の神に求めていた生の諸対立の融和は失効し、生の諸対立の終わりなき運動にこそ融和ならぬ融和を求めるべきとされる。さらに一九一二年に書かれた「宗教的状況の問題」の末尾では、宗教の来るべき「転換はさらに、かの〔神の〕形象を自己の内から切り離し、しかしなおその形象の生としてその形象のなかで生きる魂の宗教的ありかたのために、ひょっとすると再び形而上的価値を取り戻してくれるかもしれない」と言われている。ここでは、神などの生に発する投影像から生のエネルギーを回収し、生そのものに形而上学的価値を認め、生そのものを生きることにこそ、宗教性の未来があるとされている。とはいえ、ここでも「ひょっとすると」が顔をだす。カント哲学を深く学んだ者として、ジンメルは形而上学を直接に展開することはしない。しかし動的な生＝存在性それ自体に、ジンメルは内在的超越とも言える形而上学的性格を予感している。この形而上学的なるものの不可能性と可能性のあわいでの「ひょっとすると」の予覚に、ジンメルの哲学の賭金は置かれている。

（深澤英隆）

トレルチ

Ernst Troeltsch　1865-1923

エルンスト・トレルチはアウグスブルク近郊の医者の家に生まれた。父親と同じ道を進むことを期待されたが、大学では神学を専攻。若きトレルチの関心は〈歴史的思考〉と〈規範としての真理、価値〉との緊張関係にあり、当時この問題への「唯一の通路」が神学だったという。トレルチの仕事は、神学、哲学、社会学、宗教史、文化史等、広い範囲に及ぶが、歴史と規範との緊張関係は全体の通奏低音となっている。

学生時代はリッチュルの影響を受け、キリスト教の絶対性を前提せずに、一般宗教史の方法を用いてキリスト教の固有性を解明する立場を固めていく。ゲッティンゲン大学私講師等を経て、一八九四年にハイデルベルク大学神学正教授に就任。ハイデルベルク時代には、『キリスト教の絶対性と宗教の歴史』（一九〇二年）、『キリスト教諸教会と諸教派の社会教説』（一九一二年、第二章まで邦訳あり）、『ルネサンスと宗教改革』（一九一三年）等が書かれる。一〇年代の著作では社会学的な方法の導入が新機軸であるが、これはヴェーバーとの学問的交流によるところが大きい。一九一五年、ベルリン大学哲学正教授に就任し、以後、歴史哲学の問題に集中する。最後の大著『歴史主義とその諸問題』（一九二二年）は未完だが、その集大成である。「歴史主義」とは歴史的な思考の徹底化のことである。それが歴史学の対象の価値だけでなく、主体が依拠する価値基準まで相対化し、歴史学の対象選択の基準や歴史的存在である人間のアイデンティティをもぐらつかせる――一般に「歴史主義の危機」と呼ばれるこの事態の克服が本書の課題である。トレルチによれば、鍵となるのは価値基準形成と歴史学の営みの循環関係である。歴史学が歴史学者のアイデンティティと不可分の価値基準に基づいて営まれる一方、歴史学が開示する歴史の全体像は、当の学者のアイデンティティ形成にも関わっており、その限りで価値基準形成の基礎でもある。「歴史主義の危機」とは、この循環の機能不全にほかならない。トレルチの目指した解決は、よりきめ細やかな歴史記述を基礎にヨーロッパ史を改めて描ききり、乱立する価値観の対立を包括するより広い価値基準を獲得するというものである（トレルチはこれを「現代的文化総合」と呼ぶ）。ヴェーバーが価値基準相対化の問題を「神々の永遠の争い」として、学問の営みから切りはなすのとは対照的である。「歴史によって歴史を克服する」――『歴史主義とその諸問題』の最後の頁に刻まれた言葉は、トレルチのこの狙いを象徴するものである。

（佐藤慶太）

フィッシャー

Kuno Fischer **1824-1907**

フィッシャーはライプツィヒ大学で哲学を学んだ後、ハレ大学で老ヘーゲル派のエールトマンからヘーゲル哲学を学んだ。一八五〇年にハイデルベルク大学の私講師になるが、汎神論的な思想のために教授資格を剥奪された後、一八五六年にイエナ大学から招聘される。一八七二年に再びハイデルベルク大学の教授として戻ることができた。フィッシャーの哲学史講義は、ドイツ哲学をより高次の形成にもたらすために近代哲学の展開を描写するものであり、着想豊かな偉大な体系を繰り広げた。

フィッシャーは、一八五二年から一九〇一年にかけて『近代哲学史』を著し、デカルト、スピノザ、ライプニッツ、カント、フィヒテ、ヘーゲル、ショーペンハウアー、ベーコンの巻が刊行された。デカルトの巻でフィッシャーは、近代哲学における経験主義と合理主義の区分に貢献した。フィッシャーの哲学史は、各々の哲学体系を一貫性のある勢いを用いて成果をもたらすものであり、「歴史」は学問そのものの歩みの中に介入している。

フィッシャーはヘーゲル学派であり、ハイデルベルクでの活動を通じて、その地にあった「ヘーゲル・ルネサンス」を綱領にさせることに貢献した。しかし、フィッシャーはカントとヘーゲルの間の独特なところに位置づけられる。ヘーゲルは、形而上学的真理を歴史的に現象する弁証法的契機へ解体させた。しかし、フィッシャーが自分の思想の中でその壮大な体系に見出したのは、まずカントの理性批判を深化させ、人間の認識の限界について洞察することであった。さらにフィッシャーは、ヘーゲルとともに、哲学の中で人間の思惟は絶対的な思惟となるべきものであることに固執した。

フィッシャーによる『論理学と形而上学』（一八五二）は、ヘーゲルによって図式化された方法論で叙述されているが、「カントへの還帰」を求めるフィッシャーの仕方で成し遂げられている。『論理学と形而上学』第二版（一八六五）では、ヘーゲルの「理念」ではなく、「発展」の概念が先鋭化されており、一九世紀の発展カテゴリーの学問的方法と成果がその後の哲学の原理として特徴づけられている。

ゲーテやシラー、レッシング、シェイクスピアに関する講演や出版物によって、フィッシャーは文学史家としても名を馳せた。

（小島優子）

ヴィンデルバント

Wilhelm Windelband　**1848-1915**

ヴィンデルバントは、新カント学派の一派、西南ドイツ学派の祖。「多元主義」的な哲学史教本を著し、歴史の「反復」を批判的に取り込んだ歴史哲学を構想した。そしてヘーゲル「観念論」以後、分立した諸実証科学の狭窄を超えるべく、知識のあり方を問うた。すなわち、心理主義に一定限の距離を置く形で、価値に注目する価値哲学によって知識を基礎づけようとした。カント以前の哲学は、表象の起源を解明するという心理的な説明にあずかる（発生論的方法）のに対し、みずから範と仰ぐカント哲学は、いかにして表象が妥当性をもつのか根拠を問う（批判的方法）、という哲学史的了解を、その哲学の端緒とした。仮に個別科学ならば、所与の初期条件と、普遍的な原理＝〈公理〉を前提として、三段論法のように結論を導き出すであろう。しかし例えば因果律のような、真理探究のための〈公理〉の妥当性を、個別科学は明らかにしない。またそれとは別途、倫理や美の領域にも〈公理〉があろう。彼はカントの方法にしたがって、哲学こそ、こうした真・善・美の〈公理〉を基礎づけるものと考えた。そのさい、〈公理〉の必然性を当為的なもの（〜であるべきである）とし、当為の目的を価値とした。「思考は真であるという目的を、意志は善であるという目的を、感情は美を捉えるという目的を、普遍的に承認されるよう、それらの実現を意図する」以上、広い意味での知識は、目的論が目指す価値に、究極的根拠をもつと考えた。その枠組みのもとで判断論を展開した。すなわち命題内容にあたる表象結合に、〈フレーゲ判断論の言う主張力〉に当たる態度決定が加わって、はじめて判断になる。例えば「否定判断論」（一八八四年）によると、事実判断は、〈主語‐述語表象の結合態〉という、その実、不完全な判断について、態度決定を表明する「判断についての判断」であり、原基的に価値判断 Beurteilung であるとした。このように事実と価値を対照しながら、普遍的な法則をうち立てる自然科学（「法則定立（nomothetisch）学」）と、価値にかかわる個性記述を行う歴史学（「個性記述（idiographisch）学」）とを方法論的に区別した。後者の単称言明は、カント『判断力批判』の、特殊のみが与えられているときに下される趣味判断を手本とする。心理学をそうした歴史学から排除したため、精神科学を重んじるディルタイとの間で論争が生じた。

（九鬼一人）

リッカート

Heinrich Rickert　1863-1936

リッカートは西南ドイツ学派の一人。その哲学は表に掲げるように大きく四期に分かれる。ドイツ観念論の哲学的伝統を受け継ぎ、価値哲学の構想に哲学の統一を託した。例えば『近代文化の哲学者カント』（一九二四年）に見られる諸文化領域の反省と歩調を揃えて、包括的文化哲学として、価値の体系を確立しようとしたのである。ただし観念論的ヘーゲル哲学体系と、思弁を排除する彼の哲学とには、大きな懸隔（けんかく）が存する。すなわち学問を重視する一方で、ヘーゲル的「精神」の代わりに、経験的で「非論理的」な知覚の多様から出発して、歴史記述の対象となる個体概念（「歴史的中心」）が構成されると考えた。こうして、『自然科学的概念形成の限界』（一九〇二年）で、概ね一般的な概念を扱う自然科学に、概ね個別的な概念を扱う「文化科学」（含社会科学）を対置し、そのかけがえのない個体概念の構成を、価値に関係させる手続きに委ねた。ただし判断一般は基本的に、理論的価値を承認するか、それとも斥けるかの、価値判断である以上、自然科学といえども価値を前提にしているとする。また価値関係的な文化科学の方が、概念的抽象度の高い自然科学より、知覚の多様に接近した「現実科学」であると説く。つまり「現実科学」のなかで、価値との絡み合いを見て取ったのであり、価値の身分を「社会的現実とは無関係な論理的問題」に切り詰めることはせず、〈彼から影響を受けたヴェーバーのような価値問題との格闘〉に正面から取り組んだ。約せば科学的認識は、様々な形で諸価値とかかわる。その価値は、歴史的に変わることがない形式的価値と、可変的内容とが合体した形式-内容形成体（ゲビルデ）とされる。

（九鬼一人）

前体系期（前期）・当為中心	一九〇九年より前（『認識の対象』一版一八九二年／二版一九〇四年）
形成期（中期）・意味中心	一九〇九年（「認識論の二途」）から一九二一年より前
体系期（後期）・価値体系	一九二一年（『哲学体系第一部』）から一九二七年より前
晩期・形而上学の許容	一九二七年（「叡智界の認識と形而上学の問題」）以降

（出所）九鬼一人「リッカート解釈の冒険——ディルタイのリッカート批判（全集二四巻）を手掛かりとして」日本ディルタイ協会『ディルタイ研究』二〇一五年、第二六号二七頁をもとに加筆。

ラスク

Emil Lask　1875-1915

現ポーランドのヴァドヴィツェでユダヤ人家系に生まれ、新カント派の西南学派（バーデン学派）を代表する哲学者。一九歳でフライブルク大学へ法学を学ぶために入学。間もなく哲学に惹かれ、リッカートを指導教授として学位論文『フィヒテの観念論と歴史』（未邦訳、一九〇二年）を仕上げる。一九〇一年から〇四年にかけてベルリンに滞在し、ジンメルの授業にも参加し大いに啓発され、ジンメルもまたラスクの才能を高く評価していた。その後、一九〇五年に、ヴィンデルバント指導のもと、教授資格論文『法哲学』（一九〇五年）を上梓する。ラスクの才能は存命中から抜きん出ており、師のリッカートによる『認識の対象』、また、若きルカーチ、ハイデガーの思想形成にも大きな影響を与えることになる。一九一三年にはハイデルベルク大学教授となるが、一九一五年、第一次世界大戦のガリチィア戦線にて戦死。それは先述の人物をはじめ、マックス・ヴェーバー、フッサールをも大いに落胆させることになった。主著に『哲学の論理学とカテゴリー論』（一九一一年）、『判断論』（一九一二年）がある。

ラスクの思想は、ハイデガーによれば、カント哲学の「深化と前進」とされる。思考が十全に捉えられるものを感性的直観に限定したカントに対し、ラスクはその領域を感性的ではないものにまで拡張し、その論理的な構えを探求したからである。これは、思考可能なものの領域を、存在者の領域（「存在領域」、感性的存在者の領域）と、妥当するものの領域（「妥当領域」、価値、意味、真理など、感性で捉えられないものの領域）へと区分し、後者を論理的に認識可能な対象として究明することを意味している（存在者は「存在する」のであって、価値や意味は「妥当する」のである）。言い換えれば、思考することと、哲学することそれ自体に適用される論理学、「哲学の論理学」、「哲学的認識の「認識論」」の構築を目指していた。その際、この論理学はカテゴリー論として展開されるとともに、さらに独自の意味論として、「意味」とは、形式と質料の「絡み合い」、「融合」であり、何かあるもの（質料）がカテゴリー（形式）によって捉えられることによって、成立すると考えられることになる。

その早すぎる死によって、「哲学の論理学」構想は十分に展開されることはなかったが、例えば、先の存在領域と妥当領域の区別など、その散種された可能性の一端は、ハイデガーの「存在論的差異」の着想として芽ぶくことになるのである。

（渡辺和典）

コーエン

Hermann Cohen **1842-1918**

ヘルマン・コーエンは新カント派を代表する哲学者、ユダヤ人の宗教哲学者である。幼少期からラビとなるための教育を受け、ブレスラウの「ユダヤ神学ゼミナール」に入学した。出生時にエゼキエルというユダヤ名を受けるが、晩年にこの預言者の個人主義的倫理思想を高く評価するようになること は興味深い。青年期に関心が哲学に向き、ハレ大学で博士号を取得すると、フリードリヒ・アルバート・ランゲの推薦を得てマールブルクで哲学教授となる。当時、改宗しないユダヤ人が正教授となることは快挙であった。マールブルクではパウル・ナートルプらとともに新カント派のマールブルク学派を形成し、エルンスト・カッシーラーら多くの弟子を育て、世紀転換期のドイツ講壇哲学の中心人物となった。晩年はベルリンに移って「ユダヤ教学高等学院」で教鞭をとり、フランツ・ローゼンツヴァイクやレオ・シュトラウスといった次世代のユダヤ人思想家に大きな影響を与えた。

コーエンの思想は三つの時期に区分することができる。まずはカントの三批判書にそれぞれ詳細な註解をつけ、自身のカント理解を確立した時期で『カントの経験理論』、『カントの倫理学の基礎づけ』、『カントの美学の基礎づけ』が主要著作である。続く時期には、カント哲学をもとに自らの思索を体系的に展開し『純粋認識の論理学』、『純粋意志の倫理学』、『純粋感情の美学』を著した。晩年はユダヤ教に深く傾倒し宗教哲学的な考察を深めた。死後出版された『ユダヤ教の原典にみる理性の宗教』がこの時期の主要著作である。

彼は反心理主義の立場からカントを解釈し、認識の成立の根拠を主体の心の構造ではなく、ア・プリオリな法則の必然性に求めた。認識の問題は論理学的問題として学問論に接続され、対象から独立した科学的認識の成立を基礎づけることが彼の哲学の課題となった。コーエンや彼の学派の徹底した反心理主義は、その後、現象学や論理実証主義が登場する土壌となった。しかし、彼の哲学体系は社会情勢の劇的な変化や、生の哲学など新しい哲学の流行のために、彼の晩年には時代遅れのものとみなされた。ただし最晩年の宗教哲学的著作では、普遍主義的な哲学体系では論じられることがなかった特殊な個人が、神との関係（相関 Korrelation）とともに主題化された。人間主体にとっての神の必然／必要性を説くこの時期の思想は、ローゼンツヴァイクに影響を与えたほか、現代ユダヤ思想研究や宗教哲学研究の文脈でも注目を集める。

（丸山空大）

ナートルプ

Paul Natorp　**1854-1924**

ドイツの哲学者パウル・ナートルプは、カント哲学への帰還ならびにその継承的発展を唱導した新カント派に属し、マールブルク学派を形成した哲学・教育学者である。一八五四年デュッセルドルフに生まれ、一九二四年マールブルクで没した。一九世紀の哲学的論理学、とりわけ、科学の認識論的基礎づけとしてプラトン的イデア論によって、また意志とイデアの陶治（とうや）による社会的教育学を説いた。

プロテスタントの牧師の家庭に生まれ、ギムナジウム卒業後、ベルリン大学、ボン大学で学び、その後シュトラースブルク大学で実証主義者E・ラースのもとで学位を取得し、一八八五年、H・コーエンの支援を受け員外教授となり、その頃から実証主義と対決することで、カント的な批判主義の観点を確立することを試みている。その後、マールブルク大学に移り、一八八一年大学教授資格を取得。一八九三年から一九二二年まで同大学の哲学、教育学の正教授を務めた。

ナートルプは、カント哲学の立場から、コーエンの認識論理学を一歩進め、『精密科学の論理的基礎』で、精密科学の成果を批判的に基礎づけた。いっぽうで教育学の立場からは、主著『社会的教育学』（一八九九）において「教育は社会によっておこなわれ、社会を目的とする」という人間存在一般を規定し、そこから人間陶治の原理と課題を導出している。そこでナートルプは、人間であることの全体的性格とそれを明らかにする哲学の体系性を述べ、陶治内容の体系の学問としての教育学を展開している。また『哲学と教育学』（一九〇九年）において、「教育学は全哲学大系によって基礎づけられるべきである」と主張している。教育学は哲学によってのみ基礎を確保することができるとする。その際、哲学は認識構成の批判的理解として考えられ、同時にそれによって、哲学と教育学との一致も考えられうるのである。

ナートルプの哲学体系の構成を詳論すれば、客観的規範科学としての論理学・倫理学・美学と主観的事実科学としての心理学とが考えられ、この四学科が全体として教育学を基礎づける。このように、教育の目的と方法とは分離されず、規範諸科学が「単なる目的ではなく、同時に方法を決定する」のである。他方、事実科学としての心理学も、あくまでも、精神的成長ないし意識的生活の合法則性に関る「個人的規定性」を説き明かす「純粋主観性」の学であって、哲学の純粋客観性との内的必然的関連性を保持した「再構成的心理学」なのである。

（小笠原道雄）

ブレンターノ

Franz Brentano　1838-1917

現代の私たちには、ブレンターノは少なくとも三つの姿で現れる。アリストテレス解釈者としての姿（『アリストテレスにおける存在者の多様な意味』、『アリストテレスの心理学』）、志向性概念の再発見者としての姿（『経験的立場からの心理学』）、そして、現象学の創始者フッサールの師としての姿（『道徳的認識の起源』）である。

では、これら三つの姿を貫くブレンターノの基本的発想は、どのようなものだろうか。そのひとつは「感覚のうちに先立ってなかったものは、知性のうちにまったくない」という、アリストテレスに帰される見解である（この見解に一番近い表現は、アリストテレスの『魂について』第三巻第九章にみられる）。ある種の経験主義ともいえるアリストテレスのこうした側面は、ヴュルツブルク大学私講師就任講演（一八六六年）で「哲学の真の方法は経験科学の方法にほかならない」というテーゼを掲げたときにも、ブレンターノの念頭にあったに違いない。

ブレンターノの経験主義的な見解は、『経験的立場からの心理学』において、「魂なき心理学」の提唱へと結実する。自然科学と同様に、心理学も知覚可能な現象だけを研究すべきであり、現象を超えた魂の存在は、心理学とは無関係だというのである。すると問題になるのは、心理学の対象としての心的現象は、自然科学の対象としての物的現象からどう区別されるのかということである。ここで登場するのが、心的現象は志向性によって特徴づけられるという、あの有名な主張である（この文脈でもアリストテレスが参照されることを忘れてはいけない）。

その後ブレンターノは、フッサールが「天才的な書物」と評した『道徳的認識の起源』（一八八九年）において、心的現象の学としての心理学の役割を拡大する。あらゆる概念は、究極的には具体的な直観を起源とするため、心的現象を基本要素へと分析する記述的心理学によって、真偽や善悪などの多様な概念が解明されるというのである。アリストテレスの経験主義的見解との関連をここに見てとるのは簡単だろう。そして、フッサール現象学の成立に関わるアイディア——意識の現象学的分析による数学や論理学の基礎概念の解明——も、この延長線上にある（とはいえこのとき、ブレンターノがアリストテレスから継承した経験主義的見解は、直観の重視という要素を残しつつ、本質に関する直観的探求というアイディアに変貌することになる）。

（植村玄輝）

マッハ

Ernst Mach　1838-1916

▼生涯

オーストリアの物理学者・哲学者。モラヴィアのチュラス（現チェコ）に生れ、ウィーン大学で物理学を学ぶ。グラーツ大学（数学、物理学）やプラハ大学（実験物理学）で教鞭を執ったのち、一八九五年にウィーン大学哲学科に新設された「帰納的科学の歴史と理論」講座に担当教授として招聘された。現在の「科学史・科学哲学」分野の草分けと言ってよい。一九〇一年オーストリアの貴族院終身議員に選任されたのを機に教職を離れたが、各分野にわたる研究意欲は晩年まで衰えをみせなかった。一八九八年に脳卒中で倒れて右半身不随となり、一九一三年にはミュンヘン近郊にいた息子ルートヴィヒのもとに移り住み、一九一六年心臓病のため78歳で死去した。

▼業績

マッハの研究領域は物理学と哲学はもとより、科学史、心理学、生理学、音響学、音楽学などの各分野に広がる。科学史では『力学の発達』（一八八三年）、『熱学の諸原理』（一八九六年）、『物理光学の諸原理』（一九二一年）の三部作がよく知られている。とりわけ『力学の発達』は物理学界で当時隆盛であった力学的自然観を批判し、ニュートン力学の絶対時間・絶対空間を無意味な形而上学的仮定として斥けたことで、アインシュタインの特殊相対性理論に示唆を与えた。またニュートンが絶対空間の存在を示すものと考えた慣性力に対しては、慣性力は宇宙全体の総質量との相互作用によってもたらされるという「マッハの原理」を対置することにより、一般相対性理論への道を拓いた。実験物理学の分野では超音速気流の研究で知られ、空気中を運動する物体が音速を超えた場合に衝撃波が生じることを実験的に示し、写真撮影に成功した。気体中の物体の速度をその気体中の音速との比で表わす「マッハ数」は彼の名前にちなんでいる。ほかにも生理学における「マッハ＝ブロイアー説」や知覚心理学における「マッハの帯」や「マッハ効果」など彼の名を冠した科学的業績は数多い。

▼思想

哲学上の主著は『感覚の分析』（一八八六年）ならびに『認識と誤謬』（一九〇五年）であり、その主張はアヴェナリウスらとともに「経験批判論」と呼ばれることが多い。ただ、マッハ自身は自分の立場を「要素一元論」と称している。すなわち、世界を構成している究極の要素は「物」でも「心」でもなく、中性的な「感性的諸要素（感覚要素）」にほかならない。具体的には「色、音、熱、圧、空間、時間等々」を指す。ここにはデカルト以来の近代哲学のパラダイムとも言うべき物心二元論および主客二元論に対する根本的批判が表明されている。マッハによれば、物体も自我も実体ではなく、感性的諸要素A,B,C…の比較的安定した複合体にすぎない。因果関係もまた実体的関係ではなく、諸要素間の関数関係によって置き換えられる。そこから科学の目標は感性的諸要素の関数的相互依存関係を「思考経済の法則」に従ってできるだけ簡潔かつ完全に記述すること、すなわち諸要素間のF（A,B,C…）＝0という方程式を解くことに帰着する。したがって物理学と心理学の違いは研究対象ではなく、記述の観点の相違にほかならない。このような純粋記述の立場に立つ物理学を彼は従来の「力学的物理学」に対して「現象学的物理学」と呼んだ。その結果、マッハは実体論的な「原子論」に反対したが、彼の科学思想の意義は古典物理学的世界像を批判して近代科学に方法論的反省を迫った点にあると見るべきであろう。

▼影響　アインシュタインはマッハの死に際して、もし彼の若い時に光速度不変の原理が発見されていたならば、相対性理論の発見は彼の栄誉に帰したことだろう、という意味のことを述べている。もちろん弔辞ゆえの誇張はあるにせよ、マッハが『力学の発達』で展開したニュートン力学と力学的自然観に対する根底的批判は、アインシュタインに深甚な影響を与え、相対性理論への道を準備したのである。哲学思想の面では、マッハの感覚論的実証主義や反形而上学的姿勢は伝統的哲学に飽き足らなかった若手の哲学者や自然科学者の共感を呼び「マッハ協会」の設立を促した。このマッハ協会はのちの「ウィーン学団」の母体となり、ウィーン大学を拠点に論理実証主義運動や統一科学運動を推し進めることになる。他方でマッハの「物理学的現象学」ないしは「現象学的物理学」の構想は、心理主義の渦中にあったフッサールの思索を刺激し、「現象学」成立への道を地ならししたのである。

そう考えれば、マッハ哲学は「言語論的転回」を経て論理実証主義から分析哲学への扉を開き、「超越論的転回」を経て超越論的現象学へと転生したといって過言ではない。二〇世紀哲学が分析哲学と現象学の二大潮流を軸として展開されたとすれば、マッハ哲学は「論理実証主義の父」であると同時に「現象学の母」として、まさにその源頭に位置するのである。日本においては、廣重徹がマッハからアインシュタインへの歩みを緻密に跡づけた科学史研究で国際的な評価をかちえ、また廣松渉がマッハ哲学を基盤に「関係の第一次性」を提議し、独自の「事的世界観」を構築したことを強調しておきたい。

（野家啓一）

フレーゲ

Gottlob Frege　**1848-1925**

▼述語論理の創始者フレーゲ

フレーゲは現代の述語論理の創始者として知られる。古代ギリシア以来、数学、とくに幾何学は厳密性の象徴とみなされてきた。中世から近代にかけては、デカルトに代表されるように、幾何学を模範として、哲学でも倫理学でも、「二点を通る直線はただ一本だけ引ける」といった自明性の高い命題を公理と呼んで証明の対象外とし、その後は演繹的に推論を進めるというのが厳密な学問のあり方とされていた。しかし、カント以降、幾何学は厳密な演繹に従う真理であるとしても、その基礎にある公理は、論理だけではその真理性が確定するものではなく、定義に含まれない事実によって支えられる命題であると考えられるようになった。とりわけ一九世紀前半における非ユークリッド幾何の発見の影響は大きかった。幾何学は唯一絶対の普遍性を象徴する地位から転落し、代わって算術が真理の体系の典型とみなされるようになったのである。

ブール等の論理学が算術を規範に取っていたのに対し、フレーゲは算術における推論そのものがすでに杜撰(ずさん)なものであるという認識の下に、算術を真に厳密な論理に基づいて体系付けようというプロジェクトに着手した。自然数における「次の数」という概念は「親子関係」という普遍的な概念に帰着するという基本的なアイデアの下に、算術の論理への還元を企図する途上で、フレーゲは論理そのものの根本的な改革に手を染めるに至った。フレーゲ以前の論理学は、ほぼ命題論理に限られていて、数学にとって決定的に重要な「……が存在する」、ならびに「すべての……に対して」という表現を含む、いわゆる述語論理的な命題はほとんど顧みられず、実際の数学の推論にはほとんど役に立たないものであったのに対し、フレーゲはこれらの表現が重複して現れる命題を自由に扱えるようにした。これによって数学的な命題を完全に記号化して表現する道が開かれたのである。こうした貢献によって、後世からフレーゲはアリストテレス、ライプニッツと並ぶ論理学史上の巨人と評価されるようになった。しかし、生前においては、その業績が広く認識されることはなく、自ら望んでとも言えるが、孤高のままに生涯を送った。

▼論理主義者フレーゲ

数学思想史から見ると、フレーゲは論理主義を代表する存在である。その背景には、論理が人間の理性の根源的表現形式であるという思想がある。二〇世紀以前の西欧の思想界は、観念論的精神主義、あるいは人間中心主義、あるいは理性と合理性への信頼に支配されていて、論理がその基本的概念装置であった。そして論理に支えられた真理は普遍的であり、唯一であると考えられた。これが論理主義の底流を成す思想であって、論理主義を「数学は論理に還元できる」という思想だと単純に受け取ってしまっては、その本質を見誤ることになる。

一九〇一年に主著『算術の基本法則』第二巻の刊行を目前にしたフレーゲは、ラッセルからフレーゲのように集合概念を無制限に用いると矛盾を生じるという、いわゆるラッセルのパラドクスを知らされた。フレーゲの基数の定義は、たとえば二個のリンゴ、夫婦、月と太陽のような、二個のものすべてから成る集合をもって基数2と定義する方法であったから、2は必然的に大きすぎる集合となってしまうのである。フレーゲはその修正に精魂を傾けたが、成功には至らず、また哲学界からの呼びかけにも応えることなく、自ら世間に背を向けて研究を続けた。

近年、（一対一の対応が付く集合は大きさが等しいとする）基数原理に基づいて、フレーゲの親子関係を基本とする算術の定義に厳密な基礎づけを与える試みが成功し、フレーゲの名誉は回復されたと言える。しかしながら、真理は唯一・絶対のものであり、論理は森羅万象を統括する原理であるとみなす思想の持主であったフレーゲが、2の実例である｛0,1｝をもって2とみなすというような、安直な手法（現代数学ではこのように2を定義するのだが）を受け入れる可能性はなかっただろう。そういう意味で、算術は算術、幾何は幾何といったように、扱う対象を限定した理論の意義を認めず、真理を普遍的なものと捉え、すべての対象を一挙に扱おうとするフレーゲの学問は出発点からして、大きな困難を抱えているため、フレーゲ自身はいかに努力してもパラドクスの罠を抜け出すことはできなかったと思われる。

フレーゲの攻撃性は彼の特色の一つで、ヒルベルトの公理主義に対しても激しく攻撃を加えた。真偽を問題としない基本的命題を公理と呼んで、そこから展開されるような、いわゆる仮説的真理の集まりが万有の存在形式を支配する真理の体系であるべき数学であるわけはない、公理とはあくまで自明そのものの、疑いえない真理であり、公理の解釈や選択に恣意性があるなどとはもってのほかだと主張した。このような主張が彼の論理主義から由来することは言うまでもないが、数学の現代化を支える公理主義と抽象主義の創始者となったヒルベルトと比較するとき、とても陳腐で時代遅れに見えるのは疑いえない。そうはいうものの、フレーゲの批判がヒルベルトの基礎論的研究に、反省の機会を与えたという意味で、一定の寄与をしたとは言えるだろう。

（足立恒雄）

カントール

Georg Cantor **1845-1918**

ゲオルク・カントールは、集合論の始祖とされるドイツの数学者である。一八四五年に帝政ロシアの首都サンクトペテルブルクの外国人居留区で実業家の長男として生まれ、ドイツとスイスで教育を受けた。一八六七年にベルリン大学においてクンマーとクロネッカーの指導のもと整数論の研究で博士号を得た。その後ハレ大学で教職につくと、同僚ハイネの影響で解析学の基礎に関心を移し、三角級数の一意性の問題を解決した。だが、その仕事は有限主義者の旧師クロネッカーの反感を買い、以後論文の発表を妨害されることもたびたびあった。

一八七四年、連続体が非可算であることを証明した。その証明法は対角線論法ではなく、縮小閉区間列を使う。論文発表については一計を案じ、副次的結果である代数的数の可算性を前面に出して代数学の仕事を装った。一八七七年には平面と直線の濃度が等しいことを発見した。その論文の最後には「連続体仮説」、つまり実数の任意の集合は可算であるか連続体の濃度をもつと記されている。一八七九年～一八八四年には六編のシリーズ論文を発表し、順序数の概念や集合論の構想を展開しながら、「数学の本質はその自由さにある」と主張した。

一八八四年、最初の精神病の発作を起こした。数学論文も次第に思想的な色彩が強くなり、有力数学雑誌から拒否されるようになった。しかし、彼は挫(くじ)けるどころか、自らドイツ数学会を設立するという反撃に出た。一八九〇年～九三年にはドイツ数学会の初代会長に就任し、九一年に第一回会議をハレ大学で開催した。対角線論法が初めて登場するのは、その会誌の創刊号である。その後、彼の研究の集大成「超限集合論の基礎に対する寄与」（一八九五年―一八九七年）を発表した。二〇世紀に入るとカントールの病いは一段と悪化した。一九〇五年に大学を休職し、一九一三年に定年を迎えた後、一九一八年にハレの療養所で心臓発作で亡くなった。

その後、連続体仮説は通常の公理的集合論では肯定も否定もできないことが、ゲーデル（一九三八年）とコーエン（一九六三年）の仕事によって示された。最近は連続体仮説を否定する様々な新仮説も得られており、カントールの残した問題は今も活発に研究が続けられている。

（田中一之）

オストヴァルト

Wilhelm Ostwald **1853-1932**

オストヴァルトは現ラトヴィアのリガに生まれ、物理化学を確立したことで知られる化学者である。彼はライプツィヒ大学物理化学教授に就任し、ファント・ホッフやアレーニウスらと『物理化学雑誌』を創刊（一八八七年）するとともに、オストヴァルトの希釈律の発見（一八八八年）によって一九〇九年のノーベル化学賞を受賞した。

オストヴァルトは自身の研究経験から、熱力学とりわけエネルギー概念の強力さに感銘を受け、一八八〇年代末から「エネルギー論」（エネルゲーティク）を展開した。その要点は、エネルギー概念を基本にすべての物理学・化学を展開するべきだという主張である。また、科学の任務は観測可能な量のあいだの関係の記述であり、観測不可能なものの存在を仮定するべきではないという主張は、原子論の否定に至った。彼はボルツマンの気体運動論を批判して、物理化学の成果の豊かさや方法論的な確実性を強調したものの、ボルツマンに敗北した。エネルギー論からは気体運動論に比肩しうる成果が生まれず、またその基本概念たるエネルギーに曖昧さが残ったのだった。

しかし、これはエネルギー論の終焉ではなかった。オストヴァルトはその後も思索を続け、『自然哲学講義』（一九〇二年）では物理学・化学のみならず、生物や精神、倫理までも含んだ体系を提示した。のちにこの体系は、「秩序」「エネルギー」「生命」の三段階から成る「科学のピラミッド」となった。一九〇六年、オストヴァルトは大学の職を辞し、グロースボーテンに建設した「ラントハウス・エネルギー」に隠棲して多くの著作を発表したが、その中には社会学者ヴェーバーから激しい批判を浴びた『文化科学のエネルギー論的基礎』（一九〇九年）のようなものもある。また、「エネルギーを無駄にしてはならず、活用すべし」という『エネルギー論命法』（一九一二年）は多くの反響を呼び、オストヴァルトはこの発想を学術情報の標準化やイード（国際補助語）の運動へと適用した。生物学者ヘッケルを中心としたドイツ一元論者同盟にもオストヴァルトは参画し、『一元論日曜説教』（一九一一—一九一六）などを通じて教会離脱運動と代替宗教を推進した。彼は一九一一年から一九一五年にかけて会長職を務めたが、「文化世界への訴え」宣言への署名など、第一次世界大戦への協力的な態度が会員の反発を招いて辞任を余儀なくされた。晩年は色彩論も研究した。

（稲葉　肇）

ボルツマン

Ludwig E. Boltzmann　**1844-1906**

ボルツマンはウィーンに生まれ、熱輻射（ふくしゃ）の研究のほか、気体運動論および統計力学の確立に大きな役割を果たしたことで知られる物理学者である。彼の名は、平衡状態における気体分子の速度分布を表すマクスウェル＝ボルツマン分布（一八六八年）、非平衡な希薄気体の速度分布関数の時間変化を表すボルツマン方程式（一八七二年）、またマクロな領域とミクロな領域の関係を示すボルツマン定数やボルツマンの原理などに残されており、現在の統計物理学においてはボルツマン賞により記念されている。

哲学的興味からは二つの点を指摘するべきだろう。第一に、彼は物理学の研究において多元的なアプローチを採っていた。たとえば気体論の出発点として、彼は、分子どうしの衝突数、エルゴード仮説、組合せ論、そして熱物体に関する経験的な事実など多種多様な基礎を試している。また、気体論の前提となる原子は、当時未だ仮説上の存在に過ぎなかったが、これについても彼は弾性球としての原子や、力の中心としての原子など、複数の「像」（Bild、モデル）を与えた。こうしてできる複数の理論は、それが持つ「像」の包括性や「像」から導かれる予測の正確さ、そして将来的な研究への展望によって評価される。オストヴァルトが唱導したエネルギー論との対決（一八九五年）で、ボルツマンはたしかに原子の存在を擁護したが、それは原子が物理現象を理解するためになお有用な「像」であるという意味においてであった。

第二に、ボルツマンは、熱力学第二法則（エントロピー増大の法則）を力学的に導出するという、科学哲学でいう理論の還元にあたる試みにかかわった。彼は当初、ボルツマン方程式の帰結であるH定理が第二法則の力学的導出であると主張したが、時間反転対称性を持つ力学法則から物理過程の不可逆性の表現である第二法則が導かれるはずがないとの批判（可逆性反論）があり、H定理の統計的解釈を打ち出すことで応答した（一八七七年）。これは、大域的には熱平衡の宇宙の中で、ごく稀にゆらぎによりエントロピーが減少した小領域にわれわれが生きているという宇宙論的発想につながった。

ボルツマンは、ブレンターノと交流し、またウィーン大学でマッハが担当していた講座を承継する（一九〇三年）など、晩年に到っても哲学的思索を続けた。彼の講義や草稿のなかには、言語分析の必要性など、後の論理経験主義の発想を先取りしたものも認められる。

（稲葉　肇）

フェヒナー

Gustav Th. Fechner　1801-1887

自然科学と自然哲学を架橋しようとした「精神物理学者」。一八〇一年、当時ドイツ領のグロース・ゼルヒェン（現在ポーランド領）に生まれる。プロテスタント牧師の家系。五歳で父を亡くし生活は困窮。弱冠一六歳でライプツィヒ大学医学生となり苦学を続ける。フェヒナーは一八八七年同市で没するまで、この大学に留まった。

当時の唯物論的な医学に馴染めなかったフェヒナーは、わずか三年で物理学に転じる。この頃フェヒナーは、世界を神の変容と捉える汎神論的なロマン主義的自然哲学者たち（オーケン、シェリング、シュテフェンスら）に傾倒する。しかし他方、自然哲学が物理学を始めとする自然科学的な知見と相容れないことも認識していた。フェヒナーは生涯、これら「汎神論的自然哲学」と「唯物論的自然科学」の葛藤に苦しみながら、両者の総合を試みることになる。

一八三四年物理学正教授となるも、二年後には『死後の生に関する小冊子』という、非物理学的な本を書いている。一八三九年には、網膜上の残存像を調べるため太陽を直視するという無謀な実験を繰り返し、ほぼ盲目状態に陥る。四年にわたる闘病生活の間、フェヒナーは太陽光を避けるため暗室に籠り、精神的・肉体的な死の淵に至る。しかし奇跡的に回復を遂げ、一八四三年には同大学の自然哲学の教授となる。その後自然科学の論文と並行して、自然哲学的著作『ナナ』（一八四八年）で「植物有魂論」を、『ツェント－アヴェスタ』（一八五一年）で、一切の山川草木、地球や惑星にも魂があると説く「万物賦霊（ふれい）論」を展開。一八六〇年の『精神物理学原論』では自然科学と自然哲学の架橋を試みる。

フェヒナーが創始した「精神物理学」（Psychophysik）は、感覚と物理的刺激との関数関係を数式化する試み、いわば「魂を計測する」試みである。フェヒナーが今日の実験心理学の創始者であると言われる理由はここにある。感覚の変化は物理的刺激の変化を必須の前提とする、心と物は表裏一体であるという「物心並行論」は、自然科学では「心は物である」と言われるが、自然哲学では「物には心がある」となる。

フェヒナーの影響は広範にわたり、マッハ、フロイト、マーラー、日本では西田幾多郎、夏目漱石、稲垣足穂に至る。とくにフロイトに与えたインパクトは甚大で、その夢の理論や機知論、死への衝動（涅槃原則）など、フロイトがメタ心理学と呼ぶ心の力動的・局所論的・経済的な観点すべてに、フェヒナーからの強い影響が見られる。

（福元圭太）

エドゥアルト・フォン・ハルトマン

Eduard von Hartmann　1842-1906

プロイセン軍士官の子としてベルリンに生まれたエドゥアルト・フォン・ハルトマンは、ギムナジウムを経て、音楽や絵画、数学、自然科学、哲学を好む青年へと成長する。当初は軍に入隊するも膝の挫傷により退役。研究に専念し在野の哲学者として活躍した。主著『無意識の哲学』（一八六九年）は一九世紀後半のドイツを席巻し、一九二三年までに一二版を重ねた。ベルリンに留学した森鷗外によれば、この本の賛否をめぐる喧しさ（かまびす）はすさまじく、ハルトマン哲学が鉄道と並ぶ一九世紀最新の動向と映るほどであった。

『無意識の哲学』は、体系哲学の骨子となる原理や方法が示された彼の最初の著作であり、①生理学的自然（身体）における無意識の現象や人間精神における無意識などを扱う無意識の現象学、②無意識の形而上学、などで構成される。絶対者としての「無意識者」を立て、あらゆる現象を無意識者の現れとして説明することで、以前の哲学体系における数多くの対立や矛盾に、より包括的な解決を与えることができるとした。世界は無意識者から生じた意志と表象の二原理により理解され、「現在の表象」から「未来の表象」への意欲が現実を生み出すと考えられた。しかし結局、意欲は存在の苦悩へ至るほかない。ゆえに個人の幸福への希望は空しい幻想であるが、世界過程が（意識の媒介において）人間を存在の否定へ導くとしても、存在の否定こそが存在の苦悩からの解放なのであるから、それを目的として積極的に進歩すべきであると主張した。あわせてダーウィニズムの機械論的側面を批判し目的論的な立場に立った。「超越論的実在論」と自称されたハルトマンの思想は、ヘーゲル歴史哲学における「理性」、ショーペンハウアーの「意志と表象」「ペシミズム」などを受容しながら、シェリングの「無意識」と積極哲学に最も影響を受けて形成された。くわえて最新の生理学の成果や帰納的方法を積極的に体系に組み入れた。

ハルトマンの哲学は、初期ニーチェ、シェーラー、シュタイナーらに影響を与えた。日本の明治期における受容も盛んであり、鷗外はハルトマンの『美学』を翻訳、慶應義塾で審美学講義を行った。大塚保治も東京専門学校でハルトマン美学を講じた。東京帝国大学で哲学を教えたケーベルはハルトマン研究者であり、密接な交流があった。

（山本恵子）

ヴント

Wilhelm Wundt　1832-1920

ヴィルヘルム・ヴントは一八三二年にドイツ西部の町ネッカラウ（現在はマンハイム市の一部）で生まれた。本名にはマクシミリアンというミドルネームがあるが、著作や研究では基本的に使われない。ハイデルベルク大学の医学部を卒業後、同大学での生理学の助手を経て、医学生向けの授業のなかで心理学を教えるようになった。一八七四年に出版された『生理学的心理学綱要』（初版）が評価されると同年にチューリヒ大学の哲学教授として赴任し、翌一八七五年秋にライプツィヒ大学の哲学教授として招聘されてからは、生涯その地を離れることはなかった。

ヴントは生理学者として出発したが、『人間と動物の心に関する講義』（一八六三年、初版）を皮切りに、『論理学』（一八八〇―八三年、初版）、『倫理学』（一八八六年）、『哲学の体系』（一八八九年、初版）など数多くの心理学や哲学に関する著書を発表した。ライプツィヒ大学に赴任後は心理学の授業のなかで実験を行うなど、それまでの伝統的な哲学の授業とは異なる方法を用いたことから、「一八七九年に世界で最初の心理学実験室が開設された」として心理学史では語られてきた（実際には、この年度以降に学生が実験装置を用いた研究で博士論文を執筆するようになったというのが正しく、大々的な心理学実験室は一八九六年にならないと整備されなかった）。また『論理学』は四版まで、『生理学的心理学綱要』は六版までというように、常に自著の改訂を怠らなかった。

ヴントの体系によれば心理学は直接経験の学問であり、内的体験を実験的観察法（内観法）によって分析する「実験心理学」（生理学的心理学と同義）と、これを補完する言語・神話・慣習等を扱う「民族心理学」とが二つの分野を形作っている。とくに後者への熱意は晩年に出版された『民族心理学』（一九〇〇―二〇年）全一〇巻に結実している。ヴントにとって実験心理学とは正常な成人を対象としたものであり、児童心理学や動物心理学は民族心理学の領域に含まれていたが、その理由としては心的発達に類似性や断続性が認められるかを論じる意味が大きかったからである。また、ヴントは心理物理並行説を説き、心的現象を物理現象に還元することには反対であったほか、創造的総合の原理を心的合成の法則の中核におき、意志や感情を重視した主意主義の立場をとった。

東北大学には、大正時代にドイツに留学した心理学者の助力で実現した「ヴント文庫」（ヴントの個人的蔵書）が収蔵されていることも付け加えておきたい。

（高砂美樹）

バッハオーフェン

Johann J. Bachofen　**1815-1887**

ヨハン・J・バッハオーフェンは、一八一五年にスイスのバーゼルに生まれた、法制史家、古代学者、人類学者であり、主著『母権論』は現代における母権制研究の先駆けとなった。バッハオーフェンはベルリン大学で歴史学を専攻し、ランケ、サヴィニーに傾倒し、法制史研究においてとくにサヴィニーから顕著な影響を受けた。一八四一―四二年にバーゼル大学で私講師としてローマ法の講座を担当したが、それ以降は生涯、在野の研究者として活動した。

当時バーゼルには歴史学者J・ブルクハルトを中心とした知識人のサークルがあり、バッハオーフェンもその主たる一員だった。そこに一八七〇年頃からバーゼル大学に赴任した古典文献学者F・ニーチェや神学者F・オーヴァーベックが加わった。このサークルの精神的支柱はペシミスティックな世界観を展開した哲学者ショーペンハウアーだった。

バッハオーフェンはヨーロッパ各地を長期にわたって旅したが、一八五九年に出版した大著『古代人の墓碑象徴に関する試論』は、イタリア・エトルリア地方への旅の所産だった。そこで発見した墓碑象徴の解読は、古代の母権制社会への仮説を導いた。彼は「すべてを一体化する」酒の神ディオニュソスが支配した母権制社会が、国家や市民社会における人間個人のエゴイズムが導く父権制社会、つまりアポロン的原理へ移行するプロセスに、ショーペンハウアー哲学の「意志」と「表象」の二元論的構図を当てはめた。

本書が提起したディオニュソスとアポロンの対立の図式は、ニーチェの哲学者としての処女作『悲劇の誕生』に決定的な影響を与えた。とりわけ『悲劇の誕生』第一節の「ディオニュソス的芸術」を規定した箇所は、本書の第一部一五章末尾を要約した上で論を展開している。さらにニーチェ哲学の最大のキーワードである「ディオニュソス的世界観」は、バッハオーフェンが本書で提起した「バッカス的世界観」の言い換えにほかならなかった。つまりバッハオーフェンが「バッカス」と言ったのに対して、同一の対象である酒の神をニーチェは「ディオニュソス」と言い換えたに過ぎなかった。

彼の主著『母権論』（一八六一年）は、歴史学、文献学、民俗学、法学などの多岐にわたる視点から、母権制社会から父権制社会への移行を、歴史的進歩として肯定的に捉えた。

バッハオーフェンの名は長く忘れられていたが、二〇世紀に入ってからミュンヘンの宇宙論サークル、とりわけL・クラーゲスによって再発見された。

（谷本愼介）

コラム　チェコ

ボヘミア王国の消長

チェコは、北西部のボヘミアと南東部のモラヴィアからなるが、両者を総称してもボヘミアという。チェコ人によって建設されたボヘミア王国が一〇世紀半ばに神聖ローマ帝国に属して以来、この地域とドイツ・オーストリアとの関わりは複雑な歴史をたどった。

ボヘミア王国は、中世後期には神聖ローマ皇帝を出すほどの強盛を誇ったが、一五世紀初頭にヤン・フスの宗教改革が起こると、帝国の政治的争乱の震源地と化した。だが一七世紀初頭、カトリック側が決定的な軍事的勝利を収め、ボヘミアを完全にハプスブルク家領に組み込んだ。それ以降、一九世紀にチェコ語文化の復興運動が本格化するまで、ボヘミア全域、とりわけ都市部ではドイツ語が支配的となる。

この間、モーツァルトがプラハに逗留してオペラ『ドン・ジョヴァンニ』を書き上げたのは、一七八七年のことである。前作『フィガロの結婚』のプラハでの成功に気をよくした彼は、知人の別荘で新作を完成、市内での初演は大好評を博した。ゲーテも西ボヘミアの温泉地カルロヴィ・ヴァリ（カールスバート）に姿を見せている。小邦ヴァイマール公国の政治をあずかる彼は、宮廷生活の疲れを癒し、かつ地質学や気象学の研究を兼ねて湯治を楽しんだ。ゲーテのボヘミア滞在は一七八五年から一八二三年のあいだに数十回を数えている。彼がベートーヴェンとはじめて会ったのも、まだナポレオンの大陸支配が続いていた一八一二年夏、北ボヘミアの保養先テプリッツでのことだった。

民族問題

同じ頃、ヘルダーの唱導する言語民族主義にふれた知識人たちは、農民のあいだに息づくチェコ語とその文化に目を向けるようになった。チェコ語文法書・辞書の編纂がはじまり、やがてそれはチェコ語の近代化、さらにチェコ民族文化の復興運動へと展開し、一九世紀後半の「チェコ国民」形成にいたる。ボヘミアはしだいにチェコ（語）社会とドイツ（語）社会に分裂し、いっそうの政治的自立を求める前者と従来の優位性を保持しようとする後者のあいだで深刻な民族対立が発生した。対立の中心舞台となったプラハでは、新聞や学校や劇場、果ては喫茶店にいたるまで、社会空間が言語・民族の境界線にそって二分されたのである。

ハプスブルク帝国内のユダヤ人

他方、一九世紀半ばに中世以来の差別的処遇が撤廃されたハプスブルク帝国内のユダヤ人は、農村から都市へ移動するとともに、ドイツ文化に同化して多様な分野に進出していった。ボヘミアから帝都ウィーンへ出て活躍した人物は枚挙にいとまがない。よく知られた例はフロイトで、三歳のとき家族とともにモラヴィアの農村からウィーンに移ったのち、ナチス・ドイツの手を逃れてロンドンに亡命するまで生涯の大半をウィーンですごした。科学哲学のマッハ、音楽美学のハンスリック、純粋法学のケルゼン、経済学のシュンペーターは、世代は異なるものの、よく似た経歴をたどっている。音楽家のマーラーもまたボヘミアの寒村からウィーンに出て、各地でキャリアを積んだのち、ウィーン宮廷歌劇場総監督に昇りつめた。だが、この地位に就くにあたって彼がキリスト教への改宗を余儀なくされた事実は、ユダヤ人の活躍につねに障壁がつきまとったことを如実に物語っている。

言語と文化の境界

むろん、ボヘミアからドイツへ出て活躍したユダヤ系知識人も少なくない。現象学のフッサールはそのひとりだが、ここでは独自の言語思想で知られるマウトナーにふれておこう。中部ボヘミア出身のマウトナーもまたドイツ文化に同化し、熱烈なドイツ愛国主義者となった。ベルリンで作家として活動したのち、言語哲学的著作に没頭するにいたった。言語は現実をとらえることができず、概念語の意味内容は、社会的な相互作用の所産にすぎないという彼の議論は、ヴィトゲンシュタインに先行する言語批判とみなされる。だがその根底に、ドイツ語を我がものとしながら当のドイツ語からの疎隔感につきまとわれる同化ユダヤ人の姿があることを否めない。マウトナーの言語批判は、つまるところ言語にたいする徹底した懐疑と不信である。

自身の言語――さしあたりは母語――への疑念は、みずからの言語的、民族的ないし文化的な帰属意識の不確実性へと増幅されていく。それを強く自覚したのが、ハプスブルク帝国の末期にプラハで活動した、カフカとその周辺のドイツ系ユダヤ人である。彼らは、ドイツ人とチェコ人の衝突が絶えない日常にあって、新興のモダニズム芸術に心を躍らせ、インターナショナリズムの理想に共鳴し、ユダヤ的アイデンティティ回復を鼓吹するシオニズム、ことにブーバーの文化的シオニズムに惹かれ、さらに民族間の仲介を図ってチェコ語文化の紹介・翻訳にも努めた。ボヘミアの多層的な社会環境に深く根ざした彼らユダヤ系知識人の知的世界は、一九世紀末から二〇世紀初頭のヨーロッパ文化のひとつの縮図といってよい。

消え去った多文化社会

第一次世界大戦後、哲人大統領マサリクに率いられて成立したチェコスロヴァキア共和国がナチス・ドイツによって蹂躙され、さらに第二次世界大戦ののちドイツ系住民が追放されたとき、ボヘミアの多文化社会は消え去った。その知的風景は、アメリカやイスラエルなどの亡命先で戦後を生きた人びとによって、語り伝えられることになったのである。

（三谷研爾）

コラム　スポーツ

サッカークラブと伝統

ドイツでは「伝統（Tradition）」と「自然（Natur）」という言葉が文化の肯定的な評価に用いられることが多い。例えば、ブンデスリーガと呼ばれるプロのサッカーリーグでは、ある飲料メーカーが莫大な資金を投じて作ったクラブが躍進し、大きな物議を醸したが、ドイツでは、大金で作られたサッカークラブは「伝統」をもたない「人工物」と批判されている。ある種の伝統や自然性が、スポーツにも求められていることが理解される。

ドイツのサッカークラブには、自らの伝統を示す名前も多い。例えばドルトムントの「ボルシア（プロイセン）」は、権威への反抗のシンボルとなっていた一九世紀の学友会に好まれた名前であるし、フランクフルトの「アイントラハト（協力）」は労働組合に好んで使用されていた名前である。さらにTSVレバークーゼンやTSGホッフェンハイムのように「ドイツ体操」を表す「T」の略称を冠するクラブも少なくない。これはイギリスからサッカーが伝播した当時、ドイツ体操と呼ばれる文化が普及していた歴史と関係している。

ドイツ体操

ドイツ体操を意味する「トゥルネン（Turnen）」は、一九世紀初頭に、ヤーンによって発明されたドイツ語である。ヤーンは、トゥルネンをゲルマン起源の伝統をもつ言葉として宣伝し、愛国運動と市民運動を標榜するドイツ体操を組織したのである。

ヤーンのドイツ体操は表立った軍事訓練を否定していたが、例えば体操の一部に位置づけられた遊戯においては、ゲリラ戦の訓練としての格闘技が組織され、体操家たちの間には「男らしさ」の価値観が深く浸透し、女性の参加はもちろんのこと、体操家と女性の結婚や交際も禁じられていた。粗暴な遊戯は、その実践が個人の自由意志にゆだねられたために、決闘の習慣を残していた学友会だけではなく、近代的な理念を支持する若者たちにも好まれた。

国民的記念日に催された体操祭では、愛国歌や賛美歌の合唱によって一体感が演出され、質素な白い麻で作られた体操服によって、体操家たちの地位の平等性と同時に、ゲルマンの自然美が表現された。こうしてドイツ体操は多くの人々を魅了し、全国各地に設立された体操クラブと体操祭を通じて、「大衆の国民化」に寄与することになったのである。

スポーツの受容

一九世紀の後半にスポーツの本格的な受容が始まると、体操家たちは、スポーツの「英国風」「競争性」「奢侈性（華美なユニフォーム）」「一面性（不自然な身体の一部位の鍛錬）」を批判し、排斥運動を展開する。とくにサッカーは脚と頭だけを鍛える「足癖の悪いイギリス人の病魔」と呼ばれた。この文化摩擦のなかでスポーツの定着に大きな役割を果たしたのが社交の要素であった。

二〇世紀転換期のドイツにおいては、階級・集団間の分裂が顕著になり、多数の一般誌で「社交性」がテーマとして取り上げられていた。一九一〇年には、ドイツではじめてとなる社会学者の全国会議において、ジンメルが「社交性の社会学」という基調講演をおこなっている。そうした時代精神のもとで、例えば競馬・乗馬は貴族（馬主）と市民（騎手）の交流の場、ティー・タイムを伴うテニスは男女のお見合いの場とみなされた。まだ両チームの選手が混合で試合をすることもあったサッカーはイギリス人とドイツ人、経済市民と教養市民の交流の場となった。「競争」と「社交」を自らのテーマとして探究したジンメルがテニス場を所有していたことも偶然ではなかった。

こうして社交の場として認知されることで、スポーツはドイツの人々に受け入れられていったのであるが、現代のスポーツクラブにもその精神は、クラブハウスでの飲食やパーティーなどの催しとして受け継がれている。

労働者とサッカー

ユニフォームやスパイクなどの用具の購入や試合場への移動に経費が必要なスポーツが、ドイツの労働者に楽しまれるようになるのは比較的遅かった。労働条件が改善された一九二〇年代に、第一次世界大戦を通じて軍事訓練や戦場の気晴らしとしてスポーツに接していた労働者たちによって、スポーツが楽しまれるようになる。

この時期に労働者のサッカークラブとして有名になったのがシャルケであった。炭鉱労働者とポーランド人のクラブと揶揄されていたシャルケがサッカーの試合で市民階級のクラブを圧倒し始めると、市民階級によって構成されていたサッカー連盟は、選手への報酬を問題視し、シャルケに出場停止の処罰を科す。選手への報酬が暗黙の了解となっていた当時、このスケープゴート化によって、シャルケは市民階級のクラブに対抗する労働者のクラブとして知られるようになり、全国区の人気クラブに押し上げられた。現在でもシャルケの選手たちは炭鉱労働者を意味する「クナッペン（Knappen）」の愛称で親しまれている。

フェアアインとスポーツ

クラブや協会を意味する「フェアアイン（Verein）」というドイツ語には、日本語では表現し難いニュアンスが含まれている。ドイツのフェアアインは、集団結社の自由を求める運動と結びつきながら一八世紀後半に結成されている。とくに当時の文芸フェアアインは、新しい知識と行動様式を市民が学ぶ場となり、ドイツの近代化に寄与したといわれている。現在でもドイツの民法には、総会と選挙による民主的な運営が義務づけられた非営利法人（正確には社団であるが、理念的な性格は非営利法人）であるフェアアインの結成が「国民の権利」と明記され、六〇万近いフェアアインが地域住民のボランティアを伴って運営されている。その代表的な存在が、九万のフェアアインに二七〇〇万人が登録しているスポーツクラブなのである。

ドイツでは、長い間、この非営利法人としてのフェアアインにのみ、プロサッカーリーグへの加盟が認められてきた。欧州サッカーの商業化に伴って一部の企業化が容認された一九九九年以降も、企業ではなく、フェアアインが議決権を持たなければならないという特別ルールが定められ、フェアアインによる運営が保護されてきた。経済原理とは異なる運営方式を持つフェアアインが、広く国民に支持されているためである。このドイツ独自のルールは、企業にとっての投資価値を半減させ、ドイツのサッカークラブが欧州の大会で活躍しにくい足枷となっている。それにもかかわらず、ドイツ国民の多くが、このルールの存続を望んでいるのである。

その一方で、国民に愛されてきたスポーツやフェアアインが、ナチズムと密接な関係にあったことも事実である。一九三六年のベルリン五輪で「伝統」と「自然」を象徴的に表現したナチの宣伝手法はドイツ体操に由来するものであったし、シャルケの労働者のクラブという伝統がヒトラーのイメージ作りに利用された過去も知られている。

ドイツの市民社会とサッカー

戦後のドイツにおいては、六八年革命の挫折の後、平和運動、女性運動、環境保護運動、人権運動などの社会運動が断続的に繰り返され、九〇年代の後半には、多くの地域住民が政治や経済に影響を与えようとする社会運動への参加経験を持つようになるなど、「市民社会（Zivilgesellschaft）」が定着する。これと同じ時期に、グローバル資本主義の浸透がドイツのサッカーを変質させ、とくにプロリーグへの投資家の影響力が強化される。こうした背景のもとで、一方ではフーリガンがネオナチと結びつき、「本物のサッカーの守護者」を自認しながら、スタジアムで右翼過激主義的な行為を繰り返すようになる。他方では、イタリアに由来する政治的な思想を示威するウルトラスが左派的な運動と結びつき、同じように「本物のサッカーの守護者」としてスタジアムに現れたのである。こうしてドイツのサッカースタジアムは激しい「政治闘争の場」となり、ファンのパイロ（低温発煙筒）やコレオグラフによる演出がひとつのスペクタクルとなって多くの観客を集めるようになったのである。

しかし、ドイツのサッカースタジアムには、いくつかの課題も残されている。ひとつには政治思想を示威するウルトラスに「男らしさ」の特徴が強く反映されていることである。彼らの演出の多くが、男性的な力強さを前面に押し出すものであり、「女性性の排除」が同時に示威されてしまっている。もうひとつには人種差別的なネオナチが、十分な規制のない下部リーグのスタジアムに出現していることである。サッカーが社会を映し出す鏡になっているドイツでは、市民社会の課題もまた、サッカーに表象されているのである。

（釜崎　太）

コラム　ユーゲントシュティール

激変する社会の中で新たな人間性を獲得するために

ユーゲントシュティール（Jugendstil）とは、一九〇〇年前後の約一〇年間にドイツを席巻した芸術の動向を指す。それはいわゆる自由芸術（絵画や彫刻）のみならず応用芸術（建築、工芸、グラフィックなど）を含む、芸術全般に拡がる動向であったが、その短期間における急激な隆盛と衰退ゆえに、しばしば世紀末の徒花的動向と捉えられてきた。しかし近年では、一九世紀の折衷的歴史主義から脱皮し、二〇世紀の近代的芸術へと至る流れを牽引したその先駆性が、改めて評価されている。とりわけ一八七一年にようやく統一が成ったドイツでは、経済面や政治面での国の歩みがユーゲントシュティールの展開と密接に相関しており、その点が装飾における造形上の特徴以上に、後の近代デザインの展開を考える上で注目される。

一九世紀はテクノロジー（産業）の発展によって、流通と情報のグローバル化が劇的に進んだ時代であった。ユーゲントシュティールもドイツ単独の孤立した動向というより、英国のアーツ・アンド・クラフツ運動やフランスのアール・ヌーヴォー、さらにはベルギーやアメリカといった国々における同様の動向と連携していた。それらはともに、激変する社会の中で新たな人間性を獲得するために、芸術を起爆剤とする点において共通していた。具体的には、アカデミズムや歴史主義といった従来の芸術の規範や組織から分離し、新しい造形原理の模索や芸術システムの構築を目指して、芸術家や製造業者たちが新組織を設立するという動きが現れた。

一八九〇年代に入り各国で相次いで刊行された豊富な写真・挿画入りの芸術雑誌は、ヴァーチャルな形で国際的情報そして人的ネットワークを生み出し、一方で一八五一年の第一回ロンドン万博以降各地で頻繁に開催された各種展覧会・博覧会が、リアルな物的・人的交流を促した。

ドイツで前者の役割を担ったのは、『パン』（一八九五年刊行）『ユーゲント』（一八九六年刊行）『ドイツの芸術と装飾』『装飾芸術』（ともに一八九七年刊行）であるが、後者の役割を担ったものとしてとくに注目されるのが、一八九七年にミュンヘンとドレスデンで開催された二つの国際芸術展である。両展覧会は、ネオ・バロックやネオ・ルネサンスといった歴史様式の変容ではない、全く新しい装飾原理に基づいた室内空間を紹介し、ドイツにおけるユーゲントシュティールの実質的デビューの場となった。

自然研究（Naturstudie）

各時代精神の表象であるべき芸術様式を本来のコンテクストから切り離し濫用することで、「様式の大混乱」を招いたと批判されたのが、一九世紀（とくに半ば以降）の建築・デザインだった。人々は時代に相応しい造形原理の発見に迫られ、歴史に代わるものとして注目したのが、自然つまり自然界における造形であった。ものの表面を装飾するだけでなく、ときに躯体そのものともなって伸びゆく植物のごとき有機的曲線は、ユーゲントシュティールの装飾・デザインの主たる特徴だが、その生成を後押ししたのは当時の自然科学研究の発展と、明治維新を契機に西欧に大量に招来された日本の美術・工芸品だった。自然科学研究の論文や書籍に掲載された動植物の写真（ときに顕微鏡写真）や細密画、そして日本の美術・工芸品に見られる多彩な自然モティーフの表現は、人々に大きなインパクトを与えた。

　ドイツにおけるその最も早い成果の一例が、ヘルマン・オブリストによる壁掛《シクラメン》（一八九五年）である。薄緑色の絹地に金糸で刺繍されたシクラメンは、蕾から葉、枝そして根まで、緩やかな弧を折り返し描く線で半ば抽象的に表現されている。この作品は、自然を手本にするということが、それをモティーフとして単に模写するのではなく、その生命原理を造形化する試みであったことを示している。またさらに一歩進んで、ベルギー出身のアンリ・ヴァン・ド・ヴェルドは、造形要素である線そのものの生命力をデザイン化しようとした。その成果としての室内装飾が、一八九七年のドレスデンでの国際芸術展で紹介され、大きな反響を呼んだ。また自然を手本とすることは芸術教育をも刷新した。デッサン教育において、従来重きをなした過去の歴史様式の模倣は否定され、自然研究を通して造形原理の根本を理解し新たな創作へと繋げる、という訓練がカリキュラムに取り入れられるようになった。このような試みの射程の先に生まれたのが、カンディンスキーらによる非対象・抽象絵画や、ヨハネス・イッテンらによる造形基礎教育である。

芸術と産業（Kunst-Gewerbe）

　一九世紀後半の喫緊の課題だった、産業化・大衆化が急激に進む社会、とくに都市における人間性の回復は、生活の質の向上と密接にかかわる。それを支える住空間そして日用品の美的価値と質の向上・改革の実現を目指したのが、ウィリアム・モリスが中心となった英国のアーツ・アンド・クラフツ運動であった。ドイツでも、モリスの活動、さらには彼の賛同者であるチャールズ・ロバート・アシュビーが、質の良い日常品の生産と労働環境の改善、くわえて職人の教育を目指して運営していた「ギルド・アンド・スクール・オヴ・ハンディクラフト」を参考に、各地で新たな工房が設立された。中でも注目すべきが、ペーター・ベーレンスやブルーノ・パウル、リヒャルト・リーマーシュミットなど、その後のドイツの近代デザイン黎明期を牽引するデザイナーが参加して一八九八年にミュンヘンとドレスデンで設立された二つの工房、「手工業芸術連合工房」と「ドレスデン手工芸工房」である。これら工房の主たる目的は、芸術的訓練を受けたデザイナーが提供するデザインを基に、家具や日用品を確実に効率よく製造し、それらを良心的な価格で広く人々に販売することにあった。その実現のために、モリスのように手工業を絶対視することなく製造過程における機械の使用を容認し、工房ではデザイナーと手工業者の職分を明確に分離しつつも、両者の密接な協働を目指した。また出来上がった製品は、展覧会への参加などを通して積極的に宣伝し、独自の販売店で直販した。この過程で、デザイナーは、商品やその広告媒体のデザインだけではなく、それにふさわしい生活空間・ライフスタイルの提案をも行うことになる。ユーゲントシュティールとは、まさに芸術と産業をめぐる新たなビジネスモデルを創出した動向でもあった。

テオドール・フィッシャー（設計）リヒャルト・リーマーシュミット（壁画等）ヘルマン・オブリスト（カーテン等）アウグスト・エンデル（フリーズ等）マックス・ロイガー（陶器）ほか「第７回国際芸術展第25室（小芸術部門）」1897年

理念としてのユーゲントシュティール

「ユーゲントは生の喜びであり、喜びの能力であり、希望と愛であり、人間への信頼である――ユーゲントは生であり、ユーゲントは色彩であり、ユーゲントは光とフォルムである。」と創刊号にその綱領を掲げた雑誌『ユーゲント』は、その名も含めて、ユーゲントシュティールの一般化に大いに寄与した。しかしユーゲントシュティールの人気が高まるにつれ、様々な芸術ジャンルで、表層のかたちのみをなぞった粗悪なコピーが大量に生み出された。ユーゲントシュティールの広がりを支えた技術の進歩は、皮肉にもそれを、濫用・濫造された歴史主義と同じ状況に陥れ、ヘルマン・ムテジウスらによる厳しい批判にさらすことになった。さらに二〇世紀初頭の帝国主義の強まりは、芸術においても「ドイツ的」なるものを要請し、国際性をその特徴としていたユーゲントシュティールに変容を迫る圧力になった。

本来「様式（Stil）」を目指したものではないユーゲントシュティールは、その広まりゆえに「流行（Mode）」となって衰退した。しかし新しい造形原理の探求や、芸術と手仕事そして産業の統合による生活の質の向上といったその理念は、ドイツ工作連盟（一九〇七年設立）やバウハウス（一九一九年開校）に確実に受け継がれた。

（池田祐子）

第Ⅲ部

20世紀(1)

20世紀(1) 哲学者人物相関図（フッサールとフロイトを中心に）

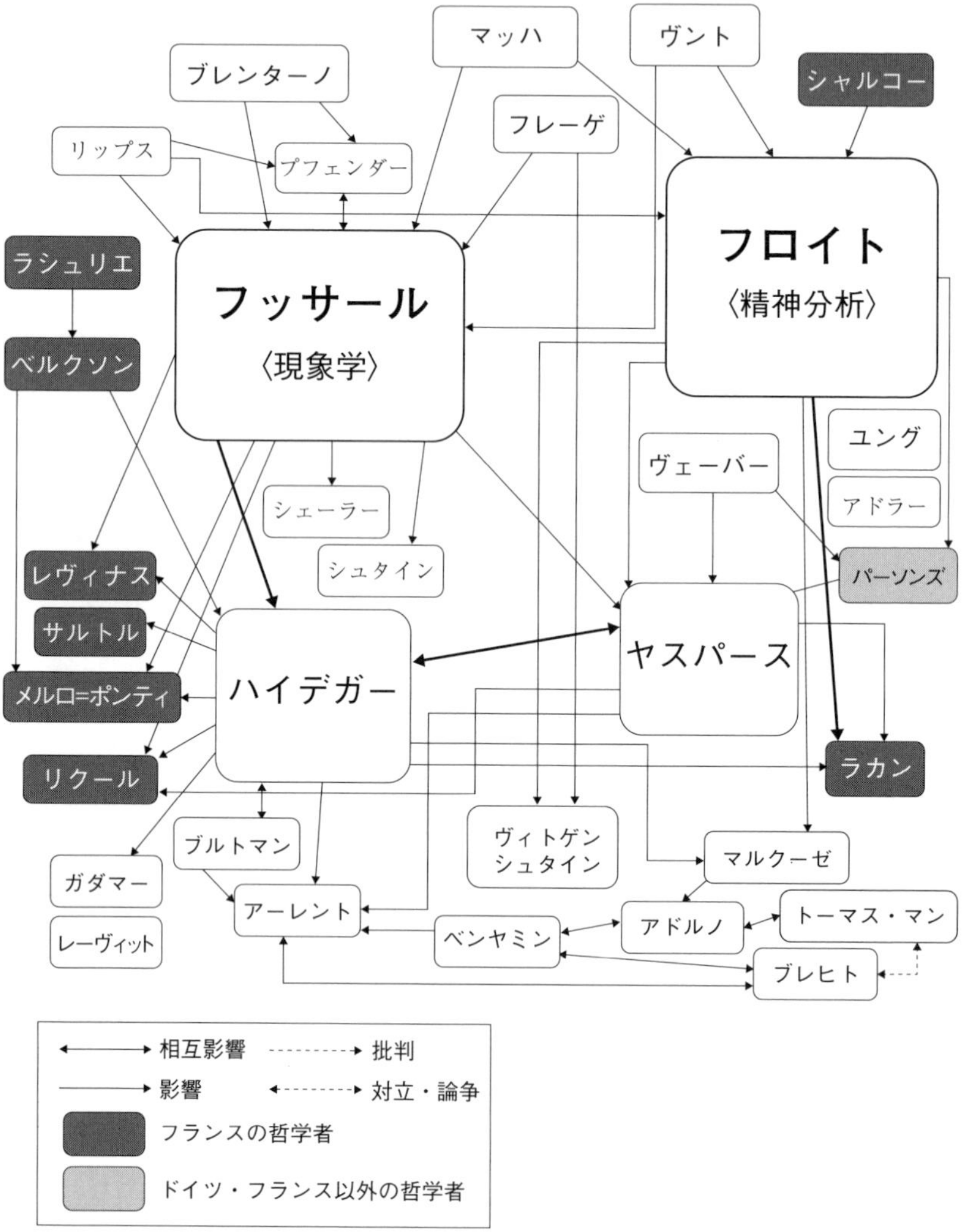

二〇世紀総論(1)　飛行機、ラジオ、遠い故郷（第二次世界大戦まで）

▼ベルリンの新旧空港

東西ドイツ統一から三〇周年となる二〇二〇年一〇月に、ベルリン・ブランデンブルク国際空港が新たに開港した。予定より九年も遅れてようやくの開港となったが、折しも新型コロナウイルス禍で航空利用は激減、静かな始まりとなった。一方、既存のテーゲル空港は一一月八日をもってその役割を終えた。

テーゲル空港はかつて、東ドイツのなかに飛び地として存在した西ベルリンを外部とつなぐ空の窓口であった。一九四八年に東ドイツを占領統治していたソ連がベルリン封鎖――西ドイツから西ベルリンへの道路と鉄道を一時すべて閉鎖――をおこなった際に、西側から日々の物資を空輸するため、わずか二か月の突貫工事でできた空港であった。その後、民間利用になってからも施設は質素で手狭だったが、アクセスのよさを好む利用者は少なくなかった。しかし東西統一後、再び首都となったベルリンにはより大きな国際空港が必要であり、かくしてテーゲルは新空港に道をゆずった。

旧・新両空港の名称は「ベルリン・テーゲル空港オットー・リリエンタール」、「ベルリン・ブランデンブルク空港ヴィリー・ブラント」と、それぞれ人名が付されている。このリリエンタールとブラントという二人の人物を補助線にしつつ、二〇世紀ドイツという時代――とうてい簡単には語ることのできない時代――と、それを生きた哲学者たちについて、多視点的に、いくらかのことを見てみたい。

▼リリエンタールの飛行研究

一八八九年は**ハイデガー**、**ヴィトゲンシュタイン**、そしてアドルフ・ヒトラーの生まれた年で、現代史・現代哲学史を見る際のひとつの基点のような年だ。同じこの年に刊行されたのがリリエンタールの著書『飛行技術の基礎としての鳥の飛翔』であった。ドイツではG・ダイムラーとK・ベンツが八〇年代に相次いでガソリンエンジンを発明するなど、新テクノロジーが多く実用化された一九世紀末だが（ベルリン大学での北里柴三郎の破傷風菌純粋培養成功も一八八九年）、しかし、空を飛ぶ機械が現実に可能かは、いまだ証明されていなかった。

リリエンタールは、ベルリン郊外を拠点としてハンググライダーでの有人飛行を何年にもわたって繰り返し、二〇〇〇回以上飛行に成功し、写真などを蓄積し続け、飛行という謎

テーゲル空港（2020年筆者撮影）

の理論的実践的な解明に努めた。その前提となる理論仮説と実験機データを記したのが上述の『鳥の飛翔』であった。だが一八九六年八月にリリエンタールはグライダー飛行中の事故で死去する。リリエンタールの死の報に強い刺激を受け、飛行機の実現に全身全霊を傾けることを決意したのが、（ドイツからアメリカへの移民が母方の家系の）ライト兄弟であった。ライト兄弟は『鳥の飛翔』を入念に検討し、リリエンタールの理論は不十分だが、データはきわめて精確だと判定した。そして、ついに一九〇三年末にライト兄弟は人類初の動力飛行を成功させた。こうして私たちの世界は飛行機が存在する世界となった。兄ウィルバー・ライトはこう語った、「リリエンタールは疑問の余地なく最も偉大な先駆者であり、世界は彼に多くを負っている」。

　一九〇六年に、飛行船や飛行機について研究したいとの思いから、ベルリンのシャルロッテンブルク工科大学（現・ベルリン工科大学）に若き**ヴィトゲンシュタイン**が進学したことは、こうした時代背景をふまえるならば、この不世出の奇才の人生にとって、必ずしも単なる寄り道というふうには見えない。理論もロマンも実用性もある、未知なる最先端の分野だったのである。〇八年にイギリスのマンチェスター大学に移ってさらに航空工学の研究を続け、プロペラの設計に取り組んだ――プロペラの原理と実用はまさに日進月歩、開発競争が口火を切っていた――が、いつしか開発の基礎となる数学そのものへの関心が強まっていったとされる。

　一一年に、今度は哲学を学ぶべくケンブリッジに赴いたヴィトゲンシュタインは、教授ラッセルのもとに押しかけ、毎日あれこれ議論をふっかけてラッセルを困惑させた。それでいて、自信なさげに悩みを述べもする。ヴィトゲンシュタインは〝哲学をやる資質がないなら、飛行機乗りになる、哲学を続けるか迷っている〟ということをラッセルに言った。ラッセルは、何か君が書いたものがないと判断できない、長期休暇のうちに小論文レポートでも書いて持ってくるように、と伝えた。休暇明け、ヴィトゲンシュタインが書いてきたレポートの最初の部分を読んだのち、ラッセルはこう断言した、「飛行機乗りにはなるな」。有名なエピソードだが、〝飛行機乗りになる〟という選択肢も当人にとって魅力があったという点が、このエピソードの含むニュアンスだろう。

　ケンブリッジ時代にヴィトゲンシュタインはデイヴィッド・ピンセントという生涯わずかな親友を得るが、二人の共通点として音楽への造詣にくわえて、航空への情熱もまた挙げられる。一九一四年の第一次大戦勃発後、ヴィトゲンシュタインがオーストリア軍に従軍した一方、英国の王立航空研究所でピンセントは開発者兼テストパイロットとして勤務した。だが第一次大戦終盤の一八年五月にピンセントは勤務中の墜落事故で死亡する。ヴィトゲンシュタインが一八年に執筆し、二一年に刊行した主著『論理哲学論考』の冒頭には、ピンセントの想い出に捧げるとの献辞が記されている。

▼ブレヒトのラジオ劇『リンドバーグの飛行』

　ヴァイマール共和政期——一九一八年の第一次大戦終戦後、三三年のナチ党の政権掌握にいたるまでの——は、敗戦・帝政崩壊後に掲げられた民主主義的な理念と、ハイパー・インフレおよび世界恐慌という相次ぐ経済危機とのはざまで、政治構造の脆弱さにドイツ社会が揺れ続けた時代と目される。またそれでいて同時に、新しい消費文化が浸透し、高度な文化・芸術が多様に開花した特筆すべき期間だと考えられ、「黄金の二〇年代」とさえ呼ばれる。反‐ファシズムの文化だったのか、プレ‐ファシズムの文化だったのか。ヴァイマール期の光と影をめぐっては、今日までさまざまなことが数多く論じられてきたし、今後も論じ続けられるであろう。

　一九二八年に音楽劇『三文オペラ』（さんもん）で、痛烈な社会風刺を非伝統的な突き放した手法で作品化し、一挙に名声を得た劇作家**ブレヒト**は、翌二九年に、ラジオでの上演を想定した劇作品『リンドバーグの飛行』を発表する。下品さをいとわない『三文オペラ』は、社会の大人たちを挑発するものだったが、今度は、少年少女を対象とした《教育劇》の試みとして、二七年の大西洋横断飛行達成を題材にした『リンドバーグの飛行』をブレヒトは世に問うた。

　ラジオ放送がベルリンで開始されたのは、激烈なハイパーインフレのさなかの一九二三年であった。翌二四年までに全九社の地方局でドイツ国内全域をカヴァーする放送体制が整い、以後、ラジオ受信機が徐々に普及する。ただしブレヒトは、ラジオという二〇世紀前半のニューメディア・テクノロジーに、単に明るい未来の希望を託そうとしたわけではない。

むしろ、社会に浸透したラジオが一方通行的な装置に成り下がっていることを批判し、ラジオに双方向的な媒体としての可能性を取り戻させることを、ブレヒトは意図していた。

そこで『リンドバーグの飛行』の台本にブレヒトがほどこした工夫は、こうだ。台本を、ラジオが声を発する部分（＝各地の人びとや擬人化された自然現象のセリフなど）と、ラジオを聴く人がみずから声を出して読む部分（＝飛行中のリンドバーグ）とで、構成したのだ。ラジオ聴取者も台本を持って放送に〝参加〟する。そして声を発する。そうすることで、普段はラジオをただ受動的に聴くだけだった聴衆は、能動的な参加ができ、双方向的な経験がそこに成立するはずだ……。

ブレヒトのこの試みが、いささか素朴で、あまり知的な刺激もおもしろい体験も〝参加者〟に生じさせないことは、容易に想像がつく（二九年七月のバーデン＝バーデンでの初演時には、「ラジオ das Radio」と「聴取者 der Hörer」の役割の演者たちを舞台上に配置して上演されたようである）。目的に比して手段が単純すぎたことは否めない。……とはいえ、いま現在、小学校でSNSのマナーやルールなりを子どもにわざわざ〝指導〟しなければならない二一世紀前半の社会・テクノロジー環境に生きる私たちから見て、他人事と笑ってすませられないのもたしかだ。受動的な美食的・依存症的メディア接触へと流されゆく傾向のなかで、能動的な知的活動を促すことはどのようにすれば可能であるのか。

（この作品には後日談がある。一九四九年に南ドイツ放送が『リンドバーグの飛行』を放送したいと申し出た際、ブレヒトはリンドバーグが後におこなった親ナチ的言動を理由として、作品タイトルを『大洋横断飛行』に変更して放送するようにと返信した。）

『リンドバーグの飛行』初演の三か月後、二九年一〇月のニューヨーク株式市場暴落に端を発した世界恐慌がドイツ経済に深刻な打撃を与える。失業率は一時三〇％を越え、ドイツ社会はさらに余裕を失っていく。

▼ハイデガーとラジオ、社会の構造転換

一九二七年に**ハイデガー**の『存在と時間』が刊行される。この書籍にも、一九二〇年代の時代の刻印は見いだされる。あまり着目されないが、ラジオについては表立った言及がある。

「あらゆる物事の速度の加速が、距離の隔たりをもはや過去のものとして片づけてしまおうと急かしており、今日私たちはその加速に参加するよう多かれ少なかれ強いられている。最近では、たとえば《ラジオ Rundfunk》をもちいて現存在は、日常的環境世界のある種の拡大の途上にあり、《世界》にたいして《ラジオ》をもちいて距離‐把握 Ent-fernung を遂行しているのだが、この種の距離‐把握が現存在にとっ

てどのような意味をもつのかはまだ見通せない」。

ラジオの登場が人間（＝現存在）のあり方にどのような変化をもたらすのかについて、結論を急がずに見極めようとする姿勢が『存在と時間』で表明されているのは、興味深い。

なるほどハイデガーは、実際的な次元では、ラジオというニューメディアにたいしてネガティヴな評価をしているように見える。たとえば二八／二九年度の講義で。「ひとは丸一日をラジオ機器に費やしても、すべての周波数と番組を聴くことはできない。〔…〕ラジオを所有すると、途方もない数の経験の可能性を与えられるけれども、所有者は自身をその機器の奴隷にする」（GA27）。とはいえハイデガーは、自動車以前・ラジオ以前の時代に戻れば立派なことだと主張するような、頑迷な反近代論者ではない。テクノロジーのマイナス面を見抜くためにわざわざ「乗合馬車の時代に戻りたいという願いをもつ必要は、ない」（GA27）。

一九三三年一月にヒトラー内閣が成立、ナチ政権時代の開始。その三か月後の三三年四月にハイデガーはフライブルク大学学長に選出された。年齢的にまだ若く、当初はためらったが、後押ししてくる者たちも多く、最終的にはある程度前向きな姿勢での学長就任であり、いわば政権交代を大学改革の好機と判断してのことだった。ハイデガーとの往復書簡等を見るならば、**ヤスパース**でさえ三三年夏の時点では大学改革の機会になりうるとの見方をまだ完全には捨てていなかった。しかし、他大学でも続々と学長が交代したが、その面々を見れば——典型的には、フランクフルト大学学長に任命された御用学者エルンスト・クリーク——ナチ党の方針に沿うタイプかどうかで選ばれており、学術業績は考慮の外であることは明白だった。ナチ政権側からも、政権に経済改善を期待し、就職の役に立つかとナチ党に入党する学生集団からも、そして社会の混乱期に黙って傍観者的に立ち回る守旧派の教授陣からも、どこからも協力を得られない。孤立した滑稽な道化役にすぎない自身の現実にハイデガーが気づくまでに、さほどの時間は要さなかった。わずか九か月でハイデガーは任期途中で学長職を辞任。学長就任はまったくの失敗であったと、ハイデガーは当時から率直に認めている。

学長職はもう続かないとハイデガーが認識していた三三年末に、ラジオ放送されたのが「創造的な光景。なぜ私たちは田舎にとどまるのか」という短い文章であった（のちにGA13に収録）。ハイデガーがベルリン大学教授への招聘を断ったことの理由として、南ドイツの田舎への愛着を述べた随筆的な文章と通例解される。ハイデガーに批判的な論者からは不評なもののひとつであり、酷評も少なくない。

ただ、批判的な立場からも擁護する立場からも、この文章の発表形式についての着眼はほとんどなかったように見える。この「なぜ私たちは田舎にとどまるのか」は、ラジオで放送された。なぜ田舎と土着性についての文章を、よりによって土着性の反対物であり破壊者であるようなテクノロジー・メディアを通して発信したのか？　多くの場合この文章でのハイデガーの記述は単に〝実話〟としてニュートラルにとらえられがちだ。だが、文章の受け手を想定したうえで執筆構成された側面がないか、考慮すべきだろう。そう考えると、この文章がベルリン局ローカルのラジオ放送のためのものだったことは、注目に値する。ハイデガーは南ドイツの田舎についての記述と称する文章を、電波の音声という虚構の田園を、首都ベルリンの都市リスナーに向けて投げかけたのだ。そこには緊張・矛盾をはらんだ諸要素がある。離れた場所でも・多くの人に届く放送メディアの性質の把握と活用。都市化やニューメディア普及にもはや逆らえないという断念。そして、中央集権体制を急激に推し進めるナチ政権の手法にたいする地方文化的な抵抗と同時に、そうした手法を駆使して争う場としての政治空間からの自身の撤退表明……。

〝絶大な威力をもつナチ宣伝〟という大衆操作論は、ファシズム論におけるメディア批判に典型的な言説だ。だがそれだけでは、〝宣伝は必ず効果を持つ〟とのロジックの自明視にすぎない。メディア学としては単純すぎる。個々の宣伝ではなく、ニューメディアの登場による社会の構造的変化を分析する必要があるゆえんだ。メディア史家の佐藤卓己は、むしろヴァイマール期におけるラジオの普及は、身近な地域・職場への帰属意識という伝統的枠組みが弱まり、〝国民〟というより大規模な帰属意識の情報空間が構築されるプロセスであったと指摘する。「ヴァイマール共和国期のラジオ放送というニューメディアは伝統的な公共圏の「体制（レジーム）」を根底から揺さぶっていた。〔…〕ラジオの情報は子どもや非識字者にも届いた。〔…〕家庭の居間に置かれたラジオ受信機で政治情報へアクセスできるなら、わざわざ職場集会や労働者酒場に行く必要はない。そう感じる労働者が増えてくれば、これまでの帰属集団の伝統的枠組みは大きく揺さぶられる。〔…〕家事労働に従事していた婦人と政治との距離感も、ラジオ番組の聴取によって激変した。こうして政治化した女性と就労経験のない青年にとって、労働組合など利益集団間での調整で設定される伝統的な議会政治の「体制」は満足できるものでなくなっていた」（佐藤卓己『ファシスト的公共性』）。

「なぜ私たちは田舎にとどまるのか」をハイデガーは、自身の地元地域の親しい人々に向けて語りかけたのではなかった。ニューメディアが作動させるドイツ・ベルリンの中央集権的な情報空間の吸引力への抵抗を――非力な抵抗だが――ニューメディアの内部に入り込んで試みた、ということだろう（**スローターダイク**の論評を引用するなら、「都市が田舎を夢み、田舎が都市を夢みる、というのが近代の空間幻想だが〔…〕ハイデガーはこのファンタジーを割って風穴を空ける。二つの幻想は同じ前提を持ち、同じく歪んでいる」（『シニカル理性批判』））。《黒表紙のノート》と呼ばれる雑多なメモ書きでも、ハイデガーはたとえばこう書きとめる。「《農民》とは、かつては耕地を歩く者だったが〔…〕今ではラジオと映画を十分に供給されながら《トラクター》や《バイク》にかかわる仕事だ。《都会化》に抵抗する戦いというのはナンセンスだ、すでに地方のほうが都会よりも《いっそう都会的》なのだから」（GA96）。

▼一九歳、偽名ヴィリー・ブラントの亡命生活

三三年二月の国会議事堂放火事件以降、ナチ党こと国民社会主義ドイツ労働者党（NSDAP）は、対立政党の新聞の発禁や活動家の逮捕など、暴力的な施策を一気に加速させた。ドイツ社会民主党（SPD）の活動継続が不可能となるのは時間の問題に見えた。

SPDから分派したドイツ社会主義労働者党（SAPD）も同じ状況にあった。国外の、ノルウェーのオスロにSAPDの事務所を置くと三月に決定し、元国会議員パウル・フレーリヒ（**ローザ・ルクセンブルク**伝の著者として知られる）を事務所責任者とするべく送り出したが、途上で逮捕され国外に出られなかった。そこで、まだ世間に顔を知られていない、一九歳のヘルベルト・フラームに白羽の矢が立った。フラームは四月に漁師の船でひそかにデンマークに渡り、そこからオスロにいたった。以後亡命生活において、フラームは偽名“**ヴィリー・ブラント**”を名乗る。

ブラントは、ドイツ北部リューベックで一九一三年に生まれる（一八七五年生の**トーマス・マン**も同地出身）。戸籍に父親の記載がない、貧しいシングルマザーの子という経歴はのちに戦後西ドイツで政治家ブラントにたいする誹謗中傷の材料にされる。入党条件の一八歳になる前からSPDの活動に加わり、三一年にSPADに移った。亡命先のオスロではノルウェー労働党の支援を受けつつ、身分隠しと学修を兼ねてオスロ大学に在籍。ノルウェー語で新聞に記事を書いた。

一度だけ任務のために、偽造パスポートでベルリン市内に三か月間戻ったことがある。三六年九月末から一二月のことだ。これはブラントがナチ政権下のドイツ国内の実情を肌で感じる機会となる。八月のベルリン・オリンピックで国内外にナチスドイツの国威が喧伝された直後だ。政権にたいして

「賛同的でもないが、敵対的でもない」奇妙な空気。人々は自分の日々の生活がいかに大変かということにしか関心がない、あるいは無関心であろうと努めているのか。この経験は、のちに政治家ブラントがドイツ国民の傍観者的なナチ加担の能動性と受動性の混合について性急に単純化しないスタンスを取ることの下地になった。

ベルリンを去り、帰還経路のチェコスロヴァキアでは、同年代のオーストリアからのユダヤ系亡命者ブルーノ・クライスキー（一九一一―一九九〇、のちオーストリア首相）と知り合った。三八年に、ブラントのドイツ国籍は剥奪され、ノルウェー国籍の取得をブラントは申請する。

三九年に第二次大戦が開戦、翌四〇年にはドイツ軍はノルウェーにも進軍、ブラントは捕虜になるが、ドイツの亡命者であることまでは調べられず、四週間後に釈放され、かろうじて生き延びスウェーデンに逃れた。戦時下の、さまざまな人物や情報や思惑がうごめく中立国スウェーデンの首都ストックホルムでの活動は、同じくストックホルムに逃れてきたクライスキーとの交友を含めて、若いブラントに国際的な経験を積ませる機会ともなった。

▼ブレヒト『ガリレオの生涯』

ブレヒトはデンマークで亡命生活を送っていた。三三年二月国会議事堂放火事件の翌日に彼は家族と列車に飛び乗った。ブレヒトの著作は三三年五月ナチの焚書の対象になった。大戦勃発後三九年からはさらにスウェーデン（数か月の滞在中に『肝っ玉おっ母とその子どもたち』執筆）、フィンランドと渡ったのち、四一年にアメリカ・カリフォルニアに移った。アメリカではドイツ出身の人々との出会いや再会があったが、アメリカ生活は個人的にはあまりなじまなかった。

『肝っ玉おっ母とその子どもたち』のテーマは、資本主義経済そのものが戦争の誘因になることへの警鐘だった。『ガリレオの生涯』のそれは、科学の進歩が結局は二度の大戦という惨事に行き着いたことへの再検討、反省と言えるだろう。

ブレヒトは代表作のひとつ『ガリレオの生涯』を何度か書き直しており、デンマーク版（三八／三九年）、アメリカ版（四七年）、ベルリン版（五五／五六年）の三つのヴァージョンがある。デンマーク版は四三年九月にスイスのチューリヒで劇作家本人は不在で初演。この作品は自伝的なトーンを感じさせると言われる。作中の人物ガリレオには、ドイツから亡命した物理学者**アインシュタイン**やブレヒト自身などの投影を読み取ることもできる。しかし、デンマーク版では政治に虐げられた悲劇の英雄として、ガリレオ像をごくポジティヴに描いてしまったのではないかとの意識を、ブレヒトは持つようになる。イギリス出身でアカデミー主演男優賞も取った役者チャールズ・ロートンが興味を示したことから、英語に堪能でないブレヒトはロートンと協力して『ガリレオの生涯』を英語版として改作する作業にとりかかった。その作業のさなかに、アメリカ軍のB-29爆撃機による、広島への原爆投下の報を、ブレヒトはラジオで聞いた。一瞬にしての原子力時代の到来をブレヒトは衝撃とともに受け止め、デンマーク版では不十分だとの考えは確信となった。

戦後間もない四七年に初演されたアメリカ版では（ドイツ語のベルリン版もこれを引き継ぐ）、自説を撤回したのちのガリレオがみずからを断罪するセリフが、民衆を裏切り、権力者側に屈従し加担した科学者の社会的責任を問うものとして、デンマーク版よりもいっそう厳しいものとなる。「われわれは、大衆に背を向けても科学者でいられるのか？　天体の運行は、はるかに理解しやすくなったが、支配者たちの動きは、民衆には今なお予測がつかない。〔…〕君たちの作る新しい機械だって、新たな災厄を生み出すだけかもしれない」。

ガリレオの自説撤回の文書が布告役によって読み上げられるのを聞いた少年アンドレアは叫ぶ、「英雄のいない国は不幸だ！」。その叫びが聞こえたガリレオは、ひとり述べる、「違うよ、英雄を必要とする国が不幸なのだ」。

▼トーマス・マン『ファウストゥス博士』

一九三三年時点で五八歳だった**トーマス・マン**は、米国に亡命したドイツ人のなかでも最も知名度の高い人物の一人だった。ゆえに、望むと望まざるとにかかわらず、おのずとさまざまな期待や反発の対象となるのは避けられなかった。

発言すれば、批判や過度な賞賛がそのつど生じる。黙っていれば、なぜ発言しないのかと催促や非難が投げかけられる。ブレヒトなどのより若い世代の亡命者が、マンの煮え切らない態度にしばしば失望したのはもっともではある。他方で、自分の発言が誰にどう利用されるかわからないという猜疑心がアメリカ時代のマンの内面に蓄積していったことも、状況を考慮すれば理解できなくはない。とくに戦後にマンは難しい立場に立たされる。大戦中に明確なナチ政権批判を発言した良心あるドイツ人の一人として敬意をもって扱われることもあれば、敗戦後の廃墟のなかで生活に窮する庶民とは無縁の、戦火も悪政もない場所で安全に暮らした人たちの典型というイメージを負うことにもなる。結局、マンは残りの生涯において、居住地としてドイツに戻ることはなかった。

四〇年一〇月から、英国BBCがドイツ国内にも届く電波で、マンの文章をアナウンサーがドイツ語で読み上げてラジオ放送した。ナチ政権の国内プロパガンダに対抗する連合国側の対抗宣伝と言える。毎月一回の五分ほどの放送をＢＢＣはマンに要請した。のちにこれは八分に延長される。四一年三月の放送回からは代読ではなく、カリフォルニアで作家自身の声をレコードに録音して、それをイギリスから放送した。

スターリングラードでの壊滅的敗北以降、ドイツ側の劣勢が明らかになるにつれて、これ以上の戦闘は無意味であり、政権打倒に立ち上がるならまだしも、戦争で命を無駄にしないようにとの趣旨の呼びかけがマンのラジオに含まれるようになる。他国の放送の受信聴取は禁止されており、マンの放送がドイツでどの程度聴かれていたかは明確にはわからない。たとえばドイツ軍の捕虜収容所にいる他国兵にとっては、信用できる（大本営発表ではない）放送として、ひそかに受信して励まされるものでありえただろう。他方、空襲におびえるドイツ国内の民衆にとっては、ナチ政権の敗北を願うことと自身の目下の安全とはもつれた関係にあり、仮にマンの音声が耳に入っても、印象にとどめる余裕はなかったか。

四三年に執筆が始められ、ナチス政権崩壊後の四七年に書き終えられたマンの長編『ファウストゥス博士』は、陰鬱な調子に貫かれた、小説とも随筆とも記録ともつかない、奇怪なテクストである。主人公とされる一作曲家の生涯について、その友人であるという人物が語り手として小説の主たるナラティヴを担うが、一九世紀末からナチス台頭までのドイツ史を直接間接に織り込んだ、屈折と脱線を重ねる文章は道筋をたどりづらい。そしてその語り手は、一九四五年四月、小説の語りをしめくくる最終盤の時点において、ユダヤ人強制収容所での虐殺の事柄に触れる。

「厚い壁で覆った拷問室へと、最初から虚無と結託していた卑劣な統治者は、ドイツを変えた。この拷問室がこじ開けられ、私たちの恥辱は世界の目に触れて、外国の委員たちの目の前で明らかになり、信じがたい光景をいたるところで視察した委員たちは、自国でこう報告した。自分たちの見たものはその陰惨さにおいて何もかもを、人間の表象する力で思い描きうる何もかもを凌駕している、と。私たちの恥辱、と私は敢えて言う。一切のドイツ気質が、ドイツ精神も、ドイツ思想も、ドイツ語も、この不名誉な暴露を受けて、いかがわしく低いものだと貶められたと思うのは、単なる心気症の憂鬱にすぎないなどということがあるか？　将来、どんな形でいるにせよ《ドイツ》が、人間社会の物事についてあつかましくも口を開くことをいつか許してもらえるには、いったいどうすればいいのか、と問いを自分自身に突きつける悔恨は、病的に過剰すぎるのか？」

（川口茂雄）

フロイト

Sigmund Freud　**1856-1938**

精神分析の発明

ジークムント・フロイトは、ハプスブルク帝国の版図モラヴィアの小さな町の、ユダヤ人毛織物商人の子として生まれた。家族で移住したウィーンで、一九世紀の人文主義的教養に育まれた彼は、大学で医学部に進みながらも、哲学への関心も捨てなかった。友人との文通で明かされているように、彼の望みは「哲学と動物学の総合」で学位を得ることだった（Freud, S., *Jugendbriefe an Eduard Silberstein 1871-1881*）。実際、医学を学ぶかたわら、哲学者F・ブレンターノの講義に出席し、またJ・S・ミルのドイツ語訳を手がけた。医師となりウナギの生殖腺についての発生学的研究で大きな発見を成し遂げた後でさえ、彼はさらなる好奇心に導かれて歩みを止めない。その歩みの果てに彼が発明するものこそ、「精神分析」という名の思想と実践であった。

一八八五年、フロイトはパリへ留学する。そこで催眠療法によるヒステリー治療の現場に遭遇した彼は、ウィーンへ戻ってからその紹介と臨床研究に熱中した。ウィーンの医師ブロイアーとの共著『ヒステリー研究』（一八九五年）でその成果を提示したが、この時すでに彼は、催眠の心理学よりもいっそう複雑な心の理論へと思索を展開し始めていた。彼によれば、これら病の根っこには過去の外傷（トラウマ）的な出来事がある。この出来事が観念として想起されることを妨げる力が働いており、それがさまざまな症状を作り出している。したがって治療における問題は、この外傷の核への接近を可能にすることである。そのためにフロイトは患者に、頭に思い浮かんだことは何でも躊躇（ちゅうちょ）なく話すよう

に と命じる。この「自由連想」の技法によって観念の連鎖を辿り、想起を妨げている抵抗に行き当たっては、解釈を行ってこれを切り崩す。このような作業として、フロイトは精神分析の原型を提示したのである。

そこに登場したのは「無意識」の画期的な概念であった。つまり何か隠れた実体を指すのではない。むしろ表象作用とその読解の営みに不可分に結びついた、隠れさせる働きそのものである。こうした無意識について、フロイトは、一九〇〇年の著作『夢解釈』で、患者と自分の夢を素材に描き出した。そこでは夢に現れるさまざまな観念は、その意味や内容を軸に検討されるのではない。音の響きや文法的位置を参照しつつ、さながら暗号や「判じ絵」のように読み解かれるのだ。無意識は、こうした独自の修辞によって、夢見者の欲望を隠しながら表している。のちに構造主義言語学にも霊感を与えるこの無意識概念は、さらに言い間違いやもの忘れといった日常の例（『日常生活の精神病理』一九〇一年）、また機知の機能（『機知とその無意識との関係』一九〇五年）とともに検討されている。

こうしたフロイトの発明は、一方では臨床的な試行錯誤に由来するものだが、他方では、彼が自分自身の上で行った実験の成果でもある。実際、彼が最初に行ったのは自らの夢の分析であったが、

▼父殺しの主題

この作業は彼をひとつの重要な考えへと導いた。一八九七年、信頼する友人、医師のW・フリースに宛てた手紙のなかでこう打ち明けられている。「普遍的な価値のある唯一の考え……僕は自分にも母へのほれ込みと父への嫉妬を見いだしました」（『フロイト　フリースへの手紙』）。のちにフロイト理論の中心的概念の一つとなる「エディプスコンプレクス」の原型である。

この発見は、その直前に彼が実父を亡くしているという事実と強く結びついている。いわば喪のあいだに行われた自己分析において、フロイトは、父の死に共鳴する、自らの知られざる敵意を見いだしたのだ。その一般性を確かめるべく、ただちにソフォクレスの悲劇『エディプス王』が参照された。そうとは知らずに自らの父を殺し母を娶った神話の英雄を題材とするギリシャ悲劇である。この劇中、エディプスは、自分が治める街に降りかかる災厄を払うため、真実の探求に乗り出すのだが、ついにその終幕において、自らが父殺しの犯人であったことを知るに至る。真実

の探求の果てにおそろしき情動が解き放たれるこの劇を、フロイトは『夢解釈』で「精神分析の作業と似て」いると評している。

それ以来、フロイトの思索の基底では、常に父殺しの主題が鳴り響いている。ただし、そこで問題なのは、単に意識的に把握可能な実際の父親への敵意ではない。むしろ、父という存在が、近代市民社会において有することになる特殊な位置づけである。というのも父とは、ひとが目指す理想的行為者の場を占めると同時に、その場への接近を阻む権威的な邪魔者でもあるからだ。この点で父性は、憧れと憎しみの両義性に捉えられているのであり、近代の主体性にとって必然的な葛藤をもたらす。

一九一〇年代に入る頃、フロイトは、いくつかの臨床例（とりわけ「鼠男」症例）の考察を経て、この葛藤を「神経症の中核コンプレクス」として探るようになる。だが、その決定的な定式化は意外な形で書かれることになるだろう。一九一三年の『トーテムとタブー』は、J・フレイザーの『金枝篇』に刺激を受けつつ書かれた、精神分析的人類学の試みだが、そこでフロイトは人類の起源を一つの神話へと遡らせている。原始の時代、女らを独占する一人の男――原父――が原人間の集団に君臨していた。彼によって集団から放逐された息子兄弟たちは、協力してこの父を殺害し、宴を開いてその肉を食す。しかしその後、彼らは、父に対する遅ればせながらの「愛」を見つけ、父殺しを悔やみ、父がかつて発した禁止の法を内面化して従属する。フロイトは、こうした「父殺し」をめぐる一連の出来事を、人類における「法」や「宗教」の起源として論じたのであった。父とはいわば、人間性の起源において乗り越えられたと想定されるひとつのリミットなのである。

▼「転移」における性と死

ここで急いで指摘しておこう。こうしたリミットとしての父性をめぐる考察は、精神分析のある臨床的課題と結びついている。つまり「転移」の問題、分析臨床が開始するや、医師‐患者の関係に患者のかつての（往々にして幼年期の）愛憎関係が重ねられるという問題である。分析家はそこで、過去の登場人物、とりわけ「父」の役を担わされるのだが、これをいかに扱うべきだろうか。フロイトが最初に発表した症例研究『あるヒステリー分析の断片』（一九〇五年）は、この点をめぐる彼自身の失敗の記録であった。フロイトの分析を受けた少女ドーラは、かつて誘惑者をこっぴどく退けたのを反復するように、フロイトの分析をはねつけたのだ。以来フロイトは「転移」を、愛の込もった陽性的なものであれ、憎しみの込もった陰性的なものであれ、分析の経過に対する抵抗であるとして検討する。「想起・反復・徹底作業」（一九一四年）では、精神分析の主要な課題は、想起に至らず行為として反復される古い出来事を、分析関係の中で抵抗の源として扱いながら、これに徹底的に働きかけることとして論じ直されている。

そのとき問題は、この過去の愛情関係が、何故に反復されるのか調べることである。フロイトの第一の探索の領野、それは幼年期のセクシュアリティであった。しかしここで、当時から揶揄と反発にさらされてきたこの論点について、その真に重要な面を強調する必要があろう。全てが性的であると述べただけなら、フロイトほど愉快な思想家はいなかったろう。反対に、一九〇五年の『性理論三篇』以来強調されているように、問題はセクシュアリティの本質的に反規範的な側面にある。フロイトにおいてセクシュアリティは、そもそも合目的性や統一性を欠いている。つまりその多形性、倒錯性の強調にこそ、その性理論のスキャンダルな特徴があるのだ。

フロイトはこうした幼年期の性的体制が、快を追求する独特な理路を持つことをしばしば論じている（cf.「幼児期の性理論について」一九〇八年）。しかし、このような快の体制はある時点で行き詰まり、それ以降に打ち立てられる別の体制との間で葛藤を形成し、またそうして病因的な快として症状に合流する（『精神分析入門講義』第二三講一九一六―一七年）。のちの表現にならい、こうも言えるだろう――もっとも馴染みのものこそが「不気味なもの」として回帰する、と（「不気味なもの」一九一九年）。こうして、この幼年期セクシュアリティの理論が、転移における病理的な反復を説明する。つまり執拗に自己を主張する原初的な快が、現在の関係を支配しようとするのだ、と。

しかし、それだけでは説明のつかない事実もある。転移における反復的行為化は時に関係そのものの破壊を目指すかのようにも働く。まるで見捨てられることを欲するかのように、破滅的な運命が繰り返されることがある。ならば反復とは、原初の快には還元できない動因を持つのではないか。こうして一九二〇年、フロイトは問題提起的な論考『快原理の彼岸』を発表する。そこで展開された大胆な思弁は、その後、二〇世紀の思想に大きな影響を与えたことでも知られている。すなわち、この反復の力、回帰の力は、究極的には生命が無機物へ、つまり死へと戻ろうとする力だというのである。彼はこれを死の欲動と呼ぶ。そして生とは、この死への回帰からの単なる迂回に過ぎないとする。こうしてフロイトは、性愛を死との絡み合いのもとで捉えることになる。愛憎の両義性もまた、こうした二つの欲動の混合として検討されるようになるのである。

▼自我の時代

似つかわしくも、こうした死をめぐるフロイトの考察が現れたのは、ヨーロッパを大いに傷つけた第一次世界大戦（一九一四―一八年）の直後であった。フロイトはこの戦争で息子二人を失い、また戦争直後のスペイン風邪の流行では最愛の娘ゾフィーを亡くしている。また戦争は、人々にむき出しの外傷(トラウマ)をばらまき、その個性を失わせしめて集団化の波に飲み込んだ。そんな時代に書かれたもう一つの重要なテクスト『集団心理学と自我分析』（一九二一年）は、終わった戦争の一種の総括であると同時に、来るべき時代を不穏に予告する書となっている。

この本では、その題が示すとおり、「自我」への新たな注目が生じている。精神分析において自我概念は、意外にも、それほど古くから検討されてきたものではない。その理論的考察は、ようやく一九一四年の「ナルシシズムの導入に向けて」において、転移の起こらない精神病圏の症例を参照しながら開始された。そこでは自我の成立そのものが検討に付されている。つまり自我とは、精神の所与ではなく、自己へ愛を向ける最初の段階、原初的ナルシシズムの遺産なのである。またこの論文では、その時に「理想」が形成され、のちに「良心」の働きへと引き継がれることが確認された。一九二一年の『集団心理学』では、この議論が集団現象へと拡張されている。そこでフロイトは、原初的な集団性として、唯一の「理想」を共有し、それによってお互いに相似形の自我を見いだすような横並びの者たちの集団を考えたのであった。いわば全体主義のモデルがそこで提示されたのである。

こうした議論を踏まえて、フロイトは彼の心的装置モデルの大胆な刷新を行った。一九二三年の『自我とエス』では、意識と無意識の差異を強調するそれまでの局所論に代えて、「第二局所論」と呼ばれる新たな心的装置が提示される。そこではまず、性愛と死が絡み合う欲動の貯蔵庫、あるいはその制御されない力として「エス」が導入された。その上で「自我」とは、エスの表面に後から生じる、外界との接点とされた。さらに自我形成に介入する「理想」の審級として、自我を批判し監視する「超自我」が導入された。

こうした新たな体系化は、まさしく父、死、性をめぐるそれまでの思索の合流点であった。フロイトはこの論文で、幼年期のセクシュアリティにとって、父（あるいは両親）への原初的同一化が有する意義を、自我形成の根本的局面として提示している。この同一化は、性的対象としての母との関係に応じて、父への愛と憎しみの二つの方向へと分岐し、最終的に次の矛盾する命令として立ち現れる。父のようになるべし、だが父のようになるべからず、と。ここで幼年期のセクシュアリティは、一方では禁止され、他方では享楽の可能性として、未来へ向けて宙づりにされる。さて、このような父の影響を引き継ぐ審級として自我に覆いかぶさりこれを強化するものこそ超自我であるが、フロイトは、そこにおいて死の欲動が純粋培養されるとしている。それゆえ超自我の苛烈さはときに自我を死に至らしめるほどなのだ、と。いわばセクシュアリティの禁止者としての父が内面化されることで、死の働きは、己への攻撃性に姿を変える。このような、性と死あるいはエロスとタナトスの板挟みとなる自我のあり方は、晩年のフロイトの文明論にもその基調を与えている（「文化の中の居心地悪さ」一九三〇年）。

▼脱出

こうした新たな基礎に立ちつつ、フロイトは一九二〇年代、改めてエディプスコンプレクスを自我形成の過程として整理する。さらにこの整理は、女性のセクシュアリティの問題を掘り下げることで、いっそう先へと進められることになった（「解剖学的性差の若干の心的帰結」一九二五年）。

そうしたなか、改めて強調されるのがファルスつまり男根の意義である。ただし、それはいくらか奇妙な仕方でのことだ。というのもそこで問題なのは、客観的に観察される生物学的な器官ではないからだ。一九二七年の論文

「フェティシズム」では、ファルスは、母親の身体の上に幻覚的に把握されるものとして論じられる。この実在しないはずのファルスを観察したと信じることで、自我は現実に向けて二重の態度をとる。一方では、ファルスが無いとする現実を認めつつ、他方、同時にこの不在を否認し続けるのだ。フロイトはこれをフェティシズムという倒錯の基礎としたが、さらにのちには、これを「自我分裂」の契機として、神経症圏、精神病圏にまで一般化することになる（「防衛過程における自我分裂」一九三八年、「精神分析概説」一九三八年）。

この「自我分裂」と二重化した現実の理論は、いよいよきな臭い空気に包まれ始めたヨーロッパでの、フロイトの最後の思索を特徴づけるだろう。この時代、ドイツではナチ党が政権を握り、やがてオーストリアを併合する。党首ヒトラーが喧伝する反ユダヤ主義の扇動は、精神分析をも標的としており、すでにドイツのユダヤ人分析家たちはアメリカやパレスチナへ亡命を始めていた。

一九三八年、フロイトもまた友人らの手引きにより、ウィーンを離れロンドンへ向かう亡命の途につく。道連れには、書きかけの論文『人間モーセと一神教』を携えていた。この最後の仕事で彼は、時代が自らに暴力的に突きつけたユダヤ性の問いに答えようとしている。ユダヤの宗教性の祖とされるモーセが実はエジプト人だったと論じて始まるこのテクストは、ヨーロッパとその外を結ぶシナイ半島を舞台に、ユダヤの民の歴史を貫く、原初の父殺しの潜在的効果を析出しようと試みる。一方で争いや事件の触発によって組み上げられた現実的因果を認めながら、フロイトはそこに、「死んだ父」の痕跡がこの現実を別様に作り出す特異な瞬間を見出そうと努めるのである。

フロイトがこうして探し続けたものとは、彼が別のところで「一片の歴史的真理」（cf.「精神分析における構成の仕事」一九三八年）と呼んだものだろう。臨床においては、まさにこれを目指すことが「自我変容」へとひとを導く（「精神分析概説」一九三八年）。現実が定める自我に代えて、新たな自我の出来の場を用意すること。「エスがかつてあったところに自我が生じることだろう」というフロイトの有名な句には、まさにそうした希望がかけられている。

（上尾真道）

ユング

Carl Gustav Jung 1875-1961

▼「無意識」概念の系譜

「無意識」はフロイトの発明物ではなく、ドイツ哲学を古くまでさかのぼることができる、とユングは指摘している。そして、フロイト以前の「無意識」を論じた人物としてライプニッツ、カント、フォン・ハルトマンの名前を挙げている。それぞれの哲学者・思想家の「無意識」の内包は異なり、ユングもまた独自の「無意識」概念を提案していったのである。その難解さはよく知られるところだが、彼の心理療法家としての具体的な臨床実践や徹底した自己内省の経験に基づいて形作られていったものであり、これまで、心理臨床の実践者のみならず、多くの芸術家、作家、教育実践者、宗教実践者、知識人らの強い関心を引き付けて来ている。最近では作家の村上春樹氏がユングに高い関心を寄せていることもよく知られている。

▼独自の心理学理論の形成

ユングはスイスとドイツの国境に横たわるコンスタンツ湖（ボーデン湖）のスイス側の湖畔の町であるケスヴィルの牧師館に生まれた。スイスの北部はドイツ語圏であり、彼の母国語はスイスドイツ語である。膨大な彼の著作のほとんどはドイツ語で記されている。

牧師館に生まれたことで、彼は宗教（キリスト教）をどのように受け入れるか、それとどう向き合うのかといった問題に幼少期より取り組み始めるが、それは彼にとって一生のテーマの一つとなっていく。具体的な宗教やナイーブな形而上学はユングにとって不信や疑惑の対象となり、決して簡単に解決済みの問題とはならなかった。

彼は青年期からカントに強い関心を寄せており、後にはカントに絡めながら持論を展開することもあった。たとえば彼の分析によるとカントの認識論の成立と軌を一にして内界と外界が分化する以前の宗教的世界観は否定されることになり、こころの内と外の差異が明確になることで心理学が成立する流れがあるという。ところが同時にユングは認識論によってはどうしてもすくいきれない現象や経験に気づいてしまっており、その「救出」を自己 Selbst という概念を創出することで達成しようとする。自我 Ich が意識領域の中心に置かれるのに対して、自己は無意識の奥深く普遍的無意識に置かれる。ユングはフロイトの考える無意識に相当する個人的無意識という概念を提示し、それに対してさらに奥深くに普遍的無意識を考えた。ここで自己が構造論的な表現を頼りにかろうじて説明されても、それでは本来的にユングの主張したかった自己の概念には到底及ばないことを彼自身が指摘している。すなわち、ユングにとって自己は「本質的に未知の何者か」であり「これから知られるべきもの」なのであって、決してポジティブに実体として提示できるものではないのである。この形而上学への弁証法的アプローチとでもいえる態度は彼のさまざまな思索においてパラレルに見出される。

フロイトとユング

こうしたユングの「無意識」概念はフロイトのそれとの比較・対照により理解されやすい。フロイトが主に神経症、ヒステリーの症状形成の理論を探求したのに対し、ユングは精神病の症状形成の本質に迫ろうとした。その過程で、症状に含まれるファンタジーの内容に非個人的な意味を見出す。それこそが「普遍的無意識」として全人類に共通の基盤を深層に認めることにつながっていく。こうした新しい認識は精神病者のファンタジーと健常者の心的生活の間の連続性の確立をも意味する画期的なことであった。

また、フロイトの心理学が還元論的とされるのに対し、ユングの心理学は目的論的とされることがある。ユングは一九〇八年には「無意識の声なき活動」を指摘し、一九一一年には「夢の予知的な意味」の現象に注目している。すなわち、フロイトと決別する前にすでに無意識のもつ自律的な機能に気づき、さらには無意識が自我とは独立に主体性をもって活動していると認識するに至る。一九〇八年にはすでに無意識のもつ補償機能にも気づいている。すなわち自我と方向性の異なるそれを補償する動きを無意識がとっていることを認識していた。ユングにとっては精神症状や問題は過去に還元され矮小化されるものではなく、補償などの目的のもとまさに今刻々と生み出されているものなのである。補償といっても、例えばサーモスタットのように、外界の温度に機械的に沿うように反応するだけの受け身で従属的な補償がイメージされるかもしれないが、ユングの認めていた補償には、より積極的な独立した補償とでもいうものも含まれている。すなわち自我を導くくらいの主体性を無意識が持ちうることも認識されていた。それこそが自己Selbstの機能、活動の重要な部分であり、心の自己治癒力、自然治癒力どころか、より高みへと自我を誘う働き、自己調整機能、すらも考えられていたのである。すなわち、症状や問題は自我にとっては一見ネガティブなものでありながら、そこには思いもよらないような目的が隠されていることがあり、自我はそれらと対話する中でそれを探っていかなければならないこともあるのである。症状や問題は還元され取り除かれる操作の対象ではなく、対等に向き合いそのメッセージを真剣に受け止めるべき相手なのである。ユング心理学の中核的なキーワードである個性化の過程、自己実現の過程はまさにこのプロセスとして理解されるものである。

▼コンプレックス・元型

ユングはコンプレックスという概念をとくに大切にした心理学者でもある。この言葉は「感情価を帯びた心的複合体」という長い名前で呼ばれることもあるが、実際にはコンプレックスと略されて用いられている。コンプレックスは、個人的無意識内に存在する結節点であり、とくに感情価、心的エネルギーの高い観念群としてわれわれはその現れをとらえることができる。バーゼル大学の医学部を卒業したユングは、チューリヒ大学付属のブルクヘルツリ病院にて統合失調症の治療の研究者であり統合失調症という言葉の創設者でもあるブロイラー教授のもとで統合失調症理解のための言語連想検査を用いた研究に着手したが、最終的には彼はこの検査をコンプレックスを検出する道具として洗練させた。

ユングはコンプレックスの根に元型が控えているという考えをもっていた。元型は普遍的無意識内の結節点として考えられていて、あらゆる心的エネルギーの源泉である。具体的には、心理療法の相談者や精神病者の提出するイメージのみならず世界各地の神話、おとぎ話、昔話、宗教的イメージ、儀式などの研究から共通する型を見出していき、そこに元型が仮定される。元型そのものは目に見えないものだが、その表現型を象徴として我々が感覚的にとらえていると考える。グレートマザー、アニマ、老賢人といった元型をユングは具体的に提示した。自己も元型の一つに数えられ、曼荼羅図形などはその重要な象徴の一つとして理解されている（左図参照）。

フロイトは相談者の夢を顧みなくなるが、ユングはむしろ心理療法の中心に据えていく。フロイトにとって夢は願望充足のための現実の歪曲であり、自己欺瞞（ぎまん）であったが、ユングにとっては無意識の第一級の資料であった。

夢、言語連想とともに彼はアクティブイマジネーションを無意識的な心的過程より生じるイメージへのアプローチの技法として重視していた。これは覚醒状態でイメージと対話する技法であるが、死後未公表であった「赤の書」が二〇〇九年に公表され、現在では彼自身のアクティブイマジネーションの様子も詳しく知ることができるようになっている。

（足立正道）

ユング『赤の書』より

プフェンダー

Alexander Pfänder　**1870-1941**

ミュンヘン現象学派

プフェンダーはミュンヘン現象学派の中心人物であり、最年長のメンバーである。フッサールの『論理学研究』第一巻が出版されたのと同じ一九〇〇年に、彼は最初の著作『意志の現象学』を出版する。同書はそのタイトルとは裏腹に、フッサール現象学からの影響を受けてはいない。しかし、プフェンダーとフッサールの哲学は基本的な精神を共有しており、それが前者を後者に接近させたのだと考えられる。その精神とは、意識と意識されるものの関係を、経験から離れることなく記述するという、ブレンターノに由来する精神にほかならない。したがって、初期現象学派の中でも、プフェンダーの位置づけはシュタイン、インガルデン、フォン・ヒルデブラントといったゲッティンゲン学派のメンバーとは明確に異なる。プフェンダーはフッサールの子供というよりも兄弟かいとこのような存在だった。フッサール、シェーラー、ライナッハ、ガイガーとともに、伝説的な『哲学・現象学研究年報』創刊時の共同編集人に名を連ねていることも、初期現象学運動における彼の役割の大きさを物語っている。

「意志」の現象学

リップスのもとで執筆した教授資格論文以来、プフェンダーの研究の中心テーマは「意志」だった。彼が関心を向けたのは、まだ存在しないものを志向する意識作用の構造である。同じく意志現象の研究から出発し、『意志的なものと非意志的なもの』でプフェンダーをさかんに引用しているリクールの言い方を借りれば、プフェンダーは「見ること」ではなく「行うこととしてのコギト」を純粋に記述しようとした現象学者である。ほかにもビンスヴァンガーやオルテガ・イ・ガセットがプフェンダーを高く評価している。

現象学研究においてプフェンダーはいまだ過少評価されている（その一因はおそらく、フッサールが彼を超越論的現象学の精神を理解しない「独断的形而上学者」と断じたことにあるだろう）が、意志、動機、心情（Gesinnung）、性格といった具体的な現象を経験に忠実に記述し続けた彼の仕事は、いまだ汲み尽くされていない多くの洞察を含んでいる。なお、プフェンダーをはじめ初期現象学者の著作のかなりの部分が現在、ウェブサイト Open Commons of Phenomenology（http://ophen.org/）で無料公開されている。

（八重樫徹）

リップス

Theodor Lipps **1851-1914**

リップスといえば、もともとは美学の概念である「（感情）移入（Einfühlung）」を他者認知に関する議論に持ち込み、現象学的な他者論の叩き台を用意した人物として言及されることが多いだろう。他人の心は自分の心の投影によって知られるとするリップスの見解は、フッサール、シュタイン、シェーラーがそれぞれ鋭く批判した立場のひとつだった。だが、リップスの現象学への影響はこれにとどまらない。初期の現象学派に属する哲学者たちの多く（ダウベルト、プフェンダー、ライナッハなど）は、当初ミュンヘンでリップスに学び、彼らの哲学的関心のいくつかは、そこで形成されたのである。たとえば、単独の意識作用を超越した対象やそうした作用の動的構造について積極的に論じる初期現象学派の姿勢は、彼らがリップスから継承したものである。こうした姿勢は、フッサールが現象学的分析の及ぶ範囲を拡張し、そのつどの意識の内的・静的な構造にだけ着目するブレンターノ的な記述的心理学を超えようとした際にも、一定の影響を及ぼしたと推察される。現象学へのリップスの貢献を正確に見積もることは、今後の重要な研究課題である。

（植村玄輝）

ライナッハ

Adolf Reinach **1883-1917**

ライナッハはミュンヘン・ゲッティンゲン現象学派の中心人物である。

リップスのもとで博士号を取得してから第一次大戦で兵士として命を落とすまでの一二年間で彼が遺した著作群は、一冊の本に収まるほどの量でしかないが、実在論的現象学の最も重要な成果である。

ゲッティンゲン大学で私講師として教えた彼は、若き現象学徒たちに大きな影響を及ぼした。ゲッティンゲン学派の何人かのメンバー（シュタイン、シャップ、コイレら）はフッサールよりもむしろライナッハを本当の師と仰いだ。彼の業績の中で最も注目すべきは、「民法のアプリオリな基礎」（一九一三年）で展開した、言語使用を本質的にともなう社会的作用（例えば約束）の分析だろう。フッサール現象学とブレンターノ学派の言語哲学の批判的な受容の上に成立した彼独自の理論は、オースティンやサールの言語行為論を先取りするものとみなされている。

（八重樫徹）

フッサール
Edmund Husserl　1859-1938

後の時代に与えたインパクトを評価基準にするならば、フッサールは間違いなく二〇世紀の最重要哲学者の一人である。フッサールの現象学は、いわゆる大陸哲学の伝統のなかにひとつの大きな流れを生み出し、ハイデガーやメルロ＝ポンティといった哲学者たちが活躍するための背景を用意した。また、現代哲学のもうひとつの伝統、いわゆる分析哲学においても、フッサールへの実質的な参照がされることは珍しくない。

▼フッサールとは何者か

だが、フッサールの後に何が起きたのかを列挙しても、フッサールとは何者かを明らかにするための役にはあまり立たない。フッサールが目指したものがフッサール現象学を背景として発展したその後の議論と一致しているという保証がないからだ。では、フッサール本人はその生涯を通じて何をしようとしていたのだろうか。

▼試行錯誤の哲学者

フッサールという哲学者の全体像は捉えがたい。フッサールは膨大な量の草稿を速記で書き留め、その大部分が戦禍を免れた。『フッサール全集』および『資料集』として刊行されてきたそれらの草稿群は、フッサールがそのつど考えた大小さまざまな事柄の詳細な記録となっている。これらのテクストに一貫する考えを読み取ることは簡単ではない。そのため、それらに共通する目的を探っても無駄に思われるかもしれない。フッサールの日々の仕事は現象学という方法によって多様な事象をひたすら分析することにあるようにも感じられる。

しかし、ある意味では私的な営みの結果であるこれらの草稿は、フッサールの公式的な著作と対照することによって、異なる姿をあらわす。フッサールが生前に自らの責任で刊行した著作の多くは、現象学の概略を示し、この哲学を始めなければいけない理由を読者に説く「入門書」である（初心者向けという意味での入門書ではない）。これらの著作では、個別の事柄に関する分析は、どちらかといえば、現象学への導入という目的のための手段としてなされている。だが、公刊著作で控え目に披露される個別の分析を手がかりとして研究草稿を眺めると、そこでより詳細に繰り広げられる多種多様な分析は、ただ書き散らされたものというよりも、ひとつの大きなプロジェクトのさまざまな細部を担うものにみえてくる。

ただし、このプロジェクトの全貌がフッサールの公刊著作のなかで明快に述べられているわけではない。フッサールの書きぶりはむしろ、自分の仕事を包み込む大きな構想を予感しながらも、本人にもまだはっきりとしないそれに輪郭を与えようと苦闘しているかのような印象も与える。フッサールの刊行著作は、決定版の成果発表というよりも、研究草稿として日々書き連ねた試行錯誤の中間報告といった方が実情に近いだろう。

本項目では、以上のようなことも踏まえつつ、フッサールの思想の発展を主に刊行著作に基づいてたどり直す。これによって、現象学のプロジェクトがフッサールに対して少しずつ姿を現わす過程も再構成できるはずだ。

▼初期(1)　数学から数学の哲学へ

哲学者フッサールの原点は、一八八〇年代半ばにウィーン大学で聴講したブレンターノの講義にある。数学の博士号を取得して間もない若き日のフッサールは、「学問としての哲学」を標榜し体現するブレンターノの姿に感銘を受け、哲学こそが自分の進むべき道であると考えはじめたという（「ブレンターノの思い出」、一九一九年）。

ウィーンでの数学期ののち、フッサールはブレンターノの勧めにしたがってハレ大学に移り、シュトゥンプフの指導のもとで教授資格申請論文「数の概念について」（一八八七年）を完成させる。フッサールはこの論文で、ブレンターノ流の記述的心理学によって数の概念を解明するという課題に取り組む。基礎的ではない数はどれも、基礎的な数とそれらのあいだに成り立つ関係を起源とする（例えば有理数は、二つの整数a・bと、それらのあいだに成り立つ比という関係を起源とする）。そのため数学の哲学の最初の課題は、基礎的な数の概念をその起源へと遡って解明することにある。以上のような考えに導かれ、フッサールは、直観された複数の対象を集めてひとつにするという意識の働きに着目する。基礎的な数概念の起源は、この働きによって集められたものにあるというのである。

基礎的な数概念の起源に関する「数の概念について」の議論は、一八九一年に刊行された初の著作『算術の哲学』の前半部でも繰り返される。しかし同書の後半で、フッサールの議論は新たな局面を見せる。直観的な意識の対象を起源とする基礎的な数概念は、二からせいぜい一二くらいまでに過ぎず、算術の大部分は、数字や演算記号（＋や÷など）を規則にしたがって操作することによって成り立つというのである。

フッサールはここで新しい問題に直面する。算術の規則にしたがって記号を操作することで、私たちは単に新しい記号を手に入れるのではない。算術的な記号の操作は、正しく行われた場合には、記号が表すもの（つまり数）についての認識を与えてくれる。そのため、算術の大部分が記号の操作によって成り立つからといって、算術を記号の操作と同一視するわけにはいかない。だが、規則にしたがった記号の操作によってそれらの記号を超えた何か（つまり数）について認識を得るとは、いったいどういうことなのか。算術を単なる記号の操作以上のものにするのは何なのか。

▼初期(2) 数学の哲学から認識の現象学へ

一九〇〇／〇一年に刊行された全二巻の大著『論理学研究』は、こうした問題に答える試みとして理解できる。ただし同書のフッサールは、『算術の哲学』で直面した問題をそのまま扱わず、より一般的な形でそれを立て直す。フッサールがここで取り上げるのは、規則にしたがった記号の操作によって学問的な認識を得るとはどういうことなのかという問題である。

フッサールはこの問題に、「イデア的な意味」を導入することで答えようとした。では、このイデア的な意味とは何か。フッサールは『論理学研究』の第一巻で、およそ以下のように論じる。学問的な認識とは、真理をその根拠にもとづいて把握する意識的な体験である。だが、そこで把握される真理は、その認識の主体だけのものではない。このような意味で、真理は客観的である。たとえばピタゴラスの定理という真理は、それをあなたが「直角三角形の斜辺の二乗は残りの辺それぞれの二乗の和に等しい」と日本語で言い表そうとも、他の誰かがドイツ語の文で言い表そうとも、同じひとつのものである。したがって真理は、私たちがそれを理解しながら表現するときに用いるさまざまな言語の文（つまり言語記号の連なり）が共有する同じひとつの意味である。以上のことを考えればわかるように、文の意味は、それを理解する体験と一緒に生まれたり消滅したりするものではない。それゆえ意味は「イデア的」である。

イデア的な意味を認めることによって、記号を用いた認識に関わる問題にはひとまずの解決が与えられる。有意味な記号（フッサールの用語では「表現」）に話をかぎるならば、私たちが記号を用いて認識を得ることは、もはや不可思議な事態ではない。私たちは記号を用いる際にその意味を把握しており、真理とはそうした意味の一種にほかならないからだ。

また、イデア的意味の導入は、記号を用いた認識が論理法則という規則とどう関係するのかという問題にもひとつの回答を与える。論理学は従来、私たちの行う推論にとっての規則を扱う学問と見なされてきた。こうした見解に対して、フッサールは、論理学が第一義的にはイデア的な意味に関わると考える。論理法則の本来の役割は、真理が成り立つための条件を定めることにあり、思考の規則を定めることは、論理法則にとって派生的な役割でしかないというのである。こうした主張を守るために、フッサールは『論理学研究』第一巻で、およそ以下のように再構成できる議論をする。私たちが認識を目指すとき、私たちは記号を有意味に使うだけでなく、真理が成り立つための条件、つまり論理法則から逸脱せずにそれらの記号を使わなければならない。そのかぎりで、本来的にはイデア的意味に関わる論理法則は、派生的には、記号を用いた認識がしたがうべき規則でもある。

だが、多くの場合、論理法則は真理が成り立つための必要条件しか定めない。私たちが生きるこの現実世界に関する偶然的な真理のことを考えてみよう。こうした「事実真理」に関しては、論理法則に違反せずに有意味な記号を用いたときにも、認識が達成される場合とそうでない場合の両方が残り続ける。たとえば「隣の部屋に机がふたつある」と判断することは論理法則にまったく違反していないが、この判断がいつでも認識（真理の把握）になるかというと、そういうわけではない。では、判断が認識になる場合とそうではない場合を区別するものは何か。『論理学研究』第二巻の最大の目的は、この問題に答えることにある。そのために持ち出されるのが、ブレンターノから継承され、いまや「現象学」とも呼ばれる記述的心理学である。フッサールは真理の把握としての認識を、有意味な記号を用いた判断が正当化され、その判断の正しさが判断主体にとって自明になることとして分析するのである（フッサールは、こうした正当化を判断主体に与える経験を「直観」と呼び、直観による確証（「充実」）によって成り立つ自明さを「明証」と呼ぶ）。

▼中期⑴　超越論的転回

認識に関する『論理学研究』の議論は、事実真理に関して未解決の問題を残している。同書によれば、事実真理もまたイデア的意味の一種である。そのため事実真理は、それに関する判断が明証的であるときに、そこで用いられた記号の意味として把握される。その一方で、事実真理は私たちが生きるこの世界についての真理である。そのため、事実真理を把握する認識は、この世界について何かを知るに至るという意識体験でもなければならない。しかし、事実真理が生成消滅を免れたイデア的意味であり現実世界のなかにないのだとしたら、事実真理を把握することが生成消滅するこの世界についての認識でもあるということは、どうやって保証されるのだろうか。つまり、ここで問題になるのは、論理法則にしたがい、さらには明証的でもあるような判断が、どうしてこの現実世界のなかの対象と一致しているのかということである。

『論理学研究』刊行後のフッサールはこの問題を「的中性」の問題と呼び、それに取り組むことになる。そのとりあえずの成果を示したのが、中期の主著『イデーンⅠ』（一九一三年）だ。フッサールはこの著作で、的中性の問題を（解決するというよりも）解消するための基本的なアイディアを明らかにする。的中性の問題は、現実の世界は判断の主体とまったく無関係に存在すると前提することで生じる。なぜなら、もし明証的な判断と世界のあいだに本質的な結びつきがあるとしたら、「この判断は明証的であるにもかかわらず現実の世界と一致していないかもしれない」と疑うことはできないからだ。そしてフッサールは、明証的な判断と世界とのあいだにまさにこうした結びつきがあると主張する。世界やそのなかの対象とは、判断を正当化し明証的にする経験のなかで出会うことができるもののことであって、それ以上でもそれ以下でもないというのである。こうした経験の可能性を超えたものとして世界が存在するというある種の実在論的な考えが、いまや拒否されるのである。

こうした発想の転換によって成立したフッサールの新しい立場は、ドイツ哲学における超越論的哲学の伝統に接近している（いわゆる「超越論的転回」）。この伝統の出発点となる『純粋理性批判』において、カントは「認識の可能性の条件は認識の対象の可能性の条件である」と述べた（A158/B197）。『イデーンⅠ』の議論は、カントのこうした見解を、認識を明証的な判断とみなす見地から独自に発展させたものとも解釈できるのである。そう考えるならば、フッサールが『イデーンⅠ』の立場を「超越論的現象学」と呼び、その後に超越論的観念論を標榜したことには、なんの不思議もない。

▼中期(2)　理性批判の構想

フッサールの超越論的現象学は、カントから「理性批判」というキーワードも継承する。とはいえ、カントが理性を推論の能力とみなしたのに対して、フッサールにとっての理性は、意識の働き（「作用」）の正しさを問う観点のことだ（全集第二四巻、一一九頁）。理性的であるとは、この観点からみて正しい意識を持つことである。すると、判断を明証的にする経験の可能性のなかに現実世界を位置づけるフッサールの見解は、理論理性（認識を目指した判断の正しさを問う観点）の批判あるいは吟味の一部だということになる。

フッサールはこうした理性批判のプロジェクトを、理論理性だけでなく、価値に関わる評価的理性と行為にかかわる実践的理性にも拡張する。価値や行為が現実にあることもまた、評価的理性や実践理性という観点からみて正しい（あるいは「成功した」）意識の可能性から切り離すことができないというのである。こうした理性批判を、フッサールはその後ずっと追究し続けることになる。

フッサールは超越論的現象学による理性批判の構想を、それに基づく現象学的分析をひとつずつ積み重ねることによって擁護しようとした。この構想は、論証によって外側から立証されるというよりも、それを段階的に実現してみせることによって、いわば内側から徐々に正当化されるのである。意識と現実の分かち難さを具体的な事例をつうじて示す現象学的分析がなければ、フッサールの構想は絵空事でしかない。しかしここでは、具体的な分析そのものではなく、それを実行するために避けて通れない方法上の問題に触れておこう。

▼中期(3) 現象学的還元という方法

『イデーンⅠ』のフッサールにとって、世界とは、それについての判断（や評価や意志）を正当化（あるいは実現）する経験のなかで出会うことができるものである。そうした経験の可能性から独立して世界が存在するという考えは拒否される。すると、世界との出会いを用意する経験は、世界のなかに生きる人間の経験だとは言えなくなる。なぜならここで問題になっている経験は、何かを世界のなかに位置づけることを可能にしてくれるものであり、それによってはじめて人間も世界内に位置づけられるからだ。つまり、私が世界内の人間として持つ意識には、ある意味で世界に先立つような次元があり、まさにそのような意識の次元――フッサールはこれを「純粋意識」や「超越論的主観性」と呼ぶ――を分析することが、超越論的現象学の課題なのである。だが、どうすればそのようなことができるのだろうか。

純粋意識ないし超越論的主観性を現象学的に分析するための手段として、フッサールは「現象学的還元」という方法を持ちだす。私たちはふだん、世界があるということをたいていの場合まったく疑わずに生きている。だが、フッサールの考えでは、世界の存在に関するこうした信念によって特徴づけられる私たちの自然な態度（「自然的態度」）を、私たちは保留できる。「エポケー」と呼ばれるこうした保留によって、私たちのそれぞれが持つ意識は、世界のなかの人間が持つ意識という身分から一時的に自由になる（これによって、現象学は人間の意識を探求する記述心理学から区別される）。こうした主張の根拠は、以下のようにまとめることができる。フッサールによれば、人間の意識とは、世界の中に存在する身体と結びついた意識のことである。そのため人間の意識について語るためには、世界の存在を前提しなければならない。しかし、この前提を用いることは、目下エポケーによって禁じられている。したがって、エポケーのもとで捉えられた私たちそれぞれの意識は、少なくともそのように捉えられているあいだは、先の意味での「人間の意識」ではない。しかし、エポケーが行われているときにも、世界は私たちそれぞれの意識に対して、それを超えたものとして現れている。超越論的現象学の目的は、こうした世界を、その現れの場としての意識と不可分のものとして分析することにある。このように、エポケーの後に世界と意識を不可分のものとして関係づけ、意識を超越論的主観性として捉え直す操作を、フッサールは現象学的還元と呼ぶ（ただし、フッサールはエポケーと現象学的還元をいつでもこのようにはっきりと区別するわけではない）。

したがってフッサールは、世界の存在に関する私たちの信念を否定するわけではない。たしかに、超越論的現象学を始めるためには、この信念をエポケーによって保留しなければならない。だが、そうして始められた超越論的現象学は、最終的にはこの信念の正しさに保証を与えると見込まれているのである。

▼後期フッサールの超越論的現象学

『イデーンⅠ』で提示された超越論的現象学の構想は、概略的なものに過ぎなかった。また、この構想を正当化するためには、それを段階的に実現してみせなければならない。同書の刊行後のフッサールは、超越論的現象学の構想をさらに練り上げながらそれを実行するという二重の課題に取り組むことになる。本項ではこうした取り組みのうち、世界と意識の不可分性という主張にとくに関連する事柄だけを取り上げる。

まず確認しておきたいのは、超越論的現象学の立場が、意味に関する「論理学研究」における見解からの離脱も反映しているという点だ。世界を意識から不可分のものとみなすことは、世界やそのなかの対象を、それが意味を持ったものとして意識に現れる可能性の限界内で捉えるという発想に通じる。ある認識によって把握される真理とは、いまや、その認識を成り立たせる経験のうちで出会う世界が特定の意味を備えているということに他ならない。『論理学研究』のフッサールがイデア的意味を持ち出すことで答えようとした真理の客観性の問題は、意識のなかで意味を備えて現れる世界の客観性という問題へと姿を変えるのである。

世界と意識の不可分性という超越論的現象学の基本的主張を踏まえると、世界の客観性は説明を要する事柄になる。客観的な世界は、原理的には誰にでもアクセス可能でなければならない。しかし意識と切り離すことのできない世界には、その意識の主体しかアクセスできないのではないだろうか。

こうした課題に、フッサールは超越論的現象学の着想とほぼ同時期から取り組んできた。しかしその成果の公表の時期は遅く、一九二九年の『形式的論理学と超越論的論理学』ではじめてその概略が示され、一九三一年の『デカルト的省察』仏語版においてようやくまとまった形で論じられることになる（しかし、そこでの議論も完成品とみなさない方がいいだろう）。フッサールはこれらの論考で、世界と不可分であるような経験の可能性は、単独の主体ではなく複数の主体の共同体にとっての可能性であることを示そうとした。世界との出会いの場である超越論的主観性は、より正確には、私たちの誰もがそれを通じて世界と出会う「超越論的間主観性」だというのである。すると、世界と意識の不可分性を、世界の客観性と両立させる見込みが得られる。

問題は、この主張をどうやって現象学的な観点から擁護するかである。超越論的主観性を現象学的に分析するためには、現象学者は、世界内の人間としての自分自身の意識を出発点にして、その意識に現象学的還元という操作を加えることで超越論的主観性を分析する。したがって、超越論的主観性は超越論的間主観性であると現象学的に正当に述べるためには、出発点となる現象学者としての私の意識が、「私たち」の一員としての私の意識でもあることを示す必要がある。フッサールはこの課題に、「他者経験」（ないし「移入」）の現象学的分析によって取り組んだ。フッサールは、私が「私たち」の一員であることの基礎を、私が他人を私とは異なる主体として経験しているということに求めたのである。『デカルト的省察』におけるこうした議論では、エポケーと還元によって得られた超越論的主観性に加えられる第二のエポケー（主題的エポケー）という独自の操作が重要な役割を果たす。フッサールの考えでは、超越論的主観性ははじめから超越論的間主観性でもある。このことを論点先取なしに示すために、フッサールは超越論的主観性から間主観性の要素をまず抽象的に取り除き、そのうえで他者経験の現象学を展開するのである。

超越論的間主観性に関する考察の進展は、後期フッサールの超越論的現象学の全体に大きな影響を与えることになる。フッサールによれば、他者経験は、他人の身体を私の身体と対をなすものとして経験すること（「対化」）によってはじめて可能になる。したがって他者経験の主体は、身体を持って世界のなかに存在し、そのなかで身体を持つ別の主体と遭遇することができるような主体でなければならない。こうした帰結は、フッサール晩年の未完の著作『ヨーロッパ諸学の危機と超越論的現象学』（一九三六年）における生活世界論――私たちが共に生きる学問以前の世界の分析――の背景のひとつとなっている。またこの帰結は、超越論的主観性を習慣と歴史を備えた行為主体としての「人（Person）」として捉える後期フッサールの発想とも深く関連する。

しかし同じ帰結は、世界と意識の不可分性という超越論的現象学の中心的な主張を不可解にしてしまうのではないだろうか。世界と不可分とされる意識は、世界に先立つものなのだから、世界内に位置づけられない。だが、超越論的間主観性を分析するためには、意識を世界内の身体と結びつけたままにしなければいけない。すると、世界と不可分の意識は、世界内に位置づけられないと同時に、世界のなかにあるということにならないだろうか。フッサールは『ヨーロッパ諸学の危機と超越論的現象学』第三部で、こうした事態を「人間的主観性のパラドックス」と名づけ、その解消に乗り出すことになる。この試みがより具体的にどのようなものであり、それは果たしてうまくいったのかということは、フッサール解釈上の難問題であり続けている。

いずれにせよはっきりしているのは、フッサールは晩年に至るまで、試行錯誤を繰り返しながら超越論的現象学のプロジェクトを先に進めようとしていたということである。こうした歩みを止めることができたのは、死という人間の定めだけだった。一九三八年四月二八日、浴室で転倒して以来病床にあったフッサールは、七九年あまりの生涯を閉じることになる。


（植村玄輝）

シェーラー

Max Scheler　1874-1928

▼生涯と思想

マックス・シェーラーは二〇世紀初頭に活躍した哲学者・現象学者である。一八七四年八月にミュンヘンにて生まれる。コーブルクの農場管理人であった父ゴットリープは結婚まではプロテスタント、ミュンヘンに生まれ育った母ゾフィーは敬虔なユダヤ教徒であったが、マックス少年は次第にカトリックに心を寄せる。

一八九四年にミュンヘン大学医学部に入学するものの、ベルリン大学を経て、九六年に哲学研究のためイエナ大学に移る。九七年に提出した学位論文や、九九年の教授資格論文には、指導教官であったオイケンからの影響が認められる。

一九〇一年（一九〇二年とも）にフッサールとはじめて会い、直観の捉え方に強く共鳴する。夫婦問題に由来するスキャンダルのため、一九一〇年には大学の講壇を去り、十年近く市井の学者として活動するが、代表作を次々に発表する最も生産的な時代となった。第一次世界大戦中には、ドイツの戦争遂行を擁護するジャーナリストとしても活躍している。

一九一九年にはケルン大学の教授となり、宗教哲学や知識社会学に取り組む。晩年には哲学的人間学を構想し、ハイデガー『存在と時間』との対決も試みるが、フランクフルト大学への転任直後の二八年五月に、心臓病のため死去した。

シェーラーの思想は一般に、オイケンの影響下にあった前期、現象学を方法として倫理学や感情を論じる中期、新たな形而上学的立場に至った後期、と区分される。ここでは中期の倫理学および感情論と、後期の人間論を中心に紹介する。

▼価値と人格

シェーラーの主著『倫理学における形式主義と実質的価値倫理学』（一九一三／一六年、以下『形式主義』）は、現象学的倫理学の古典である。シェーラーは同書で、カントのアプリオリ主義を受け継ぎつつも、カント倫理学の「形式主義」は退け、現象学の方法を駆使してアプリオリな分析を「実質」へと拡張する。その『形式主義』の理論的主柱は、「価値」論と「人格」論である。

▼価値のアプリオリな秩序

シェーラーは倫理学におけるアプリオリを形式的な道徳法則との合致に限定したカントを批判し、実質的な諸価値にもアプリオリな秩序があると説く。例えばすべての価値は美醜、快不快などの積極的／消極的価値に分かれ、また①有用価値、②快適価値、③生命価値、④精神的価値、⑤聖価値という諸様態には、後のものほど高いという「位階」がある。こうしたアプリオリに感得され把捉される秩序のなかで、積極的でより高い価値を実現せんとする意志が「善」なのである。

▼「人格」の再定義

ただし根源的に善悪の価値を担うのは、意志ではなく人格であり、また一切の諸価値は「人格価値」に従属すべきである。こう考えるシェーラーは人格を、知や情や意といった、本質を異にする諸作用の統一として定義する。人格とは、諸作用を遂行するただなかで体験される具体的な統一であり、また超個人的な理性の働きの担い手にすぎないカント的な人格と違い、そのものとして個体である。とはいえ人格は孤立した存在ではなく、つねに他の諸人格との連帯性においてである。連帯性の実現のされ方に応じて、様々な形態の共同体（群衆、共同社会（ゲマインシャフト）、利益社会（ゲゼルシャフト））が成り立つが、教会や国民など、諸人格の唯一性と連帯性を両立する最高の共同体は、人格的な統一を備えた「総体人格（Gesamtperson）」と呼ばれる。

▼感情と人間

右の人格の定義には、理性や意志だけでなく情の要素も含まれるが、シェーラーはパスカルの「心情の秩序」の思想を受け継ぎつつ、感情や情動にもアプリオリな秩序があると主張する。現象学の強みを活かしたその詳細な分析は、主に『形式主義』周辺の作品に見られる。ニーチェより内在的に「ルサンチマン」を情動的な体験統一として把捉し（「道徳の構造におけるルサンチマン」）、「共感」のもとで混同されてきた、動物にも見られる「一体感」と人格間の「共同感情」を区別するとともに、他者の経験を分析する（『共感の本質と諸形式』）。またキリスト教の愛の教えにも（「愛の秩序」）、「悔い改め」の教説にも（「悔恨と再生」）、現象学的な体験の分析により新たな光が当てられる。

▼最晩年の人間学の構想――「全人」という人間像

最晩年の人間学の構想は、以上のような多様な発想を総合するはずのものであった。人間は人格的な「精神」によって動物的生と「環境世界（Umwelt）」を超出し、「世界」へ開かれているが、精神は「生命」と協働することでのみ何かを実現しうる（『宇宙における人間の地位』）。また伝統的な「理性的動物」やニーチェの「超人」といった、従来の一面的な人間観に代わり、精神と生命、理性と感性を調和的に統合する「全人（Allmensch）」という人間像が、世界大戦を経て西洋と東洋の調和が喫緊の課題となった時代には必要である（「調和の世代における人間」）。こうしたシェーラーの人間論は、今日においてこそ学ぶべき洞察を秘めているはずである。

（宮村悠介）

インガルデン

Roman Ingarden　1893-1970

ポーランドの哲学者インガルデンは、ライナッハやシュタインと並んでゲッティンゲン現象学派の最重要人物であり、フッサールの最も傑出した教え子の一人である。フッサールが『イデーン』第一巻を出版すると、学派の主要メンバーの多くは、いわゆる超越論的転回に反対する立場をとった。ダウベルトやセルムスと並んで最も詳細な批判を展開したのがインガルデンである。それにもかかわらず、フッサールは晩年まで彼を最良の弟子とみなし、厚い信頼を寄せていた。その様子は、フッサールの死後にインガルデン自身が編んだ書簡集から読み取れる。彼はたんなるフッサールの弟子ではなく、独創的でエネルギッシュな哲学者だった。『文学的芸術作品』（一九三一年）は虚構的存在者の存在論にもとづく文学理論の書であり、イーザーらの受容美学に影響を与えた。主著『世界の実在をめぐる論争』（ポーランド語版一九四七—四八年、ドイツ語版一九六四年）では、バロック的ともいえる体系的で緻密な存在論を展開した。彼の仕事はどれもフッサールとの長年の対決から生まれたものであり、この意味で彼はフッサール現象学の最大の継承者の一人といえよう。（八重樫徹）

シュタイン

Edith Stein　1891-1942

女性哲学者、フッサールの最も優秀な教え子の一人、カルメル会の修道女、カトリックの聖人、アウシュヴィッツでガス室に送られたユダヤ人……。シュタイン（修道名・十字架の聖テレサ・ベネディクタ）が見せる多様な相貌はどれも鮮烈である。フッサールの指導のもと、「感情移入の問題」（一九一六年）で、博士号を取得した後、フライブルク大学でフッサールの助手を務め、『イデーン』第二巻の草稿の編集などをおこなった。その後カトリックに改宗し、現象学とキリスト教神学を接続する試みをいち早く始めた彼女は、現象学的宗教哲学の開拓者の一人であり、シェーラーやフォン・ヒルデブラントとともに、今日まで続く現象学とカトリックの密接な関係の発端に位置する。彼女が一九九八年に列聖されたときの法王ヨハネ・パウロ二世もまた、現象学の伝統に連なる神学者だった。現象学以外の文脈でも彼女は広い関心を集めている。近年では、シュタインと同じくトミズムに深い共感をもつ哲学者・哲学史家のアラスデア・マッキンタイアが彼女の知的伝記を著している。（八重樫徹）

マーラー

Gustav Mahler　**1860-1911**

一八六〇年にボヘミアのカリシュト（現チェコ）で生まれ、一九一一年にウィーンで死去した。生前には作曲家としては十分に評価されたとはいえないが、むしろ指揮者としては最高の地位に上り詰めた。すでに二〇代前半から数々の歌劇場で頭角を現し、ライプツィヒ、ブダペスト、ハンブルクなどヨーロッパ有数のオペラ劇場の常任指揮者を務めた。

マーラーの功績でとりわけ重要なのは、一八九七年からの一〇年間に取り組んだ、ウィーン宮廷歌劇場の音楽監督時代のオペラ改革である。「伝統とは怠惰にほかならない」という彼の言葉が示すように、旧態依然として陳腐化した当時のオペラ演出の刷新が彼の喫緊の課題となった。そのため、前衛的な芸術運動「ウィーン分離派」の創始者の一人で画家のアルフレート・ロラー（一八六四―一九三五年）を舞台美術家に起用し、抽象的で様式化された、当時としては画期的な舞台演出を生み出した。しかし、マーラーの理想主義と革新への意欲は劇場内で度々衝突を生み、伝統と古き秩序を重んじるウィーンの観客の反発も少なくなかった。

マーラーは日常的にオペラ公演の指揮をしていたが、オペラ作品を完成させることは一度もなかった。その代わりに、彼は歌曲と交響曲の大家として、そして両者を融合した声楽付き交響曲によって音楽史に名を残した。題材としてゲーテやニーチェなどの文学的、哲学的なテクストを用いながら、その音楽は、破壊的な音響と、俗謡や軍楽などの通俗的な旋律がない交ぜになった独自の様式を特徴とする。

時代区分としては後期ロマン派に属するマーラーの音楽には、一九世紀から二〇世紀への、ロマン主義から現代への過渡期の、あらゆる既存の価値観が揺らいだ世紀末ウィーンの時代精神が色濃く反映されている。作曲美学に関しては、ハイドン、モーツァルト、ベートーヴェンに連なるウィーンの交響曲や、シューベルトをもって嚆矢とする歌曲の伝統、ヴァーグナーの芸術理念を受け継ぎつつ、その音響の規模をさらに拡張すると同時に、シェーンベルクをはじめとする二〇世紀のいわゆる現代音楽への決定的な転換を導いた。

マーラーの音楽は生前から、形式の欠如、断裂、通俗性、非調和な要素の寄せ集めなどを理由にしばしば批判された。だが死後半世紀以上が経って漸く本格的な再評価が始まり、その脱構築的な手法には「脱近代化」への志向も指摘できる。

（北川千香子）

クリムト

Gustav Klimt　**1862-1918**

一九世紀末から二〇世紀初頭のウィーンを代表する画家である。初期の作品は、西洋世界の伝統への信頼に基づいた歴史主義的な傾向が強い。彼の寓意画や肖像画は上流階級のパトロンたちの心をつかんだ。だが次第に、クリムトはシンボルや装飾を使用することで古典芸術を現代的なものへと生まれ変わらせることを意識するようになっていく。

折しも時代は大きなうねりをともなって変化していた。ヨーロッパのそこかしこで、若い芸術家たちの運動が興っていた。ウィーンでもアカデミズムと商業主義に反旗を翻した芸術家たちが、一八九七年に「分離派」を結成した。クリムトはそのリーダーとして、「時代にはその芸術を、芸術にはその自由を」をモットーに、生活に浸透する芸術を追究した。

クリムトは新しい表現に、過激に、挑戦的にエロティシズムを持ち込んだ。しかし彼の攻撃的な絵画は人びとの反感を買った。一九〇二年の《ベートーヴェン・フリーズ》ののちには分離派の内部にも分裂が生じた。分離派を離れたクリムトは翌年、ビザンティン美術のモザイクに感銘を受け、そこに工芸品に通じる装飾的な美しさと、対象を抽象的な絶対的空間に閉じ込める機能を見出した。そして人物をも高度に様式化し、金色の幾何学模様を全面的に配置する、新たな表現手段を開花させた。この黄金様式の作品には《アデーレ・ブロッホ＝バウアーの肖像》（一九〇七年）や《接吻》（一九〇七／〇八年）などがある。また、ウィーン工房と共に完成させた大邸宅の内部壁画《ストクレ・フリーズ》では、装飾の中に永遠性や生の喜び、生命の循環が統合され、有機的なモチーフが無機的な抽象紋様と融合されていた。この壁画は、建築と室内装飾と絵画芸術の相互作用をもたらす総合芸術として、バウハウスやロシア構成主義にも多大な影響を及ぼした。

しかし過剰な装飾には限界があった。クリムトは凋落の予感を抱きながら華美で多様な文化が花開いた世紀末のウィーンを体現した画家であった。

（勝山紘子）

接吻
（1907-08年，ベルヴェデーレ宮殿オーストリア絵画館蔵）

ホーフマンスタール

Hugo von Hofmannsthal **1874-1929**

オーストリアを代表する作家の一人。一八七四年、ウィーンに生まれた。一〇代の頃からロリスという筆名で文筆活動を行い、言葉を華麗に操る類まれな才能によって天才詩人と称された。生涯を通じて詩にとどまらず、小説、評論、エッセイ、戯曲、オペラ台本など、数々のジャンルで優れた作品を世に生み出した。なかでも一九〇二年の『チャンドス卿の手紙』は、当時の言語懐疑の文学的証言としても有名である。

初期には唯美主義的傾向が強かったが、二〇世紀に入って以降の後期では、他性の欠如した主観主義の時代としての近代批判に基づいた中世回帰、つまりバロック文化の復興を理想とする保守的傾向が強められた。しかしそれは単なる近代以前への回帰を意味するのではなく、むしろポストモダン的な新たな他性理解によって近代の問題を克服しようとするものであった。とりわけ一九二七年の講演『国民の精神空間としての著作』やザルツブルク祝祭の開催などにはこうした「保守的革命」の理念が顕著に読み取れる。

（勝山紘子）

ツェトキーン

Clara Zetkin **1857-1933**

クララ・ツェトキーンはドイツザクセン生まれの社会主義女性解放運動家。ライプツィヒで教育を受け一八八五年から亡命先のパリで文筆活動を開始した。八九年の第二インターナショナル創立大会で女性労働問題の演説。九一年から、一九一七年までドイツ社会民主党の女性機関誌『平等』の主筆を務めた。

一九〇七年、シュトゥットガルトでの第一回国際社会主義女性会議を主催。一〇年、コペンハーゲンでの第二回同会議で、国際女性デーを提唱。世界大戦に反対して『平等』を追われ、ローザ・ルクセンブルクらとスパルタクス団を結成。ローザ虐殺後、二〇年にドイツ共産党に入党し、ドイツ国会議員となり、レーニンの指示でコミンテルンの女性政策を作成。二一年からコミンテルン執行委員として、ベルリン―モスクワを往復。二五年以降スターリンに消極的反対の立場。三二年、最年長議員として、ドイツ国会開会演説でナチスに反対し統一戦線を主張した。モスクワに没し、クレムリンの壁に葬られる。

（伊藤セツ）

ルクセンブルク

Rosa Luxemburg **1871-1919**

ルクセンブルクは一八七一年にロシア帝国領ポーランドで同化ユダヤ人商人の家に生まれた。高校時代に社会主義運動に参加してスイスへ亡命、チューリヒ大学で哲学や国家学を学びながら、一八九三年にポーランド王国社会民主党の創設に加わった。一八九八年にチューリヒ大学で学位を取得後、ドイツの市民権を得てベルリンに移住し、ドイツ社会民主党に入党した。党内では最左派として活動し、一九〇七年から一四年までベルリンの党学校で経済学の講義を行い、その間の一九一三年に主著『資本蓄積論』を出版した。

『資本蓄積論』は、マルクスが『資本論』第二巻で提示した「再生産表式」が拡大再生産＝蓄積の実現可能性を理論的に説明できていないことを批判し、資本主義は地球的規模で非資本主義的な地域と社会層を世界市場に引き込んで支配することなしには資本蓄積を実現しえない、ということを論証しようとする試みだった。

資本主義は労働者の搾取によって剰余価値を実現するシステムであり、生産力が労働者の購買力をつねに超過するという「矛盾」を抱えている。拡大再生産が可能になるためには、追加の労働力と追加の購買力（市場）が必要になるが、それは資本主義的生産様式の内部には存在しないのだから、「外部」に求めるしかない。

したがって、資本主義は非資本主義的地域を市場として包摂しながら、伝統的社会構造を破壊して賃金労働者を生み出していく。しかし、それらを包摂し尽くした時、資本蓄積の存在条件である「外部」も消滅する。資本主義は「世界形態たろうとする傾向をもつと同時に、その内部的不可能性のゆえに生産の世界形態たりえない最初の形態」なのである。

ルクセンブルクのこのような資本主義世界経済認識は、フランクとアミンの従属理論やウォーラーステインの「世界システム」論の先駆をなすものである。また、資本主義を延命させるための努力の「政治的表現」である帝国主義は、国家間戦争を引き起こすことで資本主義の矛盾を激化させ、資本主義の終焉を逆に早めることになる、という彼女の議論は、アーレントの『全体主義の起源』にも大きな影響を与えた。

第一次世界大戦中に反戦活動を理由に投獄されていたルクセンブルクは、一九一八年一一月のドイツ革命で釈放され、翌年一月にドイツ共産党を結成してベルリン一月蜂起を指導するが、国防軍の残党や義勇軍との衝突の中で逮捕され殺害された。

（植村邦彦）

ランダウアー

Gustav Landauer　**1870-1919**

一九世紀末〜二〇世紀初頭ドイツの社会主義者・思想家。フランス国境に近いカールスルーエのユダヤ人実業家の子として生まれ、大学時代に演劇活動を通じて労働運動に接近。独立社会主義者同盟（社会民主党除名組を中心に結成）に参加する一方、アナーキスト系の雑誌『社会主義者』の編集に携わる。一九一八年一一月に勃発した革命に際して、バイエルン・レーテ（評議会）共和国の文化・教育大臣に就任するが、「下からの革命」の継続を主張して社民党中心の中央政府と対立。翌年五月に義勇軍によって虐殺された。「アナーキズム思想の最近の偉大な代表者の一人」（E・フロム）とされ、M・ブーバーやE・ブロッホにも影響を与えた。

青年時代からシェークスピア、エックハルト、ニーチェ、プルードン、クロポトキンらの著作に触れ、政治、哲学、宗教、芸術などの分野で数多く執筆。M・ブーバーの企画による『レヴォルツィオーン（革命）』（一九〇八年）、社会主義同盟での講演録『社会主義への呼びかけ』（一九一一年）などを出版した。

▼「革命」と「社会主義」の再定義

彼はマルクス主義に対して「精神を欠いた進歩の信奉者」「生きた共同体を抹殺する中央集権主義」と批判する一方、独自の歴史観、社会観に基づいて「革命」や「社会主義」を再定義し、「いま／ここ」からの運動展開を呼びかけた。

彼によれば、「革命（再生）」とは、単なる政治革命ではなく、「次の新しい精神のための新しい精神の組織化」、「埋もれていたものが現れ活気づくようにする」社会革命であり、「社会主義」とは、あるべき未来社会像ではなく「人々の意志の方向」であり、「民（Volk）」による自治的社会、「共同体（Gemeinde）によって作られる共同体」、「内地入植（Siedlung）」などの形成を目指す運動そのものであった。

時代が「科学」「進歩」「国家」を基軸に突き進もうとしているときに、「精神」「再生」「共同体」を対置したその思想は、ソ連型社会主義批判にとどまらず、二〇世紀文明批判としても読むことができる。「社会主義は人々が望みさえすれば実現する」「資本主義から離脱すること」というメッセージは、金融資本主導のグローバル化に立ち向かう世界各地の若者たちを魅きつけている。

（龍井葉二）

コラム　ギムナジウム

「ギムナジウム」の歴史

「ギムナジウム」（Gymnasium）という名称は、古代ギリシア語の「ギムナシオン」（gymnasion、「屋内体育場」という意味）に由来し、中等教育を行うドイツのラテン語学校の名称として用いられていた。「ギムナジウム」という名称とその役割が法的に定められたのは、一九世紀初頭のプロイセン教育改革においてである。ここでは、プロイセン、ヴァイマール共和国、第二次大戦後の大きく三つの時代に区分し、ギムナジウムの歴史を辿ってみる。

プロイセンにおけるフンボルトのギムナジウム改革

一八〇九年、ヴィルヘルム・フォン・フンボルトがプロイセンの文教局の責任者に就任すると、人間のための教育、個人の自由と成熟のための教育を前面に掲げた教育改革が始まった。彼によれば、学校と大学は、一般的な人間教育のみを目的に一般教養を授与するものであった。当時の中等教育改革の思想的原動力となった新人文主義は、古代のギリシア・ローマ文化に接し、その精神を吸収することで、人間性の全面的開花を図ろうとするものであり、古典語教育が重視された。

フンボルトの改革理念は、ギムナジウムに関する以下三つの改革に反映されている。第一は、一八一〇年導入の「教職任用試験」である。大学進学の準備教育を行う中等学校の教師を志す者が、大学で博士もしくは修士の学位を取得していない場合、古典語の知識を重視した試験を受けることを義務づけた。

第二は、フンボルトの下で練り上げられ、一八一二年に公布された「アビトゥーア（大学入学資格）試験規定」である。フンボルトは、アビトゥーアの試験科目において、ラテン語やギリシア語といった古典語を重視した。この規定によって、試験を実施できるラテン語学校のみが「ギムナジウム」という名称を独占するようになった。また、アビトゥーアが国家公務員の就任要件になった。

第三は、フンボルトの協力者であったヨハン・ヴィルヘルム・ジューフェルンが、一八一六年に作成した「ギムナジウムのための統一的な教授計画」である。ジューフェルンは、古典語に多くの授業時間を割り当て、自然科学と現代語の時間を抑えた。

九年制の確立

その後、一八三四年にアビトゥーア試験規定が改訂され、ギムナジウム第九学年在学が受験資格になると、ギムナジウムの九年制が確立した。同時に大学独自の入学試験が廃止された。これらの改革によって、新人文主義に基づく教育を行い、将来の大学生や国家公務員を育てるというギムナジウムの役割が明確化された。十九世紀後半のギムナジウム就学率に着目すると、年齢人口比ではわずか三％程度であったが、そのうち高級官吏、中等学校・大学教師、医師など教養市民層出身の生徒は二割前後で、中小商人や中級官吏といった中間層出身の生徒が七割程を占めていた。ゆえに、ギムナジウム進学が中間層の社会的上昇移動の手段にもなっていた。他方で、一九世紀末には、過重な古典語授業や厳しい余暇管理の重圧にさらされた生徒のなかから、学校に対する抵抗として、「ワンダーフォーゲル」といった青年運動に取り組む者も出てきた。

プロイセン学校会議を受けた中等教育の変化

ギムナジウムに大きな変化をもたらしたのが、一八九〇年と一九〇〇年のプロイセン学校会議である。中等教育をめぐる当時の社会紛争では、古典語重視からドイツ語重視への方針転換をギムナジウムに求める国家主義的な勢力、教育の機会均等を求める勢力、これに対抗してギムナジウム特権の維持を求める勢力などが交錯していた。その帰結として、第一にギムナジウムの古典語教育の時間数が削減されるとともに、第二に、ギムナジウム、実科ギムナジウム、高等実科学校の三系列に分かれていた九年制中等学校が同格化され、ギムナジウム以外にもアビトゥーアの授与権が許可された（一九〇一年―）。第二の改革に伴い、高等女学校にも大学入学権が認められ、一九〇八年にはすべての大学で女子の入学が認められるようになった。

ヴァイマール共和国時代および第二次世界大戦後の学校制度改革

ヴァイマール共和国時代に入り、ハンス・リッヒャートが一九世紀の百科全書的教養を排し、ドイツ的陶冶を中軸にすえた中等教育改革を構想したことで（一九二〇―二五年）、ギムナジウムのラテン語の時間が削減された。その後ナチス期には、ナチス的教育観を反映して、ラテン語とギリシア語の時間が減少した一方で、生物と体育の時間が増加した。

第二次世界大戦後、アメリカの教育視察団は西ドイツに単線型学校制度の導入を提案したが、賛同を得ることができず、分岐型学校制度は継続した。そして、一九六四年に州首相間で締結された「ハンブルク協定」が、ギムナジウム、実科学校、基幹学校という現在まで続く学校種の枠組みを定めた。なお、東ドイツでは、一〇年間共通の初等・中等教育を行う「総合技術上級学校」の導入が一九五九年に制定されている。

また、一九六〇、七〇年代のヨーロッパ各国において、教育の機会均等を目指して中等教育制度が単線型に移行されるなかで、西ドイツでも三つの学校種を統合した「総合制学校」の導入が始まった。しかし、反対意見も多く、単線型に完全移行した州は存在しない。他方、生徒の社会的出自によってギムナジウム進学率が異なる傾向が見られることから、分岐型学校制度が抱える教育の機会格差の問題として現在もなお議論されている。

（栗原麗羅）

コラム　映画

一八九五年にフランスのリュミエール兄弟によって「発明」された映画は、現在にいたるまで大衆娯楽の主要な担い手のひとつでありつづけている。サイレント映画からトーキー映画、カラー映画、３Ｄ映画、さらにはテレビ放送、ヴィデオ、ＤＶＤ、ネット配信と、テクノロジーやフォーマット、受容形態は大きく変容したものの、映画というメディアは人々の日常生活のなかで一貫して存在感を保ってきた。そのことは、二〇世紀以降の哲学が、テクノロジー、メディア、イメージ、知覚、さらには、大衆、娯楽産業、余暇などの問題について論じるうえで、映画という対象を完全に無視できないということを意味する。もっとも、近現代ドイツ思想史のなかで、たとえばベルクソン哲学を基盤としつつ大著『シネマ』を執筆したジル・ドゥルーズのような人物は存在しないことは確かである。だが、少なからぬドイツの哲学者や芸術家たちが、この装置に強い思弁的関心を抱き、毀誉褒貶(きよほうへん)の議論を繰り広げてきた。

新しい表現メディアの可能性

一九〇〇年半ばごろよりヨーロッパで映画ブームが巻き起こり、ドイツでも大都市を中心に常設映画館の数が飛躍的に増大した。また、それと平行して、ベルリンを中心としてドイツの映画製作も本格化していった。通俗的なメロドラマやドタバタ喜劇の短編――そうした映画を愛好していたのがカフカだった――がプログラムの多くを占めるなか、映画という新しい表現メディアがもちうる芸術的な可能性をめぐって、とりわけ一九一〇年代にトーマス・マンやデーブリーンなどの文学者のあいだで激しい論争が起こった。若き演劇批評家だったルカーチが、一九一三年に「映画美学考」と題されたエッセイを発表したのも、そのような文脈に位置づけられる。そこでルカーチは、映画の世界を「メルヒェンや夢に対応するもの」と規定したうえで、そこに映画表現の本質を見ようとするのだが、映画を夢に喩えるというモティーフは、ホーフマンスタールやエルンスト・ブロッホの議論にも見られるトポスだった。

その後、一九一七年にベルリンに「ウニヴェルザール映画株式会社」(＝ウーファ)が創設され、この巨大映画コンツェルンを中心として、ヴァイマール時代のドイツ映画は創造力の頂点を迎えることになる。この時期には、『カリガリ博士』(一九二〇年)や、フリッツ・ラング監督の『ドクトル・マブゼ』(一九二二年)、『メトロポリス』(一九二七年)など、「表現主義映画」として知られる傑作が数多くつくられた。もっとも、一九三三年一月末にヒトラー政権が誕生し、その反ユダヤ主義的な政策によって、ラングをはじめ、ヴァイマール映画を支えた数多くの人材が国外亡命を強いられる。それによってドイツ映画の黄金期は終結し、リーフェンシュタール監督の『意志の勝利』(一九三五年)などの少数の政治プロパガンダ映画を除けば、軽いタッチの娯楽作ばかりが第三帝国のスクリーンを埋めることとなった。

さらに、ベンヤミン、ホルクハイマー、アドルノ、マルクーゼ、クラカウアーなど、のちにフランクフルト学派と称される思想家たちも、ユダヤ系の血統であることを理由に、ナチス・ドイツを離れてフランスやイギリス、アメリカなどに逃れることを余儀なくされた。そして、彼らが亡命先でしばしば映画について考察していることは興味深い。なかでも、パリ亡命中のベンヤミンが、論文「複製技術時代の芸術作品」(初稿一九三五年)のなかで、伝統的な「アウラ芸術」にたいして複製芸術としての映画を対置したうえで、映画メディアとその観客大衆のうちに、資本主義体制とファシズム体制の双方を克服しうるような革命的な潜勢力を認めたことはよく知られている。大量複製されることで礼拝対象から展示対象へと機能転換した芸術は、労働者大衆が集団的主体としてみずからを組織することを促すとともに、生産プロセスに能動的に参加する可能性を開く。さらに、ベンヤミンがミッキーマウス映画などを例に主張するように、複製芸術を「気が散った」状態で受容することを通じて大衆は、テクノロジーに媒介された新たな知覚の「訓練」を受けるのであり、それによって最終的にファシズムが進める「政治の美学化」に対抗できるようになるというのだ。

『カリガリ博士』1920年

映画の負の側面を暴く

このようないささかユートピア的な映画理解にたいして、激しい批判を繰り広げたのが、ベンヤミンの年少の友人のアドルノだった。アドルノによれば、複製技術に政治的な期待をかけるのは時代錯誤的な「ロマン主義」にすぎず、実際の映画作品やその観客はむしろ、資本主義の論理に隷属している。アメリカ亡命中のアドルノがホルクハイマーと共同執筆した『啓蒙の弁証法』(一九三九―四四年)の「文化産業」論ではさらに、「資本の万能さ」を人々の脳裏に叩き込むことが「あらゆる映画」の本質的な機能であるとすら断言される。ハリウッド映画に象徴される娯楽映画とは、結局のところ、そのすべてが産業資本による大衆の意識操作の手段であって、大量生産された紋切り型のイメージを日々摂取することによって消費者は、支配体制に唯々諾々と従うだけの権威主義的なメンタリティを無意識のなかに植え付けられてしまうのである。

一九四五年、第三帝国の崩壊とともに第二次世界大戦が終結、ラングやクラカウアー、マルクーゼのように亡命先のアメリカにとどまった者もいたものの、アドルノやホルクハイマー、ブレヒトなど、多くのドイ

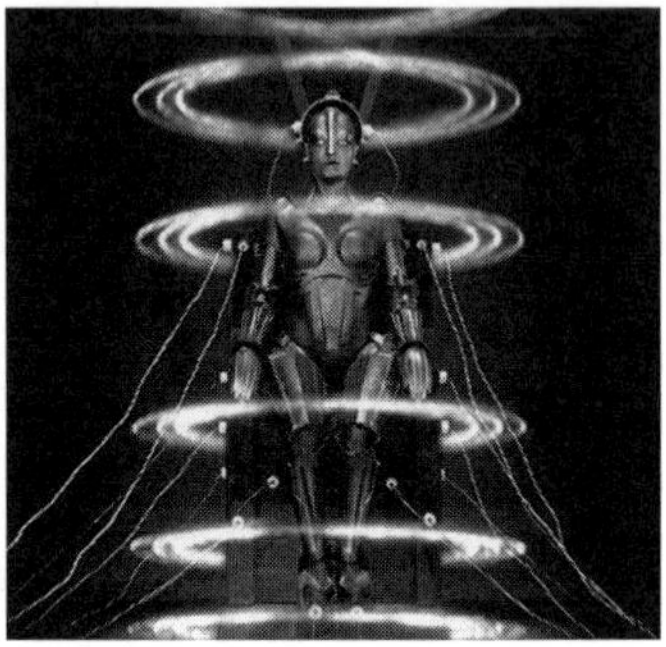

『メトロポリス』1927年

ツ系亡命者が東西に分裂した祖国に帰還した。ドイツの映画製作は、バーベルスベルクの旧ウーファ・スタジオを占領地域内に抱えていたソヴィエト占領地区においてまず再開され、その後、西側でも映画産業が再建されたが、ドイツ映画がヴァイマール時代の輝きを取り戻すことはもはやなかった。すでにベンヤミンはこの世を去っており、戦後にフランクフルト学派の重鎮となったアドルノが「文化産業」批判を繰り返し、それがエンツェンスベルガーの「意識産業」論によって踏襲されていく一方、映画メディアになおも強い関心と期待を抱きつづけたのがクラカウアーだった。クラカウアーの映画論としては、一九四七年に上梓された『カリガリからヒトラーへ』がよく知られているが、ヴァイマール時代の主要な映画作品をことごとくヒトラー政権の予兆として捉えるといういささか図式的な議論が展開されているこの書物よりも、『映画の理論』（一九六〇年）が重要である。そこでは、映画メディアの本質を写真に求めたうえで、映画が対象の「物理的現実」を記録することによって「救済」するという主張が、具体的な映画作品からの例を豊富に挙げつつ繰り広げられている。また、フランクフルト学派とは対蹠的（たいしょてき）な地点に位置するハイデガーも、晩年の講演のなかで近代を「世界像の時代」として規定するなかで、一種のメディア・イメージ批判を展開したことも見逃せない。

八〇年代の新潮流

一九八〇年代に入ると、ドイツではメディア論の新たな潮流が生まれ、キットラー、ボルツ、ヘーリッシュなどのテクストが読まれるようになった。そこでも、キットラーの『グラモフォン・フィルム・タイプライター』（一九八六年）をはじめ、映画も議論の対象となっていることは確かである。しかし、映画は、かつてのベンヤミンの「複製技術時代の芸術作品」のように、ニュー・メディアとして特権的に扱われることはもはやなく、印刷術、写真、蓄音機をへて、テレビ、コンピュータ、インターネット、マルチメディア社会へと移行していく歴史的な変遷過程のひとつの段階にすぎない。とはいえ、そこで問題になっているのが、メディア・テクノロジーによって媒介されたコミュニケーションのあり方であり、現実とイメージの関係であり、そのなかでの人間の知覚経験の変容であるかぎりにおいて、ドイツの新しいメディア論もまた、映画によって切り拓かれた歴史的・文化的なパラダイムのなかになおも位置づけられるのである。

（竹峰義和）

ヴェーバー

Max Weber　**1864-1920**

マックス・ヴェーバーは同名の父マックスと母ヘレーネとの間に長男として生まれた。本人を含め兄弟は八人（工業立地論や文化社会学で著名なアルフレートは四歳下の弟）。五歳の時に父がベルリン市参事会員になると、生地エアフルトから一家でベルリン郊外に転居、父は後に代議士となる。両親はともに裕福な家庭の出身だが、俗なる政治の世界で出世していく権威的な父と、厳格なプロテスタントの信仰篤い母との間には葛藤や緊張があったと伝えられる。

▼ユンカー批判と暗転

父の栄達にもうかがえるが、当時のドイツはビスマルク執政下で普仏戦争に勝利し、ドイツ帝国成立と経済的繁栄に沸き立っていた。それは科学技術と結びついた資本主義の高度化・組織化が進んだ時代、マルクスとエンゲルスが大きな影響を及ぼし始めた時代であり、またニーチェが「最近の戦争以来絶えず思い上がった万歳を挙げ」る「教養俗物」（『反時代的考察』）を厳しく批判した時代でもあった。こうしたなか、ヴェーバーは一八九一年に教授資格を取得すると、翌年にはベルリン大学で講義を担当する一方、社会政策学会によるドイツ・エルベ川以東地域の農業労働者の実態調査に参加する。そして早くも一八九四年にフライブルク大学教授に着任、就任講演でナショナリズムの立場からユンカーを激しく批判して大きな論争を呼ぶ。

ヴェーバーはさらに一八九七年、ドイツ南部の名門、ハイデルベルク大学の教授に転じる。まさに順風満帆にみえるが、のちに彼自身がこの時期を「何かの護符にしがみつくように学問的な仕事に」しがみついていたと振り返るように、内面的には大きな無理があったのだろう。同年からヴェーバーは心身の不調を訴え始め、九九年には療養生活に入る。この急な暗転をめぐっては、直前にあった父との激しい口論と、その後の父の急死というショッキングな事情もあり、父との葛藤や母からの抑圧の影響などさまざまな解釈がなされてきたが、はっきりしたことはわからない。

暗転からの復活が始まるのは一九〇四年頃である。この年、ヴェーバーは『社会科学・社会政策アルヒーフ』の共同編集者となり、この雑誌を主要な舞台として著述を再開する。その再起を鮮明に示したのが、『社会科学・社会政策に関する認識の「客観性」』と『プロテスタンティズムの倫理と資本主義の精神』（以下『倫理』）である。

▼科学主義でも観念論でもなく

当時の社会諸科学では、自然諸科学の興隆を背景として「科学的」法則を無際限に社会現象に適用する科学主義が広がり、伝統的な観念論の影響下で現実離れした理念を掲げる立場と激しく対立していた。しかもヴェーバーにとって、自らの法則や理念から「あるべき姿」を決定論的に導出しようとする点で両者は同類だった。彼が事実と価値の区別を踏まえ価値の意識化を求める「価値自由」を主張したのは、この両者への批判でもあったと言える。

『倫理』もまた当時の学問状況への挑戦だった。『倫理』の主題の一つは、近代資本主義の担い手にみられる「資本主義の精神」が、歴史上きわめて独自な要素であることを見出した点にある。この「資本主義の精神」は、当時のマルクス主義が考えるように経済構造から「機械的に」生み出されるのでもなければ、「(民族）精神」からすべてを説明する観念論的歴史観のように、何かの理念から「自動的に」展開されたのでもない（ヴェーバーが「精神」を宗教的教義の産物ではないと述べていることに注意）。彼は科学主義と観念論の両者に対抗し、近代資本主義の成立には担い手の「精神」が独自の契機として作用した、と主張したのである。

こうした主張は多くの論争を呼んだが、ヴェーバーはここから行為とその意味に着目する独自の領野を開拓していく。もともと経済史や社会政策などの分野で活動してきた彼がドイツ社会学会の設立に参画し、まだ新興学問だった社会学への関わりを深めるのである。とくに第一回ドイツ社会学会で優生学者のA・プレーツらと激論を交わし、数年後に学会から離れるのと前後して、自らの理論を「理解社会学」と名づけ、新たな研究を量産しはじめる。

その一つが『世界宗教の経済倫理』と題する連作であった。すでに『倫理』で近代資本主義の特殊性を論じていたヴェーバーは、西洋近代の「特有の合理主義」へと問題を展開し、その「特殊性」を軸に他の文化圏と比較する宗教社会学研究を進めていった。『儒教と道教』から始まる一連の大著はこのプロジェクトの一部である（さらにイスラム教やキリスト教へと続く予定だった）。ヴェーバーはこれらの著作のなかで、「理解社会学」の視点から、多様な社会層の相互作用や宗教的教義と生活態度との関連などを分析している。

▼壮大な未完のプロジェクト

またヴェーバーはこのプロジェクトと並行して『社会経済学綱要』の編集を引き受け、自らも原稿を執筆する。この寄稿は彼の急死により完結しなかったが、死後に妻マリアンネによって『経済と社会』として編集・刊行される。この膨大な著作においても、ヴェーバーは社会現象を行為とその意味からとらえる「理解社会学」に基づき、独自の合理化論を軸として多様な社会集団・組織の形成と変容のダイナミズムを分析している。その対象は家族から法や宗教、都市、そして官僚制論やカリスマ論を含む支配類型論にまで及び、生前には彼自身も「包括的な社会学的国家論」と自負していた。

他方でヴェーバーはなかなか大学の講義に復帰できず、その間は学生への指導の他、主にハイデルベルクの自宅でサロンを開き、多くの知識人と交流し議論を深めていた。そこにはジンメルやゲオルゲ、ルカーチもいたという。しかし第一次大戦が勃発するや政治論説を多数発表して論陣を張り、戦後は講和会議に関与するとともに教職への復帰を試みる。ウィーン大学での試験的な講義を経て一九一九年にはミュンヘン大学教授に着任したが、直後の一九二〇年六月、肺炎により急死。こうしてヴェーバーの壮大なプロジェクトは、いずれも未完のまま終わった。

だが、未完にもかかわらずヴェーバーの研究は、社会学はもちろんフランクフルト学派からカール・シュミットに至るまでの幅広い思想家たちに大きな影響を与え続けた。こうした対極的な思想家たちへの影響からも、ヴェーバーの思想が今なお有する問題性がうかがえよう。

（橋本直人）

プランク

Max Karl Ernst Ludwig Planck　1858-1947

黒体放射の研究から電磁波のエネルギーの授受がある単位の整数倍で起こることを発見し、微視的領域の基礎理論となる量子論・量子力学の端緒を開いた物理学者。

プランクは牧師・神学者・法学者を輩出したキールのルター派の家庭に生まれ、ミュンヘン大学・ベルリン大学で学び、一八七九年に熱力学第二法則に関する論文により博士号を得た。一八八九年からベルリン大学員外教授、一八九二年正教授、一九一三年から翌年までは総長を務めた。

初期の研究では、プランクはオストヴァルトらの実証主義・エネルギー論に依拠しており、一八九一年には原子論と統計力学に基づく研究を進めるボルツマンに反対した。この姿勢は熱力学研究の過程で次第に変化し、一八九五年にはオストヴァルトらの熱力学理解を批判し、次いで黒体放射の研究の過程で、エントロピーをボルツマンの方式で取り扱うことで電磁波のエネルギーが量子的な構造をもつという成果を得ると、原子論の擁護者となった。量子的構造を特徴づける定数は一八九九年にプランクの作用量子と命名され、翌年にはこの理解に基づく放射の法則が導かれた。以後、量子論は原子領域の物理学の基礎理論となっていくが、プランク自身はこの発見が物理学にもたらす変革については可能な限り保守的な態度を取ろうとした。一方、一九〇五年にアインシュタインが発表した相対性理論の意義をただちに認め、これを相対論的力学へと拡張した。原子論擁護・実証主義批判は、一九〇八年のライデンでの講演で表明され、感覚にのみ実在性を認めるマッハに抗して、物理学が人間から独立した統一的な実在を追求すること、原子は惑星と同様実在することを主張した。この講演の田辺元による邦訳は日本でも広く読まれた。

第一次大戦が始まると、ドイツ科学者のドイツ軍支持を表明した「九三名の知識人の訴え」に署名したが、すぐにこれを悔いた。大戦後は国際的な排斥を受けたドイツ科学の地位向上に努め、それが母国の地位回復をもたらすことを望んだ。一九二〇年代のドイツで物理学を中心に科学研究の隆盛がみられた背景にはプランクの行政・財政上の活動がある。ナチス政権下ではカイザー・ヴィルヘルム協会会長などとして科学研究の擁護に努めたが、一九三八年には公職を追われ、大戦後の一九四五年七月に同協会会長に復帰した。（岡本拓司）

コラム　アインシュタインの相対性理論

相対性理論は、アインシュタイン(Albert Einstein 一八七九―一九五五年)により構築された特殊相対性理論と一般相対性理論と呼ばれる二つの理論の総称であるが、これらは密接に関連しつつも、性格が大きく異なる理論である。

前史

ニュートン(Isaac Newton)が一六八七年に出版した*Philosophiae Naturalis Principia Mathematica*において発表した力学の理論はその後大きく発展し、一九世紀初頭にはすべての自然現象は粒子の力学に帰着されるという力学的自然観が広く信じられるようになっていた。これに大きな影を落としたのが、同じくニュートンにより始められた光学現象の研究である。

ニュートンは『光学』(Optics)(1704)において光がある種の粒子の集まりであるという観点(粒子説、放射理論)から光学現象を説明しようと試みたが、屈折や回折などの現象を自然に説明することは困難であった。この困難を解消するため、光を波動としてとらえる波動論が提案された。この理論は、ヤング(Thomas Young)による干渉の発見とその説明、フレネル(Augustin Jean Fresnel)による波動論の数学的定式化とそれに基づく回折や複屈折現象の説明など多くの成功をおさめ、一九世紀中頃には標準理論の地位を獲得した。

光の波動論はその後、二つの大きく異なる方向へと発展した。その一つは、ファラデー(Michael Faraday)により導入された場の概念に基づく定式化で、電磁場という粒子とは異なる新たな実体を導入し、光をその波動としてとらえるものである。この電磁場の挙動を完全に決定する方程式がマックスウェル(James Clark Maxwell)により与えられ、その予言する電磁波の存在およびその伝搬速度が光の速度と同じであることがヘルツ(Heinrich R.Hetz)により実験的に確かめられた。

もう一つの発展は、光の波動論を力学的自然観の枠組みに収める試みである。しかし、この試みは様々な困難を引き起こした。まず、人々は、音とのアナロジーで、光の波動は空間を埋め尽くし物質を透過する媒質の振動であると考え、この媒質をエーテル(天空の空気)と呼んだ。ニュートン力学では、観測者Aに対して観測者Bが速度Vで運動しているとき、Bに対して速度vで運動する物体CのAに対する速度はV+vとなる(速度の単純加法則)。このため、エーテル理論では、エーテルに対して速度Vで運動する物質中の光の速度は静止している場合と比べてVだけ変化することになる。

このエーテル理論の予言の実験的確認は、フィゾー(A. Hippolyte L. Fizeau)、フック(Martinus Hoek)らにより物質中の光速を測定することにより行われた。結果は、物質中の光速は、物質の運動速度によらないというもので、この結果をエーテル理論で説明するには、光の振動数ごとに異なるエーテルが存在し、それぞれが物質に異なる速度で引きずられるということを要請する必要があった。さらに、一八八〇年代には地球に対する真空中の光速が地球の公転運動の影響を受けないことが、マイケルソン（Albert A. Michelson）とモーレイ（Edward W. Morley）により確認され、ニュートン力学に基づくエーテル理論は完全に否定されることになった。

特殊相対性理論

この閉塞的状況を打破したのがアインシュタインである。彼は粒子のみを基礎とする力学的自然観を放棄し、粒子と電磁場の双方を基本的な実体として認めたうえで、それらを包括的に記述する枠組みを一九〇五年に提案した。その際に出発点としたのが、特殊相対性原理と光速不変性の要請である。

まず、特殊相対性原理は、すべての慣性系（力を受けない物体が等速直線運動する基準系）が物理法則の記述において対等であるという要請で、ニュートン力学におけるガリレオの相対性原理をそのまま受け継いだものである。一方、光速不変性は任意の慣性系で真空中の光速cが同じになるという要請である。これらはいずれも実験により確認された事実であり、アインシュタインは勝手な仮定を導入せずに、これらの実験事実のみからどのような帰結が得られるかを考察したのである。その結果は驚くべきものであった。

まず、光速不変性の要請より、二つの慣性系の時間空間座標の関係は、x座標を慣性系間の相対速度に平行に取り、相対速度を$V_x=V$とおくと、ボックスに示したローレンツ（Lorentz）変換で与えられることが直ちに示される。ニュートン力学が不変となるガリレイ変換と異なり、この変換では、二つの慣性系の時間tとt'の関係が空間座標に依存している。これは、時間と空間の区別が観測者ないし基準系に依存した相対概念であることを意味している。また、ローレンツ因子と呼ばれる速度に依存した因子γが変換の比例係数として現れるため、運動する時計の進みが観測者の時計と比べて遅くなる、運動する物体が運動方向に縮んで観測されるなど一見奇妙な現象が起きることになる。

特殊相対性理論では特殊相対性原理の要請より、すべての物理法則はこのローレンツ変換で不変とならねばならない。実は、電磁場を記述するマックスウェル方程式はすでにこの不変性をもち、修正の必要はなかった。しかし、粒子の運動方程式については、いくつかの重要な修正が必要であった。その中で最大のものは、粒子の質量が速度に依存することと、その帰結として粒子系のエネルギーと質量が等価となるという点である。これは、しばしばアインシュタイン関係式$E=mc^2$としてシンボリックに表される。このように、一九世紀に顕在化した光学と力学の対立は、時空や物理的実在、エネル

ガリレイ変換

$t'=t,$

$x'=x-Vt,$

$y'=y,\ \ z'=z$

ローレンツ変換

$t'=\gamma\ (t-Vx/c^2),$

$x'=\gamma\ (x-Vt),$

$\gamma'=\gamma,\ \ z'=z,$

$\gamma=\dfrac{1}{\sqrt{1-V^2/c^2}}$

ギーなどの基礎概念の根本的な変革によりようやく解消されたのである。

一般相対性理論

特殊相対性理論により、ニュートンの創始した近代物理学の三本の柱のうち力学と光学・電磁気学を統一的に記述する枠組みが完成したが、この枠組みは残る柱である重力を取り扱うことができなかった。その理由は、重力の普遍性にある。すなわち、すべての物体はその質量に比例する重力を受け、重力を取り除くことはできない。このため、力を受けない物体の存在を前提とする従来の慣性系の概念は意味を失い、重力は慣性系の存在を大前提とする特殊相対性理論の枠組みには収まらない。全く新しいアプローチが必要となる。アインシュタインは、ほとんど独力で約一〇年の歳月をかけてこの困難を克服し、一九一五年に粒子系の力学、電磁力、重力のすべてを統一的に記述する枠組みである一般相対性理論を完成させた。

彼は、まず、重力の作用により生じる物体の加速度が物体によらず同一となるため、自由落下するエレベータのような適当な加速運動する基準系から見ると、時間空間的に局所的には重力を消すことができるという実験事実（等価原理）に着目した。この局所系は特殊相対性理論における慣性系の要請を満たしている。そこで、彼は、この局所系を局所慣性系と定義し、そこでは特殊相対性理論が成り立つことを要請した（対応原理）。

このアプローチでは、「真の」重力場が存在すると、各時空点で定義された局所慣性系は大域的な慣性系に拡張できなくなる。したがって、重力場中の物理現象を記述するには慣性系ではない一般的な大域的基準系（座標系）を用いることが必要となる。アインシュタインはこの一般座標系での物理法則の表現を対応原理から決定するために、物理法則が一般共変性を持つ、すなわちすべての一般座標系で同じ形に表されるという一般相対性原理を要請した。この原理の下では、重力場は一般座標の局所慣性系からのずれにより表される。アインシュタインは、グロスマン（Marcel Grossmann）の助けを得ながらさまざまな試行錯誤の末、このずれを記述するのには曲がった時空の幾何学を用いるのがよいという結論に達した。すなわち時空の曲がり（正確には時空計量の曲率）が重力場を記述するのである。さらに、彼は、この時空の曲がりを物質分布から決定する重力場の方程式（アインシュタイン方程式）をニュートン理論との対応および一般共変性より決定した。この方程式は驚くべきことに、時空の曲がりが波動として伝搬すること、すなわち重力波の存在を予言していた。二〇一六年九月にアメリカの重力波検出器ＬＩＧＯはブラックホールの合体により放出された重力波を人類史上初めて検出し、この一般相対性理論の最も大胆な予言を定量的に確認した。

（小玉英雄）

ボーア

Niels Henrik David Bohr **1885-1962**

一九一〇年代から一九四〇年代にかけて、量子論・量子力学の建設と展開に関して重要な役割を果たしたデンマークの物理学者。同時期に活動したアインシュタインとともに現代物理学の創始者とみなされるが、両者の間には物理学の役割や量子力学の完全性などに関する激しい論争があった。

ボーアは、コペンハーゲン大学の生理学教授の父と富裕なユダヤ人家庭出身の母の間に生まれ、一九一一年に金属電子論の研究によりコペンハーゲン大学より博士号を得た。その後、ケンブリッジを経てマンチェスターの物理学者ラザフォードの下に留学し、帰国後の一九一三年、彼の原子模型に量子論を適用することで水素原子のスペクトルの説明に成功した。このボーアの量子論的原子模型は量子論の正しさを示す成果とみなされ、ゾンマーフェルトの一般化量子論（一九一五年）などの成果が続いた。一九二一年にはコペンハーゲン大学に理論物理学研究所を開設する。同所は、以後、量子論研究の中心地として世界各地から物理学者を集めた。翌年にはアインシュタインと同時にノーベル賞を受賞した（アインシュタインは前年分の賞）。現代物理学の基礎理論である量子力学は、ボーアの下に集った人々によって一九三〇年までに完成し、その物理的解釈も彼らによって与えられた（コペンハーゲン解釈）。

ボーアが科学思想史上注目されるのは、相補性の提唱とアインシュタインとの論争によってである。相補性は、一九二七年に発表された当初は、空間的・時間的な記述を成り立たせるために観測（外部からの擾乱）を行えば、その系の一意的な定義が不可能になり、因果性の要請を満たせなくなるという事態を解釈する方途として提示された。古典物理学では両者が同時に成立するが、量子論では両者は相互補完的かつ相互排他的である。同年に発表されたハイゼンベルクの不確定性関係が微視的領域での観測に関する制限を意味するにとどまったのに対し、ボーアは、これを越え、新たな物理学においては古典的な記述が不可能であることを指摘した。アインシュタインは、古典的記述を満足させる観測が可能であると主張してボーアに挑んだが失敗し、次いで独自の実在性の基準等に基づき量子力学の記述の完全性を否定した。両者の論争は量子力学の性格を明瞭にしたが、理論完成後は、物理学者の関心は、量子電気力学の整備、原子核、物性といった問題へと移っていった。

（岡本拓司）

シュレーディンガー

Erwin Rudolf Josef Alexander Schrödinger　1887-1961

量子力学の基礎方程式を導出しながら、その物理的解釈の主流として知られるコペンハーゲン解釈を、「シュレーディンガーの猫」として知られる例示で批判した物理学者。物理学に基づく生物学研究の構想でも著名である。無神論者であったがインドのヴェーダーンタ哲学には関心を寄せた。

シュレーディンガーは、ウィーンの富裕な商人の家庭に生まれ、ウィーン大学で物理学を学び、一九一〇年に電気絶縁に関する実験的研究で博士号を得た。ウィーンやイエナでの教職を経て一九二一年にチューリヒ大学理論物理学教授、一九二七年にプランクの後継者としてベルリン大学理論物理学教授に就任した。チューリヒ大学にいた一九二五年の秋、ド・ブロイの波動力学に関する学位論文を読み、翌年にかけて、原子中の電子に関して、最初に相対性理論の効果を考慮した波動方程式を導き、次いで非相対論的な場合の式を得た。後者の成果は一連の論文として発表され、新奇な数学を用いるハイゼンベルクの行列力学とは異なり、微分方程式と波動関数というよく知られた形式で電子の振舞いを記述しながら、原子の領域に特徴的な離散的性質も再現することから、アインシュタインらに評価された。しかし、電子の波動関数を空間内の電荷の密度の表現であるとするシュレーディンガーの解釈は、ローレンツやハイゼンベルクらの批判を受けて否定され、微視的領域の物理現象には確率的過程が伴うとするコペンハーゲン解釈が主流となった。

一九三三年にナチがドイツで政権を獲得すると、シュレーディンガーはこれを嫌い、オックスフォードやグラーツ、ゲントなどを経て、一九三九年からはダブリンに落ち着いた。この間の一九三五年には、アインシュタインらの量子力学批判に刺激を受け、確率的過程に支配される毒物と猫を入れた鋼鉄の箱を記述する波動関数は、生きた猫と死んだ猫を同じ割合で含むと論じて、波動関数の確率解釈の奇妙さを指摘した。ダブリンでは、非線形光学や、重力場と電磁場の統一などに取り組んだほか、一九四三年の公開講演「生命とは何か」をもとに翌年出版された同名の書籍において、生物の遺伝物質は非周期性結晶であると指摘するなどして、量子力学登場後の物理学・化学の知見に基づく生物学研究の指針を示した。一九五六年には理論物理学教授としてウィーンに戻り、晩年は同地で過ごした。

（岡本拓司）

ゲーデル

Kurt Gödel　**1906-1978**

クルト・フリードリヒ・ゲーデルは、二〇世紀を代表する数学者・論理学者である。

不完全性定理のインパクト

一九〇六年に中央ヨーロッパのモラヴィア地方（現チェコ）の中心都市ブルノでドイツ系の裕福な家庭に生まれた。ウィーン大学で学生時代と私講師時代を過ごした後、一九四〇年に米国に移住し、プリンストン高等研究所を拠点に数学基礎論研究の新潮流（ロジック）を築いた。ゲーデルはロジックの各分野（証明論、モデル論、計算論、集合論など）において重要な貢献をしたが、とくに彼の不完全性定理はロジックを越えて幅広く多様な形で応用され、同時に多くの誤解や論争も引き起こした。なかでも、人間の心が機械より優れていることをこの定理から導こうとしたルーカスやペンローズの議論は、人工知能の発展と相まって広く話題になった。

ゲーデルは、ウィーン大学では数学者のH・ハーンに師事し、一九三〇年に一階述語論理の完全性を証明して博士号を得た。一九三一年には後に「不完全性定理」と呼ばれるようになる画期的な成果（のやや弱い形）を発表し、数学基礎論の流れを大きく変えた。続く私講師時代には、カントールの「連続体仮説」に対する相対無矛盾性（これを加えても他の公理と矛盾しないこと）を証明した。ゲーデル自身はユダヤ人ではなかったが、モラヴィア出身の学者（フロイトやフッサールなど）にはユダヤ人も多く、ナチス体制下の差別や危険を逃れるため、一九四〇年に妻アデーレを連れて米国に渡り、プリンストン高等研究所に籍を置いた。

米国での活動

米国での最初の一〇年間は、それまでの数学基礎論の結果をさらに深く問い直すような研究を行っている。今日「ダイアレクティカ解釈」として知られる構成的数学と関係する技法を開発し、算術の無矛盾性証明を与えた。また、ラッセルの階型理論やカントールの連続体仮説に関して示唆に富んだ論説を著した（一九四四年、四七年）。同僚のアインシュタインとの交友から一般相対論に関する仕事（一九四九年）もしており、理論的にタイムトラベルが可能となる回転宇宙を表す重力方程式の解の存在を示して、一九五一年に第一回アインシュタイン賞を受賞した。

一九五三年からは高等研究所の正教授となり、一九七六年の定年まで務めた。その間、主要な関心は哲学に向かい、とくにライプニッツとフッサールについて数千ページに及ぶ研究ノートを残したが、その内容は大部分が公表されていない。若い頃からゲーデルは集合の世界が実在すると信じており、それはいくらでも大きな集合（基数）を包含しうるという考えから、巨大基数を仮定して連続体仮説などの真偽を確かめようと試みた。残念ながら連続体仮説については期待する結果は得られなかったが、巨大基数の研究は「ゲーデル・プログラム」と呼ばれ、集合論の中心的研究の一つになった。ゲーデルは研究所を退職して間もなく、一九七八年に食事を拒否して亡くなった。

ゲーデルと不完全性定理の名が、マスコミに頻繁に登場するようになるのはちょうどその頃からである。ホフスタッター著『ゲーデル、エッシャー、バッハ――あるいは不思議の環』（一九七九年）はピュリツァー賞をとり、ベストセラーになった。スマリヤンは『この本の名は？』（七八年）以来、ロジックに関連する娯楽的啓蒙書を多数著した。また、自己言及的でない決定不能命題がパリスとハーリントンによって七七年に発見され、数学の不完全性現象を研究する新しい分野（逆数学など）も誕生した。

▼ゲーデルと数理論理学の展開

最後に、専門的な背景について補足する。ゲーデルが研究を始めた当時、論理学の主流は論理と集合概念が渾然一体になった型理論であった。そこから、（一階）論理の枠組みだけを抜き出したのがヒルベルトで、一九二八年に弟子のアッケルマンとの共著のなかで彼は、一階論理の完全性と決定問題を未解決問題として掲げた。完全性の問題は、ヒルベルトが抽出した公理だけで一階論理の恒真な命題をすべて導けるかというもので、ゲーデルは博士論文でこれに肯定的な答えを与えた。また、ヒルベルトが「数理論理学の中心問題」と呼んだ決定問題は、論理式が恒真か否かを判定する方法を探すものである。ゲーデルが一九三一年の論文で与えた答えは、一階論理上の算術の真偽は形式的演繹体系では判定しきれないというものだった。その後チャーチとチューリングが、ゲーデルの結果を用いて一階論理の決定問題を完全に否定的に解決した。ゲーデルは原論文の英語版附記（六三年）で、自らの結果をその後の成果を踏まえて一般的に述べれば次のようだとしている。

「ある程度の有限的算術を含むどんな無矛盾な形式体系にも決定不能な算術命題が存在し、さらにそのような体系の無矛盾性はその体系においては証明できない」

これが、今日不完全性定理と呼ばれている主張である。

（田中一之）

クラウス

Karl Kraus　1874-1936

世紀転換期ウィーンで活躍したユダヤ系の諷刺家。個人誌『ファッケル（炬火）』（一八九九―一九三六年）の発行と朗読会（一九一〇―三六年）の開催を活動の軸とした。諷刺の主な標的はリベラル系の『自由新報』をはじめとする新聞と、ハインリヒ・ハイネに源流が求められた文芸であった。両者の癒着から耳触りの良い常套句が生まれ、それが近代の政治と科学がもたらす破局の危機を隠蔽しているという問題提起は、フェイクニュース批判の先例とみなされている。第一次世界大戦時の新聞に掲載された多数の戦争賛美的な発言を引用し、それを語った本人の科白とする手法で戦争の悪を告発した大部の反戦劇『人類最期の日々』（一九二二年）は、初期の活動の集大成である。

その根底にあったのは、進歩的な言説の欺瞞は言葉の力によって暴露されざるを得ないという洞察であり、終戦後はそこに示される言葉の語り得ない価値を教えようとする活動に重点が移った。その標語となった「言葉の実習」がヴィトゲンシュタインの『哲学探求』（第二部第xi節）に引用されたことが示す通り、これは言葉の意味をその使用と不可分とみなす立場であった。諷刺文学は権力の偽善を嘲笑・処罰する行為を言葉が遂行する点で、ジョン・L・オースティンのいう言葉の行為遂行的（パフォーマティヴ）な特性に立脚した言語芸術といえるが、クラウスはその美学的および倫理的な含意をユニークな言葉のパフォーマンスで先鋭化させた。きわめて綿密に構築された文体の細部にさまざまな言葉遊びの技巧が凝らされたエッセイやアフォリズム等の著作、および自作とネストロイ、オッフェンバック、シェイクスピアの喜劇等を演目とした朗読会がその表れである。死後に公刊された『第三のワルプルギスの夜』（一九五二年）は、言葉の価値を毀損する新たな敵としてのナチズムとの闘争の記録となった。

クラウスの思想は言葉の規律に従うことを自由の条件と見る保守主義を特徴としており、政治面における社会民主党との協調が最終的に破綻した要因もそこに求めうるが、ベンヤミンやフランクフルト学派、ギー・ドゥボールやブルデューらがクラウスに寄せた関心は、その超党派的な影響を伝えている。キルケゴール的な単独者が個人メディアを通じて公的な発言を行い、それに伴う愉悦と責任を体現してみせた事例ともいえるクラウスの活動は、ソーシャルメディアの時代における文学と思想の焦眉の課題を示唆していよう。

（河野英二）

バール

Hermann Bahr 1863-1934

一九世紀末から二〇世紀初めにかけてオーストリアの首都ウィーンで花開き、その後の世界の文化動向にも大きな影響を及ぼした文化は、現在、「世紀末ウィーン文化」の名で知られている。ヘルマン・バールは、この世紀末ウィーンを代表する人物の一人である。

批評家、劇作家、小説家、エッセイスト、編集者、劇場運営者などとして多面的な活躍をしたバールは、「明後日の男」と呼ばれるほど、フランスをはじめヨーロッパ各国の芸術の新たな動きを敏感に先取りして紹介し、「若きウィーン派」のリーダーとして一九世紀末から二〇世紀初頭にかけてのオーストリアの文芸思潮を主導する役割を果たした。また、文学のみならず、「分離派」の美術運動にも関わり、世紀末ウィーンの新しい傾向の文化の擁護者としても活動した。

バールは若いころから論客として知られていた。二〇代半ば過ぎに発表された『モデルネ』（現代性）という宣言文風の文章では、世界は終末的な状況にあるとされ、感覚をよりどころとする現代的な芸術を生み出すことが重要だと熱っぽく主張されている。

バールには、クリムトの絵画への強い関心も見られる。《ピアノを弾くシューベルト》の絵を初めて目にした折には、彼は、言葉では本来言い表すことができない絶対的な平安の境地を味わったと記し、クリムトの死後に刊行された素描集の序文では、世界のさまざまな現象の「交換可能性」が、その作品全体を通して見られると述べている。

バールは、エルンスト・マッハの思想から影響を受けた文学者の一人でもあった。自我の問題をめぐる精神的遍歴が綴られた『救いようのない自我』というエッセイでは、マッハの、経験を超えた実体の想定ということを否定し、感覚的要素こそが世界を究極的に形作るのだと説く思想との出会いにいたる経緯が記されている。

一九一〇年代半ばには、『表現主義』という書物が著された。若いころに見られた新しい芸術運動をいち早く紹介するという傾向は薄れたこの書物からは、彼独自の、主に美術に関する「表現主義」の捉え方が窺える。

バールは晩年カトリック色を強めた。しかし、ユダヤ系の無神論者フリッツ・マウトナーについて語った文章においては、共通する宗教性に基づいて、立場を超えて理解し合おうとする寛容の精神が示されている。

（西村雅樹）

ロース

Adolf Loos　**1870-1933**

装飾は犯罪である、というテーゼで知られる建築家。その端的さゆえに、装飾を排除し、豆腐のような白い建築を目指したモダニズム運動の旗手として短絡的に捉えられることもある。装飾による様式主義からの脱却は事実であるが、その言葉の真意に迫るには、当時のウィーンの背景を知る必要がある。

ロースは建築作品もさることながら、舌鋒鋭い言説でも知られる。ロースはウィーンの主要紙である「ノイエ・フライエ・プレッセ」紙の文化記者としても活動した。ファッションやインテリアに至る幅広い文化批評が残されたのはこうした背景による。「装飾と犯罪（Ornament und Verbrechen）」はもともと一九〇九年一一月一一日に、ベルリンのギャラリーで披露した講演会をもとにしている。「応用芸術に対する批評（Kritik der angewandten Kunst）」と題した講演であったが、聴衆は20人そこそこで反応も薄かった。このことに失望したロースは「装飾と犯罪」と改題し、一九一〇年一月二一日にウィーンで講演をおこない熱をもった賛否の議論を巻き起こしたのだった。

彼の講演がウィーンで受入れられた事情には当時のウィーンがおかれた文化的背景と密接に関わる。ウィーンは一九世紀中頃まで第一区と呼ばれる王侯貴族の居住地を取り囲む市壁があった。もともとオスマン・トルコ防衛のために築かれた市壁であったが時代も移り変わり、この市壁はむしろ自由な経済活動の妨げともなっていた。そこで市壁を壊し、環状道路リンクシュトラーセ（Ringstraße）にする計画がもちあがったのだ。今やウィーンの観光には欠かせない、ウィーン国立歌劇場（Wiener Staatsoper）や楽友協会（Wiener Musikverein）といった建築は、このリンクシュトラーセの建設にあわせて建てられたものだ。しかし、いまの我々がこうした建築をみても、これらがたった一五〇年ほど前の建築だとは想像し得ない歴史の風格を纏っているのは、この建設にあたって「様式注文（Stilauftrag）」が行われたからである。

様式を注文する、つまり時代とは切り離された過去の様式を引用する方法がとられたのである。時代と切り離されたハリボテの時代表徴としての様式。ロースの言葉を借りれば「イミテーションの怪物」が一九世紀末ウィーンの各所に現れたわけだ。ロースの断罪した「装飾」とは、まさにこうした時代錯誤の装飾であり、装飾一般を指すのではない。

（本橋　仁）

カンディンスキー

Wassily Kandinsky　1866-1944

一八六六年、モスクワで生まれた。大学では法学と国民経済学を学び、その後の大学でのキャリアも約束されていたが、一転、一八九六年にミュンヘンに移り住み、本格的に画家の道を志した。転身のきっかけとなったモネのような印象派の他、象徴主義、ユーゲント・シュティールに魅せられ、初期には油彩による風景画や中世騎士物語やドイツのメルヘンを題材とするテンペラ画を多く手がけた。また思想的にはR・シュタイナーの神智学の影響を受けながら、色彩と形態の研究に励み、一九一二年には抽象画の理論的主著である『芸術における精神的なもの』、一九二六年には『点・線・面』を出版した。

カンディンスキーはモンドリアンなどと共に抽象画の主唱者の一人である。抽象画は一九世紀末からの絵画における非対象化の傾向を極限まで突き詰めたものであるが、それまでの再現芸術を否定して「色彩と形態の言語」によって独自のヴィジョンを作り出すというその理念は、言語観における当時のパラダイムの転換とも広く軌を一にするものであった。その実践として制作された《コンポジション》シリーズには、こうした色彩と形態とその「配置」による表現の様々な試みの過程が顕著に窺える。しかし同じ抽象画でも、形態の形式化に傾倒したロシア構成主義やシュプレマティズムとは異なり、コンポジションの制作には理性、意識、意図、目的が支配的な役割を演じるものの、最後の決定を下すのは計算ではなく、つねに感情であるとして、その内的必然性に従うことに重きを置いた。

コンポジションⅥ
（1913年、エルミタージュ美術館蔵）

カンディンスキーは表現主義絵画のグループ「青騎士」の創始者の一人でもあり、建築を芸術と技術の綜合とする「バウハウス」の教授でもあった。作品の制作にとどまらず、理論家、教育者、啓蒙家として、新しい芸術のために多種多様な活動を積極的に行ったことは、抽象画の開拓と並んで、この画家が二〇世紀の現代芸術の展開に果たした、もう一つの大きな功績であったと言える。

（勝山紘子）

コラム　バウハウス

最もラディカルで世界的に影響力をもった総合芸術学校

一九一九年四月にヴァルター・グロピウスによってヴァイマールに設立された総合芸術学校が、バウハウスである。バウハウスは、第一次世界大戦前から存在したザクセン＝ヴァイマール大公立造形芸術大学（旧美術アカデミー）とアンリ・ヴァン・ド・ヴェルドが校長を務めていた大公立工芸学校を統合し、再組織化したものであった。このように美術と工芸教育の総合を目論んだ前例としては、ミュンヘンのデプシッツ学校（一九〇二年）やハンス・ペルツィヒが校長を務めたブレスラウ美術・工芸学校（一九〇三年）などがある。しかし「すべての芸術創造を統一に向けて集結し、〔…〕新しい建築芸術へと再統一すること」を目指して設立されたバウハウスは、第一次世界大戦前後において最もラディカルで、世界的にも影響力をもった総合芸術学校であった。

バウハウスの歩み

一九三三年にナチスの圧力で閉校に追い込まれるまでのバウハウスの歩みは、四つの時期に分けられる。グロピウスが校長を務めた開校からデッサウへの移転（一九二五年）まで、デッサウ時代前期（一九二八年まで）、ハンネス・マイアーが校長となったデッサウ時代後期（一九三〇年）、そしてミース・ファン・デル・ローエが校長となりベルリンへ移転（一九三二年）し閉校するまで、である。それは、手仕事の復権を謳ったユートピア的表現主義的芸術観を根底にしたギルド的組織から、機能主義を謳い工業生産との積極的共存を模索する実験的組織へ、そしてマイアーならびにミースの時代の専門的建築学校としての組織へ、という変化であった。またそれぞれの時代、学校の正式名称ならびに設置母体は、「Staatliches Bauhaus Weimar（ヴァイマール公立バウハウス）」（テューリンゲン州）、「Bauhaus Dessau, Hochschule für Gestaltung（バウハウス・デッサウ、造形大学）」（デッサウ市）、「Bauhaus Berlin（バウハウス・ベルリン）」（私立）と変化している。

教育プログラムと予備課程

グロピウスは開校にあたり、その造形教育を担当する教員として、カンディンスキーやクレーといった、主にベルリンの前衛的画廊「デア・シュトルム」で活躍していた数多くの芸術家たちを招聘した。彼らが生み出した二〇世紀ドイツ美術を代表する作品群によって、バウハウスは特性としての「前衛性」を確固たるものとしている。しかしバウハウスの真価は、その造形教育、とりわけ予備課程（Vorkurs）と呼ばれた基礎教育にあった。古典絵画の徹底的な構図分析や、自然や運動・リズムさらには素材の研究を体系的に行い、バウハウスの造形教育方法論の礎を築いたのがヨハネス・イッテンである。その教育理念は、新しい芸術創造を生み出す自発的個性の発見・育成にあった。イッテンは一九二二年にバウハウスを去るが、その後を継いだラースロー・モホイ＝ナジとヨーゼフ・アルバースは、工学技術との取り組みや色彩と形態に関する詳細な理論を加えることで、基礎教育をさらに発展させた。入学生は全員、六か月間（一九二五年以降は1年間）この予備課程を履修し、その後金工や家具、壁画、織物など個別の教育工房（Werkstatt）において造形理論と実製作の二人の教員（Formmeister と Werkmeister）から指導を受け、最後に建築について学ぶ、というのが、当初グロピウスが考えたバウハウスの教育プログラムであった。

表象としての「バウハウス」

バウハウスは本来、一九世紀末の工芸改革運動以降新しいデザイン教育を模索していた、ドイツ全土の数ある工芸学校のうちのひとつに過ぎない。その「バウハウス」が、二〇世紀の近代デザイン・建築史において金字塔としての特権的地位を獲得した主な要因は、次の三つに求められる。一九二三年、開校以来の活動成果を紹介するために、「芸術と技術、その新たな統一」を掲げてヴァイマールで開催されたバウハウス展と会期中の「バウハウス週間」の成果が、巧みな広報戦略と多くの報告記事によってドイツ国内外の耳目を集めたこと。一九二六年に、デッサウに竣工したグロピウス設計の校舎が、バウハウスが比類なき先進的機関であることを視覚的に表象し、その写真が広く流布したこと。そして最も決定的だったのは、グロピウスを筆頭とするバウハウス教員たちの多くが、ナチスの政権奪取と第二次世界大戦の勃発によって、ドイツ国外とくにアメリカに亡命・移住したことである。

バウハウスの教育理念やプログラムは、まずそこを訪れた多くの人々の報告や、水谷武彦や山脇巌・道子夫妻のような外国人留学生によって、様々な国に紹介されてきた。しかしそれは、グロピウスを筆頭に、亡命・移住したモホイ＝ナジやアルバース、ミース・ファン・デル・ローエのような教員たちによって実践的に伝えられ、さらに更新されて各地域において独自に展開し、戦後の建築・デザイン教育の礎となっていったのである。

（池田祐子）

ヴァルター・グロピウス設計「バウハウス・デッサウ校舎」
（写真：2014年、From Wikimedia. Commons）

ゲオルゲ

Stefan Etienne George　1868-1933

シュテファン・ゲオルゲはビンゲン近郊のビューデスハイムで、カトリックのワイン商の家に生まれた。自編全集一八巻（合本一五冊）のうち自作詩集は七冊、習作集・散文集・拾遺集を含め一〇冊に過ぎない寡作の詩人だが、詩の秘教的魅力とそのカリスマ性により、世紀転換期からヴァイマール期に至る青年知識人層に隠然たる影響力を及ぼした。

▼「芸術草紙」と唯美主義

ゲオルゲはギムナジウム卒業後、欧州周遊中パリでマラルメの火曜会に触れ、芸術の聖性への信念・詩人としての自己認識に関し決定的な影響を受けた。フランスの象徴詩の影響下、一八九〇年に『讃歌』、翌年『巡礼』を自費出版したが、第三詩集『アルガーバル』（一八九二年）は、古代ローマ皇帝ヘリオガバルスをモデルとし、悪魔主義と虚無感、享楽と退廃を融合し、ドイツにおける唯美主義的世紀末文学の代表的作品となった。

欧州周遊中から彼は志を同じくする芸術家たちを「会議」へ糾合することを目指していたが、その意図はホーフマンスタールをはじめとする欧州各国の芸術家たちによる同人誌「芸術草紙」（一八九二―一九一九年）により具体化する。創刊号の「箴言と考察」はドイツにおける芸術至上主義のマニフェストとなった。「本誌の名はすでにそのあるべき姿を部分的に語っている。あらゆる国家的、社会的なるものを排除しつつ、芸術、なかんずく詩と文学に仕えることである。／本誌は新しい感じ方と創作法――芸術のための芸術――に基づき精神的芸術を求める」。叙景と心象を融合した第五詩集『魂の一年』の成功により、ゲオルゲの詩は一般に知られるようになった。M・レヒター装丁になるユーゲント様式の豪華限定版（一八九七年）の一年後に刊行された普及版は、一九一二年までに一一版を重ねた。ダンディとしての自己演出は生活から創作まで隅々に及び、L・クラーゲス、A・シューラー、K・ヴォルフスケールと並びゲオルゲはミュンヘンの宇宙論者（コスミカー）グループの中心人物となった。第六詩集『生の絨毯』（一八九九年）は四行四節二四詩三部構成の連作詩（ツィクルス）として厳密に構想されている。「美しい生」から送られた「天使」と詩人が接吻する巻頭詩には、理性に対する生の優位を唱えた生の哲学との同時代性を見ることができる。

▼『第七輪』と『精神運動年鑑』

「芸術草紙」はゲオルゲと同じ権限をもつ同世代の芸術家のグループだったが、クラーゲスとシューラーの反ユダヤ主義を原因とする宇宙論者グループの分裂、ホーフマンスタールとの訣別、F・グンドルフ、F・ヴォルタース等のゲオルゲを師（マイスター）として信奉する青年たちの台頭により、「草紙」グループはゲオルゲをカリスマ的指導者とする「弟子」たちのグループであるゲオルゲ・クライスへと変貌していく。愛情を注いだ少年マクシミリアン・クローンベルガーの死（一九〇四年）を契機に、ゲオルゲは少年神の生と死を時代の再生のための犠牲と解釈するマクシミン神話を編み出し、自らその神話の司祭となる。第七詩集『第七輪』（一九〇七年）は「マクシミン」の章を中心に据えた典礼の書となった。翌年「芸術草紙」第八巻で発表された二つの論文、グンドルフ「臣従と弟子」、ヴォルタース「支配と奉仕」は、ゲオルゲへの信仰告白である。「人類の高度化した形象に影響を与える、魂を形成する中心」に仕える「下僕（しもべ）または弟子となる術を学ぶ」ようグンドルフは説く。クライスは、マクシミンを神とし、その司祭・指導者としてのゲオルゲに従う入会者のグループとなる。ゲオルゲ信者たちはさらに弟子を募り、指導し、男性同盟的秘教集団を形成する。信者は、畏敬、崇拝、献身、合一という段階を経て「持続的な奉仕の状態」に至るとヴォルタースは語る。

芸術活動の枠を超えたクライスの運動の中心として発刊されたのが『精神運動年鑑』（一九一〇―一二年）である。ゲオルゲの「根源的思想、根源的体験を最善の意味でのドイツの教養界全般、すなわちドイツ青年の共有財とすること」を編者グンドルフは目標とした。発刊に際しては「『精神運動年鑑』はゲオルゲ信奉者によってのみ（すなわち師への〈奉仕〉として、弟子により、精神的国家において）執筆される。〔…〕『年鑑』はいわゆる〈文学〉には立ち入らず、〈問題〉に関わって分散することなく、新しいこと、本質的なことを率直に発言すべきである」と確認された。

『精神運動年鑑』は近代化するドイツを批判する一方、古典ギリシア以来の伝統を継承する理想化されたドイツ像〈秘密のドイツ〉を担い再生するのが「精神の王国」たるゲオルゲ・クライスであると主張する。それは孤立した運動ではなく、ゲーテ、ヘルダーリンを経てニーチェに至る、一九世紀以来の近代批判の継承であり、ドイツにとどまらず広範な文化・社会的背景を持つヨーロッパ的反近代運動の発展的打開とされる。クライスは乖離した肉体と精神の再統合を目指し、「純粋にその内で安らぎ、生み出す、破壊しがたい生の中心」である実体を回復することを唱える。実体が存在したことはホメロス、キリスト、シーザー、シェイクスピアのような形姿（ゲシュタルト）において中心的な活力が具現したことによって証明済みとみなされる。形姿は、原初的存在の現実における具現であり、かつて古典ギリシアにおいて実現した、相反する諸力の均衡のとれた結合・統一と定義される。それを目覚めさせ、形成することが生を肯定する者の使命とされる。分析と実証主義は拒否され、全体主義的（ホリスティック）世界観をもとに、陰喩的な表象あるいは図像的なイメージによる直観的な把握が求められる。ゲオルゲは、ダンテ、シェイクスピア、ゲーテの系譜に繋がる、現代に実現された形姿とみなされる。

▼晩年

教訓的・教条的詩句を建築的構造に収めた第八詩集『盟約の星』は第一次世界大戦直前に公刊された（一九一四年）。大戦の勃発により『年鑑』は三号雑誌に終わった。将来を嘱望した弟子たちの多くが斃（たお）れたことはゲオルゲに深刻な打撃を与えた。ゲオルゲは詩作より若い弟子たちの指導に心血を注ぐ。ヒトラー暗殺を計画したシュタウフェンベルク兄弟もその中にいた。しかしグンドルフが去り（一九二一年）、第九詩集『新しい国』（一九二八）の編集に携わったM・コメレルも去り（一九三〇年）、ヴォルタースもゲオルゲ正伝を認（したた）めた後に亡くなる（一九三〇年）。ヒトラー政権掌握後、ゲオルゲは避暑先のミヌージオ（スイス）で客死した。

（松尾博史）

トーマス・マン

Thomas Mann **1875-1955**

トーマス・マンは一八七五年にバルト海沿岸の町リューベックに生まれ、処女長編『ブデンブローク家の人びと』によって、一九二九年にノーベル文学賞を受賞した。およそ六〇年の作家生活の中で、長編小説八編、短編小説三三編、戯曲二編（未完一編含む）、そして時局論や文学論、自伝など二〇〇を超えるエッセイをのこした非常に多作な作家である。その膨大な著作、そして日記や手紙などの実に様々な箇所で、トーマス・マンは西洋思想史上重要な哲学者や批評家の名を挙げ、自身の着想や思索の精神史的正当性を絶えず証立てようとした。カント、ルソー、ヘーゲル、マルクス、キルケゴール、同時代ではブランデス、ベルクソン、メルシコフスキー、ルカーチ、アドルノと、多くの名前が挙げられるが、トーマス・マンが本当の意味で影響を受けた哲学者はショーペンハウアーとニーチェの二人であった。世紀末の空気の中でデカダンスの作家として出発したトーマス・マンは、二つの世界大戦と、その後の世界の荒廃と分裂を目の当たりにし、次第に、ドイツ的でありヨーロッパ的でもあり、そして人類的であるような統合的な「生」の形姿を探求するようになってゆく。そしてその探究においてショーペンハウアー／ニーチェ的な「生の哲学」との対話は終生止むことがなかった。

「生の哲学」との対話

イロニーという表現形式

「イロニー（die Ironie）」はトーマス・マンに特徴的な思考と表現の形式である。英語ではアイロニーとなるこの語は、一般的には「皮肉」と理解されるが、トーマス・マンに関して言われる場合は注意を要する。それは端的には、一面的な態度決定を避け、複数の主張をそれぞれに相対化して、時に相争わせるための表現手法と呼べよう。トーマス・マンはこの手法の名手であった。エッセイでは直接的に、そして物語作品では、登場人物同士や登場人物と語り手との関係性、そして物語構造自体を巧みに利用して、このイロニーをさまざまに展開してみせる。それによってトーマス・マンのテクストは、同時代の美学的問題やテーゼの一面性ないし限界を提示し、さらには、「物語る」という営み自体の根底にある不可知性を吐露するものとなるのである。

▼イロニー的なショーペンハウアー／ニーチェ受容

トーマス・マンのイロニーは哲学の受容においても健在である。「ショーペンハウアー的であった頃のニーチェに最も影響を受けた」と自ら語っているように、トーマス・マンがニーチェに追従するのは、その虚無的な理性批判までであり、その先に反転的に展開された超人思想には懐疑的である。かといって、トーマス・マンが「生」への意志を否定するかと言えば、そうではない。トーマス・マンの世界では厭世の淵で、再び生への愛が湧きおこる。トーマス・マンは、ショーペンハウアー的なペシミズムとニーチェ的な生の礼賛とをイロニー的に相対化したところに、自身の思想の独自性を見出したと言える。

▼初期作品群におけるニーチェ的ニヒリズム

トーマス・マンは、一八九四年に短編小説『転落』で世に出てからのおよそ一〇年間、ニーチェ的ニヒリズムに基づく作品を多く手掛けた。これは、ニーチェが試みた合理的な意味の世界の解体に、トーマス・マンが自身のデカダン的な懐疑と不信の証明を見出したことによる。

しかし、ニーチェの思想の最大の特徴といえる「力への意志」や「永劫回帰」はトーマス・マンには縁遠い。確かに、初期の作品群に「〇〇への意志」という言い回しが散見されたり、活力に満ちた新人類のヴィジョンが仄見えたりはするものの、それらはやはり遊戯的なオマージュの域にとどまっている。ツァラトゥストラ的な跳躍はマン作品の主人公たちには常に阻まれており、物語の結構がニーチェ的な意味での肯定的な世界像を結ぶことはない。トーマス・マンのニーチェ受容は、あくまでショーペンハウアー風のペシミズムの上に行われたものであり、とくに初期の作品群にはこの傾向が顕著である。

▼転回――『トニオ・クレーガー』

この傾向に変化が見られるという点で重要な作品が、一九〇三年の『トニオ・クレーガー』である。ニーチェ流の「認識の嘔吐」を創造の力に変える芸術家が、最終的には「生」への「ひそやかな愛」を自らに許すというこの物語は、ニヒリズムから生の礼賛へというニーチェの思想的転回に擬されていると考えられる。しかしながら、生の肯定という基本的な方向性こそ同じであるとはいえ、市民的で素朴な生へと向けられるトニオ・クレーガーの愛を、ニーチェの超人的な生への手放しの熱狂と同一視するのはやはり無理がある。ここで肝要なのは、この差異を、トーマス・マンの不完全なニーチェ受容とみるのではなく、その特徴的な思考形式であるイロニーとの関連から捉えることである。

▼「愛」のあるイロニー

一九一五年から約三年をかけてまとめあげた長大なエッセイ『非政治的人間の考察』の中で、トーマス・マンは『トニオ・クレーガー』におけるニーチェの影響は「エロティックなイロニー」という形を取ったと述べている。トーマス・マンのイロニーとは本来は、「あれでもないこれでもない」とあらゆる主張を検証して退ける批判的思考形式である。ところがそれに「あれでもありこれでもある」という許容が、しかも「愛」という情緒的な態度として加わり、それによって「あるがままの生」が肯定される。トーマス・マンの世界には、唯一礼讃に適うような超人は登場しない。「生」はむしろ俗人たちのただ中に、愛の対象として奪還されるのである。

▼ニーチェ批判から「ニーチェ小説」へ

「あるがままの生」への愛をニーチェ受容の回答としたトーマス・マンの目に、後期ニーチェの超人礼賛が極端で危険な思想と映ったのは当然であろう。そしてそれがさらに単純化されてファシズムへと受け継がれてしまったことは、トーマス・マンをニーチェ批判へと駆り立てた。トーマス・マンはファシズムに対してニーチェが負っている責任を厳しく追及し、それは一九四七年の『ファウスト博士』で、ドイツ的精神が背負った歴史的宿命を、ニーチェをモデルとして描くまで続いたのである。

（坂本彩希絵）

カフカ

Franz Kafka　1883-1924

▼転換する作家像

かつてカフカ文学は、不安や疎外などのタームによって語られ、その内容はきわめて抽象的で形而上学的なものと解されていた。叩き上げの商人だった父親との軋轢(あつれき)に悩み、同じ女性と二度婚約しながら二度とも破棄して、ついに家庭をもつことがなかった四〇年ほどの生涯もまた、そうした理解を裏書きするように思われた。だが、カフカの置かれていた社会的・文化的環境の掘り起こしが進んだ現在、彼の文学的営為は歴史的コンテクストと密接かつ複雑に絡み合っていたことがわかっている。とりわけ、彼が人生の大半を過ごしたプラハは、言語・民族をめぐる深刻な対立を背景にモダニズム芸術が展開した都市であり、その文化状況がはらむ問題性をカフカ文学のうちに読み込んでいくことが、今後ますます重要になるだろう。

▼生涯とその背景

プラハは、第一次世界大戦後に成立したチェコスロヴァキア共和国の首都になるまでは、オーストリア＝ハンガリー帝国領内の都市だった。同地のユダヤ人家庭に生まれたカフカは、小学校から大学までドイツ語で教育を受けたのち、肺結核が悪化して退職するまでの一四年間、労働者災害保険局に勤務した。生前に発表した作品は『判決』、『変身』、『流刑地にて』、さらには短篇集『田舎医者』などにとどまり、長篇小説『失踪者（アメリカ）』、『訴訟（審判）』、『城』はいずれも未完のまま残された。その文学が世界的に高い評価を得たのは、友人マックス・ブロートの尽力で長篇が出版され、さらには英語やフランス語に翻訳されてからである。

カフカが青少年期を送った一九世紀末から二〇世紀初頭は、旧来のブルジョワ的な価値意識や秩序観念をくつがえす思想・芸術・文化のあらたな取り組みが、新興の雑誌メディアと結びついて陸続と登場した時代である。若いカフカもまた雑誌『芸術の番人』や『新展望』などを通じてそれらの動向を知り、とりわけ都市化批判と自然回帰を唱える生活改善運動の主張に共感して、デンマーク体操や食餌（しょくじ）療法を実践している。「身体」への関心は、さまざまな身ぶり、しぐさ、アクロバットといったイメージとして、さらには変身や断食などのモティーフと結びつきながら、カフカの文学全体を底流することになった。他方で彼は、父親の経営する装身具店を通して流行モードや商品流通に接し、職務の必要から工場労働の現場にふれ、また飛行機・自動車・鉄道といった移動テクノロジー、さらには当時最新の視覚メディアである映画にも強い興味をいだいている。カフカにとってモダン都市プラハでの経験は、ジンメルやベンヤミンにとってのベルリン経験と地続きであった。

▼権力の言語

一九一二年、都会的でダンディな青年カフカの創作に転機が訪れた。同年秋に書かれた短篇『判決』によって、独自の世界がきりひらかれたのである。そこでは父親との関係が中心的なテーマとして浮上する。父ヘルマンを原像とする強大な父親的権力にたいする息子の恐れ・反抗・屈従、その息子にくだる裁きと罰という一連のモティーフは、『変身』、『失踪者』、『訴訟』などのなかで、およそ近代的な法理とは異質の「掟」に根ざすものとして深められ、カフカ文学のひとつの基調をなしていく。

父親にたいする息子の反逆は、二〇世紀初頭のドイツ語圏を席巻した表現主義文学にしばしば見られるテーマである。それはエディプスコンプレクスの典型であり、モダニズム文化を一九世紀的なブルジョワ文化への対抗（カウンター）として世代論的に解釈するさいの準拠枠ともされてきた。カフカはその同じテーマを息子の懲罰へと反転させたうえ、権力関係が張りめぐらされた世界に渦巻く禁圧や排除や屈辱のありさまを執拗に書き込んでいく。そうした権力の発動が、「〜すべからず」という禁止命令に端的にあらわれるように、つねに言表活動と結びついているとすれば、「書く」という表現行為じたいすでに権力の磁場にとらえられている。そこからの脱出もまた「書く」ことを通してしか探求されえない。カフカ自身が語っているとおり、書くことは不可能だが、書かないこともまた不可能なのだ。カネッティから〈権力のエキスパート〉と評されたカフカは、エクリチュールに取り憑かれたひとでもあった。

ユダヤ性の射程

一九世紀後半以降、プラハでは、少数派に転落したドイツ系市民と多数派を占めるチェコ系市民との民族対立が熾烈をきわめた。おりしもユダヤ人は、多くがドイツ語とドイツ文化に同化して社会進出を果たしつつあったが、つまるところドイツ（語）社会にもチェコ（語）社会にも帰属しえないマージナルな存在と見なされつづけた。そうした不安定な状況のなかでユダヤ系知識人青年たちは、一方ではインターナショナルの理念を掲げるマルクス主義に、他方ではユダヤ民族としての自覚を回復するユダヤナショナリズム、すなわちシオニズムの思想に惹きつけられていく。

カフカは一九一一年冬から翌年春にかけて、プラハに来演したイディッシュ劇団との出会いを契機に自身のユダヤ性を再認識したものの、ヘルツルの政治的シオニズムには批判的で、また伝統的なユダヤ教からも距離をとりつづけた。その反面、彼はパレスチナ移住を夢みてヘブライ語習得に努め、また文化的同化がすすんだ西方ユダヤ人とは異なり民族の共同体的生活を保っている東方ユダヤ人への憧れを隠さない。なるほどカフカの作品のなかに、ユダヤ民族やユダヤ性の問題をあからさまに主題化しているものはない。しかし、『アカデミーへの報告』『ある犬の探求』『ヨゼフィーネ、あるいは鼠族』などの動物物語は、ユダヤ性にたいする両義的な姿勢に根ざした、民族や共同体といった問題のアレゴリー的表現として読むことができる。最後の長篇『城』では、共同体への帰属願望とその不可能性が、共同体のはらむ権力関係というテーマと輻輳（ふくそう）することで、いっそう複雑に展開されている。

受容の問題

カフカの作品はいずれも、さまざまなテーマやモティーフが幾重にも絡み合ってできた高密度の結晶体であり、単一の視座や理論によってすべてを説明しきることはむずかしい。そうであればこそ、彼の文学に惹かれた多くの作家や思想家——ベンヤミン、アドルノ、アーレント、カネッティ、カミュ、ブランショ、バタイユ、ドゥルーズ／ガタリ、デリダなど——がそれぞれの立場から、独自のカフカ論を展開してきた。じっさい彼らのカフカ論を辿っていくと、おのずとそこに現代思想の見取り図が浮かび上がってくる。こうした知的対決を促してやまないところに、カフカ文学の豊かなアクチュアリティがあるといえよう。

（三谷研爾）

ムージル

Robert Musil　1880-1942

ローベルト・ムージルはオーストリアの作家、演劇批評家。哲学博士。ケルンテン州クラーゲンフルト生まれ。亡命先のジュネーブで脳卒中により死去。父アルフレートはブリュン工科大学教授、学長。母ヘルミーネはオーストリア鉄道建設の草分けフランツ・クサーヴァ・ベルガウアーの末娘。アーロイス・ムージル（ウィーン大学・プラハ大学教授。オリエント学者・神学者）とローベルトとは又従兄弟。

▼小説『テルレスの惑乱』——作家の誕生

一九〇六年一二月二一日ベルリンの高級紙ターグの一面から三面にかけ長文の批評が載った。タイトルは「ローベルト・ムージル」。「ローベルト・ムージルはオーストリア南部に生まれた。二五才、一冊の本を書いた。これは残ることになろう。彼が与えたタイトルは『生徒テルレスの惑乱』、ウィーン出版社から発行される」と書き出される。ベルリン随一の演劇批評家アルフレート・ケルが言葉を尽くして賞賛したこの批評により作家ムージルが誕生した。小説は生徒テルレスの学校体験を扱っている。同級生バジーニに対するいじめ、数学の虚数をめぐっての数学教師への失望、そしてバジーニとの一夜の体験。緻密な描写力と果敢な批判精神に貫かれたこの小説は長く読みつがれる、とケルは予言した。予言は的中し、今ではドイツ語圏の学校生徒の主要な副読本である。作家デビューに際して、そしてその後も続くケルの親身な応援が得られたことはムージルの人生最大の幸運事であった。

▼小説「特性のない男」——二〇世紀作家の頂点へ

ムージルは二〇世紀最大の作家のひとりである。それは未完の長編小説『特性のない男』のゆえである。主人公ウルリヒが小説中に初めて登場するシーン。彼は窓辺に立つ。窓辺は部屋内部と外の世界とを隔てる場所。すなわち此岸（しがん）の世界と彼岸との境界。彼はこちら側にあって（主体）、彼方の世界に思考を巡らせる（認識）。「現実に存在するものと、現実に存在しうるはずのあらゆるものとを考える能力」すなわち「可能性感覚」の持ち主ウルリヒは、世間的には「非実用的な人間」であり、「頼りにならず」、「今のところは首尾一貫性にほど遠い」。ゆえに「特性のない男」と呼ばれる。

小説第一巻が出版された二年後の一九三二年、文豪トーマス・マンが難解かつ長大なこの作品、当然売れ行きの良くないこの本を応援する文章を書いた。「怠惰と気後れをお捨てなさい！　この偉大なロマンをぜひお読みなさい！　このロマンの穢れのないウィット、その造形的な精神性によって、啓発され、楽しみ、拘束を振り捨ててください」。「近づいて見れば精神は愛らしく、危険なものではないのだから」と文章は結ばれる。マンのこの文章でも先のケルの慧眼が踏まえられる。が、新たにムージルのウィットが指摘されている。小説『特性のない男』は天候に関する精密な気象学的報告で始まる。この書き出しの長い文は「以上の事実を要約するならば、古風な言い回しになるが、それは一九一三年八月のある晴れた日のことであった」と終わり、読者をほっと一息つかせ笑わせる。『特性のない男』のウィットは、合理と非合理を凝視するムージルの真正な精神に由来し、それゆえに彼独特のものである。

▼哲学論文と演劇批評
——頂点までの二つの経験

第一作『テルレス』発表の二年後ムージルは並行して取り組んでいた博士論文「マッハ学説の判定への寄与」によりベルリン大学で学位を得る。哲学の最先端研究と作家との職業選択のはざまでムージルは「文学への愛」から作家の道を選ぶ。『テルレス』に続く第二作の小説集『合一』の透徹した観念世界はこの時期の彼を映している。そして第一次大戦に応召。それまで彼はウィットや笑いとは無縁であった。大戦後に小説集『三人の女』と二作の演劇作品を相次いで発表するが、笑いは後者の演劇作品に初めて現れる。ムージルはウィットを、この時期の演劇批評の執筆で身に付けた。批評を覗こう。表題は「一月一日ブルク劇場」。「ブルク劇場の新年は何とも新しく始まった。コリオラン！　私は冷静に以下のように言おう。今年になってこの芝居より良いものを見たことがない」。一九二二年一月三日の新聞に載った彼の劇評の書き出しである。新年初日、ムージルはシェークスピアの劇「コリオラン」を見た。今年見た芝居はもとよりこれ一本だけなのに、今年見たうちで最良の芝居、と彼は書く。戦後ウィーンでは偏狭なナショナリズムが蔓延する。元旦のこの日、彼は国家随一の劇場の排外主義的「症状」を見て取り、ユーモラスで少々意地の悪い批評を書いた。彼は批判すべき相手に「そっと服を裏返しに着せて、人々の中を歩かせる」。

八年後の一九三〇年、畢生の作品『特性のない男』第一巻が世に出た。マンは言う「比較を絶した小説」。同時代への冷静な観察眼、精密な認識。そして理想世界像の提示を企図する大長編小説であるが、再度ケルを引こう。「ムージルのもう片方の目は読者に対していつも目くばせをしている」。

（長谷川淳基）

ブーバー

Martin Buber　**1878-1965**

ウィーンに生まれたブーバーは、幼少時代をミドラシュ研究者の祖父とリヴィウで過ごし、学生時代はランダウアーの社会思想に影響を受け青年シオニズム運動に従事した。「個体化問題の歴史――クザーヌスとベーメ」でウィーン大学博士号を取得した後、『バール・シェム・トヴの伝説』でハシディズム研究に専心した。彼はフランクフルト大学で宗教学嘱託教授として教鞭を執りながら、ローゼンツヴァイクと共同でヘブライ語聖書をドイツ語に訳し始め、一九三八年にヘブライ大学の社会学教授としてエルサレムに移住し、そこでユダヤ＝アラブの両民族共存国家の理念を掲げている。

ブーバーはユダヤ自由学院での講義「現臨（ゲーゲンヴァルト）としての宗教」を下地に執筆した『我と汝』（一九二三年）の中で、人間存在の態度を二種類の関係性から説明する。一方は、他者を対象として利用し、目的のための手段として扱う「我―それ」関係である。他方、他者の呼びかけを聴き、自らの全存在をもって他者に向き合う時、初めて汝と出会うことができる関わりが「我―汝」関係である。つまり自己は二つの関係性のどちらかの中でのみ語られる。我―汝関係で自己は、すでに現臨し〔そこに居合わせ〕ている「間の領域」に気づかされる。この間における潜在的な「関わり」（ちなみに「出会い」は顕在的）は、精神・愛・言葉とも表現される個体に先行する「我への働きかけ」である。したがって我―汝とは、個なる自と他の関係性ではない。両存在者を括弧に入れることによって、初めて二者間の動的な関わりが生起し、そして我と汝が間の領域へと出行することによって、相互関係が結ばれるのである。

『我と汝』は、近代自由主義がもたらした孤独や疎外、ナショナリズムの台頭という一九二〇年代ドイツの思想的問題意識を共有している。ブーバーはそれを『かくれた神』（一九五二年）の中で、それの拡大と汝の欠如と説明した。彼はこの時代精神を、「神の蝕（しょく）」と名づけるのだが、それは神の死ではなく、神の遠ざかりもしくは神の沈黙を意味する。彼は、神と人との我―汝関係が我―それ関係によって覆われてしまった事態を、まるで月（それ）の介入によって太陽（汝）が蝕まれたかのように、比喩的に語ったのである。ただし神の蝕は、人間がそれから汝へと態度を転向することによって、解消する可能性を秘めている。

（堀川敏寛）

ローゼンツヴァイク

Franz Rosenzweig　**1886-1929**

ローゼンツヴァイクはユダヤ人の宗教哲学者である。主著『救済の星』は、西洋哲学史を支配してきた全体性の思想を打ち破る書というエマニュエル・レヴィナスの評価を通して二〇世紀後半に広く知られるようになった。裕福なユダヤ人家庭に生まれ、大学では哲学と歴史学を学んだ。フリードリヒ・マイネッケのもと、ヘーゲルの国家思想をドイツ近代史の背景から明らかにする研究で博士号を取得した（増補して『ヘーゲルと国家』として出版）。世俗的な家庭に育ち、学問で身をたてることも考えたローゼンツヴァイクにとって、キリスト教への改宗は有力な選択肢であった。一九一三年には、すでにキリスト教に改宗していた友人の影響で、一度は改宗を決意する。しかし、結局その決断を撤回し、以後はユダヤ教を自身の生活と思索の中心に据えた。この頃、晩年のヘルマン・コーエンに学び、ユダヤ教と哲学の関係、神と人間との相関といった問題について影響を受ける。その後世界大戦従軍中に自身の宗教哲学的構想をまとめ、戦後『救済の星』として出版した。直後、進行性の難病（ALS）を発症し、晩年は病床で過ごす。この時期の著作には、中世ユダヤ教の詩人・哲学者イェフダ・ハレヴィの詩の註解や、マルティン・ブーバーと共に行った聖書のドイツ語訳がある。くわえて、ユダヤ教の宗教教育にも力を注ぎ、成人のための教育施設「自由ユダヤ学院」を創設した。学院にはショーレムやレオ・シュトラウスらさまざまなユダヤ系知識人が講師として招かれた。

『救済の星』では、これまでの西洋哲学が、万物を「神」「世界」「人間」という要素のいずれかに還元してきたとして批判される。そうした哲学は、それが絶対視する一者を説明できないばかりか、たとえば、死を前にした個人の苦悩といった重要な問題に対しても無力なのだ。同書は、これらの要素の還元不能性を示した上で、「創造」「啓示」「救済」という聖書に由来する概念を導入し要素の関係性を解明する。そしてそこから、運命や摂理に回収されない人間の生の意味や、神からの愛をうけ隣人に愛を向けることの重要性、キリスト教とユダヤ教という啓示宗教の救済史的意義が論じられる。

『救済の星』は理論的で歴史哲学（救済史）的な書であったが、晩年のローゼンツヴァイクは一転して具体的な個人の生の場面から考察するようになる。反ユダヤ主義的社会でアイデンティティの問題を抱えた同時代の世俗的な同化ユダヤ人がふたたび伝統的宗教と向き合う道を探り、教育や翻訳の仕事をおこなった。

（丸山空大）

シュペングラー
Oswald Spengler 1880-1936

オスヴァルト・シュペングラーは、エルンスト・マッハやヴィルヘルム・オストヴァルトの科学的一元論が流行していた時期に青年時代を過ごした。博士論文のテーマは、そうした一元論が古代ギリシアのヘラクレイトスの哲学に先駆されていたと主張する大胆な内容だ。シュペングラーはヨハン・ヴォルフガング・フォン・ゲーテ、フリードリヒ・ニーチェ、エルンスト・ヘッケル、ルートヴィヒ・クラーゲス、レオ・フロベニウスなどにも親しみ、彼らの著作はシュペングラーの思想に明白な影響を及ぼしている。

『西洋の没落』（全二巻）と、当初はその一部になる予定だった『プロイセン主義と社会主義』でシュペングラーが主張した内容も、やはり大胆なものだった。いずれも不整合な記述に満ちているのだが、略述すれば、おおむね次のとおりになる。――地球上にはインド、バビロニア、エジプト、ギリシア・ローマ、中国、アラビア、メキシコ、西洋という八つの文化が勃興してきた。それぞれの文化は有機的な組織を備えた生命体である。ちょうど植物が芽吹き、枝葉を伸ばし、花を咲かせ、萎れていくように、文化も生まれ、成長して、やがては死ぬ。古代の段階で、中国では専制君主の始皇帝が登場し、古代ローマではカエサルが登場した。そのように、それぞれの文化は並行性を示している。文化は必然的に衰退するが、西洋の未来に誕生すると予想される独裁政治に希望がある。脈打つ宇宙を体現する選ばれた人間が登場し、歴史の流れを変える。西洋のこれからを担うのはドイツだと見なされる。それもプロイセン流の軍国主義国家としての、ドイツだ。だが、そのあとには西洋とは別の第九の文化として真の姿を現すロシアの時代が来るのかもしれない。

シュペングラーは第一次世界大戦中に『西洋の没落』第一巻を執筆し、刊行した。直後にドイツの敗戦が決定する。勝利を信じていたシュペングラーの心は崩れさった。彼の書物は戦後の気分を代弁する時代の書として爆発的に読まれたが、博識をきどるシュペングラーの論述スタイルは、衒学的で表層的だとして非難の対象にもなった。シュペングラーは、国粋的な反民主主義者として、「保守革命」の思想家にも分類される。彼は、やがて台頭していったナチスを嫌い、ヒトラーよりもイタリアの独裁者ムッソリーニに期待をかけた。ムッソリーニはヒトラーの手本となった政治家で、シュペングラーも含めて多くの人が、当時はヒトラーをムッソリーニの二番煎じと見なし、軽んじていた。

（横道　誠）

オットー

Rudolf Otto　1869-1937

ドイツの神学者・宗教学者ルドルフ・オットーは、一八六九年ドイツ、ハノーファー近郊パイネに生まれる。幼少期から育まれたルター派敬虔主義としての自己認識は彼の研究活動において大きな意味を持った。そして、エアランゲン、ゲッティンゲンで神学を学ぶ。当時ゲッティンゲンは、神学の領域においては宗教史学派の拠点、哲学の領域においては新フリース学派の拠点であり、両者はオットーの思想形成において大きな意味を持った。

オットーは、一九一七年に『聖なるもの』を著し、この著作は当初から幅広い層に読まれ、多くの反響を呼んだ。オットーは、人間に知覚される現象として宗教現象を記述するため、ラテン語 numen から、ヌミノーゼという術語を作る。「聖なる」という語が含意するものから道徳的要素、つまり合理的要素を差し引いて残るものをヌミノーゼと名づけ、それを宗教現象に特有なものとする。そして、あらゆる宗教体験に際し、人間の感情において把握されるヌミノーゼなものは、畏れさせるとともに、魅惑する、人間とは隔絶した神秘という相対立する要素を併せ持つとされる。この著作は、宗教学の古典の一つとされ、ヌミノーゼの概念は社会学、人類学、心理学等の隣接学問諸分野においても広く認知されている。

『聖なるもの』における非キリスト教諸宗教を含めた宗教の現象学的分析は、当時の宗教的情況、彼自身の世界旅行での諸宗教との接触と並んで、ヤーコプ・フリードリヒ・フリースに依拠した哲学的基礎の上に成り立っている。

『聖なるもの』執筆に先立つ一九〇九年、オットーは『カントとフリースの宗教哲学』（未邦訳）を著す。とくにオットーは、シュライアマハーが宗教を、道徳でも理性でもなく、感情において捉えようとした点を評価するものの、このことを哲学的な体系の中で示すことを放棄した点を批判し、これを補うのがフリースであるとした。フリースは内的経験の事実から出発し、感情における体験を哲学的叙述の俎上に載せうる認識論を展開する。カントが、カテゴリーを認識の可能性の条件として演繹する方法（超越論的演繹）をフリースは否定し、理性は、無意識に総合的統一を行い、これによって人間の体験が可能となるとする。そして、概念においては表現されえず、感情においてのみ起こる把握を感得（Ahndung）と呼ぶ。オットーは、このようなフリースの哲学体系によって、宗教研究にとって重要である感情における把握をも含んだ認識論を展開しようと模索した。

（藁科智恵）

リルケ
Rainer Maria Rilke　**1875-1926**

▼文学的自己疎外

リルケは、一八七五年「オーストリア＝ハンガリー二重帝国」のボヘミアの首都プラハにて、カトリックのドイツ人家庭に生まれ、大学入学頃までの大部分をこの地で暮した。当時「帝国」は解決困難な民族問題を多数抱えており、少数支配者層のドイツ人たちは、神聖ローマ帝国の幽かな栄光より導かれた「ハプスブルク神話」（マグリス）によってその命脈が保たれると自ら言い聞かせていた。各民族との「和協（アウスグライヒ）」が延命策として模索され、プラハにおいては、三十年戦争以降カトリック・ドイツ人の軛（くびき）に繋がれていたチェコ人たちの政治的解放が企図された。「ターフェ言語令」（一八八〇年）に続いて「バデーニ言語令」（一八九七年）が施行されると、チェコ語が内務官庁語としてドイツ語と並ぶ地位に上昇し、相対的にドイツ語の権威と有用性が低下し、かえってチェコ人とドイツ人の関係が悪化する結果となった。幼少より青年までのリルケは、「生きながらにして瓦解しつつある帝国」（ヨーゼフ・ロート）の「周縁」ボヘミアの地で、勢いを増すチェコ人たちとの融和を希求しながら、空中楼閣のごときドイツ語から透かし見える教養を必死に内面化するより他に自己を確立し得えない、悲劇的状況にあったと言うことができる。

一八八六年プラハを離れることになったリルケは、ウイーンを素通りし、ミュンヘン、ベルリン、パリへと、意図的に「帝国」から遠ざかるように漂泊し始める。同様の遠心力は、プラハ時代に血肉となったドイツ語およびドイツ的教養にも作用し、一八九七年以降、それまで強い影響下にあったゲーテを露骨に否定するようになった。一八九九年と翌年にはロシアに長く旅をして、トルストイを訪問し、またドストエフスキーの小説に感銘を受け、「夜の梢で

啼くナイチンゲールのごとき」ロシア語の習得に取り組む。一九〇二年からはパリを拠点に生活し、ロダンやセザン

ヌ等の造形芸術に傾倒し、また「帝国」周縁の各地に滞在する。これら自己韜晦ないし意図的な自己疎外は、中期リ

ルケの詩的経験の基本構造を成している。すなわちリルケは、自らの不安定な生や教養や言語状況を逆手にとって、

それらを様々な媒介と他性への変質によって成し遂げられる移行の問題（リオタール）として自覚的に追究し、その

経験を丹念にドイツ語に言語化していくことで、自己、つまり詩人としての命をつないだのである。

▼「モデルネ」の先鋭化

このような基本構造から生み出されたリルケの詩には、一つの不朽の意義が認められる。それは、「モデルネ」の経験が先鋭化した形で言語化されているということである。「モデル

ネ」とは、いわゆる「近代」といったような時代区分ではなく、過去と現在が全く異なるという時代認識から生じるアバンギャルドな自意識に他ならない。これは、巨大に花開いた一つの文化が地滑りを起こして崩壊していく喪失感とも表裏一体である。しかし、ハーバーマスも指摘するように、真にモデルネなものは古典的なものとの何らかの繋がりを保持していなければならない。リルケの場合、それはカトリシズムであり、ゲーテであり、「帝国」に保存されてきた旧きヨーロッパであり、その内部や周縁の幾つもの街、そして風景であった。パリ時代を頂点とする戦略的な自己疎外の中あるいはその果てにおいて、神話や聖書の古典的形象が、『新詩集』、『ドゥイノの悲歌』、『オルフォイスに寄せるソネット』等で全く独自の観点と手法で主題化されたことは、この意味に理解できる。また、『マルテの手記』で、パリという「現在時」の言説空間に、時空を超えた様々な街や風景や人々の記憶が貫入してきたり、一九一二年以降、ゲーテへの回帰が徐々に果たされ、その語彙や表現がまるで元々自分のものであったように自在に変奏されたりするのも、同様である。

リルケの詩には、事物のように硬質で静謐な佇まい、そして言語固有の美が宿っている。この印象から、リルケは、歴史に超然とし、悲惨と騒乱に満ちた現実世界に無感覚だったと誤解されることが多い。しかしヨアヒム・シュトルクが『リルケ政治書簡集』（インゼル書店、一九九二年）で明らかにしたように、リルケは晩年にいたるまで歴史の動向

から目を背けることはなかった。スイスの山中に隠棲して、その批評精神は枯渇するどころか、むしろ若き日に受容したニーチェを髣髴（ほうふつ）とさせるほど激越さを増している。とくにドイツのナショナリズムやその人種的自己礼賛への嫌悪は包み隠さなかった。リルケはいわば栄誉ある故郷喪失の中で、ほとんどドイツ語だけを頼みに生きてきたが、ドイツ自体に絶望し、遂にそのドイツ語まで捨てようと妄想した。「これら全てのことから遠く離れ、どうやって私の言葉を生き生きと勢いよく響かせることができるでしょうか。ドイツ語が、その名のせいで、ドイツに由来しまたドイツに帰属すると見えることが、私を完全な沈黙に追いやってしまうかもしれません。——私は思うのです。これからいっそのことアラビア語を学んでみたらどうかと」（一九二三年一月十六日、フォルカルト夫人宛）。

▼解釈の猛威

故郷は永遠に失われ、それだけに一層研ぎ澄まされる言語への意思ゆえに、「歌が現存である」（『オルフォイスに寄せるソネット』）と言い切ったリルケは、「モデルネ」の問題性を豊かに含む詩を数多く残すことになった。生前の受容初期には、宗教的感情の奔流とされる『時禱書』の詩人として注目され、神秘主義との関連が主に追究された。没後ドイツ文学史上の位置確定の研究が進んだが、間もなくナチスの御用学者らによって、ドイツ民族の敬虔さ、戦争世代の実存感覚の宣伝に「誤用」されるということもあった。しかし、戦後、その痕跡はただちに消去され、昏迷の現代人の生の意味を先駆的に問う詩人という評価を獲得し、狭義の文学理論だけでなく、存在論、現象学、精神分析学、美学等の観点から様々に解釈されてきた。抽象的議論に堪える理知的抒情詩としての評価（ハイデガー、ボルノウ、グァルディーニ、アレマン）がある一方、その洗練された言葉の真理性に様々な疑念（ブレヒト、アドルノ、ド・マン）が呈されもした。毀誉褒貶の振幅の大きなリルケ受容の波は、二つの大戦を閲したヨーロッパの自己否定と再定立の複雑な波形と相似している。つまり、詩人を取り巻く「解釈の猛威」（ヘーリッシュ）は、歴史的相対的存在としての解釈者自身に係わる克明な記録と読まれ、その受容史は、二〇世紀精神史記述モデルを探る有効な素材を提供していると考えられる。

（黒子康弘）

トラークル

Georg Trakl **1887-1914**

表現主義時代ドイツ語圏の最重要の詩人。緻密な音韻的音楽的構成、色彩に関連する語彙の透徹した使用、暗く孤独な精神性などがその詩作品の特徴として通例挙げられる。

オーストリア・ザルツブルクの商家にて生まれ育つ。幼少年期に家庭教師のフランス人女性からフランス語を教わり、ランボーやボードレールの詩に触れるきっかけになった。薬剤師見習いを経て、のちに大学で資格を得て薬剤師となる。職業選択には薬物の過剰使用への関心が伴っていた。精神的に不安定な状態があり、ひとつの職場で長続きすることは難しかった。一九一〇年の父の死後は家族が経済的に苦しくなる。一二年にルートヴィヒ・フォン・フィッカーと出会い、『ブレンナー』誌上で詩をいくらか定期的に公刊するようになる。

一四年八月に第一次大戦が勃発するとトラークルはオーストリア軍で出征し、衛生兵として東部戦線に配属。九月にグローデク（現ウクライナ西部）での激しい戦闘、オーストリア軍は敗退し多数の犠牲を出す。凄惨な前線での経験はトラークルの精神が耐えられるものではなかった。「金色の平野と／青い湖、そのうえを　太陽は／さらに暗く　転がっていく夜がつつむ／死んでいく兵士たちを、荒々しい嘆き／かれらの砕かれた口から」（「グローデク」）。銃での自殺未遂を同僚に止められたのち、「精神状態の観察」のためクラクフ（現ポーランド）の病院に収容、そこで麻薬の過剰摂取による自殺と思われる死を遂げる。

同年ヴィトゲンシュタインが父親の遺産の一部をフィッカーを通じて芸術家たちに寄付支援した際、支援対象の一人がトラークルであり、その詩の響きに感服していたヴィトゲンシュタインは同じく東部戦線に従軍中、近くにトラークルがいると知って面会に赴いたが、その三日前に詩人は世を去っていた。一五年に詩集『夢のなかのゼバスティアン』出版、他の遺稿も『ブレンナー』誌上などでその後公刊される。

ハイデガーの一九五二年の講演論稿「詩のなかの言葉　ゲオルク・トラークルの詩の所在究明」は、文学史上におけるトラークルの詩の高い評価を決定づけた機縁のひとつであるが、同時に、詩「夕べの国の歌」などの解釈はトラークルの語彙とハイデガー的な語彙とが複雑に重なり合うテクストを成しており、これをデリダは後期ハイデガーの最重要著作のひとつでもあるとみなす。若きハイデガーは第一次大戦前の『ブレンナー』の同時代読者であり、早くからトラークルの詩に着目していた。

（川口茂雄）

フィッカー

Ludwig von Ficker **1880-1967**

雑誌『ブレンナー』の発行人。オーストリアのインスブルックで刊行された『ブレンナー』は第一次大戦前の数年間に前衛的な文芸・思想の雑誌として、カール・クラウスの『ファッケル』誌と並んで、ドイツ語圏で一定の影響力をもった。主な寄稿者には思想家カール・ダラゴ、テオドール・ヘッカー、詩人トラークル、エルゼ・ラスカー＝シューラーなどがいた。第一次大戦後には同誌は前衛性を弱め、よりカトリック的な方向性に転じたと目される。

青年期は劇作に携わったが、一九一〇年に『ブレンナー』を創刊。トラークルを見いだしたことはフィッカーの文学史上の最大の貢献と言える。ヴィトゲンシュタインが相続遺産を芸術家に寄付したいと寄付先選定を依頼したのがフィッカーであり、また『論理哲学論考』の出版先を探して彼がフィッカーと交わした書簡は『論考』研究上不可欠な文献だ。

第二次大戦後はトラークルの詩に関連してハイデガーと交流。フィッカーはハイデガーとヴィトゲンシュタインの両名と直接交友した唯一の人物と推測される。数多くの人物とのフィッカーの往復書簡集は時代の貴重な証言。（川口茂雄）

カネッティ

Elias Canetti **1905-1994**

エリアス・カネッティは、出生当時はトルコ帝国に属していたブルガリアの出身。祖先はユダヤ系スペイン人（セファルディム）。英国で育ち、執筆にはドイツ語を用いた。『眩暈』という一編の小説（一九三五年）、『救われた舌』、『耳の中の炬火』、『眼の戯れ』という三冊の自伝、三本の戯曲、膨大な断想、一冊の研究書『群衆と権力』（一九六〇年）を世に残し、この世を去った。ナチスによる迫害を受け、ロンドンに亡命した。一九八一年にはノーベル文学賞を受賞した。生涯をかけたテーマは、「不死」と「変身」だった。

『群衆と権力』で、カネッティは言う。人間は未知の他者との接触をおそれる。そこで逆に、接触が常態化するような群れの一部になることで安心感を得ようとする傾向がある。群衆ないし大衆は人間が溶けあった形へと「変身」することで生まれ、そのなかにいると安心感から「不死」の錯覚を享受できる。その状態を守ろうとするのが権力者ということになる。地球上のさまざまな場所の民族誌、歴史文書、社会学や心理学の学術的報告による例証が多く施されているが、現在も賛否両論がある。（横道　誠）

ベン

Gottfried Benn　**1886-1956**

ゴットフリート・ベンはドイツ表現主義の代表的な詩人である。ブランデンブルク州の小村マンスフェルトで牧師の息子として生まれ、ベルリンで医学を修めた。皮膚病と性病の専門医として働くかたわら、表現主義の詩人たちと交流し、詩を発表した。一九一二年には軍医となり、同年に処女詩集『死体公示所（モルグ）』を発表する。その後、小説集『脳髄』（一九一六年）や詩集『肉』（一九一七年）によって表現主義詩人としての名声を確立した。

ベンの初期の詩は、曝け出された肉体を冒瀆的に表現するセンセーショナルな内容を特徴としている。肉体の醜悪さを赤裸々に描き出そうとする彼の試みは、かつての倫理的・理想的美の規範に反する「醜」の表現を見出した。そうした露悪趣味的ともいえるベンの詩は虚偽的なブルジョワ的良識に対する挑発・反発でもあり、彼らの装飾的表皮の下にある生の苦悩をえぐり出そうとする衝動に満ちたものであった。

思想の上では、ベンはニーチェから大きな影響を受けている。その影響のもと、ヨーロッパの没落に抗して形態（Form）を勝ち取ることによってニヒリズムを克服するという彼独自の芸術思想を展開するに至った。

ベンはナチスを支持した詩人としてもたびたび論じられる。彼のナチス支持は政権発足後のごく短期間に過ぎなかったものの、当時ナチスに抵抗していた知識人たちに大きな衝撃を与え、ベンを批判したクラウス・マンによる告発が引き金となって「表現主義論争」が繰り広げられることになった。この論争にはルカーチやE・ブロッホをはじめ多くの知識人たちが参加し、そこで表現主義の政治的意味をめぐって激しい論戦が交わされた。しかし、結局ナチスは表現主義に「退廃芸術」という烙印を押したため、ベンも執筆を禁じられることになった。皮肉なことに、自らが支持を表明したナチス政権のもとでベンは作家活動を行うことができなくなり、軍医として自らが「貴族的形式の亡命」と称する生活を送ることを余儀なくされたのである。

戦後ベンはかつてのナチス支持を批判され沈黙を守っていた。しかし、その後に発表された『静学的詩篇』（一九四八年）をはじめとする詩作によって再評価され、復活を果たす。ベンは戦後発表された自伝において、かつての自分の政治的態度を弁明しているが、思想的観点からみたベンとナチズムの関係は複雑であり、これをめぐって今日なお議論がなされている。

（石田圭子）

クラーゲス

Ludwig Klages　**1872-1956**

ルートヴィヒ・クラーゲスは一八七二年にドイツのハノーファーに生まれた、生哲学者、心理学者であり、筆跡学の創始者でもある。彼はまた独特の性格学、生命形而上学に関する著作も遺した。ミュンヘンでシュテファン・ゲオルゲを中心とする「宇宙論サークル」の一員だったが、後にゲオルゲと袂を分かつ。生涯、大学のアカデミズムには属さず、在野の研究者の立場を貫いた。

クラーゲスはロマン主義の精神運動やA・ショーペンハウアーの哲学に共感を抱いたが、彼の世界観の基盤はF・ニーチェの生哲学にある。ニーチェは『悲劇の誕生』の中で、陶酔境のうちに「すべてを一体化するもの」としてディオニュソス的なものを提起したが、クラーゲスは『宇宙生成的エロース』(一九二二年)の中で、「エロース的状態」を「ディオニュソス的状態」とほぼ同一視している。この「エロース」が「コスモゴーニッシュ＝宇宙開闢(かいびゃく)的・宇宙生成的」と形容される根拠は、現象界の「個体化」を打ち破った先に開かれる原初の存在に他ならないからである。つまりここで述べられる世界観の構図は、ニーチェが『悲劇の誕生』で打ち立てたディオニュソスとアポロンから成る二元論の構図と同じだった。クラーゲスはさらに同書の中でJ・J・バッハオーフェンの著作にも言及している。古代において父権制社会以前に存在した母権制社会を提起したバッハオーフェンはそれまで時代の闇に埋もれていたが、クラーゲスはニーチェの先駆者としてのバッハオーフェンを再発見した。

クラーゲスの生哲学は「魂と精神」の二項対立から出発する。通常の二元論における「魂と肉体」の対立ではなくて、「魂と精神」の対比によって、彼は「精神」の生への敵対を鮮明にする。『リズムの本質について』(一九三四年)の中で、「拍子は反復し、リズムは更新する」という命題を打ち立てたが、機械的に反復する拍子は生命の宿らない精神の言い換えであり、彼は常に新たに更新するリズムに生命に満ち溢れる魂を見た。「精神」への否定的観点については、ニーチェの見方と異なる。ニーチェは『ツァラトゥストラかく語りき』の中で「精神は生そのものに切り入る生である」と「精神」へのオマージュを記したが、クラーゲスの「精神」観はニーチェの見方へのアンチテーゼと見なせる。

クラーゲスは筋金入りの反ユダヤ主義者だったが、この点も含めて、ヨーロッパ精神史における彼への評価はまだ定まっていない。

（谷本愼介）

クルツィウス

Ernst Robert Curtius　**1886-1956**

エルンスト・ローベルト・クルツィウスは比較文学研究の分野で史上最高峰級の碩学。祖父エルンストは古典考古学の大家。大叔父ゲオルクは比較言語学の大家。父は法曹。ジャーナリスティックな仕事もこなし、生涯の集大成と言える書物は、ヨーロッパ文学の全体像を視野に入れた大著『ヨーロッパ文学とラテン中世』。

この書物でクルツィウスは、ヨーロッパ文学の伝統に関する知識を衒学的なほどに披露していて、保守主義者然として見える。だが、そのような営為は国民的文学史を紡ぐという近代の伝統に逆らうことでもあった。ラテン語による中世文学こそ、古代と近代の文学的伝統を結ぶものだと、クルツィウスは主張する。それも、近代文学を重視する伝統には逆らっている。彼がこの書物で称賛した同時代の詩人たちとして、英国のT・S・エリオット、オーストリアのフーゴー・フォン・ホーフマンスタール、ドイツのシュテファン・ゲオルゲなどがいるが、彼らとクルツィウスには明白な共通性がある。彼らは、一方では頑迷なまでに人文的教養にしがみつきながら、他方では伝統を清新なものへと組みなおそうとする強烈な前衛精神を輝かせているのだ。

『ヨーロッパ文学とラテン中世』で、クルツィウスは「文学的トポス」という鍵概念を提示している。演説の修辞技法にあたるものが文学作品にも多くあり、その継承こそが総体としてのヨーロッパ文学を作りだしてきた、と彼は主張する。とくに、樹木、水、鳥、花などに囲まれた愛の空間、「悦楽境」（ロクス・アモエヌス）の文学的トポスは、現在の文学研究でも頻繁に参照される。「マニエリスム」の議論は、弟子のひとりグスタフ・ルネ・ホッケの出発点になった。興味深いことに、アウエルバッハは、修辞表現の継承がしばしば創作の貧困をもたらしたことを強調したのに対して、クルツィウスは修辞表現の継承が創作の原動力として機能してきたことを強調した。

歴史上、独仏の係争地だったアルザス地域圏に、クルツィウスは生まれ育った。この事実は彼の経歴に決定的な影響を与えたと推察される。彼は、青年時代はアンドレ・ジッドやマルセル・プルーストなど同時代のフランス文学を、ドイツへと紹介する仕事に従事した。『ヨーロッパ文学とラテン中世』は第二次世界大戦中に書き進められたが、ヨーロッパを文化的統一体として位置づけるこの書物は、戦禍のなかでの、彼なりの平和への希求だったと言える。

（横道　誠）

アウエルバッハ

Erich Auerbach　1892-1957

クルツィウスやアウエルバッハの本来の専門は、ドイツ語では「ロマニスティク」という。これはロマンス語派（ラテン語や、そこから派生したイタリア語、フランス語、スペイン語、ポルトガル語など）の文学作品や言語を研究する学問分野を指している。これらの言語と、英語とドイツ語、さらに古代のヘブライ語やギリシア語も学べば、ヨーロッパ文学の全体像をかなり把握できるようになる。そのような語学遍歴ののちに、アウエルバッハは学問的巨人への道を踏みだした。ロマニスティクの当時を代表する泰斗、レオ・シュピッツァーの後継者でもあった。

アウエルバッハは主著『ミメーシス』で、文学作品に見られる現実描写は、それぞれの著者の現実理解を反映しているという見解を提示する。扱う範囲はアウグスティヌスら古代の作家、ミゲル・デ・セルバンテスなどの近代作家、ヴァージニア・ウルフ、ジェイムズ・ジョイス、マルセル・プルーストといった同時代の前衛作家まで幅広い。奇をてらった解釈は抑えられ、文体の質感の洞察が遂行されてゆく。ホメーロスの『オデュッセイア』の前景のみを現前させる文体と旧約聖書の重層的な緊迫感に満ちた文体が対照され、ペトロニウスの社会環境の正確な描写が十九世紀のリアリズム文学のそれに近いことが指摘され、クルツィウスの場合と同じくダンテの『神曲』にヨーロッパ文学史上のもっとも重要な文節点が看取され、フランソワ・ラブレーがソクラテスに感じていた親近感が考察され、ドイツでのリアリズム文学の遅滞が言及される。

アウエルバッハはユダヤ系の学者として、ナチス時代の苦難を体験した。『ミメーシス』が執筆されたのは、資料もきちんと揃わない亡命先のトルコでのことだった。この本の第一章で旧約聖書の「創世記」とホメーロスの古代ギリシア文学が比較されているのは、きわめて示唆的だ。ドイツ占領下の強制収容所では、旧約の民であるユダヤ人の殺戮がおこなわれていた。だが、彼らは、ギリシア人とともに、ヨーロッパ文明の源流を作りだした人々の子孫と見なしうる。

『オリエンタリズム』で知られるパレスチナ出身のアメリカの思想家、エドワード・サイードは、アウエルバッハの熱烈な愛読者のひとりだった。文学と政治の関係について考えるためにも、アウエルバッハはいまなお読む価値を失っていない。

（横道　誠）

ヘリゲル
Eugen Herrigel　1884-1955

新カント派西南学派の哲学者。来日中、弓道を稽古する中で自らの身心が変容して、その果てに「無心」の射に至った体験を書き、禅の世界を展望した著書『弓と禅』で有名。

リヒテナウに生まれ、ハイデルベルク大学に入学して新カント派西南学派を学んだ。第一次世界大戦勃発から軍務に服したが、戦後母校に戻り、リッカートの許で教授資格を得て私講師となる。戦死した師のエミル・ラスクの全集三巻を編集した。日本人留学生の世話もして、大峡秀英により日本の禅を知る。学生時代にエックハルトに惹かれたが、自己からの「離脱」の経験が得られる道が見当たらず神学を諦めた経緯があったので、「無心」を眼目とする修行を受け継ぐ禅に強く惹かれた。一九二四年東北帝国大学の哲学教師に招聘されて来日、新カント派の紹介に努めた。二九年『形而上学的形相――カントとの対決』で文学博士を得て帰国した。

滞日中、禅を学ぼうとしたが、言葉による説明を否定する禅は外国人には困難なので、禅の影響を受けた芸道・武道を通じて学ぶ方がよいという忠告により、弓道を学ぶことにした。東北大学弓道部師範の阿波研造は「弓禅一味」を唱え精神性を強調した指導で全国的に有名だったが、通訳つきで個人指導を受けた。日本的な指導に戸惑うことが多く、数多くの困難があったが、四年半ほど熱心に稽古して、帰国前には終に「無心」の射を体験して五段を授与された。

一九三六年にベルリン独日協会で行った弓道の修行体験から禅を論じた講演が評判となった。第二次世界大戦中にはエアランゲン大学の副学長、学長となったが、四五年に占領した米軍により公職追放、自宅も接収された。非ナチ化法廷で裁かれたが、四八年「消極的な同調者」とされた。

一九四八年『弓と禅』(『弓道における禅』)を著した。鈴木大拙著『禅と日本文化』を踏まえ、講演を大幅に増補して、腕の力を抜き、射法の型を体得して呼吸に合わせて全身一体で弓を引き、的を狙わず精神集中の極で「無心」となって射るまでの過程を叙述した。技の究極は無心となることで、禅に通じることは、禅僧沢庵が「剣禅一致」として説き、妻が習った生け花や墨絵の道にも通じるとする。一九五三年に刊行された英訳本はよく読まれて、大拙の書籍とともに欧米に禅の理解を広げた。遺稿『禅の道』では、禅の実践を論じ根底的な転換により悟りが得られる、無数の経験から生まれ護られてきた道の修行法は日本のなした偉大で深い発見だと論じている。

（魚住孝至）

シェーンベルク

Arnold Schönberg　1874-1950

▼二〇世紀音楽語法の開拓者

シェーンベルクは、後期ロマン派から二〇世紀初頭様式へと新しい音楽語法を切り開いたオーストリアの作曲家・理論家である。若くしてワーグナーやマーラーに心酔し、ツェムリンスキーから短い期間指導を受けて後期ロマン派の和声を極限まで拡大し、対位法の線的構成法によって調性世界を超克した。一方で『青騎士』の展覧会に油絵を出展するなど、同時代美術との共感も強く、音楽の表現主義へ踏み出し、「自由な無調」の様式を開拓した。そして機能和声に代わる組織的作曲法としての一二音技法に到達する。

▼ユダヤ問題と調性の超克

ウィーン在住のユダヤ人商人の息子として生まれたシェーンベルクは、二四歳のときにプロテスタントに改宗したが、それにも関わらず、ドイツやオーストリア各地で反ユダヤ主義の敵意に囲まれた。阻害感と孤立感のなかで、ユダヤのアイデンティティをかえって強く意識し、戯曲《聖書への道》や歌劇《モーゼとアロン》の台本を書き上げ、一九三三年にはユダヤ教に復帰している。

避暑地マットゼーでユダヤ人だという理由で滞在を拒まれた際、急遽トラウンキルヒェンへと移動したのだが、そこで作曲のための静かな家ヴィラ・ヨーゼフ付近を散歩している途中、弟子ヨーゼフ・ルーファーに、一二の音程に基づく新しい技法を発見したことを語った。

▼一二音技法の理念とその展開

一二種類の半音階の音全てを素材として均等に扱い組織化する作曲方法は、すでに一九〇八年ころ、ヨーゼフ・マティアス・ハウアーによって提唱されたが、一九二一～二三年に始まるシェーンベルクの一二音技法は、九世紀のオルガヌムから一九世紀末までのポリフォニーの歴史全てを受け継ぎ、その上で「発展的変奏」と呼ばれる構成理念に基づいて導出された。最初期の一二音技法作品《五つのピアノ曲》と《ピアノのための組曲》以後、この新しい作曲法は《木管五重奏曲》《組曲》《管弦楽のための変奏曲》へと、試行錯誤を繰り返しながら発展し、より音楽的に意義深い語法へと成熟していった。現代の音楽理論家イーザン・ハイモも指摘するように、一八九〇年代の若書きの作品から一九五一年の最後の作品に至るまで、シェーンベルクの音楽思想は、決して直線的ではなく絶えず蛇行しながら変化の道を辿ったのである。

一九四一年の論文「一二音による作曲法」の中で、シェーンベルクは一二音技法を「相互の関係のみに依存する一二の音による作曲法」と定義しているが、実際の楽曲での音列使用法は、作品ごとに異なっている。基本音列をどのように設定するか、すなわち一二種類の音高をどのような順番で並べるか、という問題は、確かに作品を統合する音列の特質として決定的だが、楽句の構成や細部の音楽的意味においては、基本形（P）、反行形（I）、逆行形（R）、逆反行形（IR）、およびそれら四形の移高（t）によって機械的に出来上がる四八形が、ピッチの上がり下がりという幾何学的な「動きの類似性」や、共通のピッチをいくつ含むかという「組み合わせ」の性質という点において、いかに相互に関連づけられるかという問題の方が重要だった。実際シェーンベルクは、作品全体が一つの音列から演繹されるというシステム上の一貫性だけに安んじることなく、音列を意義深く「音楽化」するための職人技を探求しつづけた。

▼順序の定まった音集合による多様と統一

音列を「音楽化」するために使われた手法は、完全なセリー技法に至る以前にもすでに見られる。たとえば《五つのピアノ曲》の第二曲はセリー作品ではないが、その第一小節に現れる九つの音高（ニ音、ヘ音、変イ音、嬰ヘ音、ト音、イ音、ロ音、変ロ音、変ニ音）は、順序の定まった（ordered）音集合として基本音列のような役割を果たしている。すなわちこの九音は、楽曲中に五回出現するが、音集合は音楽的主題とは切り離されており、小節の中での拍上の位置づけ、旋律の輪郭を決定づける各音の音域的配置、音域の分断によって派生する部分集合などの「音楽化」によって元の音集合とは異なる意味をもたされている。

一九二四年に完成された《木管五重奏曲》では、四つの楽章全てが一つの基本音列に基づいているが、二つ以上の音列形がポリフォニックに進行する手法や、あるいは、一つの音列形の中から特定の配置順にある音高を選択することによって副次音列を生み出す方法によって、旋律の多様性が獲得されている。

順不同の音高集合を共有する「組み合わせ」の特性

副次音列が基本形を外向きに展開・拡散させていくのに対して、一二種類の音高の順列による膨大な数の音列を、類似性や補完的性質、あるいは「組み合わせ」の性質によって整理してグループ化していく、いわば内向きの展開も、シェーンベルクにとって重要だった。《管弦楽のための変奏曲》を作曲するころには、シェーンベルクは、基本音列は任意に選ばれるべきではなく特定の性質をもったものでなければならないと確信し始め、とくに、ある特定の移高によって基本形と反行形が音列前半と音列後半を入れ替え可能とするような「反行組み合わせ」を好んで用いた。《管弦楽のための変奏曲》における基本音列（P-0）の前半（変ロ、ホ、嬰へ、変ホ、へ、イ）は短三度下のト音から始まる反行音列（I-9）の後半と同じ音高集合で構成されているので、基本音列の第一音から第一二音までを総ざらいに出現させなくても、P-0後半の代わりにI-9前半を使って、P-0とI-9双方の前半だけ、あるいは双方の後半だけで一二音全体（アグリゲート）を打ち出すことができる。「組み合わせ」の特性は、一九五〇年代のアメリカにおいて、数学に合致する音楽的思惟としてミルトン・バビットらによって大きく取り上げられ、二〇世紀後半の英語圏での音楽理論に受け継がれていった。

アメリカでのシェーンベルク

シェーンベルクは、一九三三年にパリ経由でアメリカに渡り、ボストンとニューヨークで教職に就き、さらにロサンジェルスに渡ってUCLAの教授となった。アメリカで完成された《ナポレオンへの頌歌》や《ワルシャワの生き残り》は政治的メッセージ性の強い作品である。一二音技法の最高峰とされる《ヴァイオリン協奏曲》では調性の枠から逸脱した和声機能が音列の法則に従って注意深くちりばめられ、新古典的様相を呈している。

（水野みか子）

ベルク

Alban Berg　**1885-1935**

ベルクは新ウィーン楽派の作曲家であり、調性音楽と無調・一二音技法を独自の方法で融合させた。《ヴァイオリン協奏曲》は長・短三度を多く含む総音程音列を用いて調性的響きを保ち、バッハの名前BACHやコラールの旋律を楽曲中に埋めこんでいる。

音楽理論家アラン・フォートは、歌劇《ヴォツェック》では、四～六音で構成される数種の音高集合が劇中の人物や観念を象徴していることを示し、第三幕第五変奏はヘ短調に見えながら実は音名象徴をもつ無調として分析することも可能だと指摘した。

ユダヤ人であるシェーンベルクに指導を受けたという理由で、ドイツでのベルクの作品演奏は何度か取り消された。ベルリン国立歌劇場で初演予定だった歌劇《ルル》も結局は拒否され、作品が未完成のままベルクは人生を閉じ、フリードリヒ・チェルハによる補筆版が七九年にブーレーズの指揮でパリ・オペラ座で初演された。

（水野みか子）

ヴェーベルン

Anton von Webern　**1883-1945**

ヴェーベルンは、シェーンベルク、ベルクとともに新ウィーン楽派を築いたオーストリアの作曲家・指揮者・音楽学者である。

弦楽四重奏のための《六つのバガテル》や管弦楽のための《六つの小品》など自由な無調作品を創作した後、一九二四年より一二音技法を使用する。ヴェーベルンはしばしば対称構造を好んだ。《ピアノのための変奏曲》では音列基本形と逆行形を連続させて対称形を作り、《管弦楽のための変奏曲》では音列そのものの中で、前半と後半を対称的に配置している。

ヴェーベルンは第二次大戦後の音楽家に強い影響を与えた。カールハインツ・シュトックハウゼンはヴェーベルンの《弦楽四重奏曲》を詳細に分析して、セリー思考と音楽の経験時間を論じた。音楽理論家アラン・フォートは、ジェイムズ・ジョイスがヨーロッパ諸言語にもたらした形式改革と西洋音楽史におけるヴェーベルンの革新性の類似を指摘する。

（水野みか子）

コラム　ヴァイマール共和国

ヴァイマール共和国は「敗戦の中で生まれ、狂乱の中で生き、そして悲惨な死を遂げた」（P．ゲイ）といわれ、それはまた「夭折した一人の薄幸なるものの生涯」（岡義武）にも擬えられる。僅か一四年余の歴史は後世に多大な影響を及ぼしたが、哲学・思想領域においても例外ではない。一九二〇年代は「現代思想の坩堝」（生松敬三）といわれる。以下、共和国の誕生から終焉までを、ヴァイマール憲法を軸に振り返ってみよう。

共和国の誕生

第一次世界大戦の敗北、キール軍港の水兵反乱に端を発するドイツ革命によって、皇帝ヴィルヘルム二世はオランダへ亡命する。これによって、約半世紀続いたドイツ帝政はその終焉を迎える。

一九一九年一月の総選挙で選ばれた「国民議会」は、政情不安のベルリンを避け、ゲーテやシラーゆかりの地ヴァイマールに召集された。この地で「ドイツ・ライヒ憲法（Die Verfassung des Deutschen Reichs vom 11. August 1919)」（以下、WRVと略記）が可決された。この憲法をヴァイマール憲法、この時代をヴァイマール共和国の時代と呼ぶのが通例である。WRV第一条は「ドイツ・ライヒは共和国である」と明記した。ドイツ史上はじめての民主的な共和制国家の誕生である。

束の間の安定と迫り来る危機

憲法制定後も、左派・右派両勢力による騒乱は絶えず、生まれたばかりの共和国の基盤はきわめて不安定であった。右派勢力がこぞって持ち出す有名な〝匕首伝説〟（〝背後からの一突き〟、「ドイツは戦争に負けたのではなく、背後から匕首で刺されたのだ」という流言）も、こうした世情のなかで国民の間に拡がっていく。そんななか、数ある右派系団体の一つにすぎなかったドイツ労働者党（後にナチ党に改名）に入党し、その後、頭角を現すのが他ならぬヒトラーである。

一九二三年一一月のミュンヘン一揆鎮圧後、経済状況が好転するとともに、共和国は成立当初より続く危機的な状況をひとまず脱する。以後、数年にわたって、束の間の安定期を迎える。ヴェルサイユ条約にもとづく賠償金の支払い、そして史上最悪といわれるインフレ問題にも一応の目途がつけられ、一九二六年には国際連盟への加入が認められるなど、国際社会における地位も高まった。

文学や建築、美術等に代表される豊潤な「ヴァイマール文化」が花開くのもこの時期である。「黄金の二〇年代」と称される文化・芸術の発展とは対照的に、政治的には党派間の対立が依然大きく、連立政権を担う少数政党の組み替えが繰り返されるなど、議会多数派の信任にもとづく安定した政権運営は困難であった。公法学者C・シュミットは、政党が互いの利害関係と権力獲得の可能性を計算するばかりで、重要な政治的決定も秘密裏に行われ、議会における「公開の討論」は空虚で実質のない形式に堕したと批判した。

大統領内閣と独裁への道

一九二九年のウォール街の株価暴

落は、回復の兆しがみえていたドイツ経済に大打撃を与えた。国家の危機的事態に直面するなか、議会多数派の信任をもたない政府は有効な対策をなしえず、かろうじて大統領の権威に支えられていた。これ以後、大統領が組閣を命じる「大統領内閣」の時代が始まる。共和国に忠誠を尽くした初代大統領エーベルトはすでに亡く、政権の行方は、後を継いだヒンデンブルクの手に委ねられた。彼は生粋の軍人であり、皇帝に変わらぬ忠誠心を抱く人物である。

大統領内閣の下、財政危機を克服するための措置が講じられるが、それらは議会制定法にもとづくものではなく、何れも大統領の緊急命令(WRV第四八条)によるものであった。国政における大統領の権威と緊急命令の常態化は、WRVの企図する議会制民主主義とは相容れず、「大統領の独裁」という新たな政治体制に移っていく。

ヴァイマール憲法の特徴

当時〝世界で最も民主的な憲法〟と呼ばれたWRVであるが、留学中の一学徒は、その憲法の先進性を同時代の日本と比べて、「暖い春光の中に這い出て自由に手足を伸ばすがごとき自由さ」(有澤廣巳)と形容した。憲法草案の起草は公法学者H・プロイスに委ねられたが、起草にあたって各省の幹部やM・ヴェーバーらの意見が取り入れられた。

WRVは前文及び一八一カ条からなる。WRV第一編では統治機構について、第二編では国民の基本権及び基本義務について詳細な規定がおかれた。WRVの主な特徴として、さしあたり三点を挙げておく。

第一に、国民主権の表明である。「国家権力は国民より生ずる」と明記された(WRV第一条二項)。二〇歳以上の男女に選挙権が付与されるとともに、国民が国政に直接関与する直接民主制的諸制度が取り入れられた(WRV第七三～七六条等)。

第二に、議会制民主主義とならんで直接公選の大統領制を採用した点である。大統領は議会の機能不全に伴い、「予備的機関」として重要な権限を行使する。なかでも、共和国の命運を握った非常措置権(WRV第四八条)はその最たるものである。

第三に、社会国家的な権利規定の導入である。WRV第二編に「経済生活」の章が設けられ、経済的・社会的弱者への配慮を謳う規定がおかれた。「所有権は義務を伴う。その行使は同時に公共の利益に役立つものでなければならない」(WRV第一五三条三項)として、伝統的な所有権絶対の原則に修正を迫った点は、諸外国の憲法に大きな影響を与えた。

共和国では、終始、「憲法規範」とそれをとりまく「憲法現実」との間に大きな差違があった。双方の隔たりをどのように解するか、憲法解釈にも対立が生じる。いわば伝統的な法実証主義的憲法学――法秩序を完結した体系とみなしその論理構造を法的に矛盾なく説明しようとする立場――に対して、新たな憲法学――共和国の憲法現実をふまえ政治的・社会的な要素をも憲法解釈に取り込む立場――が支持を集めていく。

ヒトラー独裁と共和国の崩壊

一九三三年一月三〇日、大統領ヒンデンブルクは首相にヒトラーを任命する。ヒトラーは、即座に国会（Reichstag）を解散し選挙戦に入る。選挙戦の終盤、国会議事堂炎上事件が起こる。政権側はこれを共産主義者による国家転覆行為だと決めつけ、それを口実に共産党議員をはじめ多くの活動家（社会民主党員や進歩的知識人を含む）を逮捕した。

事件翌日（二月二八日）には、大量逮捕の合法性を裏づけるために「民族及び国家の防衛のための大統領緊急令」（いわゆる「議事堂炎上緊急令」）が布告される。この緊急命令こそ、WRVに代わる「独裁政府の非公式の基本原則」（H・モムゼン）、つまり、実質上の「第三帝国の憲法」（E・フレンケル）である。それはヒトラー独裁の始まりを告げるもので、共和国の命運はここに尽きた。

ヴァイマールの教訓

ヴァイマール共和国崩壊の原因はどこにあったのか。共和国の研究は、「必然的にその崩壊の原因を尋ねること」（K・D・エルトマン）でもある。当初は、その原因を苛酷なヴェルサイユ条約の強制、世界恐慌に端を発する失業と政治の急進化、政党政治の未発達、大統領の非常措置権の濫用、そして国民の政治的未成熟性等に求めていた。今日では、それらの要因が複合的に合わさって崩壊に至ったと解されている（E・コルプ）。

第二次大戦後に作られたドイツ基本法（Grundgesetz ——以下、GGと略記）は、共和国崩壊に与した制度的要因を取り除くことに意を用いた。例えば、「憲法の番人」としての連邦憲法裁判所の設置（GG第九三条以下）、議会多数派の信任に依拠した政権運営のための制度的工夫（GG第六七～六九条）などが挙げられる。

さらに、「政党のなかで、自由で民主的基本秩序を侵害若しくは除去し、またはドイツ連邦共和国の存立を危うくすることを目指すものは憲法違反である」（GG第二一条二項）と規定し、「たたかう民主制」を採用したことも象徴的である。民主主義は、自らを破壊しようとする敵に対して、いかにして自らを守ることができるのか。自由の敵には自由を与えないという思考は、本来の民主主義の理念に反しないのか。こうした〝民主制のジレンマ〟は、あらためて「憲法が機能する条件とは何か」について深い省察をもとめる。

ヴァイマールに似た状況？

二〇一九年は、ヴァイマール共和国が誕生して一〇〇年の節目の年であった。同年二月、これを記念する式典で、シュタインマイヤー大統領（当時）は、男女平等選挙の実現、社会権条項の導入など、現在のGGにつながるWRVの先進性を評価した。

その一方で、先頃、わが国の閣僚の一人から「誰にも気づかれずに、ヴァイマール憲法がナチス憲法に変わっていった手口を学んだらどうか」という趣旨の発言がなされた。共和国及びWRVの歴史は、そのような手練手管に対する術を学ぶ良き教材ともなろう。

（渡辺暁彦）

リット

Theodol Litt　**1880-1962**

テオドール・リットは一八八〇年デュッセルドルフに生まれ、一九六二年ボンで生涯を閉じた二〇世紀を代表する文化＝社会哲学及び教育学の碩学である。『個人と社会――文化哲学の基礎付け』（一九二六）は世界の哲学界に大きな反響を与えた。ボン大学客員外教授（一九一九）から一九二〇年シュプランガーの後任としてライプツィヒ大学哲学及び教育学正教授に就任、一九三一～三二年にかけて同大学の学長を務める。その際おこなった学長就任講演「大学と政治」では、当時ナチズムの台頭と共に顕著となった大学と学問に対する政治化策とその制度的な政策に対して方向転換をせまるものであった。このことで、ナチス学生同盟と軋轢を生むことになる。その後も「第三帝国」による講演や講義の妨害を受け、一九三七年、節を曲げることなく自主的に退職、著作活動に専念する。戦後刊行される多くの著作はこの時期に執筆された。

第二次大戦後の一九四五年、ライプツィヒ大学から請われて復職し、荒廃した大学の再建に尽力。大学の「復興計画案」まで作成するも、研究と学問の自由を基本とするリットの姿勢は占領軍のソヴィエト的全体主義の施策と全く相容れず、ここでも多くの軋轢を生むことになる。結局一九四七年、旧西ドイツのボン大学からの招請を受け、郷里に帰還することになる。

このように二度にわたる全体主義的体制との軋轢や抗争を経験するリットであるが、一九二〇年代のライプツィヒ大学時代にはその後日本の代表的な教育学者、心理学者になる面々が留学しており、若いリットから文化＝社会哲学的問題、教育学の方法論を学んでいる。また二〇一一年開催の第一五回テオドール・リット国際シンポジウムのテーマ、「原子力時代。自然科学と技術の極大値。最高値の責任」の中で明らかになったことは、ライプツィヒ時代、リットと同僚の物理学者W・ハイゼンベルク（量子力学の研究で一九三二年ノーベル物理学賞受賞）とが精力的に、かつ多様な問題について対話していた事実である。

一九四七年ボン大学への帰還後のリットは、ドイツ連邦における哲学、教育学の重鎮として公的機関とも関わり、発言し、それらの功績によって一九五二年には連邦政府から「学術功労賞」（日本の文化勲章に値する）を受賞、その受賞者で構成される会員に推挙された。また一九五五年、七五歳の誕生日には大統領からドイツ復興に功績のあった者にあたえられる「星十字大功労賞」を受賞された。

（小笠原道雄）

カッシーラー

Ernst Cassirer　1874-1945

▼生涯

カッシーラーは二〇世紀前半に活躍したドイツの文化史家・哲学者である。一八七四年七月二八日ドイツのブレスラウ（現ポーランド領ヴロツワフ）生まれ。富裕なユダヤ系ドイツ人商家の出。一八九二年に大学入学資格に合格。ベルリン大学のほか、ライプツィヒやハイデルベルク等の大学で法学、哲学、文学等の分野を学ぶ。一八九四年ジンメルのカント講義でマールブルク学派のヘルマン・コーエンの名を知る。一八九六年マールブルク大学へ移り、コーエンとナートルプのもとで学ぶ。一八九九年に博士号を取得。一九〇六年に『認識問題』で大学教授資格を得て、ベルリン大学の私講師となる。この時期には、いわゆるカッシーラー版カント全集の編纂にも従事する。一九一九年に新設のハンブルク大学の正教授に着任し、後に学長になる。この頃、ヴァールブルク文庫と出会い、『シンボル形式の哲学』や『啓蒙主義の哲学』等の代表作を著す。しかし、台頭するナチスを恐れて一九三三年ハンブルク大学を辞して、国外へ亡命。イギリス、スウェーデンを経て、アメリカへ渡航する。一九四五年四月一三日にニューヨークで客死。七〇年の生涯であった。

▼マールブルク学派からの出発

カッシーラーの哲学は三期に区分されうる。前期にベルリン大学私講師時代（一九〇六－一九年）、中期にハンブルク大学時代（一九一九－三三年）、そして後期に亡命時代（一九三三－四五年）である。カッシーラーは、コーエンが主導するマールブルク学派から学者のキャリアをスタートした。精密諸科学の認識批判という関心に導かれて著されたのが、前期の主著『実体概念と関数概念』（一九一〇年）である。

その冒頭でアリストテレスの伝統的論理学が批判される。カッシーラーによれば、伝統的論理学はアリストテレスの実体論を基礎にするものである。しかし現代の数学・論理学はこうした実体を必要としない。なぜなら、数学・論理学の諸概念は実体的な形相ではなく、関数のような項の進行の規則を表すものだからである。つまり、関数概念とは何らかの実体的対象を措定することなく、概念の対象系列を構成するものである。こうした実体概念批判は、物理学や化学等の現代の精密諸科学にも妥当する。物理学や化学等の概念は何らかの真の実体を表すと思われるかもしれない。しかし、それは誤りである。これらの概念は実体的対象を指し示すものではなく、各々の概念体系に位置づけられることではじめて意義を有する関数〔機能〕概念にほかならない。また、それは概念形式として構成された像＝シンボルでもある。こうしてカッシーラーは従来の古い概念観を克服し、関数〔機能〕としての概念という新たな観方を提示した。

▼シンボル形式の哲学

カッシーラーの哲学が進展するのはハンブルク大学時代である。『実体概念と関数概念』は精密諸科学の領域に限定されていたが、精神諸科学という分野へと拡張されるために構想されたのが主著『シンボル形式の哲学』全三巻である。そこでは理論的認識に限定される概念形式に替わって、いっそう包括的なシンボル形式が世界了解の鍵概念に据えられる。そこでは第一巻に言語、第二巻に神話、そして第三巻に理論的認識〔自然科学的認識〕が論じられ、それぞれに表示機能〔言語〕、表情機能〔神話〕そして意味機能〔理論的認識〕という三つのシンボル機能が対応している。しかし、これはシンボル形式がこの三つの領野に限定されていることを意味しない。宗教、芸術、技術、法学、経済学、歴史等もまたシンボル形式である。それゆえ、この体系は単なる認識論の拡大ではなく、人間文化の意味的世界を了解しようとする哲学、すなわち「文化哲学」である。なお、第三巻の「最終章」として執筆された『シンボル形式の形而上学』は、生前に未刊行であったが今日遺稿として読むことができる。

▼亡命時代の思索

晩年、一〇年以上に亘る困難な亡命期にも新たな哲学が模索され続けた。この時期の思索は『人間』（一九四四年）に見出される。これは『シンボル形式の哲学』への英訳の要望に代えて、一般読者にも向けられた「文化哲学」への入門書として著された。このなかで伝統的な人間観である理性的動物に代わるアニマル・シンボリクム〔シンボルの動物〕が提示された。この新たな人間観はシンボルを創りだし、それを通じて世界に関わり、その中に住む固有な存在者〔＝「シンボルの宇宙」に住まう動物〕を表している。ここには、生物学者ユクスキュルの「環世界」概念の大きな影響が見いだされる。カッシーラーは文化の営みを全て人間のシンボル形式の様々な展開として捉えようと試みた。これは「自己解放の過程」として人間が自由な存在者へと進歩していく道程でもある。

また死後に刊行された『国家の神話』（一九四六年）は、ファシズムに対するアンチテーゼとして、政治思想史を顧みながら当時の政治的神話の批判的分析を遂行したものである。カッシーラーはナチスが敗北する約一か月前に亡くなった。

（千田芳樹）

ニコライ・ハルトマン

Nicolai Hartmann　1882-1950

ハルトマンは、Ｍ・ハイデガーとともに二〇世紀前半にヨーロッパ哲学の存在論的転回を主導し、Ｍ・シェーラーとともに実質的価値倫理学を樹立した人である。存在論の立場から書かれた彼の美学もまたユニークである。

履　歴

彼は、一八八二年ラトビアの首都リガに生まれ、一九〇二年ドルパト、一九〇三年ペテルブルク、一九〇五年マールブルク大学で研究。当時マールブルク大学にはＨ・コーヘンとＰ・ナートルプがおり、新カント学派の牙城の一つだった。一九〇七年博士号取得、一九〇九年教授資格を得る。一九二〇―五年マールブルク大学、一九二五―三〇年ケルン大学、一九三一―四五年ベルリン大学、一九四五―五〇年ゲッティンゲン大学で教授歴任。

主要著作

一九二一年に最初の著作『認識の形而上学要綱』を発表。この著作によって新カント学派からの決別を宣言し、自らの哲学的立場である「批判的存在論」へと大きく舵を切る。一九二六年にシェーラーによって創始された実質的価値倫理学を独創的な形で発展させた『倫理学』を、一九三三年に個人的精神と客観的精神と客観化された精神の関係を扱った歴史哲学の書である『精神的存在の問題』を、一九三五年から一九五〇年にかけて『存在論』四部作、すなわち『存在論の基礎付け』『可能性と現実性』『実在的世界の構造』『自然の哲学』を発表する。遺作として『美学』が一九五三年に出版された。その他に論文集三巻と哲学史に関する研究書などがある。

哲学の特徴

ハルトマンは人間の認識行為を存在者としての主観と存在者としての客観との間の存在論的関係の一つと捉える。ここで客観は主観から独立に存在するものとされ、われわれの認識は、その一部を対象とすることにより成立するが、常にそこには対象とされない部分が残る。この対象とされない部分を対象化することが認識の進歩である。認識において主観と客観の存在論的関係を最も基本的に表しているのが諸カテゴリーである。彼が自らの哲学的立場を批判的と称するのは、彼の存在論がこれら諸々のカテゴリーの批判的分析に基づいているからである。このような分析により世界内存在としての人間の世界における存在論的構造が明らかになるとするのが彼の存在論の立場である。彼の著作の特徴は、設定された主題を、深く豊かな内容と明晰な叙述をもって、あくまでも冷静に批判的に徹底的に理路整然と追究していく点にある。

（松家次朗）

ヤスパース

Karl Jaspers　1883-1969

ヤスパースは二〇世紀を代表する精神医学者、哲学者のひとりである。その略歴を簡単に紹介しよう。一八八三年、ドイツ、北海沿岸の都市オルデンブルクで誕生する。海とともに育つ。長じて精神医学を修めて、一九〇八年にハイデルベルク大学で博士学位、一九一三年に教授資格を取得する。同年から心理学を講じる。一九二二年、哲学部正教授に就任。妻がユダヤ系だったため、一九三七年、ナチスにより教職追放。一九三八年出版禁止。戦後の一九四五年復職。一九四八年、スイス、バーゼル大学に転じる。一九六一年定年退官、一九六九年当地で没。

▼**海の体験とヤスパースの態度**

ヤスパースの精神医学者、哲学者としての歩みは、北海の風景によって方向づけられている。森の国ドイツの少年ヤスパースは飽きることなく海を眺め、のちにこう述べている。「海は無限なもののありありした現前である。波々は無限である。つねにすべてが動いており、どこにも固定したものはない」（『運命と意志』）。森や山が視界を遮るのに対し、海は一切が開かれている。後年ヤスパースは、「理性とはあらゆる真理と現実に対して限りなく開かれてあることである」（『真理について』）と言い、それを自らの精神医学、哲学の態度としたが、そのことの背景には海の体験があったのである。

▼**精神医学の時代**

ヤスパースは少年時代にスピノザに親しむなど、哲学に心惹かれていたが、「哲学を研究し、職業にするとは思いもよらなかった」（『哲学的自伝』）と述懐している。右記のように、大学では精神医学を専攻した。ヤスパースには医学こそが、「自然科学全体と対象としての人間とを含む、最も広い領域を開くように思われた」のである。彼の精神医学者としての最大の業績は、現代でもなお輝きを失っていない『精神病理学総論』（初版一九一三年、九版一九七三年）であるが、その意義を知るために、当時の精神医学の状況を見ておきたい。

当時の精神医学界では、精神病を身体的にのみ解釈する立場（グリージンガー「精神病は脳病である」）と、精神病を心理的にのみ解釈する立場（フロイト、リビドー（性的衝動）の絶対化）とが対立していた。ヤスパースによれば、いずれも「[人間] 全体を唯一の説明方法によって把握しようという欲求」（『精神病理学総論』初版）に陥っていた。ここで欠けていたものは、精神医学は科学であるという、精神医学の自己理解である。ヤスパースによると、科学とは、唯一の方法によって対象の全体を認識するものではなく、そのつど特殊な方法によって対象の特殊な部分を認識するにすぎない。

ヤスパースは『精神病理学総論』において、一つの方法の絶対化によって生じる全体認識を回避しようとした。「この書の方法論的な性格は決定的である」（九版）と言われるように、本書は、精神医学の諸方法の権能と限界を明らかにしようとした方法論的な著作である。精神医学の「教科書」（一九七四年、邦題『精神病とは何か』）で有名なフーバーは、「[ヤスパースの精神医学の] 唯一の課題は探求のための諸観点の展開である」と言い切っている。後年ヤスパースが、「私の精神病理学の原理は認識が獲得される方法を手がかりとして〔…〕認識することを認識すること（das Erkennen zu erkennen）であった」（『哲学的自伝』）と述懐するように、同書は、あるいは認識論的な著作であるとも言え、ウォーカーが――カントの『純粋理性批判』を念頭に置きながら――「精神病理学的理性批判（Critique of psychopathological reason）」と呼ぶほどである。

ヤスパースの方法論としては、身体的なアプローチとしての、客観的な因果関係の「説明」と、心理的なアプローチとしての、他者の心理状態の「了解」の区別が、よく知られている。だが本項では、一歩踏み込んで、そうした方法論を支える態度に注目したい。ヤスパースはそれを「方法論的意識」や「方法論的態度」と呼んでいる。

「方法論的意識は、私たちに、絶えず新たに把握されなければならない現実に対して、心構えをさせる。［それに対して、］何であるかを独断する態度は、私たちを、全ての新たな経験にベールをかける一つの知識のなかに、閉じ込める。かくして、方法論的根本態度は、絶対化する態度に反対する」（『精神病理学総論』九版）。ハイデルベルク大学でヤスパースの後任教授となったガダマーは次のように書いている。「精神病理学の全領域での多面的な研究方向についての叙述は、ヤスパースがいかなる独断的な一面性も疑い嫌う者であることを証明していた」（『哲学修業時代』）。

▼ヤスパース精神医学の再評価

絶対化する態度に反対し、いかなる独断的な一面性も疑い嫌うことこそが、先述のように、後年「理性」と術語化された、「あらゆる真理と現実に対して限りなく開かれてある」態度にほかならない。またこの態度こそが、二一世紀の精神医学界において再評価されているのである。再評価の代表例は、ガミー『精神医学の諸概念――心とその病への多元的アプローチ』（二〇〇七年、邦題『現代精神医学原論』）である。ガミーは本書において、現在の精神医学の混乱を、心とその病に対する生物的（バイオ）／心理的（サイコ）／社会的（ソーシャル）なアプローチの間の分裂や、それぞれの方法の無自覚な絶対化、安易な折衷によるものと見る。そして、その解決の糸口を、精神医学史上はじめて自覚的に「心とその病への多元的アプローチ」を試みたヤスパースに求める。『精神病理学総論』について、「現代でもなお輝きを失っていない」と述べたが、同書における、精神医学の諸方法の権能と限界を明らかにしようとした方法論的な態度こそが、刊行後一世紀を経て改めて注目されているのである。

▼精神医学から哲学へ

さて、『精神病理学総論』によって教授資格を取得するつもりであったヤスパースであるが、医学部に欠員がなく、哲学部で心理学の教授資格を得た。一九一九年、『世界観の心理学』を刊行。「この書は私にとって無意識に哲学への私の道となった」（『哲学的自伝』）。実際、本書には、のちのヤスパース哲学の萌芽（例えば限界状況論など）が見られる。一九二二年、哲学部正教授に就任。これは、ヤスパースが精神医学から哲学へ転向した外的な事情である。

それとともに、ヤスパース自身の内的な動機にも言及しなければならない。当時の哲学界の主流は、いわゆる「新カント学派」であり、ハイデルベルク大学哲学部には、――マールブルク学派とともに新カント学派をなす――西南ドイツ学派を代表するリッカートがいた。彼らの哲学はヤスパースにとって、本来の哲学ではないように思われた。「［それは］自らが科学であると主張し、私たちの生の根本的な問題にとって本質的ではない物事を究明するものにすぎないように、私には思われたのである」。それに加えて、ヤスパースが「現代における唯一の哲学者」（『マックス・ヴェーバー』）と見なしたヴェーバーの死（一九二〇年）が重なる。「ヴェーバーは世を去っていた。精神の世界が哲学を欠いているならば、課題は、少なくとも哲学について証言し、［哲学と科学の］混同を防ぐことであった」（『哲学的自伝』）。

その最初の結実を示すのが、西洋哲学の金字塔、『哲学』全三巻（一九三一年）である。ここでの主題は、世界――または科学の限界――、実存（エクシステンツ）（魂）、超越者（トランスツェンデンツ）（神）である。

▼哲学の時代

科学を越えるものは、科学的な認識の途上で初めて現れる。「認識の情熱は、認識が最も高まることによって、ほかならぬ認識が挫折するところに到達する」（『哲学入門』）。精神医学は科学として、人間の特殊な部分を認識するにすぎない。「人間はつねに自らについて［…］知りうる以上のものである」（『精神病理学総論』九版）。認識されない何かが残り続ける。それが実存である。理性、すなわち「あらゆる真理と現実に対して限りなく開かれてある」態度をもって、ヤスパースは、科学的にアプローチされない実存と――それにのみ開示される――超越者にも目を閉ざさなかった。ヤスパースによると、実存とは認識されえないものであるがゆえに、積極的な概念の規定はなされえないが、本項ではあえて、他の「実存の思想家」と比較しつつ、ヤスパースにおける実存について述べたい。

ヤスパースにおける実存とは、人間一般の本質（人間とはXであると言われるときのX）には還元されえない、個別的で独自的なこの私を意味する。ヤスパースの実存概念は、超越者（神）に関係するとする点でサルトルの実存概念とは異なるが（この点ではキルケゴールの影響を受けている）、他の実存との交わりにおいて実現されるとする点でキルケゴールの実存概念とも異なる。また、ハイデガーの実存概念と比較すると、実存が自己に関係することを強調する点では共通するが、ほかならぬこの私という人間の個別性・独自性を際立たせ、各自の実践的な生き方を問題にするか(ヤスパース)、その個別性・独自性の構造を分析するか(ハイデガー『存在と時間』)という、力点の違いも見られる。ここではとくに、実存が「超越者に関係する」とする点について、一歩踏み込んで見てみたい。

サルトルは『実存主義はヒューマニズムである』において、実存主義を「無神論的」と「有神論的」に区別して、次のように述べている。――実存主義は人間の主体性を強調するので、実存主義にとってはそれを越えるもの、つまり神が存在するかどうかは問題にならない。したがって「私が代表する無神論的実存主義がより首尾一貫している」。それに対してヤスパースは、「実存が全てであると見なすならば、それは、自己存在の土台のうえで閉じこもる一種の実存哲学の偏狭さであろう」(『哲学』)と書いている。

実存についてのヤスパースの基本的な命題は、「実存は自己自身に関係し、この関係のなかで自らの超越者に関係する」である。ヤスパースによると、実存は自由のことであり、その自由は超越者によって贈り与えられたものである。ここで言われる自由は、客体的な何かを選ぶことではなく、それを通してなされるとしても、主体的な自己を選ぶことである。個別的で独自的なこの私、おのれの実践的な生き方を選ぶとき、その決断は、――ヤスパースによると――、恣意的なもの、気紛れなものではない。その決断は、「『私はせざるをえない』という意味で『私は欲す』として表明される必然」の意識のもとで下される。「絶対的な自由は絶対的な必然である」と言われ、ヴォルムス帝国議会で自説の撤回を求められたルターの激語、「われここに立つ、他になしあたわず」が、自由と必然の一致の歴史的な実例として挙げられる。この私の生き方の選びは、あたかも超越的に根拠づけられた必然的な決断であるかのようである。ヤスパースはそのことを、自由は超越者によって贈り与えられたものだと表現し、それゆえに実存を、「自己自身に関係し、この関係のなかで自らの超越者に関係する」と理解するのである。

▼ヤスパースとキリスト教

以上のように、ヤスパース哲学の主題は、実存(魂)と超越者(神)である。ヤスパースはアウグスティヌスの「私は神と魂を知りたい(deum et animam scire cupio)」を引用する（「私の哲学について」）。ただし、ヤスパースにおける超越者がキリスト教における神（人となった神、人格的な神）とは一線を画していることに注意が必要である。続いてヤスパースとキリスト教の関係について言及したい。

『哲学』刊行の二年後、ヒトラーが政権を取った。妻がユダヤ系だったため、国民社会主義はヤスパースに暗い影を落とした。一九三七年には教職を追放され、一九三八年には出版を禁止された。アメリカ軍がハイデルベルクを占領したのは、ヤスパース夫妻が強制収容所に移送される予定日のわずか一五日前、一九四五年三月三〇日であった。枕元に青酸カリ入り小瓶を置き、たえず死を覚悟し続けた日々を回想し、「『聖書』は一二年間私たちの慰めであった」（「聖書宗教について」）や、「学生時代来の長い中断のあとで国民社会主義の年月に初めて聖書を読んだ」（「回答」）と述懐しているのは興味深い。というのもヤスパースは教会の世界を無視していた両親のもとで育ち、「少年時代には教会の説く宗教に殆ど関わらず、〔…〕誠実であるために教会から脱退しなければならない」（『哲学的自伝』）と自らも考えたほどだからである。実際一九三一年の『哲学』では、「聖書（Bibel, Testament）」という語は四度、「キリスト教（Christentum）」という語は二度しか用いられていない。しかし第二次世界大戦後には、ヤスパースは「哲学的信仰」という立場を打ち出し、キリスト教に積極的な意義を見いだそうとする。

ただしそのことは、ヤスパースがキリスト教をそのまま受け入れることを意味しない。ヤスパースは、ユダヤ教、キリスト教、イスラームの、いずれとも同一ではないが、それらを生み出し包み込む「聖書宗教」という概念を掲げる。この概念は、ホメルによって「ヤスパースの聖書解釈の中心カテゴリーの一つ」と言われる「両極性」から理解されなければならない。「聖書は、〔…〕無限に多義的である。〔…〕つねに、敵対者同士が、――同等の権利をもって――、聖書の諸文書によって、自らを正当化しえた」（『啓示に直面する哲学的信仰』）。例えば「民族思想と人類思想、多神論と一神論、聖職者の宗教と預言者の宗教が自らの正しさを認める」。

「聖書的な信仰は、〔…〕固定的命題の一群として存在するのではない。〔…〕聖書宗教の信仰は、一面的な固定化においては、真であり続けられない。それは、矛盾するものや両極的なものにおいて、把握されなければならない」（『聖書宗教について』）。

聖書の両極性についての主張は、ヤスパースの次の見解に基づいている。「どこにも、完全で十全で純粋な真理は、存在しない。なぜならば、それは、人間の言語の命題においては〔…〕存在することができないからである」。

神的なものの経験の多様な表現が聖書であり、換言すると、神的なものの経験は一義的には表現されえない。「言語化されたどの固定化にも、〔それらに〕矛盾する固定化が、見いだされるであろう」。神は一面では、「象徴」（ヤスパースは「暗号」とも呼ぶ）としてならば「内在的超越」（例えば、人となった神）になりうる。しかし、神は他面では、「純粋な超越」（「隠された神」）であり続ける。聖書における神の内在性と超越性との両極性である。ヤスパースによると、聖書の両極性が一方へと固定化されるならば、信仰の根源は忘却される。それゆえにヤスパースは、イエスにおいて人となった神というキリスト教の中心的なドグマを、聖書からの逸脱と見なし、批判するのである。キリスト教の立場によれば、新しい契約によってふるい契約が成就されたわけであるが、ヤスパースの見解からすれば、新約聖書は旧約聖書からの逸脱であり、旧約聖書の「一つの付録」（『啓示に直面する哲学的信仰』）にすぎない。

ヤスパースの論敵には、プロテスタントの神学者、ブルトマンがいた（『非神話化の問題』）。ブルトマンは聖書の神話的なイメージを解釈し、その「意味」、すなわち「人間の自己理解」を取り出す（＝非神話化）。例えば、地獄が〈地下〉にあるとイメージされるのは、人間が負の感情によって〈引きずり込まれる〉からだといえる。ヤスパースは、ブルトマンが聖書を文字通りにそのまま理解しないことを評価しつつ、ブルトマンにおいても結局のところ、イエス・キリストへと神が一面的に固定化されると批判した。すべてが神の象徴（暗号）になりうるとするヤスパースにとって、それは受け入れられないことであった。

「私の哲学すること（フィロゾフィーレン）の根本態度は、いわば永遠に飢え苦しむ者（フンガーライダー）の態度である」（「回答」）。精神医学から出発し哲学へと向かい、戦争体験を経て戦後のキリスト教批判に至るまで、絶対化する態度に反対し、いかなる独断的な一面性も疑い嫌うこと、「あらゆる真理と現実に対して無限に開かれてある」態度は変わらなかったのである。（岡田　聡）

ハイデガー（前期）

Martin Heidegger　1889-1976

自分が存在しているということや、目の前に見えている事物が存在するということはどういうことか、不思議に思ったことはあるだろうか。これらの疑問は「存在（Sein）とは何か」という一つの問いにまとめることができる。ハイデガーが、二〇世紀最大の哲学書と呼ばれる主著『存在と時間』で探究したのは、この「存在論（Ontologie）」の問いだった。

▼存在問題を現代に蘇らせる

もっとも、存在するものは無数にあり、私が存在すること、私とは異なる他者が存在すること、人間以外の事物が存在すること、そのなかでも自然物もあれば人工物もあることなど、「存在する」と一口に言っても多様であり、実に色々な意味がある。だが、ハイデガーは、何かが存在するとは、それが何であろうと、時間的であるということではないか、と考えた。すなわち、存在の多様な意味は時間の地平のもとで統一的に解釈することができる――これが、ハイデガーが『存在と時間』で展開しようと試みた基本的な着想である。

『存在と時間』は出版当時から衝撃をもって受け止められ、哲学の内外に（実存主義、脱構築、精神医学、さらには認知科学などにも）深い影響を及ぼしてきた。とはいえ、『存在と時間』は、新しい問題を提起したり未知の現象を暴露したりしたわけではない。むしろ、何かが存在するということは、誰もが知っている最も普遍的な現象であるし、存在の意味を問うという知的営みは、西洋文明の最初期に古代ギリシアですでに成立していた。では、『存在と時間』の何がそれほどまでに衝撃的なのだろうか。

存在問題は、哲学の誕生期にプラトンやアリストテレスによって息つく暇もなく探究されたが、その後真剣に問われることなく放置され、存在は忘却されてしまった、とハイデガーは言う。彼らの時代から二〇〇〇年以上も経った今、私たちもまた、たしかに存在という言葉を使い、色々なものが存在することを自明の前提として生きている。にもかかわらず、「存在とは何か」と問われたら、言葉に詰まってしまうだろう。これだけ人間の技術や知識が進歩しても、存在の意味への問いには答えが欠けているだけでなく、存在を語る言葉すら私たちはもち合わせていない。いや、細かい技術や知識に心を奪われている間に、人々はすべての根底にあるはずの存在についてことさらに考えないようになってしまった。西洋哲学の全歴史をこうした存在忘却の歴史として解体し、存在問題を現代によみがえらせ、存在論の言語を生み出す――『存在と時間』は、歴史的展望の壮大なスケール、哲学に対する革命的態度、従来の哲学書とはまったく違う用語法で読者を驚かせてきたのである。

近代以降、私に見えている世界は本当に存在するのか、もしかすると世界は私に見えているイメージに尽きるのではないだろうか、といった問いを立てる哲学者は増えた。しかし、このような「認識論（Erkenntnistheorie）」の問いはハイデガーの求める存在論の問いではない。この場合、世界の実在はたしかにぼやけているが、それを意識している私の存在は問われずに（むしろ確実なものとして）前提されがちである。これに対して、ハイデガーは、まさに存在とは何かを問うている私たち――「現存在（げんそんざい）（Dasein）」――の存在の意味を問うことを求める。認識論の優勢と存在論の後退は、世界の見え方に気を取られ、私たち自身の存在を問わずに済ませてきた歴史的傾向の現れでもある。「実存（じつぞん）（Existenz）」と呼ばれる現存在の存在の意味を真に問うた時、その意味を尺度にして、あらゆる存在者の存在を解明する道がついに開かれる。まずは己自身を問え――「存在論の歴史の解体」と「現存在の実存論的分析」とが結びつき、『存在と時間』は、読者自身の実存に訴えかけながら存在問題を現代によみがえらせようとしていた。

▼現象学とアリストテレス――現代の目で古典を読む

一八八九年、ハイデガーは南西ドイツの小さな町メスキルヒに生まれた。一九〇九年、フライブルク大学に入学。まず神学を専攻したが、後に哲学に転向。一九一三年、学位論文『心理学主義の判断論』、一九一五年に教授資格論文『ドゥンス・スコトゥスのカテゴリー論と意義論』を提出して、一九一五年の冬からフライブルク大学で講義を担当し始める。

『存在と時間』の出版で世界的名声を得るはるか前から、若きハイデガーは古代・中世哲学の研究者として高い評価を得ていた。アーレントによれば、当時のドイツではその迫力ある講義の噂が学生の間に広まり、ハイデガーはシュヴァルツバルト（フライブルクが位置する南ドイツの山地で「黒い森」と訳される）の「隠れた王」と呼ばれていた。また、当時の講義に出席したガダマーは、ハイデガーがアリストテレスを論じるとまるでアリストテレスが目の前で語っているようだったと回想している。ハイデガーは古典の書物を過去の資料としてではなく、現代哲学の問題関心のもとで生けるテキストとして読むことで異彩を放っていた。

存在のような普遍概念も含めて私たちが言葉の意味を理解していること、世界を無意味な物体としてではなく、意味や価値を介して特定の様相で認識していること。ハイデガーの最初の師であるリッカートらの新カント派、第二の師であるフッサールが創始した現象学、あるいはディルタイらの解釈学など、二〇世紀の現代哲学の開始点には、「意味」や「理解」への関心があった。ハイデガーは、フライブルク大学から一九二三年にマールブルク大学に移り、一九二七年に『存在と時間』を出版するに至るが、それまで彼は、同時代の哲学の成果を吸収しながら、なかでもフッサール現象学の視点を通じて、プラトン、パウロ、アウグスティヌスなどの古典、とりわけアリストテレスのテキストの読解に注力した。一九二二年に書かれた『存在と時間』の最初の草稿（『アリストテレスの現象学的解釈』）が明らかにするところでは、『存在と時間』はもともと、フッサールの現象学的方法を用いてアリストテレス存在論を解釈する本として計画されていたくらいなのである。

フッサールの現象学は、私たちが有意味に存在者と出会う仕方を、認識論的にではなく存在論的に問うやり方をハイデガーに教えた。認識論的に、一方に世界が私にどう見えているか（意識）があり、他方に世界がどうあるのか（実在）があると前提するなら、両者はいかにして一致するのかが問題になる。しかし、この一致の問題を解決するには、意識と世界の状態の両者を比較できる第三の目を想定するしかなくなる。他方、現象学は、存在者が私たちにあるがままに自らを示してくるそのあり方を問うのであって、その方法をハイデガーに教えた。今、私に目前の机の表面が見ているとしよう。この時、机の他の面は遮蔽されており、私には見えない。しかし、私が机の周りを歩けば、今度はこれまで見えなかった面が目前に示され、見えていた面は見えなくなる。フッサールはこうした事物知覚の構造を「射影」と呼んで分析したが、その分析は、運動感覚意識をもった主体がどうあるかということと存在者が具体的にどう示されるかということの相関を照らし出している。例えば、森の中のある対象を「蛇」という意味を介して認識していたが、もっと近づいて見たら「縄」だったというような意味変更のケースは、この相関の観点なくしては説明できない。

人間は世界から引きこもったカプセル的意識ではなく、世界の内で存在者と関わりながら行為するものであり、世界は意識の外側にただ存立しているわけではなく、私たちのあり方と相関的に自らの姿をそのつど示すものである。現象学において、人知を超えた第三の目の想定は不要になり、大地に根を下ろした世界経験の分析への道が開かれる――。

ハイデガーは現象学的観点からアリストテレスを読んだ。それによって、彼はフッサールとは別の仕方で世界と行為の相関関係を探求する回路を発見していく。アリストテレスの現象学的解釈によれば、目前の机は、そもそも単に見られる対象なのではなく、むしろ、一次的には使用されるための「道具」である。もっとも、このような指摘はあまりに当たり前のものだと思われるかもしれない。しかし、認識論者を典型として、哲学者たちの多くは――フッサールでさえも――私たちが世界へとかかわる一次的なあり方はそれを「見ること」だという偏見にとらわれてきたのだ。これに対して、ハイデガーは、アリストテレス解釈を通じて、日常的な世界との出会い方を、忘却されてきた探求のフロンティアとして発掘する。世界に生きる現実の人間は、理論的態度を採って世界を傍観者的に観察しているのではなく、世界を一定の利害関心のもとに配慮しているのである。

さらに、道具は、単に今そこにあるだけの存在ではなく、木や銅などの自然を材料に用いて「制作」された製品であり、何かが道具的にあるとは制作が「完成」した状態で休らっているということである。つまり、アリストテレスは身近な存在者を制作の完了という時間性のなかで捉えていた。この解釈上の発見は、『存在と時間』執筆中のハイデガーに、身の回りの存在者の存在を時間的に解釈するための具体的なアイデアを提供するものだった。しかし、この制作‐完成という時間性は、私たち現存在の存在にもあてはまるのだろうか。この点でハイデガーはアリストテレスの批判者にもなる。

ハイデガーは、例えば、他でもありうるものとしての人間の生にかかわる「実践的思慮（フロネーシス）」についてのアリストテレスの議論が、道具とは異なる人間存在の時間的意味への洞察を含むことに注目した。けれども、アリストテレスにおいては、フロネーシスが卓越した徳と見なされ、終極目的に達した人間の一種の完成状態と考えられている。ハイデガーによれば、アリストテレスの存在論は、制作と完成という道具の存在モデルに導かれており、道具でも製品でもないはずの人間存在もが完成に向かう存在として扱われている。その意味で、存在論の最初期において、世界の存在者のあり方に目を奪われ、私たち自身の存在を忘却する傾向は始まっていたのだ。

人間は決して完成状態に休らうことはない。その終極は完成ではなく「死」という無である。現存在は「死へとかかわる存在（Sein zum Tode）」である。この点に、ハイデガーは道具とは異なる現存在に特有な存在を、その時間性において捉える鍵を見つけた。

▼『存在と時間』(1)――世界内存在

『存在と時間』において、ハイデガーは現存在の実存を「世界内存在」として分析した。私たちは、一方で、世界の内へと投げ込まれ、事実的な状況に制約されている（「被投性（ひとうせい）（Geworfenheit）」）。他方で、その世界の内で自らの存在を気にかけ、さまざまな可能性をめがけて自分の存在を理解する（「企投（きとう）（Entwurf）」）。このような現存在にとって、平均的で日常的な世界内存在のありようとは、ある目的のために存在者を使用するというものであり、また、使うための道具を作るというものだ。

世界内存在する現存在は、様々な存在者に「道具的存在性（Zuhandenheit）」において出会う。その道具分析によってハイデガーが明らかにしたのは、存在者は単独では存在し得ないということである。例えば、釘がなければハンマーは道具として存在できず、無用の長物にすぎない。ハンマーは「釘を打つために」、釘は「木材を接合するために」などといった仕方で、道具は「～のために」の指示連関を成している。さらに、ハンマーを打つときに太陽の光を利用するように、自然も、例えば「手元を照らすため」の道具として存在している。世界はこのように有意味な連関として広がっている。ハイデガーによれば、バラバラの個物を集めた総体が世界だというよくある見方は、本質的にネットワーク的な世界のあり方を見損なっている。

他方、私たちの動作は、世界のこの「～のために」連関に適合することではじめて、理由をもった意味ある（例えば、「家を建てる」という）行為になる。家を建てるという目的をもった行為は、世界の側から言えば、釘、ハンマー、木材、さらに太陽の光までもが、バラバラに散在するのではなく、有意味に関連付けられるということである。現存在の自己理解と世界の有意味性はこうした相互依存的な関係にある。

世界内存在の分析は、世界のなかで行為する人間にとっての「空間性」や「恐れ（Furcht）」の感情に対する独創的な説明も可能にした。例えば、私たちは最寄りの商店を「近い」と言い、ベッドから離れたところで鳴っている電話を「遠い」と言う。メートルで計量すれば前者のほうが後者よりも「遠い」はずであるが、私たちの空間感覚は客観的な量ではなく、使用の関心によって構成されているのだ。また、猛威をふるう自然だけでなく、釘やハンマーのような工具を典型として、世界の存在者は何であれ、私たちの身を脅かす凶器になりうる。しかし、ハンマーを振り回している人であれ、崩れかけている壁であれ、同一の存在者であっても、それから十分に離れれば恐れは消えていく。このように感情とは、意識内部に生起する心の状態には尽きず、世界空間における身体と対象の距離に左右されるという意味で、意識の外部に拡がっている。

ハイデガーは、古代ギリシア以来、西洋社会の日常性を構成してきたこうしたあり方を丹念に分析することで、認識論的な世界観や計量的な世界把握の歪みを鋭く指摘した。しかし、他方では、道具と制作に導かれた日常性のあり方こそが、現存在から自己に固有な存在を問う機会を奪っているとも考える。

道具は一定の用途のために制作されたものであるが、その限り、（ハンマーであれパソコンであれ）道具には平均的な使用法への指示が含まれている。それゆえ、道具との交渉に没入した日常性において、私たちは一般に「そういうものだ」といった既成の存在解釈を相互に伝達し、マニュアル的な規範に従ってふるまう傾向がある。それゆえに、ハイデガーは日常性の主体を、自他の区別のない「世人（せじん）（das Man）」と呼んだ。世間に流布した定説の発言者を特定しようとしても、誰もが言っているが具体的に誰かと言われると誰とも言えないように、日常性が円滑に進行する限り、私たちはどこか集団的に自己喪失している。日常を生きる私たちは、世界のほうから自己規定しており、世界のあり方に目を奪われて自己に固有な存在を問うことを忘れている。ハイデガーによれば、世界内存在はこうして「頽落（たいらく）（Verfallen）」の様態に陥る。

▼『存在と時間』(2)——死すべきものの時間性

日常生活にすっかり根付いている制作と道具の存在論によって私たち自身に固有な存在を見失わないための鍵は、現存在が自らの可能性へとかかわるあり方の独自性を救い出すことだ。なるほど、日常の私たちは、「家を建てる」のであれ「学者になる」のであれ、目的の達成という観点で自分の可能性を理解する。ただし、これらの可能性は、あくまで自分が存在していることを前提した上でしか考えられない。他方、私たちは、存在する限り、その存在自体を揺るがす際立った可能性にさらされている。死ぬ可能性である。存在することには、終わりうること、つまり、死にうることが含まれている。

自らの死は、道具や事物のように現前することはない。死は一種の無であり、振り下ろされたハンマーや崩れ落ちてくる壁のように、そこから身を避けられる具体的対象ではないので、私たちは「恐れ」ではなく、私たちはそれに漠然とした「不安（Angst）」を抱く。無化の可能性としての死へと先駆するあり方において、身近な存在者との交渉に没入する日常の自明性は後退し、世界内存在それ自体が疑わしくなる。

この時、時間性が変様する。道具を使って何らかのタスクを達成するという日常的な時間感覚の場合、将来の時（例えば、家の建築の完成）がいつ来るかは予期可能だが、確実に起こるとは限らない（頓挫してしまうかもしれない）。他方で、死へと先駆する時間感覚の場合には、それがいつ来るかはわからないが、確実にやってくる。死の可能性は、単に「まだ現実化していない」という欠如的な意味での可能性ではない。私たちは自分の死を現実に経験することはありえない――その時にはすでに存在していない――ため、自己の死の可能性はあくまで可能性としてしか経験されない。死すべきものとしての現存在は、あくまで可能性にとどまる限りでの死へとかかわる存在である。現存在を、道具のような存在者と同じように制作‐完成モデルでとらえることはできない。

ハイデガーによれば、死への先駆は本来的実存の可能性である。実存の可能性とは、単に論理的に可能であるかではなく、自分がどう存在しうるかという観点から了解された、自己の具体的可能性であり、この実存可能性において現存在は自己へと向かう。このように自己に先立つということが本来的な存在了解の性格であり、将来という時間性が実存にとってもつ意味である。他方、まだ現実化されてない世界の出来事を予期することは、実存にとっては本来的な将来の意味ではない。予期される将来は未だなき「現在」に過ぎない。他ならぬ自分の死については、可能性があくまで可能的にとどまるしかないものとして経験される。現存在は、そこで実存の姿にふさわしく、自分がどう存在しうるかという観点から自己へと赴くのである。

完成に至った制作済の道具がいつでも使えるようにそこにある、という存在の捉え方は、今、何かが目の前にありとあること、すなわち「現前（Anwesenheit）」として存在を解釈することを意味している。この現前の存在論は、時間論的に言えば、現在中心主義である。ハイデガーによれば、西洋の哲学の歴史はこの現前＝現在主義によって支配されている。それゆえ、可能性へと自己を投企しながら固有な自己を理解する、という現存在の将来中心的な時間性はほとんど見逃されてきた。というのも、現前＝現在主義は、可能性を、まだ現実化していない何かという空虚な概念で捉え、これに固有なダイナミズムを奪い、ふたたび現前＝現在の支配下に置いてしまうからである。

もっとも、自らの死の時期についても予期できるのはたしかだ。私たちは、たいてい、平均寿命からして死はまだ自分とは関係ないと考えたりしている。しかし、このような日常的な死への関わりは、死について一般的に「そういうものだ」と了解しているだけであり、私たちは、自分自身の死について語っているようで実は「世人」の死を語っている。一〇代の若者でも「自分は必ず死ぬ」という存在の事実にたじろぎ、不安に襲われることがあるように、死への不安や先駆は、年齢が平均寿命とどれだけ近いかとは無関係に、起こりうる。生まれた時にはすでに死ぬことのできる年齢に達しているのだ。ところが、日常生活者も哲学者もともに、たいていはこの事実から逃避し、死などずっと先のことにすぎないと考えて、日常の雑事に没入して気を紛らわしているのである。

現存在は、本来的実存の好機を与えるはずの死に関してこそ、それを自己の可能性としてではなく世人の出来事として了解する傾向が強い。だから、日常性の観点からすると、本来的実存などという議論は単なる理想論のように聞こえるかもしれない。そこでハイデガーは、こうした際立った実存が現に可能である証拠として、「責め（Schuld）」や「良心（Gewissen）」といった、西洋の道徳論や神学的議論で頻繁に取り上げられる経験を例示する。責めや良心は、世人の一般論にすがって自らのあり方を判断するのではなく、被投された存在ゆえの非力さを引き受けながらも、最も固有な自己の存在へと呼び起こされる現象だと見なさる。ハイデガーは、西洋哲学における存在忘却を乗りこえるために、パウロらによるキリスト教的実存の表現に、死すべきものとしてこの世界に生きる人間存在に対する鋭い理解を見いだしてもいた。

『存在と時間』の現存在の分析は、単にハイデガーの個人的な考えによって成り立っているのではなく、西洋の哲学思想の歴史を解釈し、批判し、継承することで成り立っている。そのため、歴史とは何か、という問題も特別な意味をもっている。歴史と言えば、教科書の年表に記されているように、時系列的に並んだ出来事の集まりのようにイメージするかもしれない。しかし、これらの出来事は人間が記憶し語り継ぐことではじめて歴史的なものとして認識される。『存在と時間』でハイデガーは、歴史なるものは、現存在が存在すること、それも死へとかかわる存在であることに基づくと考えた。例えば、博物館に陳列された家財道具は、単に古くなったから歴史的になったわけではない（私たちは、昨日より今日のほうがより歴史的になったとは言わない）。むしろ、この道具はかつて誰かの世界に属していたが、その誰かがすでに死んでしまったということが、その死の後にも世界に残り続けるこの道具を歴史的なものにしている。歴史の根源にあるのは、人間が死へとかかわる存在だということなのである。

▼無と超越――『存在と時間』の後

『存在と時間』は未完に終わった。現存在の存在を時間性において解明するという当面の課題は果たされたが、道具などの私たち以外の存在者の存在も含めて、存在の多様な意味を時間の地平のもとに統一的に解釈するという企ては断念された。しかし、ハイデガーは、死という無への不安を契機として存在の意味への問いを喚起するという『存在と時間』の出発点は放棄せず、かえって、無と有限性をテーマとする形而上学を新たに展開した。

一九二九年にフッサールの後任としてフライブルク大学の正教授に就任した際の講演「形而上学とは何であるか」では、「存在とは何か」の代わりに「無とは何か」という問いが新たに立てられる。無は何らかの存在するものではないが、にもかかわらず、不安のなかで、その「無」に直面させられる。不安のなかで、私たちは、存在者が全体として崩れ落ちるような経験をし、そのような不安において、私たちは、存在者を全体として乗り越え、「なぜ、そもそも存在者があって、むしろ無ではないのか」というような形而上学の問いへと動機づけられる。ハイデガーはこの運動を超越と呼び、ハイデガーはこの運動に聞き手を巻き込んでいく。さらに、その年に行われた講義『形而上学の根本諸概念』では、不安ではなく退屈が形而上学的な根本気分として登場し、何もかもを無化するこうした気分においてこそ、かえって個別の存在者を超越した人間の世界形成的なあり方が見いだされる。世界形成する人間を、環境世界に緊縛された世界貧乏的な動物や無世界的な石と比較考察することで、ハイデガーの存在論は、無から立ち上がる重い気分とともに、世界論としての拡がりを増していく。

（池田　喬）

ハイデガー（後期）

七〇年ほどにわたるハイデガーの著作の歩みを、どんなふうにイメージすることができるか。ハイデガーの思想には、主たる線がいくつか複数あり（これを五本くらいと見るか、一〇本、ないし二〇本くらいと見るかは、解釈者によってさまざまだろう）、それらは同時並行して走っている。そして論稿ごとに、メインテーマの役割を果たす線はそのつど変わる。これら主たる線ひとつずつについてはある程度把握できる。だけれども、ある線と別の線とはどのように関係しているのか、線と線とのいわば横の関係は、よくわからないことが多い。――海外の研究者と話していて、こうイメージできるのでは、と意見が一致したことがある。

▼ハイデガー全集という資料

ハイデガーは自身の講義原稿や、論文の下書きノートなどを几帳面に保存していくタイプの人物だった。生前公刊著作ではないそうした講義録やノート・メモ類等々を含めて編纂されているために、一九七〇年代に刊行が開始され、現在二〇二〇年代に入っても新たな巻の出版が続いている『ハイデガー全集』は、百巻を超える規模のものとなっている（順次、日本語訳されている）。

ハイデガーの仕事が哲学的・哲学史的に重要であることと、ノート類が多く残されていることとは、一応別の事柄だ。まだ十分に練られていなかったかもしれない、下書き状態のテクスト群を参照することで、ハイデガー哲学のいまだ不明な側面を明らかにするといったことが可能かどうかは、前もって断定できることではない。たとえば、ある論点・ある概念について、それを論じた一九三〇年代のノート、四〇年代の講演、五〇年代の論文、というように複数のテクストが現存している。さて、どのテクストを最も決定的な見解とみなすか？という問題が生じるのだ。『ハイデガー全集』が提供する資料の量的な豊富さは、ハイデガーの見解を読者がクリアに見定めることを容易にしたわけではない。ある意味では、以前よりむずかしくしている面さえあると言えよう。

結論を一つに決めることが重要なのではないが、ハイデガーの仕事にかんして、哲学的方向性の時期区分は、考えてみる必要のある問題だ。

▼〈後期〉ハイデガーとは

一九三四年にフライブルク大学学長を辞任（この頃の社会背景等は本書の「二〇世紀総論(1)」を参照）した直後の、三五年の『形而上学入門』講義録は、何かふっきれたように、「存在の歴史」にかんするハイデガーの核心的な考えがいくつも言語化された感のある講義だ。これを〈後期〉ハイデガーの開始（本格的開始か、模索の開始かはともかく）と見る場合は多い。その場合、三六年の講演「芸術作品の根源」および同年の「ヘルダーリンと詩の本質」もあわせて、後期思想の開始を告げるテクストとみなされるだろう。そして、三六年から三九年ごろにかけて書きとめられていた、八九年になって初めて公刊されたメモ書きのノート「哲学への寄与」がそこに加わるというわけだ。

『形而上学入門』「芸術作品の根源」「ヘルダーリンと詩の本質」は著者の生前に公刊されており、早くから広く知られていた。また、「哲学への寄与」にかんしては、ハイデガー本人や近しい弟子筋の論者の一部がその重要性をほのめかす発言をたびたびおこなっていたため、八九年の公刊以前から非常に注目されていたという事実がある。しかしながら、いざ公になった「哲学への寄与」は下書き草稿的な側面が強いことがわかり、以後過度にこのテクストを思想の時期区分の軸とする見方は後退した。ハイデガーの意図としては、戦後に国際的に知られるようになった後期ハイデガー思想は、第二次大戦が終わったあとに初めて思いついたものではないと強調するために、三〇年代後半の試行錯誤の記録がノートの形で残っていると言いたかったのかもしれない。

また、「芸術作品の根源」と「ヘルダーリンと詩の本質」にかんしても、何か新しい考え方が語られ始めてはいるものの、やや概説的にとどまっており、個別の芸術作品・芸術表現ジャンルへの焦点の絞り方はまだ甘いようにも見える。ハイデガーによるヘルダーリンの詩作品への論究は、一九四三年の「帰郷」論と「追想」論とでひとつのピークを迎える。そうした意味では、「芸術作品の根源」や「ヘルダーリンの詩の本質」という三五～三六年の仕事と、四三年頃の仕事とは、いくらか区別してとらえるほうが適切であろう。

『形而上学入門』の内容はといえば、プラトンのイデア論解釈をはじめとして、興味深いテクスト箇所が多く含まれる。ただ、それが、三五年頃になって初めて着想した内容なのか、それとも、二七年の『存在と時間』刊行の頃ないしはそれ以前からずっと構想として温め続けていた内容なのかは、直ちに明らかではない。

ハイデガー思想の前期と後期について、前期思想は〝現存在〟という主観性にとらわれていたが、後期にはそれを脱して〝存在そのもの〟にダイレクトに向かうようになった、と表現されることがしばしばある。必ずしも、一概にまちがいとは言えない。しかしながら、人間存在の有限性についてあれほど繰り返し論究し続けてきたハイデガーが、後期になるとその有限性を忘れて人間の認識の限界を越えるような話をするようになったととらえるのであれば、それはやや拡大解釈であろう。

三〇年代までのハイデガーは、哲学史的知識を大量に装備し積み上げて、専門的な語彙を縦横無尽に駆使することで存在と存在忘却の歴史の淵源に肉迫しようと計画していたようなところがある。それが、四〇年代以降、とくに五〇年代中頃以降になると、そうした哲学史上の伝統を色濃く帯びた語彙群を用いること自体が、哲学的思考を縛る枷（かせ）だったのではという認識をハイデガーは強めていく。たとえば「存在」という名詞を安易に使用することさえ不適切かもしれないと。『存在と時間』でハイデガーが予告的に掲げた「存在論の歴史の破壊〔解体〕」というプログラムは、ハイデガーの論述スタイル自体の破壊・再検討という方向性を伴っていく。今度は、装備をできるだけ捨てて（それは簡単なことではない）、語彙を切り詰めて、素手で何ができるか——ソクラテス以前の思索者たちのように——を改めて考え直すような方向性。有限性という乏しさを、さらに徹底して経験しようとするような。四七年「ヒューマニズムについての手紙」でハイデガーは「言葉は存在の家 Haus des Seins である」と記した直後に、ただしその Haus とは「Behausung〔粗末な宿、仮設住宅〕」だと言い添えている。

▼三人称単数現在の「ist」

「…がある／…である」という意味のドイツ語の動詞「sein（ザイン）」〔英語では be、フランス語では être に相当〕が、哲学的に「存在 Sein」〔ドイツ語では動詞の最初の文字を大文字で記すことで名詞化できる）について考える際にとても重要な語であることは、たしかだ。しかしこのありふれた単語「sein」について、その三人称単数現在形「ist（イスト）」こそが最も重要である、という主張は、独自な見解と感じられるかもしれない。ハイデガーが、ギリシア語やサンスクリット語の語源論にも触れつつ、「ist」の最重要性を表立って打ち出したのは『形而上学入門』が最初と言える。ただ、文法上の「繋辞（けいじ）（コプラ）」への着目も含めるならば、多義的で謎めいた「ist」という事柄は、初期の学位論文「心理主義の判断論」（一九一三年）や「ドゥンス・スコトゥスのカテゴリー論と意義論」での「繋辞」の扱いから始まって、『存在と時間』を経て、晩年の「聖なる名の欠在」（一九七四年）の最後の一文にいたるまで、ハイデガー思想を通時的に貫いて走る主要な線の一つだったと言えよう。

一九五五年の論稿「存在の問いのために」でハイデガーは、「存在」という名詞表現を断念して、×を重ねて「~~存在 Sein~~」と書き記すほうが適切かもしれない、と述べた。メモ書き類では一時期高頻度で用いたものの、結局生前公刊著作でハイデガーが「~~存在~~」表記を用いた事例はわずかにとどまる。この前衛的な記号使用・言語使用への評価はさまざまだが、ラカンやデリダといった構造主義・ポスト構造主義の思想家たちへの影響は甚大であった。

五七年の「形而上学の存在‐神‐論的構造」――これは「詩のなかの言葉　ゲオルク・トラークルの詩の所在究明」（五二年）と並んで、戦後の後期ハイデガーの重要かつ最も難解なテクストの一つとしばしば目される――の末尾で、ハイデガーは文面としてはごく平易に、「ist」の謎をこう指摘する。

「むずかしさは、言葉にある。〔…〕私たちはゼミナール演習の場で、思考しながらなにかを言うときに直面するほかないむずかしさに、十分頻繁に出くわしている。つまり、〔気づかれにくい〕小さな単語《ist》は、私たちが話す言葉のいたるところで語られていて、そして存在についてなにかを言っている、さらには、それが語として特段出現しないところでさえ語られているのだけれども、その小さな単語《ist》に〔…〕存在がたどってきた命運のすべてが、含まれているのだから」。

（川口茂雄）

ヴィトゲンシュタイン

Ludwig Wittgenstein　**1889-1951**

はじめに——対象と場

対象を綿密に観察し、そのあり方を正確に描写する、という「経験論的な」姿勢がイギリス哲学の特徴であるとするならば、ヴィトゲンシュタインの哲学はイギリス的である。とはいえこの哲学者は、眼前の対象の記述を目指すだけにとどまらず、こうした記述が行われる「場」のようなものもまた捉えようとする。仮に哲学が行われる場それ自体すらも把握しようとする姿勢がドイツ哲学の特徴であるならば、ヴィトゲンシュタインは優れてドイツ的な哲学者だと言える。実際、彼の哲学の鍵概念（すなわち論理・文法・生活形式など）はすべて、個別的対象の領域にではなく、むしろそうした対象の生起する「場」の次元に属しているのである。

伝記（1）——『論考』が生まれるまで

一八八九年四月二六日、オーストリア＝ハンガリー帝国の首都ウィーン、きわめて裕福な家庭にルートヴィヒ・ヴィトゲンシュタインは生まれた。一四歳まで家庭で教育を受け、一九〇三年、リンツの高等実科学校に入学。一〇代終盤まで、工学を中心に学ぶ。その後、論理学や哲学に向かう。二二歳のときに（一九一一年）、フレーゲを訪ねる。このひとの紹介によって、同じ年、ケンブリッジでラッセルと会う。翌年の二月、ケンブリッジの学生になりラッセルの許で学ぶが、間もなくふたりは対等に議論する関係になる。

一九一三年、ケンブリッジを離れノルウェーに移り住む。翌年、第一次世界大戦が勃発し、彼も志願兵としてオーストリア軍に入る。戦場で働く合間に思索を深め、メモを書き、一九一八年八月『論理哲学論考』の原稿が完成する。

▼『論考』(1)——命題・有意味性・論理空間

一九二二年一一月、イギリスのキーガンポール社から独英対訳という形で公刊された『論考』は論理に関するわれわれの理解を深めてくれる。ヴィトゲンシュタインは、命題や言語の本質の反省的考察を通じて、論理を「語りえぬもの」と捉える。

例えば「AならばA」や「AまたはＡではない」などはしばしば論理的真理を語る命題と見なされる。とはいえ、ここでの「語る」や「命題」は何を意味しているのか。

例えば「雨が降っている」と誰かが言うとする。これは(通常の文脈だと)有意味な発言である。さて、君が窓の外を見ると、雨粒に見えたものは散った桜の花びらであり、実際のところ雨は降っていなかった。この場合、先の言葉は「真」ではなく「偽」であったことになる。

こうした日常的な事例からも言語に関する洞察は得られる。先に「雨が降っている」は有意味だと言われたが、ヴィトゲンシュタインによれば、これが有意味なのは、その発言が〈あらゆる論理的可能性のうちから一定の可能性の範囲を切り出す〉という機能を果たしているからだ。すなわち、論理的には雨が降っていることと雨が降っていないことが可能だが、先の発言は前者の可能性が現実で成立していると主張する。結果としてその発言は偽であったが、有意味であることに変わりはない。逆に例えば「ソクラテスは、同一である」という言語規則に反する発言は、それがどのような可能性の領域を記述しているかわからない以上、何も語っていないことになる(『論考』五・四七三三)。

ヴィトゲンシュタインはあらゆる論理的可能性からなる領域を「論理空間」と呼んだ。そして命題や発言は、論理空間のうちの一定の領域を切り取る限りにおいて、有意味である(専門用語では「有意義」)。彼の有名なテーゼのひとつである「命題は論理空間における場所を決定する」(『論考』三・四)は、このことを指摘している。

だが例えば「AならばA」は、どんな場合でも成立するために、論理空間内の領域を限定することがない。それゆえ、「有意味な」を以上で論じたように理解する限り、「AならばA」は何も語っておらず無意味である。かくして「AならばA」などの論理学の命題は、「雨が降っている」などの通常の有意味な命題とは異なる何かだと言える。

▼『論考』（2）――語りえぬもの

ここにおいて、論理学の命題は特別なものだ、と考える境地に立つことが肝要である。例えば、「雨が降っているならば雨が降っている」などの論理的真理を表す言明を理解しようとするならば、それが語る内容に注目してはならない。むしろそれが語っていないもの、すなわちそれが「示す」事柄へ着目すべきである。語られないが、示されるものがある――これが重要な洞察である。

要点を踏み込んで説明しよう。「もしAならばBであり、かつAであるならば、Bである」というのは、どんな場合でも成り立つ命題である。すなわちそれは、世界がどのようなあり方をしていたとしても成立する論理的真理を表す。ここから「論理」なるものの注目すべき特徴が見てとれる。それは、論理は世界の具体的なあり方に依存しない、という点だ。ヴィトゲンシュタインは、この点に着目し、論理を世界一般の存立条件、すなわち「世界の形式的特質」と捉える（『論考』六・一二）。そして彼によれば、この段落のはじめに挙げたような論理学の言明は、命題内容でもって何かを語るのではなく、むしろその形を通じて世界の形式を示す。「論理学は［…］世界の鏡像である」（『論考』六・一三）というテーゼはこのことを意味している。

この「語る／示す」の区別の重要性は何か。それはその区別によって私たちがいわゆる〈語りえぬもの〉の次元へ目を向けるようになる点にある。

ヴィトゲンシュタインは論理が命題や言語に重要な意味で「先立つ」と考える。実際、論理があってはじめて何かを語ったり何らかの命題を信じたりすることは可能になる。言語や命題はいわば論理の内部にある。「論理に矛盾することを言語で描き出すことはでき」ず、「われわれは非論理的なことを思考できない」（『論考』三・〇三、三・〇三二）と指摘されるのも、語りや思考はつねに論理の内でのみ生命を得るからである。論理は、世界の形式であると同時に、われわれの言語や思考が成立する「場」のような何かである。

論理は、こうした根本的な場であるために、決してそれ自体として語られえない。なぜなら「この世にはかくかくしかじかの論理が成立している」のような命題を通じて論理空間の一定領域を切り取ることはできないからである。

実際、こうした切り取りを行うためには「その命題でもって論理の外側に立ちえねばならないであろうが、このことはしかし世界の外側に立つことである」（『論考』四・一二）。論理は、われわれの出ることのできない場であるために、決して語られえない。

重要なのは、われわれが語ったり考えたりするというありふれた活動の背後に、語りえぬ場のようなものがある、という点だ。それが世界と言語を成り立たせ、われわれを存在せしめている。決して言葉のうちには現れ出ないのだが、つねにわれわれを支えているもの――ここには神秘がある。曰く「もとよりことばには出せぬこともある。それはみずからを示す。それがすなわち、神秘的なものである」（『論考』六・五二二）。従来の哲学者の多くはこうしたものを言葉のうちにもたらそうとした。それは欺瞞への道である。かくしてわれわれの哲学者は「語りえぬことについては、沈黙しなくてはならない」（『論考』七）と言う。決してこれを《神秘を無視せよ》の謂いと解してはならない。むしろ神秘的なものの存在に気づき、それに対してしかるべき敬意を払うことこそが肝要なのである。

▼伝記（2）――『文法』の作成まで

『論考』の出版後、一九二二年からヴィトゲンシュタインは哲学を離れる。だが一九二六年秋にウィーンに移り、ウィーン学団の哲学者たちと交流するようになる。一九二八年三月、ワイスマンらに誘われて聞きに行った数学者ブラウワーの講演を聞いた後、哲学の問題を熱心に語り始めた。哲学に復帰したヴィトゲンシュタインは、一九二九年一月、ケンブリッジに再入学。同年六月、『論考』により哲学博士号を取得し、同時に奨学金も得る。

一九三〇年、ケンブリッジで講義を始める。この頃、『哲学的考察』のもととなるタイプ原稿を作成。一九三三年、夏、現在「ビッグ・タイプスクリプト」と呼ばれる原稿作成。これが『哲学的文法』のもととなる。

▼『文法』（1）――論理から文法へ

『論考』におけるヴィトゲンシュタインは言語や命題が成立する場を、「論理」という最高度に必然的かつ固定的なもので特徴づけていた。その後の彼の哲学の歩みにおいては、場の理解が深化していく。すなわち、論理という必然的なもので特徴づけられていた場が、『文法』においては、文法といういいわば一定の「固有性」すなわち或る意味の「非必然性」を具えたもので捉え直される。なぜ論理から文法へ転じたのかと言うと、『論考』以降、われわれを支えるものに関するヴィトゲンシュタインの考察が具体性を高めたからである。例えば彼は『文法』において、（『論考』の頃は周縁的であった）色というトピックを繰り返し論じ、色に関する言語実践をさまざまな角度から考察する。

色には一定の決まりがあり、色についての私たちの語り方にも一定の決まりがある。例えば私たちは青と赤と緑と黄を「原色」と呼ぶ。とはいえ、例えば、なぜ橙色を「原色」と呼ばないのか。その理由は、ひとつに、橙色が赤と黄を混ぜて生成できるからかもしれない。とはいえ、緑色もまた、青と黄の絵の具を混ぜてできるではないか。結局、《なぜ青・赤・緑・黄だけが原色なのか》に対しては、以下のように言う以外にない。われわれは青・赤・緑・黄を「原色」と呼ぶのであり、結局のところ、「原色」という言葉の意味はこれなのだ、と。

要するに、「もしAならばBであり、かつAであるならば、Bである」などの厳密な論理的規則だけでなく、むしろ「青・赤・緑・黄を原色と呼ぶ」のような固有性を具えた規則に、われわれの語りは縛られている、ということである。論理もわれわれを束縛するが、後者のような非普遍的規則こそがわれわれの語りの具体相を統制している。『文法』のヴィトゲンシュタインは、言語や思考が成り立つ場を「文法」という表現で特徴づけるが、これはわれわれの存在を支える場の固有性や非普遍性を意識してのことである。

▼『文法』（2）——基盤の恣意性

われわれの生の基盤には一種の「恣意性」がある、という自覚が『文法』の基調である。文法の恣意性はさまざまな観点から指摘できる。例えば、

語において本質的なものはその意味である、と人は言う。ところで語は、同じ意味をもつ他の語によって置きかえられうる。そのことでその語にとっての位置が定まるわけである。そして同じ位置に置くのならば、一つの語を他の語のかわりに置くことができるのである（『文法』二二）。

実際、赤いものを「緑」と呼び、「橙色を作るには黄と緑の絵の具を混ぜればよい」などの言い方が定着している世界では、われわれは「赤」という語の代わりに「緑」を用いている。ここから、赤を「赤」を呼ぶ必然性はない、ということがわかる。固有性を具えた非必然的な言葉づかいがわれわれの生を縛っている、ということである。

文法の必然性を証明するという試みはうまくいかない、という点もヴィトゲンシュタインは指摘する（『文法』一三四）。例えば「青・赤・緑・黄を原色と呼ぶ」という文法的規則の必然性は「現実に青・赤・緑・黄という四つの原色が存在する」という言葉で正当化されるだろうか。答えは「否」である。なぜなら後者の言葉もまたわれわれの文法の内部で語られているからである。そして、「現実に青・赤・緑・黄という四つの原色が存在する」という文においては「青」や「赤」や「原色」などの（実際には「現実に」や「存在する」も！）恣意的な表現が用いられているために、この文には上記の規則の恣意性を消去する力がない。要点は、文法の根拠は（仮にそんなものがあるのであれば）文法の外に見出されねばならないが、われわれは文法の司る場の外に出ることができない、という洞察である。

▼伝記（3）――『探究』の執筆と最後の言葉

一九三九年二月、ムーアの後任としてケンブリッジ大学哲学教授になる。その後、大学での講義や病院での実験助手（！）などを行うかたわら、『哲学的探究』を書き進める。一九四七年に『探究』の第一部が、一九四九年に『探究』の第二部が仕上げられる。時は前後するが、一九四六年、秋から「哲学的心理学」と題された講義を行い（これが最終講義になる）、翌年、ケンブリッジ大学の教授職を辞す。一九五〇年三月、ケンブリッジへ戻る。ベヴァン医師の自宅で世話になる。最期の思索を収める『確実性の問題』は一九五一年四月二七日まで書き続けられた。この日の夜に病状は悪化。哲学者の最後の言葉は「私はすばらしい人生を送ったとかれらに伝えてください」であったらしい。

▼『探究』（1）――生活と言語ゲーム

場の理解の深化がヴィトゲンシュタインの哲学の歩みだ、と先に指摘した。「論理」から「文法」へ深化してきた場の特徴づけは、『探究』において「生活」あるいは「生」というもので捉え直される。こうした捉え直しは《哲学や論理学もまた生において営まれている》という事実へ目を向けさせる。

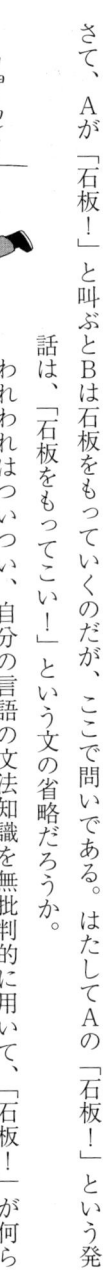

言語とは何か――この問いへ『探究』は革新的な応答を行う。それは、「言語とは何か」という問いへ「言語とは……である」という直接的な答えを与えようとしてはいけない、という応答である。

例えばヴィトゲンシュタインは次のような言語を考察する。

> Aは石材によって建築を行なう。石材には台石、柱石、石板、梁石がある。BはAに石板を渡さねばならないが、その順番はAがそれらを必要とする順番である。この目的のために、二人は「台石」「柱石」「石板」「梁石」という語だけから成る一つの言語を使用する。Aはこれらの語を叫ぶ。――Bは、それらの叫びに応じて、もっていくよう教えられたとおりの石材をもっていく。（『探究』二）

さて、Aが「石板！」と叫ぶとBは石板をもっていくのだが、ここで問いである。はたしてAの「石板！」という発話は、「石板をもってこい！」という文の省略だろうか。

われわれはついつい、自分の言語の文法知識を無批判的に用いて、「石板！」が何らかの省略文に違いないと考えてしまう。しかしAとBの言語の内部では、「石板！」は他のいかなる文の省略でもない。さらに言えば、この想像上の言語にはいわゆる構文がなく、「石板！」が文なのかどうかも分からない。とはいえAとBの間で行なわれるやり取りをわれわれは言語コミュニケーションの一種だと見なす。

だがなぜわれわれはそれを「言語」と見なすのか。ヴィトゲンシュタインは、AとBの人間的な生活のあり方全体からわれわれは「石板！」を言語実践と見なすのだ、と指摘する。具体的には、建築作業という人間的活動を背景としてAの「石板！」は言語行為と見なされる（逆に、正体不明の物体から「セキバン！」と聞こえる音声が発せられても、われわれはそれを言語と見なすべきか迷う）。煎じ詰めて言えば、言語は人間的生の一部だ、ということである。この意味で「ある言語を想像することは、ある生活形式を想像することだ」（『探究』一九）と言われる。

要点を別の角度から言えば、人間的生という場が所与となり、その場の内部でわれわれは「言語」と呼びうるものを「言語」と呼ぶ、ということである。さて、人間的生の内部で起こりうるさまざまな運動・変化（例えば手話の開発や情報技術の発展）のために、「言語」は多種多様なものを指す。生においては、あたかも遊んでいる子どもがゲームのルールをどんどん更新していくように、ひとは言語のあり方を変化させる。結果として、鬼ごっこやソリティアを含む「ゲーム」なるものの本質が定められないのと同様に、「言語」の本質も定義不可能になる。『探究』は人間の言語活動を「言語ゲーム」と特徴づけるが、これは言語と遊びが共有する不定形性や流動性あるいは創造性を意識してのことである。「言語とは何か」という問いへ直接的な答えが与えられないのもこうした特性のためである。

『文法』において、恣意性を具えた文法によって捉え直されたわれわれの存在の基盤は、『探究』においては創造的な遊びの行なわれる空間としての「生」によってふたたび捉え直される。

▼『探究』(2)——哲学・生・治療

すべては生のうちにある、というのがヴィトゲンシュタインの到達した境地である。

すべてが生のうちにある以上、哲学が理解すべき〈存在の根本的な基盤〉は生のあり方であることになる。とはいえ、生が不定形性や創造性を具えるために、哲学はもはや「生は……である」などの本質規定によってその目標に到達することができない。哲学はむしろ生を「展望」せねばならない（『探究』一二二）。すなわち、現実の生における実践を広く観察し、その諸関係に目を向けねばならない。

哲学は生を展望すべし——これは従来の哲学に対する批判でもある。例えば、従来の哲学は「……とは何か」という仕方で物事の本質を問うてきた。ヴィトゲンシュタインもかつて『論考』において「命題とは何か」と問い、その本質を〈論理空間において一定の領域を切り出すもの〉と捉えた。しかしこうした「頭でっかちの」捉え方のうちにはある種の「錯覚」がある（『探究』九二）。なぜならこうした捉え方は現実の生における「命題」という語の使い方から遊離しているからである。

現実においては「命題」という語は「真」や「偽」や「論理」などの無数の表現の網目の内で使用されている。命題は決して形而上的な存在ではなく、むしろ「真」や「偽」という関連する語と一緒になって、例えば数学やその他の理論的科学の議論を明瞭にするために役立つ道具のような何かである（例えば、条件命題の真偽を問う場合には前件の命題と後件の命題の真偽関係を考察することになるが、こうした場合に「命題」という概念は役に立っている）。それゆえ「命題は論理空間を限定する」などの規定は、命題なるものが現実の生においてどのような働きをもつかを取り逃がしている。一般的に言うと、単純な本質規定は生における実践の多様性や不定形性を摑み損ねるのである。

哲学は、「命題とは何か」を考える際にも、生の実践を広く見通さねばならない。生を展望することによってわれわれは諸々の実践の織り成す網目のあり方を知る。これは、生の秩序を知るということであり、もはや「途方に暮れない」ということである。『探究』のヴィトゲンシュタインは「哲学の問題は《私は途方に暮れる》という形をもつ」（『探究』一二三）と指摘する境地に至っているが、「途方に暮れる」とは生の実践の見通しが立たないことの謂いである。そして見通しを立てるには現実を広く展望するしかない。

『探究』は哲学の役割を一種の「治療」、すなわち途方に暮れて困惑した状態を平安に転ずること、と見なしている（『探究』一三三）。押さえるべきは、ヴィトゲンシュタインが哲学を生の実践の一部と見なすことの結果として、哲学はもはや〈事柄の本質を説明する理論構築〉であることを止める、という点だ。哲学はむしろ困惑の不安を取り去るものであり、救済へつながるような何かになるのである。

（山口　尚）

ベンヤミン

Walter Benjamin　**1892-1940**

第二次世界大戦下の一九四〇年九月、四八歳のヴァルター・ベンヤミンはナチスドイツの脅威をのがれ、米国への亡命を企てた。フランスからスペインへの国境を徒歩でからくも越えはしたが、たどりついたスペインの町で強制送還を通告される。その晩にモルヒネを過剰摂取しみずから命を絶つことによって、彼の逃避行は終わりを告げた。

峻険なピレネー山脈の国境越えに難渋しつつも最後まで手放さなかった重い鞄には、彼みずからもっとも重要と見なす原稿が入っていたと推測されるが、そのゆくえは杳(よう)として知れない。だがパリ脱出時にバタイユに預けた草稿群と、妹に託しておいたボストンバッグ二つ分の草稿群などが、ニューヨークのアドルノのもとに届けられ、没後に公刊されてゆく。とりわけ一九六〇年代の学生運動世代に熱心に読まれることにより、生前は無名にも等しかったベンヤミンの、二〇世紀を代表する思想家としての声望はさだまった。その影響は言語・政治・文学・歴史・メディア・都市論など、さまざまな領域におよんでいる。

このベンヤミンの「哲学」について語るのはむずかしい。彼は「専門の哲学者」ではなかった。たしかに学生時代の主専攻は哲学であり、徴兵を逃れておもむいたスイスのベルンで哲学の学位を取得してもいる。だが一九二五年、教授資格論文がフランクフルト大学で受理されず取り下げとなることによって、アカデミズムの道は閉ざされた。そのため彼の残したベンヤミンはそれ以降、おもに「文芸批評家」として筆一本で生計を立てることになったのである。そのため彼の残した仕事には、ゲーテからカフカ、プルーストにいたるまでの文学を取り上げた評論、さらには多様な主題についてのエッセイが多い。この批評家としての活動は、二〇世紀特有の状況にふさわしい思考と文体を磨き上げ、旧来とはことなったスタイルのテクストを生み出してゆきはしたが、とりわけ彼の「理論的」といえる論考はそのつどの政治状況と密接なしかたで書かれている。そうしたテクスト群から統一的な「哲学」を抽出することは不可能にも近い。

そこで本項では、今日「哲学」の文脈で論じられることの多い論考を三本に絞り、その歴史的背景にも立ち入って紹介してゆこう。初期の学術論文一本と一九三〇年代後半の論考二本がそれであり、それぞれ大まかに政治理論・芸術理論・歴史理論と性格づけることができる。

▼「暴力批判論」（一九二一年）

一九二〇年三月にベルンから生地ベルリンに戻ったベンヤミンは、年末から翌年一月にかけて「暴力批判論」という日本語訳題で知られる論文（Zur Kritik der Gewalt）を書き上げた。「暴力」と訳されるドイツ語の「ゲヴァルト（Gewalt）」はwalten（意のままにする・支配する）を語源とし、物理的な力の行使にはかぎらず広く「強制力」を意味する言葉である。

当時のドイツは、皇帝退位と共和制への移行、第一次大戦敗戦にともなう政治的混乱のなか、まさにさまざまな強制力＝暴力が行使されていた。一九一九年一月のスパルタクス団蜂起と、社会民主党主導の政府による流血の鎮圧。五月のバイエルン・レーテ共和国壊滅。八月のヴァイマール憲法公布と、翌二〇年三月の右派クーデタ（カップ一揆）勃発。このクーデタを挫折させたドイツ全土に及ぶゼネストと、それを契機とするルール地方の大規模な労働者蜂起。これら一連の事態に直面して執筆されたのが、「暴力の終焉」を理念にすえて暴力の歴史的展開過程をとらえ、法と暴力の支配から自由な新しい時代を展望する哲学的考察であった。

いま「暴力の終焉」を理念にするといったが、人間関係において生じる諸問題の解決には、いつの時代にも暴力＝強制力を行使せざるをえない場面が多々ある。そもそも現に世界を支配している法と暴力の秩序から人びとが解放されるには、なんらかの暴力なくしては不可能だろう。とはいえ、あらゆる種類の暴力が肯定されるわけではない。そこで暴力のさまざまなありかたを批判的に分析し類別する作業が必要となる。本論文はこの意味での「暴力の批判（クリティーク）」を行なおうとする。

(1)まず暴力は、特定の勢力が権力を発動して法を措定し、支配秩序を打ち立てるところに働く（法措定的暴力）。(2)法秩序を維持するために、逸脱者・敵対者にたいして暴力＝強制力が行使される（法維持的暴力）。これらはひとまず、法による支配秩序を制定し維持することを目的としている。これにたいし、(3)特定の目的にたいする手段として発動されるのではない暴力、その意味で直接的な暴力というものがある。たとえば激情にかられて振るう暴力などがそれであり、これはギリシア神話の神々のあらそいに端的に表現されているために「神話的暴力」と呼ばれるにふさわしい。右にいう法措定的暴力もまた、権力が発動され必ずしも意図されていない法がその結果として制定されるという点では、じつはこの直接的暴力という性格をもっている。(4)だが同じ直接的な暴力＝強制力でも、法を措定するのではなくむしろ法を根絶し、人びとに罪を負わせるのではなくその罪を浄めるものがある。これは旧約聖書において神のわざとして描かれているために「神的暴力」と呼ぶことができるが、日常的にもたとえば子供のしつけのために行使されるたぐいのものである。

以上の類別にもとづいてこれまでの歴史を俯瞰するなら、特定勢力が法を措定する暴力を発動すると、その秩序を転覆しようとする勢力が台頭する。そこでこれを抑圧して法を維持するための暴力が発動される。だがこの対立によって当の法秩序は衰弱してゆくことになり、新しい暴力ないしは従来抑圧されていた暴力が、代わって新しい法を措定することになるが、これもまた同様に没落にいたる。暴力の歴史とはこのように法措定的暴力、それに敵対する暴力、法維持的暴力が浮沈する循環過程であった。

しかし「暴力の終焉」を理念とすることにより、この循環過程を打破し、法およびそれにともなう暴力の支配から自由になった――なにより国家暴力（国家権力）が廃絶された――新しい時代の創出を展望することができる。その創出に必要なのは、現行の法秩序を解体し、しかも新たに他者を支配する法を措定することのない、その意味での

「革命的」な暴力＝強制力にほかならない。それは人間によって行使される純粋で直接的な法根絶的暴力の最高次のあらわれであり、すでに革命的ゼネストなどのすがたをとってわれわれの視野に入っている。

若きベンヤミンのこの考察においては、「神話」「神」について語られてはいても、それはあくまで人間による暴力の諸局面を理解するための補助線として機能している。さらには政権奪取をめざすゼネストではなく、他者の強制から労働を解放するためのゼネストを評価している点で、アナーキズムに思想的親近性を示している点も見のがせない。

ここで時代は大きく飛ぶ。一九三三年のナチ党による権力掌握により、ユダヤ系知識人ベンヤミンはパリへの亡命を余儀なくされた。さいわいホルクハイマーが所長をつとめるフランクフルトの社会研究所から給付金をえることができたため、死後『パサージュ論』と呼ばれる一九世紀パリの社会史的・文化史的研究に本格的に取り組んでゆくことになる（未完）。

▼「複製技術時代の芸術作品」（一九三六年）

「複製技術時代の芸術作品（Das Kunstwerk im Zeitalter der technischen Reproduzierbarkeit）」は、その社会研究所の機関誌にフランス語バージョンで掲載された。マルクスの思想に大きく影響されたこの論考は、編集部の意向で政治的にラジカルな部分が削除・修正されたが、現在では元になったドイツ語原稿を読むことができる。

権力掌握ののち再軍備を宣言したナチ党は、みずからのイデオロギーを浸透させ大衆を動員するために、映画を重要な手段としていた。本論考執筆の一九三五年にはナチ党大会のドキュメンタリー『意志の勝利』（レニ・リーフェンシュタール監督）が封切られ、週ごとに上映されるニュース映画もまた政治的宣伝（プロパガンダ）の役割を担っていた。こうした映画をはじめとする新しい表現様式を「オリジナルのない複製芸術」ととらえてその特性を分析しながら、ファシズムによる利用を退けて新しい社会の建設へ人びとを向かわせるものにする。そのような意図で書かれたこの論考は、新しい着想に満ちた芸術理論としてベンヤミンの死後の名声を高からしめ、今日もなお強い影響力を保っている。

芸術作品は古くは宗教儀式の中心に置かれ、崇拝の対象とされていた。過去から伝承されて「いま・ここにある」という唯一真正なものとして、独特のオーラ（「アウラ」とも訳される）を帯びていた。ところが最新の複製技術にもとづく芸術作品の登場と流通は、このオーラを凋落・減退させることになる。

もとより芸術作品を複製する技法は、模写や木版など古くから存在した。これが近代にいたって銅版、さらにはリトグラフへと発展したが、一九世紀なかばには写真が登場し、録音とも一体になって活動写真つまり映画となる。ここにいたって芸術作品は「(機械や科学的知見を用いた)技術」によって複製されるものとなった。いまや多くの芸術作品があらかじめ複製されることを前提に製作され、大量に流通してゆく。映画のようにシーンをばらばらに撮影して合成したもの、それゆえ不断に再編集可能なものにもなる。芸術作品は唯一真正という権威を失ったのである。さらには写真が居室に飾られ巡回映画が各地をめぐるように、あらゆるところで展示が可能な、その意味で大衆に向けられたものになった。かくして芸術作品は儀式ではなく政治(ポリティーク)(人間の世俗的共同生活)に基礎を置くことになった。

このことは受容する側にも変化をもたらす。芸術作品はなんども反復して享受でき、気晴らしや娯楽の手段になっている。クローズアップやクイックモーションの技術によって、日常的感覚ではとらえられない現象を目の当たりにさせてくれる。異常心理にすら容易に接することができるようになり、場面転換の連続による心理的ショックにもひとは慣れてゆく。

このように変容した人びとの知覚を戦争への熱狂と陶酔へと導くのが、ファシズムである。新しい芸術作品に適用されている新しい技術と生産力は、現在とはことなる所有関係への移行を可能にしているが、その移行を潜在的に求めている大衆を、ファシズムは現在の所有関係に手をつけることなく組織し、新しい技術ともども帝国主義戦争の遂行に向け動員してゆく。映画はこの動員に有効な手段になっている。

ファシズムは新しい芸術形式を通じて、政治を人びとの情動にうったえる審美的なものとするにいたった(「政治の審美化」)。これにたいしてコミュニズムは「芸術の政治化」をもって答える。新しい芸術により研ぎ澄まされた人びとの新しい知覚に対応した、自然との共生をも可能にする政治生活を構想し、新たな政治的共同体を形成する力を、芸術に発揮させようというのである。

二一世紀の今日では、このファシズム対コミュニズムという図式は効力を失ったかもしれない。それでも現代社会における芸術の機能や、テレビ・ビデオ・インターネット・スマートフォンといったメディアの飛躍的進歩の意味するところを考えるために、本論考は多くの示唆を与えてくれるだろう。

▼「歴史の概念について」（一九三九—四〇年執筆）

一九三九年八月二三日深夜、だれもが予想しなかった出来事が生じた。反ファシズムの旗手・ソ連が、ほかでもないナチスドイツと不可侵条約を締結したのである。これによりドイツのポーランド侵攻と、第二次世界大戦の開戦は不可避となった。ベンヤミンはこのニュースに大変な衝撃を受け、コミュニズムにたいする信頼を大きく揺るがすことになる。

当初の衝撃から立ち直った彼は、思考を大きく転換させて「史的唯物論の改訂のためのテーゼ」を書きはじめる。「史的唯物論」とはエンゲルスの造語であるが、ソ連の指導者・スターリンによればそれは、歴史を社会主義にいたる発展過程ととらえ、この歴史についての理論として客観的真理を把握する確実なものであり、その理論に精通する政治機関（前衛党）により社会主義革命が主導されると主張するものである。社会主義への進歩を必然とみなすこの歴史観は、必要とあらばファシズムとも一時的に手を結んで大きな犠牲を辞さないものとなった。

このような史的唯物論および同時代歴史学の実証主義を根底から批判し、もうひとつ別の史的唯物論を反ファシズム闘争のために示す作業をベンヤミンは、パリを一九四〇年六月の陥落直前に脱出するまで行ったが、確定稿にはおそらくいたらないままいくつかの遺稿として残された（「歴史の概念について（Über den Begriff der Geschichte）」）。

ファシズムの台頭を「非常事態」と見なして驚愕する者、「例外状態」と見なしてそれと妥協する者は、いずれも同じ「歴史は進歩する」という進歩史観を前提にしている。だがファシズムに見られる野蛮・残虐・抑圧の暴威は、歴史においてつねに見られる「通常の事態」にほかならない。この認識に立脚した新しい歴史の理解に立脚して、真の「例外状態」すなわち支配と抑圧のない状態を現出させることが、いま求められている。

ところが同時代歴史学の「歴史主義」の立場は、進歩史観は退けながらも、歴史の各時代を一連の出来事の連続的過程として叙述するために「歴史の勝者」の視点に立つ。結果として、それら歴史過程の帰結である現在の「勝者」の支配に正統性を与えるものになっている。

これらふたつの立場により隠蔽されている「抑圧された人びとの伝統」、かつて挫折し未完に終わった可能性をうちにはらむ過去の出来事。そうしたものが現在の危機的状況において思いがけず想起され、人びとに訴えかけて現状を変容させることができる。たとえば古代ローマの共和政が、かたちを変えてフランス革命においてロベスピエールらにより呼び戻されたように。

こうした過去の呼び戻しを可能にするのは、歴史の流れを不意に断ち切って過去のいずれの出来事にもアクセスすることのできる「メシア」という思想形象である。もちろんメシアならぬ人間にはすべての出来事を想起することはできないが、この思想形象を理念にしてこそ、いまや隠蔽・忘却された過去への感覚を研ぎ澄ませることができる。そのようにしてはぐくまれる「かすかなメシア的な力」によって、つかのまに現れる過去をつかみとって今に取り戻し、現状を変容させる営みが、同時に政治的行動のかたちをとりながら遂行されうるのである。

そのさいに退けられなければならないのは、進歩史観と歴史主義がともに前提にしている「歴史の時間は均質で空虚である」という見方である。とりわけ歴史主義は、過去の出来事を前後の出来事との因果関係においてとらえ叙述することによって平板なものとし、一連の因果的展開にとり重要でないとされるものを叙述から取り落として隠蔽してゆく。これにたいして、過去の出来事との不意のむすびつきにおいてそうした因果的思考を停止し、均質・空虚とされる歴史時間に当の出来事を組み込むことなく、その個別性・時代性・歴史的位置の全体にわたって重層的に分析・提示し、現在への訴えかけの射程を明らかにすること、それが新しい歴史叙述の任務である。

未定稿にとどまったこのテクストは、「チェスの自動人形」やクレーの絵に想を得た「歴史の天使」という寓意を含むなど、不思議な魅力をもって多様な解釈に開かれている。読む者はそれぞれなりにそのつどの危機的状況において、「不意に」それが語りかけるものを読み取ることができるというべきだろう。

（鹿島　徹）

ショーレム

Gershom Scholem 1898-1982

ベルリンの世俗的な商家に生まれる。青年期に自ら決断してユダヤ教に接近したが、その背景にはドイツ社会に完全に同化していた家庭への反発があった。彼は、ユダヤ教神秘主義研究の開拓者として知られる。近代的なユダヤ教研究は一九世紀に進展したが、カバラーとよばれる神秘主義文献は、マルティン・ブーバーによるロマン主義的な再評価を別にすれば学問的にはほとんど無視されていた。彼は散逸した文献を収集することから始め、ほぼ独力でその歴史と展開を体系的に論じた。聖典テクストを独特の仕方で解釈する神秘主義文献を彼が学術的に取り扱うことができた背景には、言語や象徴、解釈にかかわる哲学的諸問題についての鋭い洞察があった。この点でも、青年期以来のヴァルター・ベンヤミンとの知的交流は互いの思想形成に重要な意味をもった。カバラーを他宗教の神秘主義と並ぶユダヤ教の神秘主義として位置づけたことからもわかるように、ショーレムは自身の研究をユダヤ教の内部で完結させようとはしなかった。諸国の宗教思想家や研究者が集まったエラノス会議にも積極的に参加し、宗教現象学に踏み込んだ内容の講演をおこなった。（丸山空大）

ヘンドリック・ド・マン

Hendrik (Henri) de Man 1885-1953

ベルギー・アントワープ出身の社会心理学者、社会理論家、社会運動家。名はフランス語著作ではアンリと表記。主著は『社会主義の心理学』（一九二六年、ドイツ語）。その仏訳版『マルクス主義を越えて』（同年）はフランスでベストセラーとなり、レヴィ＝ストロース、シモーヌ・ヴェイユ、グラムシ、リクールなどに影響を与えた。戦前期日本でも読まれた。

アントワープの青年社会主義グループに参加。一九〇五年にドイツに渡り、ライプツィヒ大学で経済学を学び、ヴントの心理学に触れる一方、リープクネヒト、ルクセンブルクなどと面識を得る。第二インターナショナルに関わるが、第一次大戦で国際協調が崩壊しナショナリズム容認が各国で広まったことにショックを受け、マルクス主義の不十分さを認識。

二九年フランクフルト大学の社会心理学教授。同僚ティリッヒの『社会主義的決断』では『社会主義の心理学』に言及がある。三三年ナチ政権成立後ベルギーに戻る。三八年ベルギー労働党党首。四〇年ナチスのベルギー占領に際して労働党の解散を宣言し翼賛政党党首として振舞うが、四二年に政治活動を禁止され、亡命。五三年スイスで事故死。（川口茂雄）

シュミット

Carl Schmitt 1888-1985

▼生涯と業績　カール・シュミットは一八八八年生まれの法学者。第一次世界大戦の敗戦後、『独裁』（一九二一年）、『政治神学』（一九二二年）、『現代議会主義の精神的状況』（一九二三年）、『ローマ・カトリシズムと政治形態』（一九二五年）、『政治的なものの概念』（一九三二年）といった一連の著作で当時のヴァイマール共和制の無力を痛烈に批判して注目を集める。共和制末期のパーペン、シュライヒャー政権の国家非常事態計画に協力するが、一九三三年一月のヒトラーの政権掌握に伴い、ナチスに入党。後に批判を受けて失脚するがナチスへの関与は批判の対象とされる。第二次世界大戦後も旺盛な執筆活動を続け、ヨーロッパの主権国家体制の崩壊を論じた『大地のノモス』などの著作はグローバルな世界秩序の展開との関係で注目されている。

▼政治神学という問題　最晩年の著作『政治神学Ⅱ』（一九七〇年）にも示されているように、シュミットにとって「政治神学」は一貫して中心的な主題であり続けた。ここではシュミットが政治神学の思想家として挙げているジョゼフ・ド・メーストルとドノソ・コルテスを例に「政治神学」とは何かを考えてみることにしよう。

▼フランス革命とド・メーストル　メーストルはフランス革命と正面から対決したカトリック反動の思想家である。『フランスについての省察』で彼は述べている。革命が彼らを動かすのであり、革命の指導者たちは革命の道具にすぎない。歴史的転変を貫いて示されるのは神意に基づく摂理であって、人間はそれを完全に知ることはできない。たえず神意はいずこにあるのかが試されるのである。

メーストルは、後にイタリア統一を達成するサルディニア・ピエモンテ王国領サヴォワに生まれている（母語はフランス語）。そのメーストルが神意によって与えられた使命、政治的・宗教的にヨーロッパの中心としての役割をフランスに認めている。神意に基づく歴史的転変の中で、それぞれの人間と国民にはしかるべき使命が与えられている。キリストの再臨と最後の審判の到来までの間、地上の権力にどのような態度をとるのか、いずれの権力に仕えるのか。これがメーストルの提起した「政治神学」の根本問題であった。

▼ドノソ・コルテスからシュミットへ　メーストルが提起した問題をさらに突き詰めたのがスペインの外交官であったドノソ・コルテスである。一八四八年革命の衝撃をうけてドノソ・コルテスはこう主張する。今日の革命には

君主制の復活では対処できない。宗教的な抑圧手段はもはや力を失い、これに対抗できるのは独裁のみである。事態は君主制的な正統秩序のみならず、教会を中心とした精神的秩序そのものを解体させようとしていた。そうした状況を受けて書かれた『カトリシズム、自由主義、社会主義についての試論』でドノソは自由主義から社会主義、無政府主義に至る無神論の系譜を論駁して、人間と世界についての真理の体系としてのカトリシズムを擁護したのである。

神と悪魔、信仰と無神論という神学上の対抗に政治的な対立の根源を見いだすというドノソの「政治神学」を継承したシュミットにとって問題は、一八七〇年以降の政治的転変の中でそうした対立がどのような形をとって現れるかということであった。一八四八年革命段階のドノソにとってドイツの統一は、ヨーロッパの政治情勢から見て不可能なばかりか望ましくないものであった。この点において、スペインのドノソ・コルテスとドイツに生まれたカトリックのシュミットの立場は分かれてくる。それはまた歴史的・政治的状況の進展とその中で個人と集団に与えられた使命の相違でもあった。

究極的には神の摂理に基づく神学的な対立を背景としながらも、歴史的・政治的な状況のたえざる変化のなかで対立のあり方もまた転変する。政治的なるものの基準としての「友と敵」というシュミットの議論はそうした「政治神学」的問題への応答であった。

▼主権の喪失と独裁

「独裁」をめぐる議論もそうした関連で理解されなければならない。独裁は、内外の危機に対処するための暫定的な権力遂行という古代ローマの独裁官に由来する。したがって本来の独裁は主権者の委任に基づく委任独裁である。ところが既存の体制が解体した場合には、主権者たる国民が体制そのものを新たに形成する「憲法制定権力」を行使する事態が生ずる。これが主権独裁である。

敗戦後ドイツはライン川周辺の占領、非武装化という形で主権を大幅に制限されていた。高額の賠償支払いに対する反発もあいまって、二九年の大恐慌以降、急速に支持を拡大したナチスと共産党が議会に大量進出し、議会がまともに機能しなくなる。シュミットが関与した構想した国家非常事態計画は基本的には現存の体制の枠組みを前提とした委任独裁に属する。だが、事態のそもそもの根源は、講和条約がもたらした主権の喪失にある。ドイツがおかれた隷属状態に対していかなる態度をとるのか、これこそが「友と敵」の基準でなければならない。シュミットが政権掌握後のナチスを支持した理由もここにあった。

（牧野雅彦）

クラカウアー

Siegfried Kracauer　1889-1966

ジークフリート・クラカウアーは、一八八九年にユダヤ系ドイツ人としてフランクフルトで生まれた文化哲学者である。

クラカウアーはヴァイマール共和国でフランクフルト新聞の記者を務め、学芸欄を舞台に哲学、社会学、文学、建築などの領域で数多くの論説を発表し、ドイツの言論界に確かな地歩を固めた。先駆的に探偵小説や映画といった大衆文化を真剣な考察の対象とし、またベンヤミンやカフカの作品の重要性をいち早く発見するなど、クラカウアーはヴァイマール思想史に大きな足跡を残している。

『サラリーマン』（一九三〇年）においてクラカウアーは、ドイツの中間層が二〇年代半ばからの経営合理化のために経済的に急速に没落しながらも、現実を受け入れられずに娯楽産業で非現実的な夢想に耽っていることを、ドイツにとっての政治的な危険と指摘した。第三帝国が成立すると、クラカウアーはパリ（三三年—）、ニューヨーク（四一年—）と流転しつつ、ナチズムと思想的に対決していった。『ジャック・オッフェンバックと彼の時代のパリ』（一九三七年）は、第三帝国を念頭に置きながら、ブルジョアジーが共和国に背を向けて独裁者の演出するスペクタクルへと逃避したことで成立した体制として、フランス第二帝政を描いた。『全体主義的プロパガンダ』（一九三八年）と『プロパガンダとナチ戦争映画』（一九四二年）は、ナチズムを戦争経験に囚われた反逆者たちの政治運動と規定したうえで、もともと現実から遊離していたドイツの大衆を、継続的なプロパガンダで精神的にいっそう退行させながら、偉大なネーションという幻影へと引き入れたことこそナチズム成功の秘密だと論じた。そして『カリガリからヒトラーへ』（一九四七年）は、ナチズムとの格闘の総括として、ヴァイマール時代のドイツ国民が深層心理では共和国を拒絶しており、それへの反抗と幻想への従属の準備を年々整えていったことを、映画史から読み解いていった。

戦後クラカウアーはニューヨークに留まり、一九六〇年に自身の映画観の集大成である『映画の理論』を完成させた。映画の本質は、日常的には隠されている物理的現実の偶然的性格や多義性を露わにすること、つまり物理的現実を事実上の不在状態から「救済」することにあり、それゆえに映画を観るとき人間は、抽象性の支配のために近代では抑圧されている「生」を経験することができると、クラカウアーは論じた。

（荻野　雄）

コラム　ナチス期の日常生活

日常に食いこむナチズム

ナチスといえば、隊列を組んで行進する制服の集団とか、右手を高くかかげて、熱狂的にハイル・ヒトラーの挨拶をする人びとの姿を思い浮かべないであろうか。あのナチ党大会を記録したレニ・リーフェンシュタールの『意志の勝利』などは、もちろん演出されたものである。だが、普通の人びとは、こうした映像やナチスの宣伝をどのように受けとめていたのであろうか。また、学校や職場や路上で目にするユダヤ人迫害とは、どうかかわっていたのだろうか。普通の人びとを、たんなる動員や宣伝の対象としてではなく、主体として、あるいは行為者としてとらえなおすと、ナチズムはどのように見えてくるのだろうか。魅力的だが、難しそうなテーマである。だが、この問題ととりくんだ近年の社会史研究からは、次々とおもしろい成果が刊行されている。ぜひ探してみてほしい。

ところで、ナチスはなぜ政治や外交とはかけ離れたようにみえる日常生活を重視したのであろうか。「日常に食いこむナチズム」の背景について、二つの点から考えてみたい。

第一にナチズムの時代は、世界戦争の時代であった。ナチスがめざしたことは、なによりも「戦争ができる国」を創ることであった。そのためには、社会主義革命と階級闘争で分断された社会を統合し、外国と手を結ぶおそれのある者や、ドイツ民族とは異質な人びとを選別し、排除しなければならなかった。ドイツの人口減少を危惧するナチスは、結婚と出産を奨励し、優生政策を推進する。その要となったのが、人種主義である。ナチスの人種政策は、戦争国家の樹立のためのもので、ユダヤ人迫害にとどまらない。人びとの日常生活そのものが、ナチスにとっては、死命を制する舞台となったのである。

第二に、人びとの日常生活は、一九世紀の末以来、大きく変容してきた。都市化や工業化、大衆化、植民地の拡大、ジェンダー規範への挑戦など。こうした流れは現在でも続いているが、ナチスが直面したのは、アメリカニズムという現象であった。

アメリカニズムとドイツ

一九三〇年代のドイツの雑誌をみると、消費の夢をかきたてる広告にあふれている。モードや化粧品、海外旅行、カメラや自動車、ラジオと蓄音機、オーブンや冷蔵庫などの家庭電化製品が目をひく。まるでアメリカの雑誌のようだ。これはドイツだけではない。当時の日本でも、モダンガールが登場し、銀ブラや、映画、ショッピングが話題となっていた。ドイツにかぎらず第一次世界大戦後の世界は、映画やラジオ、レコード、雑誌などの新しい大衆メディアに支えられて「大衆文化」と「消費文化」が登場してきた時代であった。ひとことで言えば、アメリカニズムの時代である。

この「大衆」と「消費」は、既成の価値観を大きく揺るがすものであった。「大衆」は、身分や階級という枠組みではとらえられない人びとの登場を表現している。また「消費」は、勤勉や節約、生産を重視する考えかたとは違って、余暇や遊び、楽しみを肯定し、そこに価値を認めようとするものである。

こうした個人主義的で享楽的なアメリカニズムは、制服と行進に象徴されるナチズムとは相容れないようにみえるがどうであろうか。

フォルクスワーゲンの夢

一九三三年二月一一日 ベルリン国際モーターショーの開会式で、ヒトラーはこう述べている。「自動車が金持ち階級のものであるかぎり、それは国民を貧富の二階級に分ける道具にしかならない。国家を真に支えている多くの国民大衆のための自動車であってこそ、文明の利器であり、すばらしい生活を約束してくれるものだ。われわれは今こそ国民のための車をもつべきである」と。

この車がフォルクスワーゲン（ドイツ語で国民車）で、正式には歓喜力行団の車とよばれた。歓喜力行団（喜びを通じて力を）というのは、ナチスの余暇組織で、その任務は、労働者を階級闘争から引きはなし、民族共同体の一員としての意識をもたせることにあった。そのための方法が、ブルジョワ階層のステータス・シンボルであった観劇や、海外旅行、自家用車を、労働者でも手がとどくものにすることであった。

一九三八年にフォルクスワーゲン工場の起工式が報じられると、ルール地方の元社会民主党員は、「とうとうヒトラーは彼の社会主義への第一歩を踏みだした」と感激している。自動車というモノは、ナチスとそれに敵対する人びとが接近するルートを形成したことになる。もっとも、労働者が自家用車を手にするようになるのは、戦後の一九五〇年代になってからのことであるが。

国民ラジオ
国民という接頭語

ナチスが力をいれたもうひとつのモノがラジオ受信機である。当時のラジオは高価な贅沢品で、労働者には高嶺の花であった。ナチスは機能を絞った安価なラジオを開発させ、一九三三年にこれを「国民ラジオ」として発売した。価格は、七六ライヒス・マルクに設定された。これは労働者の平均週給の二倍強にあたる。ラジオの受信契約数は、一九三三年に全世帯の二五％だったが、四一年には六五％に達している。

ナチスは、労働者政党が「階級」にこだわることで、ドイツを分裂させたと批判して、階級を横断する「民族」と「国民」を旗印とした。だがアメリカニズムは、自由と平等、個人主義を広める恐れがあった。ナチスは、モノと消費を拒否するのではなく、国民という枠をかぶせ、民族共同体という理念を対置することで、これに積極的に対処しようとしたのではないだろうか。

ナチスがモノと消費にこだわったのは、もうひとつ理由がある。ナチスにとっては、先の大戦で食糧や物資が欠乏して、革命につながったことがトラウマになっていた。だから食糧やモノを切らさないこと、消費に配慮することが重要な課題であった。食糧の確保こそは、ナチスが対外戦争に乗りだす動機ともなった。

「いい時代だった」

一九三六年ごろからドイツは再軍備にともなう軍需景気により、世界恐慌以来の大失業時代から抜けだしていった。とだえていた射撃祭や、各種のクラブ活動が息を吹きかえし、歓喜力行団が人気を集めた時代であった。歓喜力行団が一九三八年にとりあつかった旅行者数はほぼ八五〇万人であったが、そのうちのおよそ六〇〇万人が一～二日の短期旅客であった。とくに人気があったのは、ボーデン湖、ハルツ、それにミュンヘンのオクトーバーフェストなどである。

人気の理由は、歓喜力行団が強制組織ではなく、その活動への参加が、原則として自由意思にもとづくものだったところにある。余暇と「政治から自由な空間」は、ナチ体制への合意を形成する回路となっていたのである。

戦争が始まるまでは「いい時代だった」と回想する人びとも多い。結婚して、子どもを持ち、家の改築や建設が始まった時代だったという。長くつづいた不安定な生活が終わり、先のことが考えられるようになったのだろう。ナチスの時代は、人びとのこうした正常な生活への復帰願望によっても支えられていたといえる。

このいい時代、ドイツの家庭では、親子や世代間の対立で、もめごとが絶えなかったという。どうしてであろうか。

ヒトラー・ユーゲント、教会、自立する女性

もめごとのひとつは、ヒトラー・ユーゲントへの参加をめぐるものだった。子どもたちは入団を望んだが、制服を買いそろえる余裕のない家庭もあったし、ナチスを快く思わない親もいた。また、行進の練習をするより、家事や畑仕事や家畜の世話を望む親もいた。一九三六年にヒトラー・ユーゲントが国家組織になると、土曜日が訓練の日となり、学校に行かなくてもよくなった。団員たちは、ナチスの権威を後ろ盾にすることで、両親や教師、牧師にさからうこともできたのである。

一九三六年に中部ドイツにあるケルレ村の牧師が、村の子どもたちに堅信礼の準備のための教育をしているときのことだった。牧師が、ゲルマン人を異教徒というと、ヒトラー・ユーゲントのメンバーのひとりが立ち上がって抗議し、村は大騒ぎになった。

当時福音教会では、ナチ派の「ドイツ的キリスト者」が台頭し、これに対抗する「告白教会」との間で教会闘争がおきていた。ナチスは堅信礼に、ヒトラー・ユーゲントの入団式や人生祭という新しい儀式をぶつけようとしていた。宗教や教会をめぐる争いは、末端では堅信礼をめぐるもめごととして記憶されている。

ナチスは、若い女性も、少女団や女子青年団、労働奉仕団などを通じて家庭の外に連れだした。女性たちは、違う世界を経験するとともに、集団で調理や掃除なども学んだ。それは、女性の本分は家庭にあるという伝統的な考え方とは、違った考え

方、価値観をもたらしたようである。両親の世代では、お金を節約し、やりくりすることが重要であったが、娘たちは道具を使い、家事をテキパキと効率的に処理することを学び、職業としての主婦という意識を身につけていったと、回想されている。

ナチスの時代は若者たちの時代であった。人口でも一番多い年齢層である。ナチスは、若者を未来のドイツの担い手として、自覚をもたせ、教化しようとしていた。それが日常生活のさまざまな場で、世代間の対立や、もめごと、あるいはスウィング青年やエーデルワイス海賊団など若者による反抗として現れていたのではないか。

密告からみえてくるもの

ナチスの支配は密告なしには機能しなかった。ナチスは政権をとるとすぐに左翼政党や団体を非合法化し、言論・集会・結社の自由を停止した。秘密国家警察ゲシュタポ（発音はゲスターポ）が創設され、国家の敵とされた者を、具体的な犯罪行為がなくとも、拘束していった。

密告が急激に増加するのは、一九三五年ごろからである。目立つのはユダヤ人に関係するものである。ユダヤ商店で買い物をするドイツ人、ユダヤ人男性と交際するドイツ人女性、村のナチ党員幹部の農場にユダヤ人家畜商人が出入りしているとか。

告発されたのはユダヤ人だけではなく、ドイツ人の方である。しかも普段ならとても手がだせないような有力者やナチ党幹部が、ユダヤ人とつきあっているという理由で攻撃できるようになったのである。こうした密告の半数以上が、ナチスへの忠誠心からでたというよりは、私的問題の処理につかわれていたともいわれる。

このほか、寄附を渋る者や、ハイル・ヒトラーの挨拶をしない者も密告されている。

密告が増えた一九三五年は、人口増加を阻害するとして、同性愛者への罰則が強化された年であった。また、ユダヤ人を政治的権利のない第二級の市民とする「ドイツ国公民法」と、ユダヤ人とドイツ人の結婚と性交を禁止する「ドイツ人の血と名誉を守るための法」が制定された年でもあった。

ゲシュタポの役割は、政治犯の取り締まりから、ドイツ民族の強化にまで広がったのである。国家は結婚や性的関係など私的領域に踏み込むと同時に、人種を基準とする差別と序列化を推進することになる。

一九三九年に戦争が始まると、外国放送の聴取が犯罪となり、死刑も科されるようになった。また兵役拒否や反戦や厭戦（えんせん）的言動にもしばしば死刑判決が出された。外国人とくにポーランド人に関係する密告が目につく。告発されたドイツ人女性は、公衆の面前で頭を丸刈りにされ、さらし者にされた。戦争中、占領地などから動員された捕虜や労働者は七〇〇万に達した。彼らは、ドイツ人の下に置かれた。戦時下の日常生活は、あらためてドイツ人に支配民族としての恩恵と特権意識をあたえる場となっていたのである。

（山本秀行）

コラム　ナチスとドイツ東方

「ドイツ東方」はどこか

「ドイツ東方（Deutscher Osten）」とは、どこを指すのであろうか。ドイツからみて東にある地域のことだろうか。それともドイツ国内の東部のことであろうか。

ドイツは、中世の東方植民活動以来、入植民をポーランドや、リトアニア、ラトヴィア、エストニアなどバルト沿岸地方、ルーマニアのトランシルヴァニア、はてはロシアのヴォルガ川流域にまで送りだしてきた。この広大な東方が、ドイツ東方なのであろうか。

じつは、「ドイツ東方」は、時代によってその位置と範囲が変化し、移動している。これが特徴である。

「ドイツ東方」という「用語」が登場したのは二〇世紀で、ドイツ帝国は海外に進出すべきか、それともヨーロッパ大陸内部で領土を拡大すべきか、との論争のなかで生まれた。大陸派の念頭にあった「ドイツ東方」とは、おもにドイツが一八世紀のポーランド分割で獲得した領土で、プロイセンの東部国境地帯であった。それでは、ドイツの人びとは東方について、どのようなイメージをもっていたのだろうか。

ドイツの東方イメージ

東方を、オリエントと読めば、聖書にあるエデンの園や、アラビア、ペルシャなどが浮かんでくる。高価で貴重な絹や、香辛料などとも結びついている。

ドイツの人びとに深く沁みついてるのは、もう一つのイメージである。それは古代のフン族の侵入から始まり、タタール、オスマンなど異民族の脅威であり、ペストの記憶である。東方は異民族や疫病がやってくるところであった。

さらに、プロイセンのポーランド分割とともに表面化してきたのが、「不潔な東方」というイメージである。あのフリードリヒ大王は、ポーランドから分割した新領土を巡察して、この地の住民は「勤勉さ、清潔さ、紀律に欠けている」と評した。その一六年後の一七九一年、ヨハン・ゴットリープ・フィヒテは、家庭教師になるために、ポーランドを訪れている。その旅行日記によると、東に行くほど住民はスラヴ的になり、粗野になり、路上は藁やゴミや汚物がいっぱいだ、とある。

一八世紀は啓蒙の世紀といわれ、文明と進歩が脚光を浴びた時代である。その反面で、文明に入らない世界は、未開や野蛮とされた。東を不潔視する眼差しは、ドイツが文明国をめざしていたことを暗示しているかもしれない。

不潔な東方というイメージは、その後も消えることなく、ナチスの時代に猛威をふるうことになる。

しかし「ドイツ東方」の方は、第一次世界大戦とドイツの敗北により大きく変化する。

ドイツ東方帝国の夢とナチス

第一次世界大戦中、ドイツは東部戦線ではロシアを相手に占領地を拡大し、一九一八年三月にはソヴィエト＝ロシアとブレスト＝リトフスク条約を結んだ。この条約で、ロシア革命政権は、ポーランドの主権を放棄し、フィンランド、バルト三国、ウクライナの独立をみとめ、戦争から離脱した。ドイツは、さらにウクライナに進撃して、クリミア半島から、カフカースの油田地帯を占領した。ここにバルト海から黒海にいたるドイツ東方帝国の夢が生まれた。

ドイツの戦時体制を率いたルーデンドルフ参謀次長は、ロシア各地に散らばるドイツ系移民の子孫をクリミア半島に集め、ここをドイツの植民地とする構想を抱いたのである。

しかし西部戦線での敗北が不可避になると、この戦争はボリシェヴィズムから東ヨーロッパの諸民族を守るための戦いであると唱え、あくまでも東部における支配を正当化しようとしたが、敗北し、ドイツ帝国も消滅した。

ドイツは周辺諸国に東部国境地帯を含む領土を割譲した。その結果、第一に「ドイツ東方」は、それまでのプロイセン東部諸州ではなく、ドイツの東方を、人によってはウクライナまで広がる地域を指すようになった。第二に、国外にとり残されたドイツ人問題の解決が課題となった。いまや国境を越えて存在する「民族」が、ドイツの再生のあらたな拠り所として浮上してきた。

敗戦のトラウマのなかから登場したのがナチスである。ヒトラーは『わが闘争』で、ドイツ民族の再興と世界支配を究極目標として掲げている。ナチス内部では見解が分かれていたが、ヒトラーは、海外ではなく、ヨーロッパ大陸の東方、ロシアに領土（生存圏）を獲得することを主張した。大戦中のドイツ東方帝国の夢はヒトラーに受けつがれていくことになる。

ドイツのアキレス腱　食糧と人口

大戦で明らかになったドイツの弱点は食糧と人口であった。食糧輸入国ドイツは、連合国の海上封鎖に苦しみ、食糧不足と飢餓が革命の原因となった、とナチスは唱えた。国外に食糧の供給地を確保することが急務であると。

もうひとつは東方の敵ロシアとの出生数の違いである。一九三二年の人口千人当たりの出生数は、ロシアの四三・二人に対して、ドイツは一五・一人であった。このままでは、毎年二〇〇万人の出生超過を誇るロシアに対して、ドイツは民族の消滅を恐れなければならなかった。

ナチスの政策のユニークなところは、食糧供給と人口増加のための植民地を敵国ロシアに求めたところにある。ドイツには時間がなかった。ナチスの性急さと暴力性の一因は、そこにあるかもしれない。一九三九年のポーランド侵攻がそれを示している。

人種主義プロジェクトの発動

戦争が始まるとナチスは、ポーランドのエリート層や知識人を殺害した。その数は、開戦八週間で二万人を越えている。ポーランド民族が復興して、ドイツの脅威になることをおそれたからである。

ドイツに併合した地域からは、ポーランド人とユダヤ人を追放し、国外にとり残されていたドイツ人（民族ドイツ人）に土地と家をあたえようとした。残りのポーランドには総督府をつくり、ドイツへの労働力と食糧の供給基地とし、さらにドイツ本国のユダヤ人をここに追放しようとした。

ところで、ナチスはポーランドを占領すると、住民にくり返し発疹チフスに警戒するようよびかけている。チフスは、免疫のないドイツ人にとって、死にいたる疫病で、ユダヤ熱ともいわれていた。ナチスにとってチフスは、不衛生な東方ユダヤ人がばらまく病であり、清潔な文明世界に対する東方からの脅威を象徴する病であった。

注目されるのは、ナチスが文明化の使命を拒絶していることである。先の第一次世界大戦ではドイツは、占領地に防疫部隊を投入し、シラミの駆除を行い、消毒を標準化し、これをドイツ兵や捕虜だけでなく、ユダヤ人にも適用していた。しかし、ナチスはワクチンをドイツ人に限定し、民族による格差をつけている。

ドイツ東方を「エデンの園」に

ナチスは一九四一年に、ソ連に侵攻したが、ドイツに必要な食糧調達で、数千万人が餓死することは想定されていた。そのため捕虜やユダヤ人の殺害には容赦しなかった。

一九四二年までに「ドイツ東方」はさらに拡大し、ナチスは、あのバルト海からクリミア半島にいたるドイツ東方帝国をほぼ手中にした。ヒトラーは、「クリミアは美しい。アウトバーンで行けるようになればクリミアはドイツ人にとってのリヴィエラになるだろう」（『ヒトラーのテーブル・トーク』上巻、三交社）と語るとともに、この「東方領土をエデンの園にしなければならない。われわれにとっては死活問題である」と、総統大本営の会議で述べている。

占領地の拡大にともない、占領行政にあたる膨大な数の事務職員や、軍の要員、看護師や教員、幼稚園教諭がドイツから送り込まれた。数万人におよぶ若い女性たちも動員されている。あらたな植民地の出現は、故郷ではとても望めないような生活や、出世の機会ともなった。ナチスは、この地にドイツ以外のゲルマン系諸国からも入植民を募り、北方人種の揺りかごとすることも考えていたのである。

しかしドイツのエデンの園は、ポーランドのときを何倍も上回る人種主義プロジェクトの実験場となった。三千万から五千万人に及ぶ住民の追放や殺害が計画されるという暴力的で過酷なものであった。

ドイツの敗戦で、「ドイツ東方」は失われ、今ではノスタルジーの対象となっている。ナチスのゲルマン化政策は、皮肉なことにこの地域の共通語としてのドイツ語の地位と、ドイツ文化の影響力を、大きく後退させることにつながったのである。

（山本秀行）

コラム　ボンヘッファーと反ナチ抵抗運動

優れた牧師・神学者であったD・ボンヘッファー（Dietrich Bonhoeffer 一九〇六―一九四五）は、反ナチ抵抗者となり、命を落とした。彼は、ナチ党が政権を取った当初から同政権への批判を公にしていた。一九三三年春のラジオ講演において彼は、神学的な観点から、神のみが有する「究極の権威」と指導者の職務がもつ「究極以前の権威」を区別したうえで、指導者は、自身の権威が被指導者にとって「究極の権威」となり、自身が偶像化することを拒否しなければならないとし、ナチズムの疑似宗教性を警戒している。もう一つ重要なのは、ボンヘッファーがいち早くユダヤ人問題に言及している点である。彼は、ユダヤ人に対する国家の差別的な処遇に対して、教会がいかなる責任を果たすべきかを論じ、教会の取りうる可能性として、国家が正しく職務を果たしているか否かを問い質すこと、国家の政策による犠牲者への奉仕を行うことと共に、国家の暴走を停止させるために直接的な政治行動を行うことを挙げている。

ボンヘッファーの抵抗運動は、教会の一部による抵抗、すなわち「教会闘争」の歩みと軌を一にしている。ナチ政権が成立して以降、国内のあらゆる組織に対して、指導者崇拝と反ユダヤ主義が強制される「均制化」が進められていたが、それは彼が属する福音主義教会に対しても例外ではなかった。「均制化」を進める政権とそれを積極的に支持する「ドイツ的キリスト者」に対してキリスト教の信仰を守るべく、彼は、教会闘争の指導者であるニーメラーと共に牧師緊急同盟の結成に尽力する。それは後に「均制化」に対する異議申し立てである「バルメン宣言」を出すに至る告白教会へと結実する。しかし、告白教会への政権からの弾圧が強まると、告白教会においても政権との妥協を図ろうとする声が高まり、教会闘争は瓦解していった。ボンヘッファーは、徹底して「バルメン宣言」を支持し、告白教会こそが正当な教会であると主張しつつ、同教会の自己防衛に走る妥協的な姿勢を厳しく批判し、地下活動に携わる。

さらに彼は、組織的な教会闘争が困難となる中、それを越え出て、国防軍内部の反ナチ派を中核とするヒトラー暗殺、クーデター計画に参加していく。牧師が暴力を伴う抵抗運動に参加することは重大な倫理的問題を孕んでいた。しかし、彼にとって抵抗運動への参加は、イエス・キリストに従うことから必然的に導かれた、苦しむ他者に対する責任ある行為であった。そして、そうした行為は、もはや罪責を伴うことなくして不可能であるとボンヘッファーは考えていた。国防軍諜報部に所属した彼の任務は、国際的な教会のネットワークを通して、クーデター計画の情報を連合国側に伝え、将来の再建について理解を得ること、計画に参加した人々が抱く良心の葛藤をケアすることであった。一九四四年七月二〇日、暗殺計画は失敗に終わる。前年に別件で逮捕されていたボンヘッファーは、クーデター計画との関連が明るみになり、一九四五年四月に処刑された。

（加藤希理子）

コラム　スターリングラード

スターリングラードは第二次世界大戦の戦局に大きな影響を与えた激戦地として世界史に刻まれている。独ソ戦でナチス・ドイツ軍に国内深くに攻め込まれたソヴィエト・ロシアは、少なく見積もっても、二七〇〇万の死者を出したと考えられている。にわかに実感がもてない巨大な数字である。ソ連国民の一割以上が失われ、戦後の人口構成に大きな歪みが生じた。とくに、占領地や前線となったヨーロッパ・ロシア部は辛酸を舐めた。それゆえスターリングラードは、ロシア人にとっては燦然と輝く勝利と栄光のシンボルである。

他方で、この地で包囲され壊滅したドイツ第六軍は、ドイツ兵、ルーマニア兵、イタリア兵、対敵協力したソ連国民で構成され、その数二五万から二七万人と推計されている。ワシーリー・グロスマンの小説『人生と運命』やガブリール・エギアザロフの映画『スターリングラード大攻防戦（原題：熱い雪）』がその悲惨な様子をよく描いている。生き残ってもソ連の過酷な収容所からの帰還は困難であり、本国への帰還を果たせた捕虜は、五〇〇〇人といわれている。

この町は何度も改名されてきた。一九二五年まではツァリーツィン、そして一九六一年の第二次スターリン批判以降ヴォルゴグラード（「ヴォルガの町」の意）と呼ばれる。ヴォルガは母なる大河として、ロシアのナショナル・シンボルとみなされている。しかしながら、この「大きな物語」はごく近年になって形成されたものである。実のところ、ヴォルガ流域は多種多様な民族が混在し、古来より人とモノが移動する空間であった。

もともとこの町の起源は、一三世紀に襲来したモンゴル帝国が築いた砦だという。ヴォルガ下流域は一六世紀までモンゴル系の国家が大きな力をふるったが、ロシアの力が大きくなるにつれて、覇権を失った。一八世紀ロシア帝国は、農耕を営むロシア人、ウクライナ人、ドイツ人の大規模な入植を進めた。例えば、ヴォルゴグラードの南二八キロメートルに位置する小さな町サレプタには戦禍を免れたドイツ人入植地が残る。モンゴル帝国の末裔たるカルムイク人とドイツ農民たちの間では、土地の使用をめぐって軋轢は生じたものの、良好な通商関係もあったようである。カルムイク人はドイツ人に畜肉や毛皮を売却し、洒落た嗜好品を購入した。革命後はヴォルガ・ドイツ人もカルムイク人も自治領を形成した。

しかし、独ソ戦を契機に、両者ともシベリア・中央アジアに強制移住される。スターリン批判後、カルムイク人は故郷に戻り、自治領を回復したが、ヴォルガ・ドイツ人は厳しい敵意にさらされ続けた。コミュニティは永遠に失われ、子孫はドイツ移住か、旧ソ連各地に散逸している。

（前田しほ）

第Ⅳ部

20世紀(2)

20世紀(2) 哲学者人物相関図

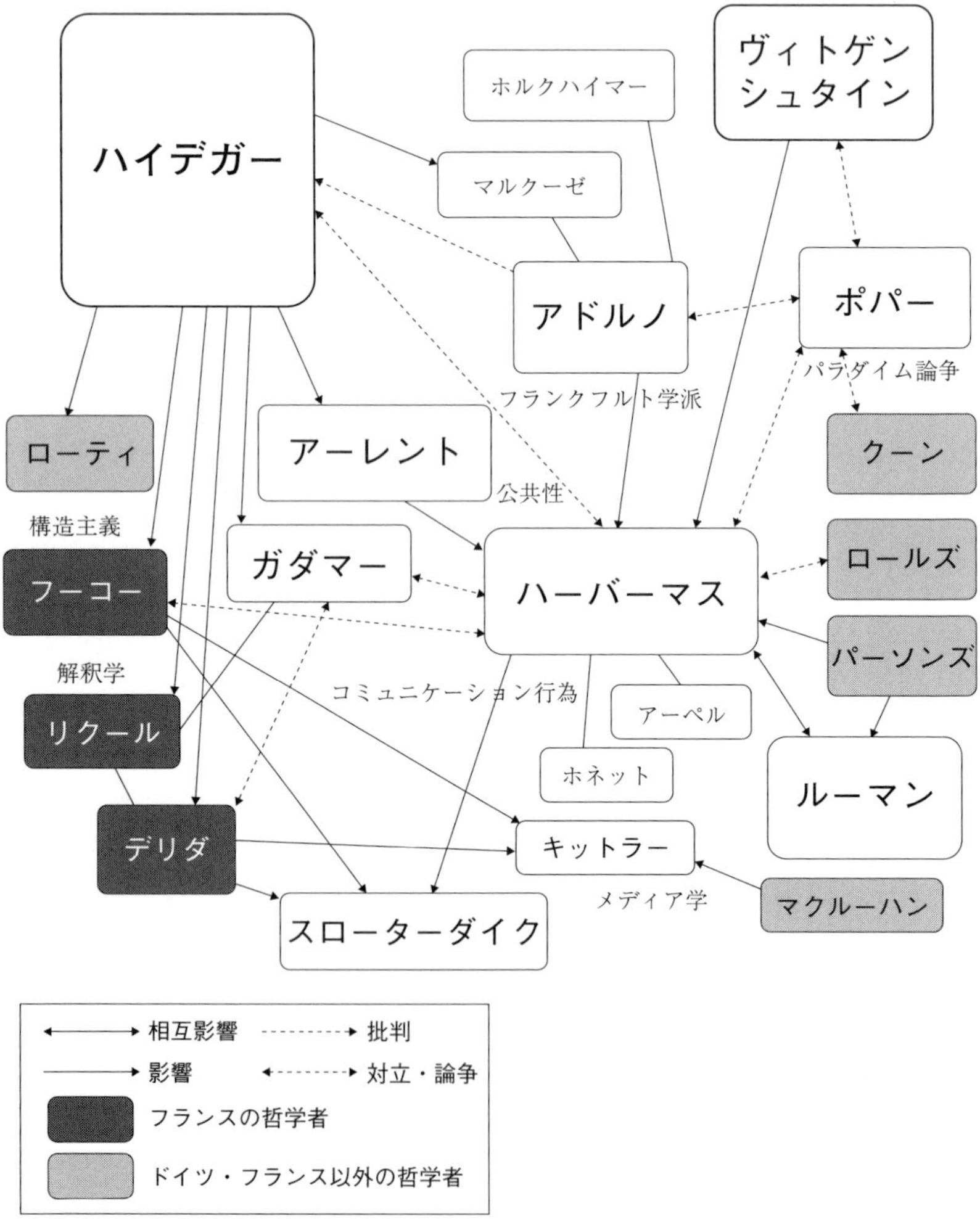

20世紀総論(2)　飛行機、ラジオ、遠い故郷（東西ドイツ分裂以後）

▼東西ドイツ分裂

四五年一一月にブラントはベルリンに戻った。荒廃し、各国軍に分割統治されたベルリンに。四八年、ドイツ国籍を回復。四九年には名前の変更を公式に申請、本名ヴィリー・ブラントとなった。ＳＰＤに所属し、四九年には西ベルリン地区選出の西ドイツ連邦議員になり、本格的に政治家としてのキャリアを開始した。

四八年にテーゲル空港が突貫工事で作られたことは先に(1)で紹介した。翌四九年、西がドイツ連邦共和国として、東がドイツ民主共和国としてそれぞれ成立する。以後、いつ終わるとも知れない東西ドイツ分裂の時代が続いてゆく。

ソ連のフルシチョフ第一書記時代の後半は国際政治が不安定であり、五八年のベルリン危機、六一年の**ベルリンの壁**建設、六二年のキューバ危機と、断続的に緊張の高まりがあった。これらの出来事に対処したのが、五七年に西ベルリン市長に就任したブラントであった。

一時的なことだと思っていた東西ドイツの分裂は、戦後一五年を経ても解消の兆しも見せなかった。もう再統一は困難だ、あっても遠い未来でしかないと、多くの人々が薄々感じた。政治家も婉曲的にはそうした趣旨の示唆を述べることはあった。だが、六〇年八月、ある人物がテレビのインタビュー番組で「再統一は非現実的だ」と率直に断言するのを聴いて、人々は驚き、蜂の巣をつついたような騒ぎとなった。その発言者は精神医学者・哲学者**ヤスパース**であった。

上品な身のこなしで、一見してただ者ではないとの印象を会う者に与えるヤスパース当人としては、自身が普通に考えていることを普段と同じ調子で語っただけだったかもしれない。実際、ヤスパースはこのテレビインタビューへの反響の大きさに非常に驚いた。普及の途上にあったテレビというニューメディアがもつ独自のインパクトを、七七歳の大御所ヤスパースが十分予想していなかった面もあっただろう。

ヤスパースが述べた論点は二つ。第一は、ドイツの「再統一という発想」がもし「ビスマルク国家を復旧する」こととしてイメージされているとすれば、それは「一九世紀」には意味を持ったかもしれないが、大戦後の現代においては無効な観念である、という点。そうした観念は「もはや存在しない」「過去の亡霊のようなもの」にすぎない。第二は、東西の統一よりも優先されるべきなのは、東ドイツの住民の自由であるという点。「個別の物事がどうであるかは、どちらでもいいことだ。自由だけが、重要なのです。自由と比べるならば、再統一はどちらでもいいことです」。戦争による領土拡大を志向していた軍国主義的な時代の発想をどこか引きずったままで、〝再統一〟という拡大をイメージするのは妥当でない、ということだ。要するに、統一を願ってもよいが、〝再〟統一という発想は適切ではない、と。だからヤスパースは第二の論点を優先すべきと考えた。東ドイツの市民が自由を保障され、東ドイツが民主的なまっとうな国になること、自由選挙が実施されること。この優先課題に比べれば、統一は順番としてより後の課題でしかない、と。

ヤスパースの発言は理念的なことを述べるにとどまっており、具体的な個別の政治的争点については言及していない。しかし、そうであるがゆえに、さまざまな立場の人々がヤスパースの言葉をなんらか自分ごとと受けとめえた面があったのだろう。その後ヤスパースはインタビュー内容と関連する論稿とを小著『自由と再統一』にまとめるが、非難の手紙がヤスパースの自宅に殺到するなど、西ドイツでは表向きは非難轟々であった。国外では、むしろ冷静に受けとめられていた。アメリカにいる**アーレント**も、新聞に掲載されたインタビューの活字化を見てすぐに「すばらしい！　見るからに挑発的な定式化もすばらしいですね。重要なのは再統一ではなく自由だと言い切ってこそ、何が問題なのか〔…〕はっきり理解されます」と称賛を込めた手紙を書き送っている。

▼キージンガー政権、ブラント政権

六六年一〇月、連立政権内の意見対立から政権が退陣し、CDU（キリスト教民主同盟）のクルト・キージンガーが新たに首相に選出され、CDUとSDPとの大連立内閣が組閣された。このとき、戦後初めてSDPが政権に加わるに際して、西ベルリン市長職を辞してブラントが外務大臣（兼副首相）として入閣した。

キージンガーは五八年からこの六六年までバーデン＝ヴュルテンベルク州の州首相（州知事）を務めていた人物であった。だが西ドイツの首相に就くとなると、キージンガーがかつて若い頃にナチ党所属の公務員として外務省で勤務していた過去が議論の的となった。作家**ギュンター・グラス**はキージンガーの就任に反対し、ブラントにも連立に参加しないよう呼びかけ、批判の論陣を展開した。ヤスパースもグラスに賛同し、キージンガー内閣の成立を厳しく批判した。

時は**学生運動**の時代に入りつつあり、それにともなって、〝ナチス時代、大人たちは何をしていたのか？〟と若者たちが問いただす動きが生じていった。六八年にはキージンガー

にある女性ジャーナリストが平手打ちをくらわせて逮捕される事件もあった。これは西ドイツに限らず、たとえばヴィシー政権フランスについての問いただしも同様であった。ある意味で現在まで続いている、非常に複雑な問題だ。迫害の傍観者と積極的加担者とのあいだに線引きはなされるべきなのだろうか？　引くとすればどこに引かれるのか？　公務員たちのなかでは？　役職がどのランクより下のランクだったら無罪とみなしてもらえる？　そこには確かに、グレーゾーンがある。しかも、いくつもの濃淡の違うグレーがあちこちに散在している。同時代の者たちが賢明にか愚かにか目をつぶってきた種類のグレーがあり、また、後代の人間にとっては目に入りやすい種類のグレーがあり、他方で見過ごされがちな種類のグレーがある。――しばらく後のことだが、一九九九年にノーベル文学賞を受賞したのち二〇〇六年に、ギュンター・グラスは自身が大戦末期の一九四四年に一七歳でナチ党の武装ＳＳに所属していたことを初めて明らかにした。ごく若い未成年時の、しかも戦時下の混乱期での一時的な事態であったのは間違いないが、それを隠し続けてきたことは困惑と、いくらかの同情と、多くの批判を呼んだ――。

ヤスパースは、これまた議論を呼んだ著書『連邦共和国〔西ドイツ〕はどこへ漂流する？』（一九六六年）への批判に回答する六七年の著述で、こう記す。「十年前には不可能と思われたことが、ほとんどなんの抵抗もなしに、現実になっている。かつてナチ党員であった人々が、高い地位を、政治的地位さえをも占めてきつつあったことは、事実上、避けられなかった。なぜなら、私たちの政府、経済、教育機関を動かすのに、ナチ党員でなかった人々だけでは、人数があまりに少なかったからである。キージンガーがバーデン＝ヴュルテンベルクで州首相になったとき、なんの反対も起きなかった。しかし、〔西ドイツ〕連邦政府の首相は？　これは、まったく別のものである」。キージンガーの首相就任に反対という論点は明確だ。だがもういくらかニュアンスのある何かをヤスパースは記している。〝州首相ならかまわない〟が、〝西ドイツ首相に過去にナチ党籍を持った人物が就くのは適切でない〟という論理は一応明快ではある。だが、とくに別の国や別の時代の人の視点からすれば、線引きの位置がほかではなくそこであることの根拠は自明ではないだろう。恣意的な線引きか？　それでも、誰かがそのつど考え、語らねばならない。社会を動かしていくためのやむをえない現実とは、そのつど、どのようなものであるか……。

キージンガー政権はさほど長くは続かなかった。ＳＰＤ党首にもなっていたブラントにたいしては、とくに六一年のべルリンの壁建設への難しい対応の際、米大統領ケネディとの連携などによって西ベルリン市長として名を上げた時期に、当時のアデナウアー首相などから中傷的な攻撃があった。大戦下でドイツの庶民が苦難に耐えていた時期に、安全な国外で、他国の国籍を取得し、ドイツ人ではなかった人物だ、等々と。しかし六九年、選挙の結果キージンガー政権は倒れ、ブラントが西ドイツ首相に選出され、戦後初めての、つまりナチ政権成立以後初めての、SPDからの首相となった。

アデナウアー時代の外交からの転換がブラントの課題となる。建前の次元ではベルリンの壁による分断強化を非難しつつも、壁の存在を東ドイツを公式の政府間対話の席につかせる機会ととらえた。互いを国家として承認しない状況から、対等な公式の国家間関係にまで変えることが、ブラント政権の外交方針となった。これは七〇年代当時は賛否両論で、国会での条約承認投票も綱渡りの連続だったが、現在から見れば、のちの東西統一はこの延長線上に起こったと言える面があろう。七三年に東西ドイツは国連に同時に加盟を果たす。

これも当時は評価が分かれたが、現在においてはブラントを歴史に残る人物として位置づけるものとみなされているのが、七〇年一二月、いまだ正式な国交のないポーランドの首都ワルシャワをブラントが訪問したときの出来事だ。ワルシャワ・ゲットー蜂起の記念碑の前に立ち、献花したブラントは、一歩下がり、その後、地面に膝をついた。それだけの出来事である。現在では「ワルシャワの跪き」として歴史用語になりつつあるが、その日その場に居合わせた職員や報道陣にとっては予期せぬハプニングであり、誰も当座に言葉を発することはなかった。――のちに幾度となく、あの身振りはどのような意味だったのか、と国内外でブラントは尋ねられ続けることになるが、それは、言葉にならないなにかである。「言葉が無力であるような場で、人間がなすこと」を、ふと自分はおこなったにすぎない、と。

▼ギリシアへの旅、飛行機、東の海

一九六七年五月、七八歳の**ハイデガー**は、飛行機に乗り、ギリシア旅行に出た。

ハイデガーにとって二回目のギリシア訪問（諸説あったが、二回目だろう）。あれだけギリシアについて考え書き続けてきたハイデガーだが、初めて一回目にギリシアを訪問したのはもう七二歳になった、一九六二年のことであった。

戦後のいわゆる後期ハイデガーの著述や講演は、ますますソクラテス以前のギリシアに沈潜するようになり、「ノエイン〔思考すること〕νοεῖνがエイナイ〔存在すること〕εἶναιと相互に属する zusammengehört」（GA 8）経験としての、ギリシアにあったはずの端緒の存在経験を静かに追想することに、ただ禁欲的に努めるかのような趣きを呈する。

　五五年以降ハイデガーはフランスをたびたび訪問し、こうした内容の講演やゼミナールをおこなっていたが、それらの機会にも、一度ギリシアに旅行してみてはと人から薦められていた。五五年と六〇年に実現しそうになったが、結局、行くのをやめた。生前未公刊のノートにはこう記されている。「長いためらいがあった、幻滅することへの恐れからだった。現代のギリシアは、ギリシア固有のものを光のうちへ歩み出させることを、老いた者〔＝ハイデガー〕にたいして拒むかもしれない。くわえて、ためらいは、疑いからも生じていた。神々が去った国と考えられていたものは、単に思いつきの作り話でしかなく、〔自分が歩んできた〕思考の道は誤った道だと証明されてしまうに違いないだろう」（GA75）。

　六二年、妻の七〇歳の記念ということで、ハイデガーはついにギリシア旅行に発つ。船でのパッケージツアーだった。途中イタリアのヴェネツィアに寄港するが、観光都市ぶりにうんざりする。ギリシア国内になってからも、街並みがイタリアとさして変わらないように見えて、疑念がつのる。しかし、遺跡の廃墟にたたずんでいると、いまはもうないが、かつてなにかが滞在して去っていった場所という不在が、不在としてそこにあるような予感はしてくる。船旅がペロポネソス半島を過ぎてエーゲ海に入り、小アジア側に近づき、ロードス島が見えた頃には、なにかが決定的に感じられ始める。「ギリシアを越えてさらに東」（GA 4）へと**ヘルダーリン**が思いを向けた多島海と小アジアに、たしかに自分は「滞在」しているのではないかという感覚が。

　だから五年後、六七年の二度目のギリシア旅行は、ギリシアの範囲のなかでもエーゲ海諸島を主に訪問する目的のものとなった。ヘルダーリンがいくつもの詩に記したエーゲ海そして小アジアの岸辺で、なにかをわずかでも聴きとるために。さてハイデガーは陸路でフライブルクからミュンヘンに向かい、飛行機に乗る。

「飛行機は定刻通り十五時二十分に出発した。〔…〕オーバーバイエルンの田園とそのきちんと測られた森林地帯から、雪をかぶったアルプスの峰々を越え、あっという間にヴェネツィア、〔…〕やがてイオニア海に浮かぶギリシア最初の島々へと移っていく」（GA75）。一回目の旅では一泊して時間を費やしたヴェネツィアを「あっという間に」通り過ぎることにハイデガーが快適さをおぼえているのは否定しがたい。ダイレクトにギリシアへ向かう空の道。……あたかも、ハイデガーの哲学的著述が読者にとってそうであるように？

　生前未公刊の、未完成と思われる二回目のギリシア旅行記

（二〇〇〇年に出版）には、ハイデガーがナクソス島やパトモス島を訪れ、ヘルダーリンのさまざまな詩における「海」の重要性を、海そのものとともに追想するさまが記されている。ただし、詩人ヘルダーリンは「本当の海を一度も見たことがなく、ましてや海を航行したことなどない」。「ヘルダーリンは一度も彼のギリシアを、旅や周航で実際に見つけるわけにはいかなかったのだ」。では何にハイデガーは感激していることになるのか。ハイデガーはこうまで記す。「それともヘルダーリンによって詩作された海のほうが、私たちにとって地理的に確認される海よりも、いっそう現実的なのだろうか？」。しかしそれなら、飛行機のテクノロジーを駆使してわざわざ旅行に来る必要などなかろう。ハイデガーの記述は矛盾にみちている。そこには二重三重の不在がある。

いまはない古代ギリシア。不在のギリシアを歌う作り話とも言えるヘルダーリンの詩。詩人自身は見たこともない地理的エーゲ海とその島々。この才能に恵まれた哲学者が、屈折の生涯を経ていま老年に思うのはなにか。ドイツ的なものの起源なり根源がギリシアなのだと主張するとして、そのギリシアが二重三重の不在でしかないとすれば、ハイデガーが記し続けた〝故郷〟というようなものは、どこにあるというのか。南ドイツの山と森でもない。ギリシアの大地でもない。《海》——それは、ヘルダーリンにとって、ギリシアが現在することだったのか？」（GA75）。

▼ベルリンの壁崩壊

一九八九年秋、東ドイツのライプツィヒで何万人もの人々が集まり国外旅行の自由を求めるデモが、毎週起こるようになった。そして一一月九日の夜七時頃、東ドイツの政府記者会見で、他国メディアも居合わせている場で担当者が言い間違いをして、国外旅行の自由化について「ただちに、遅滞なく」実施すると述べた。これを受け、西ドイツと西ベルリンのテレビ・ラジオは壁が「開いた」と速報し、定時のニュースでも明確に「東ドイツの国境はすべての人に開かれた」と報じた。

西ベルリンの放送電波は東ドイツのかなりの地域で受信可能であった。徐々に、東ベルリンで人々が集まり始める。深夜一一時前後に各国境検問所は出国審査を放棄し、国境は解放された。深夜のうちに数万人が国境を越えた。壁の上によじのぼり踊る者たちがあり、西ベルリンの酒場は無料でビールをふるまった。

七四年に首相職を辞し、八七年にSPD党首も退任した、七六歳のヴィリー・ブラントは一一月九日はボン近郊にいたが、一〇日の朝に至急のコメントを求める記者からの電話で壁の崩壊を知った。飛行機でブラントはベルリンに急行した。

このとき、西ベルリン市庁舎で市民に向けてスピーチをした後、ラジオ局のインタビューに答えて述べた言葉を少し短くした一文「いま、共に属するものが、共に合わさり進む〔傷が癒合する〕Jetzt wächst zusammen, was zusammengehört」は、ブラントの名言として広く人口に膾炙した。

むろん、国境の通行自由と、国の統合とは別の事柄だ。SPDでは性急な統一に反対する意見の者が多かった。ギュンター・グラスは慎重な姿勢を示し、**ハーバーマス**は東西ドイツの統一などというのは西ドイツ通貨マルクの価値を東西ともに過信した「ドイツ・マルク・ナショナリズム」にすぎないと批判した。ただハーバーマスも心情としてブラントのような経歴の人物が統一を歓迎する発言をすることに理解を示さなかったわけではない。ブラントはSPD所属だが早期の統一を肯定するという、政治的には微妙な位置にあった。しかしそれは東ドイツ住民の現実を見抜いた判断でもあっただろう。あの第一次大戦後のハイパーインフレが長い苦難の遠因だったとすれば、通貨の統一と安定を強く早急に求める感情にはなにか根本的なものが含まれていたかもしれない。

九〇年に、ブラントが新たに序文を書いてヤスパース『自由と再統一』が再刊された。ゴルバチョフ時代のソ連・東側の変化と、自由を求める東ドイツの人々の動きが壁を開いたと解釈するならば、大筋では、ヤスパースの見立ては当たっていたと言える。ブラントは——ヤスパースはブラントが首相になる数か月前に世を去っている——自身の首相時代の外交は「自由の優先」等の「ヤスパースの提案と本質的なところで近いものだと、つねに意識していた」と、序文に記した。結果論ではある。とはいえ、ナチス時代を成人として経験し、かつ、もっと遠い未来にあるかどうかのことと思っていた、この壁崩壊の日を生きて見届けられた世代の一人が、書き記すにふさわしい言葉ではあっただろう。

統一後の首都をボンではなくベルリンに移すことに尽力したのち、九二年にブラントも世を去る。このことは、戦後育ち・戦後生まれの世代に社会の中心的な担い手が移行しつつあることを意味した。そして、ナチス時代が〈記憶〉から〈歴史〉に移りつつあることをも意味する。二〇世紀とは何であったのか、二〇世紀ドイツとは何であったのか。それを個人の経験・記憶としてではなく、歴史として言語化し、共有し、想像し思考し、マクロやミクロのさまざまな観点を確保しつつ公共的に論じ、そして未来の構想につなげることは、後の時代の人間たちにゆだねられた課題である。

もちろんこれを読んでいるあなたも、その一人ということになろう。

（川口茂雄）

アーレント

Hannah Arendt **1906-1975**

生涯と業績

ハンナ・アーレントは一九〇六年生まれのユダヤ人哲学者。マールブルク大学でハイデガー、ハイデルベルク大学でヤスパースに学ぶ。個人的にも恋愛関係にあったといわれるハイデガーには、思想的にも大きな影響を受けている。その思想的な生涯はハイデガー哲学との批判的対話であったということもできる。

ただしアーレントがハイデガー哲学のたんなるエピゴーネンではなく、独自の思想家として歩みを始める契機は、ナチスの支配とそこで行われたユダヤ人の「最終解決」の衝撃であった。一九三三年ヒトラーの政権掌握とともにアーレントはドイツを脱出する。パリでシオニズムの運動に協力した後に、一九四〇年ドイツのパリ占領を受けてアメリカに渡る。戦後明らかになったユダヤ人強制収容所の実態、さらに自らもユダヤ人として経験したマイノリティあるいは難民（無国籍者）の問題を考察していくことになる。『全体主義の起源』からはじまり『人間の条件』、そして未完結に終わった『精神の生活』は、政治的な経験の地平に立って西洋哲学そのものの批判的再検討を試みる政治哲学者の歩みであった。

和解と赦し

ナチスのユダヤ人虐殺そしてスターリン支配下のソビエト・ロシアにおける大粛清の衝撃を受けとめた大著『全体主義の起源』以降、アーレントの思考の方向を決定づけた問題を一言でいえば「和解」と「赦し」をめぐる問題である。ユダヤ人の「最終解決」のような「起きてはならなかったこと」にどう対処するか、許しがたい出来事だが、取り返しのつかないことに人間はどう向きあうのか、一九五〇年から晩年の一九七三年にいたるまでのアーレントの思索の記録である『思索日記』の冒頭はこう始まっている。

「人が犯した不正は肩に掛かる重荷だが、人が自分で背負い込んだからには自分で担うしかないものだ。これはキリスト教的な罪の観念とは対立する考え方である。キリスト教的な罪の観念にしたがえば、ある者の犯した不正はその者の中に罪として残り、すでに汚れている内的組織をさらに毒していくことになる。だから人は恩寵や赦しを必要とするのである。それは重荷を除かれるためではなく、浄められるためにである」（『思索日記I』、強調は原文通り）。

ここではまず、キリスト教的な原罪論の立場からする「赦し（Vergebung, Verzeihung）」が批判されている。神への反逆に発する人間の根源悪を前提とするならば、罪の赦免は造物主たる神、あるいは神の子たるキリストのとりなしによってしか果たされない。神の恩寵によってなされる赦しは、罪の意識をその内面に刻みつけることによって、人々の心を毒していくことになる、というのである。

キリスト教的な「赦し」が絶対的な神からの一方的な恩寵であるのに対して、「和解（Versöhnung）」というのは平等な人間の間の営みである。

「和解は不可能なことをするなどと偽らない――他人の重荷を取り除くと約束することもないし、自分には重荷はないと称することもない――し、それどころか和解においてもそのようなことはいささかも起こることはないからである。和解する者は、他者がいずれにせよ担う重荷を、すすんで担うのだ。つまりこれによって和解する者は平等を再建するのである。したがって和解というのは赦しとは正面から対立する。赦しは不平等を打ち立てるのである。不正の重荷は、それを犯した者にとっては、自分で背負い込んだものであるが、和解する者にとっては、自分にとって起きてしまったことなのだ」（『思索日記I』）。

不正や過失を犯してしまった者の心の重荷を取り除いてやることなど、他の人間にはできはしない。だから罪を赦してやるというのは、心の負い目をもたない者が罪の意識を感ずる者に対して道徳的に優位に立とうとする試みでしかない。そこでは赦す者と赦される者の間は不平等なまま、両者の間の関係は根本的には断絶している。犯された不正を黙って見過ごすのではなく――これは単なる復讐の断念でしかない――起きてしまったことに共に向き合うこと。「和解」というのは、いったん壊れた関係を平等な関係に修復することであった。

アーレントは『人間の条件』で、キリストとして神話化される以前のナザレのイエスを真の「和解」としての「赦し」を体現した人物として描いているが、近代哲学もまた現実との「和解」という課題に直面していた。

「ホッブズを最大の代表者とする近代の政治哲学は、近代合理主義は非現実的であり、逆に近代現実主義は非合理的であるという難問に直面して崩れる。この難問は、リアリティと人間理性とは訣別したということの別の言い換えにすぎない。精神をリアリティと和解させようとするヘーゲルの壮大な企ては、すべての近代歴史理論の最大の関心事だが、それは近代理性が現実という岩礁に当たって沈んだという洞察に基づいているのである」（『人間の条件』）。

近代政治哲学は、合理的理性にとって予想もつかない出来事、意志にとっては取りもどすことのできない出来事によって織りなされる現実（リアリティ）に直面して挫折する。それを乗り越える道を模索したのがヘーゲルの歴史哲学であった。「精神を世界史ならびに現実と和解させる」という巨大な試みをヘーゲルの試みは、人間理性に定位する近代合理主義の政治哲学の挫折を乗り越える方向を示唆するものであった。

ヘーゲルへの注目は、西洋政治哲学の再検討というアーレントの課題と深く関わっている。

▼西洋政治哲学の再検討

『人間の条件』ならびに『革命について』の前提となった草稿『西洋政治哲学の伝統』のなかでアーレントは、古代ギリシアのプラトン、アリストテレスから始まる政治哲学の伝統がいかにして政治的なものの経験を忘却あるいは敵視するようになったのかを検討している。

アーレントはこう述べている。プラトンは地上の世界と死者が向かう地下の冥界（ハデス）というホメロスの対比を転倒させた。プラトンにとっては地上の世界、肉体的感覚の世界の方が冥界の如きものであつて、真実なる存在は天空のイデアにこそある。だがしかしこの転倒は、肉体と精神の分離という二元論の設定によって始めて可能になる。

もともとホメロスの思想においてはそのような二分法は無縁であった。プラトンは「転倒」という作業そのものの前提をつくり出したのである。これによって、古典的なポリス都市共同体の成立以前からギリシア人たちが抱いていた政治的なものの経験は完全に忘却されたのである。

そのような意味においてプラトンは西洋政治思想、形而上学といわれる思考の出発点となった。これ以降延々と続けられるプラトン批判の営み、形而上学の「転倒」の試みは、プラトン的な二元論を前提にして、これにさまざまの再解釈や再転倒を施すという形をとるという意味においては、基本的にはプラトンの土俵の上にとどまっている。ヘーゲルの歴史＝哲学は、精神と歴史あるいは現実との「和解」を通じてこの二元論そのものを越えようとする試みであった。西洋政治哲学あるいは形而上学の転倒作業を完遂しようとするマルクスとニーチェの試みはヘーゲルのこの壮大な試みの延長線上にある。

▼『人間の条件』とマルクス

ヘーゲル以降の転倒作業としてまずアーレントが取り組むのがマルクスであった。その理由はマルクスがプラトン以来の観照的生活と活動的生活の関係を転倒して実践の優位を主張したからだけではない。アーレントが『人間の条件』冒頭で述べているように、まさに地球という人間の生存と諸活動の前提的条件を視野に捉えて、その理論のうちに組み込んだのがマルクスだったからである。

マルクスは労働を自然と人間の物質代謝の過程、人間が自然との物質的交換の中で自らを再生産し、それを通じて自分自身と自然を含めた環境世界をも作り変える、そうした過程として捉えたのであった。ヘーゲルが人間労働の能動性に着目してこれを「精神」の特質として概念化したのを受けて、あらためてこれを自然と物質的生産という制約条件の内に置き直したのである。したがって人間労働の能動性を体現し、社会発展の原動力となるマルクスの「生産力」の概念には、ヘーゲルにおける「精神」の能動性が継承されている。

アーレントは『人間の条件』において「労働」「仕事」「活動」という人間諸活動の区分と相互の関係を分析しているが、これはマルクスの議論の批判的継承であった。すなわち、「労働」と「仕事」によって、明確な目的と手段

――自然と人間との間に入る媒介――を通じて行われる意識的活動と、自然との交換を通じての生命再生産とを区別すること。これは自らの身体も含めて自然の一部であるという「人間の条件」と直接関わる「労働」を貶めるものではない。自然の循環過程の一環としての「労働」に対して、「仕事」がつくり出す工作物は耐久性をその特質として自然との間の障壁をつくり出すと共に、おもに生命維持と再生産の場であった私的領域と、活動の場であった公的領域との境界をなすものであった。そうした工作物と財産による境界こそが公的な場とそこでの「活動」を可能にする。私的所有廃絶による解放というマルクスの構想に対するアーレントの批判もここに理由がある。

そうした境界づけによって存立する公的な世界そのものを維持するのは、人間の複数性を基礎的条件にしてなされる人々の間の「活動」であり、活動の場としての公的世界を形成する力こそがアーレントのいう「権力」なのであった。その意味において、アーレントの「権力」概念は、潜在的なものを現実のものとして生みだしていくというアリストテレスの「エネルゲイア」からヘーゲルの「現実性」にいたる概念の系譜を継承している。マルクスのアリストテレス、ヘーゲルからの継承にもかかわらず、人間が現実的な共同世界を形成するまさにその潜在的形成力をマルクスの労働・生産力概念は十分に継承していないのではないか、というのが『人間の条件』におけるマルクス批判の底流にあるテーマであった。

かくしてヘーゲルからマルクスにいたる歴史=哲学の試み、精神の自己展開から生産力の発展に基づく歴史把握が批判される。アーレントにおいて歴史は一元的な原動力による法則的発展ではなく、個別の因果関係、さまざまの影響関係が織りなす「出来事」の連鎖にすぎない。そのような意味における歴史的事象の展開、出来事としての世界史という観点から、「近代」の起源、観照優位の人間活動・能力の序列の転倒をもたらしたのは何であったか――端的にはガリレオによる「アルキメデスの点」の発見――が最終章で明らかにされる。

▼再び「和解」の問題へ

アーレントは『人間の条件』以降も「和解」の問題を追求している。ヘーゲルからこの問題を継承したのはマルクスではなくニーチェであった。

「人間の行為の意味は精神の織りなす出来事の絨毯の中にしかなく、彼らの行為は素材として使用され消費されるのであるから、人間が意図し、意欲した意味は道徳的には中立である。善も悪もこの絨毯の模様として表れ、消費される。そこではすべてが意味あるものであって、したがって善である。かくして判断は世界から排除される。神でさえもはや判断することはできない。神は自らを啓示して、人間はその光景〔演劇 Schauspiel〕を見て楽しむのだ。意味はただ観照〔するものにとって〕のみ存在する。意図された意味などというのはすべて幻想である。すべての存在が本当はすべて生成（Werden）であるとすれば、すべての行為は出来事だということになる。道徳を排除したのはニーチェではない、ヘーゲルなのだ」（『思索日記Ⅰ』）。

ニーチェはヘーゲルによる「道徳」の排除をさらに徹底する。ヘーゲルにおいて歴史過程は神＝精神が顕現する過程であるとすれば、ニーチェはこれをさらに転倒したのである。

「「永遠回帰」というのは「悪循環としての神（circulus vitiosus deus）」、永遠に繰返される人間の出来事の見世物であって、それに向かって「アンコール」と叫ぶのは神々しいこと、神的なものにあずかっている証拠なのだ」（『思索日記Ⅰ』）。

出来事の連鎖に意味があるためには、それを見ている神が必要である。だがそのような超越的な存在がないとするならば、それを見ているわれわれ自身が神だということになる。永遠に繰返される演劇に対して「今一度」と叫ぶ「超人」こそ、そうした出来事に意味を与えて救済する神なき時代の神である。だがアーレントにとってニーチェの解決は徹底した自己喪失という孤独の中での営みでしかない。「観客たる神を求めるニーチェの叫びは、歴史主義の最後の帰結に他ならない」。ヘーゲルからはじまる歴史主義は道徳や価値を解消して、判断力からその基礎を奪ってしまう。そこからの脱出路として、ヘーゲルとは異なるカントの道、判断力の再建の道が追求されることになる。

（牧野雅彦）

ホルクハイマー

Max Horkheimer　**1895-1973**

マックス・ホルクハイマーは、一九三〇年からフランクフルト大学社会研究所の所長を務め、後に「批判理論」(あるいはその揺籃の地にちなんで「フランクフルト学派」)と呼ばれる学際的社会理論を先導した社会哲学者である。ユダヤ系の出自やマルクス主義思想との関係から、ホルクハイマーは、国民社会主義が政権を獲得した一九三三年には大学の職を失い、戦後再びフランクフルト大学に戻るまで、研究所ともどもスイスからアメリカへの亡命を余儀なくされた。

ホルクハイマーの思想の核心は、現実の矛盾に光をあてる批判的社会哲学の構想にある。「伝統的理論と批判的理論」(一九三七年)によれば、デカルト以来の伝統的理論は、数学的な普遍妥当性や無矛盾性を重視するあまり、自分が歴史の産物であることを見失い、自らが属する社会を批判する視点を欠いてしまう。それに対して批判的理論は、自らの歴史的条件を意識し現実に存在する社会の矛盾に目を向けることで、より理性的で不正なき世界への実践的変化を目指す。こうして、「哲学の社会的機能」(一九四〇年)において言われる「現実を支配しているものの批判」という社会的機能を果たしうる思考モデルとして、批判理論が提示されるのである。

さらにホルクハイマーは、アドルノとの共著『啓蒙の弁証法』(一九四七年)や講演をもとにした書『理性の腐蝕』(一九四七年)において、批判の眼差しを理性の歴史的自己矛盾に向ける。彼に従えば、真理の認識や善の実現を目指していたはずの理性は、科学技術が発展していく近代市民社会において、与えられた目的に——たとえ非合理な目的であっても——合理的に奉仕するだけの道具的理性へと変質してしまっている。まさしくこの矛盾したあり方を乗り越えるために求められるのが、理性の自己省察である。

後年のホルクハイマーは、ショーペンハウアーの形而上学的ペシミズムやユダヤ教など宗教的主題を取り上げ、哲学における神学的契機を語るようになる。もっともここで言われるのは、特定の宗教への回帰というよりも、「他なるものへの憧れ」、つまり既存の世界とは別のあり方への志向こそが現実への批判を駆り立てるというそのことである。他なる可能性に向けて現実社会の矛盾と対決するこの批判の理論は、ドイツにおける六八年運動の知的供給源となり、また今日までさまざまな仕方で——さらなる批判を経ながら——引き継がれている。

(吉田敬介)

マルクーゼ

Herbert Marcuse　1898-1979

　ヘルベルト・マルクーゼは、一八九八年にドイツのベルリンに生まれた。はじめフライブルク大学のフッサールとハイデガーのもとで学ぶが、ルカーチの『歴史と階級意識』に触発され、ハイデガーの『存在と時間』によって切り開かれた現象学的実存主義とマルクス主義を統合する試みに着手する。

　一九三〇年代には、アメリカ亡命を余儀なくされたフランクフルトの「社会研究所」の主要なメンバーとなり、ホルクハイマーやアドルノらとともに研究所の旗印である現代社会についての「批判理論」の樹立に寄与する。ファシズムを分析した「権威と家族」に関する研究所の共同研究に携わり、この間フロムによって共同研究に導入されたフロイトの精神分析とマルクス主義的社会理論との統合の可能性を模索する。

　第二次大戦後もアメリカにとどまったマルクーゼのとくに重要な著作は、それぞれ一九五五年と一九六四年に出版された『エロス的文明』と『一次元的人間』であろう。

　『エロス的文明』では、晩年のフロイトの「文明は衝動の抑圧の上にのみ成り立つ」というテーゼ、すなわち文明は個々人の幸福の断念によってのみ可能になるというペシミスティックな主張に対して、マルクーゼは、「抑圧」と「現実原則」というフロイトの基本概念から資本主義的階級社会に特有な「過剰抑圧」と「業績原則」を区別し、歴史的に規定された後者の廃棄によって抑圧なき文明への展望が開かれ、そこでは「労働と遊びの一致」というユートピアの可能性がもたらされるとする。

　「先進産業社会におけるイデオロギーの研究」というサブタイトルをもつ『一次元的人間』は、効率性や合理性をもっぱら追求するテクノロジー至上主義的なイデオロギーに支配された状況のなかで、対立や否定の契機を喪失してしまった（一次元的になってしまった）社会や人々の意識に対する批判の書である。この著書は、当時台頭していたニューレフト運動のバイブルと目され、マルクーゼはニューレフトの教祖的存在となる。『純粋寛容批判』（一九六五年）や『ユートピアの終焉』（一九六七年）、『解放論の試み』（一九六九年）といった著作等を通じて、ラディカルな社会運動へのコミットメントを深めていった。

（辰巳伸知）

ユンガー

Ernst Jünger 1895-1998

▼歴史哲学的思想家

エルンスト・ユンガーは非常に複雑な相貌を持った作家であり、その特徴を短文でまとめることは難しい。しかし本書の趣旨に従い、あえて歴史に関する哲学的な思索という観点から要約するなら、ユンガーは、第一次世界大戦とともに始まり、ソ連の解体とともに終わった「短い二〇世紀」を生き通し、総力戦と全体主義というこの世紀の核心的な経験を、——存在するもの全てを動員し、全てをエネルギーへと転化してやまない——近代（モデルネ）の破壊的な動態性の省察へと先鋭化させた思想家であり、またそれと向き合うべき人間像の大胆な造形を文学の主題とした作家である、と言える。

この観点から見れば、ユンガーの歴史哲学的な思想とそれを表現した作品群とは、『労働者』（一九三二年）において頂点に達する前期とそれ以降の後期とに二分できる。両者を区別する最大の指標は、近代に向き合う態度の相違にある。前期には人間性にとって受け入れがたく思われる近代の英雄的な肯定が敢行され、後期には対照的にそれからの内面的離脱が目指される。順に見ていこう。

▼近代の英雄的肯定

ユンガーは第一次大戦に志願兵として参加し、戦後その体験を回顧した戦争日記『鋼鉄の嵐の中で』（一九二〇年）によって作家としての経歴を開始した。この作品で、前期に特徴的な、上述の態度の基礎が据えられた。同作品は、物量戦の戦場を覆う恐怖と大量破壊との様相を、高度に文学的な様式化を伴いつつ迫真の筆致で描写し、後にジッドやボルヘスなどの文豪によって高く評価された、戦争文学の傑作である。他方で同時にそれは、前線で恐怖に耐えて戦った若者たちの健気な姿を英雄的な「前線軍人」の記念碑的肖像へと高める、英霊崇拝の文学でもあった。同作品初版の冒頭には、「斃（たお）れたわが戦友たちの思い出のために」という献詞が置かれている。そこには、自分たちの世代が払った大きな犠牲に意味を与えたいという、ユンガーの「追悼への意志」が表明されていた。

世代の運命に対するユンガーのこの執心は、やがて敗戦後祖国ドイツの窮迫した政治状況と重ね合わせられることで、未完の課題たるドイツ人の国民統一を完遂すべき前線世代の国民的使命の観念へと高揚する。ユンガーによれば、前線世代の犠牲の死は、つまるところ総力戦という苛酷な事業をさえ主体的に担いうる真の近代国民をドイツ史上に初めて出現させるためにこそあった。「国民革命」、すなわちかつての前線軍人を範としたドイツ国民の新形成、これが、一九二〇年代後半のドイツ・ナショナリスト陣営の中でナチズムをも凌駕する無類の急進性を誇った、ナショナリスト・ユンガーの中心思想であった。

さて『総動員』（一九三〇年）を境として、ユンガーの歴史哲学的思索は、徐々に脱ナショナリスト的で世界帝国論的な方向へと転回する。顧みれば、総力戦を可能としたものは、一国民の意志というよりも、むしろ科学技術と産業社会と民主主義との絶え間ない進展という近代史の過程それ自体である。この動的過程のいやます昂進は、ユンガーによれば、今日もはや国民国家によって制御可能な域を超え、地球の隅々と生活の深部とにまで及ぶ壊滅的な刷新をもたらし、地球大の「労働国家」の成立を促しつつある。この歴史動向をあえて肯定し、その形而上学的意味を「労働者の形態」の下に可視化しようとした野心作が、前期の主著『労働者』である。同書によれば、「労働者」とは、労働という今や普遍化した生活形式を通じて地球の相貌を塗り変える、近代の巨人族的人間類型にほかならず、近代の破壊性は、この人間像に媒介されつつ、いずれ形態としての新たな秩序へと収束する。

▼近代からの内面的離脱

『労働者』の刊行以降、近代に対するユンガーの態度は大きく変化した。その要因としては、ナチズムと全体主義との実際の経験、ニーチェの「権力への意志」からゲーテの「形態学」への基準思想の変化、カトリシズムの影響など、様々に挙げることができるが、しかしそれらと並んで、ユンガーにとって近代が本来破壊的な性格を持っていたこと、それゆえ近代を肯定した前期の作品も、近代の重圧下に押し潰される人々の悲嘆と彼らへの追悼という深い哀調を帯びていたことが見逃されるべきでない。

後期にあっても、近代の不可避的な破壊性に対するユンガーの確信は変わらない。それゆえユンガーによれば、近代の英雄的肯定がもはや認められるべきでないにせよ、近代の外へ逃れ出ることも、理性的な規範意識や科学技術のさらなる進歩によって近代の破壊性を抑制すること（近代による近代の制御）も、依然不可能である。残された途は、近代の中の敗残者たることに甘んじつつ、自由との繋がりを密かに回復することしかない。後期作品に描かれるのは、隠棲する植物学者や「アナーク」などの単独者的人間像であり、自由は歴史において社会を通じて実現するのでなく、単独者の自律によって内心に実現するというのが、その中心思想である。

（川合全弘）

アドルノ

Theodor W. Adorno　1903-1969

フランクフルト学派を代表する哲学者・社会学者であり、「批判理論」と呼ばれる独自の思想を展開したテーオドア・W・アドルノは、一九〇三年にドイツ・フランクフルトで生まれ、フランクフルト大学で哲学を専攻する一方、作曲家の道も志し、一九二四年より半年間ウィーンに音楽留学。シェーンベルク楽派に属する作曲家アルバン・ベルクのもとで作曲法と音楽理論を学ぶ。その後、一九三一年に教授資格請求論文『キルケゴール——美的なものの構成』を執筆し、フランクフルト大学の私講師に就任したが、一九三三年一月末にヒトラー政権が誕生すると、父親がユダヤ系であったために教授資格を剝奪され、翌年春にイギリス・オックスフォードに亡命する。オックスフォード時代には、『認識論のメタクリティーク』としてまとめられるフッサール研究に没頭。さらに、のちに大いに物議を醸すことになるジャズ論や『ヴァーグナー試論』を執筆する。一九三八年にマックス・ホルクハイマーの招きでニューヨークに再亡命し、ラジオ放送についての調査プロジェクトなどに従事。また、一九二三年に知り合って以降、友情をわかち合った一一歳年長のヴァルター・ベンヤミンとは、パリ亡命中に執筆された「複製技術時代の芸術作品」や「ボードレールにおけるいくつかのモティーフについて」などをめぐって、書簡上で激しい論争を繰り広げた。

▼哲学と音楽のはざまで

▼「啓蒙」という理念の再検討

一九四一年に南カリフォルニアに移住したアドルノは、そこで彼の哲学的な主著となる『啓蒙の弁証法』をホルクハイマーとともに共同執筆する。一九四四年に脱稿されたこの書物では、「啓蒙」という理念の再検討が直接の主題とされているが、彼らの真の狙いは、その当時まさに現在進行中の危機だったファシズムという現象を思想的に解明することであった。「何故に人類は、真に人間的な状態に踏み入っていくかわりに、一種の新しい野蛮状態へ落ち込んでいくのか」――そう問うことでアドルノたちは、完全に啓蒙化されたはずの二〇世紀社会において、ファシズムや人種迫害が猛威をふるっている状況に注意を喚起する。彼らの見解によれば、それは「啓蒙」によって「野蛮」が十分に克服されなかったからではない。むしろ、「啓蒙」という西欧的なプログラムが内在的に抱える矛盾こそが「啓蒙の自己崩壊」を誘発し、最終的にナチスに象徴される「新しい野蛮状態」を誕生させたというのだ。

▼ **啓蒙は神話に退化する**

そのような主張を展開していくにあたって、まずアドルノたちは、第一章「啓蒙の概念」で、「神話はすでに啓蒙である」「啓蒙は神話に退化する」という二つの主要テーゼを、「自然支配」というキーワードをもとに、太古から現代へといたる人類史的なスケールで立証しようとする。太古の世界において人間たちは、嵐や雷のような圧倒的な自然の脅威をまえに、しばしばそれを「神の怒り」などとしてイメージ化したのだが、そのような「神話化」の営み自体がすでに、不定形な自然を一定の統御しやすいイメージへと変換しているという意味で、「啓蒙」による合理的な「自然支配」に通じる契機を内包している。さらに、たとえば生贄の獣を屠ることによって「神の怒り」を鎮めるという太古の儀式も、「等価交換原則」を活用した「自己保存」の試みとして、のちの貨幣経済や商品交換の起源をなすものにほかならない。その後、文明化と「啓蒙」のプロセスが進行していくなかで、「自然支配」の担い手は神話から学問へと移行し、概念、数字、記号など、より合理的なツールが導入されるのだが、それによって自然はますます同一化され、計算や効率的利用の対象と化していく。そして最終的に自然の脅威をほぼ完全に克服した人類は、従属的存在となった自然を徹底的に搾取するのである。

ただし、アドルノたちの議論のポイントはその先にある。啓蒙によって自然を一方的に支配していく人類であるが、「自然支配」の道具であった概念や数字によって自分自身の生が逆に規定されるというパラドックスが生じ、それが「啓蒙は神話に退化する」という事態を引き起こすというのである。啓蒙による合理化が徹底的に推し進められていくなかで、自然の対象のみならず、個々人の思考や感性までもが画一的なパターンに固定化され、容易に同一化できるイメージしか受容できなくなる。それによって人々は「等価交換原則」に基づく市場経済システムのうちに完全に包摂され、社会体制に従属するだけの客体物へと格下げされてしまうのであり、最終的に、社会システム自体が、太古の神話時代の自然のように、無力な人間主体にとって統御しえない「第二の自然」として人間を暴力的に支配するようになる。

こうした「退化」が典型的な形で確認できるのが、後期資本主義体制における「文化産業」にまつわる諸現象である。たとえば、商品ブランドや映画スターの名前のように、たんなる記号にすぎないものが神話的な魔術性を帯び、フェティッシュな崇拝の対象とされる現象。あるいは、資本によって大量供給された商品を、「最新流行」「時代遅れ」「お買い得」など、既存のカテゴリーに盲目的に還元することしか許されない顧客たち。そのような「文化産業」による「大衆欺瞞」にたいしてアドルノたちは、人々から自律的思考を奪い、たんなる意識操作の対象へと貶めるものとして徹底的に糾弾する。このような消費社会批判にたいして、大衆侮蔑的なエリート主義の傾向が指摘されることも多いが、彼らの批判の真の狙いが、商品資本主義体制とファシズム体制との密かな親和性を暴き出すことを見逃してはならない。空疎なスローガンを喜々として受け入れ、政治指導者をフェティッシュに崇拝し、ユダヤ人を「劣等民族」というカテゴリーのもとで暴力的に排斥するファシズム的なメンタリティが出現するのである。

▼「非同一的なもの」の追想

このあとアドルノは、一九四九年まで南カリフォルニアにとどまったのち、一五年におよぶ亡命生活を終えて西ドイツに戻る。その間、ファシズム的な精神傾向についての社会心理学的な共同調査研究である『権威主義的パーソナリティ』や、シェーンベルクとストラヴィンスキーを論じた『新音楽の哲学』を発表。さらに、帰国直後に執筆されたあるエッセイのなかの「アウシュヴィッツのあとに詩を書くことは野蛮である」という一節は、ドイツ国内でさまざまな議論を呼んだ。その後、フランクフルト大学哲学科教授に就任し、ホルクハイマーとともに名実ともにフランクフルト学派のリーダーの一人となったアドルノは、哲学研究（『認識論のメタクリティーク』『本来性の隠語』）、音楽論（『マーラー――音楽的観相学』『音楽社会学序説』『楽興の時』）文学論（『文学ノート』全四巻）、社会批評（『プリズメン』『批判的モデル集』全二巻）など、幅広い分野で精力的に著作を刊行しつづけた。なかでも重要なのが、一九六六年にアドルノがみずからの哲学研究の集大成として発表した『否定弁証法』である。この大著では、テーゼとアンチテーゼを総合してより高次の段階へと上昇していくことを目指すヘーゲル的な弁証法にたいして、「否定弁証法」という新たな概念が提唱される。そこで問題になっているのは、総合によって諸矛盾を暴力的に同一化し、解消してしまうことではない。むしろ、この理念によってアドルノは、自己省察と否定を積み重ねていくなかで、哲学体系や現実社会に潜むさまざまな矛盾を浮上させるとともに、そのような営みのなかで、既存のカテゴリーやイメージにけっして還元できない「非同一的なもの」について追想することを要請しているのである。

さらに、最晩年のアドルノが、この「非同一的なもの」を表出するための特権的な媒体として思考しようとしたのが、シェーンベルクの音楽やカフカの小説に代表されるモダニズム芸術だった。一九六一年から執筆が開始された『美の理論』は、一九六九年にアドルノが心臓発作で急逝してしまったことで完成することはなかった。だが、遺された膨大な草稿のなかでアドルノは、「ミメーシス」「文字」「自然美」、さらには旧約聖書に由来する「図像化禁止」などの概念をもちいながら、芸術表現と「非同一的なもの」のアポリア的な関係について省察を重ねていく。そこで究極的に目指されているのは、実定的なイメージとして表現することが絶対に不可能な「非同一的なもの」を表現するという逆説的な課題を、あらゆる芸術創作と芸術受容の核心に据えることにほかならない。

支配体制によって強制される画一的なイメージに頑なに抵抗しつつ、批判と否定をつうじて「非同一的なもの」の痕跡を模索しようとするアドルノ哲学。その妥協せざる姿勢は、イメージによる同一化の暴力がますます猛威をふるう現在、なおもアクチュアルな可能性を持ち続けていると言えるだろう。

（竹峰義和）

ルカーチ

György Lukács　1885-1971

▼西欧マルクス主義

後代にとってルカーチ最大の功績は、自然弁証法や経済決定論に拠る従来のマルクス主義哲学に対して、人間の「意識」、主体的実践に重きを置いた議論を導入し、アントニオ・グラムシらとならび「西欧マルクス主義」の一源流をなした点にある。とくに意識の「物象化(ぶっしょうか)」についての議論はフランクフルト学派をはじめ二〇世紀の社会哲学に多大な影響をおよぼした。ただし彼自身はモスクワからの批判を容れて一九二〇年代末以前の著作を撤回している。結局スターリン主義体制内にとどまった彼を、その一翼を担ったと否定的に捉えるか、体制内改革を試みたと肯定的に捉えるか、評価はわかれる。マルクス主義者として「プロレタリアート」を語るにしても彼自身は労働者から懸隔した博識な一九世紀的教養人であり、体系、全体性といった、二〇世紀以降の哲学・思想にあって退けられる傾向にある観念を、敢えて積極的に打ち出した点は際だっている。

▼マルクス主義以前

オーストリア＝ハンガリー二重帝国のブダペストで帝国屈指の銀行頭取にまでのぼりつめる父と裕福な名門家庭出の母のもとで生まれ育つ。一〇歳代からイプセンやストリンドベリに感化された演劇活動とならび母語であるハンガリー語で演劇論、劇評、文学批評を執筆する。遊学先ベルリンでのゲオルク・ジンメル、ハイデルベルクでのマックス・ヴェーバー、エミル・ラスクらとの交流、さらにエルンスト・ブロッホとの交友は、ルカーチの思想形成に寄与した。若年時から一九一七年ころまでのルカーチの執筆領域は、演劇関連、文学批評、芸術哲学・美学と変遷するが、ディルタイ、ジンメルさらに新カント学派の影響下にあった二元論的な思考様式は一貫していた。それは『魂と形式』(一九一〇年ハンガリー語版・一一年増補ドイツ語版)というエセー集の表題にすでに顕著だった。本書では、「魂」あるいは「生」という混沌に対して規範的に秩序を与えるのが芸術作品としての「形式」であるという発想をもとに、両者の分裂を前提として「魂」に対する「形式」のさまざまなあり方が論じられる。また本書劈頭に収められた「エセーの本質と形式について」では、創造物である作品に対して「すべて未解決の状態にとどまる」エセーの正当化をはかっているが、これは同時代のヴァルター・ベンヤミンの批評的エセーなどとも通底する。ただしルカーチにあってエセーはあくまでも来たるべき「体系」に向けた一歩として語られていた。後にテーオドア・W・アドルノは「形式としてのエセー」（一九五八年発表）で彼のエセー論を継承しつつも、断片性にとどまるエセーこそ体系批判の形式であると、その論理を徹底させた。

ハイデルベルク滞在時に構想された芸術哲学、そして教授資格取得を念頭に進められた美学では、芸術作品が現存しているという出発点から、そこに主体にも客体にも還元されない、いわばユートピア的境地を見ようと試みられているが、これは第一次世界大戦の勃発、そして彼の政治活動への転回によって中断され未完に終わる。

一九一六年に発表された、これも計画のみに終わるドストエフスキー論の一部として構想された『小説の理論』では、ヘーゲルの影響を受けた歴史哲学的考察によって小説という文学ジャンルの規定を試みている。英雄叙事詩の時代だったなら分裂することなくあった「生の全体性」がいまや失われてしまった、こうした時代において全体性を希求し描き出そうとする形式として近代小説が規定される。ヘーゲル読解を通してこのように、生と形式の分裂という認識は「全体性」において統一されるべきものという当為に力点が移され、マルクス理解もその線でなされていった。

▼ハンガリー革命とその敗北

世界大戦のためドイツから帰国したルカーチは、一九一八年一二月、共産党に入党し周囲を驚かせる。共産党入党以前に書かれた論文「倫理問題としてのボルシェヴィズム」（一九一八年）では、政治運動に向かうとするならそれは、良き目的のためには悪しき手段をも厭わないという「倫理」上の決断であると述べられていたように、精緻な理論分析にもとづき政治実践に入ったというよりも、若年時よりの近代市民社会への反撥の延長上にあり、ヨーロッパ世紀末に広く見受けられる終末論的待望感に裏打ちされていた。革命によって成立した評議会共和国では教育人民委員などを務め、その敗北後はウィーンに脱出し長い亡命生活に入る。一九二三年亡命先でまとめられた『歴史と階級意識――マルクス主義弁証法の研究』はその間に書かれた八論文を収録している。このなかで質量ともに中心をなす「物象化とプロレタリアートの意識」でルカーチは、マルクス『資本論』における商品の物神的性格の分析を踏まえつつも物象化概念を意識にまで拡張し、客体化を強いられたプロレタリアートの階級意識こそが社会の全体性を把握し、それを変革するべく能動的主体を形成しうると立論する。さらにこの階級意識を領導するべき「党」が正当化される。コミンテルンから修正主義、観念論等の批判を浴びたルカーチは本書を否定するにいたるものの、そうした事情とかかわりなく本書は強い衝迫力を残す。

一九二八年に執筆したハンガリー共産党綱領案である、通称「ブルム・テーゼ」によって漸進的な革命路線を提唱、人民戦線的な方針を打ち出すものの、これもモスクワの正統マルクス主義の側からの批判により撤回する。ただしそれは面従腹背でありここで打ち出した政治方針そのものはその後終生抱いたものである、と本人は後に述懐している。

▼党内理論家として

「ブルム・テーゼ」否認以後のルカーチは政治実践から身を引き、主としてヨーロッパ文学および哲学関連の著作に専念する。文学作品評価にあっては一九世紀リアリズム小説を範とし、一九三〇年代に亡命者間で交わされた「表現主義論争」で表現主義文学をファシズムの先駆者であると断じた点にも顕著なように、二〇世紀の新しい文学形式を否定評価した。ドイツ・ファシズムにいたる思想系譜を俎上に載せた『理性の破壊』（一九五四年）では、キルケゴール、ディルタイ、ジンメルらかつて自らが傾倒した思想家をもナチにつながる非合理主義とかなり乱暴に裁断している。

戦後は亡命先のモスクワからブダペストに戻るも、一九五六年のハンガリー動乱時にナジ政権に参画したため一時期共産党籍も剥奪された。現存社会主義の民主主義的改革を模索するものの、理論的にも現実的にも効力をもたなかった。晩年の美学および存在論は未完ということもあり広範な受容にはいたらず、評価はいまだ定まっていない。

（初見　基）

ブレヒト

Bertolt Brecht **1898-1956**

ベルトルト・ブレヒトはドイツ・アウクスブルク生まれの劇作家である。ドイツ演劇に留まらず、不条理演劇のサミュエル・ベケットと並び二〇世紀の世界演劇に大きな影響を与えた。

一九一七年ミュンヘン大学で医学と文学を学びつつ、演劇活動を開始した。二〇年代には、ベルリンで活動を始める。一九二二年の『夜打つ太鼓』が劇評家H・イェーリングにより絶賛され、クライスト賞を受賞した。二〇年代後半にマルクス主義の学習を始め、さらに作曲家クルト・ヴァイルとの出会いが、この後の作品の傾向を決定する。二八年ジョン・ゲイの『乞食オペラ』（一七二八年初演）を翻案し、ヴァイル作曲で『三文（さんもん）オペラ』を初演すると、風刺のきいた台詞と奇抜な音楽の新しさが人気を博しロングランとなり、世界的な大成功を収めた。この後音楽やスクリーンなど様々な手法による異化演劇の追求が彼の生涯のテーマとなる。

オペラ『マハゴニー市の興亡』もこの時期の作品であり、その注として付けられた「演劇の劇的形式と叙事詩的形式」の対照表は、アリストテレス『詩学』に代表される旧来の演劇と自らが目指す演劇との違いを明確に提示するものとなった。多くの観客は悲劇の人物に感情移入（同化）し、涙を流すのを目的として（浄化（カタルシス）のために）劇場に向かう。ブレヒトがめざしたのはこうした同化の演劇ではなく、演じられた出来事に距離を置いて、客観的に考察する異化の演劇の実現である。

一九三〇年代には能『谷行（たにこう）』を元にした『イエスマン』、『処置』などの教育劇を作り始める。一九三三年のヒトラーの政権掌握後、ブレヒトは亡命生活に入り、北欧を経て米国でドイツの敗戦を迎える。この間に『第三帝国の恐怖と悲惨』、『肝っ玉おっ母とその子供たち』、『セツアンの善人』、『ガリレイの生涯』、『アルトゥロ・ウイの興隆』などの代表作を執筆した。寓話劇と銘打たれた『セツアンの善人』では仮面を使用し、歌を数多く取り入れ、さらに結末らしい結末のない幕切れにして、教訓を観客自らに考えさせる構成とした。

戦後東ドイツに戻り、妻で女優のヘレーネ・ヴァイゲルと劇団ベルリーナー・アンサンブルを設立する。この頃には『コーカサスの白墨の輪』のほか、『アンティゴネー』や『ドン・ジュアン』などの古典の改作にも手を染める。『コーカサスの白墨の輪』では、シェイクスピアの『リア王』ばりの複線ストーリーの構成で「大岡裁き」の題材を距離をもって見つめる作品とした。

（時田　浩）

コラム　東ドイツ

ドイツ民主共和国（DDR）

東ドイツ（東独）は正式には「ドイツ民主共和国」と言い、ドイツ語表記での三つの単語（Deutsche Demokratische Republik）の頭文字をとって「DDR」とも記される。

一九四九年一〇月七日から一九九〇年一〇月二日まで、約四〇年に渡り存在した「反ナチス」を国是とする社会主義の国家である。

東西イデオロギーの対立

一九四五年五月八日、ナチスドイツは連合国に降伏し、その後出されたベルリン宣言により消滅した。その領土は主に東部をオーデル・ナイセ川まで縮小された上で、米英仏ソの戦勝四か国による分割統治下（ベルリンは四か国共同管理下）に置かれた。最高統治権を得た四か国は、この新生ドイツの今後の体制について何度も話し合いを重ねたが、東西イデオロギーの対立は日々深化し、その分断は「冷戦」の激化（通貨改革やベルリン封鎖等）と共に決定的なものとなった。「一つのドイツ」を諦めた米英仏は、一九四九年五月二三日、その占領地域にボンを首都とするドイツ連邦共和国（西ドイツ・BRD）を建国。それへの対抗として同年一〇月七日、ソ連を後ろ盾とし、ベルリンに首都を置く東ドイツが建国された。

社会主義、計画経済の下での国家の発展を目指した東独であったが、西独が五〇年代に「経済の奇跡」と呼ばれる復興を達成したのに対し、ソ連による過度なデモンタージュとマーシャルプランによる西側の援助を受けられない状況下での生活とその発展は困難を極めた。ドイツ社会主義統一党（SED）一党独裁による不自由さや生産ノルマの引き上げは、五三年に大規模な反政府デモを引き起こし、それが弾圧されると、以前に増して、東独から西側へ、未だ通行が自由であったベルリンを通じて人々が逃げ出す状況が続いた。六一年八月、この逃亡を防ぐべく「ベルリンの壁」が建設される。

これは冷戦の象徴となったが、この後、東独は人口や経済面において安定期に入り、七〇年代には国民生活へのゆとりも見られるようになった。しかし、八〇年代からの急激な経済の悪化には手の打ちようもなく、また、シュタージによる監視強化と言論弾圧は人々に不満を募らせた。

東ドイツの消滅

八九年、未だ政治体制を変革しようとしない政府に対し、市民は各地で「自由」を求めて抗議デモを起こし、ホーネッカーを退陣させた。その後、一一月九日にはベルリンの壁が崩壊、一二月に冷戦終結が宣言されると、早期のドイツ統一が現実味を帯び始めた。九〇年五月、東西ドイツと米英仏ソの六か国外相会議において両国の統一が承認され、一〇月三日、西独に編入される形での統一が実現、東ドイツは消滅した。

（田中　直）

ティリッヒ

Paul Tillich　**1886-1965**

パウル・ティリッヒは一八八六年八月二〇日、ルター派の牧師の子として、ベルリン近郊の村、シュタールツェデル（現在のポーランド領）に生まれた。ギムナジウム卒業後、

▼ドイツとアメリカでの生涯

ベルリン大学、テュービンゲン大学、ハレ大学で哲学と神学を学ぶ。シェリングに関する学位論文で、一九一〇年に哲学、一九一二年に神学の学位を受けた。その後、ベルリンの労働者居住区モアビットの教会で副説教師をつとめる。ここでもはや「信仰」という言葉が無意味なのではないかという問いを抱くようになった。さらに第一次世界大戦中、志願して従軍牧師となったが、戦場での体験は、ティリッヒに人間の苦難としての「死」を強く意識させることとなった。除隊後、私講師から出発し、マールブルク大学およびドレスデン工科大学での教職を経て、フランクフルト大学の哲学教授に就任した。しかし宗教社会主義に関する著作で、ナチズムにおける「血と土（ブルートウントボーデン）」のような民族主義の排他性を批判したため、当局から停職処分を受けた。一九三三年、ラインホールド・ニーバーの招聘でアメリカに移住し、ニューヨークのコロンビア大学とユニオン神学校で教鞭を執ることとなった。その後ハーヴァード大学の全学教授となり、アメリカでその生涯を終えた。

ティリッヒは自らの哲学・神学思想および実存的経験を「境界に立って」という表現で言い表している。これは、哲学と神学、文化と宗教など、二つの事柄について、一方を退けるでもなく、一方に安住するのでもなく、両者の創造的統合を模索する態度を指すものであり、彼の思想の特徴を表している。ティリッヒ思想の要は、問いと答えの「相関」、「存在」の構造についての分析、そしてカイロスとしての歴史哲学である。

相関の方法――「実存の問い」と「神学の答え」

哲学とは、根源から「問う」態度である。哲学者は具体的な時代状況に立ちつつも、問いを根底から始めようとする。しかし哲学は、その根源性と具体性ゆえに、問う人の実存から完全に離れることはできない。ティリッヒは実存の状況から生み出される問いに対し、キリスト教の永遠不変の使信（福音）が「答え」を提示すると考え（相関）、これを「弁証神学」あるいは「答える神学」と呼んだ。問いと答えは、互いに他方があってこそ成立する相互依存関係にある。またティリッヒによれば、神学は、我々が究極的に関わるものに捉えられている状態を、理性に基づいて表現する試みであるという。カール・バルトに代表される弁証法神学は、啓示としてのキリスト教の真理について、歴史や文化を超えた不変性の側面を重視するが、ティリッヒにとって、答えはあくまでその時代が提供しうる概念的手段を通じて表現される。なぜなら人間が認識しうる真理とは、哲学においてもキリスト教においても、時間的・歴史的な制約を受けているからである。

存在の有限性

ティリッヒは神を「存在それ自体（Sein-Selbst, being-itself）」と位置づけ、有限な存在者を存在せしめる「存在の根底」や「存在の力」と捉える。そして「存在それ自体としての神」への信仰を、ティリッヒは「存在への勇気」と呼ぶ。そのためティリッヒはしばしば「存在論的神学者」と言われる。しかしティリッヒの存在論、すなわち存在の構造についての分析は、人間の精神や動的な歴史を排除するものではなく、存在の構造が有限であるという理解に基づくものであり、ハイデガーの現存在分析にはじまる存在論とも通底する。ティリッヒの存在論は以下のようにまとめられる。①自己と世界の構造は、人間が世界の中にいるとともに、所与の環境を超越し、世界を持っているという在り方として表される。②存在論的諸要素は、個別化‐参与、動態‐形式、自由‐運命の両極性から成る。前項は人間の自己決定性を指し、後項は人間の依存性を示している。③人間は本質と実存から成り、実存において有限であると同時に、有限と無限を超えた存在それ自体に参与する。④精神が実在を把握する形式として、人間は有限なカテゴリ（時間・空間・因果性・実体）に依らねばならない。そして、ティリッヒによれば、このように分析された存在の有限性こそが、人間を「神の問い」へと駆り立てるのである。

▼カイロスとしての歴史

また、ティリッヒは「カイロス」からの歴史解釈を提唱した。カイロスとはギリシア語で「時」を意味し、新約聖書にも頻繁に登場する語である。カイロスは、量的に計測可能な時であるクロノスとは異なり、そこから時代の意味が明らかとなるような特定の瞬間である、質的時間を指す。ティリッヒはこのカイロスを、永遠が時間的なもののなかに突入する瞬間であり、すでに歴史の内で期待され準備されてきたものが満たされ、成就する時であると解した。真理であるロゴスもまた、歴史的状況の中で現実化し、カイロスにおいて我々に認識されるという、歴史的かつ相対的なものとして理解される。ティリッヒによれば、旧約の時代から預言されてきたメシアであるイエス・キリストの到来は究極的なカイロスであるが、我々にとっても繰り返し訪れるであろう、個人の実存を意味づける重要な瞬間や、共同体が新たな時代を創造する変革の瞬間もまたカイロスである。一九二〇～三〇年代、ティリッヒはキリスト教と社会主義の統合をめざす宗教社会主義にこのカイロスを見出したが、Ｅ・ヒルシュなど同時代の神学者らが、第三帝国に「カイロス」を読み込んだことに強く反対し、やがて具体的な思想・政治状況に依拠する宗教社会主義と距離を取るに至った。

▼ティリッヒ思想と現代

境界に立つというティリッヒの基本姿勢は、様々な学問諸領域と総合的連関を形成し、形而上学、実存哲学や心理学、宗教学などに、多大な影響を与えた。また晩年のティリッヒは他の世界宗教との対話にも力を注ぎ、キリスト教の普遍性や特殊性について再考している。このようなティリッヒ思想は、我々が生きる現代においても、哲学的・宗教的真理をいかに知り得るかについての認識論的・実存的な課題を問い続けさせる。

（鬼頭葉子）

バルト
Karl Barth　1886-1968

カール・バルトは哲学者ではなく神学者である。哲学と並び立つ神学という巨大な分野が西欧には存在する。西欧の大学では、哲学部と神学部は独立した別個の学部である。バルトは長年ドイツとスイスの大学の神学部で、将来牧師となる神学生を指導する教授だった。

▼神学者バルト

神学はキリスト教会を形成する伝統的な学問である。その歴史のなかでバルトは最大の神学者の一人である。また一六世紀の宗教改革から始まって今日まで続いているプロテスタント教会の歴史の中で、最も重要なプロテスタント神学者の一人だといってよい。

バルトの代表作『教会教義学』（一九三二―六七年）は類を見ない超大作である。彼はこれを三〇年以上書き続け、ドイツ語の原文で約九千ページ、遺稿も含めれば一万ページ以上も書いた末、予定していた最終巻を執筆できずに亡くなった。さらにバルトは『教会教義学』以外にも、多数の著作や講演や書簡、そして教会での膨大な礼拝説教を残している。

▼神学的思索と政治社会のかかわり

ではバルトは書斎を拠点とする思想家だったのだろうか？　たしかに書斎での思索や執筆はもちろん重要だった。バルトは生涯にわたって仕事机の目の前に、マティアス・グリューネヴァルトという画家が描いた祭壇画を置いていた。この祭壇画には、十字架上で死んでゆく無残なキリストの姿が描かれている。そのキリストのかたわらでは、洗礼者ヨハネがキリストを指さして、「あの方は栄え、私は衰えねばならない」という言葉を語っている。逆説的で深遠な言葉だ。バルトは、このヨハネの指と言葉こそ神学のあるべき姿勢と考えていた。このような姿勢のことを「キリスト論的集中」という。

しかしバルトはそのような集中的思索だけではなく、それを土台として同時代の政治社会問題にも果敢にとりくみ続けた。バルトは神学教授になる前の一〇年間、スイスの村ザーフェンヴィルで牧師をつとめていた（一九一一―二一年）。ザーフェンヴィルは工場労働者の村であり、バルトはそこで働く人々の側に立って社会運動を積極的に行った。またスイスとドイツの両国で、社会民主党員となって積極的に活動した。

こうしたバルトの政治社会へのとりくみの頂点は、ヒトラーが率いたナチス・ドイツに対して徹底的な抵抗を行ったことである。バルトが中心となって起草した「バルメン神学宣言」（一九三四年）は、イエス・キリストに服従する教会がナチスの独裁と暴力に服従しないことを表明した抵抗文書だった。ヒトラーへの宣誓を拒否したバルトはドイツでの教授職を剝奪され、祖国スイスから終戦まで抵抗運動を続けた。

こうした類を見ない活動量や執筆量から、バルトがいかに爆発的な創造力を持った人物であったかが想像できる。そのエネルギーの源は、いったい何だったのだろうか？

▼キリストの福音への集中

まったく逆説的なことだが、バルトの創造力の源は、自分の内側から湧き出る力に拠り頼まないということだった。彼は自分の内側にではなく、いわば外側に向かって自らを完全に開いたのである。具体的に言うと、バルトは聖書という一冊の書物からの語りかけに全身全霊で耳を澄ませたのだった。

西欧中世の末期に、ルターがそれまで忘れかけられていた聖書の深い核心的なメッセージを再発見し、キリスト教会を改革した。若き牧師であったバルトもまた、第一次世界大戦がもたらしたヨーロッパの荒廃のさなかに、それまで忘れかけられていた聖書の深い核心的なメッセージをまったく新たに聴き取ったのである。バルトの初期の代表作『ローマ書講解』（邦訳のある第二版は一九二二年）はそのような本である。

それではキリスト教の核心とは何だろうか？　キリスト教史が生み出した美点や範例を挙げるならば、それと全く同等に――いや下手をすればそれよりももっと多く――キリスト教徒の悪行や堕落を列挙することができる。例えば若きバルトは、自らの神学的恩師たちが第一次世界大戦に賛同したことに絶望した。そしてキリスト教が人間の作った「宗教（Religion）」に過ぎないことを徹底的に自覚して批判した。そのように混迷したキリスト教において、いったい何が真に欠くべからざる核心なのだろうか？

これなしにキリスト教は存在意義を失うという土台がある。それをひとことで「福音」と呼ぶことができる。聖書の「福音書」は、キリストの生涯を通してこの福音を語り伝える書である。福音とは悦ばしい知らせを意味する。キリストを通して人間を奴隷状態から自由と解放へ、憎悪から友愛へ、争いから平和へ、絶望から希望へ、闇から光へ、バルトが愛用するキーワードを用いれば「死から命へ」と導くメッセージである。バルトの思想はこのような「福音」を探究する福音主義神学（evangelical theology）だった。冒頭ではバルトのことをプロテスタント神学者と紹介したが、プロテスタント神学のことをより本質的には福音主義神学という。

▼キリスト教の壁を超えて

それではバルトはキリスト教会のために聖書の福音を探究したのだろうか？　確かにそういってよい。しかし彼は制度化し形骸化したキリスト教が見失った生き生きとした福音を探究し続けた。それは既存の教会を絶えず改革する、ひいては教会の壁を超えてしまう営みであったといえる。

そのことを示すエピソードがある。昭和初期、哲学者の西田幾多郎は、弟子の滝沢克己がドイツに留学する際、哲学者ハイデガーではなく神学者バルトのもとに留学することを勧めた。滝沢は西田哲学の影響を深く受けていたが、まだ聖書を十分読んだことがなかった。そのようなノンクリスチャンで予備知識のない滝沢が、バルトの『教会教義学』の講義から深い感銘を受け、その後生涯にわたってバルトと交流し続けたのである。

バルトによれば、キリストの働きは教会の壁に閉じ込めておくことができない「命の光」である。光り輝く未来はまだ完全には現われていないが、すでに現実世界の地平から到来しつつある。古代の聖書はこのような未来を「神の国」と名づけた。バルトはその未来の国からの語りかけを端的に、単数形で「神の言葉（das Wort Gottes）」と名づけた。そのような未来からの言葉、未来を切り開く福音に注目したことにこそ、神学者バルトの現代的な意義がある。

（福嶋　揚）

ブルトマン

Rudolf Karl Bultmann　1884-1976

▼新約聖書学者・神学者ブルトマン

ブルトマンは、二〇世紀ドイツを代表する新約聖書学者、神学者であり、さらに教会においては説教者でもあった。ブルトマンは、北ドイツ、現在のニーダーザクセン州の農村ヴィーフェルシュテーデに、福音主義ルター派教会の牧師だった父アルトゥール・ブルトマンと敬虔主義的な信仰をもった母ヘレーネとの間に生まれた。同地方の都市オルデンブルクのギムナジウムを卒業後、テュービンゲン大学、ベルリン大学などで学んだのち、マールブルク大学で学位を取得した。その後、ブレスラウ大学、ギーセン大学を経て、一九二一年から一九五一年に引退するまで、マールブルク大学で新約聖書学を講じた。学生時代のブルトマンに影響を与えたのは、教会史の研究に新局面を開いたカール・ミュラー、「ドイツ宗教史学派」を代表する旧約聖書学者ヘルマン・グンケル、「自由主義神学」の泰斗アドルフ・フォン・ハルナックなどである。さらに、ブルトマンの新約聖書研究の基礎を形成したのは、教義学・倫理学のヴィルヘルム・ヘルマンや、とりわけ二人の新約聖書学者、彼の学位論文を指導したアドルフ・ユーリッヒャーと教授資格論文を指導したヨハンネス・ヴァイスら、マールブルク大学の教授たちである。

▼ブルトマンの新約聖書研究

ブルトマンが新約聖書学者として地位を確立したのは、ブレスラウ、ギーセン時代に執筆した『共観福音書伝承史』（初版一九二一年）によってである。この著作は、マルティン・ディベリウスやカール・L・シュミットらの研究に伍して、福音書のいわゆる「様式史研究（Formgeschichte）」の白眉をなす。

新約聖書の共観福音書（マタイ、マルコ、ルカの三つの福音書）については、マタイとルカに先立って存在し両者が共に用いた「Q資料」（QとはドイツQuelle＝「資料」の略）と呼ばれるイエスの語録集たる資料を想定し、その「Q資料」とマルコ福音書をもとにしてマタイとルカの福音書が書かれた、という「二資料仮説」がすでに通説だった。これらの福音書を成り立たせている資料は、がんらい断片的な口頭伝承に始まり、各福音書記者は、それらの資料＝伝承断片を編集することによって福音書を書き上げたとされる。ブルトマンは、福音書の素材となったそのような伝承断片の「様式（Gattung）」を分類、分析することによって、伝承形成の法則性や、担い手の社会学的背景である「生活の座（Sitz im Leben）」を明らかにしようと試みた。福音書とは、「史的イエス」（実在の人物たる人間イエス）に関する客観的な記録などではなく、すでにして「イエスはキリスト（救世主）である」という信仰の色がついた伝承断片を一定の編集意図にもとづいて編纂した文書なのである。

▼史的イエスの問題

以上のような共観福音書研究の成果は、いわゆる「史的イエス」の問題をとりあげたブルトマンの次なる著作『イエス』（初版一九二四年）へとつながる。この問題は、ごく簡単に言えば、「キリスト」と称されることになった「イエス」なる人間が、そもそも実際に何を考え、何を行なったか、といった素朴な問いに発する。『共観福音書伝承史』の帰結から推察できるように、形成期にある初期キリスト教の諸集団の伝承にもとづく新約聖書、なかんずく福音書から、そのようなイエスの人格について客観（主義）的情報を直接得るのは不可能に近い。この著作『イエス』でブルトマンは、専ら、伝承されたイエスの宣教に探究を集中する。しかし、その教えは、古代の教会がおかれた世界の「神話論的（mythologisch）」思考という外皮をまとっているのである。

▼非神話化と実存論的聖書解釈

ドイツ哲学という文脈で捉えるとき、上述のようなブルトマンの新約聖書研究の集大成ともいうべき『ヨハネ福音書註解』（初版一九四一年）および『新約聖書神学』（初版一九四八年）、論文ながら重要な解釈学的議論を展開している『新約聖書と神話論』（一九四一年）といった著作がもっとも重要となる。これらの著作で論じられ、かつまた実践されている方法は、「非神話化（Entmythologisierung）」と

「実存論的解釈（Existentiale Interpretation）」と呼ばれる。ブルトマンは、古代の「神話論的」思考に貫かれた新約聖書から、それを取り除き（すなわち「非神話化」し）、われわれの実存理解に即応した「ケリュグマ（宣教の内容、あるいはその行為）と、……ケリュグマによって開かれた自己理解とを記述」（『新約聖書神学』）する「実存論的解釈」を提唱する。ここにおいて「ヨハネ福音書」の重要性が際立ってくる。なぜなら、ブルトマンによれば、ヨハネ福音書は、グノーシス（主義）、あるいはユダヤ教の終末論の「神話論的」表象を伴っているが、この福音書では同時に、そういった「神話論的」表象に対する「非神話化」も期せずして試みられているからである。ヨハネ福音書のように、本来新約聖書自体においてすでに端緒が開かれている「非神話化」を徹底して遂行することが、新約聖書に対する「実存論的解釈」である。枢要なのは、たんに神話を捨てることではなく、神話を批判的に解釈することである。

ブルトマンのこういった新約聖書理解、キリスト教理解については、ハイデガー哲学、とりわけ彼の主著『存在と時間』（一九二七年）との関連に注目しなければならない。

▼ハイデガーと解釈学

ハイデガーは、一九二三年から二八年までマールブルク大学で教えたが、両者とも二人の親密な交流を回想している。この時期、ブルトマンとハイデガーは互いのゼミなどに参加するのみならず、とくに一九二四年からは毎週、一緒にヨハネ福音書をギリシャ語で読んでいた。マールブルクには、後に聖書学や神学の領域でブルトマンを継いで指導的な立場になる神学生たちのほか、K・レーヴィット、H・G・ガダマー、H・ヨナス、H・アーレントら、両者に共通の哲学の同僚や学生たちがいた。

ハイデガーが『存在と時間』で展開しているのは、現存在の「存在論的（ontologisch）・実存論的（existential）」分析、すなわち現存在の解釈学であり、この方法をブルトマンは自らの新約聖書研究、とりわけヨハネ福音書解釈に応用した。その場合、神学者としてのブルトマンの作業は、具体的には聖書テクストの解釈という形をとるが、それは、信仰者の「前理解（Vorverständnis）」をもって聖書の「内実（Sache）」（あるいはDaß）、すなわち「ケリュグマ」の理解を試みることであり、その理解はさらに、われわれの可能性へと働きかけ、それを肯定するにせよ否定するにせよ、われわれを決断へと促すのである。

ブルトマンの学問的業績は、神学のみならず哲学の世界にも影響を与えるとともにさまざまな批判を浴びてきた。たとえば、前述のようなブルトマンによるハイデガー哲学受容の正否については喧しく論じられており、「弁証法神学」の主導者カール・バルトなども、神学的観点から厳しく批判していた。ブルトマンのハイデガー哲学の活用は、それほど重要でもない亜流であるとして、アドルノのように、ハイデガーその人に対する批判とからめて過小に見る向きもあるが、哲学と神学の関係についてハイデガー自身の見解は微妙に揺れている（ハイデガーは、ブルトマンは自分の思想を誤解してなどいないとも述べている）。新約聖書学の世界においては、「イエスのいないイエスについての著書」とまで揶揄（やゆ）されたブルトマンの『イエス』への反動として、二〇世紀の終わりには、さまざまな形での「史的イエス」探究がむしろ盛んとなった。また、ある種の仕方で「客観化」しようとする「神話」の言語を取り除こうとする一方で、「神の行為」、「神の言葉」などの「信仰の言語」、そもそも言語一般についての探究がブルトマンには欠けており、解釈学的に不徹底であるとする指摘もある（フランスの哲学者ポール・リクール）。

▼受容と批判

ブルトマンの新約聖書研究、あるいは神学は、歴史的には、レッシングの聖書に対する姿勢（「ヴォルフェンビュッテル断片」の出版）、あるいはカントの「批判」にまで遡る啓蒙思想の流れに棹さしつつ、シュライアーマハーやディルタイなど一九世紀のロマン主義的解釈学の延長上にもある。さらにブルトマンは、根本的にはルターその人による宗教改革の精神を引き継ぎながら、キルケゴールの実存主義的な信仰の在り方にも大いに影響を受けている。

ナチス時代、「告白教会」に属していたブルトマンは、説教者としてこそ、自らの学問的業績と信仰を一致させ、全うしたと言うべきであろう。ブルトマンによれば、人は、神の言葉が「出来事（Ereignis）」となるところでこそ、神の言葉としてのキリストに出会うことができるのであり、その出来事が生じるのは教会の説教においてなのである。そして、そのような説教こそが、神の言（ロゴス）――それによって裁きと赦し、死と生が出来事となる神の言葉――としてのイエスの過ぎ去った実存の歴史（Geschichte）を、現実と為すからである。

（佐々木　啓）

カルナップ

Rudolf Carnap　1891-1970

人類が合理的な仕方で進歩することを信じうる時代には実証主義的な啓蒙家が登場する。現代の論理学や数学そして相対性理論の興隆を間近に体験しつつそれを学んだカルナップは、科学的世界観の普及に努めた論理実証主義の代表格として、ドイツ哲学史において反形而上学運動の旗手を担う。

物理学の研究から出発し哲学的空間論で一九二一年に博士論文をものしたカルナップは、その後、ウィーン学団との関係を深める。一九二六年、ウィーン大学助教授としてウィーンに移住する頃には、同学団の主要メンバーになっている。一九二九年、ノイラートらと共に学団のマニフェストを書く。

一九三三年ヒトラー内閣誕生。啓蒙指向の論理実証主義者は研究と思索のための安全な場所を失う。一九三五年、アメリカの哲学者たち（クワインなど）の助力のもと海を渡る。一九四一年、アメリカの市民権取得。以後、シカゴ大学やカリフォルニア大学で研究・教育に努め、アメリカの哲学に論証や理論を重視する姿勢を根づかせることに寄与した。

思想的影響関係に鑑みれば、カルナップの多くのテクニカルな業績（真理論・帰納論理・様相論理・確率論における貢献、分析／綜合の区別の形式化、科学理論の特質に関する分析、存在論における内部問題／外部問題の区別など）は、英米哲学史に属すものと見なす方が適切である。たとえば『世界の論理的構築』（一九二八年）は、科学的術語や科学的言明を現象言語という硬い地盤の上に基礎づける試みであり、英米で現在も盛んな「基礎づけ型」世界構築の企て（ラッセルに端を発する）のランドマークのひとつである。

ドイツ哲学の展開に関わる事柄としては、彼の形而上学批判に注目せねばならない。論文「言語の論理的分析による形而上学の克服」（一九三二年）は、論理学で整備された言語の分析法を駆使すれば、ハイデガーやヘーゲルなどの「形而上学者」の言葉使いを無意味なものとして哲学から排除しうる、と主張する。カルナップにとっては、科学的進歩に参与することこそが哲学者の証であり、そこから距離をとるハイデガーらの姿勢は忌避すべき反動に映る。ここには「哲学とは何か」をめぐる対立があるのだが、結果として、その後のドイツ哲学者の多くはカルナップに与さなかった。だが、《ドイツ哲学が自己をどのように了解してきたか》の系譜を遡るとき、啓蒙の最左翼たるカルナップは特異な位置を占める。

（山口　尚）

ポパー
Karl Popper　1902-1994

カール・ポパーは、一九〇二年ウィーンの改宗ユダヤ人家庭に生まれた。一九一八年から一九二八年までウィーン大学で学び、卒業後は高等学校教師の職に就きながら科学哲学の課題に取り組む。ポパー自身はウィーン学団のメンバーではないが、一九三〇年前後からはカルナップやクラフトといった論理実証主義者と交流を持っていた。主著『探求の論理』は、「科学的世界把握叢書」の一冊として出版されている。ナチスによるオーストリア占領の前年一九三七年にはウィーンを離れニュージーランドに渡る。カンタベリー大学で教鞭をとるかたわら、ヨーロッパ大陸でのファシズム勢力拡大への強い危機感のもとで、社会哲学上の主著『歴史主義の貧困』と『開かれた社会とその敵』を書いた。一九四六年にロンドン・スクール・オブ・エコノミクスに移り、イムレ・ラカトシュ、W・W・バートリーといった弟子たちを持った。一九六〇年代にはフランクフルト学派との実証主義論争、トマス・クーンとのパラダイム論争を繰り広げたこともよく知られている。一九六九年に大学を退官した後も多くの論考を残し、一九九四年にイギリスで没した。

▼一九一九年の決定的体験

人生の半分をイギリスで過ごしたとはいえ、ウィーンでの青年期、とくに一九一九年に起きた二つの出来事は、ポパーの思想に決定的な影響を与えた。

ひとつは、一七歳前後の彼自身の身に起きた数か月間のマルクス主義への傾倒と離脱の体験である。第一次世界大戦後の混乱のなかで、一九一九年春に共産主義活動への参加を決めたポパーであったが、その数か月後、共産主義活動家の釈放を求めるデモ隊と警官隊との間で起きた死傷事件を目撃しショックを受ける。マルクス主義理論は、社会主義の実現という目的の下で、階級闘争の激化という手段を正当化している。だが、実現しないかもしれない未来のために、他人の命を危険にさらすことを無批判に受容することは許されないと考えたポパーは、この事件以降活動と手を切る。そして、科学的社会主義を自称するマルクス主義が、本当に科学として認められるべき立場なのかを疑いはじめる。

一九一九年のもうひとつの出来事は、アインシュタインの相対性理論にもとづく日食予測がエディントン観測隊によって確認されたことであった。マルクス主義の科学性への疑問を持ち始めたポパーであったが、アインシュタインの事例、とりわけ彼の自説への態度は、科学のあり方を体現しているように思えた。アインシュタインは、自説から導出される予測の成否を問う決定実験の場を求め、予測と観測が一致しない場合には自説を支持できないと明言していた。つまり、自説が決定実験の失敗によって反証されうることを認めていた。この態度は、当時の彼の周辺にいた、あらゆる歴史的出来事を自説の肯定的証拠とみなそうとするフロイト理論やマルクス主義理論の支持者たちとは真逆のものであると青年ポパーは感じた。自説をすすんで批判にさらす真なる科学的態度と、肯定事例を集め反証を回避しようとする非科学的態度との非対称性への萌芽的認識は、後に反証可能性概念として結実することになる。

▼反証主義

ある理論が科学的であるか否かは、その理論が反証可能性を持つか否かによる。『探求の論理』（英語版は『科学的発見の論理』）において提示されたこの立場は、科学についての方法論的反証主義と呼ばれる。

反証主義のコアとなる発想は、理論の実証は不可能だが、理論の反証は可能であるという論理的非対称性である。法則や理論は、いかなる時や場においても妥当する普遍性を主張する普遍言明である。そのような理論と、個別的な初期条件Cとから、個別的な出来事を述べる単称言明である予測が導出される。導出された予測（単称言明T）が正しいことを根拠に、理論（普遍言明H）が正しいことを示そうとするのが「実証」手続きである。だが、これは論理的には誤った推論（いわゆる「後件肯定の誤謬」）に基づいている。「H→T」と「T」から、「H」を導出することは論理的に妥当ではない。これに対して、「H→T」と「¬T」から、「¬H」を導出することは妥当である。「反証」の手続きは、この論理的構造（否定式）に基づいている。予測Tの失敗は、Tを導出したさいの前提（つまり理論と初期条件）のどこかに誤りがあることを示している。理論に誤りがある場合には、その理論は反証されることになる。

予測の成功、つまり理論の肯定的証拠によって理論の正しさを「実証」することはできない。だが、予測の失敗、つまり理論の否定的証拠は、一例でも生じれば、理論の誤りの可能性を示し、理論の「反証」をもたらしうる。ポパーは、科学的探究にとって重要なのは、肯定的証拠の収集や蓄積ではなく、理論の反証事例を探し、理論の誤りを見つけることであるとする。あらゆる理論は、真なることを保証されているわけではない「推測」であり「仮説」である。提起された仮説を批判的に吟味する、つまり仮説の反証事例を積極的に探すことで、そこに含まれる誤りが発見できる。仮説が反証されれば、指摘された誤りを排除した新たな仮説にすすむことができる。むろん、新たに提起された仮説も「推測」に過ぎない。なお、理論仮説が反証に耐えているあいだは、我々はそれを暫定的な仮説として保持する。だが、これは理論が真であるとか、確からしさを増したことを示すのではない。どれだけ反証に耐えたとしても、反証事例が判明し受容されればその仮説は反証され捨てられることになる。

ポパーによっては、科学的探究のプロセスは、このような「推測と反駁」の繰り返し、あるいは「試行錯誤と誤り除去」の繰り返しとして説明される。仮説提起とその批判および反証とによって、われわれは知識をよりよいものへと成長させることができる。この立場をポパーは「批判的合理主義」とも呼んでいる（「パラダイム論争」は、推測と反駁による科学的知識の合理的成長を唱えるポパーと、科学の歴史をパラダイム転換の繰り返しとして捉えるクーンとの対立に起因する）。

反証可能性概念は、科学的理論のテスト場面における論理的基盤として機能しているわけだが、同時に、理論が科学的であるか否かの基準としても提起されている。だが、このとき問題になるのは、理論が持つ論理的性質としての反証可能性に限定されない。現実の科学研究の実践上では、予測の失敗がただちに理論の反証をもたらすことは少ない。さきに言及したように、予測の誤りは、理論の誤りではなく、初期条件の誤りに起因することもありうる。あるいは、初期条件の操作や、アド・ホックな補助仮説の導入や理論語の再解釈によって理論の反証を回避することも可能ではある。だが、そのような反証回避策の採用は、理論の科学的身分を低下させるか失わせる。科学的探究に従事する者は、反証回避策の導入を意識的に排除し、より厳しく理論を反証にさらす態度を保持すべきである。反証主義の方法論の自覚的な採用こそが科学的態度と非科学的態度を線引きし、そこで扱われる理論の科学性を左右する。

▼歴史法則主義批判

ポパーは自然科学も社会科学も、同じ方法、すなわち反証主義を採るべきであるとする（「実証主義論争」は、自然科学と社会科学との方法論的一元論を支持するポパーと、社会科学方法論の独自性を支持するフランクフルト学派とのあいだのものである）。『歴史主義の貧困』においては、この方法論的一元論のもとで、「歴史法則主義（historicism）」の誤りが指摘される。ポパーは歴史法則主義の内部には、歴史の発展法則を科学的法則であると主張する親科学的なタイプと、歴史や社会の法則は自然科学とは根本的に異なるとする反科学的なタイプがあるとしている。そのうえで、両者ともに「法則」理解を誤っており、「社会科学」の立場として維持しえないと断じる。ここではマルクス主義がその典型であるとされる親科学的タイプの歴史法則主義に対しての議論をみておく。

親科学的歴史法則主義者は、社会構造や歴史の変化や発展には、あらかじめ規定された必然的な路線があると想定し、そのうえで、社会科学の目的を、社会や歴史の発展を予測する「法則」の発見とする。彼らが求める「法則」とは、典型的には、ある時代から別の時代への段階的発展を述べる「継起の法則」、たとえば、資本主義社会の後に社会主義社会が到来する、といったようなものであるとされる。

ところが、ポパーによれば、継起の法則とは、複数の出来事の具体的な継起の事実を述べるものに過ぎないから、科学の理論や法則が持つべき普遍性はもたず、およそ「科学的」法則とは言えない。たしかに、社会の変化の過程のなかで生じる個々諸々の出来事や現象タイプについては、自然科学であれ社会科学であれ理論による予測や説明が可能である。このタイプの出来事には類例があり、普遍的言明としての理論と初期条件とから導出された予測によるテストが再現可能である。だから、歴史の過程の内部で、ある初期条件としての出来事①と理論Aから、出来事②の発現を予測することは可能であるし、初期条件としての出来事②と理論Bから、出来事③の出現を予測することもできる。だが、このような予測や説明は、出来事①→②→③の継起を予測・説明しているのではない。①から②の関係、②から③の関係は、それぞれ理論Aと理論Bによって科学的に説明可能であるが、具体的な出来事の継起として①の次に②が、その次に③が生じたという事実は、たんなる特殊的な一回限りの過程としてしか記述できない。「継起の法則」とは、要するに、膨大な出来事の継起を、類例のない一度限りのユニークな事実として記述したものであり、したがって、単称言明に過ぎない。マルクス主義による社会発展の法則は自称するような科学性を持たない。

歴史法則主義は、継起の法則の存在の誤認により、ユートピア社会工学と呼ばれる全体主義的な社会実践形態と結びつきやすいとされる。マルクス主義が、来るべきより良き社会の到来のために革命を促すように、ユートピア社会工学は継起の法則に従って描かれる未来予測に従って社会全体をいったん壊し一から作り直すことを目指す。だが、継起の法則は科学的身分を持たないのだから、彼らが目指す未来像には科学的基盤もなければ必然性もない。若きポパーは未来の目的の実現のために現在の犠牲を強要するマルクス主義の姿勢を嫌ったが、この目的−手段関係は、誤った歴史の継起〈法則〉のもとでのみ想定される疑似的なものに過ぎなかったのである。

ポパー自身は、ユートピア社会工学に代えて、ピースミース社会工学なるものを提起している。これは、反証主義の方法論の社会実践形態といってよい。ポパーが提案するのは、理想的未来に向けた全面的な取り壊しや革命ではなく、継続的かつ部分的な調整と具体的な個々の悪の排除である。個々の提案や政策に対して予測と結果を慎重に比較し、批判の声に耳を傾け、悪影響と誤りを排除するという漸次的な仕方での社会の改革が目指される。

科学にかんしても、歴史や社会にかんしても、我々の知識はすべて常に暫定的な推測に過ぎない。それら推測を広く厳しい批判に開き反駁を試みること、そして、批判を通じて誤りを除去しよりよい推測へと改善していくことが、誤りうる我々人間が知識を成長させるための唯一の方法であり望ましい態度である。

（二瓶真理子）

ガダマー

Hans-Georg Gadamer　1900-2002

▼『真理と方法』の刊行と反響

ガダマーは、ハイデガーの亡き後、彼の教えを受けた者として二〇世紀のドイツ哲学界の重鎮のひとりである。彼は一九六〇年に主著である『真理と方法』を発表し、広範な学問領域に多大な影響を与えた。六〇歳になってようやく出版されたこの著作は、ガダマーの思索の集大成である。古代より脈々と続く解釈学に関する哲学的知見に加え、膨大かつ深遠な人文主義的知見の集積が、彼の思想内容の核心とその豊かさを支えている。『真理と方法』において打ち出された〈哲学的解釈学〉の理念は、言語理解に前提される「善意志」の共通性をめぐる脱構築思想との論争（デリダ）、「イデオロギー批判」に依拠したハーバーマスやアーペルらからの解釈学の普遍性要求に対する批判、文芸学・美学領域による解釈学理論の受容と展開（ヤウス）、その他にも「科学主義」や「分析哲学」との論争も経験しながら、広く社会科学、人文科学の全域にわたり大きな反響を呼ぶこととなった。

▼ガダマーの生い立ち——哲学の道へ

ガダマーは一九〇〇年二月生まれ。二〇〇二年三月におよそ一〇二歳にもおよぶ長き生涯を終えている。ガダマーは、化学者である父がブレスラウ大学の教授として赴任するにあたり、同地（現ポーランド東部の都市ヴロツラフ）で育った。自らと同じく息子を有能な化学者に育て上げようとした父とは相いれず、一九一八年に進学したブレスラウ大学では、歴史、美術史、哲学、教育学など多分野を学んだ。

ブレスラウ大学での学びを経て、ガダマーはふたたび哲学を志すべく生まれ故郷でもあるマールブルクに戻り、学びを始める。そこで新カント派の老碩学であるナートルプと新進気鋭のニコライ・ハルトマンのもとで学位論文を提出（「プラトンの対話篇における快楽の本質」、一九九二年）、その後はハイデガーに師事し、彼に加えて古典文献学者であるフリートレンダーらのもと教授資格を得ている（「プラトンの弁証法的倫理――ピレボスの現象学的解釈」、一九二九年）。ガダマーは、こうしてハイデガー哲学の血筋を受け継ぎつつも、同時に生涯を通じてプラトン（およびアリストテレス）の研究を続けた古典文献学者としての一面ももち合わせる。文献学的研究と哲学的な探究との緊密な一体性のもと展開されたガダマーの教授資格論文は、ドイツにおけるヘレニズム研究者、人文学者としてのガダマーの素養をも裏打ちするものであった。なお、当時のマールブルクの同窓には、レーヴィット、クリューガー、アーレントらがいる。

▼精神科学論としての解釈学　――『真理と方法』の哲学的プログラム

『真理と方法』の全体は大きく分けて三部から構成される。第一部は人文主義における真理の問題を端緒とし、近代の美学理論と対比的に芸術における真理経験の問題を論じている。第二部では、解釈学についての歴史とその理論が扱われ、第一部の芸術経験において検討された真理の問題が精神科学の領域へと拡張されている。そして第三部では、芸術、歴史の経験を包括する経験の媒体としての「言語」が論じられ、その普遍性が究明されている。

ガダマーが主著『真理と方法』において第一に自らに立てた課題とは、自然科学的な方法意識とは別の次元において固有に確保されるべき、精神諸科学にとっての真理とその経験の理論の解釈学的な解明であった。こうした点において、ガダマーの立場はその基本線として、シュライアマハーを経てディルタイに端を発する解釈学の伝統に根ざすものである。ただし、彼の思索の歩みは、テクスト解釈のための技法論（Kunstlehre）、および精神諸科学の方法論としての解釈学の位置づけに留まらず、ハイデガーによる解釈学の存在論的転回を継承することで、広く人間の世界経験一般の解明と遂行そのものを体現する「哲学的解釈学」として結実するものであった。

この主著のタイトルに掲げられている「真理（Wahrheit）」と「方法（Methode）」というふたつの概念は、「方法」を通じて認識される「真理」、ないしは「真理」を認識するための「方法」といった相補的な概念ではなく、むしろその意味内容としては対立的な概念である。ガダマーは、精神科学にとっての固有な「真理」とは、いかなる科学的な「方法」によっても獲得され得ないと考えた。彼によれば、哲学的な真理と科学的な真理との間には、原理的な区別がある。『真理と方法』で展開された彼のプログラムに即して言えば、そうした科学的な方法概念によっては認識され得ない真理が「芸術」、「歴史」、そして他ならぬ「哲学」において経験される。この種の真理経験をガダマーは「解釈学的経験（hermeneutische Erfahrung）」と呼ぶのだが、こうした経験の内実を究明することが、彼の思索の重要なモチーフの一端を担っている。

▼歴史性の解釈学——ガダマーの「理解」の理論

私たちが理解するあらゆる対象（テクスト、作品、他者など）は、有限的な存在者である私たちの〈ここ・現在〉から眺めるしかない。人間は常に限定された〈歴史状況〉（ガダマーはそれを「解釈学的状況」と呼ぶ）の内に身を置き、そういった意味で自らの限定的な視野を捨て去ることができない。ガダマーは、こうした理解者の歴史状況を〈地平〉（Horizont）と表象することで、視野を開くために私たちが立つ地点＝地平の限定性、特殊性を意識させると同時に、その地点からの理解者の〈歩み〉（Schritt）の変化にむしろ注意を喚起する。

こうして主張されるのは、〈対象の理解〉と〈自己の理解〉の間に築かれる有機的な循環関係である（「解釈学的循環」）。何かを理解することは、必然的にそれを理解する理解者自身の立ち位置の変化を生じさせ、またそれを意識することによって、理解者自身の自己理解をも同時に深めるということを意味する。ガダマーが見る限り、有限的である私たち人間の理解とは、こうした〈対象の理解〉と〈自己の理解〉の間の循環関係そのものを遂行していくことに他ならない。なにか新たな知識を身に付けたとき、人はそれを身に付ける以前とは違った視点を獲得しているはずである。さらに言えば、必ずしも新たな視点を獲得したということはなくても、以前の視野を開いていた地平が新たな知識を得たことで、より大きな地平のもとその視野は拡張されているはずである（ガダマーの「地平融合」の理論）。

こうして理解者が立つ自らの地平は、常に過去からの影響・作用を受けつつ、変動し、それと同化しているものである。私たちの現在の地平は、そうした「作用史」の上に成立しているのであって（さらに、それを意識化する意識のことをガダマーは「作用史的意識」と呼ぶ）、そうした「作用史の網目」の内に私たちの地点は編み込まれていることになる。このようにして私たちは、対象と自己を包み込むより大きな地平の形成に参与し、こうした地平の拡張と融合を繰り返していくことで、そのつど得られる「別様の理解（*anders* verstehen）」を地平との照応関係の内に真理として獲得する。こうした点に、これまで積み重ねられてきた過去の歴史や伝統の意義を重視する、ガダマーの「歴史性の解釈学」の立場がある。

▼非政治的な哲学者としての政治との関わり——「大学人」としてのガダマー

ガダマーは私講師を務めていたマールブルク大学から一九三四年に員外教授として推薦され、そして一九三九年にライプツィヒ大学に招聘され正教授となった。そこでは、戦中において国民社会主義的組織に従属することを拒み、また戦後においては同大学の学長を務め、多くの政治的困難を乗り越え大学における学問の再建に尽力した。さらに一九四七年にはフランクフルト大学、最後にヤスパースの後任として一九四九年にハイデルベルク大学に招聘され退官するまで教授の職を務めた。ガダマーはこうした教授生活の中で、数多くの優れた研究者を輩出しており、当時から今に至るまでドイツの哲学思想における重要な教授の地位を占めている弟子が多数いる。例えば、ハイデルベルク大学のヘンリッヒ（D. Henrich）、ヴィーラント（W. Wieland）、テュービンゲン大学のシュルツ（W. Schulz）らの名が挙げられる。また、フランクフルト学派を形成したホルクハイマー、アドルノを亡命先であるアメリカからフランクフルトへ呼び戻したのも、ガダマーであった。さらにその第三世代と言われ、後にガダマー自身と激しい論争を繰り広げたハーバーマスを当時大学教授に推薦したのもガダマーである。こうしたガダマーによるフランクフルト学派に対する援助からは、必ずしも自らとは相いれない思想的立場に対しても開かれた、彼の柔軟な学問的態度が見て取られよう。このことは、他者との対話において判断そのものの妥当的な基準をそのつど形成しようとする解釈学的な姿勢の表れともいえる。

ガダマーは、「大学人」として大学行政に深く関わり、またヘーゲルをはじめとする各種の学会で指導的な役割を引き受けながら、多くの同時代の研究者との対話に開かれた哲学者であった。彼の〈哲学的解釈学〉とは、その理論と実践によって徹底して貫かれた哲学である。

（小平健太）

フィンク

Eugen Fink　1905-1975

オイゲン・フィンクは、フライブルク大学においてフッサールとハイデガーの指導のもと、一九二九年に博士号を取得した。晩年のフッサールの私設助手を務めながら、「非存在論（メオンティーク）」という現象学的形而上学の構想を密かに温めていた。フッサールの現象学が、意識に対する個々の存在者の現れ、すなわち意識と存在者の志向的相関関係を主題化し、ありのままに記述することを基本課題とするのに対して、フィンクは、志向性そのものが成り立つ場である「世界」に向けての「思弁的思惟」の必要性を訴える。彼は、ドイツ観念論（主にヘーゲル）を批判的に継承し、世界の現れを「絶対者の現象論」という枠組みにおいて究明する。世界はあらゆる存在者が存在する場として機能しつつも、それ自体は決して存在することはない。フィンクの言う絶対者とは、世界の背後に存在する最高存在者ではなく、世界の非存在的な動態性そのものを表している。

一九四六年にフィンクは、教授資格を取得し、以降フライブルク大学で教鞭をとる。この頃から彼は、「コスモロジー的現象学」という独自の道を歩み始め、第一に内世界的存在者と世界とのコスモロジー的差異、第二に世界そのものの内的差異について思索するようになる。前者の考察から、伝統的形而上学が「事物存在論」として特徴づけられ、その世界忘却が指弾されると共に、世界は、あらゆる存在者に空間を与え、時間を許しつつも自らは退去する「絶対的媒体」として、さらには背後的原像をもたない「遊戯」として規定される。他方で後者の差異は、「天空と大地の抗争」という神話的象徴によって語られる。世界は天空という光の側面のみならず大地という闇の側面をもちあわせている。このような洞察に基づきフィンクは、プラトンからハイデガーへと至る伝統的存在論を「光の形而上学」という観点の下で批判し、「身体」の「接触」機能を媒介として世界の暗い根底へと沈潜していく。

世界の退去性や隠蔽性を巡る問題は、フッサール、ハイデガーからフィンクへと受け継がれた、いわば正統派フライブルク現象学の中心主題と言えるが、ポストモダン以降の思想として最近注目を浴びている「新実在論」にも大きく通じる面がある。とくに現実存在、偶然性、自由、根拠を巡る諸問題を考えるうえで、両者の対話的研究はきわめて重要な示唆を与えてくれるであろう。

（武内　大）

レーヴィット

Karl Löwith　1897-1973

カール・レーヴィットは一九二八年に執筆した最初の著作『共同的人間の役割における個人』で、M・ハイデガーの他者論を換骨奪胎(かんこつだったい)し、他者の他者性についてよりセンシティブな議論を組み立てようとした。すなわち、ある者のあり方は他者のあり方との相互的な関係性において常にすでに規定されており、そうした相互的な関係性に歪みが認められない場合には、ひとびとの間で「相互承認」、「本来的な共同相互存在」が成立するというのである。

共同相互存在に関する考察は、三〇年代に入ると時代診断的な性格を帯びたものへ変化していく。たとえば、哲学に携わるひとと神学に携わるひとのあいだにある共同相互性について問い直すなかで、レーヴィットはドイツ哲学とプロテスタント神学の伝統的な影響関係について考察しはじめた。また、「疎外」概念を世に知らしめたマルクスの初期著作に接すると、レーヴィットはひとびとの共同相互性が近代的な市民社会と国家においてどのように組織化されてきたかという問題に注意を向けるようになった。

こうした変化を経て、レーヴィットの研究は、一九世紀のドイツ思想史を哲学・神学・政治の複雑な絡まり合いとして読み解こうとする四一年の『ヘーゲルからニーチェへ』に帰着した。同著が描き出そうとしたのは、キリスト教神学と近代市民社会の融和により成立していた「市民的キリスト教的世界」が、一九世紀を通じてゆるやかに解体していくさまである。こうした描写が試みられたのは、レーヴィットの見るところ、かかる解体過程こそが三〇年代以降のドイツに政治的危機をもたらした主たる要因だったからである。レーヴィットの日本滞在時に、日米開戦を目前にして完成を見たこの著作がファシズムへの批判を企図して執筆されたことは、見逃せない。

第二次世界大戦後、レーヴィットは現代の危機が、望ましい政治体制の人為的制作を試み、それを目的論的歴史像によって正当化する一種の「政治的終末論」に由来すると考えるようになった。四九年に執筆された『歴史の意味』では、こうした発想の起源が歴史神学の「世俗化」に求められる。他方で、政治的終末論に対抗するため引き合いに出されたのが、古代ギリシャの哲学者と、彼らが省察の対象としていた不断に回帰する自然のあり方である。レーヴィットにおけるギリシャ的自然観の重視は、一連の政治的危機への反省を潜ってようやく出てきたものにほかならない。

（遠藤健樹）

ヨナス

Hans Jonas **1903-1993**

ヨナスは環境倫理・生命倫理の黎明期を支えたドイツ出身のユダヤ人哲学者である。主著『責任という原理』（一九七九年）は、科学技術文明において担われるべき未来への責任を主題とし、学問の世界に留まらず、様々な国際条約や政治的指針にまで広範な影響を与えた。

▼古代グノーシス思想の研究

ヨナスはドイツのメンヒェングラートバッハという町で生まれた。一九二一年にフライブルク大学に入学し、そこで私講師だったハイデガーに魅了される。一九二四年、マールブルク大学へと移籍し、ハイデガーおよびブルトマンの指導を受ける。この間、アンダース、アーレント、ガダマーらと知り合い、友情を育んでいる。ヨナスの博士論文は、古代グノーシス思想をハイデガーの実存カテゴリーによって解釈するというものであり、同論文は後に『グノーシスと古代末期の精神』（一九三四年）として書籍化される。同書は、その方法論において革新的であり、当時のグノーシス研究に大きなインパクトを与えた。

一九三三年にナチスが政権を掌握すると、イギリスを経由してパレスチナに渡り、シオニズム活動に携わる。第二次世界大戦が勃発すると、ヨナスはイギリス陸軍ユダヤ旅団に所属し、ナチスドイツとの戦いに身を投じる。この間、ヨナスの母はアウシュヴィッツ強制収容所へと連行され、殺害されてしまう。

▼生命の本質の探求

戦後、カナダを経由してアメリカに渡ったヨナスは、それ以前のグノーシス研究を大胆に反転させ、ハイデガーの哲学をグノーシス的なものとして解釈するようになる。すなわち彼は、グノーシス主義の典型である世界に対する蔑視が、自然を無意味なものとして捉えるハイデガーの『存在と時間』において反復されていると理解し、ここに現代社会の根本的なニヒリズムを洞察する。ヨナスによれば、それは自然に内在する価値を剥奪し、人間と自然を断絶するニヒリズムとして捉えられる。そして、そうしたニヒリズムに陥っていたために、ハイデガーはナチスを支持しえたのだと、ヨナスは解釈する。

こうしたニヒリズムを克服し、自然と人間の連続性の回復を目指す思想として打ち出されるのが、哲学的生命論である。『生命の哲学』（一九六六年）において、ヨナスは人間の自由をその自然的な基礎である有機体のうちに見出し、ここから生命の本質を自由として捉える現象学的存在論を展開する。

ヨナスによれば、生物学において生命がその身体を構成する物質によって理解されているのに対し、生命の根本的な現象は「代謝（Stoffwechsel）」であり、それは物質の交換によって生じる能動的な統合に他ならない。生命は物質的な同一性から解放されているという意味で自由であるが、しかしそれは同時に、代謝の停止によってその存在が失われうるということ、すなわち死の可能性をもつということでもある。したがって、生命の存在には常に死の可能性が現前しているのであり、生命はそれに対して自らの存在を肯定するという仕方で存在する。ヨナスは、こうした生命の根本的な存在様態を、実存として定義する。

哲学的生命論で評価を得ると、ヨナスはアメリカにおける生命倫理の拠点であるヘイスティング・センターの研究員に着任する。ここからヨナスの関心は、生命そのものから、その生命を技術的な操作の対象とするテクノロジーの問題へと向かっていく。その集大成として公刊されるのが『責任という原理』である。

▼未来世代への責任の倫理

同書においてヨナスは、テクノロジーの影響が遠い未来にまで及ぶ危険性を指摘し、まだ生まれていない未来世代に対する責任の必要性を訴える。ただし、未来世代は現在においてはまだ存在していないのだから、この責任は非対称的な関係を前提にする。この非対称的な責任をいかに基礎づけるかが同書の主たる課題である。これに対してヨナスは、責任の原型として、子どもへの責任に注目する。目の前に幼い子どもがいるとき、周囲の大人は否応なく、この子どもを保護する責任を負う。この責任は契約や討議によってではなく、子どもが存在するという事実によって課せられる。ヨナスは、こうした子どもへの事実的な責任を、哲学的生命論を発展させた自然哲学によって説明する。生命の存在は実存であるが、それは生命がそれ自体において善であることを意味し、生命は死の脅威がせまってくるとき周囲に対して「呼び声」を発する。この呼び声が人間に対して責任を喚起するのである。こうした自然哲学は、前述のような現代のニヒリズムに対して、自然に内在する価値を基礎づける試みでもある。ヨナスはこうした責任概念に基づいて未来世代への責任を説明し、その規範を「あなたの行為を原因とする影響が、地上における真の人間らしい生き方の永続と両立するように、行為せよ」と表現している。

晩年のヨナスは、アウシュヴィッツの悲劇の後で神について語ることの意味を考察し、独自の神話思想の構築を試みた。その成果は「アウシュヴィッツ以降の神概念」という講演に結実することになる。

（戸谷洋志）

コラム　戦後の学校教育

東西ドイツ統一による教育の再編

一九八九年のベルリンの壁の開放は、二〇世紀最後の一〇年の始まりとともに、ドイツの「戦後」に一つの区切りをもたらした。一九九〇年一〇月、ドイツ民主共和国（Deutsche Demokratische Republik, 以下「東ドイツ」と表記）がドイツ連邦共和国（Bundesrepublik Deutschland, 以下「西ドイツ」と表記）へ編入する形で、東西ドイツは統一された。これにより、旧東ドイツ地域の学校教育は、旧西ドイツモデルへと転換されることとなった。

第二次世界大戦後、ソビエト占領地域の東側では、ドイツ社会主義統一党の支配の下、マルクス・レーニン主義的イデオロギー信奉の一環として、社会主義的統一学校（sozialistische Einheitsschule）が導入され、無神論的世界観に基づく社会主義的人間の育成が行われてきた。一方、アメリカ、イギリス、フランスの占領地域に形成された西側の諸州では、一九四九年、前文に「神と人間に対する責任の自覚」を謳うドイツ連邦共和国基本法（以下、「基本法」）が制定され、キリスト教と民主主義を基底とする価値体系が、教育の基本理念を示してきた。このように、東ドイツと西ドイツは、それぞれ全く異なる政治・社会・経済制度のもとでの教育制度を発達させてきたため、東西ドイツ統一に伴い、東ドイツでは大きな価値の転換が求められた。

東西ドイツ統一によって、基本法が旧東ドイツでも適用されることになった。旧東ドイツに設けられた五州では、旧西ドイツの教育制度に準拠し、東ドイツ時代とは大きく異なる教育制度を構築することになった。旧西ドイツでは、連邦制の伝統によって諸州の文化高権（Kulturhoheit）が保障され、学校に関する立法および行政の統括権を各州が有してきた。ドイツ統一後は、基本法により、旧東ドイツ五州も含め、一六ある各州において、独自の教育政策が尊重されている。たとえば、初等教育段階の基礎学校（Grundschule）の修業年限は四年であるが、ベルリンとブランデンブルク州は六年である。ただし、連邦レベルでは、ドイツ連邦共和国常設文部大臣会議（Kultusministerkonferenz, 以下「KMK」と表記）が設けられ、一六州の間の教育政策を調整する機能を果たしている。こうして、州ごとの多様性のなかで、国家として諸州間の共通性が確保されている。

文化的、宗教的多元化のなかの学校教育

東西ドイツ統一後の一九九〇年代以降は、国内の文化的、宗教的多元化に加え、EUの拡大に伴う経済や政治領域の統合を経て、「国民としてのドイツ人」という概念が相対化されてきた。そのため、それまでの国民国家を乗り越えていくための一装置としての市民社会のあり方が問い直され、様々な文化や信仰の共存・共生を目指す教育のあり方が模索されている。

ドイツ基本法は、その第七条第三項に「宗教科は非宗派学校を除き、

公立学校における正規の教科」である、つまり必修の教科と定めている。この宗教科は通常、キリスト教のカトリックとプロテスタントに分かれて教授されてきた。ところが、西ドイツでは、宗教科に参加しない生徒が増加した一九七〇年代から、宗教科を代替する倫理科や哲学科の設置が広がった。他方、旧東ドイツでは、東西ドイツ統一を契機として、各州が宗教科とともに倫理科や哲学科等を導入した。

こうした倫理科や哲学科として、たとえば、ノルトライン・ヴェストファーレン州（以下、ＮＲＷ州）では、必修教科である宗教科を代替する「哲学に基礎を置く価値教育」として、一九九七年に実践哲学科（Fach Praktische Philosophie）のカリキュラム大綱草案が起草された。ＮＲＷ州では現在、初等教育段階及び前期中等教育段階に実践哲学科、後期中等教育段階に哲学科が設置されている。これらの実践哲学科や哲学科の教育内容では、批判的精神や判断力の涵養という視点のみならず、異なる民族的、文化的、宗教的背景を持つ他者との相互関係を、教室の中の現実に即して構築する能力を身に付けることが重視されている。一方、旧東ドイツのブランデンブルク州では、東西ドイツ統一の際に、宗教科に代わる統合教科として基礎学校の第五学年と第六学年及び、前期中等教育段階に、必修教科として「生活形成・倫理・宗教」科（Fach Lebensgestaltung -Ethik-Religionskunde. 以下「ＬＥＲ科」）を設置し、宗教科を逆に補足教科とする方式を取っている。

このように、児童生徒が学校において人間形成および陶冶の機会をどう享受するのかという道筋が、各州の間で異なっている。さらに、近年イスラームをはじめとする移民や難民の背景を持つ児童生徒のドイツ社会への統合が大きな課題となっているが、そうした点を考慮すれば、基本法で正規の教科と規定された宗教科の存続を前提としつつ、倫理科や哲学科がどのような形で教育内容の共通性や成果を保証するのかが問われている。実際、連邦移民難民局の報告書によれば、二〇一五年にシリア、アフガニスタン等から八九万人に上る難民申請があり、一九九二年以来で最多の一一四万人の移民難民を受け入れた。さらに二〇二二年には、ウクライナからの一〇〇万人以上の難民受け入れにより、純移民数がこれまでの最高水準に達した。今やドイツの人口の二八・七％が移民の背景を持つとされる。これに伴い、移民難民の子どもたちの教育への課題も顕在化している。そこでは、多様な価値や文化、宗教の共存が大きな課題であるが、学校教育においてもいっそうの異文化間の理解を促す教育内容が求められている。

先述したＮＲＷ州の前期中等教育段階では現在、プロテスタント、カトリック、シリア正教、正教会、ユダヤ教、イスラーム、アレヴィー派、メノナイト派の八つの宗派・宗教の宗教科が設置されている（試行段階の宗派を含む）。各宗教科のカリキュラムでは、各自の宗派・宗教をアイデンティティの基礎としつつ、ドイツ社会の多様な宗教的・道徳的諸価値を体系的に、かつ差異を意識して検討することを可能にしている。そこでの宗教科の役割とは、生徒が自分自身の価値観を育み、それを批判的に吟味し、相手を尊重し、理解し、共に生きるための道を切り拓く支援をすることにある。こうして、通常宗教科は宗派的な性格を持つ。ただし、例えばハンブルクなど、宗教科内部でもイスラームの宗教団体をも含む超宗派的、超宗教的な宗教教育のあり方を模索している州もある。

翻って、日本の近代公教育においては、帝国憲法の制定公布（一八八九年）と教育勅語の発布（一八九〇年）以来、太平洋戦争の終結まで、建前としては宗教と教育の分離の原則が唱えられながら、近代天皇制＝国家神道にもとづく天皇崇拝と宗教教育が公然と行われてきた。そこでは、国民にとって、天皇制絶対主義を支える国家神道に背を向ける思想・信教の自由はなかった。一九四五年の終戦後、主権在民を理念とする日本国憲法と、個人の尊重や平和を重んじる教育を目指す教育基本法が公布された。信教の自由と、政治と宗教の分離を厳格に規定した憲法第二〇条を受け、教育基本法第九条（現行法第一五条）では、公立学校での「特定の宗教のための宗教教育」を禁止している。このため日本では、宗教による教育をどのように位置づけるかについて検討することが少ない。また、同じように「宗教」や「倫理」と言っても、教科としてのコンテクストも社会的文脈もドイツとは全く異なる。しかし、日本でも外国人労働者の増加などを背景とし、多文化・多宗教社会の中での宗教と世俗との関係を学校教育でどう教えるかを課題とすべき時代になってきている。

二〇〇〇年代以降の学校の質保証のための取り組み

二〇〇〇年の国際学習到達度調査（ＰＩＳＡ）の結果公表による「ＰＩＳＡショック」以降、ドイツでは学校の質保証のための様々な取り組みが展開してきた。なかでも、各州では、初等教育段階の基礎学校に続く前期中等教育段階として、基幹学校、実科学校、ギムナジウムに分かれる、いわゆる三分岐型の中等教育学校制度を設置してきたが、その再編が進行しており、学力向上策が教育のよりよい機会均等をも推し進めている。また、子どもの文化的、社会経済的、宗教的多様性や、移民の背景の有無、特別支援等、個々の尊重を前提とした学力向上への手だてが講じられつつある。

多様性の尊重が様々な意味で問い直されている今日にあって、「神と人間に対する責任」のもとでの人間形成を目的として出発し、社会を担う市民育成のための方策とはどのようにあるべきかを見定めながら、キリスト教という社会的土壌を基盤としつつも、その新たな次元を時代とともに切り拓いてきた戦後のドイツの教育の歩みは、他国に対しても重要な分析指標を提供していよう。

（濵谷佳奈）

コラム　石炭と原子力

工業化とヨーロッパ統合

石炭は、ドイツにとって工業大国の礎を築いた資源といえよう。ドイツでは一九世紀の工業化の過程で、石炭の生産は飛躍的に増大した。とくに現在のノルトライン・ヴェストファーレン州に位置するルール地域の炭田地帯は、良質な石炭が豊富に産出され、ドイツの工業化に大きな役割を果たした。とくに基幹産業である鉄鋼業にとって原料となる石炭の安定供給は国際競争力にも直結した。一九世紀半ば頃、ドイツはまだヨーロッパの中で経済的に遅れていたが、石炭というエネルギー源を背景にしながら、着実な経済成長を実現した。

とくにそうしたドイツの経済発展を脅威に感じていたのが、フランスである。一九世紀半ばのフランスでは、鉄鉱石の豊富な産出を誇っていたが、良質な石炭には恵まれていなかった。そのため、フランスの鉄鋼業はドイツの石炭を必要とし、それが独仏の対立の要因の一つとなっていた。普仏戦争や世界大戦の戦後処理では、どれもライン川国境地域をめぐる問題が浮上したが、言い換えるとそれはドイツの石炭をめぐる問題であった。それだけ、ドイツの石炭はヨーロッパの安定にきわめて重要な資源であった。

以上のドイツの石炭を巡る対立も、第二次世界大戦後のヨーロッパ統合の開始によって解消された。ECSC（欧州石炭鉄鋼共同体）の誕生である。現在、二七か国を有するEU（欧州連合）であるが、一九五二年に発足したECSCをその起源としている。当初の参加国は六か国であったものの、主たる目的は、西ドイツの石炭とフランスの鉄鉱石を超国家的な機関の下に置き、その経済領域の統合を実現するというものであった。これにより経済的な発展だけでなく、両国の恒久的な平和の構築が目指された。まさにそれまでの状況を一八〇度転換させた。

ECSCは、当初の目論見通り石炭や鉄鋼の増産をしつつ、経済統合も実現した。その成果をもとに、EEC（欧州経済共同体）も成立した。ECSCの部門別経済統合からEECの全般的経済統合へと前進したのである。しかし、こうした役割を担った石炭も、一九六〇年代になると新エネルギーである石油や安価な輸入炭に押され、徐々に経済の中での地位を低下させていくことになった。くわえてこの時代、もう一つの新エネルギーが台頭し始めていた。それが原子力であった。

原子力の平和利用

ドイツでは、ナチス時代から核兵器の開発のための原子力研究が行われていたが、敗戦による占領下でそれらの研究は一切禁止された。しかし、一九五五年のパリ条約で西ドイツが主権を回復すると、原子力研究開発も再開された。ただし当然、核兵器の開発や保有は禁止されたので、その目的は原子力発電による電力供給などの平和利用に限定された。一九五〇年代は、年平均八％を上回る経済成長を続けた西ドイツにとって、将来的に石炭以外の電力供給源が必要と考えられたのである。

原発には様々な炉型が存在するが、西ドイツにおいてはその工業力を背景に全ての炉型が検討され、実用化に向けて開発が進められた。その中で、建設数を伸ばしたのが、軽水炉である。軽水炉とは、通常の水を冷却水とするため、初期投資や原料費が他の炉型に比べると安価で済む。もともとはアメリカで開発されたものであるが、西ドイツではこれを輸入しながら、独自の軽水炉技術を確立した。この一つの成果が、一九七五年に稼働を開始したビブリスA原発であった。この原発は当時世界最大級の出力一二二五MW（メガワット）を有しており、現在の標準的な原発の出力に匹敵するものであった。その後西ドイツでは、ビブリスAに続く巨大原発が次々と稼働し、一九八〇年代になると国内の電力需要の三〇％以上を賄うまでに拡大した。

脱原発と脱石炭

しかし、こうした流れも一九八六年のチョルノービリの原発事故で大きな転換点を迎えた。それ以降は、原発利用をめぐり一般市民からの不安も高まり、反対運動も激しくなった。実際ドイツでは、一九九〇年以降、原発の新規稼働はない。そうした中ドイツでは、環境政党の緑の党が政権に加わり、二〇〇二年に脱原発政策を選択した。この政策自体は産業界からの要請を受けて、二〇一〇年に一旦撤回されたが、翌年の福島の原発事故後に復活した。これは事故後、メルケル首相（Angela Merkel）が速やかに専門の諮問委員会を発足させるなどして議論を重ね、国内合意を形成したことで実現した。この結果、ドイツは二〇二二年までに全原発の稼働を停止させることになった。

以上の脱原発に伴って注目されているのが、石炭である。発電に占める石炭の割合は、ドイツ再統一直後の約六〇％から半分以下に下がったが、それでもまだ高い水準である。再生可能エネルギーの拡大は進んでいるもののベースロード電源の確保を考えると、石炭の利用は欠かせない。しかし、二〇二〇年には脱石炭法が可決され、脱原発に続いて脱石炭の実現も目指されている。国内経済としては電力料金の高騰や送電線不足という問題も抱えているが、その中で脱石炭も実現できるのかどうか。

また二〇二二年二月にロシアがウクライナ侵攻を開始したため、ドイツのエネルギー環境はさらに変化している。それ以前のドイツでは、天然ガス輸入の五〇％以上をロシアに依存していたが、ロシアへの経済制裁の一環としてその比率を大幅に引き下げている。脱原発時期も予定より遅れ、二〇二三年四月の完了となった。ドイツにとって環境を重視する姿勢はある種の哲学であるが、環境とエネルギーの最適なバランスを構築できるかどうかはアフター・メルケル時代の政権にとって大きな課題となりそうである。

（中屋宏隆）

ギュンター・グラス

Günter Grass　1927-2015

バルト海沿岸の港町ダンツィヒ（現ポーランド、グダニスク）で西スラブ系少数民族カシューブ人の母とドイツ人の父の間に生まれたギュンター・グラスは、戦後ドイツを代表する作家の一人である。グラスは、小説や詩、戯曲といった文学作品に留まらず、版画や彫刻、水彩画も手掛けるなど、実に多彩な創作活動を展開した。また、いわゆる批判的知識人として、同時代の政治・社会問題について公の場で積極的に批判的声を上げ続けた。グラスにとって決定的な意味を持ったのが少年時代のナチスおよび戦争の体験である。作家としての、そして政治参加する一人の市民としてのグラスの活動は、一貫してこの過去といかに向き合うべきかという重く厳しい問いをめぐって展開されていくことになる。

▼アウシュヴィッツの後で書くこと

戦時中、グラスは当時の多くの若者のように、一人のヒトラー少年としてナチスドイツの勝利を信じ、戦争末期には高射砲補助兵として従軍も経験した。それだけに戦後になって、ユダヤ人虐殺の蛮行を知った時の衝撃は計り知れないほど大きなものであった。アドルノの「アウシュヴィッツの後で詩を書くことは野蛮である」という有名な命題は、グラスの言葉を借りれば「鉛の錘」として彼の創作活動を大きく縛ることになる。彼にとってアドルノの言葉は、文学の禁止ではなかったが、作家として、もはやアウシュヴィッツ以前と同じように書くことはできないことを意味した。少年だったとはいえ、ナチスを妄信した反省から、グラスが自らの創作活動に課したのは、絶対的なもの、あらゆるイデオロギーに対する懐疑の姿勢であった。その模範をグラスはカミュの『シーシュポスの神話』のシーシュポスの中に見出した。

神々から与えられた罰として、シーシュポスは重い岩を山の頂上まで運ばされるが、岩はそこに留まることなく、すぐにまた斜面を転げ落ちていく。自らの運命を認識しながら、それでもなお岩を繰り返し頂上目指して運び続ける姿に、諦念ではなく、反抗の姿勢を読み取るところにグラスはカミュに共感する。そこに表れているのは、ナチズムはもちろんのこと、資本主義であれ、共産主義であれ、人々に山の頂上、すなわち最終到達点としてのユートピア、救済を約束するあらゆるイデオロギーに対する拒否、そして懐疑の姿勢であるとグラスは解釈した。

▼グラスの文学——『ブリキの太鼓』

懐疑の姿勢の実践としてのグラスの小説は、安易な感情移入を拒むような一筋縄ではいかない登場人物たち、語られる内容の信憑性を揺るがす不確かな語り手、そしてしばしば複数の筋が編み合わされる複雑な構造をとる。そのため読者は語られる物語をただ受身的に読み進めていくことを許されず、語られる対象と距離を取りながら向き合う中で、思考と反省へと誘われていくのである。

グラスの小説家としてのデビュー作であり、代表作として知られるのが、故郷ダンツィヒを舞台にした長編小説『ブリキの太鼓』（一九五九年）である。三歳の時に自らの意志で成長を止めてしまう少年オスカルの子供の視点から、ドイツはナチスという悪魔に騙されたのではなく、自分の平穏な生活を守ることに固執する大人たちの小市民的気質こそがナチスの台頭を招いたのだということが、奇想天外な物語設定、グラス特有のグロテスクで猥雑な描写で描かれていく。続いて発表された『猫と鼠』（一九六一年）、『犬の年』（一九六三年）を合わせた「ダンツィヒ三部作」によって、グラスは作家として名声を不動のものとした。『ブリキの太鼓』は一九七九年に映画化され、カンヌ映画祭でパルム・ドール賞を受賞した。

同時代人としての作家

グラスはナチスの過ちを二度と繰り返さないためには同時代に起きていることに対しても無関心であってはならないと考え、公の場で積極的に政治や社会の問題と取り組むようになる。一九六〇年代から七〇年代にかけては、後の西ドイツ首相ヴィリー・ブラント、そしてＳＰＤ（ドイツ社会民主党）のための大規模な選挙応援活動を行った。もっとも、ＳＰＤに対する支持は無条件なものではなく、あくまで相対的なものであった。当時の学生運動に対しても、革命を掲げるその急進性に対してグラスは距離をおき、革命ではなく漸次的変革を訴えた。この頃からは文学作品にもその時々のアクチュアルな政治・社会問題を取り入れるようになり、環境問題、核戦争の脅威、ドイツ統一などをテーマとした小説を次々に発表していった。一九九九年にはノーベル文学賞を受賞した。

二〇〇六年の自伝的小説『玉ねぎの皮を剥きながら』の中でグラスは戦争末期の一時期武装親衛隊に所属していた過去を明らかにした。その遅い「告白」は、衝撃的ニュースとして世界を駆け巡り、大論争を巻き起こした。二〇一二年にイスラエルの核の脅威を批判する詩を発表した際にも、グラスは国内外で多くの批判に晒された。しかし、必要と感じれば批判の声を上げるという、ナチスの過去に対する反省から導き出された作家としての、そして一人の政治参加する市民としての姿勢をグラスは最後まで貫いた。

（岡山具隆）

ツェラーン

Paul Celan　1920-1970

▼出　自

パウル・ツェラーン（本名パウル・アンチェル）は、一九二〇年、ドイツ系ユダヤ人の子として、その前年にルーマニア領になったばかりのチェルノヴィッツ（現ウクライナ領チェルニウツィー）に生まれた。後年、ツェラーンの両親は、ナチス占領下のウクライナにおかれた強制収容所で殺害されたが、詩人は、両親から習いおぼえた「母国語」であると同時に、殺人者たちの言葉でもあるドイツ語によって、あえて詩作することを選択したという。やがてブカレストからウィーンを経て、長年、パリに住む。一九七〇年、自殺。

▼ツェラーンと哲学者たち

ツェラーンと哲学者たちとの関わりは、いわば双方向的にとらえることができる。一方で、ツェラーンの詩作品を読解しようとする試みは、その死後、ガダマー（一九七三年）、ペゲラー（一九八六年）、デリダ（一九八六年）など、哲学者自身の手によってなされてきた。アドルノも、ツェラーンに関する一書を計画していたという。他方、ツェラーン自身が、生前、哲学者たちの著作に取り組んでもいた。その主たる対象として、プラトン、ライプニッツ、ヘーゲル、キルケゴール、ニーチェ、フロイト、フッサール、シェストフ、シェーラー、ブーバー、ブロッホ、ハイデガー、ベンヤミン、ショーレム、アドルノなどがあげられる。

なかでもアドルノとハイデガーについて、ツェラーンは、それぞれとの出会いを作品に仕立てあげていた。もっとも、アドルノとは実現しなかった出会いをフィクションとして構成したのに比して、ハイデガーとは、実際におこなわれた出会いを再現したのだが。

▼アドルノと『山中の対話』

ツェラーンがアドルノにはじめて出会ったのは、一九六〇年一月のことだったが、彼は、それ以前からアドルノの言説を注意深く追いつづけていた。アドルノが論文「文化批判と社会」のなかで述べた「アウシュヴィッツ以後に詩を書くことは野蛮である」という一文が、ツェラーンにとって、その詩作のありように鋭く交叉するように思われたからだろう。散文『山中の対話』は、一九五九年夏に約束しながらはたせなかった、スイス・アルプスの山中での出会いを、ユダヤ・ドイツ語を擬した、訥々（とつとつ）とした語り口で叙していく。そこに登場する「ユダヤ人クライン」はツェラーンを、「ユダヤ人グロース」はアドルノを、それぞれ示唆している。しかし、その「対話」は、やがて「グロース」をさしおいて、「クライン」の独白へと移行していく。ツェラーン自身がのちに語っているように、それはユダヤ人としての「自己自身との出会い」を意味していたに違いない。

▼ハイデガーと「トートナウベルク」

ツェラーンは、とくに一九五〇年代にハイデガーの著作を集中して読んでいた。一九五七年以来、たがいに文通をするようになるが、二人が実際に出会ったのは、ようやく一九六七年七月二四日のことだった。翌日、ツェラーンがハイデガーの山荘を訪れたことを契機にして、後日、書かれた詩「トートナウベルク」は、一見、なにげない叙景詩のようだが、たとえば、そこにえがかれる植物の形象には、死者のまなざし、屠殺された獣の痕跡がうかがえる。またハイデガーが語った言葉は、Krudes と形容されるが、通常は「不消化、難解」を意味するこの語の語源は、ラテン語の cruor（「血」）にほかならない。ハイデガーの思想に影響されながら、そのナチスへの関与を許すことはできなかったツェラーンの思いが、そこに表現されているというべきだろう。その意味ではこの詩は、一九八〇年代後半から論議されはじめるハイデガーとナチズムの問題を、ゆくりなく先取りするものとなった。

▼ガダマー、ペゲラー、デリダ

哲学の側からツェラーンの詩作品を論じた著作に、上述のようにガダマー、ペゲラー、デリダの論考があげられるが、彼らがいずれもなんらかの仕方でハイデガーの影響を受けていることは注目に値する。しかし、それぞれの解釈の仕方は、かなり違っている。ガダマーの内在的な方法が、詩作品の政治的な含意を無視したのにたいして、ガダマーの弟子でもあったペゲラーは、一八八六年の著書において、ツェラーンの詩のユダヤ的な要素、なかでもベンヤミンの影響を重視している。さらに二〇〇〇年のツェラーン論では、ホロコーストの問題にもふみこんでいく。またデリダは、一回性と反復性が収斂する、ツェラーンの「日付」のテーゼの歴史性を示唆しながらも、ついにはそれを「灰」と断じているが、それは、個別の存在を抹消していく作用としてのアウシュヴィッツを暗示するかのようである。

（平野嘉彦）

パノフスキー

Erwin Panofsky　1892-1968

一八九二年三月三〇日、ドイツ・ハノーファーに生まれる（ユダヤ人の家系であった）。ベルリン、ミュンヘン、フライブルクの各大学で学び、一九一四年にフライブルク大学で学位を取得。学位論文は「デューラーの芸術理論」である。

一九二一年からハンブルク大学で講師として美術史を講じ、一九二六年には同大学正教授に就任（─一九三三年）。ハンブルク大学在任中、ヴァールブルク文庫の創立者アビ・ヴァールブルク（Aby Warburg）やエルンスト・カッシーラー（Ernst Cassirer）と親交を結び、大きな影響を受けた。

一九三一～三三年にはニューヨーク大学客員教授も務めた。一九三四年、ナチスに追われアメリカへ亡命。一九三五～六二年、プリンストン高等研究所教授、一九六三年からはニューヨーク大学教授となり、一九六八年三月一四日に七五歳で死去するまでその職にあった。

パノフスキーの、図像表現の意味を精神史的背景においてとらえるという発想は、ヴァールブルク学派の流れを汲むものである。『〈象徴形式〉としての遠近法』（一九二四─二五年）、『イコノロジー研究』（一九三九年）、『アルブレヒト・デューラー』（一九四三年）、『サン＝ドニ修道院長シュジュとその芸術作品』（一九四六年）、『初期ネーデルランド絵画』（一九五三年）等、多数の著作があり、中世からルネサンス期の図像解釈（イコノロジー）において優れた業績を挙げて、二〇世紀最大の美術史家の一人に数えられる。

右記の主著のなかから『〈象徴形式〉としての遠近法』を取り上げてその特徴を述べてみる。

なぜ遠近法が〈象徴形式〉なのか。現代の我々にとっての常識である透視図法による遠近法は、確かにルネサンス期に定着したものではあるが、広義の遠近法（曲面遠近法）による空間表現は古代にも存在した。中世にそれが一たん忘れられたかに見え、ルネサンス期にあらためて平面遠近法（透視図法）として完成し、そして近代以降には、さらに多様な形で展開する。それはまさしくそれぞれの時代の空間観、さらには世界観に対応するものなのだということをパノフスキーはこの書で論証している。

その論証の仕方は、膨大な資料を用いたきわめて厳密なものであり、この書の註は本文よりはるかに長大である。三〇代にしてこれを著したことが、パノフスキーの驚くべき博識を証明している。

（川戸れい子）

リーフェンシュタール

Leni Riefenstahl　1902-2003

レニ・リーフェンシュタールは、ダンサーや女優として芸術家のキャリアをはじめ、のちに映画制作に転じ、一〇一歳という長命を得て活動した。制作当時最も知られ、評価された作品は、ナチス政権のもとで制作した記録映画「信念の勝利」「意志の勝利」や「オリンピア」である。第二次大戦後はそのために「ナチスのプロパガンダ映画制作者」として糾弾された。彼女が再び注目を集めたのは一九七〇年代、アフリカのヌバ族の人々を写した写真集による。晩年には熱帯の海を水中撮影した写真集や映像を手がけた。リーフェンシュタールの仕事を高く評価する意見がある一方で、ナチスの宣伝に加担した責任を問う声がやむことはなかった。

第二次大戦前にリーフェンシュタールが出演した映画は九本が知られているが、その内の六本「聖山」「大いなる跳躍」「死の銀嶺」「モンブランの嵐」「白銀の乱舞」「SOS氷山」（一九二六―三三年公開）は、ドイツ山岳映画というジャンルを切り拓いたアーノルト・ファンクが監督を務めている。

リーフェンシュタールがナチス政権のために監督・制作した映画は、「信念の勝利」「意志の勝利」「自由の日」「オリンピア」（一九三三―三八年公開）で、最初の三本はナチス党大会の記録である。「意志の勝利」は制作当時高評価を得て社会的影響力も大きかったことから、ドイツでは一般上映が厳しく制限されている。

▼ファシスト的映像三部作

一九七三年、リーフェンシュタールはスーダンのヌバ族を撮影した写真集『最後のヌバ』を出版し、七六年にはさらに奥地のカウ・ヌバを撮った『カウの人々』を出版した。スーザン・ソンタグは『最後のヌバ』とその好評について、次の三点を厳しく批判した。写真集に付されたテクストには、リーフェンシュタールとドイツの過去について、数多くの欺瞞と隠蔽があること。ジャーナリズムが『最後のヌバ』を称賛し、リーフェンシュタールを再評価していること。『最後のヌバ』の表現の背後にあるのは、ファシスト美学でありファシズムへの志向であること。ソンタグは、「山岳映画」「ナチス政権のためにつくられた映画」『最後のヌバ』を「ファシスト的映像三部作」と名づけた。

山岳映画とは、雄大な雪山のような風景の中、自然が猛威をふるう中で、人間のドラマが展開されるような映画である。人間の力の及び難い自然の風景というと、ドイツロマン主義の画家C・D・フリードリヒの《氷の海》や《雲海の上の放浪者》のようなイメージが連想されよう。フリードリヒは、自然を神秘性、崇高さ、ときに恐ろしさをもって表現した。山岳映画は、ドイツロマン主義絵画の末裔と言える面を持っている。ロマン主義の芸術家たちは、文学や音楽においても人間の持つ熱情的な面をドラマチックに表現した。ファシズムやナチズムの中にロマン主義的な志向が認められることは、さまざまな著者たちに指摘されている。

「オリンピア」はベルリンオリンピックの記録映画だが、冒頭の導入部は記録映像ではない。古代ギリシア神殿跡、古代彫刻が映し出され、裸体の男女による試技・演技へと移行する。半裸の男性による炬火リレーが、競技場への聖火ランナー入場に繋がる。導入部は古代ギリシアとの結びつきを明示し、「ギリシア彫刻のように」美しく均整のとれた裸の身体とその運動・躍動を礼賛している。リーフェンシュタールの初期出演作「力と美への道」（一九二五年）もギリシア建築と彫刻の映像から始まっており、いくつかの踊りの場面とともに、「オリンピア」への直接の影響関係を伺わせる。

山岳映画がロマン主義の末裔であるなら「オリンピア」の導入部は新古典主義の残照である。『ギリシア芸術模倣論』を著したヴィンケルマンや、新古典主義の代表的建築家シンケルを輩出したドイツにあって、ナチス政権ではアルベルト・シュペーアが新古典主義の流れを汲む建築家としてベルリン都市改造計画の統括とデザインを行った。シュペーアは「意志の勝利」の舞台となったナチス党大会の会場デザインも行っている。

ベルリンオリンピック開催はナチスの威信高揚を大目的としていたが、古代ギリシアとの結びつきを強調することで、それを一層効果的に果たそうとしていた。ギリシア発の聖火リレーも「オリンピア」の冒頭部分も、同じ意図を持つ。

▼身体美礼賛とファシズム

「力と美への道」「オリンピア」に現われる、戸外で裸体で行う運動や群舞の場面は、近代舞踊および裸体文化運動との関係を示しており、『最後のヌバ』の身体美、躍動美につながっていく。ヌバ族の精悍な肉体とその躍動への礼賛は、そこだけをとりあげればニュートラルなものだが、付されたテクストとともにリーフェンシュタールとナチスとの関係という文脈の中に置くと、イメージだけからは読み取れないものが見えてくる。それらの中にファシズムを嗅ぎとって拒絶するか、作品の美的価値や魅力は別だと割り切るか、そもそもリーフェンシュタール作品は凡庸であると切り捨てるか。作者が何を考え、作品にどのような思想を込めたかよりも、それを見る私たち自身の思索が問われている。

（吉城寺尚子）

アーペル

Karl = Otto Apel　1922-2017

アーペルは、ゲーテ大学フランクフルトでの同僚ハーバーマスと共に討議倫理学を提唱し、その論証として彼独自の哲学的立場と言える超越論的語用論を定式化した。

一九二二年にデュッセルドルフに生まれ、一九五〇年にボン大学より『現存在と認識――マルティン・ハイデガー哲学の認識論的解釈』で、博士号を取得する。マインツ大学に教授資格論文を提出し、一九六二年からキール大学、一九六九年からはザールブリュッケン大学で教授を務めた。その後、一九七二年から一九九〇年までゲーテ大学で教授を務めた。

アーペル哲学の特徴は、カントや解釈学（ハイデガー、ガダマー）といったドイツ哲学とプラグマティズムなどの英米圏の哲学を融合させた点にある（パースについては、長大な序論を付した論文集を編集・刊行している）。解釈学とプラグマティズムを独自に摂取する中、アーペルは、哲学の基礎が、古代の存在論から近代の意識哲学を経て、二〇世紀には言語哲学へと転換したと主張する。

こうした転換を支えとして、カント的な孤独な主体から言語による了解に根ざした相互主観性へと舵がきられ、超越論的語用論が構想される。主体による経験一般を可能にするア・プリオリな条件から、言語コミュニケーションを可能にするア・プリオリな条件についての超越論的論証へと語用論的転換がはかられ、コミュニケーションを可能にする条件の究極的根拠づけが示される。そこにおいて、真理は、そうした条件を満たす理想的なコミュニケーション共同体での討議における合意と位置づけられる。

アーペルは、超越論的語用論に含まれる倫理的含意から実践哲学としての討議倫理学を構想する。アーペルの討議倫理学は、道徳原理の根拠づけを行う「部門A」と責任倫理としての「部門B」に分けられる。「部門A」では、道徳原理としての普遍化原理の究極的根拠づけが行われ、「部門B」では、「部門A」で示された普遍化原理の適用条件を満たさない現実社会で、実際にどのように行為すべきかを扱うのに必要な補完原理が扱われる。

超越論的語用論は、遂行的自己矛盾による論証に支えられている。しかし、同じく討議倫理学を構想するハーバーマスが、遂行的自己矛盾によって導出される普遍化原理を可謬的とするのに対し、アーペルは、コミュニケーションを可能にする条件へのいかなる疑いも遂行的自己矛盾を侵すことから、討議倫理学は究極的に根拠づけられるとする。

（田畑真一）

ハーバーマス

Jürgen Habermas **1929-**

ハーバーマスは、コミュニケーション的行為に依拠した社会哲学者として知られている。

▼フランクフルト学派第二世代

フランクフルト学派と呼ばれる理論潮流に属し、学派の創始者であるアドルノ、ホルクハイマーたちを第一世代とするならば、ハーバーマスは、第一世代を批判的に乗り越えようとした第二世代の代表的理論家として理解しうる。

第一世代が道具的理性という観点から、近代が陥った合理性の袋小路を指摘したのに対し、ハーバーマスは、ヴェーバー以来の伝統に根ざした近代理解を、間主観的なコミュニケーションという次元に着目することで転換した。人々はコミュニケーションを行うとき、不可避に言語を用いざるをえない。ハーバーマスは、言語を通じたコミュニケーション、とりわけ実際の言語使用（語用論）の次元に注目することで、新たな合理性の次元を見いだし（コミュニケーション的合理性）、批判理論のコミュニケーション論的転回を主導した。合理性の転換は、近代のもつ可能性を探求し、捉え直すことをも含意し、「未完のプロジェクトとしての近代」という彼の有名な近代理解も、この延長線上に位置づけられる。

▼略　歴

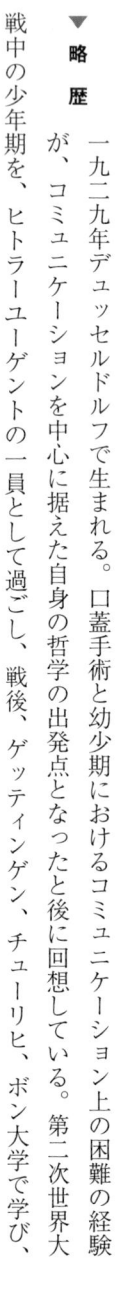

一九二九年デュッセルドルフで生まれる。口蓋手術と幼少期におけるコミュニケーション上の困難の経験が、コミュニケーションを中心に据えた自身の哲学の出発点となったと後に回想している。第二次世界大戦中の少年期を、ヒトラーユーゲントの一員として過ごし、戦後、ゲッティンゲン、チューリヒ、ボン大学で学び、

一九五四年ボン大学より博士号を取得する。博士論文執筆と並行して書評、批評活動（批評活動の内には一九五三年「ハイデガーと共にハイデガーに抗して考える」と題された『形而上学入門』への有名な書評がある）を行っている。そうした活動がアドルノに注目されたことで一九五六年よりゲーテ大学フランクフルトの社会研究所で研究助手を務める。しかし、彼の政治的ラディカルさを危険視したホルクハイマーとの関係が悪化したことで、一九五九年に職を辞して一九六一年マールブルク大学のアーベントロートの下で教授資格請求論文『公共性の構造転換』を執筆、教授資格を得る（翌年出版）。一九六一年ハイデルベルク大学教授に就任するが、一九六四年ホルクハイマーの後継教授としてゲーテ大学教授に就任する。一九七一年から一九八一年までマックス・プランク研究所所長を務めたのち、ゲーテ大学に復帰、一九九四年の退職まで哲学・社会学の教授を務める。アドルノ賞、京都賞など数々の賞を受賞している。

▼公共性への注目

ハーバーマスの名を一躍有名にしたのが、『公共性の構造転換』である。この著作は、宮廷などの示威的（じいてき）公共性に代わって、近代に市民的公共性が新たに成立した一方、その後社会国家の進展に伴い、一度はそうして成立した市民的公共性が再封建化していった歴史的経緯が明らかにしている。市民的公共性は、私人たる市民（市民社会）が公共の関心事について議論する、批判的公開性を原理とした討論空間として当初成立した。しかし、公共性への関心を失うことで、市民は社会の担い手から社会政策の単なる受給者となっていく（クライエント化）。このことで、逆に公開性に依拠した操作が行われるようになり、議会や裁判所が新たな示威的公共性として機能する、公共性そのものの構造転換が生じたとされる。

社会国家成立以後の公共性に対する「構造転換」という否定的評価は、一九八〇年代以降「新しい社会運動」に対する肯定的評価を通じて部分的に覆されていくが、公共性がどのような役割を担うのかは、その後も彼の一貫したテーマであり続けた。

▼論争を通じた理論発展

初期のハーバーマスは、第一世代からの影響もあり、マルクス、ヘーゲル、フロイトに依拠していた。このことは、『公共性の構造転換』での分析が、啓蒙という理念へのイデオロギー批判として展開されたことに端的にあらわれている。しかし、ポパー、アルバートとの実証主義論争、ガダマーとの解釈学論争、ルーマンとのシステム論争を通じて、彼独自の理論が展開し始める。実証主義論争、システム論争では、従来の科学における観察者視点と区別された、生活世界における当事者視点のもつ意義が強調される。他方、解釈学論争では、当事者視点の強調で生じる過度のコンテクスト主義が批判されることとなる。そうした中で新たに参照されるのが、プラグマティズムや言語行為論といった英米圏の哲学である。

ハーバーマスの理論的特徴は、（盟友ともいえるカール＝オットー・アーペルと共に）解釈学などのドイツ圏の哲学を英米圏の哲学と融合させ、展開させた点にある。とりわけ一九七一年発表の論文「真理論」で真理の合意説を提示して以降、当事者視点に立ちつつも同時に普遍性への志向を保持する独自の方向性が模索される。そうした中、言語実践において不可避に想定される普遍的条件を再構成する、普遍的語用論が定式化されていく。

▼コミュニケーション的行為

一九八一年に上述の論争を通じて形成された彼の理論的立場を体系的に示す『コミュニケーション的行為の理論』が公刊される。そこで中心的な役割を果たすのが、他者との了解を志向するコミュニケーション的行為である。コミュニケーション的行為とは、相手を目的として扱い、妥当要求を相互に提起しあうことで、相互理解の形成を目指す行為である。妥当要求とは、当の社会で妥当しているもの（Geltung）に適合しているがゆえに（もしくは、そうした規範それ自体が）妥当性（Gültigkeit）をもつという主張を意味する。コミュニケーション的行為には、明示的でなくとも常に妥当要求が伴う。これに対比されるのが、戦略的行為で、行為者が一方的に相手を手段とみなし、利用することで目的の達成を目指す行為とされる。コミュニケーション的行為は、その内に討議への契機を含み、このことによってコミュニケーション的行為の合理性は担保される。討議とは、コミュニケーション的行為での妥当要求で依拠される、今のところ妥当している認識や規範そのものの妥当性を問い直す場である。コミュニケーション的行為に伴う妥当要求は、自身の発言が妥当性をもつと主張することを意味し、それゆえ自身の主張に対して反論がなされた場合、その妥当性を立証する義務も伴う。

ある妥当要求に対して疑義が呈され、通常のコミュニケーション的行為では合意に至れない場合、反省形態としての討議へ移行するのである。討議においては、妥当要求が依拠する認識、もしくは規範それ自体が、それを支える理由という次元から検討される。討議での反省的な問い直しを通じて、戦略的行為が依拠する個々の行為者の観点からの計算としての合理性と区別された、間主観的なコミュニケーション的合理性が成立する。ここにおいて、先の当事者視点と普遍性への志向が媒介される。

近代化は、そうしたコミュニケーション的合理性が展開していく過程として捉えられる。具体的には、コミュニケーション的行為が行われる背景であり、かつそれを行う上での資源でもある生活世界の合理化として把握される。しかし、生活世界の合理化は、近代化の一面でしかない。生活世界の合理化は、社会における複雑性の増大をもたらし、こうした問題への対処としてメディアを通じた行為調整が必要となる。そのため、生活世界から貨幣や権力といったメディアを通じた行為調整を担うシステムが分化したとされ、社会は、生活世界とシステムの二層構造として把握される。こうした構図の下、後期資本主義では、システムが生活世界から自律し、生活世界の論理に従わなくなり、逆に法を通じて、生活世界がシステムの論理に支配される「生活世界の植民地化」が生じたことが示される。ここに、後期資本主義社会における社会的病理が診断されるのである。

▼討議倫理学

規範を巡るコミュニケーション的行為と討議との関係から、盟友といえるアーペルと共に定式化した規範理論が討議倫理学である。その根幹には「討議を経た規範のみが妥当性をもつ」という討議原理があり、討議での規範の妥当性を判断する基準は、討議の場で提起された理由が普遍性の要請を満たすかどうかという普遍化原理となる。ハーバーマスは、アーペルと異なり、普遍化原理の究極的根拠づけは否定するが、普遍化原理の道徳原理としての地位については、その可謬性（かびゅうせい）を指摘しつつ認める。

一九八〇年代後半には、新アリストテレス主義やフェミニズムなどからの批判に応える中で、道徳と区別された倫理の次元、そして従来の規範の基礎づけとは区別された適用の次元を討議に取り入れるなどの修正がなされ、討議倫理学の普遍志向は以前に比べて弱まっている。ただ依然として義務論に立ち、間主観的に捉え直されたカント倫理学とも言われる立場を堅持している。

▼法・政治理論　一九九〇年代に入ると、ハーバーマスは、討議倫理学を基礎として法・政治についての規範理論を展開する。この分野における主著と言える『事実性と妥当性』では、人権を重視するリベラリズムと人民主権を重視する共和主義のどちらにも与せず、人権と人民主権との相互構成的関係を主張し、法（＝権利）が政治過程の中で互いを前提としつつ生み出されていくプロジェクトとして、法治国家が位置づけられる。この前提には、『コミュニケーション的行為の理論』では、生活世界の植民地化を生み出すとされた法（法化）に対する評価の転換がある。法が社会統合のメディアとして捉え直されたことで、討議過程として理解された政治（立法）過程を植民地化への対抗策として位置づけることが可能となったのである。

政治過程は、自由な議論が営まれる公共圏と主に政治的決定を行う議会などの政治システムの役割分担を通じて、全体として討議とみなされる。そこでは、初期の悲観的理解は撤回され、公共圏はもっぱら非公式の意見形成を担う自由な言説空間として評価される。他方、政治システムは決定を行い、その責任を担う公式の意思決定の場とされる。公共圏での討議で蓄積された理由が公論へと高められ、政治システムは、その公論をアジェンダとして取り上げ、それについての議論を通じて法制定を行う。そして制定された法の枠内に行政が制約され、経済も行政を通じて間接的に制御されることで、社会全体が統合されるのである。こうした一連の流れにより、コミュニケーション的合理性に基づく政治が可能となり、先の植民地化の克服が見通される。

彼の政治理論は、その後の熟議デモクラシー論の隆盛にも影響を与え、その源流の一つとみなされている。この文脈でリベラリズムを代表するロールズとの論争も生じ、その後も政治理論の分野を中心に英米圏とも活発な論争が繰り広げられている。

▼ポスト世俗化

ハーバーマスの理論的関心は、二〇〇〇年代以降彼がポスト世俗化社会と呼ぶものに向けられている。のちにローマ教皇となるラッツィンガー（教皇としてはベネディクト一六世）との対談（『ポスト世俗化時代の哲学と宗教』として出版）などを通じて、宗教を単に非合理なものとしてその価値を認めない科学主義的な世俗主義ではなく、宗教に固有の合理性を認め、世俗化された市民と宗教的市民が共に市民としての役割を果たしていくポスト世俗化社会が探求される。二〇一九年には、大著『哲学史異説（Auch eine Geschichte der Philosophie）』も公刊され、広く信仰と知との関係が歴史的に検討されることとなる。

▼ドイツ、ヨーロッパ知識人として

ハーバーマスは、ドイツ、そしてヨーロッパ言論人としての一面ももつ。一九六〇年代から七〇年代にかけての学生運動の擁護とその過激化への批判、一九八〇年代には、市民的不服従を巡る論争、歴史家論争、ドイツ統一を巡る論争へ積極的に参加し、論戦を繰り広げた。現実の社会情勢に対する発言はそれ単発のものではなく、彼の社会理論、政治理論を背景としている。それゆえ理論との間に往復運動も生じ、彼の理論的発展を促す要因ともなっている。例えば、有名な憲法パトリオティズム論は当初市民的不服従から歴史家論争へと至る時事的発言の中で示されたが、その後のドイツ統一や多文化主義といった問題を経るなかで理論的構想へと高められ、現在はヨーロッパ統合の文脈でもその必要性が主張される。一九九〇年代にはコソボ空爆の擁護、そして二〇〇〇年代以降はEU統合の促進を支持しつつ、その官僚主義を批判している。二〇二二年には『公共性の再構造転換と熟議の政治』を公刊し、現代のデジタル化が公共圏におよぼした影響について批判的に検討を行っている。このように、今なお積極的に発言を続けている。

（田畑真一）

コラム　学生運動

若者、とくに学生が、社会の現状を批判して集会を開き街頭に繰り出すのは、特定の時期に限られることではない。しかし、今日、「学生運動」と言うとき、日本でもドイツでも、それはとりわけ一九六八年前後の一連の社会的現象を指している。当時の学生たちによる政治的な動きがそれだけ活発であったからでもあるが、見方を変えれば、若者がその後、これに匹敵するだけの社会批判的な活力を持つことがついぞなかったせいでもある。

六〇年代後半は、ヴェトナム戦争を背景に西側世界で多くの若者が体制に対し激しく抗議した時期である。西ドイツでは六六年に保守のキリスト教民主同盟、社会同盟が、社会民主党と「大連立」を組み、キージンガー内閣が成立した。二大国民政党が連立を組むことで、議会の中に有力な野党が存在しなくなったのを批判して出現したのが「議会外野党勢力（通称ＡＰＯ）」である。日本の「全共闘」同様、この時期のドイツの新左翼運動を指す代名詞となっている。首相となったキージンガーにはナチの党員としての過去もあった。政権は、六八年に、かつてヒットラーが政権掌握直後に成立させ、独裁体制の確立に道を拓いた「全権委任法」（授権法）を連想させる「非常事態法」を施行するが、これに至る時期、普段、政治や社会の動きにさほど関心のない学生たちも街頭に繰り出した。矛先は、学生たちにとって身近な大学の制度や講義の内容にも向けられる。授業はしばしば学生たちの抗議で中断した。

アドルノの困惑

こういったとき立場がいささか微妙になるのが、日ごろ世の現状に批判的であるのを説く左寄りの教員である。なまじ共感を示すと学生たちの求めるところは際限がなくなり、半面たしなめたりすると、所詮、口先だけの人間ということになる。戦後のドイツで批判的言説をリードしてきたフランクフルト学派、中でもテーオドア・アドルノの振る舞いに学生や世間の関心が集まる。抗議活動や街頭の運動に一定の理解を示すアドルノに、学生たちはさらに積極的に関与することを期待していた。

六七年五月、ブリュッセルのデパート火災では、三百人以上が死亡した。店では当時、米国物産展が開催されており、反米感情に根差す放火も疑われた。ドイツの百貨店も炎上しろと煽るビラを配布して逮捕された左翼グループのメンバーを擁護することを求められたアドルノがそれを断ると、七月にベルリン自由大学で予定されていた「ゲーテの『イフィゲーニエ』の古典性」と題する彼の招待講演の会場に活動家の一団が押し寄せ、講演を妨害した。少し前の六月には自由大学の学生ベンノ・オーネゾルクが、市内のデモに参加して私服警官に射殺される事件が起きている。アドルノの講演会の演目は、学生たちにおよそ浮世離れしたものと映ったに違いない。

アドルノが教壇に立つフランクフルト大学も平穏ではなかった。学生たちは勝手に大学をカール・マルクス大学と称して封鎖する。その先頭に立っていたのが、アドルノの愛弟子ハンス＝ユルゲン・クラールだった。六八年末から翌年初めにかけて、アドルノらのいる社会学のゼミも占拠された。一月末、学生たちがクラールに先導されて談判にやってきた際、アドルノを中心とする研究所の執行部は機動隊の出動を要請し、クラールらを建造物侵入で告訴することになる。

予期せぬ最終講義

四月に始まった夏学期のアドルノの講義は、裏切りを糾弾する学生たちによる妨害と怒号で中断を余儀なくされた。四月の下旬、自己批判を要求する学生たちに対し、アドルノが講義を続けるか否か皆で決めようと提案した際、数名の女子学生が講義室の後ろから上半身を裸にして押し寄せ、アドルノに詰め寄った。呆然としたアドルノは、鞄で顔を隠すようにして講義室を立ち去った。しばらく休講した後の六月に再開を試みたが、妨害によって授業は成立せず、結局、その学期の講義はなくなった。七月に開かれたクラールに対する裁判にアドルノも検察側証人として出廷したが、早々に切り上げ、スイスへ保養に出かける。マッターホルンを望むツェルマットに宿をとったアドルノは、到着して十日ばかり後の八月四日、ロープウェイで近くの山に上り、そこで胸の痛みに襲われて下山し、翌日、近くの町の病院で息を引き取った。準備していた『美の理論』は未完に終わり、胸をはだけた女子学生たちのハプニングが、彼の最終講義となった。クラールは、この年の一二月に他の件も含めて有罪判決を受けて上告したが、翌七〇年二月、交通事故で亡くなる。愛憎半ばした師の死から半年後のことだった。

嵐の去ったあとで

この間、西ドイツでは、社会民主党のブラント政権が誕生、ＡＰＯの運動が矛先を向けた大連立政権は終わっていた。ナチの戦争犯罪への反省の上に立って東側諸国との和解を目指すブラントの政策は、若者たちの共感を呼び、学生運動はすでに退潮しつつあった。大衆的基盤から遊離した活動家の一部は、その後、急速に先鋭化し誘拐事件やハイジャックなどを繰り返す。一方、学生運動の経験を背景に、八〇年代になると、かつての活動家たちも関わる形で環境保護の活動や平和運動が盛んになり、そのうねりの中で成立した緑の党は、ドイツの政治に風穴を開けることになる。後に緑の党から連邦議会議員、さらに外務大臣にもなったヨシュカ・フィッシャーは、フランクフルトで、左派系の書籍を扱う本屋で働きながら、アドルノの講義をもぐりで聴講していたとされる。

アドルノが機動隊の出動を要請した六九年の一月末、日本では、全共闘の学生たちによってバリケード封鎖されていた東大の安田講堂が機動隊の猛攻の前に「落城」した。ドイツでも日本でも大学やその周辺が連日、デモやアジ演説で騒然としていた時代から半世紀以上、当時の若者たちの大半はとうに社会の一線から退いている。

（高田珠樹）

ルーマン

Niklas Luhmann **1927-1998**

▼旺盛な執筆活動

ニクラス・ルーマンは、システム理論に基礎を置く社会学理論を構想・実現しようとした戦後ドイツを代表する社会学者の一人である。きわめて多作で知られており、著作数はその生前に刊行されたものに限ってみても、単行本数十冊、論文その他数百本にもおよぶ。その議論はきわめて浩瀚で多岐にわたっているため、ここでその全貌を確認することは断念せざるをえない。以下では「システムの作動」「システムと環境」「システムの観察」「機能分化社会」「全体社会の多次元性」という五つの論点にしぼり、そのエッセンスを紹介することにしたい。

▼システムの作動

ルーマンのシステム理論は「心的システム」と「社会システム」という二つのタイプのシステムを中心に展開される。ルーマンは自らのシステム理論を「作動に基礎を置くシステム理論」であるとか、「作動的システムの理論」などと特徴付けている。ルーマンによれば、「作動（オペラツィオーン）」とは、システムの構成要素の連関の中でのシステムの構成要素の生産を意味している。たとえば、「思考」を構成要素とする心的システムであれば、思考の連関の中での思考の生産が、「コミュニケーション」を構成要素とする社会システムであれば、コミュニケーションの連関の中でのコミュニケーションの生産がこれにあたる。

▼システムと環境

作動は継続する場合もあれば、しない場合もある。作動が継続しない場合、システムは崩壊してしまう。作動が継続し、システムの構成要素が生産されていく場合には、これらの要素は連関をなし、一個の統一体(アインハイト)として形成されてくる。ルーマンはこの統一体を「システム」、これと相即的に生じる「システム以外のありとあらゆるもの」を「環境」とよぶ。この意味で、システム理論の対象はシステムではなく、「システムと環境の差異」であるとされる。

また、このような統一体としてのシステムの自己生産を、マツラーナとバレラの用語を引き継いで「オートポイエーシス（autopoiesis）」と称する。心的システムとは思考連関というオートポイエティックな統一体であり、社会システムとはコミュニケーション連関というオートポイエティックな統一体である。こうしたオートポイエティックなシステムは、その構成要素を環境からインプットされるわけでも環境へアウトプットするわけでもなく、もっぱら自らで生産することから、「作動に関しては閉じている」とされる。

▼システムの観察

さらに、ルーマンによれば、こうしたオートポイエティックなシステムである心的システムと社会システムは自己や環境について「観察（Beobachtung）」をおこなうシステムでもある。それは、システムが「自己言及と他者言及（Selbsrreferenz und Fremdreferenz）」を区別してそのどちらか一方を指示することによりおこなわれるとされる。心的システムであれば、「ノエシスとノエマ」（フッサール）を区別してそのどちらか一方を指示することにより、システムは自己や環境について観察する。それぞれの思考において、ノエシス（自己言及）の側が指示されている場合には自己（システム）について、ノエマ（他者言及）の側が指示されている場合には環境について、心的システムは観察をおこなっている。また、社会システムであれば、「シニフィアンとシニフィエ」（ソシュール）、ルーマンの言い方では「伝達と情報」を区別してそのどちらか一方を指示することにより、システムは自己や環境について観察する。それぞれのコミュニケーションにおいて、シニフィアン（伝達・自己言及）の側が指示されている場合には自己（システム）について、シニフィエ（情報・他者言及）の側が指示されている場合には環境について、社会システムは観察をおこなっている。

▼機能分化社会

最後に、あらゆるコミュニケーションの総体として、すべての社会システムを内包する最も包括的な社会システムとして定義される全体社会（ゲゼルシャフト）についてのルーマンの議論を確認しておこう。ルーマンによれば、社会進化の結果、近現代の全体社会はひとつの「世界社会（Weltgesellschaft）」であるとともに（その点で、ルーマンにとって「国家」とは、自己観察を通じて「政治システム」（後述）が生み出した一種の構築物にほかならず、それ自体はシステムではない）、機能的に分化をとげた社会でもある。そこでは、各機能がそれぞれ別個の社会システム（下位システム）により担われるという形で分化をしているとされる。ルーマンはこれらの社会システムを「機能システム」とよび、その例として「法システム」「科学システム」「経済システム」「政治システム」「宗教システム」「教育システム」「医療システム」「芸術システム」「マスメディアシステム」等をあげている。

ルーマンによれば、これらの機能システムは、その構成要素として生産されるコミュニケーションが異なる「二分コード（binärer Code）」に基づきながら自己や環境を観察していることを通じて、自律的で別個なシステムとして形成されている。ルーマンはそうした二分コードとして、法システムの「合法／不法」、科学システムの「真／非真」、経済システムの「支払い／不支払い」、宗教システムの「内在／超越」等をあげている。これらの異なる二分コードに基づいて観察するコミュニケーションが連関していくことにより、自律的で別個な統一体として、各機能システムは形成されるとルーマンはいう。たとえば合法／不法というコードに基づき観察するコミュニケーションが連関していくことにより、法システムが形成され、真／非真というコードに基づき観察するコミュニケーションが連関していくことにより、科学システムが形成されるといった具合である。

▼全体社会の多次元性

このように複数の機能システムが自律的で別個な統一体として近現代の全体社会において併発している事態を、ルーマンは、ゴットハルト・ギュンターの用語を借用して全体社会の「多次元性（Polykontexturalität）」と表している。ルーマンによれば、そうした多次元的な近現代の全体社会にはもはや制御の中心も調整の頂点も存在しえない。

（大黒屋貴稔）

ハイエク

Friedrich August von Hayek　**1899-1992**

▼最後の道徳哲学者

フリードリヒ・アウグスト・フォン・ハイエクは一八九九年に当時のオーストリア＝ハンガリー帝国の首都ウィーンにて生まれた経済学者である。彼は一九七四年にノーベル経済学賞を受賞したが、その業績は法学、政治学、心理学、科学哲学、思想史といった幅広い分野に及ぶ。その点で彼は、ライバルであり論戦を繰り広げたマクロ経済学の創始者ケインズと並ぶ最後の道徳哲学者の一人であった。またハイエクは、直接の血縁はないものの哲学者ヴィトゲンシュタインの遠縁であり、後者から見て前者は又従兄弟の子供である再従甥の関係にあたる。若き日のハイエクは前期ヴィトゲンシュタインの影響を受けた論理実証主義の洗礼を受けつつも、それに反発し対抗していく中で独自の思想の原型を形成していった。

▼ハイエクの経済学

ハイエクは第一次世界大戦に従軍後、ウィーン大学にて経済学の一大潮流であるオーストリア学派の中心人物であったミーゼスに師事する。当学派は限界革命の一翼を担い、現代の新古典派経済学の成立にあたって大きな貢献を果たしたが、極端な主観主義や先験主義的態度、また基本的に経済への政府介入を忌避するといった特徴において独自の立場を取る。その中でハイエクはとくに景気循環理論において大きな貢献を果たしたが、その中心となる考えは、中央銀行による恣意的で過剰な貸出政策が企業の健全な資本蓄積を阻害してバブル経済を招き、さらにはその破綻として恐慌が到来するというものである。

▼分散した知識

このようにハイエクは市場経済を称揚しながらも正統派の経済理論のようにそれが常に均衡状態にあるとは考えておらず、不断に揺れ動くという動態的な観点をもっていた。その点ではケインズと共通する部分もあるが、彼が不確実性にさらされた不安定な経済をコントロールするためにエリートによる裁量政策を唱えたのとは対照的に、ハイエクは、それは理性の濫用であり混乱をより増幅させるだけであると考えた。なぜなら、本質的に各個人間に分散した形で存在している知識や情報を単一の権力が一元的に把握することは不可能であり、市場経済のメカニズムだけがそれらを効率的かつ有効に利用することができるからである（「分散した知識」）。彼はこうした観点から社会主義やファシズムの独裁的管理体制に対しても人々の自由を抑圧するものとして激しい批判を行った。

▼感覚秩序と哲学的背景　第二次世界大戦の頃からハイエクはより広範な社会哲学へと研究の軸足を移していくが、その兆候は経済学より先に心理学の研究を志していた学生時代に遡る。一九五二年に彼は学生時代の草稿を改訂して『感覚秩序』と題する神経生理学についての書物を出版した。そこで展開されている脳神経内部におけるインパルスの連鎖による認識枠組みの成立についての議論は、現代の脳科学の基礎となっているヘッブの法則やシナプス可塑性(かそせい)の理論を先取りしているが、やはりその一番の含意は、人間の認識や知性の限界を明らかにすることにあった。

合わせてハイエクはエルンスト・マッハの非機械論的な哲学を批判的に摂取してより関係論的・全体論的(ホーリズム)な立場を強調するようになった。さらに彼はマッハが直接影響を与えた論理実証主義に対しても親交のあったポパーとともに厳しい批判を行ったが、一方で、知識の明示的な性格を強調するポパーと、マイケル・ポランニーの暗黙知概念に影響を受けて各個人の知識の断片性を強調するハイエクとの相違もまた無視できない。

▼自生的秩序論　ハイエクの経済学研究や心理学を含む社会哲学の研究は後期の著作において「自生的秩序論」として結実する。それは、完全に人間の手を離れた「自然的」な秩序(physis)でもなければ、人間の意図的な設計に基づくという意味で「人為的」な秩序(thesis)でもない、行動の自由を担保する一定の消極的なルールに人々が従うことで生じる第三の領域としての秩序である。その代表としては言語や貨幣、市場といった制度が挙げられる。

自生的秩序の発展のためには「法の支配」が不可欠であり、それをもとにしてはじめて各個人は自由にそれぞれの「分散した知識」を利用して行動することができる。さらにハイエクは主著『自由の条件』(一九六〇年)の第三部にて自由社会の存立条件として、政府による社会資本の提供に加え最低所得保障や強制的加入を義務付ける健康保険制度を承認しており、その点で、政府介入を徹底的に批判する自由尊重主義者(リバタリアン)とは異なる立場にある。一方で、保守主義に対してもその閉鎖性や道徳主義的な態度を批判して自らの立場とは一線を画した。

ハイエクはしばしばネオ・リベラリズム(新自由主義)の中心人物と批判されるが、その思想内容は安易な単純化を許さない複雑かつ多面的なものであり、そこに現在彼の思想を顧みる一番の理由があるだろう。

(太子堂正称)

シューマッハー

Ernst F. Schumacher　**1911-1977**

エルンスト・F・シューマッハーは、一九一一年にドイツのボンに生まれ、ケインズの「国際生産同盟」の構想に一定の影響を与えるなどした優れた経済学者であった。すでに一九五〇年代に、ガンディー思想や仏教思想などに大きく影響されて、石油・石炭・金属などの「再生不能」資源に依拠した文明に限界があることを示し、新しい経済学を標榜しはじめた。

シューマッハーは、一九七三年に『スモール・イズ・ビューティフル』を著し、近代の経済学を次の三点において批判する。すなわち、第一に、経済学が財やサービスの交換の場所としての「市場」を分析する際、人間社会を自然界から切り離して認識する点、第二に、経済学が各種の財やサービスを市場価格によって画一的に処理し、それらの質的相違を無視してきた点、そして、第三に、質的相違の理解を犠牲にした量的分析において、経済成長が常に善であり、その質的側面が問われない点である。

シューマッハーは、「平和への道は豊かさへの道」という「支配的な近代の確信」とは反対に、「必要物の削減によってのみ究極的には紛争と戦争の原因になる緊張をほんとうになくすことができる」と考えた。大規模な機械は、経済力を集中し、環境に対して暴力を行使するので、進歩を意味しない。これに対して、彼の提唱する「中間技術」は、「すべての人々の手が届くほど十分に安く、小規模の使用に適し、人間の創意を満たすのに適合する」ものである。この発想は、マハートマ・ガンディーの次の考えに立脚している。「世界の貧困は、大量生産（mass-production）にではなく、大衆による生産（production by mass）によってのみ救われる」。

第三世界の開発を実施する機関として、シューマッハーが中間技術開発グループ（ＩＴＤＧ）を一九六五年にロンドンに創設したのを皮切りに、その後、中間技術（後の「適正技術」）を開発・普及させる機関が世界に作られていった。彼の志は、サティッシュ・クマールらがイギリスに開設したシューマッハー・カレッジでの研究・教育のほかに、「もう一つの経済サミット」（ＴＯＥＳ）と呼ばれる世界の研究者や市民運動家の営為に受け継がれる。それはさらに、スリランカのアリヤラトネ（サルヴォーダヤ運動指導者）、タイのスラック・シワラク（仏教思想家）などに影響を与えるなど、今日なお、脱成長を志向する世界の人々の知的・実践的活動に息づいている。

（石井一也）

ロムバッハ

Heinrich Rombach　**1923-2004**

ロムバッハはドイツの哲学者。ヴュルツブルク大学の哲学教授をつとめた。フッサール、ハイデガー、フィンクのフライブルク現象学の系譜に属する。

ロムバッハは「構造」を自らの哲学の根本概念とみなす。「構造」とは「機能」や「関係」のことである。『実体・体系・構造』（一九六五―六六年、第二版は一九八一年）によると、古代から中世までの形而上学の根本概念であった「実体」に代わり、近世の科学（コペルニクス、ケプラー）や哲学（クザーヌス）において「体系」という根本概念が現れる。それはあらゆる現象を関係という観点から把握しようとするものであるが、関係を担う物が前提される点でそこでは関係主義あるいは機能主義は徹底されていない。関係主義的な考え方をさらに発展させたのが「構造」を根本概念とする「構造存在論」である。その具体的な例はパスカルやライプニッツの哲学のうちに求められる。しかし、それは過去の思考ではなく、ロムバッハ自身の哲学を含めた現在、さらには将来の思考であるという。

「形象哲学」においては、「構造」はとくに「形象」として追及される。『形象は語る』（一九八二年）によると、物がまずあってそれが現象すると考えるのではなく、ひとつの根本現象が生起するのだと考えなければならない。ある絵や形はこの根本現象の担い手として自己自身を形づくり、自己自身を語る（根本言表）。このように根本言表をする絵や形をとくに「形象」と呼び、形象哲学はこれを対象とする。形象を考察しつつ根本現象としての「構造」が取り出されるのである。

根本言表の追求は「哲学的ヘルメス学」においてもなされる。『世界と反世界』（一九八三年）によると、世界は科学知や解釈学によって把握されつくすものではない。これらは世界を昼の明るさにおいて理解しようとするものであり、その点でアポロン神――覆い隠されないこと、光、理解可能性の象徴――に結び付けられる。しかし、世界の根本構造は、明るい世界とそれを解体する暗い反世界との緊張関係にこそ求められる。この緊張関係を十分に把握することができるのは、アポロン神と対立し、したがって覆い隠されていること、闇、不可解性と関係づけられるヘルメス学に遡るヘルメス智であるという。

（長綱啓典）

シュトラウス

Leo Strauss **1899-1973**

レオ・シュトラウスは当初、ユダヤ教への信仰と近代国家への帰属が孕む緊張関係に関心を抱いていた。こうした関心に基づき、彼は一九二〇年代半ば以降、近代国家を下支えする哲学と啓示宗教の対決について検討し始める。

シュトラウスによると、近代哲学による啓示宗教批判は、実は総じて不首尾に終わっている。近代哲学はさまざまな遮蔽物を作り上げ、「啓示と哲学のいずれが正しく生を導くのか」という問いを回避したというのだ。こうした遮蔽物の最たるものこそ、正しさについての問いを相対化する歴史主義である。元来、古典古代の哲学は、「正しい生とは何か」という問いに正面から向き合うものであった。これに対して近代哲学は、プラトンが正しさを手にするため抜け出そうとした洞窟（『国家』）を、歴史的相対性という「第二の洞窟」によってさらに覆い隠したのである。

かくしてシュトラウスは、五三年の『自然権と歴史』などで、第二の洞窟の思想史的解体、つまり歴史主義の批判に取り組んだ。

（遠藤健樹）

ブルーメンベルク

Hans Blumenberg **1920-1996**

思想史家・哲学者。一九二〇年リューベック生まれ。母がユダヤ系ドイツ人であることが大学入学の障碍となる。ナチス崩壊後、キール大学で博士号と大学教授資格を得る。ハンブルク、ギーセン、ボッフム、そしてミュンスターの各大学で教鞭をとる。一九九六年ミュンスターにて死去。

主著には『隠喩学（メタフォロロギー）のパラダイム』（一九六〇年）、『近代の正統性』（一九六六年）、『コペルニクス的宇宙の生成』（一九七五年）等がある。文体は難解で知られる。ここでは思想の特徴を二つだけ挙げる。一つは「絶対的隠喩（メタファー）」である。古来、隠喩は内容の本質に関わらない修辞（レトリック）にすぎないとされてきた。だが、隠喩はそれ自体の認識価値を有し、固有な世界把握を持つ。例えば、伝統的哲学において光は真理の隠喩であった。もう一つは近代的な知が思想の「配置転換（ウムベゼッツング）」を通して問い直される。「配置転換」とは、知の枠組みのなかで時代に即した別の思想が配置されることで世界観の新たな転換が生じることを表す。なお、膨大な遺稿が現存し、刊行され続けている。その哲学の全貌は未だ明らかになっていない。

（千田芳樹）

コラム　移民・難民

「難民」は、「人種、宗教、国籍」や「政治的意見」などを理由に迫害を受けるおそれがあり、国外への移動を余儀なくされた者と国連の難民条約で定義されている。それに対し「移民」は、自らの意思で移動した人々を指す。ただし、実際には両者の区別が難しい場合も多く、ハーバーマスは、政治的難民のみならず経済的理由から移住を求める人々を助ける道徳的な義務が、豊かなヨーロッパにはあると指摘している。

ガストアルバイターの受け入れから移民国家へ

旧西ドイツの移民受け入れは、戦後の経済発展期の労働力不足解消のため南欧諸国やトルコ等の国々と結んだ協定をきっかけに始まった。外国人労働者は「ガストアルバイター」（お客さん労働者）と呼ばれ、いずれ出身国へ帰ることが期待されていた。しかし、七〇年代のオイルショック後の経済低迷期に外国人労働者の募集が停止されると、新規労働者の獲得に危機感を抱いた企業は既存の外国人労働者の雇用を継続し、またそうした労働者が家族をドイツに呼び寄せたことから、数多くの移民がドイツに定住するようになった。保守のキリスト教民主同盟（ＣＤＵ）政権は「ドイツは移民国ではない」というスタンスを取り続けていたが、少子高齢化により労働力不足が再び懸念されるようになる中、社会民主党（ＳＰＤ）政権はドイツがすでに移民受け入れ国であることを認め、二〇〇〇年の改正国籍法により、国籍の出生地主義を取り入れるとともに、二〇〇五年の移民法により、ドイツ語教育を提供するなど移民の社会統合に積極的に取り組み始めた。

憲法に根拠をおく難民の受け入れ

一方、難民に対しては、ナチス時代に大量の難民を生み出した反省から、一九四九年のドイツ基本法（憲法に相当）第一六条で「政治的に迫害される者は、庇護を受ける権利を享有する」と定められた。しかし、八〇～九〇年代にかけて東欧、とくに旧ユーゴスラビアからの難民が急増し、右翼・ネオナチによる移民・難民への暴力が相次ぐと、九二年には基本法が改正され、「安全な第三国」を経由してドイツに入国した者は庇護申請ができないことが定められた。二〇一〇年代のシリア危機で大量の難民がドイツに殺到すると、二〇一五年のドイツの難民受け入れ数は八九万人に上った。当初寛大な姿勢を示していたドイツ政府は、国民の不安に配慮して受入れ制限へと方向転換したが、その後も多くの難民の受け入れを継続している。さらに、二〇二二年になってロシアがウクライナに侵攻すると、二〇一五年を超える数の人々が再びドイツに受け入れられている。

二〇二一年現在、ドイツに滞在する「移民の背景を持つ人々」（難民を含む外国人およびドイツ国籍を持つ移民とその子）の数は、ドイツの人口の二七％に上る。

（伊藤　白）

コラム　歴史家論争

一九八六年に西ドイツで「歴史家論争 Historikerstreit」と後に呼ばれる議論の応酬が、各新聞紙上で繰り広げられた。ナチスのユダヤ人虐殺という過去について、公共的な場で言葉を記すことの責任と意義とは。

ノルテの歴史修正主義の登場

エルンスト・ノルテは一九八〇年初出の論稿「歴史伝説と修正主義の間で?」で、「第三帝国（ナチ政権）のネガティヴなイメージの最も深い核は、修正の必要もないし、修正可能でもない」と認める。犠牲は事実であり、道徳的非難も当然である。この意味で、ノルテはいわゆる《否定論者》（アウシュヴィッツの虐殺はなかったとする、ホロコースト否認論者）ではない。そのうえで「戦後三十五年経った今」、ナチス時代の歴史記述は、「第三帝国の全体を新しい視野のうちへと置き入れる」ことによる「修正を必要とするのではないか?」とノルテは提起する。

一九四五年以降の世界で、たとえば六〇年代にはヴェトナム戦争があった。七〇年代にはポル・ポト政権による大虐殺が。また、のちに判明したように、スターリン時代の大粛清は百万人以上を処刑したと推定される。この大粛清はナチ政権と同時代だ。さらに過去へ遡れば「近代化」のプロセスにおいて、「産業革命がたどった革命的破壊的な経緯」のうちに、「支配集団の排除」や「階級抹殺」の事例が各国で見いだされるではないか。ロシア革命の約百年前にも、フランス革命の流血があったではないか。

そしてノルテは、こう主張するにいたる。「第三帝国によるユダヤ人絶滅は、ひとつの反作用ないし歪んだコピーである。初めてなされた行為でもなければ、オリジナルでもない」。オリジナルとコピーの因果関係を把握しない歴史家は「立派な動機に導かれているのかもしれないが、歴史を歪曲している」と。

次いで八六年六月六日付『フランクフルター・アルゲマイネ』紙掲載の論稿「過ぎ去ろうとしない過去」で、ノルテはもう一歩踏み込んで語る。スターリン時代の「収容所群島」のほうが、アウシュヴィッツよりも「いっそう起源的」である。ボルシェヴィキによる「階級抹殺」は、国民社会主義者による「人種抹殺」の「論理的かつ事実上の先行者」ではないか。さらに、「最終的解決」の直接的なオリジナルであったと思われるのは、一九一五年のオスマン帝国でのアルメニア人虐殺であった、当時同盟国のオスマン帝国内に駐在していたドイツの公務員と軍人にはアルメニア人追放というこの「ヨーロッパとはかけ離れた仕方の、アジア的な」蛮行を目撃した者がいたのだ、と。「一つの殺人、大量殺戮の一事例は、他にも殺人の事例があるからといって《正当化》されるわけではない。だからといって〔…〕因果関連がありそうなのにその事例を知ろうとしない態度は、根本的に誤りである」とノルテは結論する。

ハーバーマスの批判

このノルテの論を厳しく批判する論稿「一種の損害補償?」をハー

バーマスは八六年七月一一日に『ツァイト』紙に掲載する。なるほど「ショッキングな過去を理解することと、ショッキングな過去に有罪判決を下すこととを、注意深く区別する」のは、必要なことである。だが、それでも、歴史的過去についての冷静な「距離をとった理解」というものは、「過去を脱道徳化して負債を払い落とそうとする」振舞いとはまったく別のはずだ。

　ノルテは歴史学的判断と道徳的判断とのあいだの継ぎ目を、あるときは切り離し、あるときは繋ぎ、「任意に」扱っている。そうすることで自身の暗黙の政治的な意図のために、「伝統的なアイデンティティを国民史を軸にして修復するという目的のために」、都合のよい「修正主義的な歴史記述を役立てようとしている」とハーバーマスは批判した。ノルテはナチスの犯罪がその「唯一性を失い」、かつ「アジア的」脅威への対抗ないし模倣として発想されたものだったという説明の成立を目指しているのだ、と。

リクールの分析――縮尺・比較・因果関係

　その後一年ほど、ノルテ側とハーバーマス側とに様々な論者が入り乱れ、かみ合わない論争が展開した。この歴史家論争の核心たるポイントは、そして教訓は、何だろうか。

　ポール・リクールの『記憶、歴史、忘却』（二〇〇〇年）での分析を参照しよう。リクールは、ノルテが《因果関係》を主張するのは不当な飛躍であり、誤りだと指摘する。ある犯罪が他の犯罪に模倣的影響を及ぼすという考えはたしかにありうる。しかし〝模倣だから冤罪〟という論理はありえない。これがノルテ的歴史記述の修正主義的性質である。

　他方、ハーバーマスの論はアウシュヴィッツの比較不可能性、「特異性」「唯一性」を前提としており、特異性はどのようにして認識・記述されうるかという歴史記述論の次元の問いは立てられていなかった、とリクールは分析する。比較は不適切との非難は倫理的次元ではありうるとしても、歴史学的次元では比較は研究的に推奨すべき手続きだ。ノルテらの偏った大雑把な比較の論法に対しては、〝比較は許されない〟と批判するのではなくむしろ、大小複数の縮尺での、誠実で多角的な比較がまだまだ不足していると批判するのが、適切であったことになろう。

　デモクラシー社会は、独裁国家・全体主義国家とは異なり、表現の自由、学問の自由を土台とする。しかしまさにそのゆえに、質の低い言説の出現を可能性として排除はできない。意見の複数性を尊重する社会とは、アイデンティティやコンセンサスよりも、なるべく良質な「ディセンサス〔意見の相違〕」を育もうとする不断の努力のことであるだろう。裁判官、公務員、報道機関、学者など社会における各種の「第三者」の存在意義もまたそこに重なる。社会のうちに、個人の内面に、良質なディセンサスが受けとめられるとき、そのつど新たにデモクラシーは生まれ直す。

（川口茂雄）

コラム　ベルリンの壁崩壊

「東西ベルリン」の誕生

一九四五年五月八日、ナチスドイツが無条件降伏すると、米英仏ソの戦勝四か国はドイツを分割し、それぞれの統治下においた。また、ベルリン市はソ連占領地域の中にありながらも、その重要性から、四か国共同管理区域として分割され、それぞれの管理下におかれた。その後の冷戦の激化は東西陣営の分断を決定的なものとし、ベルリンも米英仏の管理する「西ベルリン」とソ連の管理する「東ベルリン」へと二分されたのであった。

そして、一九四九年の東西ドイツ（以下それぞれ東独、西独）の誕生により、西ベルリンは東独の中にありながらも、西側に属する（厳密には西独ではない）特殊な土地となった。

ベルリンの壁の建設
（一九六一年八月）

マーシャルプランによって引き起こされた五〇年代からの西独の「経済の奇跡」と「自由」な政治システムは、経済的停滞と一党独裁の政治体制に不満を持つ東独の人々の目を西側へ向けることとなった。共同管理区域という位置づけのために未だ自由に通行することのできたベルリンを通り、東から西側へと脱出する者が続出した。とりわけ熟練労働者や技術者などの逃亡は東独にとって国家の存亡をゆるがす大きな脅威となっていた。そこで東独は、この状況を阻止すべく、（公式見解によると、この壁は「西側のファシズムから自国民を守る壁」であった）一九六一年八月一三日深夜、人民警察と武装民兵隊を投入し、西ベルリンへと通じる道路を有刺鉄線で封鎖した。それはやがて西ベルリンを取り囲む全長約一六〇キロメートル、厚さ三〇センチのコンクリートの「壁」となった。その後、四期に渡る工事を経て、壁の前には逃亡を阻む様々な仕掛けを施した立ち入り禁止区域や、二重の壁も設けられ、いわば、攻略不能の「要塞」と化したのであった。人々の通行は厳しく管理され、ベルリンの壁は冷戦の象徴となったのである。

「壁」崩壊への道
――ペレストロイカ、パンヨーロッパ・ピクニック、ライプツィヒ

ベルリンの壁建設は東独の人口流出に歯止めをかけ、七〇年代には一応の経済的安定をみることとなった。しかし、七一年からドイツ社会主義統一党（SED）書記長として国のトップにあったエーリヒ・ホーネッカーは、八〇年代にその経済的危機が露わになった後も頑なに政治改革を拒み、シュタージによる国民の監視と反政府勢力の弾圧を強化するばかりであった。

八〇年代末、ソ連がペレストロイカを打ち出すと東欧諸国では「自由」を求める声が大きくなった。東独の人々も出国や言論の自由を求めたが、当局の動きは遅かった。業を煮やした人々は、オーストリアとの国境が開かれたハンガリーを経由しての出国（逃亡）を試みた。この動きは八九年八月のパンヨーロッパ・ピクニックと呼ばれる最初の出国か

ら始まり、九月後半の二週間だけでも三万人以上が国境を越えた。また、プラハの西独大使館を経由しての出国にも多くの人々がなだれ込んだ。一〇月九日のライプツィヒでの大規模な反政府デモはホーネッカーの失脚への契機となり、その後、各地で政府への大規模な抗議行動（例えば一一月四日の東ベルリンのデモには一〇〇万人もの人々が集結）が広がりを見せた。また、人々の出国の流れも増々加速し、国境及び外国旅行のための法改正が政府の緊急課題となっていた。

「ベルリンの壁」の崩壊（一九八九年一一月）

ホーネッカーの後を継いだクレンツは一一月九日、中央委員会において、「私的旅行」に関する改革案を取りまとめた。それはもちろん、文章による申請や許可、パスポートの保持を念頭に置かれていたものであったが、この夜行われた記者会見において、事件は起きた。

前日に中央委員会書記の報道担当になったばかりのギュンター・シャボウスキは記者会見で私的旅行の「不許可事由」と「常時出国の申請」に関する文章を読み飛ばしてしまったのである。また、この件に関して内容をよく確認していないにも関わらず、記者からの「いつからその措置が発行するのか」との質問に「ただちに、延滞なく」と答え、「常時出国は東ドイツと……西ベルリンとの国境検問所を経由しても行える」と発表した。

これを聞いた人々は半信半疑ながらも、次々と国境検問所へと集まった。何も聞かされていない警備兵たちは混乱に陥った。「ボルンホルマー通り」の検問所では駆けつけた人々との間に危険な状況が生じたため、二三時三〇分、ついに国境遮断機が上げられた。そして間もなく、西ベルリンだけでなく、西独と接している全ての東独国境が解放されたのである。

一九六一年から二八年間、東西ベルリンを隔てた「ベルリンの壁」はここに崩壊をみたのであった。この夜、人々は壁によじ登り、歓喜とともにそれを打ち壊したのである。

壁の「不幸」とその記憶

一九八九年までにベルリンの壁では五〇〇〇人以上が逃亡し、約三〇〇〇人が逃亡を試みたことで逮捕された。そして二〇〇人以上が警備兵に撃たれるなどして命を失った。

ベルナウアー通りの「ベルリンの壁資料センター」では、野外に当時のまま残された壁や監視塔が、そして屋内には壁建設の歴史や東西ベルリンの人々の生活の様子などが展示され、「記憶の場」として今を生きる我々に、分断の歴史を伝えている。

（田中　直）

ヴァルデンフェルス

Bernhard Waldenfels　1934-

ヴァルデンフェルスは、クラウス・ヘルト（一九三六年―）とともに、フッサール現象学を継承し、現代現象学の新たな展開を、心理学、精神病理学、システム論などとの学際的な研究から試みている現象学者である。メルロ＝ポンティの現象学をドイツに導入し、ハイデガー以降のドイツとフランス双方の現象学の積極的な対話も試みている。一九七六年から一九九九年までボッフム大学哲学部正教授を務め、その後も精力的に著述、講演活動を行い、日本にも度々招聘されている。

彼の中心課題は、異他的なものとの遭遇と応答という出来事を、根源的な他者経験として記述することにある。この試みによって他者経験は、メルロ＝ポンティにおける身体知覚の生理学的分析や、エマニュエル・レヴィナスにおける徹底して非志向的な他者論をふまえ、異他的なものに襲来される出来事が具体的に描かれる。これは、例えば交通事故を目撃してしまうように、経験の文脈が暴力的に切断され、応答を迫られる体験である。規範化の手前の出来事であるこのパトス的な体験こそ、ヴァルデンフェルスのいう他者経験の根源である。

（中山純一）

コゼレック

Reinhart Koselleck　1923-2006

ラインハルト・コゼレックは、概念史の研究で著名な歴史学者。一九五九年に公表された彼の最初の著作『批判と危機』は、C・シュミットとK・レーヴィットの影響下で成立した。同著は、この二人の思想家から近代国家の成立プロセスと政治的終末論についての知見を引き継ぐことで、フランス革命に発しナチズムに至る一連の政治的ユートピアニズムが政治闘争を過激化したメカニズムを批判的に検討している。

政治的ユートピアニズムへの批判は、やがてF・ブローデルの社会史やH・G・ガダマーの哲学的解釈学の影響を受けて、「時間構造」の変遷についての研究と、歴史学的人間学の彫琢に展開していく。七九年の『過ぎ去った未来』や、二〇〇〇年の『時間の諸層』所収の論文は、政治的諸概念に大規模な意味変遷が生じた「転換期（Sattelzeit）」（一七五〇年から一八五〇年頃にかけての時期）に着目し、この時期に時間構造および人間の歴史経験様式の大転換が生じたことを明らかにしている。こうした主張もまた、人間の歴史を彩る闘争を適切に理解するため編み出されたものにほかならない。

（遠藤健樹）

ボイス

Joseph Beuys　**1921-1986**

ヨーゼフ・ボイスは一九二一年、ドイツ西部の都市クレーフェルトに生まれた芸術家、より厳密にいえば彫刻家である。戦時をナチスの空軍通信兵として過ごしたボイスは、その後、デュッセルドルフを拠点に造形活動を展開していった。まずは水彩や素描、彫刻を手がけることから出発したが、とりわけ一九六〇年代以後は、既存のジャンルを逸脱。その多種多様な造形に通底するのは、芸術による社会変革、という理念であった。

この人物のもちいる「芸術」ないし「彫刻」という言葉は、通常の射程をはるかに超えている。たとえば日々の雑事をこなすことも、誰かと会話することも、ひとり物思いにふけることも、およそあらゆる営みが作品であるとみなされた。「人は誰もが芸術家である」という命題、また「社会彫刻」という概念は、その典型であろう。ボイスにとっては社会もまた、一個の芸術作品にほかならない。

日々の生活を送るなかで造形されていく、社会という彫刻。こうした前提に立つボイスは、自らの芸術実践を挑発の手段として役立てた。美術館に展示されるボイスの作品が、ときに不定形、またときに粗末な見た目をしている理由は、芸術をめぐる私たちの理解を変えようとするからである。社会の造形について云々される地平は、ボイスのいう「拡張された芸術概念」が広く共有されてはじめて切り開かれるだろう。一九七〇年代以後、「アクション」として実践される討論や選挙活動や植樹運動もまた、観客に直接働きかけることを目的としていた。

ボイスの作品は、いうなれば解答なき問いである。つまりそれは、「芸術とは何でありえるか」「社会はどうあるべきか」といった議論を誘発しつつ、しかし一個の正解に落ち着くことを許さない。その芸術は、動くこと、変わることこそを主題とする。自作について語る際、ボイスはしばしば二項対立の図式をもちだすが、その内実が「混沌と秩序」であれ、「温かさと冷たさ」であれ、「有機体と結晶体」であれ、結局のところ重視されていたのは、両極間の運動それ自体であった。

芸術概念の拡張、また彫刻作品としての社会というボイスの理念は、現実世界で繰り広げられる彼の実践に目を向けてこそ意味をなす。相互に補完しつつ、しかしいつまでも僅かにずれ続ける両者。ボイスによる「芸術の政治化」は、その齟齬のうえに成り立っているといえるだろう。

（福元崇志）

キットラー

Friedrich A. Kittler　1943-2011

▼領域横断的な知の歩み

フリードリヒ・キットラーはしばしば文学・メディア研究者に分類される。しかし文学・思想をその前提となるメディアシステムの歴史的・技術的特性から問い直す彼の仕事は、例外的なスケールの大きさにおいて既存の専門分野の枠を超える。ポスト構造主義（ラカン、フーコー）、システム理論（ルーマン）、哲学的人間学、メディア論（マクルーハン、イニス、フルッサー）をきわめて独自のやり方で取りこみながら、その思想は「正統的」ドイツ人文学の外部に位置している。彼はフライブルクで「転回（ケーレ）」以降のハイデガーに親炙（しんしゃ）し、ラカンとフーコーの影響のもとに出発した（後に文書メディアにとどまったフーコーの「考古学」を批判する）。一方、「戦後ドイツ思想」に圧倒的な影響力を及ぼしたフランクフルト学派の批判理論に対しては、はじめから批判的距離をとった。また編著書『精神科学からの精神の放逐』（未邦訳、一九八〇年）が告げるように、超越論的文化哲学や解釈学と異なり、文化を産出する「精神」も解釈の「主体」も出発点とはしない。キットラーにとって、それらはメディアシステムという歴史的ア・プリオリがそのつど生み出す「効果」にほかならないからだ。

▼教授活動と主要なテーマ群

キットラーは東ドイツに生まれ、少年期に家族にしたがって西ドイツに移り住んだ。フライブルク大学でドイツ文学、フランス文学、哲学を学んだ。同大学で一九世紀のスイス詩人コンラート＝フェルディナント・マイヤーに関する論文により学位を（一九七六年）、『書き取りシステム一八〇〇・一九〇〇』により教授資格を（一九八四年）取得。学界内部に物議をかもしたこの大著で一躍その名を知られることになる。一九八七年ボーフムのルール大学ドイツ文学教授に就任、さらに一九九三年からはベルリン・フンボルト大学の「メディア美学・メディア史」教授のポストにあった。約三五年に及ぶキットラーの著作活動は、一八〇〇年前後のドイツ文学を対象とする初期（七〇年代～八〇年代前半）、世紀転換期のヨーロッパ文学と近代以降の技術メディアおよびコンピュータ技術を対象とする中期（八〇年代後半～九〇年代前半）、近世以降の文化技術史、さらには古代ギリシアから現代にいたる記号文化の歴史を企てる後期（九〇年代後半～二〇〇〇年代）に大別される。

▼二つの代表作

キットラーの代表作としては、前出の『書き取りシステム一八〇〇・一九〇〇』（一九八五年）と『グラモフォン・フィルム・タイプライター』

（一九八六年）が挙げられる。初期から中期の仕事の集大成ともいえるこの二作に、論文集『詩人・母・子』（未邦訳、一九九一年）と『ドラキュラの遺言』（一九九三年）を加えれば、この時期の仕事の全貌をほぼ窺うことができる。パウル＝ダニエル・シュレーバーに由来する「書き取りシステム（Aufschreibesystem）」を、キットラーは「ある所与の文化が適切なデータを送信し、保存し、処理することを可能にする、技術と制度のネットワーク」（『書き取りシステム』邦訳七二一頁）と定義する。一八〇〇年前後の「書き取りシステム」では唯一「文字」のみが、それに対して一九〇〇年前後では蓄音機・映画・ラジオなど「アナログ技術メディア」と「文字」とが、記録・保存可能なデータとそうでないものとを各メディアの技術的特性に応じて区別する。この技術的「区別」こそが、キットラーの見定める各時代の思想・文学の「歴史的ア・プリオリ」なのであり、彼によれば、たとえば「自然」は、前者のシステムでは文字に媒介され意味作用の源泉として文化に接続可能であるのに対し、後者では適切に信号に変換されないかぎり単なるノイズ空間のままとなる。さらにキットラーは、メディアの記録したデータを伝達・共有する「家族」、「教育」、「軍事」などの諸制度も「書き取りシステム」の構成要素と見なす。それらを領域横断的に対象とする点において、キットラーの言説分析はきわめて包括的かつ独自のものとなった。

▼**後期のテーマ**

これに対し、データの記録・保存・伝達を同一フォーマット（アルゴリズム）上で自動的に処理するデジタル・メディア（コンピュータ）が一般化してゆく事態を背景に、キットラーのテーマは「書き取りシステム」から「テクニカル・ライティング」（technische Schriften）へと移行する。彼によれば、データ保存・記録ではなくシミュレーションを行うこのメディアにおいて「現実（自然／ノイズ）」と「文化（文字／シグナル）」の区別は消滅し、存在するのは回路上で「オン／オフ可能なもの」のみとなる（『ドラキュラの遺言』邦訳二五四頁）。後期のキットラーはこの認識から出発して「テクニカル・ライティング」の原理である数学の記号法の歴史に向かった。古代ギリシアの音楽と数学の記号法に関する大規模な著作『音楽と数学』（全八巻）が計画されたが、このプロジェクトは第一巻第二分冊まで出版されたところで、彼の死によって未完に終わった。しかしこのギリシアへの偏愛において、キットラーはヘーゲルからニーチェをへてハイデガーにいたるきわめてドイツ的な思想の系譜に逆説的に連なっている。彼はその意味でもドイツから来た現代思想の最後の巨匠（マイスター）であった。

（前田良三）

ボルツ

Norbert Bolz 1953-

ドイツのメディア学者・思想家ノルベルト・ボルツの『脱魔術化された世界からの脱出』（一九八九年、邦題『批判理論の系譜学』）は、西ドイツ「戦後思想」からの訣別を歴史的に象徴する著作である。この書は、西ドイツの政治文化と公論形成に圧倒的な影響力を持っていたフランクフルト学派の思考の系譜を、ヴァイマール共和国時代にまで遡って検討した作品である。そのことにより、近代を合理化と世俗化の不可逆的な過程とみなすマックス・ヴェーバーの近代化論（表題の「脱魔術化」はヴェーバーの概念）の枠組みそのものを、価値諸領域（真理・正義・美）の自律的分化も含めてラディカルに問い直すものとなった。そこではヴァイマール共和国に敵対する右派のカール・シュミット、エルンスト・ユンガー、ハイデガーと左派のルカーチやエルンスト・ブロッホが、ともにヴェーバーを共通の前提とする思想家として、ヴァルター・ベンヤミンの手法に倣って一つの星座的布置（コンステラツィオーン）のなかに記述される。こうしたボルツの姿勢は、ベルリン自由大学で指導教官でもあったユダヤ系宗教学者・哲学者ヤーコプ・タウベス（一九二七―一九八七年）の思想的スタンスを引き継いでいる。

九〇年代のボルツは、メディア論の代表的存在の一人となった。デジタル・メディアの登場を背景に「存在」と「仮象」の問題を再検討する『仮象小史』（一九九一年）、「コスモス」と「カオス」の伝統的対立に代わる「シミュレーション可能なカオス」を思想史的に論ずる『カオスとシミュレーション』（一九九二年）、そして先行世代の思想家が依拠した活字メディアを批判的に考察する『グーテンベルク銀河系の終焉』（一九九三年）が次々に出版される。また、一九九二年にエッセン大学の「コミュニケーション理論」教授に就任、二〇〇二年からはベルリン工科大学の「メディア学」教授を務めた（二〇一八年退任）。

ボルツは現在ドイツのメディアに最も頻繁に登場する論客の一人である。ハーバーマスの「コミュニケーション的理性」に依拠する知識人の文化批判が有効性を喪失したと宣言する彼は、自らの発言・発信を社会と文化に対する「診断」と規定する。ポリティカル・コレクトネスを批判し伝統的価値の再評価を標榜する彼の「診断」は、ベンヤミンやユンガーの挑発的な姿勢を意図的に継承していると思われるが、しかしその一方で、右翼過激思想との親近性を指摘されることも少なくない。

（前田良三）

コラム　ＥＵ

欧州の平和・協力体制の構築

欧州連合（ＥＵ）は、一九九三年に発足し、二〇二〇年現在二七か国が加盟する欧州の超国家的機構である。立法権（閣僚理事会および欧州議会）、行政権（欧州委員会）、司法権（欧州司法裁判所）を持ち、準国家的機能を果たす。

その歴史は、二〇世紀の二度の大戦の原因となった、とくに独仏国境地域の石炭および鉄鋼の国際的管理を目的に一九五二年に独仏伊およびベネルクス三国で設立された欧州石炭鉄鋼共同体（ＥＣＳＣ）にまで遡ることができる。その後、いくつかの機関を統合し発展的に名称を変えつつ、モノ（六八年の工業製品の関税撤廃等）・ヒト（八五年のシェンゲン協定）、カネ（九九年のユーロ導入）の移動を自由化することで域内の経済統合を、そしてそれによる域内の平和・協力体制構築を実現してきた。

二〇〇〇年代に入ると、東欧の旧社会主義諸国が加盟し、ＥＵは東側に拡大した。順風満帆に見えたＥＵであったが、二〇〇四年に調印された欧州憲法条約がフランスやオランダで批准されなかったため、同条約は超国家的性質を弱められ、リスボン条約として二〇〇九年に発効した。

いくつもの試練

さらに二〇一〇年代以降、ＥＵはいくつもの大きな試練にさらされている。二〇〇九年末のギリシャ政府による赤字の隠蔽の発覚は、ユーロの急落、そしてギリシャのみならず南欧諸国の債務不履行が危惧されるユーロ危機へと発展した。二〇一四年にはＥＵの東への拡大を懸念するロシアとの間でウクライナ危機が生じた。二〇一五年にはシリアからの難民が一二〇万人も押し寄せた。同時期にイスラム国（ＩＳ）と自称する過激派組織関係のテロが多発したため、イスラム排斥運動がヒトの移動の自由化を進めたＥＵへの反感につながり、各国で反ＥＵの動きが活発になった。中でもイギリスは、二〇一六年の国民投票を受けて、二〇二〇年一月末にＥＵ発足以来初の離脱国となった。同年夏にはＥＵは新型コロナウィルスの流行により悪化した経済を立て直すための復興基金を共同債により調達することを決定し、財政統合に近づく歴史的一歩を踏み出したが、これがＥＵ加盟各国間の溝をどこまで埋めるかは予断を許さない。

ＥＵに反対する人々の多くは、グローバル化の動きの一つであるＥＵを格差の元凶とみなして国民国家体制に戻ることを主張する。しかし、グローバルな金融資本主義に対するコントロールは、ＥＵのような超国家的な機構によってのみ可能となるのであり、こうした枠組みを失えば資本主義への歯止めを失い格差を助長するだけであると、ハーバーマスはその誤謬を指摘している。

（伊藤　白）

バウシュ

Pina Bausch　**1940-2009**

ピナ・バウシュは、二〇世紀を代表する振付家で、一九七〇年代後半から一九八〇年代にかけて、独自の「タンツテアター（Tanztheater）」という舞台芸術のジャンルを確立し、舞踊・演劇界に大きな影響を与えた。

▼『春の祭典』

ピナ・バウシュ（本名 Philippine Bausch）は、一九四〇年、ゾーリンゲンで生まれた。五歳でバレエをはじめ、一九五五年、エッセンの芸術学校フォルクヴァングの舞踊科に入学、同校の共同設立者でドイツ表現舞踊を代表する舞踊家のひとりクルト・ヨース（Kurt Jooss, 一九〇一―一七九年）に師事した。卒業後の一九五九年、当時舞台舞踊の中心地だったニューヨークのジュリアード学院に留学、一九六二年、帰国し、フォルクヴァング・バレエに加わり、一九六八年、ヨースの後を継いで芸術監督に就任、最初の振付作品《フラグメント》を発表、翌年の《時の風のなかで》は高い評価を受けた。一九七二年、バウシュは、ヴッパタール・バレエの芸術監督に抜擢され、カンパニーをヴッパタール・タンツテアターと改称、翌年、就任後第一作となる《フリッツ》を発表する。これは、主人公の少年が奇っ怪な人物にあふれた悪夢のような世界を経巡るというものだが、観客からは受け入れられなかった。同年には、歌手がバルコニー席で歌うダンス・オペラ《タウリスのイフィゲネイア》（音楽：グルック、一九七三年）、ダンサーと歌手が舞台上で対になって演じる《オルフェウスとエウリディーチェ》（音楽：同、一九七五年）を発表した。また、舞台全面を土で覆い、春を迎えるにあたって大地へ感謝のしるしとして若い女性を選び出し生贄として捧げ、その生贄が命を断たれる暴力的で不条理な終末の一打に向かっていくバウシュ版《春の祭典》（一九七五年）は、モダン・ダンスのひとつの頂点である。

▼独自のタンツテアターの確立

その後、バウシュは、タンツテアターを彼女独自のスタイルで確立していく。その契機となったのは、ブレヒトとヴァイルのソングシュピールによるレヴュー《七つの大罪／怖がらないで》（一九七六年）や、演出家ペーター・ツァデクに招かれボーフムで制作した《マクベス》による《彼は彼女の手を取り城に誘う――皆もあとに従う》（一九七八年）の際のダンサーや俳優との共同作業だった。このときに、バウシュの質問に、出演者たちがせりふや歌や動作やダンスなどで答え、それを彼女が取捨選択してコラージュする創作手法が本格的に使われるようになった。これによって、断片化された場面が音楽とともにコラージュされてゆくレヴューの手法が、問いと答えのプロセスによって更新され、一度には把握できないほどたくさんのシークエンスが筋もなく重なり合いながら連なり、全体を一括りにして意味やメッセージに回収することができないバウシュ独自のタンツテアターが確立されたのである。この確立期の作品には、《カフェ・ミュラー》、《コンタクトホーフ》、《アリア》(一九七九年)、《一九八〇――ピナ・バウシュの世界》、《ワルツ》(一九八二年)、《カーネーション》(同)などがあり、そこでは、およそ舞踊の舞台では考えられないような、水、土、芝生、花畑などがフロアを覆い、マジシャン、動物、スタントマンなども登場する。

▼「何がひとを動かすのか」　バウシュは、「ひとがいかに動くかではなく、何がひとを動かすのかに関心がある」と言っていた。強烈な個性と様々な文化的背景をもったダンサーたちからサンプリングされた各々の個人的な体験は、リハーサルの時間を通して濾過(ろか)され、それらをバウシュがコラージュしたあとでは、観客が感応可能な汎用的なものへと凝縮され、ステージに登場する思い出や男女の関係は観客のものと同期し、観客は息を詰めながら、笑い、呆れ、混乱し、泣き、喝采することになる。バウシュの作品は、それをみる者がふだん抑圧している感覚や情動の解放を誘発する装置なのだ。

一九八六年のローマの劇場などとの提携作品《ヴィクトール》は、バウシュのタンツテアターのひとつの頂点であると同時に、世界の諸都市や地域の制作者やフェスティヴァルとの共同制作の嚆矢だった。使われる音楽も、古今の西欧の音楽から世界各地の現代の音楽や民族音楽へと広がっていった。このような舞台制作は、のちに到来するグローバル化時代のパフォーミング・アーツのありようを先取りし、方向づけるものでもあった。

一九九〇年代後半以降になると、ダンサーの世代交代とともに、力強さと繊細さを合わせもったソロ・ダンスとダンスの連鎖、高速で転換するシーンが出現し、ダンス空間がいっそうダイナミックに形成されるようになる。《緑の大地》(二〇〇〇年)終幕のダンスの連鎖はその典型だ。それらとともに、作品は、それまでの実存の痛みや苦しみとともに、快活で静穏なトーンを帯び、バウシュの後期作品を特徴づけている。この時期の作品には、《炎のマズルカ》(一九九八年)、《天地 TENCHI》(二〇〇四年)、《フルムーン》(二〇〇六年)、《スイート・マンボ》(二〇〇八年)などがある。バウシュはその生涯に五〇余りの作品を遺した。

(副島博彦)

キーファー

Anselm Kiefer 1945-

アンゼルム・キーファーは現代ドイツを代表するアーティストのひとりである。ドイツ南西部に広がる森林地帯シュヴァルツヴァルト（黒い森）付近に位置するドナウエッシンゲンで生まれ育つ。法律学を志したが、その後美術に転じた。六九年に初めての個展を開催し、七〇年代初期にデュッセルドルフの美術アカデミーでヨーゼフ・ボイスに師事する。八〇年代にはゲオルク・バゼリッツらと並んで「新表現主義」の旗手とみなされて美術市場を席巻し、大いに人気を博した。九〇年代初頭以降は主にフランスを拠点として活動している。

キーファーの制作は絵画から彫刻、インスタレーションまで多岐に渡り、荘重で重厚な作風を特徴とする。鉛、藁、灰、砂などを用いたスケールの大きな作品には、一貫して素材や物質の変容への強い関心がうかがわれる。このことはキーファーがかつての師であるボイスから一定の距離をとりつつも大きな影響を受けたことを示している。

六〇年代から七〇年代にかけて抽象表現や難解なコンセプチュアル・アートが主流であった美術の世界に主題を復活させたと評されるキーファーの作品には、隠喩に富んだ多義的なタイトルが与えられることが多い。それらの作品でしばしば主題となるのはドイツの歴史である。とくに初期〜中期においてナチスの歴史は重要なモチーフであった。シリーズ《占領》（一九六九年）ではヨーロッパ各地でナチス式敬礼をするというパフォーマンスを行い、その姿を撮影した作品を発表した。物議を醸したこうした制作において、キーファーはナチスの狂気に一体化する一方でそれをパロディとして戯画化しようと試みている。

神話もキーファーにとって重要なテーマである。北欧神話をはじめ、ギリシャ神話、エジプト神話、カバラを主題とする作品も多い。しかしキーファーにとって神話は同時に歴史でもあり、キーファーは歴史の一回性の中に神話的普遍性の浸透を見出そうとする。たとえば作品《ズラミート》（一九八三年）ではツェランの詩「死のフーガ」のイメージを借りながら、ホロコーストとユダヤの神話的女性像を重ね合わせようとしている。キーファーの作品の中で歴史は神話と溶け合い、重層的な意味合いが与えられる。その多義性によって、彼の作品はときに告発となり、ときにスキャンダルとなるのである。

（石田圭子）

スローターダイク
Peter Sloterdijk　1947-

多作の異端児

スローターダイクは多作である。本を次々に刊行する。文章はあまり哲学者らしくない。大学の哲学教師でもあったが、本国ドイツでも、独特の作風や文体のせいで異端児扱いされている。読まれていないわけではない。出世作『シニカル理性批判』（原著一九八三年）は、戦後のドイツで最も売れた哲学書とされている（訳はミネルヴァ書房から拙訳で刊行）。哲学畑の人間としては、ドイツでは例外的に知名度が高い。キケロに名を借りた雑誌『ツィツェロ』では、二〇〇九年以来、二年ごとに「ドイツ語圏知識人ランキング」なるものを発表しているが、二〇一九年のリストで、スローターダイクは、前回一位だったハーバーマスを押さえて首位に立った。哲学者や思想家にランキングという発想が馴染むかどうかは別にして、それなりに影響力が認められていることは間違いない。ただ、著作が多い一方、饒舌で凝った修辞的な文章を書くせいもあって、彼が説くところについて整理された形で語られることはあまりない。熱狂的な読者もいる一方で、多少、人を食った感じのする思索のスタイルそのものを嫌う人も多く、彼に対する批判と称して、噂話や伝聞に基づく一方的な決めつけや陰口が後を絶たない。

生い立ちと経歴

生まれたのは戦後間もない一九四七年。いわゆるベビーブーマーで、日本で言えば団塊の世代に属する。姓の Sloterdijk の後半を「ダイク」と発音するのは、これがオランダ語に由来するからで、父親はオランダ人だった。ちなみにアムステルダム市内に Sloterdijk という地名があるが、これは概して日本では「スローテルダイク」と表記されている。父は船員で、カールスルーエ滞在中に母と知り合い結婚した。両親の結婚は長くは続かず、スローターダイクは母と姉と一緒に、母の実家があったミュンヘンに移り住む。その後、ミュンヘン大学でドイツ文学や哲学を学んだ。折しも学生運動が盛んだった時期で、スローターダイクも多少、関わったが、活動家ではなかった。一九七一年、「構造主義と詩的解釈学」と題する論文で修士号を取得した後、ハンブルク大学に移った。一九七六年、同大学で『文学と生活経験の編成――一九一八年から一九三三年、ヴァイマール共和国の自伝のジャンルの理論とジャンルの歴史』と題する博士論文を提出、二年後にこれに手を入れ、標題も少し変えて単行本として刊行している。

一九七九年の年末、インドのプネー（プーナ）に宗教家として知られるバグワン・シュリ・ラジニーシを訪ね、しばらく滞在し、様々な因習と規範から解放された生活を送った。主にフランクフルト学派に自らの知的な拠り所を求めながら、これに飽き足らなかった彼にとって、インドでの経験はいわば「理性の東方拡大」だったと後に語っている。翌年に帰国した。帰国したその日、サルトルが亡くなったという。このあと、しばらくハイデガーを読みふけった。間もなく、『シニカル理性批判』を刊行、一躍、哲学の世界で有名人となる。八五年には小説『魔の木』（邦訳、一九八八年、岩波書店）を刊行したが、これも著者の才能を感じさせる完成度の高い小説である。

一九九〇年、ウィーン美術アカデミーの教授に、さらに九二年には、国立カールスルーエ造形大学の教授になった。二〇〇一年に同大学の学長に就任し、二〇一五年、六八歳の定年を迎えるまでこの職にあった。二〇一八年に教授としても停年を迎えている。二〇〇二年からは、ドイツの公共放送である「第二ドイツ・テレビ」（ＺＤＦ）で、ほぼ一か月に一度のペースで「哲学四重奏」と題する討論番組を、ハイデガーやゲーテの伝記で知られるリューディガー・ザフランスキーと組んで担当した。毎回二人のゲストを迎えて特定の主題について議論するという体裁の番組だったが、二〇一二年に終了している。

『シニカル理性批判』の発表から八年後の九一年にスローターダイクは、トーマス・マホとの共著で『魂の世界革命』と題する、分量的には『シニカル理性批判』の一・五倍ほどあるグノーシス論を刊行した。その前後にも長短、さまざまな著作を刊行しているが、九〇年代末には長大な三部作『球体圏』（*Sphären*）の刊行が始まる。まず九八年に第一巻「泡袋」、翌九九年には第二巻「地球儀」、二〇〇四年に最後の第三巻「泡立ち」が刊行され、この合わせて約二五〇〇ページに及ぶ三部作が、おそらくスローターダイクの哲学の主著として残るものと予想される。

▼一皮剝けた啓蒙としてのシニシズム

近代の啓蒙の精神を体現するカントの主著を揶揄した形の標題を冠する『シニカル理性批判』の論点とは、要するに、啓蒙とは一般に進歩と人類の普遍的な価値の実現を志向すると考えられているが、それはいわば比較的素朴なレベルで妥当するにすぎない。啓蒙が、カントの言うように、自らの未成熟状態からの脱却であるとするなら、批判的な精神による青臭い議論だけで世の中は動いていないことを知るのも、またある種の啓蒙と言える。啓蒙はむしろ自らの無知蒙昧を啓かれることで、一皮剝けることになる。そこに、シニシズムの蔓延する素地がある。シニシズムとは、もともと古代末期のディオゲネスらが都会の中で犬のような（キュニコス）薄汚い恰好をして、世間の習わしを挑発したことに由来する言葉だが、ラテン語を経て近代語の中で「シニカル」という言葉として定着したとき、この語は、社会の中枢や権力をこき下ろすのではなく、むしろ権威や権力に盾突くと称して昔ながらの反体制を決め込む仲間たちに対する軽侮の念を意味するに至る。反権威、反権力としてのキニシズムから、一見、批判的知性を演じつつ権力と馴れ合い保身をはかるシニシズムへの転身……。『シニカル理性批判』とは、こういった批判的理性が自らの言説を信じず、自嘲的な語りに陥っていく様を、最終的にファシズムに道を開いたヴァイマール共和国と、学生運動の退潮した後にシニシズムに覆われた八〇年代のドイツ社会とを重ね合わせ、キニシズムの陽気な言説の復権に希望を託すものであった。

もっとも、このような形での社会批判的な視点は、九〇年代に入るとスローターダイクの著作から影を潜め、シニシズムやキニシズムといった事柄もほとんど語られなくなる。代わって主題として

▼球体圏の構想

次第に前面に出てくるのが「球体圏」である。両者は一見、互いに何の繋がりもないかに見えるが、スローターダイ

クによるとこれらはともに社会的連帯という問題で通底しているという。「球体圏」の原語であるSphäreという言葉は、元のギリシャ語ではボールや毬、「球」を意味するが、同時に古くから「周囲」、何かを包み込む「圏」や「層」といった意味でも普通に用いられる語である。この語をスローターダイクが主題的に用いるとき、そこでは、人間が自然界や外部の脅威から身を守るために自分たちのまわりに作る一種の人工的な空間のようなものが想定されている。それなりに安定したニッチとしての環境に安住する他の生物と異なり、人間とは、固有のニッチを失い、環境から追放された生き物、その意味で、剥き出しの自然に直面する存在である。しかし、やがてこの剥き出しの自然の中で、われわれの祖先は、自分たちの周囲に固有の空間、一種の島、安全地帯のような場を形成することによって人間となった。その意味では、人間がその空間を作ったと同時に、むしろその空間が人間を作ったとも言えよう。それは、自然による淘汰から身を守る安全な島であり、人間はこの中で自然に左右されない独特の種として成育してきたと言える。それは、いわば、人工的に作られた疑似的なニッチである。人類を育んだこの「球体圏」は、温室や哺育器、空調空間といった、いくつかの比喩を用いて語られたりもする。

　哲学的に、スローターダイクは、ハイデガーの継承者をもって任じ、『存在と時間』における「世界内存在」の「世界」や「脱自態」、あるいはもっと後の「明るみ（Lichtung）」、さらには『ヒューマニズム書簡』（一九四七年）の中で暗示的に語られる「存在の家」としての言語なども、この球体圏として解釈されることになる。もっとも、ハイデガーが人類の生成と進化の過程を具体的に述べることを嫌い、あくまで存在論や存在の歴史を暗示的に語るのに対して、スローターダイクは人間学的な考察を忌避せず、この球体圏による人類生成から現代社会成立に至る歴史も、具体的な史実に言及しながら描かれる。それは、ある意味でヒト以前の生物が人間となる過程であるが、同時に人間が自らを家畜化してゆく過程であるとも考えられている。自らのまわりに構築した温室の中に、人間にとって過ごしやすい人工的な環境を生み出し、この中で様々の技術を介して現代人へと変化してきた、というのである。『球体圏』三部作のうち、第一巻の「泡袋」では、人間が自分を包む袋状の泡としての子宮から離脱し、代わりに人工的な子宮としての小球体圏の中に住み着いていく過程が描かれる。続く第二巻「地球儀」では、歴史の中で人間が自らを地球という大球体の上に住む存在として見出し、地理上の発見を通じて世界を資本の内部空間へと変容させる様が、さらに第三巻の「泡立ち」では、人間が自らのまわりに高層住宅などの形で無数の泡の集合、多球体を形成することで近代の都市空間が出現することが語られる。『球体圏』とは、人間出現から現代文明に至る壮大な人類史の叙事詩と言ってよいだろう。

▼「人間園の規則」と哲学者論争

『球体圏』の第二巻が刊行される九九年、スローターダイクは、バイエルン州の南部のエルマウの保養施設で「人間園の規則」と題する講演を行なう。ハイデガーの『ヒューマニズム書簡』への応答と銘打つこの講演で、スローターダイクは、ハイデガーの議論を検討しながら、従来、ヒューマニズム（というより、人文教養としての「フマニスムス」）が人間性の陶冶と同時に人間選別の機能を果たしてきたことを指摘し、この機能が、やがて生命工学にとって代わられる可能性を示唆した。ハイデガーの『ヒューマニズム書簡』は、第二次大戦後、古代ギリシャのパイデイアに由来する古典的教養の再興によって、ドイツ、ひいてはヨーロッパの精神文化の回復を図ろうとする当時の動きを批判するものであった。スローターダイクの講演は、このハイデガーにも、実は、パイデイアやフマニスムス同様、人間を陶冶し育成する牧畜的、畜産的な発想が認められることを指摘し、そもそも人間というのが自己育成を通じて自然的存在から離脱することによって成立した以上、人文的教養もその動きに加担してきたことを明らかにしようとするものだった。その動きを推進する役割は、今後、人文的教養から生命工学に取って代わられる可能性があるという。「生命工学」の話は、こういった連関で語られているにすぎない。ところが、主にフランクフルト学派やその影響下にある論者たちが、これを、技術による生命の選別を唱える点でナチの優生学的な発想に類する議論だとして、激しい非難の声を上げる。スローターダイクは、それは講演の趣旨を全く酌まない意図的曲解であり、そのキャンペーンの裏にはハーバーマスらによる自分に対する陰険なメディア工作がある、という趣旨の発言をして、激しい応酬になった。フランクフルト学派との対立はその後も続くことになる。

▼衰えない創作意欲

間もなく迎えた二一世紀は、テロと報復の時代としての様相を呈して始まったが、スローターダイクは、アメリカでの同時多発テロのあった二〇〇一年の翌年、『球体』第三巻「泡立ち」の本文冒頭部分を、巻の刊行に先立って「空震」と題して発表した。直接の主題は第一次大戦における毒ガス戦だが、人工の空調空間としての「球体圏」を脅かす点で、飛行機を用いたテロと性格を共有する。スローターダイク自身の主たる関心も、これ以後、テロを始め、現代の政治や国際問題に向けられることになる。二〇〇八年に刊行された『憤慨と時間』では、フランシス・フクヤマの『歴史の終わり』に触発されて、プラトンが政治にかかわる人間の重要な資質として挙げた「気概」に注目し、そこに、いわば「球体圏」が行き着きかねない「歴史の終焉状況」から脱却する可能性を見て取っている。同じ年、人間を可塑的な存在と見なしてあらためて高みへの訓練を説く『君は自分の生活を変えなくてはならない』という分厚い本を刊行している。また二〇一〇年には『もらう手と与える側』と題する小冊子の中で、税金の強制徴収を廃止して寄付金制度を基本としてはどうかといった議論を展開し、新自由主義的な発想として、ホネットらから激しく非難されたりもしたが、これはむしろ、社会で影響力を持つ人間に一種のノブレス・オブリージュを求める発想に立ち返ろうとしたものと考えるべきだろう。二〇一四年に刊行された『近代の恐るべき子供たち』では、「新しい」という語は、かつては否定的なニュアンスを伴う言葉だったが、近代になってそれはむしろ積極的な意味合いに転換した、そこには社会の根底にある意味、時間と歴史に関する感覚の大きな転換が潜んでいると指摘している。二〇一七年には、『魔の木』以来、二冊目の小説となる『シェリング・プロジェクト』を刊行するなど、創作意欲に衰えを見せていない。対談や対談集の発表も多い。二〇二二年には、フィンケルクロートが三年前にフランス語で発表して話題になった『一人称で』のドイツ語訳が刊行されたが、この冒頭にフィンケルクロートとスローターダイクとの対談が収められている。ここで二人の元左翼は、言葉狩りや、気に入らない発言に対する糾弾に熱を上げる近年の左翼の動きに辟易するという趣旨のことを語っている。同年に刊行された自身の単著『灰色をば考えずして』と合わせ、最近のスローターダイクの心境が窺える。

（高田珠樹）

ホネット

Axel Honneth　**1949-**

ホネットは、ハーバーマスをいわゆるフランクフルト学派第二世代と考えた場合、第二世代を批判的に乗り越えようとする第三世代に属し、その理論的旗手と言える。

一九四九年エッセンに生まれ、一九八三年ベルリン自由大学より「フーコーと批判理論」で博士号を取得する（一九八五年加筆の上『権力の批判』として公刊）。その後、ゲーテ大学フランクフルトでハーバーマスの下で研究助手を務め、一九九〇年「承認をめぐる闘争」を提出し（一九九二年公刊）、教授資格を取得した。一九九一年にコンスタンツ大学、一九九二年からはベルリン自由大学で教授を務めたのち、一九九六年ハーバーマスの後任教授としてゲーテ大学の教授に就任し、二〇〇一年から二〇一八年までフランクフルト社会研究所所長も務めた。二〇一一年よりコロンビア大学教授も兼任し、二〇一八年からは専任教授となっている。

ホネットは、ハーバーマスが第一世代に対して成し遂げた批判理論のコミュニケーション論的転回を基本的に肯定しつつも、形式語用論から普遍的道徳理論（討議倫理学）へと至る理路には厳しい批判を向ける。そこで注目されたのが、承認概念である。イエナ期ヘーゲルの承認概念を参照することで、ケア関係としての愛、平等関係としての法、社会的価値評価としての連帯（後に業績）という三つの承認関係を定式化し、新たな批判理論を提示した。承認は、その拒絶、すなわち不当な扱いを受けた経験としての「軽視」によって駆動される「承認を求める闘争」を通じて、より十全に実現されていく。承認への着目により、ホネットは、言語という狭められた経験に依拠したハーバーマスでは見落とされていた様々な社会的病理を捉えることが可能になったのである。

有名なナンシー・フレイザーとの論争では、再分配をめぐる闘争からアイデンティティ・ポリティクスなどの新しい闘争への移行という彼女の主張を批判し、「再分配か、承認か」という二項対立のアプローチではなく、近代における闘争を承認という次元から一元的に捉えるべきと主張した。

二〇一一年には、第二の主著『自由の権利』を公刊している。ヘーゲル『法の哲学』の解釈を通じて、法の領域での消極的自由、道徳の領域での反省的自由、そして人倫の領域での社会的自由の三つに自由が再構成される。諸領域で成立してきた近代の社会制度が歴史的に記述され、自由の意味に対する誤解やある領域による他の領域への侵食によって社会的病理が生じることが批判的に分析される。

（田畑真一）

László Tengelyi **1954-2014**

テンゲリ

ラズロ・テンゲリ（テンゲィ・ラースロー）はハンガリー出身の現象学者。二〇〇一年以降その死に至るまで、ドイツ、ヴッパータールを拠点とし、独仏英語を中心に言語横断的に現象学研究を牽引した。フッサール、ハイデガーからフランス現象学へと至る流れを包括的に論じ、その特徴は、現象から現れないものの痕跡へ、志向性から反志向性へ、形相から原事実へ、エポケー／還元から意味の形成過程へ、超越論的観念論から超越論的条件なき出来事の記述への転回にあるとした（『フランスにおける新たな現象学』）。さらに、O・ブルノワらの哲学史研究の蓄積を背景に、古代、中世、近代を貫く形而上学の変遷を追い、アリストテレス、トマス・アクィナス、カントに代表される、非‐存在神学的な形而上学の系譜のもとに独仏の現象学を位置づけた。そこであらわとなるのは、D・ジャニコーが「神学的転回」と形容したのとは対照的な、存在神学へと回帰することなく超越を語る現象学的形而上学である。その現象学は、いかなる可能性からも導出されない、実在的必然性を持つ偶然的原事実を端緒とする（『世界と無限』）。

（長坂真澄）

Markus Gabriel **1980-**

ガブリエル

マルクス・ガブリエルは旧西ドイツのレーマーゲン生まれ、二九歳でボン大学正教授に就任する。多作で、哲学書としては異例のベストセラー『なぜ世界は存在しないのか』をはじめ、一〇冊以上の著書がある。彼の専門はシェリングを中心とするドイツ観念論であるが、それだけでなく古代の懐疑主義、ヴィトゲンシュタイン、ハイデガー、英米の分析哲学、フランスの現代思想にも通暁する。その広範な学識に基づいてガブリエルは新実在論と呼ばれる独自の立場を提唱し、ポストモダン以後の哲学シーンにおいて重要な位置を占める。

メイヤスーを中心とする思弁的実在論グループと同様、ガブリエルも実在論への転回を主張する。しかし自然主義・物理主義の残滓を徹底的に克服しようとする点で、彼の実在論は思弁的実在論とは一線を画す。この自然主義・物理主義的偏向のない実在論をガブリエルは、〈世界は存在しない〉という基本的視座に立って〈或るものが存在する〉ということの意味を再定義する、という方法によって構築しようとする。

（加藤紫苑）

おわりに

日本において西洋哲学を学ぶ場合、よく用いられる分類のようなもののなかにフランス系、ドイツ系というような捉え方があります。そのような大きな区分がなされるならば、早々にドイツ哲学に焦点をあてた入門書、概説書が刊行されていてもよさそうなものですが、これまでそのような書籍は刊行されていませんでした。したがって、本書をもって本邦初の「ドイツ」哲学の入門書ということになり、それをお届けできたことを、編者一同、大変嬉しく思っております。

「あとがき」を文字通りに読まれる方にはお分かりのように、あるいは、「まえ」に読まれる方には予告的になりますが、本書には、いわゆる哲学者だけではなく、音楽、芸術、文学、科学などの領域を含む、広義における思想家が収められています。くわえて、入門書とはいえ、そのような哲学者や思想家のなかには、はじめて耳にする名前があるかもしれません。そうした者たちは、頻繁に取り上げられるいわゆるメジャーな者たちの陰画（ネガ）のようなものとして、むしろ重要な役割を与えられていると考えることができるでしょう。本書はそうした哲学者、思想家についての解説だけではなく、当時の時代背景や特徴的な出来事、トピックなどに関するコラムも用意されています。

読者のみなさんは自分の関心にしたがって各項目やコラムを読むことができますし、通読することによって、思想上の連関や歴史的背景など何らかのイメージを手にすることができるでしょう。たとえば、これまで気づかなかったある哲学者・思想家の記述から別の哲学者・思想家への（からの）影響関係が読み取れることもあれば、何らかの共通のトピックを発見することによって新たな着想が生まれるかもしれません。自分なりの読み方から、ドイツの哲学をめぐって、立体的で重層的な地図を創造・想像することができるのではないでしょうか。本書が、ドイツ哲学という森に踏み入り探索するための素地になれば、この上ない喜びです。また、本書の姉妹編として『現代フランス哲学入門』もあわせてご参照いただければ、ドイツ哲学を合わせた大陸哲学という広大な森に分け入る見取り図となるでしょう。

最後に、本書にご寄稿いただいた執筆者の方々に、出版までに思いのほか時間がかかってしまったことにお詫びを申し上げますとともに、そのご尽力に感謝申し上げます。そして、本書の編集を引き継ぎ、刊行に至るまでの大変な作業を着実にこなしていただいた、ミネルヴァ書房東京編集部の本田康広さんに心より御礼申し上げます。

二〇二四年七月

編者一同

参考文献

※文献は現在国内で一般的に入手可能なものを挙げている。また邦訳のある文献については原則として原著書誌情報は省略している。

ドイツ神秘主義 Die deutsche Mystik

波多野精一『西洋哲学史要』未知谷、二〇〇七年：初版一九〇一年／朝永三十郎『近世に於ける「我」の自覚史——新理想主義とその背景』角川文庫、一九八四年：初版一九一六年／アルフレート・ローゼンベルク『二十世紀の神話』吹田順助・上村清延訳、一九三八年、中央公論社／Alfred Rosenberg, *Mythus des 20. Jahrhunderts. Eine Wertung der seelisch-geistigen Gestaltenkämpfe unserer Zeit*, München 1930.／Johann Wilhelm Preger, *Geschichte der deutschen Mystik im Mittelalter*, Leipzig 1893.／南原繁『国家と宗教』岩波文庫、二〇一四年：初版一九四二年／カール・ローゼンクランツ『ヘーゲル伝』中埜肇訳、みすず書房、一九八三年／『エックハルト説教集』田島照久訳、岩波文庫、一九九〇年／岡部雄三『ドイツ神秘思想の水脈』知泉書館、二〇一一年／金子晴勇『ルターとドイツ神秘主義』創文社、二〇〇〇年／『西谷啓治著作集』第七巻、創文社、一九八七年／『ドイツ神秘主義研究』上田閑照編、創文社、一九八二年：増補版一九八六年／『ドイツ神秘主義叢書』全一二巻、西谷啓治監修、上田閑照・川崎幸夫編、創文社、一九九一年—。

パラケルスス

『奇跡の医の糧』澤元亙訳、工作舎、二〇〇四年／『医師の迷宮』澤元亙訳、ホメオパシー出版、二〇一〇年／菊地原洋平『パラケルススと魔術的ルネサンス』勁草書房、二〇一三年。

ルタードイツ語

Günther, Hartmut, *Mit Feuereifer und Herzenslust.* Wie Luther unsere Sprache prägte. Duden, 2017.（とくに41ページ）／Stolt, Birgit, *Sakralsprache——zu Luthers Zeit und heute.* In: Linguistische Studien. Reihe A. Nr.77. Akademie der Wissenschaften, 1981, S.113-133.／Stolt, Birgit, *Die Bedeutung der Interpunktion für die Analyse von Martin Luthers Syntax.* In: Werner Besch (Hg.): Deutsche Sprachgeschichte. Grundlagen, Methoden, Perspektiven. Festschrift für Johannes Erben zum 65. Geburtstag. Peter Lang, 1990, S.167-180.

■一七・一八世紀

一七・一八世紀総論

カッシーラー『啓蒙主義の哲学』（上・下）中野好之訳、筑摩書房、二〇〇三年／ベーン『ドイツ一八世紀の文化と社会〔第二版〕』飯塚信夫ほか訳、三修社、二〇〇一年。

ライプニッツ

『ライプニッツ著作集』全一〇巻、下村寅太郎、山本信、中村幸四郎、原亨吉監修、工作舎、一九八八—九九年／『ライプニッツ著作集 第二期』全三巻、酒井潔、佐々木能章監修、工作舎、二〇一五―一八年／ルネ・ブーヴレス『ライプニッツ』橋本由美子訳、白水社、一九九六年／Maria Rosa Antognazza, *Leibniz: A Very Short Introduction*, Oxford University Press, 2016／Richard T. W. Arthur, *Monads, Composition, and Force: Ariadnean Threads Through Leibniz's Labyrinth*, Oxford University Press, 2018.

三十年戦争

P. H. Wilson, *Europe's Tragedy*, London, 2009／古谷大輔・近藤和彦編『礫岩のようなヨーロッパ』山川出版社、二〇一六年。

バッハ

クリストフ・ヴォルフ『ヨハン・ゼバスティアン・バッハ――学識ある音楽家』秋元里予訳、春秋社、二〇〇四年／久保田慶一『バッハ』（作曲家◎人と作品シリーズ）音楽之友社、二〇一一年。

ヴォルフ

『哲学一般についての予備的叙説』山本道雄・松家次朗訳（山本道雄『ドイツ啓蒙の哲学者――クリスティアン・ヴォルフのハレ追放顛末記――ドイツ啓蒙思想の一潮流2』晃洋書房、二〇一六年、一二九―二六三頁所収）。

オイラー

フェルマン『オイラー――その生涯と業績』山本敦之訳、シュプリンガー・フェアラーク東京、二〇〇二年／Ronald S. Calinger, *Leonhard Euler: Mathematical Genius in the Enlightenment*, Princeton University Press, 2016／*Leonhardi Euleri Opera omnia*, sub auspiciis Societatis Scientiarum Naturalium Helveticae, Teubneri, 1911-.

バウムガルテン

バウムガルテン『美学』松尾大訳、講談社学術文庫、二〇一六年。

レッシング

『ミンナ・フォン・バルンヘルム』小宮曠三訳、岩波文庫、一九六二年／『ラオコオン』斎藤栄治訳、岩波文庫、一九七〇年／『ハンブルク演劇論』南大路振一訳、鳥影社、二〇〇三年／『ミス・サラ・サンプソン、エミーリア・ガロッティ』田邊玲子訳、岩波文庫、二〇〇六年／『賢者ナータン』丘沢静世訳、光文社古典新訳文庫、二〇二〇年／安酸敏真『レッシングとドイツ啓蒙――レッシング宗教哲学の研究』創文社、一九九八年（『人類の教育』全訳を収録）。

メンデルスゾーン

Moses Mendelssohn, *Gesammelte Schriften Jubiläumsausgabe* (JubA), hrsg. v. Alexander Altmann et. al., 39 vols., Frommann-Holzboog, Stuttgart 1971-2023.

ランベルト

Lambert, *Philosophische Schriften*, Georg Olms./Lambert, *Neues Organon oder Gedanken über die Erforschung und Bezeichnung des Wahren und dessen Unterscheidung vom Irrtum und Schein*, Hrsg. und bearbeitet von Günter Schenk, Akademie Verlag, 1990 (Replint, De Gruyter, 2014).

テーテンス

Tetens, *Die philosophischen Werke*, Georg Olms/ *Philosophische Versuche über die menschliche Natur und ihre Entwickelung*, hrsg. von U.Roth/G. Stiening, De Gruyter, 2015.

カント

『カント全集』岩波書店／ヤスパース『カント』重田英世訳、理想社、一九六二年／加藤尚武編『哲学の歴史』第七巻、中央公論新社、二〇〇七年／熊野純彦『カント　美と倫理のはざまで』講談社、二〇一七年／小田部胤久『美学』東京大学出版会、二〇二〇年／御子柴善之『カント純粋理性批判』角川書店、二〇二〇年。／網谷壮介『カントの政治哲学入門』白澤社・現代書館、二〇一八年／キューン『カント伝』春風社、二〇一七年。

ハーマン

『北方の博士・ハーマン著作選』川中子義勝訳、二〇〇二年／川中子義勝『ハーマンにおける言葉と身体——聖書・自然・歴史』教文館、二〇二三年。

プラトナー

Košenina, Alexander, *Ernst Platners Anthropologie und Philosophie*, Königshausen und Neumann. Würzburg 1989／Platner, Ernst, *Anthropologie für Aerzte und Weltweise*, Dzckische Buchhandlung. Leipzig 1772／Platner, Ernst, *Philosophische Aphorismen nebst einigen Anleitungen zur philosophischen Geschichte*, Schwickertsch, Leipzig 1776／浜野喬士「フィヒテの動物論と一八世紀人間学——プラトナー、カント、フィヒテ」『フィヒテ研究』第二二号、日本フィヒテ協会、二〇一四年。

ヤコービ

『スピノザの学説に関する書簡』田中光訳、知泉書館、二〇一八年。

ヘルダー

『ヘルダー・ゲーテ』登張正實編、中央公論社、一九七五年／『旅日記』嶋田洋一郎訳、九州大学出版会、二〇〇二年／『言語起源論』宮谷尚実訳、講談社学術文庫、二〇一七年／『民謡集』嶋田洋一郎訳、九州大学出版会、二〇一八年／『神』吉田達訳、法政大学出版局、二〇一八年／『人類歴史哲学考』嶋田洋一郎訳、全五巻、岩波文庫、二〇二三—二四年。

ゲーテ

『ゲーテ全集』全一五巻、潮出版社、一九七九—九二年／『ポケットマスターピース02　ゲーテ』集英社文庫、二〇一五年／小栗浩『人間ゲーテ』岩波新書、一九七八年／柴田翔『ゲーテ「ファウスト」を読む』岩波書店、一九八五年／芦津丈夫『ゲーテの自然体験』リブロポート、一九八八年／高橋義人『形態と象徴　ゲーテと「緑の自然科学」』岩波書店、一九八八年／坂井栄八郎『ゲーテとその時代』朝日選書、一九九六年／石原あえか『科学する詩人　ゲーテ』慶應義塾大学出版会、二〇一〇年。

フォルスター

『世界周航記』（上・下）三島憲一・山本尤訳、岩波書店、二〇〇二—〇三年／『ゲオルク・フォルスター　コレクション』森貴史・船越克己・大久保進訳、関西大学出版部、二〇〇八年／

『ニーダーラインの光景』船越克己訳、大阪公立大学出版会、二〇一二年。

A・フンボルト

アンドレア・ウルフ『フンボルトの冒険　自然という〈生命の網〉の発明』鍛原多恵子訳、NHK出版、二〇一七年／エンゲルハルト・ヴァイグル編『新大陸赤道地方紀行』（上・中・下）大野英二郎・荒木善太訳、岩波書店、二〇〇一―〇三年。

W・フンボルト

ユルゲン・トラバント『人文主義の言語思想――フンボルトの伝統』村井則夫・齋藤元紀・伊藤敦広監訳、梅田孝太・辻麻衣子共訳、岩波書店、二〇二〇年。

マイモン

野田又男「サロモン・マイモンの哲学」『野田又男著作集』Ⅳ、白水社、一九八一年。

シラー

Friedrich Schiller, Kallias, oder, *Über die Schönheit; Über Anmut und Würde*, Reclam, Stuttgart 1971.（『美と芸術の理論――カリアス書簡』草薙正夫訳、岩波文庫、一九七四年）／Friedrich Schiller, *Über die ästhetische Erziehung des Menschen: in einer Reihe von Briefen*, Reclam, Stuttgart 2000.（『人間の美的教育について』小栗孝則訳、法政大学出版局、二〇〇三年）／シラー『美学芸術論集』石川達治訳、冨山房百科文庫一一、一九七七年／シラー『ヴァレンシュタイン』濱川祥枝訳、岩波文庫、二〇〇三年。

敬虔主義

マルティン・シュミット『ドイツ敬虔主義』小林謙一訳、教文館、一九九二年／ヨハネス・ヴァルマン『ドイツ敬虔主義――宗教改革の再生を求めた人々』梅田與四男訳、日本キリスト教団出版局、二〇一二年。

感覚論（感覚主義）Sensualismus

Kuehn, Manfred, *Scottish Common Sense in Germany, 1768-1800: A Contribution to the History of Critical Philosophy*, McGill-Queen's University Press, 1987（未邦訳）／Lossius, Johann Cristian, *Physische Ursachen des Wahren*, Gotha, 1775.（未邦訳）

ドイツ通俗哲学 Deutsche Popularphilosophie

小谷英生『ドイツ通俗哲学の興亡とカント超越論哲学の誕生――あるいは十八世紀ドイツにおける良識と理性』（晃洋書房、近日刊）／Böhr, Ch., *Philosophie für die Welt. Die Popularphilosophie der deutschen Spätaufklärung im Zeitalter Kants*, Frommann-holzboog, 2003（未邦訳）／Binkelmann, Ch. u. Schneidereit, N. (Hrsg.), *Denken fürs Volk?: Popularphilosophie vor und nach Kant*, Koenigshausen & Neumann, 2015.（未邦訳）

■一九世紀

一九世紀総論

シュネーデルバッハ『ドイツ哲学史1831-1933』船山俊明他訳、法政大学出版局、二〇〇九年／バイザー『啓蒙・革命・ロマン主

義』杉田孝夫訳、法政大学出版局、二〇一〇年。

ラインホルト
田端信廣『ラインホルト哲学研究序説』萌書房、二〇一五年。

フィヒテ
『フィヒテ全集』哲書房、一九九五―二〇一六年／ヤンケ『フィヒテ――存在と反省』(上・下) 隈元忠敬ほか訳、哲書房、一九九二年。

ショーペンハウアー
『ショーペンハウアー全集』全一四巻別巻一、白水社、一九七三年／鎌田康男・齋藤智志・高橋陽一郎・臼木悦生訳著『ショーペンハウアー哲学の再構築――『充足根拠律の四方向に分岐した根について』(第一版) 訳解』法政大学出版局、二〇〇〇年／リュディガー・ザフランスキー『ショーペンハウアー――哲学の荒れ狂った時代の一つの伝記』山本尤訳、法政大学出版局、一九九〇年／梅田孝太『今を生きる思想　ショーペンハウアー――欲望にまみれた世界を生き抜く』講談社現代新書、二〇二二年。

ヘーゲル
『精神の現象学』(上、下) 金子武蔵訳、岩波書店、二〇〇二年／『ヘーゲル全集』全一九巻二四冊、知泉書館、二〇〇二年―／イェシュケ『ヘーゲルハンドブック』神山伸弘他監訳、知泉書館、二〇一六年。

シェリング
Schellings sämmtliche Werke. J. G. Cotta'scher Verlag. 1856-61／『シェリング著作集』全六巻一二冊、文屋秋栄、二〇一八年―／ザントキューラー編『シェリング哲学――入門と研究の手引き』松山壽一監訳、昭和堂、二〇〇六年。

シュライアマハー
ヴォルフガング・H・プレーガー『シュライアーマッハーの哲学』増渕幸男監訳、玉川大学出版部、一九九八年／山脇直司「シュライイエルマッハーの哲学思想と学問体系」廣松渉ほか編『講座ドイツ観念論』第四巻、弘文堂、一九九〇年、二一七―二五八頁／『宗教論――宗教を軽んずる教養人への講話』高橋英夫訳、筑摩書房、一九九一年／『キリスト教信仰』安酸敏眞訳、教文館、二〇二〇年。

ヘルダーリン
『ヘルダーリン全集』全四巻、河出書房、一九六六―六九年／『ヘルダーリン詩集』川村二郎訳、岩波文庫、二〇〇二年／『ヒュペーリオン　ギリシアの隠者』青木誠之訳、ちくま文庫、二〇一〇年／手塚富雄『ヘルダーリン』(上・下) 中央公論社、一九八〇年／小磯仁『ヘルダリーン』清水書院、二〇〇〇年／仲正昌樹『危機の詩学――ヘルダリン、存在と言語』作品社、二〇一二年。

ベートーヴェン
ロラン『ベートーヴェンの生涯』片山敏彦訳、岩波文庫、一九五六年／グリーン『ベートーヴェンの美学』足立美比古訳、勁草書房、一九九一年／ローゼン『ベートーヴェンを〝読む〟——32のピアノソナタ』小野寺粛訳、道出版、二〇一一年／シェンカー『ベートーヴェンのピアノ・ソナタ第30番op.109批判校訂版』山田三香ほか訳、音楽之友社、二〇一二年／アドルノ『ベートーヴェン　音楽の哲学』大久保健治訳、作品社、二〇一〇年／ブッフ『ベートーヴェンの「第九交響曲」〈国家〉の政治史』湯浅史・土屋良二訳、鳥影社、二〇〇四年。

キルケゴール

Søren Kierkegaards Skrifter, bd. 1-28, Gads Forlag 1997-2013（デンマーク語原文。以下のURLから閲覧可能。https://teol.ku.dk/skc/sks/）／『キルケゴール著作集』全二二巻、白水社、一九六二—一九六八年／『原典訳記念版キェルケゴール著作全集』全一五巻、創言社、一九八八—二〇一一年／『キルケゴールの講話・遺稿集』全九巻、飯島宗享編、新地書房、一九七九—一九八三年／鈴木祐丞『キェルケゴール——生の苦悩に向き合う哲学』筑摩書房、二〇二四年／河上正秀『ドイツにおけるキルケゴール思想の受容』創文社、一九九九年。

ロッツェ

William Woodward, *Hermann Lotze, An Intellectual Biography*, Cambridge University Press, 2015／須藤訓任責任編集『哲学の歴史　反哲学と世紀末19-20世紀』中央公論新社、二〇〇七年／大橋容一郎「「純粋哲学」としての形而上学——ロッツェ、ブッセと明治哲学」『思想』no.1111所収、二〇一六年／鈴木文三郎『最近哲学史』哲学館、一八九八年。

ヘルムホルツ

『一科学者の回想』常木実訳註、郁文堂、一九六一年／『音感覚論』辻伸浩訳、銀河書籍、二〇一四年／『認知心理学の源流——ヘルムホルツの思想』大村敏輔訳・注・解説、ブレーン出版、一九九六年／ピーター・ペジック『近代科学の形成と音楽』竹田円訳、NTT出版、二〇一六年。

ノヴァーリス

Uerlings, Herbert, *Friedrich von Hardenberg, genannt Novalis. Werk und Forschung*, Metzler-Verlag, 1991.／『ノヴァーリス全集』全三巻、沖積社、二〇〇一年／『ノヴァーリス作品集』全三巻、今泉文子編訳、筑摩書房、二〇〇六—二〇〇七年／中井章子『ノヴァーリスと自然神秘思想』創文社、一九九八年／ジョン・ノイバウアー『アルス・コンビナトリア』原研二訳、ありな書房、一九九九年／田端信廣『哲学的思惟と詩的思惟のインターフェイス——フィヒテvsヘルダーリン、ノヴァーリス、Fr.シュレーゲル』晃洋書房、二〇二二年。

シュレーゲル兄弟

August Wilhelm Schlegel, *Kritische Ausgabe der Vorlesungen*, Schöningh Verlag, 1989ff／Friedrich Schlegel, *Kritische Ausgabe seiner Werke*, Schöningh Verlag, 1958 ff／『ドイツロマン派全集第一二巻　シュレーゲル兄弟』山本定祐、薗田宗人、平野嘉彦、松田隆之訳、国書刊行会、一九九〇年／『Fr. シュレーゲル　ロマン派文学論』山本定祐訳、富山房百科文庫、一九七八年。

ハイネ

『ドイツ古典哲学の本質』伊東勉訳、岩波文庫、一九五一年／木庭宏 責任編集『ハイネ散文作品集』全六巻、松籟社、一九八九―二〇〇八年。

ランケ

『ランケ自伝』林健太郎訳、岩波文庫、一九六六年／『宗教改革時代のドイツ史』Ⅰ、Ⅱ、渡辺茂訳、中公クラシックス、二〇一五年／『世界史概観』鈴木成高・相原信作訳、岩波文庫、一九四一年／『世界史の流れ』村岡哲訳、ちくま学芸文庫、一九九八年／『強国論』相原信作訳、岩波文庫、一九四〇年／『政治問答他一篇』相原信作訳、岩波文庫、一九四一年。

フランクフルト国民議会

林健太郎『ドイツ革命史 一八四八―四九年』（山川出版社、一九九〇年）がフランクフルト国民議会の推移を含む革命全体の史実を詳述している。ドイツ史の流れの中でこの革命を理解するために、成瀬治ほか編『世界歴史体系 ドイツ史2――一六四八―一八九〇』（山川出版社、一九九六年）。当時の自由主義思想との関連でフランクフルト憲法を体系的に扱う邦語文献はなく、ドイツ語文献の参照が必要である。Jörg-Detlef Kühne, *Die Reichsverfassung der Paulskirche*, 2 Aufl., Hannover 1998.

マルクス

完結した著作集とその邦訳として、次のものがある。Karl Marx und Friedrich Engels, *Werke*, 42 Bde., Dietz Verlag, Berlin 1956-1990.『マルクス・エンゲルス全集』全五三巻、大内兵衛・細川嘉六監訳、大月書店、一九五九―九一年。また、現在刊行中の全集（既刊六九巻七七冊）として次のものがある。Karl Marx und Friedrich Engels, *Gesamtausgabe*, Dietz Verlag, Berlin 1975-1992; Akademie Verlag, Berlin 1998-2013; Walter de Gruyter, Berlin/München/Boston 2015-.

フォイエルバッハ

『将来の哲学の根本命題』松村一人・和田楽訳、岩波文庫、一九六七年／フォイエルバッハの会編『フォイエルバッハ 自然・他者・歴史』理想社、二〇〇四年。

シュティルナー

『唯一者とその所有』片岡啓治訳、現代思潮社、一九六七年／松尾隆佑「エゴイズムの思想的低位――シュティルナー像の再検討」『情況』三期一一巻二号、二〇一〇年。

ブラームス

西原稔『ブラームス』音楽之友社、二〇〇六年／クリスティアン・マルティン・シュミット『ブラームスとその時代』江口直光訳、西村書店、二〇一七年／門馬直美『ブラームス』春秋社、一九九九年／Wolfgang Sandberger, *Brahms-Handbuch*, J.B. Metzler/Bärenreiter, Stuttgart/Weimar/Kassel 2009.

ヴァーグナー

マルティン・ゲック『ワーグナー』上・下、岩井智子・岩井方男・北川千香子訳、岩波書店、二〇一三／二〇一四年／三光長治『新編ワーグナー』平凡社、二〇一三年／吉田真『ワーグナー』

音楽之友社、二〇〇四年／『ワーグナー事典』三光長治・高辻知義・三宅幸夫監修、東京書籍、二〇〇二年／Oscar Bie, *Die Oper*. Piper/Schott, München/Mainz 1988.／テオドール・W・アドルノ『ヴァーグナー試論』高橋順一訳、作品社、二〇一二年／バリー・ミリントン『ヴァーグナー大事典』三宅幸夫・山崎太郎監修、平凡社、一九九九年。

ブルックナー

根岸一美『ブルックナー　作曲家・人と作品』音楽之友社、二〇〇六年／ハンス＝ヨアヒム・ヒンリヒセン『ブルックナー交響曲』髙松佑介訳、春秋社、二〇一八年／『ブルックナー／マーラー事典　全作品解説事典』根岸一美・渡辺裕監修、東京書籍、一九九三年／吉田寛『絶対音楽の美学と分裂する〈ドイツ〉十九世紀　〈音楽の国ドイツ〉の系譜学3』青弓社、二〇一五年／エリック・リーヴィー『第三帝国の音楽』望田幸男・田野大輔・中岡俊介訳、名古屋大学出版会、二〇〇〇年。

ブルクハルト

ブルクハルト『世界史的考察』新井靖一訳、ちくま学芸文庫、二〇〇九年／レーヴィット『ヤーコプ・ブルクハルト——歴史のなかの人間』西尾幹二・瀧内槇雄訳、ちくま学芸文庫、一九九四年。

グリム兄弟

堅田剛『法のことば／詩のことば——ヤーコプ・グリムの思想史』御茶の水書房、二〇〇七年。

軍隊・兵役義務

望田幸男『軍服を着る市民たち——ドイツ軍国主義の社会史』有斐閣、一九八三年／清水多吉・石津朋之編『クラウゼヴィッツと「戦争論」』彩流社、二〇〇八年／阪口修平・丸畠宏太編『軍隊〈近代ヨーロッパの探求⑫〉』ミネルヴァ書房、二〇〇九年／三宅正樹・石津・新谷卓・中島浩貴編『ドイツ史と戦争——「軍事史」と「戦争史」』彩流社、二〇一一年／中島浩貴『国民皆兵とドイツ帝国　一般兵役義務と軍事言説一八七一～一九一四』彩流社、二〇一九年。

アルザス・ロレーヌ

John Elton Craig, *Scholarship and Nation-Building: The Universities of Strasbourg and Alsatian Society, 1870-1939*, Chicago 1986／内田日出海『物語ストラスブールの歴史』中公新書、二〇〇九年。

ニーチェ

『ニーチェ全集』全二四巻および別巻、白水社、一九七九―八七年／須藤訓任『ニーチェの歴史思想——物語・発生史・系譜』大阪大学出版会、二〇一一年／村井則夫『ニーチェ——仮象の文献学』知泉書館、二〇一四年／B・レジンスター『生の肯定——ニーチェによるニヒリズムの克服』岡村俊史・竹内綱史・新名隆志訳、法政大学出版局、二〇二〇年。

ディルタイ

Wilhelm Dilthey, *Gesammelte Schriften* Bd.I-XXVI, Vandenhoeck & Ruprecht.／西村皓・牧野英二ほか編『ディルタイ全集』全一

一巻、別巻一（刊行中）法政大学出版局／西村皓・牧野英二・舟山俊明編『ディルタイと現代』法政大学出版局、二〇〇一年。

ベーベル

伊東勉、土屋保男共訳『ベーベル婦人論』上・下、大月書店、一九五八年／昭和女子大学女性文化研究所編『ベーベルの女性論再考』御茶の水書房、二〇〇四年。

カウツキー

久間清俊『近代市民社会と高度資本主義――ドイツ社会思想史研究』ミネルヴァ書房、二〇〇〇年／相田慎一『カウツキー研究――民族と分権』昭和堂、一九九三年／保住敏彦『ドイツ社会主義の政治経済思想』法律文化社、一九九三年／ゲアリ・P・ステーンソン『カール・カウツキー 1854-1938 古典時代のマルクス主義』時永淑・河野裕康訳、法政大学出版局、一九八九年／山本左門『ドイツ社会民主党とカウツキー』北海道大学図書刊行会、一九八一年。

ザッハー＝マゾッホ

『ユダヤ人の生活――マゾッホ短編小説集』中澤英雄訳、柏書房、一九九四年／ジル・ドゥルーズ『マゾッホとサド』蓮實重彦訳、晶文社、一九七三年／種村季弘『ザッヘル＝マゾッホの世界』筑摩書房、一九八四年／西成彦『マゾヒズムと警察』筑摩書房、一九八八年／平野嘉彦『マゾッホという思想』青土社、一九九〇年／『ザッハー＝マゾッホ集成』全三巻、平野嘉彦・中澤英雄・西成彦訳、人文書院、二〇〇二年。

ジンメル

ゲオルク・ジンメル『ジンメル・コレクション』北川東子・鈴木直訳、ちくま学芸文庫、一九九九年／『ジンメル著作集』全一二巻、二〇〇四年、白水社／ゲオルグ・ジンメル『ジンメル宗教論集』深澤英隆訳、岩波文庫、二〇二一年。

トレルチ

『トレルチ著作集』ヨルダン社、一九八〇―八八年／『ルネサンスと宗教改革』内田芳明訳、岩波書店、一九五九年／『私の著書』荒木康彦訳、創元社、一九八二年／『キリスト教の絶対性と宗教の歴史』深井智朗訳、春秋社、二〇一五年。

フィッシャー

Traumann, Ernst. *Kuno Fischer: ein Nachruf*, *Winter*, Heidelberg 1907 / Windelband, Wilhelm, Kuno Fischer Gedächtnisrede bei der Trauerfeier der Universität in der Stadthalle zu Heidelberg am 23. Juli 1907, Heidelberg 1907.

ヴィンデルバント

加藤泰史「多元的哲学史の構想――ヴィンデルバントと西洋哲学史の問題」哲学史研究会編『西洋哲学史観と時代区分』昭和堂、二〇〇四年、八〇―一三六頁／Windelband, Wilhelm, 1.Aufl.,Präludien. Aufsätze und Reden zur Einleitung in die Philosophie, J.C. B.Mohr, Freiburg &Tübingen 1884.

リッカート

ハインリッヒ・リッケルト『現代文化の哲人カント』三井善止・

大江精志郎訳、理想社、一九八一年。

ラスク

Emil Lask *Sämtliche Werke*, Bd.1, 2, Jena, 2002, 2003.／エーミル・ラスク『哲学の論理学並びに範疇論』久保虎賀壽訳、岩波書店、一九三〇年／『判断論』久保虎賀壽訳、岩波書店、一九二九年／M・ハイデッガー『初期論文集』（全集第1巻）岡村信孝、丸山徳次他訳、創文社、一九九六年／渡辺和典『最初期ハイデッガーの意味論――発生・形成・展開』（とくに第二章）、晃洋書房、二〇一四年。

コーエン

Hermann Cohen, *Werke*, olms, 1977-.（中期の三部作には村上寛逸による古い翻訳があるが入手困難で、訳文もやや晦渋）／ピエール・ブーレッツ『20世紀ユダヤ思想家1』、合田正人他訳、みすず書房、二〇一一年／Andrea Poma, *The Critical Philosophy of Hermann Cohen*, SUNY Press, 1997.

ナートルプ

『社会的教育学』篠原陽二訳、玉川大学出版部、一九五二年／『哲学と教育学』田制佐重訳、教育文献集、春秋社、一九二七年／石谷信保『ナトルプ教育学の根本問題』目黒書店、一九三一年／中野光『大正自由教育研究の軌跡』学文社、二〇一一年／篠原助市『批判的教育学の問題』東京寶文館、一九二二年／小笠原道雄編著『ドイツにおける教育学の発展』学文社、一九八四年。

ブレンターノ

Sämtliche veröffentliche Schriften, Ontos Verlag, 2008ff／ブレンターノ「道徳的認識の源泉について」水地宗明訳、『世界の名著 ブレンターノ フッサール』細谷恒夫編、中央公論社、一九七〇年。

マッハ

『時間と空間』野家啓一編訳、法政大学出版局、一九七七年／廣松渉・勝守真『相対性理論の哲学』勁草書房、一九八六年／野家啓一『無根拠からの出発』勁草書房、一九九三年。

フレーゲ

『フレーゲ著作集』全六巻、勁草書房、一九九九―二〇〇二年／アンソニー・ケニー『フレーゲの哲学』野本和幸ほか訳、法政大学出版局、二〇〇一年／野本和幸『フレーゲ入門』勁草書房、二〇〇三年。

カントール

『カントル 超限集合論』功刀、村田訳・解説、現代数学の系譜8、共立出版、一九七九年／田中一之編『ゲーデルと20世紀の論理学（ロジック）』第4巻「集合論とプラトニズム」、東京大学出版会、二〇〇七年／A・D・アクゼル『「無限」に魅入られた天才数学者たち』青木薫訳、早川書房、二〇〇二年。

オストヴァルト

C. Hakfoort, "Science Deified: Wilhelm Ostwald's Energeticist World-View and the History of Scientism," *Annals of Science* 49,

1992, 525-544 ／ P. Ziche, *Wissenschaftslandschaften um 1900: Philosophie, die Wissenschaften und der nichtreduktive Szientismus*, Chronos, 2008／伊勢田哲治『科学哲学の源流をたどる——研究伝統の百年史』ミネルヴァ書房、二〇一八年。

ボルツマン

J. Blackmore (ed.), *Synthese* 119, nos. 1-2, 1999 ／ I. M. Fasol-Boltzmann und G. L. Fasol (Hg.), *Ludwig Boltzmann (1844-1906): Zum hundertsten Todestag*, Springer, 2006／稲葉肇『統計力学の形成』名古屋大学出版会、二〇二一年。

フェヒナー

G. Th. Fechner, *Das Büchlein vom Leben nach dem Tode*, Insel, 1836（『フェヒナー博士の死後の世界は実在します』服部千佳子訳、成甲書房、二〇〇八年（英語からの重訳））／岩渕輝『生命の哲学——知の巨人フェヒナーの数奇なる生涯』春秋社、二〇一四年／福元圭太『賦霊の自然哲学　フェヒナー、ヘッケル、ドリーシュ』九州大学出版会、二〇二〇年。

エドゥアルト・フォン・ハルトマン

Eduard von Hartmann, *Philosophie des Unbewussten. Versuch einer Weltanschauung*, Carl Duncker's Verlag, Berlin 1869／上田光雄『無意識の哲学』光の書房、一九四八年／藤田健治『現代哲学の系譜』創文社、一九六一年／森鷗外「妄想」『鷗外全集』八、岩波書店、一九七二年／同「審美論」「審美綱領」同二一、一九七三年／山本三生編「ケーベル集」『現代日本文学全集』五七、改造社、一九三一年。

ヴント

W. Wundt, *Grunzüge der physiologischen Psychologie*, Wilhelm Engelmann, 1874 ／ W. Wundt, *Grundriss der Psychologie*, Wilhelm Engelmann, 1896（『ヴント氏心理学概論』元良勇次郎・中島泰蔵共訳、冨山房、一八九八年〔『元良勇次郎著作集』第八巻、クレス出版、二〇一五年〕）／W. Wundt, *Völkerpsychologie*, 10 Bde, Alfred Kröner, 1900-1920.

バッハオーフェン

J.J. Bachofen, Versuch über die Gräbersymbolik der Alten, 1859（『古代墳墓象徴試論』平田公夫・吉原達也訳、作品社、二〇〇四年）、Das Mutterrecht, 1861.（『母権制』吉原達也・平田公夫・春山清純訳、白水社、一九九二年）

■二〇世紀(1)

二〇世紀総論(1)

『ハイデッガー＝ヤスパース往復書簡 一九二〇—一九六三』渡辺二郎訳、名古屋大学出版会、一九九四年／佐藤卓己『ファシスト的公共性——総力戦体制のメディア学』岩波書店、二〇一八年／ペーター・スローターダイク『シニカル理性批判』高田珠樹訳、ミネルヴァ書房、一九九六年／アレグザンダー・ウォー『ウィトゲンシュタイン家の人びと——闘う家族』塩原通緒訳、中公文庫、二〇二一年／川島隆「ブレヒトのラジオ実験『リンドバーグの飛行』」中島裕昭編『ブレヒト演劇における言語、身体、振舞』（日本独文学会研究叢書）、二〇〇八年／『ブレヒト全書簡』野村修訳、晶文社、一九八六年／山本秀行『ナチズムの記憶——日常生活からみた第三帝国』山川出版社、一九九五年／クラウス・ハープレヒト『トーマス・マン物語〈2〉亡命時代のトーマス・マン』岡田浩平訳、三元社、二〇〇六年。

フロイト

Sigmund Freud, *Gessamelte Werke*, Fischer（『フロイト全集』全二三巻、岩波書店、二〇〇六―二〇二〇年）／『フロイト　フリースへの手紙―1887-1904』J・M・マッソン、M・シュレーター編、河田晃訳、誠信書房、二〇〇一年／ピーター・ゲイ『フロイト』1・2、鈴木晶訳、みすず書房、二〇〇四年。

ユング

『ユング自伝1，2』河合隼雄他訳、みすず書房、一九七二・一九七三年／『分析心理学』小川捷之訳、みすず書房、一九七六年／河合俊雄『ユング――魂の現実性』岩波現代文庫、二〇一五年／『赤の書』河合俊雄訳、創元社、テキスト版・図版版、二〇一四・二〇一八年。

プフェンダー

H. Spiegelberg & E. Avé-Lalleman (eds.), *Pfänder-Studien*, Martinus Nijhoff, 1982.

リップス

Theodor Lipps, *Schriften zur Psychologie und Erkenntnistheorie*, 4 Bde., F. Fabbianelli (hrsg.), Ergon, Würzburg 2013.

ライナッハ

Sämtliche Werke: Textkritische Ausgabe, 2 Bände, Philosophia, 1989 / Kevin Mulligan (ed.), *Speech Act and Sachverhalt: Reinach and the Foundations of Realist Phenomenology*, Martinus Nijhoff, 1987.

フッサール

『フッサール全集（*Husserliana*）』および『資料集（*Husserliana Materialien*）』は、現在ではSpringer社から刊行されている。本項で言及されたフッサールの著作は、「数の概念について」と『算術の哲学』を除き、みすず書房（『論理学研究』・『イデーンI』、『形式的論理学と超越論的論理学』）、岩波文庫（『デカルト的省察』）、中公文庫（『ヨーロッパ諸学の危機と超越論的現象学』）からそれぞれ翻訳が出版されている。

シェーラー

『シェーラー著作集』全一五巻、白水社、二〇〇二年／熊野純彦「シェーラー」（野家啓一責任編集『哲学の歴史10』中央公論新社、二〇〇八年に所収）／畠中和生『マックス・シェーラーの哲学的人間学』ナカニシヤ出版、二〇一三年。

インガルデン

『文学的芸術作品』（新装版）滝内槙雄ほか訳、勁草書房、一九九八年／エトムント・フッサールほか『フッサール書簡集　一九一五―一九三八』桑野耕三ほか訳、せりか書房、一九八二年。

シュタイン
Edith Stein *Gesamtausgabe*, 27 Bände, Herder, 2000-2014 / Alasdair MacIntyre, *Edith Stein: A Philosophical Prologue 1913-1922*, Continuum, 2006. / シルヴィ・クルティーヌ＝ドゥナミ『暗い時代の三人の女性』庭田茂吉ほか訳、晃洋書房、二〇一〇年。

マーラー
Hermann Danuser / Tobias Janz: Mahler, Gustav, in: *Die Musik in Geschichte und Gegenwart*, S. 813-855.／渡辺裕『マーラーと世紀末ウィーン』岩波書店、二〇〇四年／アドルノ『マーラー　音楽観相学』龍村あや子訳、法政大学出版局、一九九九年／アルフォンス・ジルバーマン『グスタフ・マーラー事典』柴田南雄監修、山我哲雄訳、岩波書店、一九九三年。

ツェトキーン
T. Puschnerat. *Clara Zetkin-Bürgerlichkeit und Marxismus*, Klartext Verlag. 2003. 伊藤セツ『クラーラ・ツェトキーン――ジェンダー平等と反戦の生涯』御茶の水書房、増補改訂二〇一八年。

ルクセンブルク
『資本蓄積論』（上・中・下）長谷部文雄訳、青木文庫、一九五二―五五年。

ランダウアー
『レボルツィオーン――再生の歴史哲学』大窪一志訳・同時代社二〇〇六年／『自治・協同社会宣言――社会主義への呼びかけ』寺尾佐樹子訳、同時代社、二〇一五年／『懐疑と神秘思想――再生の世界認識』大窪一志訳、同時代社、二〇二〇年。

ギムナジウム
アルベルト・レーブレ『教育学の歴史』広岡義之・津田徹訳、青土社、二〇一五年／望田幸男『ドイツ・エリート養成の社会史―ギムナジウムとアビトゥーアの世界』ミネルヴァ書房、一九九八年。

ヴェーバー
『国民国家と経済政策』田中真晴訳、未來社、二〇〇〇年／『社会科学と社会政策にかかわる認識の「客観性」』富永祐治・立野保男訳、折原浩補訳、岩波文庫、一九九八年／『プロテスタンティズムの倫理と資本主義の精神』大塚久雄訳、岩波文庫、一九八九年／『理解社会学のカテゴリー』海老原明夫・中野敏男訳、未來社、一九九〇年／『儒教と道教』木全徳雄訳、創文社、一九七一年／『支配について』（1・2）野口雅弘訳、岩波文庫、二〇二三・二四年／フリードリッヒ・ニーチェ『反時代的考察』（『ニーチェ全集』4）小倉志祥訳、ちくま学芸文庫、一九九三年／マリアンネ・ヴェーバー『マックス・ウェーバー』大久保和郎訳、みすず書房、一九八七年。

プランク
湯川秀樹・井上健責任編集『世界の名著80　現代の科学Ⅱ』中央公論社、一九七八年／ジョン・L・ハイルブロン『マックス・プランクの生涯――ドイツ物理学のディレンマ』村岡晋一訳、法政大学出版会、二〇〇〇年。

アインシュタインの相対性理論

ギリスピー「科学思想の歴史」島尾永康訳、みすず書房、一九七一年／アインシュタイン「一般相対性理論」小玉英雄編訳・解説、岩波文庫、二〇二三年／プリンストン大学デジタルアーカイブ「アインシュタイン論文集」https://einsteinpapers.press.princeton.edu/

ボーア

『ニールス・ボーア論文集1　因果性と相補性』『同2　量子力学の誕生』山本義隆編訳、岩波文庫、一九九九年、二〇〇〇年。

シュレーディンガー

W・ムーア『シュレーディンガー――その生涯と思想』小林澈郎・土佐幸子共訳、培風館、一九九五年／シュレーディンガー『生命とは何か――物理的にみた生細胞』岡小天・鎮目恭夫訳、岩波書店、二〇〇八年。

ゲーデル

S. Feferman et al. (ed), *Kurt Gödel: Collected Works, I – V*, Oxford U.P., 1986-2003／H・ワン『ゲーデル再考――人と哲学』土屋俊、戸田山和久訳産業図書、一九九五年／田中一之編『ゲーデルの20世紀の論理学（ロジック）』全4巻、東京大学出版会、二〇〇六―二〇〇七年／T・フランセーン『ゲーデルの定理――利用と誤用の不完全ガイド』田中一之訳、みすず書房、（原著二〇〇六年、訳書二〇一一年）／田中一之『ゲーデルに挑む――証明不可能なことの証明』東京大学出版会、二〇一二年／S・ブディアンスキー『クルト・ゲーデル――史上最もスキャンダラスな定理を証明した男』渡会圭子訳、森北出版、二〇二三年。

クラウス

Edward Timms, *Karl Kraus. Apocalyptic Satirist: Culture and Catastrophe in Habsburg Vienna*, Yale University Press, 1989 / Edward Timms, *Karl Kraus. Apocalyptic Satirist, Volume 2: The Postwar Crisis and the Rise of the Swastika*, Yale University Press, 2005.

バール

『世紀末ウィーン文化評論集』西村雅樹編訳、岩波文庫、二〇一九年。

ロース

『虚空へ向けて 1897-1900』加藤淳訳、鈴木了二・中谷礼仁監修（以下同）アセテート、二〇一二年／『にもかかわらず 1900-1930』みすず書房、二〇一五年／『ポチョムキン都市』みすず書房、二〇一七年。

ゲオルゲ

『ゲオルゲ全詩集』富岡近雄訳、郁文堂、一九九四年／Achim Aurnhammer u. a. (Hrsg.): *Stefan George und sein Kreis. Ein Handbuch.* 3 Bde. De Gruyter 2012／Thomas Karlauf, *Stefan George. Die Entdeckung des Charisma. Eine Biographie.* Blessing. 2007.

トーマス・マン

『トニオ・クレーゲル　ヴェニスに死す』高橋義孝訳、新潮社、一九六七年／『非政治的人間の考察』前田敬作・山口知三訳、筑摩書房、一九六八／一九七一年／『講演集　ドイツとドイツ人他五篇』青木順三訳、岩波文庫、一九九〇年／『ファウスト博士』関泰祐・関楠生訳、岩波書店、一九五二／一九五四年。

カフカ

『決定版カフカ全集』新潮社、一九八〇—八一年／『カフカ・コレクション』白水社、二〇〇六年。多和田葉子編『カフカ』集英社ヘリテージシリーズ、二〇一五年。

ムージル

『ムージル著作集』全九巻、加藤二郎ほか訳、松籟社、一九九二年／カール・コリーノ『ムージル伝記』全三巻、早坂七緒ほか訳、法政大学出版局、二〇〇九年／大川勇『可能性感覚』松籟社、二〇〇三年／鎌田道生編『ムージル、思惟する感覚』鳥影社、一九九五年／長谷川淳基「ローベルト・ムージルとアルフレート・ケル——『テルレスの惑乱』の頃」『ドイツ文学研究』第三一号、一九九九年。

ブーバー

『ブーバー著作集』「我と汝・対話」（第一巻、一九六七年）、「かくれた神」（第五巻、一九六八年）、みすず書房。

ローゼンツヴァイク

『救済の星』、村岡晋一他訳、みすず書房、二〇〇九年／『ヘーゲルと国家』、村岡晋一訳、作品社、二〇一五年／丸山空大『フランツ・ローゼンツヴァイク』慶應義塾大学出版会、二〇一八年／ピエール・ブーレッツ『20世紀ユダヤ思想家1』合田正人他訳、みすず書房、二〇一一年／ステファヌ・モーゼス『歴史の天使』合田正人訳、法政大学出版局、二〇〇三年。

シュペングラー

『西洋の没落——世界史の形態学の素描』全二巻、村松正俊訳、五月書房、二〇一五年／『シュペングラー政治論集』桑原秀光訳、不知火書房、一九九二年／アントン・ミルコ・コクターネク『シュペングラー——ドイツ精神の光と闇』南原実、加藤泰義訳、一九七二年。

オットー

『聖なるもの』華園聰麿訳、創元社、二〇〇五年／Rudolf Otto, *Kantisch-Fries'sche Religionsphilosophie*, J.C.B.Mohr, Tübingen 1909.

リルケ

『リルケ全集』（全九巻・別巻一）塚越敏監修、河出書房新社、一九九〇—九一年／Schnack, Ingeborg. *Rainer Maria Rilke. Chronik seines Lebens und seines Werkes 1875-1926*. Frankfurt am Main, 1996／黒子康弘「リルケ・ドイツ・オーストリア——故郷喪失と言語への意志」『日本女子大学文学部紀要』第六五号、二〇一六年／黒子康弘「『時禱書』・心的外傷・文献学——リルケ研究史批判」『オーストリア文学』第三二号、二〇一六年。

トラークル
リュディガー・ゲルナー『ゲオルク・トラークル――生の断崖を歩んだ詩人』中村朝子訳、青土社、二〇一七年／『言葉への途上』（ハイデッガー全集第一二巻）創文社、一九九六年／デリダ『精神について』港道隆訳、人文書院、一九九〇年。

フィッカー
Martin Heidegger, Ludwig von Ficker, *Briefwechsel 1952-1967*, Mathias Flatscher (hrsg.), Klett-Cotta, 2004／*Ludwig Wittgenstein: Briefwechsel mit B. Russell, G.E. Moore, J.M. Keynes, F.P. Ramsey, W. Eccles, P. Engelmann und L. von Ficker*, hrsg. von B. F. McGuinness und G. H. von Wright, Suhrkamp, 1980.

カネッティ
『群衆と権力』岩田行一訳、法政大学出版局、二〇一〇年／スヴェン・ハヌシェク『エリアス・カネッティ伝記』北島玲子ほか訳、上智大学出版、二〇一三年。

ベン
『ゴットフリート・ベン著作集』全三巻、山本尤他訳、社会思想社、一九七二年／『ゴットフリート・ベン作品集』内藤道雄他訳、三修社、一九七二年。

クラーゲス
『宇宙生成的エロース』田島正行訳、うぶすな書院、二〇〇〇年／『リズムの本質』杉浦実訳、みすず書房、一九七一年。

クルツィウス
『ヨーロッパ文学とラテン中世』南大路振一・岸本通夫・中村善也訳、みすず書房、一九七一年／『ヨーロッパ文学評論集』川村二郎ほか訳、みすず書房、一九九一年／グスタフ・ルネ・ホッケ『迷宮としての世界――マニエリスム美術』全二巻、種村季弘・矢川澄子訳、岩波文庫、二〇一〇年。

アウエルバッハ
『ミメーシス』全二巻、篠田一士・川村二郎訳、ちくま学芸文庫、一九九四年／『世界文学の文献学』高木昌史・岡部仁・松田治共訳、みすず書房、一九九八年／エドワード・サイード『オリエンタリズム』全二巻、今沢紀子、平凡社ライブラリー、一九九三年／エドワード・W・サイード『人文学と批評の使命――デモクラシーのために』村山敏勝・三宅敦子訳、二〇一三年。

ヘリゲル
『新訳弓と禅』魚住孝至訳、角川ソフィア文庫、二〇一五年／『禅の道』榎木真吉訳、講談社学術文庫、一九九一年。

シェーンベルク
Schönberg, Arnold, *Structural Functions of Harmony*, 1969/2006.／Haimo, Ethan, *Schoenberg's Serial Odyssey: The Evolution of His Twelve-Tone Method*, 1914-1928, Oxford, 1990.／石田一志『シェーンベルクの旅路』春秋社、二〇一二年／浅井祐太『作曲家・人と作品シリーズ シェーンベルク』音楽之友社、二〇二三年。

ベルク

Forte, Allen, Tonality, Symbol, and Structural Levels in Berg's Wozzeck. In: *The Musical Quarterly*, Vol. 71, No. 4, 1985.

ヴェーベルン

Forte, Allen, *The Atonal Music of Anton Webern*, Yale University Press, 1998／岡部真一郎『ヴェーベルン――西洋音楽史のプリズム』春秋社、二〇〇四年。

ヴァイマール共和国

林健太郎『ワイマル共和国』中央公論社、一九六三年／脇圭平『知識人と政治』岩波書店、一九七三年／P・ゲイ『ワイマール文化』亀嶋庸一訳、みすず書房、一九九九年／W.Frotscher/B. Pieroth, Verfassungsgeschichte, 18. Aufl., München 2019.

リット

『原子力と倫理』小笠原道雄編、木内陽一・野平慎二訳、東信堂、二〇一二年／『科学の公的責任』小笠原道雄・野平慎二編訳、東信堂、二〇一五年／『歴史と責任』小笠原道雄・野平慎二編訳、東信堂、二〇一六年／『弁証法の美学』小笠原道雄・山名淳山名淳編訳、東信堂、二〇一九年／『現代という時代の自己理解――大学・研究=教育の自由・責任』小笠原道雄・野平慎二編訳、東信堂、二〇二一年。

カッシーラー

『シンボル形式の哲学』（一～四）生松敬三・木田元・村岡晋一訳、岩波文庫、一九八九、一九九一、一九九四、一九九七年／『実体概念と関数概念』山本義隆訳、みすず書房、一九七九年／『人間』宮城音弥訳、岩波文庫、一九九七年／『国家の神話』宮田光雄訳、講談社学術文庫、二〇一八年／『象徴形式の形而上学』笠原賢介・森淑仁訳、法政大学出版局、二〇一〇年。

ニコライ・ハルトマン

『哲学入門』石川文康、岩谷信訳、晃洋書房、一九八二年／『存在論の新しい道』熊谷正憲訳、協同出版、一九七六年／『美学』福田敬訳、作品社、二〇〇一年／J・M・ボヘンスキー『現代のヨーロッパ哲学』桝田啓三郎訳、岩波書店、一九六三年／H・スピルバーグ『現象学運動』（上）立松弘孝監訳、世界書院、二〇〇〇年／Martin Morgenstern, *Nicolai Hartmann zur Einführung*, Junius Verlag, 1997（ハルトマン哲学全体の入門書として最適）／Nicolai Hartmann, *Der philosophische Gedanke und seine Geschichte*, Reclam, 1968.

ヤスパース

「回答」Antwort, in P. A. Schilpp（Hg.）, *Karl Jaspers*, W. Kohlhammer, 1957, S. 750-852／「聖書宗教について」岡田聡訳『哲学世界』第四四号所収、早稲田大学大学院文学研究科人文科学専攻哲学コース、二〇二一年、六九―八六頁／C. U. Hommel, *Chiffre und Dogma*, EVZ-Verlag, 1968. ／ G. Huber, Die Bedeutung von Karl Jaspers für die Psychatrie der Gegenwart, in J. Hersch u.a.（Hgg.）, *Karl Jaspers Philosoph, Arzt, Politischer Denker*, Piper, 1986, S. 179-199. / C. Walker, Karl Jaspers as a Kantian psychopathologist, I, in *History of Psychiatry*. Vol. 4 (14), Sage Publications, 1993, 209-238.

ハイデガー（前期）
『存在と時間』（I〜III）原佑・渡邊二郎訳、中央公論新社、二〇〇三年／『アリストテレスの現象学的解釈——『存在と時間』への道』高田珠樹訳、平凡社、二〇〇八年／「形而上学とは何であるか」辻村公一、ブフナー・ハルムート訳、ハイデッガー全集第九巻『道標』創文社、一九八五年／ハイデッガー全集第二九／三〇巻『形而上学の根本諸概念——世界・有限性・孤独』川原栄峰、ミュラー・セヴェリン訳、創文社、一九九八年。

ハイデガー（後期）
リュディガー・ザフランスキー『ハイデガー——ドイツの生んだ巨匠とその時代』山本尤訳、法政大学出版局、一九九六年／高田珠樹『ハイデガー——存在の歴史』講談社学術文庫、二〇一四年／山本英輔『ハイデガー『哲学への寄与』研究』法政大学出版局、二〇〇九年／渡辺和典『最初期ハイデッガーの意味論——発生・形成・展開』晃洋書房、二〇一四年／田野武夫『ヘルダーリンにおける自然概念の変遷』鳥影社、二〇一五年／齋藤元紀・澤田直・渡名喜庸哲・西山雄二編『終わりなきデリダ——ハイデガー、サルトル、レヴィナスとの対話』法政大学出版局、二〇一六年。

ヴィトゲンシュタイン
『ウィトゲンシュタイン全集』全一〇巻、大修館書店、一九七五—一九七七年／『論理哲学論』山下一郎訳、中公クラシックス、二〇〇一年／『『哲学的探究』読解』、黒崎宏訳・解説、産業図書、一九九七年／永井均『ウィトゲンシュタイン入門』筑摩書房、一九九五年／飯田隆『ウィトゲンシュタイン——言語の限界』（現代思想の冒険者たち）講談社、一九九七年／『論理哲学論考』野矢茂樹訳、岩波文庫、二〇〇三年。

ベンヤミン
ベンヤミン『暴力批判論 他十篇』『ボードレール 他五篇』野村修訳、岩波文庫、一九九四年／浅井健二郎編訳『ベンヤミン・コレクション』1〜7、ちくま学芸文庫、一九九五〜二〇一四年／ベンヤミン『パサージュ論』今村仁司・三島憲一ほか訳、岩波現代文庫、二〇〇三年／ベンヤミン『【新訳・評注】歴史の概念について』鹿島徹訳、未來社、二〇一五年。

ショーレム
『ユダヤ神秘主義——その主潮流』山下肇他訳、法政大学出版局、一九八五年／『ベルリンからエルサレムへ』岡部仁訳、法政大学出版局、一九九一年／『ベンヤミン—ショーレム往復書簡 1933—1940』山本尤訳、法政大学出版局、一九九〇年。

ヘンドリック・ド・マン
『社会主義の心理学』川口茂雄訳、柏書房、二〇一〇年／Michel Brélaz, *Henri de Man : une autre idée du socialisme*, Éditions des Antipodes, 1985／桜井哲夫『メシアニズムの終焉——社会主義とは何であったか』筑摩書房、一九九一年／佐藤卓己『増補 大衆宣伝の神話——マルクスからヒトラーへのメディア史』ちくま学芸文庫、二〇一四年／渡辺公三『増補 闘うレヴィ＝ストロース』平凡社ライブラリー、二〇一九年／渡辺和行・南充彦・森本哲郎『現代フランス政治史』ナカニシヤ出版、一九九七年／『キリスト教と社会主義』（ティリッヒ著作集第1巻）白水社、一九七八年。

シュミット
「政治神学」長尾龍一訳、『カール・シュミット著作集Ⅰ』慈学社、二〇〇七年／「ローマ・カトリック教会と政治形態」小林公訳、『著作集Ⅰ』／「政治的なものの概念」菅野喜八郎訳、『著作集Ⅰ』／ハインリヒ・マイヤー『政治神学か政治哲学か——カール・シュミットの通奏低音』中道寿一・清水満訳、風行社、二〇一五年。

クラカウアー
『大衆の装飾』船戸満之・野村美紀子訳、法政大学出版局、一九九六年／『カリガリからヒトラーまで』平井正訳、せりか書房、一九七一年。

ナチス期の日常生活
マシュー・セリグマンほか『写真で見るヒトラー政権下の人びとと日常』松尾恭子訳、原書房、二〇一〇年／山本秀行『ナチズムの記憶——日常生活からみた第三帝国』ちくま学芸文庫、二〇二四年。

ナチスとドイツ東方
ティモシー・スナイダー『ブラッドランド』（上・下）布施由紀子訳、ちくま学芸文庫、二〇二二年。

ボンヘッファーと反ナチ抵抗運動
『現代キリスト教倫理』森野善右衛門訳、新教出版社、一九七八年／『告白教会と世界教会』森野善右衛門訳、新教出版社、二〇一一年／山崎和明『D・ボンヘッファーの政治思想——抵抗と再建の論理と倫理』新教出版社、二〇〇三年／宮田光雄『ボンヘッファーとその時代——神学的・政治学的考察』新教出版社、二〇〇七年。

スターリングラード
アントニー・ビーヴァー『スターリングラード：運命の攻囲戦1942-1943』堀たほ子訳、朝日文庫、二〇〇五年／井上岳彦「モラヴィア派入植地サレプタ——カルムイク人との交流と宣教師の記録」望月哲男・前田しほ共編「スラブ・ユーラシア研究報告集4文化景観としてのヴォルガ」北海道大学スラヴ研究センター、二〇一二年／鈴木健夫『ロシアドイツ人——移動を強いられた苦難の歴史』亜紀書房、二〇二一年。

■二〇世紀(2)

二〇世紀総論(2)
Willy Brandt, *Erinnerungen*, Propyläen, 1989／Karl Jaspers, *Freiheit und Wiedervereinigung: über Aufgaben deutscher Politik*, Vorwort von Willy Brandt, Piper, 1990／Karl Jaspers, *Antwort: zur Kritik meiner Schrift "Wohin treibt die Bundesrepublik?"*, Piper, 1967／グレゴーア・ショレゲン『ヴィリー・ブラントの生涯』三元社、二〇一五年／三島憲一『戦後ドイツ——その知的歴史』岩波新書、一九九一年／『ヘルダーリンに寄せて　付・ギリシア紀行』（ハイデッガー全集第75巻）三木正之訳、創文社、二〇〇三年／『アーレント＝ヤスパース往復書簡　一九二六—一九六九』全三巻、大島かおり訳、みすず書房、二〇〇四年／板橋拓己・妹尾哲志編『現代ドイツ政治外交史——占領期からメルケル政権まで』ミネルヴァ書房、二〇二三年。

アーレント

佐藤和夫編『カール・マルクスと西欧政治思想の伝統』アーレント研究会訳、大月書店、二〇〇二年／『人間の条件』志水速雄訳、ちくま学芸文庫、一九九四年、牧野雅彦訳、講談社学術文庫、二〇二三年／『思索日記1　1950-1953』青木隆嘉訳、法政大学出版局、二〇〇六年（引用に際してはいずれも訳文を適宜変更した）。

ホルクハイマー

『理性の腐蝕』山口祐弘訳、せりか書房、一九七〇年／『哲学の社会的機能』久野収訳、晶文社、一九七四年／『啓蒙の弁証法――哲学的断想』Th・W・アドルノとの共著、徳永恂訳、岩波書店、二〇〇七年。

マルクーゼ

『エロス的文明』南博訳、紀伊國屋書店、一九五八年／『一次元的人間――先進産業社会におけるイデオロギーの研究』生松敬三・三沢謙一訳、河出書房新社、一九七四年。

ユンガー

『パリ日記』山本尤訳、月曜社、二〇一一年／『労働者――支配と形態』川合全弘訳、月曜社、二〇一三年／『ユンガー政治評論選』川合全弘訳、月曜社、二〇一六年／『エウメスヴィル――あるアナークの手記』田尻三千夫訳、月曜社、二〇二〇年。

アドルノ

ホルクハイマー、アドルノ『啓蒙の弁証法――哲学的断想』徳永恂訳、岩波文庫、二〇〇七年／『否定弁証法』木田元ほか訳、作品社、一九九九年／『美の理論』大久保健治訳、河出書房新社、二〇〇七年。

ルカーチ

ルカーチのドイツ語による重要著作はほとんど邦訳されているが、ハンガリー語の著作はそのかぎりでない。ルカーチ著作集全一三巻・別巻一巻、白水社、ルカーチ初期著作集全四巻、三一書房、『芸術の哲学』紀伊國屋書店、『美学』全四巻、勁草書房・第四巻は未刊、『社会的存在の存在論のために』イザラ書房など。

ブレヒト

『ブレヒト戯曲全集』全八巻・別巻、岩淵達治訳、未来社、一九九八―二〇〇一年／ブレヒト『今日の世界は演劇によって再現できるか』千田是也訳、白水社、一九六二年／八木浩『詩と演劇――ブレヒトと現代ドイツ文学』三修社、一九八七年。

東ドイツ

ウルリヒ・メーラート『東ドイツ史　一九四五―一九九〇』伊豆田俊輔訳、白水社、二〇一九年／関眞興『一冊でわかるドイツ史』河出書房新社、二〇一九年／河合信晴『物語 東ドイツの歴史――分断国家の挑戦と挫折』中公新書、二〇二〇年。

ティリッヒ

『ティリッヒ著作集』全一一巻、白水社、一九九九年／ティリッヒ『組織神学』第一巻、谷口美智雄訳、新教出版社、二〇二〇年〔一九九〇年〕／ティリッヒ『組織神学』第二巻、谷口美智雄訳、新教出版社、二〇一〇年〔一九六九年〕／ティリッヒ『組織神学』第三巻、土居真俊訳、新教出版社、二〇一八年〔一九八四年〕。

バルト
『ローマ書講解』小川圭治ほか訳、平凡社、二〇〇一年／『カール・バルト・セレクション』天野有訳、新教出版社、二〇一〇―一八年／エーバーハルト・ブッシュ『カール・バルトの生涯』小川圭治訳、新教出版社、二〇二〇年／宮田光雄『カール・バルト――神の愉快なパルチザン』岩波書店、二〇一五年。

ブルトマン
『ブルトマン著作集』全一四巻、加山宏路ほか訳、新教出版社、一九六三―九四年／『ヨハネの福音書』杉原助訳、日本キリスト教団出版局、二〇〇五年／『新約聖書と神話論』山岡喜久夫訳、新教出版社、一九八〇年／松本武三訳『知られざる神に――マールブルク説教集』みすず書房、一九八〇年。

カルナップ
永井成男・内田種臣編『カルナップ哲学論集』（復刻版）内井惣七・内田種臣・竹尾治一郎・永井成男共訳、紀伊国屋書店、一九七七年。

ポパー
『果てしなき探求――知的自伝』（上・下）森博訳、岩波現代文庫、二〇〇四年／*Logik der Forschung*, Julius Springer Verlag, 1935. なお『探求の論理』の英訳版は *The Logic of Scientific Discovery*, Hutchinson, 1959（『科学的発見の論理』（上・下）森博・大内義一訳、恒星社厚生閣、一九七一・七二年）／『歴史主義の貧困』岩坂彰訳、日経ＰＢ社、二〇一三年。

ガダマー
『真理と方法』（Ⅰ～Ⅲ）轡田収・巻田悦郎他訳、法政大学出版局、一九八六年、二〇〇八年、二〇一二年／『ガーダマー自伝――哲学修行時代』中村志朗訳、未来社、一九九六年。

フィンク
『存在と人間――存在論的経験の本質について』座小田豊・信太光郎・池田準訳、法政大学出版局、二〇〇七年。

レーヴィット
『共同存在の現象学』熊野純彦訳、岩波文庫、二〇〇八年／『ヘーゲルからニーチェへ』（上・下）三島憲一訳、岩波文庫、二〇一五、二〇一六年／R・ウォーリン『ハイデガーの子どもたち』村岡晋一・小須田健・平田裕之訳、新書館、二〇〇四年。

ヨナス
『グノーシスと古代末期の精神――第一部 神話論的グノーシス』大貫隆訳、ぷねうま舎、二〇一五年／『グノーシスと古代末期の精神――第二部 神話論から神秘主義哲学へ』大貫隆訳、ぷねうま舎、二〇一五年／『生命の哲学――有機体と自由』細見和之・吉本陵訳、法政大学出版局、二〇〇八年／『責任という原理――

科学技術文明のための倫理学の試み』加藤尚武監訳、東信堂、二〇〇〇年／『アウシュヴィッツ以降の神』品川哲彦訳、法政大学出版局、二〇〇九年／戸谷洋志『ハンス・ヨナスを読む』堀之内出版、二〇一八年。

戦後の学校教育

天野正治・結城忠・別府昭郎編著『ドイツの教育』東信堂、一九九八年／木戸裕『ドイツ統一・EU統合とグローバリズム――教育の視点からみたその軌跡と課題』東信堂、二〇一二年／高祖敏明「宗教と教育」村田昇編『教育哲学』東信堂、一九八三年／マックス・プランク教育研究所研究者グループ『ドイツの教育のすべて』天野正治・木戸裕・長島啓記監訳、東信堂、二〇〇六年／濱谷佳奈「現代ドイツの倫理・道徳教育にみる多様性と連携――中等教育の宗教科と倫理・哲学科との関係史』風間書房、二〇二〇年。

ギュンター・グラス

『ブリキの太鼓』高本研一訳、集英社、一九七八年／『ドイツ統一問題について』高木研一訳、中央公論社、一九九〇年／依岡隆児『ギュンター・グラスの世界――その内省的な語りを中心に』鳥影社、二〇〇七年。

ツェラーン

「山中の対話」飯吉光夫訳、種村季弘編『現代ドイツ幻想小説』所収、白水社、一九七〇年／「トートナウベルク」飯吉光夫訳、『迫る光――パウル・ツェラン詩集』所収、思潮社、一九八四年／ジャック・デリダ『シボレート――パウル・ツェランのために』飯吉光夫・小林康夫・守中高明訳、岩波書店、二〇〇〇年／平野嘉彦「物語の余白に――ツェラーンと〈哲学者たち〉」、『現代哲学の冒険』第八巻『物語』所収、岩波書店、一九九〇年／平野嘉彦『土地の名前、どこにもない場所としての――ツェラーンのアウシュヴィッツ、ベルリン、ウクライナ』法政大学出版局、二〇一五年／『アドルノ／ツェラン往復書簡』ヨアヒム・ゼング編、細見和之訳、郁文堂、二〇二三年。

パノフスキー

『岩波　世界人名大辞典』岩波書店辞典編集部編、二〇一三年／パノフスキー『〈象徴形式〉としての遠近法』木田元監訳、川戸れい子・上村清雄訳、ちくま学芸文庫、二〇一六年。

リーフェンシュタール

Riefenstahl, Leni. *The Last of the Nuba*, Harper & Row, New York 1973／レニ・リーフェンシュタール『回想』（上・下）椛島則子訳、文藝春秋、一九九一年／Sontag, Susan. *Under the Sign of Saturn*, Farrar, Straus & Giroux, New York 1980.（スーザン・ソンタグ『土星の徴しの下に』富山太佳夫訳、晶文社、一九八二年）／吉城寺尚子「レニ・リーフェンシュタールとスーザン・ソンタグ――「ファシズムの魅力」をめぐって」『RIMアジア・太平洋女性学研究会会誌』四〇号、二〇一五年、一七―二九頁。

アーペル

Transformation der Philosophie Band 1,2, Suhrkamp Verlag, 1973.（抄訳『哲学の変換』磯江景孜・松田毅・水谷雅彦・北尾宏之・平石隆敏訳、二玄社、一九八六年）

ハーバーマス

『公共性の構造転換――市民社会の一カテゴリーについての探求』第二版、細谷貞雄・山田正行訳、未來社、一九九四年／『コミュニケイション的行為の理論』（上・中・下）河上倫逸他訳、未來社、一九八五―七年／『事実性と妥当性――法と民主的法治国家の討議理論にかんする研究』（上・下）河上倫逸・耳野健二訳、未來社、二〇〇二―三年／Stefan Müller-Doohm, *Jürgen Habermas: Eine Biographie*, Suhrkamp Verlag, 2014.

ルーマン

「近代科学と現象学」『ポストヒューマンの人間論――〔後期ルーマン論集〕』村上淳一編訳、東京大学出版会、二〇〇七年／『システム理論入門――ニクラス・ルーマン講義録［1］』土方透監訳、新泉社、二〇〇七年／『社会理論入門――ニクラス・ルーマン講義録［2］』土方透監訳、新泉社、二〇〇九年／『社会の社会』（1・2）馬場靖雄ほか訳、法政大学出版局、二〇〇九年／長岡克行『ルーマン／社会理論の革命』勁草書房、二〇〇六年。

ハイエク

『貨幣理論と景気循環／価格と生産』（新版）古賀勝次郎他訳、春秋社、二〇〇八年／『感覚秩序』（新版）穐山貞登訳、春秋社、二〇〇八年／『自由の条件』ⅠⅡⅢ（普及版）、気賀健三・古賀勝次郎訳、春秋社、二〇二一年／『法と立法と自由』ⅠⅡⅢ（新版）、矢島鈞次・水吉俊彦、篠塚慎吾、渡部茂訳、春秋社、二〇〇七―二〇〇八年。

シューマッハー

『スモール イズ ビューティフル――人間中心の経済学』小島慶三・酒井懋訳、講談社学術文庫、一九八六年／『スモール イズ ビューティフル再論』酒井懋訳、講談社学術文庫、二〇〇〇年。

ロムバッハ

『実体・体系・構造』酒井潔訳、ミネルヴァ書房、一九九九年／『形象は語る』大橋良介訳、創文社、一九八二年／『世界と反世界』大橋良介訳、リブロポート、一九八七年。

シュトラウス

『自然権と歴史』塚崎智・石崎嘉彦訳、ちくま学芸文庫、二〇一三年／『ホッブズの政治学』添谷育志・谷喬夫・飯島昇藏訳、みすず書房、二〇一九年。

ブルーメンベルク

『近代の正統性』全三巻、斉藤義彦・忽那敬三・村井則夫訳、法政大学出版局、一九九八、二〇〇一、二〇〇二年／『コペルニクス的宇宙の生成』全三巻、後藤嘉也・座小田豊・小熊正久訳、法政大学出版局、二〇〇二、二〇〇八、二〇一一年／『メタファー学のパラダイム』村井則夫訳、法政大学出版局、二〇二二年／『真理のメタファーとしての光、コペルニクス的転回と宇宙における人間の位置づけ』村井則夫編訳、平凡社、二〇二三年。

移民・難民

ユルゲン・ハーバーマス『近代 未完のプロジェクト』三島憲一訳、岩波現代文庫、二〇〇〇年。

歴史家論争

Historikerstreit : die Dokumentation der Kontroverse um die Einzigartigkeit der nationalsozialistischen Judenvernichtung, Piper, 1987／『過ぎ去ろうとしない過去——ナチズムとドイツ歴史家論争』徳永恂ほか訳、人文書院、一九九五年／川口茂雄『表象とアルシーヴの解釈学——リクールと『記憶、歴史、忘却』』京都大学学術出版会、二〇一二年。

ベルリンの壁崩壊

ウルリヒ・メーラート『東ドイツ史 一九四五—一九九〇』伊豆田俊輔訳、白水社、二〇一九年／アンドレアス・レダー『ドイツ統一』板橋拓己訳、岩波新書、二〇二〇年／アンドレーア・シュタインガルト『ベルリン〈記憶の場所〉を巡る旅』谷口健治・南直人ほか訳、昭和堂、二〇〇六年。

ヴァルデンフェルス

「対話の中間領域」（抄訳）山口一郎訳、新田義弘編『現象学の展望』所収、国文社、一九八六年／『講義・身体の現象学』山口一郎・鷲田清一監訳、知泉書館、二〇〇四年／「ヴァルデンフェルスとのインタビュー」中山純一訳、東洋大学哲学科編『哲学の現場、そして教育』所収、知泉書館、二〇〇七年／『経験の裂け目』山口一郎監訳、知泉書館、二〇〇九年／『フランスの現象学』佐藤真理人ほか訳、法政大学出版局、二〇〇九年。

コゼレック

『批判と危機』村上隆夫訳、未来社、一九八九年／N.Olsen, *History in the Plural: An Introduction to the Work of Reinhart Koselleck*, Berghahn Books, 2012／H. Joas, P. Vogt (hg.), *Begriffene Geschichte*, Suhrkamp, 2010.

ボイス

豊田市美術館、埼玉県立近代美術館、国立国際美術館編『ボイス＋パレルモ』マイブックサービス、二〇二一年／水戸芸術館現代美術センター編『Beuys in Japan ヨーゼフ・ボイス よみがえる革命』フィルムアート社、二〇一〇年／『エンデ全集一六 芸術と政治をめぐる対話』丘沢静也訳、岩波書店、一九九六年。

キットラー

『書き取りシステム1800・1900』大宮勘一郎・石田雄一訳、インプリント、二〇二一年／『グラモフォン・フィルム・タイプライター』石光泰夫・石光輝子訳、筑摩書房、一九九九年／『ドラキュラの遺言——ソフトウェアなど存在しない』原克他訳、産業図書、一九九八年／フリードリヒ・キットラー、シュテファン・バンツ『キットラー対話——ルフトブリュッケ広場』前田良三・原克訳、三元社、一九九九年／『Medium』1号、特集フリードリヒ・キットラー（二〇二〇年一一月）。

ボルツ

『批判理論の系譜学——両大戦間の哲学的過激主義』山本尤・大貫敦子訳、法政大学出版局、一九九七年／『仮象小史——古代からコンピューター時代まで』山本尤訳、法政大学出版局、一九九九年／『カオスとシミュレーション』山本尤訳、法政大学出版局、二〇〇〇年／『グーテンベルク銀河系の終焉——新しいコミュニケーションのすがた』識名章喜・足立典子訳、法政大学出版会、一九九九年／『意味に飢える社会』村上淳一訳、東京大学出版会、一九九八年／『世界コミュニケーション』村上淳一訳、東京大学出版会、二〇〇二年。

EU

ユルゲン・ハーバーマスほか「危機の際に中道を選ぶのは死を選ぶのと同じ——Brexit と EU の危機」三島憲一訳『世界』八九二巻、二〇一七年。

キーファー

『美術手帖　特集アンゼルム・キーファー』一九八九年四月号、美術出版社。

ホネット

『承認をめぐる闘争——社会的コンフリクトの道徳的文法』山本啓・直江清隆訳、法政大学出版局、二〇〇三年／ナンシー・フレイザー、アクセル・ホネット『再配分か承認か？——政治・哲学論争』加藤泰史監訳、法政大学出版局、二〇一二年／『自由の権利——民主的人倫の要綱』水上英徳・大河内泰樹・宮本真也・日暮雅夫訳、法政大学出版局、二〇二三年。

テンゲリ

Hans-Dieter Gondek, László Tengelyi, *Neue Phänomenologie in Frankreich*, Suhrkamp, Berlin 2011 / László Tengelyi, *Welt und Unendlichkeit – Zum Problem phänomenologischer Metaphysik*, Alber, Freiburg 2014.

ガブリエル

『なぜ世界は存在しないのか』清水一浩訳、講談社、二〇一八年。

さ 行

人名索引

あ 行

か 行

森田　猛（もりた・たけし）　**ブルクハルト**

兵庫教育大学大学院学校教育研究科教授
『ブルクハルトの文化史学――市民教育から読み解く』ミネルヴァ書房，2014年

八重樫徹（やえがし・とおる）　**プフェンダー，ライナッハ，インガルデン，シュタイン**

宮崎公立大学人文学部准教授
『フッサールにおける価値と実践』水声社，2017年

山口　尚（やまぐち・しょう）　**ヴィトゲンシュタイン，カルナップ**

京都大学非常勤講師
『幸福と人生の意味の哲学』トランスビュー，2019年

山本恵子（やまもと・けいこ）　**ヘルムホルツ，エドゥアルト・フォン・ハルトマン**

東京造形大学造形学部教授
『ニーチェと生理学――「芸術の生理学」構想への道』大学教育出版，2008年

山本秀行（やまもと・ひでゆき）　**ナチス期の日常生活，ナチスとドイツ東方**

お茶の水女子大学名誉教授
『ナチズムの記憶――日常生活からみた第三帝国』ちくま学芸文庫，2024年

山脇雅夫（やまわき・まさお）　**マイモン，ラインホルト，フィヒテ，ヘーゲル**

同朋大学文学部教授
『ヘーゲル全集第16巻 自筆講義録Ⅱ』（責任編集）知泉書館，2023年

横道　誠（よこみち・まこと）　**シュペングラー，カネッティ，クルツィウス，アウエルバッハ**

京都府立大学文学部准教授
『グリム兄弟とその学問的後継者たち――神話に魂を奪われて』ミネルヴァ書房，2023年

吉田耕太郎（よしだ・こうたろう）　**啓蒙期の教育思想**

大阪大学大学院人文学研究科教授
ギュンター・バウアー『ギャンブラー・モーツァルト――「遊びの世紀」に生きた天才』（共訳）春秋社，2013年

吉田敬介（よしだ・けいすけ）　**キルケゴール，ホルクハイマー**

法政大学文学部哲学科専任講師
クリストフ・メンケ『力――美的人間学の根本概念』（共訳）人文書院，2022年

*渡辺和典（わたなべ・かずのり）　**19世紀総論，ロッツェ，ラスク**

編著者紹介頁参照

渡辺暁彦（わたなべ・あきひこ）　**ヴァイマール共和国**

滋賀大学教育学部教授
『カール・シュミット時事論文集――ヴァイマール・ナチズム期の憲法・政治論議』（共訳）風行社，2000年

藁科智恵（わらしな・ちえ）　**オットー**

日本大学国際関係学部助教
『ルドルフ・オットー『聖なるもの』と世紀転換期ドイツ――信仰と近代学問の相克』晃洋書房，2022年

松尾　大（まつお・ひろし）　**バウムガルテン**

東京藝術大学美術学部名誉教授

『〈序文〉の戦略 文学作品をめぐる攻防』講談社，2024年

松尾博史（まつお・ひろし）　**ゲオルゲ**

松山大学経営学部教授

Friedrich Gundolf und Arthur Schnitzler. Ein Dialog über Dichter und Helden. In: *George-Jahrbuch*, Bd. 11, De Gruyter: Berlin; New York: 2016/17, S. 253–288.

松村朋彦（まつむら・ともひこ）　**ゲーテ，ヘルダーリン**

京都大学名誉教授

『越境と内省——近代ドイツ文学の異文化像』鳥影社，2009年

馬原潤二（まはら・じゅんじ）　**啓蒙専制君主，ポーランド**

三重大学教育学部教授

『エルンスト・カッシーラーの哲学と政治——文化の形成と〈啓蒙〉の行方』風行社，2011年

丸山空大（まるやま・たかお）　**コーエン，ローゼンツヴァイク，ショーレム**

東京外国語大学准教授

『フランツ・ローゼンツヴァイク——生と啓示の哲学』慶應義塾大学出版会，2018年

三重野清顕（みえの・きよあき）　**シェリング，シュレーゲル兄弟**

東洋大学文学部教授

エッカート・フェルスター『哲学の25年——体系的な再構成』（共訳）法政大学出版局，2021年

水野みか子（みずの・みかこ）　**ベートーヴェン，シェーンベルク，ベルク，ヴェーベルン**

名古屋音楽大学特任教授

L'orgue à bouche entre Extrême-Orient et Occident: L'invention d'un répertoire contemporain（共著）Circuit, 2022

三谷研爾（みたに・けんじ）　**チェコ，カフカ**

大阪大学人文学研究科教授

『世紀転換期のプラハ——モダン都市の空間と文学的表象』三元社，2010年

宮田眞治（みやた・しんじ）　**ノヴァーリス**

東京大学大学院人文社会系研究科・文学部教授

ゲオルク・クリストフ・リヒテンベルク『リヒテンベルクの雑記帳』（編訳）作品社，2018年

宮村悠介（みやむら・ゆうすけ）　**シェーラー**

大正大学文学部准教授

カント『人倫の形而上学——第二部 徳論の形而上学的原理』（翻訳）岩波文庫，2024年

本橋　仁（もとはし・じん）　**ロース**

金沢21世紀美術館レジストラー

『HOLZ BAU ホルツ・バウ——近代初期ドイツ木造建築』（共編著）TOTO 出版，2022年

森　貴史（もり・たかし）　**フォルスター，A. フンボルト**

関西大学文学部教授

『リヒトホーフェン——撃墜王とその一族』中公新書，2022年

深澤英隆（ふかさわ・ひでたか）　**シュライアマハー，ジンメル**

一橋大学名誉教授

『啓蒙と霊性』岩波書店，2006年

福嶋　揚（ふくしま・よう）　**バルト**

東京大学大学院死生学・応用倫理研究センター研究員

『カール・バルト 未来学としての神学』日本基督教団出版局，2018年

福元崇志（ふくもと・たかし）　**ボイス**

国立国際美術館主任研究員

「ボイス以後のボイス」豊田市美術館，埼玉県立近代美術館，国立国際美術館編『ボイス＋パレルモ』マイブックサービス，2021年

福元圭太（ふくもと・けいた）　**フェヒナー**

九州大学言語文化研究院教授

『賦霊の自然哲学——フェヒナー，ヘッケル，ドリーシュ』九州大学出版会，2020年

舩木篤也（ふなき・あつや）　**ブルックナー**

東京藝術大学ほか非常勤講師

『アドルノ 音楽・メディア論』（共訳）平凡社，2002年

堀川敏寛（ほりかわ・としひろ）　**ブーバー**

東洋英和女学院大学専任講師

『聖書翻訳者ブーバー』新教出版社，2018年

前田しほ（まえだ・しほ）　**スターリングラード**

島根大学法文学部准教授

「『生きよ，そして記憶せよ』と戦争記憶——スケープゴートとしての脱走兵の妻」『セーヴェル』vol.37，5-25頁，2021年

前田良三（まえだ・りょうぞう）　**キットラー，ボルツ**

立教大学名誉教授

『ナチス絵画の謎——逆襲するアカデミズムと「大ドイツ美術展」』みすず書房，2021年

牧野雅彦（まきの・まさひこ）　**シュミット，アーレント**

広島大学名誉教授

『権力について——ハンナ・アレントと『政治の文法』』中央公論新社，2023年

増山浩人（ますやま・ひろと）　**ヴォルフ**

東京都立大学人文社会学部哲学教室准教授

『カントの世界論——バウムガルテンとヒュームに対する応答』北海道大学出版会，2015年

松家次朗（まつや・じろう）　**ニコライ・ハルトマン**

元神戸薬科大学教授

W. レペニース『三つの文化』（共訳）法政大学出版局，2002年

西村貴裕（にしむら・たかひろ） **フランクフルト国民議会**

名城大学法学部教授
「1846・47年のゲルマニステン集会」『比較法史研究』10，2002年

西村雅樹（にしむら・まさき） **バール**

広島大学・京都大学名誉教授
『世紀末ウィーンの知の光景』鳥影社，2017年

西山暁義（にしやま・あきよし） **アルザス・ロレーヌ**

共立女子大学国際学部教授
ゲルト・クルマイヒ『ジャンヌ・ダルク――預言者・戦士・聖女』（共訳）みすず書房，2024年

二瓶真理子（にへい・まりこ） **ポパー**

岩手大学人文社会科学部准教授
「科学における多様性に関するフェミニスト科学哲学の主張――平等主義的多様性と規範的多様性」『モラリア』28号，2021年

野家啓一（のえ・けいいち） **マッハ**

東北大学名誉教授
『はざまの哲学』青土社，2018年

橋本直人（はしもと・なおと） **ヴェーバー**

神戸大学国際人間科学部准教授
『テキスト計量の最前線』（共著）ひつじ書房，2021年

長谷川淳基（はせがわ・じゅんき） **ムージル**

椙山女学園大学名誉教授
『ムージル著作集 第9巻――日記／エッセイ／書簡』（共訳）松籟社，1997年

初見　基（はつみ・もとい） **ルカーチ**

元日本大学文理学部教授
『ルカーチ』講談社，1998年

濵谷佳奈（はまたに・かな） **戦後の学校教育**

中央大学文学部教授
『現代ドイツの倫理・道徳教育にみる多様性と連携 ――中等教育の宗教科と倫理・哲学科との関係史』風間書房，2020年

浜野喬士（はまの・たかし） **プラトナー**

明星大学教育学部教授
『カント「判断力批判」研究』作品社，2014年

平野嘉彦（ひらの・よしひこ） **ザッハー＝マゾッホ，ツェラーン**

東京大学名誉教授
『土地の名前，どこにもない場所としての――ツェラーンのアウシュヴィッツ，ベルリン，ウクライナ』法政大学出版局，2015年（ドイツ語版は2011年）

谷本愼介（たにもと・しんすけ） **バッハオーウェン，クラーゲス**

神戸大学名誉教授

『ワーグナー事典』（共編著）東京書籍，2002年

田畑真一（たばた・しんいち） **アーペル，ハーバーマス，ホネット**

北海道教育大学旭川校

「ハーバーマスにおける公共」『思想』2019年３月号

千田芳樹（ちだ・よしき） **カッシーラー，ブルーメンベルク**

一関工業高等専門学校准教授

『見ることに言葉はいるのか――ドイツ認識論史への試み』（共著），弘前大学出版会，2023年

時田　浩（ときだ・ひろし） **ブレヒト**

京都産業大学名誉教授

『世紀を超えるブレヒト』（共著）郁文堂，2005年

戸谷洋志（とや・ひろし） **ヨナス**

立命館大学大学院先端総合学術研究科准教授

『ハンス・ヨナス 未来への責任――やがて来る子どもたちのための倫理学』慶應義塾大学出版会，2021年

鳥越覚生（とりごえ・かくせい） **ショーペンハウアー**

大谷大学学習支援室

『挨拶の哲学』春風社，2024年

中川一成（なかがわ・かずしげ） **ハイネ**

大阪医科薬科大学医学部准教授

『ドイツ文化史への招待――芸術と社会のあいだ』（共著）大阪大学出版会，2007年

長坂真澄（ながさか・ますみ） **テンゲリ**

早稲田大学国際学術院教授

『デリダのハイデガー講義を読む』（共編著）白水社，2023年

中島浩貴（なかじま・ひろき） **軍隊・兵役義務**

東京電機大学大学院教授

『国民皆兵とドイツ帝国――一般兵役義務と軍事言説』彩流社，2019年

長綱啓典（ながつな・けいすけ） **ロムバッハ，敬虔主義**

日本大学文理学部哲学科准教授

『ライプニッツにおける弁神論的思惟の根本動機』晃洋書房，2011年

中屋宏隆（なかや・ひろたか） **石炭と原子力**

南山大学外国語学部教授

「脱原発をめぐる世界的な状況とドイツの行方」『南山大学ヨーロッパ研究センター報』第30号，87-102頁，2024年

中山純一（なかやま・じゅんいち） **ヴァルデンフェルス**

東洋大学文学部他非常勤講師，自治医科大学医学部客員研究員

『フッサールにおける超越論的経験』知泉書館，2013年

杉山卓史（すぎやま・たかし）**レッシング，ヘルダー，カント（共著）**

京都大学大学院文学研究科准教授

C. メンケ『力――美的人間学の根本概念』（共訳）人文書院，2022年

瀬戸口昌也（せとぐち・まさや）**ディルタイ**

大阪教育大学教授

『ディルタイ全集 第11巻 日記・書簡集』（共訳）法政大学出版局，2023年

副島博彦（そえじま・ひろひこ）**バウシュ**

立教大学名誉教授

『バレエとダンスの歴史――欧米劇場舞踊史』平凡社，2012年

太子堂正称（たいしどう・まさのり）**ハイエク**

東洋大学経済学部教授

A Genealogy of Self-Interest in Economics（共編著）Springer, 2021

高砂美樹（たかすな・みき）**ヴント**

東京国際大学人間社会学部教授

『流れを読む心理学史』［補訂版］（共著）有斐閣，2022年

高田珠樹（たかだ・たまき）**学生運動，スローターダイク**

大阪大学名誉教授

『ハイデガー――存在の歴史』講談社，1996年（講談社文庫，2014年）

武内　大（たけうち・だい）**フィンク**

立正大学文学部教授

『現象学と形而上学――フッサール・フィンク・ハイデガー』知泉書館，2010年

竹峰義和（たけみね・よしかず）**映画，アドルノ**

東京大学大学院総合文化研究科教授

『〈救済〉のメーディウム――ベンヤミン，アドルノ，クルーゲ』東京大学出版会，2016年

龍井葉二（たつい・ようじ）**ランダウアー**

元連合総研副所長

『猪俣津南雄――戦略的思考の復権』同時社，2023年

辰巳伸知（たつみ・しんじ）**マルクーゼ**

佛教大学社会学部教授

『物象化――承認論からのアプローチ』ホネット，A（共訳）法政大学出版局，2011年

田中一之（たなか・かずゆき）**カントール，ゲーデル**

北京応用数学研究院 BIMSA 教授

『現代論理学事典』（編集代表）朝倉書店（近刊）

田中　直（たなか・なお）**東ドイツ，ベルリンの壁崩壊**

立命館大学国際関係学部授業担当講師

キース・ロウ『戦争記念碑は物語る――第二次世界大戦の記憶に囚われて』（翻訳）白水社，2021年

小島優子（こじま・ゆうこ） **フィッシャー**

国立看護大学校教授

『ヘーゲル 精神の深さ――『精神現象学』における「内化」と「外化」』知泉書館，2011年

小平健太（こだいら・けんた） **ガダマー**

高千穂大学人間科学部准教授

『ハンス＝ゲオルグ・ガダマーの芸術哲学――哲学的解釈学における言語性の問題』晃洋書房，2020年

小谷英生（こたに・ひでお） **感覚論（感覚主義），ドイツ通俗哲学**

群馬大学共同教育学部准教授

『カントの「嘘論文」を読む――なぜ嘘をついてはならないのか』白澤社，2024年

小玉英雄（こだま・ひでお） **アインシュタインの相対性理論**

京都大学基礎物理学研究所特任教授

『アインシュタイン　一般相対性理論』（編訳・解説）岩波文庫，2023年

後藤正英（ごとう・まさひで） **メンデルスゾーン，ヤコービ**

佐賀大学教育学部教授

『不寛容と格闘する啓蒙哲学者の軌跡――モーゼス・メンデルスゾーンの思想と現代性』晃洋書房，2024年

斉藤恵太（さいとう・けいた） **三十年戦争**

京都教育大学准教授

Das Kriegskommissariat der bayerisch-ligistischen Armee während des Dreißigjährigen Krieges, Vandenhoeck & Ruprecht unipress, 2020

坂本彩希絵（さかもと・さきえ） **トーマス・マン**

長崎外国語大学教授

『晩年のスタイル――老を書く，老いて書く』（共著）松籟社，2020年

佐々木啓（ささき・けい） **ブルトマン**

北海道大学大学院文学研究院特任教授

『リクール読本』（共著）法政大学出版局，2016年

*佐藤慶太（さとう・けいた） **17・18世紀総論，カント（共著），ランベルト，トレルチ，テーテンス**

編著者紹介頁参照

佐藤真一（さとう・しんいち） **ランケ**

国立音楽大学名誉教授

『ランケと近代歴史学の成立』知泉書館，2022年

椎名雄一郎（しいな・ゆういちろう） **バッハ**

東北学院大学文学部教授・オルガニスト

『J.S.バッハのオルガン曲』道和書院，2024年

柴田隆行（しばた・たかゆき） **フォイエルバッハ，シュティルナー**

元東洋大学教授。2021年逝去

『連帯するエゴイズム――いまなおフォイエルバッハ』こぶし書房，2020年

川中子義勝（かわなご・よしかつ）　ハーマン

東京大学名誉教授

『ハーマンにおける言葉と身体——聖書・自然・歴史』教文館，2023年

菊地原洋平（きくちはら・ようへい）　パラケルスス

広島工業大学准教授

『パラケルススと魔術的ルネサンス』勁草書房，2013年

北川千香子（きたがわ・ちかこ）　ブラームス，ヴァーグナー，バイロイト，マーラー

慶應義塾大学商学部准教授

Versuch über Kundry: Facetten einer Figur, Peter Lang Verlag, 2015

吉城寺尚子（きちじょうじ・なおこ）　リーフェンシュタール

城西国際大学国際人文学部教授

「レニ・リーフェンシュタールとスーザン・ソンタグ——「ファシズムの魅力」をめぐって」『RIM』40号，2015年

鬼頭葉子（きとう・ようこ）　ティリッヒ

同志社大学文学部准教授

『時間と空間の相克——後期ティリッヒ思想再考』ナカニシヤ出版，2018年

九鬼一人（くき・かずと）　ヴィンデルバント，リッカート

岡山商科大学名誉教授

『新カント学派の価値哲学——体系と生のはざま』〔オンデマンド版〕弘文堂，2014年

工藤康弘（くどう・やすひろ）　ルタードイツ語

関西大学文学部特別契約教授

『初期新高ドイツ語小辞典』大学書林，2018年

久間清俊（くま・きよとし）　カウツキー

熊本県立大学名誉教授

『近代市民社会と高度資本主義——ドイツ社会思想史研究』ミネルヴァ書房，2000年

栗原麗羅（くりはら・れいら）　ギムナジウム

東京医療保健大学和歌山看護学部講師

『アクティベート教育学　教育原理』（共著）ミネルヴァ書房，2020年

黒子康弘（くろご・やすひろ）　リルケ

日本女子大学文学部教授

Was heißt Realismus in der Dichtung?: Goethes Begriff “Weltliteratur” in neuer Sicht,
Neue Beiträge zur Germanistik, 7(1), 2008

河野英二（こうの・えいじ）　クラウス

近畿大学理工学部准教授

Die Performativität der Satire bei Karl Kraus. Zu seiner “geschriebenen Schauspielkunst”. Duncker und Humblot, Berlin 2015

岡本拓司（おかもと・たくじ）　**ボーア，プランク，シュレーディンガー**

東京大学大学院総合文化研究科教授

『近代日本の科学論――明治維新から敗戦まで』名古屋大学出版会，2021年

岡山具隆（おかやま・ともたか）　**ギュンター・グラス**

早稲田大学法学部准教授

「文学とは，邪魔をし，混乱させるものである――ギュンター・グラスの小説『蟹の横歩きで』について」『ドイツ文学』133，2007年

荻野　雄（おぎの・たけし）　**クラカウアー**

京都教育大学教授

「映画はなぜ「物理的現実の救済」なのか？――「生の哲学」からクラカウアー『映画の理論』を解読する」『社藝堂』第10号，2023年

*鹿島　徹（かしま・とおる）　**ベンヤミン**

編著者紹介頁参照

勝山紘子（かつやま・ひろこ）　**クリムト，ホーフマンスタール，カンディンスキー**

茨城キリスト教大学助教

『越境する身体――グロス，ディックス，デーブリーン』日本独文学会京都支部発行，郁文堂発売，2020年

加藤希理子（かとう・きりこ）　**ボンヘッファーと反ナチ抵抗運動**

甲南大学非常勤講師

「ナチ政権下における福音主義教会の動向――K・バルトとB・ボンヘッファーを中心に」『文明と哲学』16号日独文化研究所発行，こぶし書房，2024年

加藤紫苑（かとう・しおん）　**ガブリエル**

青山学院大学総合文化政策学部非常勤講師

W. ホグレーベ『述語づけと発生――シェリング『諸世界時代』の形而上学』（共訳）法政大学出版局，2021年

釜崎　太（かまさき・ふとし）　**スポーツ**

明治大学法学部教授

「ドイツの市民社会と文明化の過程――政治と暴力の表象空間としてのサッカー」岡本和子編『暴力の表象空間――ヨーロッパの近現代の危機を読み解く』法政大学出版局，2024年

川合全弘（かわい・まさひろ）　**ユンガー**

京都産業大学名誉教授

『再統一ドイツのナショナリズム――西側結合と過去の克服をめぐって』ミネルヴァ書房，2003年

*川口茂雄（かわぐち・しげお）　**総序，20世紀総論(1)，20世紀総論(2)，トラークル，フィッカー，ハイデガー後期，ヘンドリック・ド・マン，歴史家論争**

編著者紹介頁参照

川戸れい子（かわど・れいこ）　**パノフスキー**

恵泉女学園大学名誉教授

パノフスキー『象徴形式としての遠近法』（共訳）筑摩書房，2009年

伊藤セツ（いとう・せつ）　**ベーベル，ツェトキーン**

昭和女子大学名誉教授

『国際女性デーの世界史――起源・過去・現在・未来』〔増補改訂版〕御茶の水書房，2024年

伊藤　白（いとう・ましろ）　**移民・難民，EU**

学習院大学文学部准教授

『ヴァルター・ベンヤミン／グレーテル・アドルノ往復書簡 1930-1940』（共訳）みすず書房，2017年

稲葉　肇（いなば・はじめ）　**オストヴァルト，ボルツマン**

明治大学政治経済学部准教授

『統計力学の形成』名古屋大学出版会，2021年

上尾真道（うえお・まさみち）　**フロイト**

広島市立大学准教授

『ラカン 真理のパトス』人文書院，2017年

植村邦彦（うえむら・くにひこ）　**マルクス，ルクセンブルク**

関西大学名誉教授

『カール・マルクス――未来のプロジェクトを読む』新泉社，2022年

植村玄輝（うえむら・げんき）　**ブレンターノ，リップス，フッサール**

岡山大学学術研究院社会文化科学学域准教授

『真理・存在・意識――フッサール『論理学研究』を読む』知泉書館，2017年

魚住孝至（うおずみ・たかし）　**ヘリゲル**

放送大学特任教授

『新訳弓と禅』（翻訳）角川ソフィア文庫，2015年

梅田孝太（うめだ・こうた）　**ニーチェ**

上智大学基盤教育センター特任助教

『ニーチェ――外なき内を生きる思想』法政大学出版局，2021年

遠藤健樹（えんどう・けんじゅ）　**レーヴィット，シュトラウス，コゼレック**

北海道教育大学釧路校准教授

『戦うことに意味はあるのか』［増補改訂版］（共編著）弘前大学出版会，2023年

大黒屋貴稔（おおぐろや・たかとし）　**ルーマン**

聖カタリナ大学人間健康福祉学部教授

A. シュッツ・T. ルックマン『生活世界の構造』（共訳）筑摩書房，2015年

小笠原道雄（おがさわら・みちお）　**ナートルプ，リット**

広島大学名誉教授

『テオドール・リット研究』東信堂，2024年

岡田　聡（おかだ・さとし）　**ヤスパース**

鎌倉女子大学講師

『ヤスパースとキリスト教――二〇世紀ドイツ語圏のプロテスタント思想史において』新教出版社，2019年

《執筆者紹介》五十音順　＊は編著者

青木敦子（あおき・あつこ）　シラー
学習院大学非常勤講師
『シラー詩集　第一部・第二部』月曜社，2023年

足立恒雄（あだち・のりお）　フレーゲ
早稲田大学名誉教授
『フェルマーの大定理――整数論の源流』日本評論社，初版1984年・ちくま学芸文庫，2006年

足立正道（あだち・まさみち）　ユング
足立分析プラクシス主宰，ユング派分析家（ISAP Zurich）
「オンラインでの心理面接と共感力について」日本ユング心理学会編『ユング心理学研究（共感力のゆくえ）』第15巻67-76頁，創元社，2023年

阿部善彦（あべ・よしひこ）　ドイツ神秘主義
立教大学文学部教授
『テオーシス』（共編著）教友社，2018年

有賀暢迪（ありが・のぶみち）　オイラー
一橋大学大学院言語社会研究科准教授
『力学の誕生――オイラーと「力」概念の革新』名古屋大学出版会，2018年

池田真治（いけだ・しんじ）　ライプニッツ
富山大学学術研究部人文科学系准教授
「ライプニッツは二進法にいかなる有用性を見たのか？――二進法の起源と価値をめぐって」『現代思想』2021年7月号，185-198頁

池田　喬（いけだ・たかし）　ハイデガー（前期）
明治大学文学部教授
『ハイデガーと現代現象学――トピックで読む『存在と時間』』勁草書房，2024年

池田祐子（いけだ・ゆうこ）　ユーゲントシュティール，バウハウス
三菱一号館美術館館長
『西洋近代の都市と芸術 4　ウィーン――総合芸術に宿る夢』（編著）竹林舎，2016年

石井一也（いしい・かずや）　シューマッハー
香川大学法学部教授
『身の丈の経済論――ガンディー思想とその系譜』法政大学出版局，2014年

石田圭子（いしだ・けいこ）　ベン，キーファー
神戸大学大学院国際文化学研究科准教授
『ナチズムの芸術と美学を考える――偶像破壊（イコノクラスム）を超えて』三元社，2023年

伊藤敦広（いとう・あつひろ）　W・フンボルト，グリム兄弟
昭和女子大学人間社会学部専任講師
『人文主義の言語思想――フンボルトの伝統』トラバント，J（監訳）岩波書店，2020年

《編著者紹介》（50音順）

鹿島　徹（かしま・とおる）

1992年　テュービンゲン大学哲学部博士学位取得

現　在　早稲田大学文学部教授

著　書　『可能性としての歴史――越境する物語り理論』岩波書店，2006年。『平安日記文学と歴史の理論――ベンヤミン的視点から』武蔵野書院，2024年。『［新訳・評注］歴史の概念について』ヴァルター・ベンヤミン（訳）未来社，2015年

川口茂雄（かわぐち・しげお）

2006年　京都大学文学研究科博士課程研究指導認定退学。博士（文学，京都大学）

現　在　上智大学文学部哲学科教授

著　書　『表象とアルシーヴの解釈学――リクールと『記憶，歴史，忘却』』京都大学学術出版会，2012年。

『ハイデガー事典』（共著）昭和堂，2021年。『ひと目でわかる 哲学のしくみとはたらき図鑑（イラスト授業シリーズ）』（日本語版監修）創元社，2022年

佐藤慶太（さとう・けいた）

2006年　京都大学大学院文学研究科博士課程研究指導認定退学。博士（文学，京都大学）

現　在　香川大学大学教育基盤センター教授

著　書　『カントを学ぶ人のために』（共著）世界思想社，2012年。『新・カント読本』（共著）法政大学出版局，2018年。『現代カント研究 14 哲学の体系性』（共著）晃洋書房，2018年

渡辺和典（わたなべ・かずのり）

2009年　学習院大学大学院人文科学研究科哲学専攻博士後期課程単位取得退学。博士（哲学，学習院大学）

現　在　叡啓大学ソーシャルシステムデザイン学部准教授

著　書　『最初期ハイデッガーの意味論――発生・形成・展開』晃洋書房，2014年。『モナドから現存在へ』（共編著）工作舎，2022年。『ハイデガー事典』（共著）昭和堂，2021年

ドイツ哲学入門

2024年11月１日　初版第１刷発行　〈検印省略〉

定価はカバーに
表示しています

編著者　鹿島徹
　　　　川口茂雄
　　　　佐藤慶太
　　　　渡辺和典

発行者　杉田啓三

印刷者　藤森英夫

発行所　株式会社　ミネルヴァ書房
607-8494　京都市山科区日ノ岡堤谷町１
電話代表　(075)581－5191
振替口座　01020－0－8076

亜細亜印刷・吉田三誠堂製本

ISBN978-4-623-08524-8
Printed in Japan